CHRONIQUE
NORMANDE
DU XIVᵉ SIÈCLE.

IMPRIMERIE DAUPELEY-GOUVERNEUR,

A NOGENT-LE-ROTROU.

CHRONIQUE NORMANDE

DU XIVe SIÈCLE

PUBLIÉE

POUR LA SOCIÉTÉ DE L'HISTOIRE DE FRANCE

PAR

Auguste et Émile MOLINIER.

A PARIS
LIBRAIRIE RENOUARD
HENRI LOONES, SUCCESSEUR
LIBRAIRE DE LA SOCIÉTÉ DE L'HISTOIRE DE FRANCE
RUE DE TOURNON, N° 6
—
MDCCCLXXXII.

EXTRAIT DU RÈGLEMENT.

Art. 14. — Le Conseil désigne les ouvrages à publier, et choisit les personnes les plus capables d'en préparer et d'en suivre la publication.

Il nomme, pour chaque ouvrage à publier, un Commissaire responsable, chargé d'en surveiller l'exécution.

Le nom de l'éditeur sera placé à la tête de chaque volume.

Aucun volume ne pourra paraître sous le nom de la Société sans l'autorisation du Conseil, et s'il n'est accompagné d'une déclaration du Commissaire responsable, portant que le travail lui a paru mériter d'être publié.

Le Commissaire responsable soussigné déclare que l'édition de la Chronique normande du XIVᵉ siècle, *préparée par* MM. Auguste *et* Émile Molinier, *lui a paru digne d'être publiée par la* Société de l'Histoire de France.

Fait à Paris, le 31 janvier 1882.

Signé L. DELISLE.

Certifié,

Le Secrétaire de la Société de l'Histoire de France,

J. DESNOYERS.

INTRODUCTION

I.

La *Chronique normande du* XIVe *siècle*, publiée dans le présent volume, n'est ni complètement inconnue, ni entièrement inédite. Plusieurs érudits l'ont déjà citée comme renfermant nombre de détails curieux et de dates précises touchant l'histoire des trente premières années de la guerre de Cent ans. Le premier à notre connaissance, Paulin Paris en publia quelques très courts fragments dans le tome VI de son édition des *Grandes Chroniques*, paru en 1838[1]. M. L. Delisle l'utilisa plus tard dans l'*Histoire du château et des sires de Saint-Sauveur-le-Vicomte* (1867), et en fit le premier ressortir l'intérêt[2]. Tout récemment, M. S. Luce a mis le même ouvrage à profit dans les notes de son édition de Froissart et dans son *Histoire de du Guesclin* (1876). Enfin, M. Hellot, auteur d'un *Essai historique sur les Martel de Basqueville*, paru en 1879, cite souvent l'un

---

[1]. Pages 37, 45, 110, 117-118, 135, 139, 141, 148, 150, 221, 236, 239, 326.

[2]. M. Delisle a publié d'assez longs passages de la *Chronique normande* dans l'ouvrage que nous venons de citer ; voir notamment pp. 132-133, 135-136, 136-137, 138-139, 141-142, et *Preuves*, 89-94 et 142-145.

des deux manuscrits qui nous ont conservé cette chronique.

Nous ignorons absolument le nom de son auteur et nous confessons dès maintenant que tous nos efforts pour résoudre ce petit problème d'histoire littéraire sont restés infructueux. La chose est d'autant plus regrettable que nous connaissons peu d'œuvres plus impersonnelles que cette composition historique. Non seulement l'auteur ne s'y met jamais en scène, ne marque jamais expressément les événements dans lesquels il a joué un rôle ou qui se sont passés sous ses yeux, mais encore il pousse la modestie ou la prudence si loin que tout ce que nous allons dire de sa naissance, de sa condition sociale et de sa vie sera un peu hypothétique. Hâtons-nous toutefois d'ajouter qu'une analyse exacte et minutieuse de son ouvrage nous a permis de déterminer avec un certain degré de certitude la province dont il était originaire, le milieu où il vécut, l'époque à laquelle il écrivit son ouvrage.

Voici une première remarque que nous suggère la lecture de la chronique : l'auteur n'en appartenait sûrement ni au clergé séculier, ni au clergé régulier; le soin même avec lequel il évite de se mettre en scène, la monotonie et la faiblesse du style, l'absence de toute réflexion pieuse, de toute citation de la Bible, tout cela réuni forme une première preuve ; ajoutons qu'il ne s'intéresse à aucune abbaye, à aucune église particulière, que tous les événements qu'il rapporte sont de l'ordre purement civil. Il cite une foule d'obscurs chevaliers français et anglais ; les papes au contraire ne sont que rarement mentionnés par lui et toujours à propos de leurs efforts pour rétablir la paix entre les rois de France et d'Angleterre.

Notre auteur n'était donc ni clerc, ni moine ; ce devait être soit un homme de guerre, un petit capitaine au service de la France, soit ce que nous appellerions aujourd'hui un officier d'administration, un agent chargé de la solde et de la subsistance des troupes. A vrai dire, la première de ces deux hypothèses nous paraît très acceptable; la noblesse française au xive siècle, même la petite noblesse, était en général assez instruite pour qu'on puisse sans invraisemblance attribuer à l'un de ses membres une œuvre aussi rustique, d'une forme aussi peu soignée que notre chronique. On sait qu'un des héros favoris de notre auteur, Geoffroi de Charni, a laissé quelques pièces de vers, et qu'Eustache Deschamps remplit pendant de longues années des fonctions administratives.

Nous croyons en outre que l'auteur de la *Chronique normande* était de race noble; non pas qu'il appartînt à la haute aristocratie; les termes dans lesquels il parle de la Jacquerie, ses reproches aux seigneurs lorsqu'il raconte la répression de ce soulèvement [1], la sympathie qu'il montre pour les héroïques paysans de Longueil-Sainte-Marie et leur brave chef, Guillaume l'Aloue [2], tout cela prouve que s'il était noble, il n'était pas de haute noblesse. On peut encore noter son dédain pour les routiers noyés ou pendus par Guillaume du Merle, lesquels *n'avoient point titre de seigneur* [3], le mépris avec lequel il parle de Robert de Lorris, sire d'Ermenonville, qui, pour sauver sa vie menacée par les partisans de Marcel, *renia gentillesse* [4]. Tous ces traits réunis nous décident à le croire de race noble. Ajoutons que si sympathique qu'il soit aux paysans de Longueil-Sainte-Marie, il n'a nullement pour eux l'enthousiasme de Jean de

---

1. P. 127-128.
2. P. 147.
3. P. 167.
4. P. 130.

Venette, et que jamais il ne flétrit les cruautés des nobles avec l'énergie de ce chroniqueur plébéien.

Notre auteur était donc un noble, un petit chevalier, un cadet de famille au service du roi de France, chez qui son dur métier n'avait pas étouffé tout sentiment de pitié pour les populations foulées par les gens d'armes. Ce n'est pas qu'il montre aucune aversion pour la guerre ; on reconnaît au contraire qu'il a toujours vécu dans les camps et qu'il a toujours eu le goût de cette existence. Il ne se permet point des descriptions pittoresques comme celles de Froissart ; il lui faudrait pour cela une habitude d'écrire, de composer qui lui manque ; mais, malgré la pauvreté de son style, il sait témoigner son approbation, exprimer un blâme. Les gens d'armes réunis à Cocherel sous la bannière du captal de Buch sont la *fleur des gens de guerre* de France et d'Angleterre[1] ; telle affaire *très vaillament fut combatue*[2] ; il parle souvent *de belles besongnes, de bonnes besongnes combatues moult durement*[3]. Il sait reconnaître les qualités d'un capitaine ; Amauri de Meulan et le sire de Vienne sont *de si petit gouvernement*[4], que les Navarrais, bien moins nombreux que les Français, mettent ceux-ci en déroute ; il ne juge pas moins sévèrement le connétable Moreau de Fiennes, dont la *petite emprinse* permet à Philippe de Navarre de s'échapper[5]. Pour le successeur de Moreau, au contraire, pour du Guesclin, il n'a que des éloges et il nous montre alors que, s'il sait blâmer, il sait également louer ; il vante ses prouesses en Normandie et en Bretagne, son adresse

1. P. 171.
2. P. 159.
3. P. 95, 139.
4. P. 139.
5. P. 143.

dans les tournois, son courage dans les batailles, la rapidité de ses marches et de ses mouvements [1]. Tous ces détails prouvent un homme du métier et nous croyons qu'une lecture attentive de la *Chronique normande* fera admettre par tous notre conclusion : à savoir qu'elle est l'œuvre d'un capitaine noble au service des Valois.

S'il est assez difficile de déterminer la condition sociale de notre chroniqueur, il l'est beaucoup moins de marquer la province dont il était originaire ; le titre même que nous avons donné à son ouvrage prouve que nous le croyons normand. Notre opinion pourrait paraître assez mal fondée à qui ne lirait que les trente premières pages de notre édition ; dans cette première partie en effet, il n'est question que des affaires de Flandre, et la Normandie n'y est pas nommée une seule fois ; mais nous verrons bientôt que notre auteur a emprunté cette portion de son récit à des sources plus anciennes, et que son œuvre ne devient originale qu'à l'avènement de Philippe VI, en 1328. Qu'on parcoure la *Chronique* à partir de ce dernier endroit, et on remarquera bientôt que l'auteur a visité plus d'une fois le pays normand et ses principales villes, notamment Caen et Rouen, qu'il connaît assez bien la topographie de la province pour indiquer exactement la situation d'une foule de petits villages [2]. S'il parle des ravages commis par les grandes Compagnies, il a en vue ceux dont son pays de prédilection a eu à souffrir ; quand il arrive à l'exécution du traité de Brétigny, il ne s'occupe guère que de la Normandie [3]. Il nomme de préférence des nobles normands, Houdetot, Martel, Bertrand, La Ferté, etc. [4]. En

1. P. 199.
2. Voir p. 119, 126, 117 et suiv.
3. P. 155.
4. Voir notamment p. 106-107, récit du combat de Mauron ; 126-127, menées du roi de Navarre.

INTRODUCTION.

1357, au moment des guerres des Navarrais, il fait l'éloge des seigneurs normands, qui « n'estoient de riens aux gaiges « [du regent], et moult vaillanment se porterent ceulz du « pais en cellui temps et depuis tousjours pour leur droit « seigneur[1]. » Dire quelle ville, quelle partie de la Normandie lui avait donné naissance, nous serait impossible; sa chronique ne fournit sur ce point aucune indication...

Dès les premières pages de la partie originale de son ouvrage, notre auteur marque sa prédilection pour la Normandie et les Normands; c'est ainsi qu'en 1338, il n'oublie pas de mentionner avec détail l'expédition dirigée par les marins normands contre l'île de Guernesey[2]. Ce n'est toutefois qu'après la bataille de Poitiers que les guerres de Normandie deviennent son sujet favori; avant 1356, il s'occupe assez souvent des autres provinces du royaume, mais passé cette date et jusqu'en 1369, sauf de rares, très rares exceptions, il ne parle que de la Normandie et des Normands. Jusqu'au traité de Brétigny, il s'occupe principalement de la guerre entre Navarrais et royalistes; une fois le traité signé, quand il s'agit de le faire exécuter, de faire évacuer le pays par les brigands anglais et navarrais qui le ravagent, ce sont les campagnes de du Guesclin, de Guillaume du Merle, de Mouton de Blainville qu'il s'attache à nous raconter avec force détails. A peine mentionne-t-il en passant la bataille de Brignais, une expédition du duc de Bourgogne dans ses états, les campagnes d'Eustache d'Auberchicourt; s'il accorde une page à la bataille d'Auray, c'est pour parler du rôle qu'y joua son héros favori, du Guesclin. Au fond cette partie de notre chronique est de beaucoup la plus intéressante. La lecture des notes de notre

1. P. 122.
2. P. 38-39.

sommaire qui se rapportent à cette période prouvera qu'on peut presque toujours accepter les dires de notre auteur, et que, sauf certaines erreurs chronologiques que nous corrigeons, le récit des faits est généralement exact et d'accord avec les renseignements fournis par les documents diplomatiques.

Nous venons de voir qu'à partir de la bataille de Poitiers, l'auteur ne s'occupait guère que de la Normandie; avant 1356, sans négliger cette province, il s'intéresse également à l'histoire des autres parties du royaume. Il connaît la topographie de certains pays du nord de la France, de la Picardie, de l'Artois et du Hainaut, presqu'aussi bien que celle du pays normand. Il a certainement fréquenté les environs de Paris, séjourné peut-être à Ermenonville, à Beauvais, à Meaux, etc.; il parle également des provinces de Bretagne, de Maine et d'Anjou en homme qui les a parcourues. Pour les pays au sud de la Loire, ses renseignements sont plus vagues; il connaît personnellement une partie du Poitou, les environs de Saintes, peut-être Aiguillon et certains cantons de l'Agenais; mais il ne paraît pas avoir visité le reste du royaume; s'il nomme Avignon, Carcassonne, Toulouse, Tarascon, quelques localités de Bourgogne et de Champagne, la manière même dont il parle de toutes ces villes donne à penser qu'il n'en connaissait que le nom. Il en est de même pour l'Espagne; son récit des trois campagnes de Castille (1367-1369) est en général exact, mais on y trouve plusieurs erreurs géographiques[1] qui donnent à croire qu'il ne passa pas lui-même les Pyrénées, et qu'il dut ses renseignements à quelque compagnon d'armes de du Guesclin.

On peut rendre compte de toutes ces particularités, en supposant notre auteur originaire de la Normandie, y pas-

---

1. Ainsi il place Tolède à trois lieues de la mer (p. 182).

sant son enfance et sa jeunesse, servant plus tard sous différents chefs militaires et parcourant à leur suite une partie du royaume; retiré sur le tard dans son pays natal, il aura raconté dans la dernière partie de son ouvrage les événements dont cette province fut alors le théâtre, événements dont beaucoup se passèrent sous ses yeux.

Notre auteur appartenait certainement au parti royaliste. Sans s'interdire de louer ou blâmer suivant l'occurrence la conduite des gens de guerre de tous les partis dont il raconte les exploits, dans les rares occasions où il lui arrive de parler d'événements politiques, il s'exprime en partisan dévoué des Valois. En 1357, il se montre hostile aux États et favorable au régent[1]. Les adversaires du dauphin, Etienne Marcel et ses partisans, le roi de Navarre, sont assez maltraités par lui; parlant des *sermons* de ce prince au peuple de Paris, il s'exprime ainsi : « Et pluseurs
« autres belles paroles dist au peuple en se plaignant du
« roy Jehan et en blasmant le regent et ses faits. Dont au-
« cunes gens tenoient ses paroles estre fausses et decevables,
« mais contredire ne l'osoient, pour ce que il estoit receuz
« et avouez des souverains gouverneurs de la ville de
« Paris[2]. » Il n'oublie pas de rapporter l'accident arrivé au bourreau de Paris, chargé de décapiter deux officiers du duc de Normandie, sans du reste se permettre aucune réflexion[3]; enfin quand Charles le Mauvais se décide à combattre les Jacques, il a soin d'ajouter : « Et dient aucuns
« que les Jacques s'attendoient que le roy de Navarre leur
« deust aidier pour l'aliance que il avoit au prevost des mar-

---

1. P. 118-119.
2. P. 125-126.
3. P. 126.

« chans, par lequel prevost la Jacquerie s'esmut, si comme
« on dit[1]. »

Assez impartial d'ailleurs pour reconnaître les qualités
des ennemis de la cause qu'il sert, il fait l'éloge de Philippe de Navarre, frère de Charles le Mauvais, « qui fut
« moult honnorable chevalier[2]. » Mais partisan dévoué des
princes de la maison de Valois, il est par suite ennemi
déclaré du roi d'Angleterre; sans lui faire de reproche direct,
il n'oublie jamais de parler des ravages commis par ses
troupes; qu'Édouard III, pour échapper à l'armée de Philippe VI, en 1346, pour fortifier son camp devant Calais,
en 1347, accepte le défi du roi de France sans se soucier de
tenir sa parole[3], il ne manque pas de noter complaisamment
le fait; enfin il recueille les mauvais bruits qui couraient sur
les mœurs du roi d'Angleterre et se montre peut-être trop
affirmatif en parlant de ses amours avec la comtesse de
Salisbury[4].

Puisque, suivant nous, l'auteur de la *Chronique normande* était un homme de guerre, est-il possible de savoir
sous quels chefs il servit successivement? Ce serait le moyen
de déterminer exactement la valeur de chacun de ses
récits. Il est rare que notre auteur exprime ses sentiments
personnels; pourtant à l'année 1350, racontant la mort tragique de Raoul, comte d'Eu, connétable de France, il parle
ainsi : « Et fut grand dommage de sa mort, car c'estoit
« mout noble et moult vaillant prince. Après sa mort fut
« connestable de France Charles d'Espaigne, que le roy Jehan
« ama moult, et dit on que icelluy Charles avoit mout

1. P. 130.
2. P. 164.
3. P. 78 et 89.
4. P. 54 et 59-60.

« pourchacié vers le roy Jehan la mort dudit conte d'Eu,
« dont il fut mout de gens qui l'en haïrent[1]. » Le chroniqueur est si réservé d'ordinaire, que cette phrase est à noter et qu'on peut sans trop d'invraisemblance supposer que jusqu'en 1350 il fit partie de la maison du grand seigneur dont il regrette la mort.

On peut, il est vrai, formuler plusieurs objections contre cette hypothèse. Notre auteur ignore entièrement que le père du comte d'Eu, décapité en 1350, Raoul Ier, connétable comme son fils, fut lieutenant en Languedoc et en Guyenne lors de l'ouverture des hostilités entre la France et l'Angleterre, avant Le Galois de la Baume, maître des arbalétriers, et Simon d'Arqueri, seuls nommés par lui[2]; en outre il ne dit presque rien du rôle joué par le même seigneur pendant les campagnes de 1339 et 1340, en Hainaut, Cambrésis et Artois. Mais aucun texte ne prouvant que Raoul II ait servi à cette époque sous les ordres de son père, ces objections sont faciles à écarter. Notre auteur peut au surplus n'avoir connu le second connétable d'Eu qu'un peu plus tard, pendant les guerres de Bretagne par exemple. Il servait probablement sous ses ordres au siège d'Aiguillon, en 1346[3], et assista avec lui à la défense de Caen contre Édouard III[4]; peut-être avait-il quitté l'armée de Jean de Normandie en même temps que lui[5].

Nous n'avons pas d'autres arguments directs à utiliser; mais il en est un, indirect, que nous aurions tort de négli-

1. P. 96-97.
2. P. 38 et 244-245.
3. P. 71-72.
4. P. 75-76.
5. P. 272, note 8.

ger. Beaucoup des nobles grands et petits, qu'il nomme, faisaient partie de la maison militaire des deux connétables d'Eu, avaient suivi Raoul Ier en Lombardie et la plupart restèrent certainement attachés à son fils. Citons notamment les seigneurs d'Houdetot, Le Galois de la Heuse, le sire de Bouvelinghem, Thibaut de Moreuil, Bertaut d'Oultrelaue, Geoffroi de Charni, Jean de Caieu, etc. Tous ces personnages dont notre chronique s'occupe et qu'elle nomme souvent figurent dans le registre des comptes de Raoul Ier, comte d'Eu et de Guines[1]. Il semble bien que c'est au milieu d'eux que vécut notre chroniqueur; que c'est avec eux qu'il combattit, que c'est d'eux qu'il tint une partie de ses renseignements. Ajoutons que notre hypothèse rend compte d'une particularité qui autrement resterait inexplicable; pourquoi notre auteur, normand d'origine, très attaché à son pays, parle-t-il si souvent de la Picardie et de l'Artois, connaît-il si bien ces deux provinces? Le fait s'explique si l'on admet qu'il était attaché à la maison d'Eu; celle-ci possédait le comté de Guines, et l'auteur anonyme dut par suite visiter plus d'une fois cette partie de l'Artois et les pays voisins.

Jusqu'au siège d'Aiguillon, en 1346, aucun des faits de guerre dont parle le chroniqueur n'est raconté de façon à faire croire qu'il y ait assisté. Il s'étend longuement sur les campagnes de 1339 et de 1340 dans le Hainaut et sur la frontière de Flandre, il raconte avec force détails les premières guerres de Bretagne jusqu'à la trahison de Clisson et à la trêve de Malestroit, mais dans toute cette première partie, on ne relève aucune phrase, aucun mot décelant un témoin oculaire. Nous venons de dire qu'il faisait

---

1. Arch. nationales, JJ. 269.

peut-être partie de la maison militaire du connétable Raoul, comte d'Eu, deuxième de ce nom, que par suite il put prendre part au siège d'Aiguillon et un peu plus tard à la défense de Caen. Mais en tout cas il faut admettre que, plus heureux que son chef, il échappa au désastre et qu'il fut de cette poignée de braves gens qui, réfugiés dans le château, résistèrent à Édouard III et reconquirent quelques semaines plus tard la ville elle-même sur la garnison anglaise[1]; il faut tout au moins supposer que, mis promptement en liberté, il ne resta pas aussi longtemps que le connétable d'Eu en Angleterre. En effet, après avoir raconté assez exactement la campagne de Crécy, notre auteur passe aux opérations qui eurent lieu pendant le blocus de Calais par Édouard III, et il en parle en homme qui connaît parfaitement les lieux et les personnes. Il sait les noms des capitaines commis par Philippe VI à la garde des villes frontières[2]; il énumère les différents combats livrés à l'armée anglaise, aux Flamands par les garnisons qu'ils commandaient[3]; il sait dans quel ordre se sont succédé toutes ces escarmouches; l'une a eu lieu avant la venue du roi de France, une autre pendant qu'il résidait à Arras, une troisième pendant son séjour à Hesdin. La comparaison de ces pages de notre auteur avec les récits de Gilles li Muisis, abbé de Saint-Martin de Tournai, nous prouve que la chronologie de la *Chronique normande* ou plutôt l'ordre dans lequel elle raconte tous ces événements est absolument exact. On peut donc en conclure qu'il habitait alors le nord de la France et faisait

1. P. 77, note 1.
2. P. 83-84; parmi eux figurent plusieurs des seigneurs que nous venons de mentionner comme faisant partie de l'entourage des comtes d'Eu.
3. P. 86, 87-88, 89.

partie de la garnison d'une des places fortes qu'il mentionne.

Il dut quitter cette partie de la France peu après la reddition de Calais; le récit des combats de 1348 et de la trahison d'Aimeri de Pavie est tellement écourté[1] qu'on ne peut le supposer témoin de ces événements. Dès cette époque, il était sans doute dans le midi, en Agenais avec Robert d'Houdetot, alors sénéchal de ce pays, dont il raconte longuement les campagnes[2]. Tout ici dénote le témoin oculaire; notre auteur sait comment la ville de Dunes fut prise; il donne, et il n'est point coutumier du fait, une date précise; il sait que dans un château occupé par le parti anglais, « furent « prins le seigneur et la dame de l'ostel et de belles damoi- « selles, et fut tout amené à Agin[3]. » Remarquons enfin que seul il mentionne cette campagne, que D. Vaissète n'a pas connue.

Peut-être notre auteur assista-t-il, en 1349, à la bataille de Lunalongue en Poitou, qu'il est seul à raconter[4], mais il serait téméraire de rien affirmer à ce sujet. Il est bien évident d'ailleurs qu'il ne mentionne que par ouï-dire les campagnes du Galois de la Heuse en Bretagne et en Vendée[5].

Le règne du roi Jean s'ouvre dans la chronique par les quelques mots sur la mort du connétable d'Eu, que nous avons cités plus haut. Le premier des événements racontés ensuite, auquel l'auteur a pu assister, est la bataille de Saintes, perdue par la faute du maréchal de Nesle[6]; les dé-

---

1. P. 91-92.
2. P. 92-94.
3. P. 94.
4. P. 94-95.
5. P. 95.
6. P. 97-98.

tails qu'il donne sur le lieu du combat, sur les dispositions militaires du maréchal, sur les retards qui amenèrent la défaite, tout confirme à nos yeux cette opinion. Peut-être prit-il également part à la tentative contre la ville de Sainte-Foy-sur-Dordogne[1], mais il est certain qu'il n'assista ni au siège de Saint-Jean-d'Angély, ni à la reprise de Loudun[2]. Nous pensons toutefois qu'il servit encore en Poitou en 1354, quand Arnoul d'Audrehem perdit le combat de Comborn[3], sur lequel il donne certains détails caractéristiques[4].

Notre auteur avait dû en effet venir dans le nord de la France en 1352; on peut croire qu'il y avait suivi le nouveau maître des arbalétriers, Robert d'Houdetot, qui allait y servir sous Geoffroi de Charni. Il s'agissait à ce moment de reprendre le château de Guines, livré aux Anglais par un traître, Hue de Beaucourroi; Geoffroi de Charni fit construire une bastille dans la ville même et ce furent dès lors entre les assiégés et les assiégeants une suite non interrompue de combats, que notre auteur raconte brièvement. Tous ses dires sont vérifiés par les pièces du temps et nous croyons que s'il ne fit pas partie de la garnison même de la bastille, il se trouva sur les lieux et qu'il tint ses renseignements des combattants eux-mêmes[5]. L'auteur assista, vers le même temps, à la prise et à la mort d'Aimeri de Pavie[6], supplicié à Saint-Omer par ordre de Geoffroi de Charni. A cette affaire prit également part Robert d'Houdetot, avec lequel notre auteur était certainement en rapport à cette époque.

1. P. 98-99.
2. P. 99-100.
3. P. 100-101 et 291.
4. Il nomme parmi les morts deux hommes d'armes absolument inconnus; il sait comment et grâce à qui Arnoul évita d'être pris.
5. P. 102-103 et 292-295.
6. P. 103-104.

Il accompagna peut-être, vers le même temps, les seigneurs normands qui allèrent en Bretagne rejoindre le maréchal de Nesle, et prendre part au désastreux combat de Mauron (14 août 1352)[1] ; il connaissait tout au moins quelques-uns de ces chevaliers, et a pu, grâce à eux, donner un récit très exact des péripéties de l'action. En tout cas, il ne tarda pas à venir en Bretagne avec le maréchal Arnoul d'Audrehem (1353-1354), assista à la prise de Landal, aux combats de Combourg et de Montmuran, et aux joutes de Dinan et de Pontorson[2].

Nous ignorons absolument dans quelle province notre chroniqueur passa les années 1355-1356. Il ne prit aucune part à l'expédition du sire de Garencières en Ecosse[3] ; il n'assista pas non plus aux débuts de la guerre entre le roi Jean et les Navarrais[4]. Peut-être était-il à Poitiers le jour de la bataille ; nous n'oserions l'affirmer, les détails qu'il donne étant si peu caractéristiques qu'il a bien pu les tenir de témoins oculaires de ce désastre[5]. Nous croyons plutôt qu'il séjournait à ce moment en Normandie, où la guerre civile venait de recommencer ; il put assister à quelques-unes des escarmouches qui y marquèrent les années 1356, 1357 et 1358 : combats entre les gens de Philippe de Navarre et les seigneurs d'Hambye ; prise de Pontaudemer, etc.[6].

Il arrive ensuite au récit des troubles de Paris[7], mais rien ne prouve qu'il ait quitté la Normandie à cette époque. Il habi-

1. P. 105-106.
2. P. 106-108.
3. P. 108-109.
4. P. 109-111.
5. P. 112-116.
6. P. 117-118.
7. P. 118-119.

tait certainement cette province, quand eut lieu le combat, où périt Godefroi d'Harcourt; il connaît jusqu'aux étapes fournies par la troupe qui délivra le régent de ce redoutable adversaire[1]. Les événements qui suivirent sont racontés avec détails, précision et exactitude, et il prit part très probablement à la campagne de 1356-1357, conduite par Robert de Clermont, maréchal de France, le sire d'Houdetot, maître des arbalétriers, et Louis d'Harcourt, campagne qui délivra en partie le pays normand des Navarrais, mais en l'épuisant. C'est à cette occasion que l'auteur donne des éloges mérités à la noblesse normande, qui servit le régent à ses propres frais et se ruina à son service[2].

Le récit de tous ces combats est suivi dans la chronique de celui de la révolution parisienne; il est bien évident que l'auteur parle ici par ouï-dire et qu'il n'a point assisté aux événements qu'il rapporte. Notons toutefois quelques renseignements utiles, quelques mots sur les *sermons* du roi de Navarre, de curieux détails sur les ligues formées par lui avec certains seigneurs normands et picards[3].

Le récit de la Jacquerie, qui suit, est également très intéressant; on y relève beaucoup de menues erreurs de dates; la cause donnée au soulèvement par l'auteur est beaucoup trop particulière[4], mais on y trouve nombre de renseignements à noter, et sans être aucunement favorable aux Jacques, l'auteur insiste sur les excès des nobles et sur leurs exactions, et confirme ainsi les dires de Jean de Venette, sans d'ailleurs partager sa sympathie pour les révoltés. Nous croyons que, pendant toute cette saison, il ne cessa de por-

1. P. 119-120.
2. P. 119-123.
3. P. 123-127.
4. P. 127-128.

ter les armes et qu'il assista notamment au combat de Lignières, livré aux Jacques par les Normands[1]; il nomme le seul chevalier tué dans l'action, Testart de Picquigni, et donne quelques détails caractéristiques. Peut-être, mais la chose est moins sûre, était-il aussi au nombre des défenseurs de Meaux ; certains termes de son récit permettraient de le supposer.[2]

Nous pensons également, mais il nous serait assez difficile de prouver notre hypothèse, qu'il fit partie de l'armée rassemblée par le régent pour soumettre Paris, et que c'est grâce à cette circonstance qu'il connut les résolutions du conseil du prince, les détails du combat entre les Parisiens et la garnison anglaise de Saint-Cloud et les péripéties de la révolution qui renversa Étienne Marcel[3].

Les événements qui se passèrent à Paris en 1358 étaient d'une telle importance, que notre auteur, alors même qu'il n'eût assisté à aucun d'eux, ne pouvait se dispenser d'entrer dans quelques détails à leur sujet. Mais une fois racontés ces faits plus politiques que militaires, il revient à son sujet de prédilection, c'est-à-dire à l'énumération des escarmouches entre Anglais, Navarrais et Français. Après avoir raconté les opérations de Charles le Mauvais en Picardie et en Normandie[4], il nous donne sur la tentative de Jean de Picquigni contre la ville d'Amiens, en septembre 1358, des détails si précis, qu'il est à croire qu'il faisait partie de la troupe qui vint avec le comte de Saint-Pol délivrer la ville[5]. Tout d'ailleurs prouve que l'auteur habitait le nord-ouest

1. P. 129.
2. P. 130-131.
3. P. 132-136.
4. P. 136-137.
5. P. 137-139.

de la France à ce moment; il consacre, il est vrai, quelques lignes à l'expédition d'Eustache d'Auberchicourt en Champagne et à la bataille de Brignais, qu'il place mal à propos en 1359[1]; mais il accorde beaucoup plus d'espace au récit de la campagne de 1358-1359 en Vexin, en Normandie et sur les confins de la Picardie[2]. Il semble avoir assisté, au printemps de 1359, au siège de Saint-Valéri; il sait en effet le nombre des combattants, les circonstances qui marquèrent la reddition de la place, et n'oublie pas d'expliquer comment, grâce à l'impéritie de Moreau de Fiennes, Philippe de Navarre put se tirer du mauvais pas où il s'était engagé[3]. Peut-être assista-t-il également au siège de Blangi par les Normands, siège qui grâce à l'appui du roi de Navarre se termina par la prise de la place[4].

C'est à cet endroit de son récit que notre auteur place un tableau de la malheureuse situation de la France à cette époque, tableau faible de style, mais énergique et qui prouve en faveur de l'auteur[5]. C'est comme une préface au récit du soulèvement des paysans de Longueil-Sainte-Marie, sous leur chef, Guillaume l'Aloue. Il s'attarde à nous raconter les exploits de ces humbles défenseurs du sol français, et la description de la forteresse, où les paysans s'étaient réfugiés, nous porte à croire qu'il connaissait cette partie de l'Ile-de-France[6].

Notre chroniqueur continuait cependant à parcourir la Normandie et les provinces voisines; en douze lignes il

---

1. P. 139-141.
2. P. 141-142.
3. P. 142-144.
4. P. 144-145.
5. P. 145-146.
6. P. 147-148.

raconte la marche d'Édouard III de Calais à Reims et à Paris[1], et il accorde une page au récit du combat de Faverel, perdu par les Français[2]; il n'oublie pas des escarmouches insignifiantes à Tosteville, à Chaudecote, etc., il parle des exploits de Bertrand du Guesclin à Saint-Meen-de-Gueel[3], tous événements de faible importance et qui ne pouvaient ni améliorer ni empirer la situation de la France, mais qui frappaient avant tous autres les yeux de notre auteur, qui en était témoin.

Jusque vers 1351, le chroniqueur paraît avoir servi sous les chefs les plus divers, le comte d'Eu, Robert d'Houdetot, *le bon seigneur de Beaujeu*[4], Louis d'Harcourt, Arnoul d'Audrehem, Geoffroi de Charni. Mais maintenant la renommée de tous ces capitaines s'efface devant celle d'un plus rude jouteur, d'un homme de guerre aussi courageux, mais plus habile et parfois plus heureux. La *Chronique normande* a déjà parlé de Bertrand du Guesclin à propos du siège de Rennes par Lancastre en 1356[5]; elle a mentionné sa prise au pas d'Evran[6]; maintenant elle raconte ses prouesses en Bretagne, et voici en quels termes : « Moult « d'autres belles besoingnes avoit fait ledit Bertran sur le « pais de Bretaigne contre les Englois[7]. » Désormais l'auteur ne laissera échapper aucune occasion de faire l'éloge de son nouveau héros et s'attachera de plus en plus au récit de ses marches et contre-marches[8].

1. P. 149.
2. P. 150.
3. P. 150-151.
4. P. 101.
5. P. 117.
6. P. 149.
7. P. 151.
8. Voir p. 159.

Pour le moment, il est occupé à raconter les événements qui précédèrent et rendirent inévitable le traité de Brétigny[1] ; écrivant après la reprise des hostilités et la rupture du traité, il n'oublie rien de ce qui peut sauver Charles V du reproche d'avoir violé la foi jurée ; il énumère les clauses secrètes, qui ne furent divulguées que plus tard ; il ne manque pas de faire remarquer qu'Édouard III ne tint nullement les promesses faites par lui lors de la conclusion de la paix[2]. Mais aussitôt payé ce tribut à l'histoire générale, l'auteur revient à la Normandie ; s'il parle des ravages de routiers en France, c'est uniquement d'après ce qu'il en a vu dans cette province[3], et il ne s'occupe guère que de la rude guerre que leur fit dès lors Bertrand du Guesclin sur les marches de Normandie et de Bretagne. Il serait difficile de marquer auxquels de ces faits d'armes notre auteur a pu assister, tous étant racontés avec un égal détail ; notons pourtant le combat de Champ-Genestous, dans le Maine, auquel il put prendre part[4], la prise de Saint-Martin-de-Seez par du Guesclin et Moreau de Fiennes[5], le combat de Mortain[6]. Nous concluons également de certaines expressions qu'il dut suivre une partie de la noblesse normande au siège de Bécherel en Bretagne, et qu'au retour il assista avec elle à la prise de Beaumont-le-Richard[7]. Le récit de la prise de Quinquernon et de Romilly par Philippe de Navarre nous paraît également déceler un témoin oculaire[8].

1. P. 151-154.
2. P. 155.
3. P. 155-156.
4. P. 159.
5. P. 159-160.
6. P. 160-161.
7. P. 161-162.
8. P. 162-164.

Nous en dirons autant des opérations de Guillaume du Merle, capitaine en Basse-Normandie, qu'il raconte avec le plus grand détail et auxquelles il prit peut-être part : combat et prise de la Vignée, prise de la Remmée, siège du Homme en Cotentin. L'auteur connaît le pays, la position de chaque troupe, les stratagèmes employés par les capitaines français et anglais, les circonstances de la capitulation de chaque place [1]. Ces campagnes de du Guesclin et de Guillaume du Merle ayant duré trois ans, et ayant eu pour théâtre un pays peu étendu (départements actuels du Calvados, Orne et Manche), notre auteur a pu assister successivement à la plupart des combats qu'il raconte.

Arrivé à l'année 1364, il s'occupe encore de Guillaume du Merle, occupé à ce moment en Cotentin [2], puis passe à la bataille de Cocherel ; la lecture de son récit [3] prouve, à notre avis, qu'il assista à ce brillant combat et qu'il était alors sous les ordres de du Guesclin. Nous croyons qu'après la victoire il suivit Mouton de Blainville au siège d'Evreux [4], et qu'il fit par conséquent partie du petit corps d'armée que Charles V envoya à son frère, Philippe le Hardi, pour l'aider à reprendre la place de la Charité-sur-Loire, occupée par Louis de Navarre [5] ; c'est le seul moyen d'expliquer pourquoi il nous raconte la marche oblique du duc de Bourgogne depuis Orléans jusqu'à Rouen, et son retour en arrière vers la Charité, tous événements qui n'intéressent nullement la Normandie ; cette supposition permet également d'expliquer l'insignifiance de son récit de la bataille d'Auray, à laquelle

---

1. P. 165-168.
2. P. 169-170.
3. P. 171.
4. P. 174.
5. P. 174-175.

dans cette hypothèse il n'aurait pu assister [1]. Peut-être même suivit-il en Bourgogne le duc Philippe, qui profita de l'occasion pour soumettre sa noblesse révoltée, et assista-t-il à la *bonne petite besoingne*, où fut pris Jean de Neufchâtel [2].

Notre auteur s'occupe ensuite des expéditions de du Guesclin en Espagne; mais dans cette partie de sa chronique son récit, quoiqu'en général assez exact, n'est point l'œuvre d'un témoin oculaire; on n'y remarque aucun de ces traits que nous avons relevés ailleurs et qui marquent la part prise par l'auteur à l'action; il a en outre des idées assez confuses sur la géographie de la Castille et place Tolède à trois lieues de la mer [3]. Il tenait sans doute le fond de son récit de l'un des capitaines français, ou de quelqu'un de leurs compagnons; il connaissait certainement les trois chefs qu'il cite : Arnoul d'Audrehem, le Bègue de Villaines et du Guesclin; remarquons même qu'il a grand soin de mettre sur le compte d'un Gascon anonyme la trahison qui livra don Pèdre à Henri de Trastamare, trahison que la plupart des chroniqueurs imputent à du Guesclin [4].

En 1369, Charles V rompt le traité de Brétigny et recommence les hostilités contre les Anglais. Notre auteur n'exprime aucun doute sur la légitimité de cet acte [5]. Nous pensons qu'il reprit alors le cours de ses aventures et de ses voyages incessants. Il nous est impossible d'affirmer qu'il fût en Ponthieu, quand Hue de Châtillon, maître des arbalétriers, reconquit cette province, mais nous croyons qu'il fit partie de la grosse armée de Philippe de Bourgogne et de

1. P. 175-176.
2. P. 177-178.
3. P. 182.
4. P. 187.
5. P. 189.

Moreau de Fiennes, campée à Tournehem en face des Anglais de Lancastre[1]. Sa présence à Purnon, où fut défait le comte de Pembroke[2], et au camp du duc de Bourbon *qui n'estoit pas grant forteresse,* quand celui-ci, assiégeant Belleperche, fut atteint par l'armée du duc de Lancastre[3], nous paraît toutefois chose plus assurée. Enfin nous croyons pouvoir affirmer qu'il était avec du Guesclin en 1370-1371, pendant cette belle campagne où, grâce à la rapidité de ses marches, à la vigueur de ses coups, le nouveau connétable écrasa en quelques jours la redoutable armée de Robert Knolles; ce qu'il dit de la marche forcée de du Guesclin de Caen au Mans, sa description du lieu où les Français rencontrèrent les Anglais de Thomas de Granson, sa liste des chefs ennemis, presque tous inconnus, faits prisonniers, tout s'accorde pour fortifier notre hypothèse[4]. Il paraît également avoir suivi du Guesclin à Bressuire, devant Saint-Maur, dans toutes ces petites expéditions, qui délivrèrent le pays des maraudeurs anglais, gascons, allemands, qui l'infestaient[5]. Il le suivit probablement aussi dans l'expédition entreprise pour secourir la garnison de Montpont et devait être avec lui au moment de la tentative sur Ussel; il sait l'heure exacte à laquelle survint la tempête de neige qui força les Français à lever le camp et à battre en retraite[6]. Assista-t-il également aux sièges de Conches et de Breteuil par Mouton de Blainville, c'est ce qu'il nous serait impossible d'affirmer. L'auteur termine sa chronique à la reddition

---

1. P. 189-190.
2. P. 191-192.
3. P. 195.
4. P. 196-197.
5. P. 198-199.
6. P. 200-201.

de ces deux places, et l'état des manuscrits ne permet d'affirmer ni que la fin a été perdue ni que dans l'autographe elle se terminait aussi brusquement.

Si pauvre que soit le style de notre auteur, si peu ornée que soit la forme de ses récits, il a des expressions, des tournures favorites, qui reviennent constamment et qui ne permettent pas de mettre en doute l'unité de son œuvre; la *Chronique normande* a certainement été rédigée par une seule personne et probablement en une seule fois. Il s'agit maintenant de fixer l'époque de sa rédaction.

En parlant de l'avènement du roi Jean, notre auteur énumère ses enfants[1], et donne au plus jeune de ses fils, Philippe le Hardi, le titre de duc de Bourgogne; ce détail nous reporte après le 6 septembre 1363, date de la donation du duché à ce prince[2]. Quelques lignes plus bas, il dit que la troisième fille de Jean épousa Robert, duc de Bar; ce mariage eut lieu le 4 juin 1364[3] et nous rejette huit mois plus loin. Cette seconde date est confirmée par une autre expression; parlant du siège de Meaux, en 1358, l'auteur dit que le régent avait laissé dans la ville *la royne sa femme*[4]; c'est évidemment une bévue, venant de ce que l'auteur écrivait après mai 1364, date du sacre de Charles V et de sa femme Jeanne de Bourbon.

La chronique a donc été rédigée après le milieu de l'année 1364. Il est impossible de déterminer cette date plus exactement; mais nous estimons que l'ouvrage fut commencé un peu plus tard, et à notre avis la fin, sauf une très petite partie, n'en a pas été rédigée au jour le jour. En effet, dans

1. P. 96.
2. P. Anselme, I, p. 238.
3. Id., *ibid.*, p. 108.
4. P. 130.

cette dernière hypothèse, l'auteur aurait donné beaucoup plus de dates et il n'aurait pas commis la faute énorme de placer avant la mort du roi Jean certaines campagnes des années 1365 et 1366 en Normandie, campagnes qu'il raconte d'ailleurs avec beaucoup d'exactitude[1]. Pour comprendre qu'un écrivain généralement bien informé ait pu commettre une pareille erreur, il faut admettre un intervalle de plusieurs années entre ces événements et le moment où le chroniqueur se décida à les raconter.

Nous supposons donc que la rédaction de la chronique date au plus tôt de 1368 ou de 1369 ; voici quelques réflexions qui tendraient à confirmer notre hypothèse. En 1364, Jean de Chalon, fils du comte d'Auxerre, servait sous du Guesclin ; l'auteur remarque qu'il se faisait appeler comte d'Auxerre, *bien que son pere vesquist encore.* Ce dernier mourut en 1366 ou en 1368, suivant les auteurs[2]. En parlant de la bataille de Cocherel, l'auteur dit que Charles V délivra le captal de Buch sans rançon et le retint à son service[3]. En 1371, rompant ses engagements, ce capitaine recommença la guerre pour le compte du roi de Navarre, et le chroniqueur ajoute qu'il « en fu moult blasmé de plusieurs « gens, car on tenoit que il avoit eu de grans seremens au « roy de France, quant il le delivra de sa prinse de la ba- « taille de Coicherel et lui fist maint autre prouffit[4]. » Il suffit de connaître un peu la manière d'écrire de l'auteur, pour affirmer que, si, à l'époque où il rédigea le premier des

---

1. P. 165-169.
2. P. 174. Voir le P. Anselme, VI, 201, et l'*Art de vérifier les dates,* éd. in-fol., II, 572.
3. P. 173. « Et depuis delivra le roy Charles le captal de Beuf « sans paier rençon et pour certains convenans que il lui fist de le « servir. »
4. P. 201.

deux passages cités, il avait connu l'abandon du parti français par le captal, il n'eût pas manqué de prévenir le lecteur que ce seigneur ne devait pas rester longtemps fidèle à ses nouveaux engagements. La chronique aurait donc été commencée suivant nous avant 1371, et nous proposons l'année 1369, date de la reprise des hostilités contre Édouard III. En parlant du traité de Brétigny, l'auteur insiste en effet sur la clause célèbre tenue longtemps secrète, portant que le roi d'Angleterre ne serait affranchi définitivement de l'hommage pour le duché de Guyenne, que s'il remplissait scrupuleusement tous ses engagements[1], et quelques lignes plus loin il fait remarquer qu'Édouard ne se préoccupa nullement de faire évacuer le pays par ses bandes, malgré les stipulations du traité[2]. Le rapprochement de ces deux passages nous fait croire qu'à l'époque où l'auteur les écrivit, la guerre était de nouveau déclarée, et qu'il sentait le besoin de justifier entièrement Charles V.

Commencée vers 1369, la *Chronique normande* fut continuée jusqu'en 1372, date de la prise de Breteuil; comme elle se termine assez brusquement, on peut croire que l'auteur mourut peu après cette dernière année. Sa mort est en tout cas antérieure à 1376, date de celle du Prince Noir, dont il note la maladie et l'affaiblissement, mais qui était encore vivant à l'époque où il écrivait[3], date également de la mort du captal de Buch[4]. En second lieu, dans ce qu'il rapporte des conventions entre les Français et les

1. P. 153.
2. P. 155.
3. P. 194.
4. Peut-être même sa mort est-elle antérieure à 1375, date de la première trêve conclue avec l'Angleterre, trêve qu'il aurait probablement annoncée en parlant de la reprise des hostilités, s'il avait écrit après sa conclusion (p. 189).

Anglo-Navarrais de Breteuil, il ne dit pas que cette garnison rompit bientôt le traité et qu'en 1376 la place fut définitivement reprise par les troupes royales [1].

En un mot la *Chronique normande*, commencée suivant nous vers 1369, fut rédigée pendant les années 1369-1372 et l'auteur dut mourir peu de temps après, en 1373 ou 1374.

Tout ce qui précède ne concerne que la deuxième partie de la chronique, celle qui raconte les événements postérieurs à 1328. En effet tout le commencement est certainement tiré de sources plus anciennes, que nous n'avons pu déterminer d'une manière précise. En parcourant cette première partie de la *Chronique normande*, on y reconnaît bientôt trois morceaux de valeur et de longueur différentes : 1° un récit assez détaillé par endroits des guerres entre Gui de Dampierre et Philippe le Bel de 1294 à 1304 (pp. 1-28); 2° quelques notes sans intérêt et pleines d'erreurs sur les dernières années de Philippe IV et les règnes de Louis X et de Philippe V (pp. 28-33); 3° un récit assez étendu de la révolte de la Flandre contre Louis de Nevers de 1324 à 1326 (pp. 33-36).

La date d'ouverture des hostilités entre Gui de Dampierre et son suzerain a servi de point de départ à plus d'une chronique du XIV° siècle; nous citerons notamment le Mineur de Gand, dont le récit s'arrête à l'an 1308, et Gilles li Muisis, abbé de Saint-Martin de Tournai, qui fait commencer à l'année 1294 la troisième partie du sixième traité de sa chronique. Toutefois ni l'un ni l'autre de ces deux auteurs n'a servi de source à la *Chronique normande;* malgré l'exactitude de certaines dates, le récit de celle-ci est par-

---

1. Delisle, *Mandements de Charles V*, n. 1269.

fois tellement fabuleux, tellement singulier, qu'il faut admettre entre elle et les sources contemporaines l'existence de plusieurs intermédiaires. On peut remarquer en outre que les *Grandes chroniques de Flandre*, récemment rééditées par M. Kervyn de Lettenhove, ne renferment aucun trait qui puisse faire croire que la première rédaction de cette compilation, rédaction que l'éditeur rapporte aux environs de l'année 1342, ait pu servir de source à l'auteur de la *Chronique normande*.

Dans les *Annales* du Mineur de Gand et dans la chronique de Gilles li Muisis, on remarque certains traits, certains passages qui se retrouvent dans notre chronique ; ainsi les trois ouvrages débutent par une courte généalogie de Gui de Dampierre[1]. Dans l'ouvrage de l'abbé de Tournai, on reconnaît au moins quatre longs passages analogues aux passages correspondants de la *Chronique normande*. Commencement, ouverture des hostilités (édit. de Smet, pp. 184-185) ; soumission de Gui de Dampierre à Charles de Valois, mauvaise foi de Philippe IV (*ibid.*, 189-190 ; voir notre édition, p. 15) ; ruse du roi Édouard Ier en 1302 (*ibid.*, 197-198 ; édition 20-22) ; stratagème des Flamands après la bataille de Mons-en-Puelle (*ibid.*, 201 ; édition 27). Mais ces ressemblances n'ont rien de bien concluant. La généalogie du comte Gui était un préambule tout indiqué pour une chronique commençant à 1294 ; Gilles li Muisis rapporte de la même façon que notre chroniqueur les suites de la bataille de Mons-en-Puelle, mais il ajoute certains détails que la *Chronique normande* ne renferme pas. Enfin l'anecdote sur Édouard Ier se trouve

---

1. Voir, pour le Mineur de Gand, *Mon. Germaniæ hist., Scriptores*, XVI, pp. 555-597, et Gilles li Muisis, édit. de Smet, dans le *Corpus chronicorum Flandriæ*, t. II (1841), pp. 184 et suiv.

ailleurs que dans ces deux chroniques, notamment dans celles de Saint-Denys[1]; cette anecdote servait à expliquer plusieurs faits peu compréhensibles, l'inaction d'Édouard Ier en 1302, après Courtrai, le retour précipité de Philippe IV en France et la levée du siège de Douai. Guillaume de Nangis[2] se contente de blâmer l'inaction du roi, se faisant sur ce point l'écho des plaintes de la noblesse ; son premier continuateur[3] parle des *conseils pervers*, qui circonvinrent le roi, et les *Chroniques de Saint-Denys*, après avoir traduit ce dernier passage, ajoutent quelques lignes résumant l'historiette longuement racontée par Gilles li Muisis et la *Chronique normande*.

On voit par ce dernier exemple que toutes les ressemblances entre ces deux chroniques n'ont rien de bien concluant; elles prouvent tout au plus que Gilles li Muisis et notre auteur ont employé une même source ancienne, que nous ne pouvons déterminer d'une manière précise. C'est à cette source, écrite probablement en latin[4], que notre auteur a emprunté une partie de son récit, en y ajoutant certains faits que lui fournissait la tradition ; telles sont les anecdotes sans grande originalité dont il enjolive son récit du siège de Lille de 1291[5].

Ce que nous pouvons dire de cette chronique inconnue, c'est qu'elle était l'œuvre d'un Flamand, dévoué à la cause du roi de France[6], et qu'elle devait se terminer peu après l'année

1. Ed. Paris, V, pp. 143-144.
2. Ed. Giraud, I, p. 322.
3. *Ibid.*, p. 332.
4. Voir p. 17 de notre édition ; l'auteur appelle *le Roi* le célèbre agitateur Pierre Konynk ; un texte écrit en français en Flandre même aurait donné la forme germanique.
5. P. 6-10.
6. Il était peut-être originaire du Tournaisis, dont les habitants

1304, date de la bataille de Mons-en-Puelle, car les renseignements de notre auteur, après cette date, deviennent tout à fait confus, même en ce qui concerne les événements du pays flamand, qui jusque-là ont été seuls l'objet de ses récits[1].

De la seconde partie du commencement de notre chronique, nous n'avons pas grand'chose à dire, sinon qu'elle est extrêmement abrégée, — en six pages l'auteur raconte les événements de dix-huit ans, — et pleine d'erreurs énormes. En déterminer les sources serait difficile et peu intéressant. L'auteur nous paraît avoir employé une de ces courtes généalogies des rois de France, qui furent écrites en si grand nombre au commencement du xive siècle, mais où il avait mal choisi sa source, où il en a mal profité. Comme notre auteur vécut de bonne heure dans l'intimité des seigneurs de la cour, il se pourrait aussi qu'il ait tenu certains détails de témoins plus ou moins oculaires et que sur quelques événements il nous ait conservé la version ayant cours dans un certain milieu[2].

Les trois pages que l'auteur consacre au règne de Charles le Bel, étant presqu'entièrement remplies par le récit de la révolte des Flamands de 1324 à 1326, sont soit tirées d'un texte perdu, soit rédigées par lui à l'aide de renseignements fournis par des témoins oculaires. Dans ce fragment, les faits sont racontés avec plus d'exactitude que dans le précédent.

Nous ne connaissons de la *Chronique normande* que les deux manuscrits suivants :

---

furent pendant tout le xive siècle dévoués à la cause française.
1. P. 28.
2. Voir notamment son récit de la mort de Philippe le Bel, pp. 30-31.

1° Paris, Bibliothèque Nationale, ms. franç. 4987 (ancien Regius 9654 ³˙³, et supplément français 530). Parchemin; 105 ff.; longues lignes, haut. 257, larg. 176 mm. Fin du xiv⁰ siècle ou commencement du xv⁰ siècle. Pour tout ornement, quelques initiales de couleur. Le premier feuillet manque. Demi-reliure en maroquin rouge aux armes de Napoléon I⁰ʳ; plats en veau fauve. Nous désignons ce manuscrit par la lettre A.

2° Toulouse, Bibliothèque de la ville, ms. n. 510 (ancien I, 199; provenance inconnue). Vélin; 122 ff.; longues lignes, haut. 273 mm. Milieu du xv⁰ siècle. Aucun ornement. Ancienne reliure en bois, couvert de cuir brun estampé, avec fermoirs et ornements en cuivre. Nous désignons ce manuscrit par la lettre B.

Les deux manuscrits sont l'un et l'autre assez fautifs; les noms de lieux et de personnes ont été singulièrement estropiés par les copistes, qui en ont même laissé quelques-uns en blanc. Les deux manuscrits présentant les mêmes lacunes, on peut croire au premier abord que le plus récent a été copié sur le plus ancien. Toutefois certaines variantes prouvent que les deux exemplaires ont bien pour source commune un manuscrit perdu, dont nous nous occuperons tout à l'heure, mais que d'ailleurs ils sont indépendants l'un de l'autre. Voici quelques exemples à l'appui :

P. 40, note 3, A donne *pors*, B *pays*.

P. 53, A, *Gieuffroy de Malatrait*; B, *Charle de M.*

P. 56, note 1, trois mots : *virent ce, ilz* manquent dans A, qui se retrouvent dans B.

P. 70, note 1, même remarque pour six autres mots.

P. 92, note 2, quatre mots ajoutés par B [1].

---

1. Voir encore p. 119, note 4; p. 120, note 4; p. 125, notes 2 et 4; p. 128, note 5; p. 130, note 1, etc.

Ces variantes prouvent évidemment que A et B ont été copiés sur un autre manuscrit, que nous désignerons par C, d'où nous tirons :

```
        C
     ───────
     A   B
```

Ce manuscrit C, que nous ne possédons plus, n'était pas l'original de la chronique, car il renfermait certaines lacunes, reproduites par A et par B, qui ne se retrouvent pas dans la seconde rédaction, que nous étudions plus loin. Quelques-unes[1] peuvent être le résultat de bourdons, c'est-à-dire que la répétition du même mot à une faible distance a trompé le copiste de C, mais il n'est pas de même de plusieurs autres, qui sont beaucoup plus significatives. Racontant certains événements de la guerre de Bretagne, l'auteur de la *Chronique normande* parlait sans aucun ménagement de la trahison d'Olivier de Clisson et des autres seigneurs bretons, décapités à Paris en 1342[2]. Tous ces passages se retrouvent dans la seconde rédaction déjà citée de la chronique, mais avaient été laissés en blanc dans le manuscrit C, d'où dérivent A et B; presque toujours le copiste s'était contenté de supprimer le nom de Clisson, sans craindre de rendre la phrase incorrecte. Ce fait nous paraît prouver que le manuscrit C, aujourd'hui perdu, fut écrit à l'époque où le fils du Clisson décapité en 1342 était devenu connétable de France et avant sa disgrâce définitive, c'est-à-dire entre 1380 et 1392. Le copiste de C aura jugé peu prudent de mettre au nombre des traîtres le père du puissant ministre de Charles VI. Il faut donc admettre au moins l'existence de quatre manuscrits de la chronique :

---

1. Voir par exemple p. 4, note 2; p. 19, n. 2; p. 34, note 2.
2. P. 50-51, 55, 58, notes 2 et 3; p. 61, notes 1, 2 et 3.

l'un D, original ou copie de l'original sans lacunes, C, copie de D avec lacunes, tous deux perdus, plus A et B, qui nous ont conservé le texte mutilé et fautif de C, d'où le tableau suivant :

$$\begin{array}{c} D \\ \hline C \\ \hline A \quad B \end{array}$$

Ce que nous avons dit jusqu'ici donne déjà une idée de l'intérêt que présente notre chronique pour l'histoire militaire du xive siècle. Il ne faut pas y chercher des renseignements bien nouveaux sur les grandes batailles de la première partie de la guerre de Cent ans ; les récits qu'elle renferme des journées de l'Écluse, de Crécy, de Poitiers et d'Auray ne sont ni plus ni moins exacts que ceux que Froissart nous a transmis de ces mêmes événements, et nous sommes trop prudents pour comparer le style incolore et monotone de l'auteur anonyme avec celui du chroniqueur de Valenciennes. A la *Chronique normande* manquent également la précision et la netteté des *Grandes Chroniques*, la vie et la passion de l'ouvrage de Jean de Venette. L'auteur s'est si peu mis en avant, que nous avons eu peine dans le récit de ces innombrables escarmouches à retrouver trace de sa personnalité. En revanche, pour toutes ces opérations secondaires, qui malheureusement ne décidèrent pas seules du sort du royaume, notre chronique est extrêmement précieuse[1]. On y voit à l'œuvre cette petite noblesse

---

[1]. Le désordre qui règne dans la dernière partie de l'ouvrage est facile à expliquer, l'auteur ayant évidemment écrit de mémoire. On peut adresser le même reproche à l'*Histoire du bon duc Loys*, de Cabaret d'Orville, rédigée dans les mêmes conditions.

française, qui, si elle eût seule dirigé les affaires, eût peut-être épargné à la France quelques-unes des hontes que lui valurent l'impéritie de Philippe VI et de Jean II, l'imprudence et l'incapacité des grands seigneurs. Elle permet surtout de faire justice de certaines idées aujourd'hui courantes touchant l'organisation militaire de la France comparée à celle de l'Angleterre au xiv° siècle. Supposons Édouard III en 1346, le prince Noir en 1356, rencontrant devant eux non pas la grande cohue féodale, qui se laissa si bien disperser à Crécy et à Poitiers, mais une petite troupe d'hommes choisis, bien conduits, bien armés, comme celles qui sous les du Guesclin, les Mouton de Blainville, les Guillaume du Merle débarrassèrent plus tard la Normandie d'une nuée d'aventuriers de toutes nations ; donnons pour maître à ces capitaines à la fois prudents et hardis un Charles V au lieu d'un Philippe VI ou d'un Jean le Bon, et ces deux campagnes entreprises par les princes anglais contre toutes les règles de la guerre, avec une témérité que les Français eux-mêmes montrèrent à peine deux ou trois fois en cent ans, auraient eu une tout autre issue; Édouard III, le prince Noir, isolés au milieu d'un pays ennemi, sans communications, sans base de retraite, auraient chèrement expié leurs aventures et leurs pillages. Dans les deux pays, nous trouvons, quoi qu'on en ait dit, même organisation militaire, même mode de recrutement, même emploi de mercenaires étrangers. Ne sont-ce pas des Gascons, c'est-à-dire des demi-Français, qui ont fait bien souvent et notamment à Poitiers le succès des Anglais ? La France au xiv° siècle avait assez d'hommes, d'argent et de courage à son service pour repousser les attaques d'Édouard III ; elle ne s'est pas abandonnée elle-même, comme on l'a cru souvent ; la direction suprême lui a seule manqué. Si elle eût eu à sa tête, au lieu des deux premiers Valois, nous ne dirons pas un Philippe le Bel ou un Charles V, mais seulement un prince tel que Philippe V ou Charles IV, cette terrible guerre de Cent ans n'eût été ni plus longue, ni plus à craindre que toutes les guerres de Gascogne du commencement du XIVe siècle.

II.

Nous n'avons pu constater l'existence de plus de quatre copies anciennes de la *Chronique normande*, telle que nous la publions. La chose n'a rien d'étonnant pour une chronique du xive siècle. Ajoutons que la nôtre a été extrêmement répandue au xive et au xve siècle, mais sous une autre forme, et que la faveur accordée au remaniement a dû faire oublier la version originale. On remarquera, en lisant notre texte, que nous avons imprimé en notes de nombreuses variantes de mots et de phrases, tirées du ms. fr. 5610 de la Bibliothèque Nationale; dans certains cas même nous empruntons sa leçon à ce dernier, comme plus correcte que la forme correspondante donnée par les manuscrits A et B. En effet, bien que la rédaction, qui nous a été conservée non seulement par le ms. 5610, mais par un grand nombre d'autres, dont nous parlerons tout à l'heure, soit une rédaction abrégée et remaniée, très souvent, notamment chaque fois qu'il s'agit du nord de la France ou de la Flandre, elle nous donne des dates plus exactes, des formes meilleures de noms d'hommes et de lieux.

Jusqu'à la campagne de Derbi en Guienne, les deux rédactions ne diffèrent qu'assez peu; les manuscrits de la seconde permettent seulement de combler certaines lacunes, de corriger quelques mauvaises leçons des copistes de A et de B. Mais, à partir de 1345, l'écart entre les deux rédactions commence à s'accuser; dès ce moment on reconnaît que l'auteur de la plus récente a cherché à condenser, à abréger le texte original, en supprimant les détails les moins importants ou qu'il jugeait tels, sans craindre de rendre parfois le récit inintelligible. C'est ainsi que de prime abord il supprime l'épisode de la bataille d'Auberoche (p. 66) et qu'il écourte tellement le récit des opérations de Derbi que la version primitive, déjà peu vraisemblable, devient inacceptable dans l'abrégé. Il était toutefois utile de mettre les deux rédactions sous les yeux du lecteur ; car même dans le cas où elle abrège, la seconde a pu conserver un membre de phrase, une circonstance, faisant partie du texte original et qui manque dans les mss. qui nous en sont restés[1].

Le récit de l'expédition d'Édouard III en Normandie est à peu près identique dans les deux recensions ; celui de la bataille de Crécy est au contraire assez différent, et dans le ms. 5610 il est beaucoup moins net, beaucoup moins exact[2]. Les indications suivantes permettront du reste de se rendre compte des modifications que le texte primitif a subies dans la seconde rédaction.

P. 83 ; 5610 donne tout un passage sur l'expédition de Derbi en Saintonge et en Poitou après Crécy, qui manque dans A et B. Il semble que ce soit le remaniement d'un passage de ces derniers manuscrits (v. p. 69) ; seulement pour des raisons que nous ne connaissons pas, l'auteur de la seconde rédaction a placé ces événements à leur véritable date.

P. 92-95. L'abréviateur commence à partir de cet endroit à omettre toutes les parties du texte primitif qui ne se rapportent pas directement à la Flandre, et cette tendance ira en s'accentuant à mesure que nous approcherons de la fin de la

---

1. Voir notamment p. 68, *note,* ce que la seconde rédaction dit du rôle de Raimond Foucaud, en 1346.

2. Voir p. 81, note 3.

Chronique normande; il commence par supprimer tout le récit excellent des campagnes d'Agenais et de Poitou en 1349 et 1350 ; le paragraphe sur Le Galois de la Heuse (p. 95) subit le même sort.

P. 97-99 et 100-101. Opérations du maréchal de Nesle en Poitou, campagne en Guienne (1351), combat de Comborn, omis également par l'abrégé. Le récit du siège de St-Jean d'Angely (p. 99) est extrêmement écourté, ainsi que les pages suivantes, où pourtant il s'agit de l'histoire du nord de la France ; l'auteur de l'abrégé supprime même tout ce qui est relatif à la bastide de Guines (pp. 102-103).

Les lacunes se multiplient à partir de cet endroit. Dans 5610 on ne trouve ni le récit du combat de Mauron, ni celui des expéditions d'Audrehem en Bretagne, des joutes de Dinan et de Pontorson (pp. 105-108); un peu plus loin, l'auteur de l'abrégé supprime également l'expédition du sire de Garencières en Écosse (pp. 108-109). En outre, à dater de 1356, non seulement il mutile le récit original, mais encore y ajoute certains faits qu'il emprunte à d'autres sources qu'il serait difficile de déterminer. Citons notamment le récit de la guerre des Navarrais en Normandie, au printemps de 1356 (p. 111, note). A partir de cet endroit, l'auteur omet définitivement tout ce qui est relatif à la Normandie, à la Bretagne et aux provinces voisines [1].

Les parties du récit primitif qui ont été conservées ont été parfois transcrites en entier, mais le plus souvent on les a abrégées. Ailleurs l'auteur de la seconde recension, tout en conservant les faits racontés par la chronique originale, a changé ses expressions et ajouté quelques

---

1. Voir pp. 117-118 ; 119-123 ; 139-141 ; 148-149 ; 149-154 ; 155-156 ; 157-169 ; 169-170 ; 174-175 ; 177-178 ; 191-195 ; 198-203.

détails qui n'ont rien d'ailleurs de bien caractéristique [1]. Quelquefois aussi il faut supposer l'emploi par lui d'une autre source, qui lui a fourni des additions en petit nombre et certaines corrections. Nous avons déjà noté le fait à propos des campagnes de Guienne de 1346; il se représente pour le traité de Brétigny [2]; dans les récits de batailles, les différences consistent surtout en noms ajoutés aux listes de combattants, de morts, de blessés ou de prisonniers; tel est le cas pour les batailles de Cocherel et d'Auray [3]. Le récit des guerres d'Espagne a été également très écourté [4] et l'auteur du remaniement n'a ajouté aucun détail au texte primitif; il se contente de suppressions qui sont quelquefois dignes de remarque; ainsi il ne dit rien de la lutte corps à corps entre don Henri et don Pèdre, lutte qui se termina par la mort de ce dernier [5].

A partir de l'année 1369, date de la reprise des hostilités entre Charles V et Édouard III, l'abréviateur semble de plus en plus désireux d'atteindre la fin de sa tâche [6]. Après quelques mots sur la rupture du traité et la soumission du Ponthieu, il conserve le récit de la campagne de 1369 dans cette dernière province [7], mais supprime tout ce qui suit dans la *Chronique normande* jusqu'à l'expédition de Robert Knolles en 1370 [8]. Arrivé à cet événement, il résume en quelques lignes le long récit de l'original,

---

1. Voir par exemple p. 146, tableau de la situation du royaume vers 1360.
2. P. 154-155.
3. P. 172-173 et 177.
4. P. 180 et suiv.
5. P. 187.
6. V. p. 190.
7. P. 190-191.
8. P. 195.

donne quelques détails sur la mort du maréchal d'Audrehem, détails qui faisaient peut-être partie du texte primitif[1], et s'arrête au retour de du Guesclin à Paris, en janvier 1371.

Nous avons supposé prouvé que le texte du ms. 5610 et des mss. semblables était un abrégé de la *Chronique normande*; il nous faut maintenant démontrer que la *Chronique normande* n'est pas au contraire un développement, une amplification de l'abrégé. Nous croyons que cette seconde hypothèse paraîtra inadmissible à quiconque examinera les deux rédactions. Celle que nous croyons être abrégée est infiniment moins exacte, moins précise que l'autre; la partie la plus originale, celle qui a trait aux campagnes de Normandie de 1357 à 1366, y a été entièrement omise, et dans les fragments du récit primitif qui ont été conservés on ne trouve plus ces traits caractéristiques, ces détails, que nous avons notés comme décelant un témoin oculaire. Il faudrait donc admettre que l'auteur de la *Chronique normande*, pour composer son œuvre, aurait pris une chronique peu exacte, très courte, et l'aurait développée, ajoutant à chaque ligne des détails observés par lui, des remarques personnelles, des noms que lui fournissait sa mémoire. L'énoncé seul de cette supposition suffit pour la faire condamner.

Pour conclure, ce que nous appelons l'abrégé a été rédigé dans le nord de la France à une époque indécise (nous verrons tout à l'heure qu'il est antérieur à 1386), et son auteur a suivi de près la *Chronique normande* en y ajoutant quelques traits empruntés soit aux *Chroniques de Flandre*, soit à une autre source écrite ou orale qu'il serait difficile de déterminer.

1. P. 198, note.

La *Chronique normande*, ainsi abrégée et remaniée, a eu au XIV⁰ siècle une vogue qu'on peut trouver peu méritée ; non seulement nous possédons de cette seconde rédaction un grand nombre de copies manuscrites, mais encore elle est entrée dans plusieurs compilations postérieures. D'après ce qu'en dit David Aubert, l'un des copistes attitrés du duc de Bourgogne, Philippe le Bon [1], elle était regardée à la cour de ce prince comme donnant le récit pour ainsi dire officiel des premières guerres anglo-françaises. Le résultat immédiat de cette vogue extraordinaire a été de faire oublier la chronique originale ; de celle-ci nous n'avons que deux manuscrits incorrects, tandis que les bibliothèques de Paris et de Bruxelles possèdent des copies nom-

---

1. Dans la préface du ms. de l'Arsenal 6328, que voici : « Cy commence ung petit prologue sur certaines anciennes croniques, etc. — Pour ce que les fais des anciens sont de tres grande louenge et recommandation dont la memoire en demeure vive et en si tres grant clareté qu'elle ne puet estaindre, ains sera perpétuele et miroir à tous ceulx quy vendront apres eulx, ja soient long temps a leurs corps trespassez de ce monde, et au plaisir de Dieu leurs ames logies en son saint paradis, qui de ceste prerogative les reguerdonne, doit on vouluntiers lire, ouir et tres diligamment retenir, car ilz pevent moult valoir et donner bon exemple aux nobles de cœur et hardis en armes. Par le commandement et ordonnance de tres hault, tres excellent et tres puissant prince et mon tres redoubté seigneur Phelippe, par la grace de Dieu duc de Bourgoingne, de Lothriik, de Brabant et de Lembourg, conte de Flandres, d'Artois et de Bourgoingne, palatin de Haynnau, de Hollande, de Zeellande et de Namur, marquis du Saint Empire, seigneur de Frise, de Salins et de Malines, ces Croniques de France, d'Angleterre, de Flandres et d'aultres contrées, commençans l'an de Nostre Seigneur Jhesu Crist mil deux cens quatre vings et seze et fenissans l'an mil trois cens soixante dix, ont esté mises au net par David Aubert, clerc, l'an de grace mil quatre cens cinquante nœuf, en la fourme et maniere que cy apres s'ensieut. »

breuses et parfois excellentes de son remaniement. Sans être très méritée, cette faveur s'explique sans peine ; pour les Flamands, et c'était à leur intention que l'abrégé de notre chronique avait été rédigé, la lutte séculaire entre la France et l'Angleterre n'était pas l'événement le plus important du XIVe siècle ; les démêlés entre la Flandre et les rois Capétiens et Valois leur paraissaient naturellement plus intéressants. Au lieu de faire commencer les guerres qui signalèrent cette triste époque à l'hommage d'Édouard III à Amiens, en 1329, ou aux premières hostilités, en 1337, ils remontaient à l'année 1294, date des premières querelles entre Gui de Dampierre et son suzerain Philippe le Bel, date également du premier traité d'alliance entre les comtes de Flandre et les rois anglais. Les ducs de la maison de Valois se trouvaient dans la même situation que les derniers comtes indépendants, et la couleur effacée de la chronique, respectueuse pour les rois de France, sans pourtant être hostile aux prétentions des comtes flamands, convenait parfaitement à leur politique.

Nous ignorons le nom de l'auteur du remaniement de la *Chronique normande*, aussi bien que celui de l'auteur du texte original. On l'a quelquefois attribué[1] à Jean le Tartier, prieur de Cantimpré, ami de Froissart, qui, dit-on, passa auprès de lui ses dernières années. Ce Jean le Tartier était un esprit cultivé ; M. Dinaux[2], qui ne cite d'ailleurs aucune autorité à l'appui de son dire, lui attribue des poésies, des lais, des ballades, et une généalogie des rois de

---

1. Voir l'*Inventaire des manuscrits français de la Bibliothèque nationale*, de M. L. Delisle, I, p. 105, et *Bulletins de la commission d'histoire de Belgique*, II, 2, pp. 10, 11, 12.

2. *Trouvères du Nord*, I (1836), pp. 175-176.

France destinée à servir d'introduction aux Chroniques de Froissart. Buchon, qui chercha longtemps et vainement cette compilation[1], regarde avec raison tous ces faits comme douteux ; il cite cependant, mais sans l'avoir jamais vu, un manuscrit appartenant en 1765 à l'abbé Favier, bibliothécaire de Saint-Pierre de Lille, composé de 2 vol. in-folio, et renfermant un ouvrage historique de Jean le Tartier ; il fut vendu à cette époque pour la somme de 440 livres. Les indications du catalogue de 1765 devaient être fautives, car on ne peut attribuer au prieur de Cantimpré qu'une mauvaise compilation historique sans valeur et infiniment plus courte, dont on possède deux exemplaires manuscrits, l'un à Lille, qui a peut-être appartenu à Leglay[2] ; c'est une copie du xviiie siècle ; l'autre à Bruxelles (Bibl. de Bourgogne, 11139, xve siècle[3]). Voici le titre de cet ouvrage : « Cy commence la genealogie de pluisieurs roys de France « et de leurs hoirs, de pluisieurs mariages et alliances « d'iceulx et plusieurs choses et incidents, qui sont advenus « depuis, et commence au roy s. Loys de France. » La copie de Lille ajoute les mots suivants : « Et les escrisi sires « Jehans li Tartiers, prieur de l'église de Cantimpré[4]. »

Émile Gachet avait examiné avec soin cette chronique ; à son avis, l'attribution de cette méchante compilation à Jean le Tartier serait à peine soutenable, et la phrase plus haut transcrite du ms. de Lille lui paraît désigner le copiste plutôt que l'auteur de l'ouvrage[5]. Suivant lui ce ne sont que

1. Voir son édition de Froissart, III, 406.
2. Voir Buchon, *Froissart, ut supra.*; Bibl. de Lille, ms. 273 ; le ms. a 13 ff.
3. A fait partie de la librairie des ducs de Bourgogne.
4. M. l'abbé Deshaines, archiviste du départ. du Nord, a bien voulu nous envoyer quelques renseignements sur le ms. de Lille.
5. Voir *Bulletins de la commission d'histoire de Belgique*, II, 1,

des extraits sans aucune originalité des *Grandes Chroniques de Flandre*, publiées en 1562 par Denis Sauvage, et que M. Kervyn de Lettenhove vient de réimprimer. Cette opinion de Gachet nous paraît tout à fait acceptable, et nous serions assez disposés à rapprocher de l'ouvrage attribué à Jean le Tartier une courte chronique française de la Bibliothèque nationale [1], s'étendant de 1095 à 1328 et dont le contenu répond assez bien aux détails donnés par Dinaux sur les compilations historiques du prieur de Cantimpré.

A vrai dire, la question n'a pour nous aucune importance. Si on admet notre opinion touchant les rapports entre la *Chronique normande* et la Chronique flamande, qu'on a quelquefois attribuée à Jean le Tartier, ce dernier a vécu beaucoup trop tard pour qu'on lui attribue ce remaniement. La chronique dite de Jean le Tartier fut terminée vers 1407 d'après le ms. de Bruxelles, et nous verrons plus loin que l'abrégé de notre chronique existait déjà en 1386.

Sans nous attarder davantage à discuter une attribution aussi dénuée de preuves, nous allons examiner les manuscrits qui nous ont conservé la seconde rédaction de la *Chronique normande* et les historiens qui l'ont insérée dans leurs compilations. Nous étudierons successivement :

1° Les manuscrits qui s'arrêtent à 1371 ;

2° Ceux qui renferment l'abrégé tout entier avec une continuation plus ou moins étendue ;

3° Ceux dans lesquels l'abrégé suit ce qu'on appelle les *Chroniques abrégées de Baudouin d'Avesnes* ;

4° Les auteurs qui l'ont copié ou traduit.

---

p. 181, et II, 2, pp. 10-11. — Voir encore *ibid.*, I, 140 et 270, II, 252.

1. Ms. fr. 9222, ff. 16-95 ; xve siècle.

Nous n'avons pas la prétention d'être complet ; beaucoup de manuscrits ont dû échapper à nos recherches ; nous croyons pourtant avoir connu tous ceux que possèdent les bibliothèques publiques de Paris et de Bruxelles.

1. *Manuscrits de la Chronique abrégée sans continuation.*

Nous n'en avons rencontré qu'un petit nombre ; en voici la liste :

a. Paris, Bibliothèque de l'Arsenal, n. 6328 (ancien Histoire Française 143), petit in-folio, vélin, 112 ff., plus 5 préliminaires non numérotés, renfermant la table des chapitres. Écrit par David Aubert[1], copiste de Philippe le Bon, en 1459 suivant le petit préambule publié plus haut, en 1449 suivant la souscription finale du manuscrit. Lettres ornées ; 7 belles peintures. Reliure du XVIIe siècle, portant les armes suivantes : *de.... à 2 léopards couronnés ;* au-dessous la croix du Saint-Esprit ; en exergue les mots suivants : *Lud. mag. inst.* 1695.[2] Ces armoiries sont celles de Nicolas Joachim de Rouault, marquis de Gamaches, comte de Saint-Valéry et de Cayeu, nommé chevalier du Saint-Esprit le 31 décembre 1661, mort en 1689. Cette reliure aura été faite après sa mort, avec des fers gravés pour lui. Ce manuscrit ayant été longuement décrit par M. Gachard[3], nous pouvons nous dispenser d'entrer dans de plus grands détails à son sujet.

---

[1]. Sur ce personnage, voir entre autres de Laborde, *Ducs de Bourgogne,* I, cx, note, et p. 382, n. 59.

[2]. Nous lisons : *Ludovicus magnus instituit.* 1695.

[3]. *Bulletins de la commission d'histoire,* VI (1843), pp. 165-170.

b. Bruxelles, Bibliothèque de Bourgogne, n. 7033. Copie moderne du précédent[1].

c. Paris, Bibliothèque nationale, ms. fr. 9222 (ancien supplément français 3242) ; vélin, 151 ff., longues lignes ; haut. 387, larg. 301^{mm}. Lettres de couleur. Reliure en maroquin rouge aux armes de Louis XV. Renferme les ouvrages suivants : 1. « Les sept articles de la foy, que « maistre Jehan de Meun fist à son trespassement. » 2. (ff. 16-95) Chronique française commençant en 1095, finissant en 1328. Premiers mots : « En l'an mil quatre-« vingt quinze fu li conchilles à Cleremont... » Voir plus haut p. xliv. 3. (ff. 96-102) « Des veux du hairon. » 4. (ff. 103-151) Chronique normande abrégée. Ce manuscrit est, comme celui de l'Arsenal, de la main de David Aubert et a fait partie de la librairie de Philippe le Bon, ainsi que le prouve l'article suivant de l'inventaire de cette librairie : « Ung « autre grant volume, couvert de cuir noir, à tout deux « cloaus et cincq boutons de leton sur chacun costé, inti-« tulé : *Les sept articles de la foy, les vœulx du heron,* « *et Croniques abrégées,* encommenchant au second « feuillet : *L'ascencion, le jugement,* et finissant au der-« renier : *pluisieurs autres prisonniers*[2]. »

d. Bibliothèque de sir Thomas Phillipps, n. 2217 ; cité par M. Kervyn de Lettenhove, *Istore de Flandres*, I, préface, p. xxxiii.

e. Berne, Bibliothèque de la ville, n. 323. Copie incomplète du xve siècle ; finit aux mots : « et li Engles se « logerent de lès Kalais, en une forte plache et furent leurs

---

1. Voir un article de Gachet (*Bulletins,* etc., II, pp. 7-8).
2. Barrois, *Bibliothèque protypographique,* p. 255, n. 1763. — Sur ce manuscrit, voir encore l'*Inventaire des mss. français* de M. Delisle, I, p. 105.

« II hos sur les camps logiés près l'un de l'autre.... » Voir notre édition, p. 190 [1].

Tous ces manuscrits, dont un dépouillement minutieux des catalogues imprimés des principales bibliothèques de l'Europe permettrait, sans aucun doute, d'accroître le nombre, débutent par les mots : « Au temps du roy « Phelippes le Bel avoit un conte en Flandres..... » et se terminent à ceux-ci : « ..... et plusieurs autres prison- « niers. » Le texte de cette classe de manuscrits a été publié par M. Kervyn de Lettenhove dans sa récente édition de l'*Istore et Croniques de Flandres* [2], aux pages suivantes : t. I, pp. 238-253, 283-290, 320-327, 355-359, 411-419 ; t. II, pp. 1-27, 46-56, 72-107. Dans notre édition de la *Chronique normande*, nous donnons en note les parties de cette rédaction qui diffèrent du texte primitif, d'après le ms. français 5610 de la Bibliothèque nationale. M. Kervyn de Lettenhove a employé comme nous le ms. 5610 et en outre le ms. de Bruxelles 10434 ; nous décrivons plus bas ces deux exemplaires.

2. *Manuscrits de la Chronique abrégée avec continuation.*

Ces manuscrits sont assez nombreux. Nous allons les décrire successivement en indiquant la valeur de chacun d'eux. Toutes ces continuations ont leur intérêt et ont été composées au moins en partie par des contemporains ; les unes forment comme la chronique d'une ville particu-

---

1. Sur ce ms., voir les Catalogues de Sinner, II, 252-257, et de Hagen, p. 328.
2. Bruxelles, 1879-1880, 2 vol. in-4°.

lière ; dans les autres, au contraire, les auteurs anonymes s'occupent de l'histoire générale de la Flandre, de celle des ducs de Brabant ou des comtes de Hainaut.

a. Paris, Bibl. nation., ms. fr. 5610 (Colbert 4405, *Regius* 10196 [3. 3.]) ; parchemin, 93 ff., 2 col. ; haut. 248, larg. 199^{mm}. Lettres ornées. Anciens possesseurs : *Guillermus de Havesart. — N: die Rozen. — Baudechon Deschamps, frere à Jacotin.* Renferme la Chronique abrégée, avec une continuation allant jusqu'à 1386, dont l'auteur anonyme s'occupe principalement du Hainaut et du Brabant. Ce manuscrit très intéressant et très correct a été suivi par M. Kervyn de Lettenhove, qui l'a publié in extenso[1] ; nous l'avons également employé. On peut remarquer que l'auteur de la continuation a repris le récit des événements à l'an 1371, et que par suite il mentionne deux fois la prise de Bressuire et la mort d'Arnoul d'Andrehem (voir notre édition, pp. 198, 199 et 200, notes). Il semble même que pour les premières pages de sa continuation, il ait utilisé sinon le poème de Cuvelier, du moins une des sources de cet ouvrage.

b. Bruxelles, Bibl. de Bourgogne, n. 11139, vélin, XVe siècle. La continuation dans cet exemplaire s'arrête à l'an 1408 ; elle a été publiée par M. Kervyn de Lettenhove dans son édition de l'*Istore de Flandres*, II, pp. 108-110, 128 et suiv., 134 et suiv., 143 et suiv., 158-159, 384-387, 396-402, 417-436. De la comparaison des leçons de ce manuscrit avec celles du ms. 5610 de Paris, il résulte que l'auteur du ms. 11139 a employé une rédaction semblable à celle de 5610, mais l'a continuée jusqu'à l'an 1408[2].

---

1. Voir plus haut et la préface de M. Kervyn, I, pp. XXXIII et XXXIV.

2. Sur ce ms. voir M. Kervyn, I, XXXII-XXXIII. Remarquons à ce

INTRODUCTION. xlix

 c. Lille, Bibliothèque de la ville, n. 207; vélin, xve s. Continué jusqu'en 1463. Sur ce manuscrit, fort intéressant, on peut voir une note de Gachet[1].

 d. La Haye, Bibliothèque royale, n. 936, papier, in-4°, xve siècle, 199 ff. Continué jusqu'au sac de Dinant en 1465. Voici le titre de la chronique dans cet exemplaire : « Ce « livre est comme ung livres de croniques, ouquel sont « contenus pluiseurs mervilleux cas, advenus tant en « France comme en Engleterre, en Bretaigne, en Espaigne, « Italie et en pluiseurs autres pays. Entre lesquelx cas « sont traitties plus au long que les autres les mervilleuses « traysons, dont la très puissant, très noble et illustre « maison de Bourgogne a tant eubt d'affaires[2]. »

 e. Paris, Bibl. nationale, ms. fr. 17272 (ancien S. Germain français 1536 ; vient de Coislin), papier, 113 ff. ; longues lignes, haut. 263, larg. 197^{mm}. Écriture serrée et compacte des dernières années du xive siècle ; dialecte picard. Les ff. 47 à 113 renferment la traduction du *De consolacione* de Boèce par Jean de Meung et le livre de Mélibée et Prudence. Aux ff. 44-46, récit en vers du tournois de Tournehem (10 avril 1390) ; premier vers :

   Delès Ardres en une prarie...

propos que le catalogue des mss. de la Bibliothèque de Bourgogne indique sous le n° 11139 un exemplaire ancien de la chronique de Jean le Tartier et que dans ce catalogue la chronique abrégée avec continuation à laquelle M. Kervyn donne le n° 11139 porte le n° 10432-10435 et se trouve dans un volume copié par David Aubert, qu'il convient de rapprocher du fr. 9222 de Paris, plus haut décrit.

 1. *Bulletins de la commission d'histoire*, II, 1 (1850), p. 181.
 2. Sur ce manuscrit et la continuation qu'il renferme, voir un article de Gachet (*Bulletins*...., II, 2 (1851), p. 2, 7, 8, et une note du chevalier Florent vant Ertborn (*ibid.*, IV (1840-41), pp. 336-339).

INTRODUCTION.

La chronique abrégée occupe les ff. 1-44. Elle se compose de 3 parties distinctes : 1° ff. 1-14, chronique abrégée commençant à l'an 1149 (retour de Louis VII en Occident), finissant à 1294 ; paraît être un résumé de la chronique française plus haut signalée dans le ms. fr. 9222[1]. 2° ff. 14 v°-39. *Chronique normande* abrégée ; lacune entre les ff. 26 et 27 ; 3° ff. 39-44 v°, continuation allant jusqu'à l'année 1383 ; jusqu'à l'an 1380, cette continuation est un abrégé du poème de Cuvelier ; au f. 42 v° commence une relation contemporaine de l'expédition de Charles VI en Flandre et de la bataille de Rosebeke ; c'est la seule partie originale du volume.

f. Bruxelles, Bibliothèque de Bourgogne, n. 19684[2]. Publié par M. de Smet dans le tome III du *Recueil des chroniques de Flandre* (1856), pp. 115-569. L'auteur anonyme de cette compilation était tournaisien et occupait dans cette ville une situation assez importante pour lui permettre de consulter les archives de la communauté ; il s'arrête à l'an 1458[3]. L'examen de cette composition historique prouve que l'auteur a employé l'abrégé de la *Chronique normande*; seulement il l'a complété sur beaucoup de points et y a ajouté soit des légendes[4], soit de longues digressions sur l'histoire de la ville de Tournai[5]. Les extraits faits par lui de notre chronique s'arrêtant à la page 259 de l'édition de M. de Smet, on voit d'une part combien l'auteur ano-

---

1. Voir p. XLIV.
2. Sur ce manuscrit, voir la préface de M. de Smet dans son édition citée plus bas et une note du même auteur dans les *Bulletins de la commission d'histoire*, II, 2, pp. 171-172.
3. Voir p. 537 de l'édition de Smet.
4. Voir par exemple pp. 163-4, récit du siège de Tournai en 1339.
5. Voir par exemple pp. 179 et suiv., 205-251.

nyme a amplifié le récit primitif, et d'autre part l'étendue de sa continuation. — Remarquons cependant qu'il y a des cas où l'auteur tournaisien ne se contente pas pour l'histoire générale du texte de notre chronique, mais le complète à l'aide d'un ouvrage plus étendu ; c'est ainsi que pour les temps antérieurs à 1321, il a pu combler quelques lacunes de la *Chronique normande*[1]. Le fait ne se représente qu'une seule fois après 1328, dans le récit de la bataille de Cocherel[2] ; l'auteur tournaisien emploie en même temps que le récit de l'abrégé une autre version, de valeur infiniment moindre. Inutile de pousser plus loin l'étude de cette vaste compilation ; il suffit d'avoir déterminé le lieu d'origine de son auteur et l'époque de sa rédaction.

g. Paris, Bibl. Nat., ms. fr. 4957 (anc. 9630). Papier, 200 ff., longues lignes ; haut. 290, larg. 214^{mm}. Commencement du xive siècle. Aucun ornement[3]. Ce manuscrit, quoiqu'écrit d'une seule main, se compose de plusieurs parties tout à fait distinctes. 1° ff. 1-81. Courte chronique universelle allant depuis la création jusqu'à l'avènement de Charles IV. L'ère chrétienne commence au f. 22 ; nombreuses légendes ; la fin surtout, à partir de l'an 1100, est extrêmement abrégée ; le premier feuillet étant mutilé, nous ne pouvons donner le début de l'ouvrage. — 2° ff. 82-140. Seconde rédaction de la *Chronique normande* ; on a ajouté vers la fin un court passage (16 lignes du manuscrit) donnant quelques détails sur les deux sièges de Limoges. — 3° ff. 140-141. Continuation allant

1. Voir par exemple pp. 117-120, 124-125.
2. P. 201-203.
3. Sur ce manuscrit, voir une note de Paulin Paris, *Chroniques de S. Denis*, VI, 496 ; le savant auteur avait reconnu l'identité au moins partielle des mss. fr. 10138, 4987 et 4957.

jusqu'à la prise du captal de Buch à Soubise ; peu intéressante, les premières lignes ressemblent fort à la continuation du ms. fr. 5610. — 4° ff. 142-176 et ff. 182 v°-186 v°. Chapitres L-XCIII et XCIV-C de l'histoire du règne de Charles V dans les *Chroniques de Saint-Denis*. — 5° ff. 176-182 v°. Manifeste des cardinaux assemblés en conclave après la mort de Grégoire XI (en latin ; premiers mots : *Cum propter falsam assercionem iniquorum*....) — 6° ff. 186 v°-200. « Avis baillié par l'Université de Paris « au Roy sur le debat des papes. » Mémoire de la fin du règne de Charles V, en français.

3. *Manuscrits dans lesquels la seconde rédaction de la Chronique normande suit les Chroniques abrégées de Baudouin d'Avesnes.*

Il serait superflu, à propos de l'ouvrage qu'on appelle *Chroniques abrégées de Baudouin d'Avesnes*, d'étudier la chronique attribuée à ce seigneur, d'autant plus qu'un article tout récent vient de réduire avec raison la valeur de cette compilation trop vantée[1]. On sait qu'on a longtemps attribué à ce personnage, fils de la comtesse Marguerite de Flandre, une grande chronique française allant de la création au dernier tiers du XIII° siècle, compilation sans originalité et curieuse seulement au point de vue de l'histoire littéraire. M. Heller, dans l'article cité, estime que

---

1. Heller, *Ueber die Herrn Balduin von Avesnes zugeschriebene Hennegauer Chronik und verwandte Quellen*, dans le *Neues Archiv der Gesellschaft für ältere Deutsche Geschichtskunde*, VI (1880), pp. 129-151. — Sur cet ouvrage, voir encore la préface de l'édition du *Ménestrel de Reims*, de M. de Wailly, p. XX, et celle de M. Kervyn de Lettenhove, *Istore de Flandre*, I, pp. V-XXI.

rien ne permet d'attribuer à Baudouin d'Avesnes lui-même cette vaste composition historique; tout ce qu'on peut croire, c'est qu'elle a été écrite par un ou plusieurs auteurs inconnus sous son inspiration directe.

Quoi qu'il en soit, vers la fin du XIII° siècle ou au commencement du XIV° siècle, cet ouvrage très étendu, — il forme environ trois forts volumes in-folio, — fut abrégé par un scribe inconnu, qui le premier, comme M. Héller l'a fait remarquer avec raison [1], attribua expressément l'œuvre qu'il abrégeait à Baudouin d'Avesnes. Voici le titre de cette seconde rédaction, tel que le donnent la plupart des manuscrits : « Chroniques extraites et abregées des livres de « monseigneur Baudouin d'Avesnes, fils jadis de la com- « tesse Marguerite de Flandres et de Haynaut, qui fust « moult saiges homs, et assembla de plusieurs livres. » La plupart des manuscrits assez nombreux de cet abrégé s'arrêtent à l'élection du landgrave de Thuringe à l'Empire (1246) et finissent aux mots suivants : « li prelat « eslurent le frere du langrave de Duringhes, mais il mo- « rut [2]. »

Ces chroniques abrégées n'ont à vrai dire aucun rapport avec la *Chronique normande* et son remaniement ; seulement les copistes, pour conduire le récit des chroniques copiées par eux jusqu'à leur époque, ont souvent inséré sans aucun changement la chronique abrégée à la suite des extraits de l'ouvrage de Baudouin d'Avesnes, en comblant par quelques additions généralement courtes et sans valeur la lacune qui existait entre la fin de l'un des deux ouvrages et le commencement de l'autre. M. Kervyn de Lettenhove lui-même a

1. Article cité, pp. 140-141.
2. Voir la préface de M. Kervyn de Lettenhove, t. I, pp. XXIX-XXXI.

reconnu le fait[1] ; dans certains manuscrits, on a de plus ajouté à la chronique normande abrégée une continuation plus ou moins longue, et ces exemplaires se composent alors de trois parties bien distinctes. — Voici les manuscrits qui, à notre connaissance, rentrent dans cette classe ; nous pensons d'ailleurs que des recherches plus prolongées permettraient d'allonger cette liste.

a. Bruxelles, Bibliothèque de Bourgogne, n. 10233-10236 ; papier, xve siècle, petit in-fol., 302 ff. Ce recueil est un de ceux que les savants belges ont étudiés de préférence ; Gachet, de Reiffenberg et M. Kervyn de Lettenhove s'en sont successivement occupés[2]. Des indications fournies par eux, il nous paraît résulter que ce manuscrit renferme les *Chroniques abrégées* de Baudouin d'Avesnes, la seconde rédaction de notre chronique et une continuation allant jusqu'en 1399. Cette continuation a été publiée par M. Kervyn de Lettenhove, *Istore de Flandres*, II, pp. 3 et suiv.

b. Berne, Bibl. publ., n. 77 (a appartenu à Bongars) ; papier, 126 ff. ; xve siècle[3]. Ce manuscrit est composé des *Chroniques abrégées* et de la seconde rédaction de notre chronique ; la fin manquant aujourd'hui, nous ignorons s'il renfermait aussi une continuation. Voici les derniers mots, d'après M. Hagen : « là eult conseil le regent comme
« sa bataille faisoit contre ceulx de Paris et il fust victo-
« rieux, il l'abandonnast à destruire aux nobles hommes,
« moult seroit merveilleuse la perte et mult grant anuy
« en pourroit avoir le roy Jehan son pere... » (Voir notre édition, p. 142[4].)

1. Préface citée, pp. xxvii-xxviii.
2. Voyez *Bulletins de la commission d'histoire*, VI (1843), pp. 272-289 ; II, 2, p. 39 et 162-165, et la préface de M. Kervyn, p. xxix.
3. V. les catalogues de Sinner, II, 52-3, et de Hagen, p. 96.
4. M. Kervyn (Préface, I, p. xxxii) donne à ce manuscrit une

c. Leyde, Bibliothèque de l'Université, ms. ayant appartenu à Meursius, papier, xv⁰ siècle. Comprend comme le ms. *a* les chroniques de Baudouin d'Avesnes, la chronique abrégée et une continuation jusqu'au voyage de Charles VI à la cour de Clément VII à Avignon (1389)[1].

4. *Auteurs qui ont employé la seconde rédaction de la Chronique normande.*

En examinant une à une toutes les chroniques écrites en Flandre jusqu'au commencement du XVIe siècle, on trouverait certainement dans la plupart trace de l'emploi de notre chronique[2]; mais notre but est plus modeste, nous désirons simplement étudier les auteurs qui ont fait de cette chronique un emploi constant, ou qui tout au moins en ont copié ou traduit de longs passages. Ces auteurs sont, à notre connaissance, au nombre de quatre, le compilateur de la *Chronique de Flandre*, Jean de Noyal, abbé de S.-Vincent de Laon, l'auteur anonyme d'une chronique latine conservée à Berne, enfin Gilles de Roye.

A. Chronique de Flandre.

En 1562, Denis Sauvage, historiographe du roi Charles IX, publia la *Cronique de Flandre* (Lyon, fol.). Dans sa préface l'éditeur déclare avoir employé un manuscrit pos-

---

fin toute différente, mais nous nous en tenons au dire de M. Hagen; M. Kervyn aura confondu avec un autre manuscrit.

1. Sur ce manuscrit, v. la préface de M. Kervyn de Lettenhove, I, pp. XXXI-XXXII.

2. V. notamment dans le *Corps des Chroniques belges*, de M. de Smet, I, la grande chronique latine, finissant en 1428.

sédé par la famille bourguignonne de Poupet, ms. aujourd'hui perdu, et qui, si jamais il se retrouve, sera facile à reconnaître; d'après l'éditeur, il se composait de feuillets de papier et de parchemin entremêlés. Le texte de Denis Sauvage est très fautif et, dans sa préface, l'éditeur avoue qu'il a corrigé la langue de son manuscrit, *qui se fust trouvée rude aux délicates oreilles de ce temps.* Le manuscrit du seigneur de Poupet s'arrêtait à l'année 1383; Denis Sauvage y joignit une continuation allant jusqu'à 1435, composée par lui-même au moyen d'extraits de Froissart et de Monstrelet; il s'arrêta à cette année 1435, *auquel an*, dit-il, *le seigneur Olivier de la Marche commence aussi ses memoires.*

La chronique de Sauvage, souvent citée, n'a été republiée que de nos jours. Les auteurs du *Recueil des historiens de France* avaient donné des extraits de cette vaste compilation, dans leur tome XXII, paru en 1865, et revu le texte de l'éditeur du xvie siècle sur les manuscrits de la Bibliothèque Nationale[1]; mais c'est à M. Kervyn de Lettenhove que revient l'honneur d'avoir donné une édition sinon définitive, — le savant belge n'a point fait l'étude critique du texte qu'il réimprimait, — du moins lisible, de cette chronique, très importante pour l'histoire de la première moitié du xive siècle. Son édition forme deux volumes in-4° de la *Collection des chroniques belges inédites;* elle comprend non seulement le texte édité par Denis Sauvage, mais encore différentes continuations, tirées des manuscrits de Paris et de Bruxelles, le texte de la *Chronique normande* remaniée, une partie de la grande *Chronique latine* de Berne, dont nous parlerons plus bas, enfin différents mor-

---

1. P. 329-429.

ceaux historiques dont nous n'avons pas à nous occuper ici.

Dans sa préface, M. Kervyn étudie à la fois la *Chronique de Flandre* et ses continuations et la chronique de Baudouin d'Avesnes. Des indications un peu vagues et surtout rangées sans aucun ordre, qu'il donne sur les manuscrits renfermant le premier de ces deux textes, il résulte que dans la plupart la chronique de Denis Sauvage s'arrête à l'an 1342, au milieu des guerres de Bretagne, d'où l'on peut conclure qu'elle fut rédigée peu après cette date[1]. Mais d'autres exemplaires renferment des continuations plus ou moins longues, s'arrêtant tantôt à 1350, tantôt à 1347, tantôt à 1383. Nous ne nous occuperons que du ms. qui va jusqu'à cette dernière date.

Remarquons d'abord que ce ms. est identique à celui que Sauvage avait employé; c'est le ms. fr. 5611 de la Bibl. Nat. à Paris (ancien Colbert 4153, Regius 10196 3.3A.), volume in-4°, renfermant 168 ff. de parchemin à 2 col., écrit dans les dernières années du XIV siècle. Au f. 113 finit la chronique primitive; le copiste, comme celui de l'exemplaire employé par Sauvage, transcrit ensuite toute la dernière partie de la *Chronique normande* remaniée (depuis la page 57 de notre édition) et donne à la suite l'un de l'autre deux récits différents de la guerre de Bretagne jusqu'après la mort de Robert d'Artois en 1342, marquant ainsi on ne peut plus exactement l'endroit où commence la continuation et où la soudure a été comme toujours maladroitement opérée. Au f. 139 v°, il quitte la *Chronique normande* aux mots *et plusieurs autres prisonniers*, derniers mots de la seconde recension de cet

---

1. Préface, p. II-V.

ouvrage (Sauvage, p. 209, et notre édition, p. 198) et donne des événements de 1371 à 1383 un récit de tous points conforme au texte de Sauvage.

Ce ms. a servi avec le n. 5610 de la Bibl. Nationale à M. Kervyn pour constituer le texte de son édition. Nous n'avons pas retrouvé d'autres textes de cette compilation dont on peut rapporter la constitution définitive aux environs de l'année 1383.

B. Jean de Noyal.

Jean de Noyal[1], qu'on appelle aussi des Nouelles (ancienne forme de Noyal) ou de Guise, de son lieu de naissance, fut abbé de S.-Vincent de Laon de 1368 à 1396. Zélé pour la discipline, il réforma cette ancienne abbaye, donna à ses moines le goût de l'étude, augmenta la bibliothèque, qui de son temps renfermait, dit-on, jusqu'à 1100 volumes, fit compiler un immense cartulaire formant 3 ou 4 volumes, et enfin rédigea ou fit rédiger la chronique dont nous allons nous occuper. A sa mort, les moines énumérèrent tous ses titres à la reconnaissance de ses successeurs dans l'épitaphe suivante :

De Guisia natus jacet hic sub caute Johannes
Historiographus arteque juridicus.
Abbatum primus mithra fuit hic decoratus[2].
Inhumata manet fama mirumque canet,
Mens pia, mens humilis, patriæ lux, Martha labore.
Irradiet functo vita beata, Deus.
Anno milleno quater et centum bis duo demto
Octavo mensis idus decessit aprilis[3].

1. Noyal, Aisne, arr. de Vervins, cant. de Guise.
2. Il avait obtenu du pape pour lui et ses successeurs le droit de porter les insignes épiscopaux.
3. *Gallia Christiana*, IX, cc. 583-4.

INTRODUCTION. lix

D'après les auteurs du *Gallia Christiana*, le manuscrit autographe de la chronique de Jean de Noyal existait encore de leur temps à l'abbaye de S.-Martin de Laon ; il formait quatre volumes. Il a disparu aujourd'hui et ne se retrouve pas à la bibliothèque de la ville de Laon. Le P. Lelong[1] cite deux manuscrits du *Miroir historial* (tel est en effet le titre de cette compilation); l'un, le supplément français 98^{22} de la bibliothèque du roi, est celui que nous décrivons plus bas ; l'autre, en trois volumes in-folio, aurait appartenu à Duchesne, puis à Colbert. La Bibliothèque nationale paraît n'avoir jamais possédé ce second exemplaire, et les éditeurs des *Historiens de France* n'ont pu en retrouver la trace[2]. Nous n'avons pas été plus heureux qu'eux et nous pouvons ajouter que, dans un répertoire des livres et manuscrits venant de Duchesne et possédés par Colbert, l'œuvre de l'abbé de Laon n'est point mentionnée[3]. Il est probable que le P. Lelong s'est trompé sur le nom de la bibliothèque qui possédait ce manuscrit au moment où il écrivait.

L'existence au XVIIe siècle d'un manuscrit plus étendu que celui que possède aujourd'hui la Bibliothèque Nationale est du reste certaine ; en effet, dans un volume des *Armoires de Baluze*[4], nous trouvons des extraits du second volume du Miroir historial, compilé et « ordonné de latin en fran-
« çois par religieuse personne J., abbé du monastère de
« S. Vincent de Laon, » extraits qui commencent au l. VII, chapitre LVII, et à l'année 874. Baluze avait donc vu un exemplaire en 3 volumes, le même probablement que le

---

1. *Bibl. historique*, II, n. 15668 et 15670.
2. V. tome XXI, pp. 181-2.
3. Bibl. Nat., ms. lat. n° 9363, ff. 114 *bis* et suiv.
4. T. 60, ff. 3-126.

P. Lelong citait en 1719, en assurant à tort qu'il faisait partie de la bibliothèque Colbertine[1].

Le ms. de Jean de Noyal, conservé à la Bibliothèque Nationale, y porte aujourd'hui le n. 10138 du fonds français (anc. Supplément. fr. 98^{22}). C'est un fort volume, de 282 sur 212 millimètres, renfermant 191 ff. marqués de 1 à 169, de 160 bis à 169 bis, puis de 170 à 181 ; longues lignes ; aucun ornement ; écriture de la fin du xive ou du commencement du xve siècle. Ce volume appartenait au xviiie siècle à Claude Rousseau, auditeur des Comptes, dont la marque est au verso du premier plat ; du temps de Lelong, il faisait partie de la bibliothèque du chancelier d'Aguesseau[2]. En 1582, il était entre les mains de « Fran-« çoys Carpentin, chanoyne de l'église de Paris et prieur « de Fleury, » auquel l'avait légué Claude Carpentin, abbé de Saint-Fuscien. Enfin en 1565, il était possédé par Florent Chrestien, précepteur d'Henri IV, qui a couvert les marges de nombreuses annotations, dont quelques-unes sont assez curieuses et dénotent chez leur auteur une haine violente pour l'Eglise romaine ; ce personnage acheva de lire l'ouvrage le 10 octobre 1565 (voir f. 181 v°).

Ce volume, 3e et dernier d'un exemplaire dont les deux premiers tomes sont aujourd'hui perdus, renferme l'œuvre de Jean de Noyal depuis 1223 (avènement de Louis VIII) jusqu'à 1380 (mort de Charles V). Au f. 118 v°, on trouve la phrase suivante : « Liquels Pierre de Villiers fut predeces-« seur à l'abbé Jehans, qui ceste presente compilacion ordena « et fist escripre en l'an de son gouvernement xxie, c'est « assavoir l'an mil iii^c iiii^{xx} et viii. » Remarquons que l'au-

---

1. Ajoutons que le P. Lelong dit encore qu'il en existait de son temps un autre volume à S.-Vincent-de-Laon.
2. *Bibl. historique*, II, n. 15668.

teur ne dit pas qu'il ait composé lui-même sa chronique, et cette compilation est si incohérente, si mal ordonnée, que l'opinion des éditeurs du *Recueil des historiens de France* nous paraît tout à fait acceptable. Suivant eux, Jean de Noyal se serait contenté de copier ou de faire copier des passages d'auteurs plus anciens en les mettant à la suite les uns des autres, sans se soucier du manque de proportion, sans même prendre garde aux répétitions qu'une pareille manière d'agir rendait inévitables. Nous verrons cependant tout à l'heure que cette compilation mal digérée ne laisse pas de contenir un certain nombre de passages originaux, qu'il serait intéressant de relever et de publier [1].

Les deux principales sources de Jean de Noyal ont été la *Chronique* de Guillaume de Nangis et sa seconde continuation dont il traduit littéralement de longs passages ; les éditeurs du *Recueil des historiens de France* pensent aussi que certains passages sont empruntés textuellement aux *Flores Chronicorum* de Bernard Gui [2]. Ajoutons-y une source très importante, que les savants éditeurs ne pouvaient reconnaître, l'abrégé de notre chronique.

C'est au f. 42 du manuscrit 10138 que commencent les emprunts faits par l'abbé de S.-Vincent de Laon à cette dernière source ; il commence par y prendre tout le récit du règne de Philippe le Bel à partir de 1297 [3]. L'emprunt est textuel ; seulement le compilateur a corrigé quelques grosses erreurs commises par notre chroniqueur ; c'est ainsi (f. 52)

---

1. Les éditeurs des *Historiens de France* ont publié la partie de cette chronique allant de l'an 1264 à l'an 1328 (XXI, 182-196). D'autres fragments, se rapportant au règne de Philippe VI, ont été imprimés par M. Kervyn (*Istore de Flandres*, I, 618-632).
2. *Hist. de France*, XXI, p. 182.
3. P. 1-31 de notre édition.

qu'il rétablit la suite des papes et qu'il supprime le nom de Célestin V, cité par notre auteur après Benoît XI [1]. Une fois l'année 1305 atteinte, il revient sur ses pas et, par une étourderie inexplicable, il emploie 20 ff. à raconter d'après d'autres sources les événements qu'il vient de rapporter d'après notre chronique (ff. 53-73) [2]. Les règnes des fils de Philippe le Bel occupent les ff. 74 à 101 du manuscrit et nous n'y avons remarqué aucun trait prouvant l'emploi par Jean de Noyal des courtes notes réunies sur ces quatorze ans par l'auteur de la *Chronique normande*. La source principale pour le second récit du règne de Philippe IV et pour celui des règnes de ses fils est toujours le continuateur de Guillaume de Nangis.

Aucune trace non plus de l'emploi de notre chronique pour le règne de Philippe VI (ff. 101-167). Sauf quelques additions relatives à la Picardie et au Laonnais, qu'une lecture attentive ferait reconnaître sans peine, Jean de Noyal traduit pour toute cette période jusqu'en 1340 le continuateur de Nangis [3], qu'il remplace ensuite par les *Grandes Chroniques* de Saint-Denis.

Au f. 167 v° commence l'histoire des trente ans écoulés depuis l'avènement de Jean II jusqu'à la mort de Charles V. Le texte de ce nouveau livre commence au f. 160 bis; les ff. 178-181 sont consacrés aux années 1371-1380; restent donc 18 ff. qui, sauf quelques courts passages originaux relatifs à l'Empire, à la papauté et aux parties de la France que connaissait l'auteur, sont tirés textuellement de l'abrégé de la *Chronique normande*. Voici du reste une liste des passages ajoutés par lui ; nous n'avons pas noté quelques

---

1. P. 28 de notre édition.
2. *Hist. de France*, XXI, p. 196.
3. F. 130 ; cp. Guillaume de Nangis, éd. Giraud, II, 166.

additions plus courtes, noms ajoutés à des listes, etc.; l'état des manuscrits de la *Chronique normande* étant tel qu'il serait téméraire d'affirmer que tel ou tel nom ne se trouvait pas dans la rédaction primitive.

F. 161. Jean de Noyal dit que le roi Jean fut informé des menées de Charles de Navarre, par Jean d'Artois.

F. 165 v°. Détails intéressants ajoutés au texte de la *Chronique normande*, sur le siège du Plessis par les Jacques (1358).

F. 168 v°. Prise de Roucy par les Anglais, fuite de Robert le Coq, évêque de Laon, après la ruine du parti des États.

F. 169. Détails intéressants sur la fin de la campagne de Philippe de Navarre en Picardie.

F. 170. Au milieu du récit de l'expédition d'Édouard III en France (1359-60), l'auteur intercale un long paragraphe relatif aux guerres qui désolaient les confins du Laonnais et du Rémois; il mentionne également la punition du chambellan du comte de Roucy, qui avait livré le château de son maître aux Anglais.

F. 171. Mise en liberté de Charles de Blois et mariage des ducs d'Anjou et de Berry.

F. 171-172. Éloge du pape Urbain V.

F. 172. Mariage de la fille du roi Jean avec Galéas Visconti.

F. 172. Évasion du duc d'Anjou; réflexions sur le règne de Jean II; guerres sur la frontière du Hainaut.

F. 172-173. Récit des débuts du règne de Charles V, différent de celui de la chronique abrégée.

FF. 173-174. Après la bataille d'Aurai, quelques lignes sur l'enquête commencée plus tard pour la béatification de Charles de Blois, et sur les négociations qui suivirent cette défaite.

F. 176 v°. Mort de l'Archiprêtre ; événements divers en Hainaut, dégradation d'un prêtre faussaire à Louvain ; voyage d'Édouard, duc de Cambridge, en Lombardie ; naissance du dauphin, plus tard roi sous le nom de Charles VI ; projets de mariage pour la fille du comte de Flandre.

Au f. 178 v°, à partir des mots : *et pluseurs aultres prisonniers*, le ms. 10138 ne renferme plus une seule ligne tirée de notre chronique.

En somme, Jean de Noyal a emprunté à l'abrégé de la Chronique normande un premier récit du règne de Philippe le Bel, et l'histoire des règnes de Jean II et de Charles V, jusqu'en 1371 ; mais dans cette seconde partie, il a, sans modifier le fond même du récit, ajouté un certain nombre de passages originaux.

C. Chronique latine de Berne.

Bibliothèque de Berne, n. 73, papier, fol., 501 pages, xve siècle. A appartenu à Bongars. Titre d'après Sinner : « Historia regum Francorum a prima, Trojana nempe, gen- « tis origine ad annum usque 1405 continuata [1]. » Nouveau titre après la mort de saint Louis : « Incipit chronogra- « phia regum Francorum subsequentium et quorundam « aliorum, et primo de rege Philippo IV [2]. » L'auteur termine en 1405 par l'analyse de la célèbre harangue de Gerson : « De reformatione regni. » Des fragments étendus de cet ouvrage et la table des chapitres ont été publiés par M. Kervyn de Lettenhove à la suite de son édition de l'*Istore de Flandres* (I, pp. 424-606, et II, pp. 439-533).

---

1. Sinner, II, 52 et 266-280.
2. Il s'agit ici de Philippe III, que l'auteur appelle IV, comptant sans doute comme roi le jeune Philippe, fils de Louis le Gros, mort après son sacre et avant son père.

La préface de l'auteur anonyme, publiée par M. Kervyn, est celle de la rédaction latine de la *Chronique abrégée des rois de France*, par Guillaume de Nangis, dont M. Delisle a retrouvé le texte au Vatican (fonds Christine, n° 574), après l'avoir vainement cherché à Paris, les bibliothèques de cette dernière ville ne renfermant que la traduction française de ce petit ouvrage [1]. Sinner indique comme source principale de la compilation de Berne la grande chronique latine de Guillaume de Nangis; mais les extraits publiés par M. Kervyn prouvent que l'auteur anonyme a employé également les *Grandes chroniques de Flandre*. Nous n'avons pas d'ailleurs à nous préoccuper de l'époque antérieure à 1297. A cette date commencent des emprunts assez nombreux à l'abrégé de la *Chronique normande*. Voici une liste des passages communs :

Kervyn, I, 454-5, expédition de Jeanne de Navarre en Barrois (édition, p. 4).

I, 458-460, siège de Lille, voyage de Jacques de Saint-Pol à Cologne, fin de la première guerre de Flandre (édit., pp. 6-12).

I, 461, pillage de Gand par les Gallois (édit., p. 13).

I, 463-64, sentence du pape Boniface VIII, rupture de la trêve, guerre en Allemagne (édit., pp. 13-14).

I, 469, trahison de Gobert de Lespinasse en Gascogne (édit. pp. 15-16).

I, 472, mort de Gobert à Male, près Bruges (édition, pp. 16-17).

I, 473-4, massacre de Bruges (édit., p. 17).

---

[1]. V. *Bibliothèque de l'École des chartes*, XXXVII (1876), pp. 512-513, et *Mémoires de l'Académie des Inscriptions*, XXVII, 2 (1873), pp. 342-3. La préface en question commence par ces mots : *Considerans historie regum Francorum prolixitatem...*

I, 550, combat de Cadzand (édit.; p. 39).

Kérvyn, II, 443, une partie des guerres de Bretagne en 1341 et 1342 (prise de Valgarnier, siège de Nantes, etc., édit., pp. 52-3).

II, 447-452, expédition d'Édouard III en Bretagne en 1342, trahison de Clisson, histoire de la comtesse de Salisbury ; histoire de Jeanne de Belleville, etc., jusqu'à la mort de Jacques d'Artevelde (voir notre édition, pp. 52-65).

II, 453-55, campagnes de Derbi (édit., pp. 65-73).

II, 455-459, campagne d'Édouard III en 1346 (édit., pp. 74-82).

II, 460-467, événements de 1346 à 1350. Traduction littérale de la rédaction abrégée (édit., pp. 82-96).

II, 468, siège de Saint-Jean-d'Angeli (éd., p. 99).

II, 468-469, combat d'Ardres, mort du connétable Charles d'Espagne (édit., pp. 101-102, 108).

II, 469-473, campagne d'Édouard III en Picardie (1355), guerre entre Navarrais et Français, campagne de Poitiers (1356) (édit., pp. 109-116).

II, 473-475, révolution parisienne (édit., 117-136).

II, 476-479, guerre entre les Navarrais et les Français jusqu'à l'arrivée d'Édouard III sous Paris en 1360 (édit., pp. 137-149).

II, 480, fin de la campagne d'Édouard III, traité de Brétigny (édit., pp. 150-154).

II, 484, bataille d'Aurai, fin de la guerre de Bretagne (édit., pp. 175-177).

II, 490-492, guerres d'Espagne (édit., pp. 179-185, 185-187).

II, 493, reprise des hostilités, soumission du Ponthieu (édit., pp. 188-189).

II, 494, campagne d'Artois en 1370 (édit., pp. 189-191).

II, 494-495, Robert Knolles et du Guesclin (édit., pp. 195-196).

Nous ne pousserons pas plus loin ce travail de comparaison, nous en avons dit assez pour prouver que l'auteur anonyme de cette chronique a suivi presqu'uniquement notre auteur pour les règnes de Jean II et de Charles V jusqu'à 1371. Resterait à savoir s'il a employé un manuscrit avec ou sans continuation ; mais la chose est peu importante, et il nous serait assez difficile de décider cette question. Les extraits que M. Kervyn a publiés de la chronique de Berne nous ont permis de reconnaître sans grande difficulté les emprunts faits par elle au remaniement de la *Chronique normande*, mais nous serions fort en peine avec ces courts fragments de déterminer à laquelle des continuations de ce remaniement ont été empruntés les chapitres suivants.

D. Gilles de Roye.

Gilles de Roye, abbé de Royaumont en France, se retira vers 1430 à l'abbaye de Dunes, en Flandre. Il y trouva des notes historiques laissées par un religieux de ce monastère, nommé Jean Brandon, qui vivait vers 1360, et qui ayant eu des relations avec un moine de Saint-Denis, *notaire* du roi de France, avait entrepris d'écrire une histoire universelle. Gilles de Roye reprit ces notes, les remania, y fit des additions, des changements nombreux et continua l'œuvre de son prédécesseur jusque vers le temps de sa propre mort (1478). Son travail eut d'ailleurs, comme celui de Jean Brandon, à subir une nouvelle transformation; son élève, Adrien de Budt, le remania, le développa et le continua à son tour. On possède encore le manuscrit autographe de ce dernier auteur, manuscrit qu'il avait intitulé *Rapiarium*.[1]

André Schott a donné une édition complète de l'œuvre de Gilles de Roye dans le *Rerum Belgicarum annales chronici et historici...*, publié en 1620 à Francfort par François Sveertius, in-folio. Cette édition paraît très mauvaise, mais nous sommes forcés de l'employer, M. Kervyn de Lettenhove n'ayant publié le texte du *Rapiarium* qu'à partir de l'année 1384 ; le texte de Schott est du reste suffisamment correct pour l'usage que nous avons à en faire.

L'œuvre commune de Jean Brandon et de Gilles de Roye commence à l'année 792 ; nous n'avons pas à rechercher les sources de la partie antérieure à 1297 ; mais si nous lisons attentivement le texte du moine de Dunes à partir de cette dernière date, nous constatons bientôt de nombreux emprunts faits par l'auteur à l'abrégé de notre chronique. En voici une liste, que nous croyons complète :

Sveertius, p. 44, lignes 48 et suiv., à 45, l. 5, préliminaires des hostilités, intervention du pape, ligue de Gramont (édit., pp. 1-4) ; très abrégé par Gilles de Roye.

Sv., p. 45, l. 33, à 45, l. 15, guerre en Champagne, siège de Lille (très abrégé), conquête de la Flandre, trahison du roi des Romains, Adolphe, pillage de Gand par les Gallois (édit., pp. 4, 7-8, 11-12, 13).

Sv., p. 46, l. 23-34 et 40-57, sentence du pape, reprise des hostilités, soumission de la Flandre, voyage du roi (éd., pp. 14, 15, 16).

Sv., p. 47, l. 32-52, révolte de la Flandre en 1302, massacre de Bruges (édit., pp. 16-17).

Sv., p. 48, l. 10-44, suites de la bataille de Courtrai,

---

1. Sur Gilles de Roye, voir la préface de M. Kervyn, dans son édition du *Rapiarium*, I, 167 et suiv.

ruse du roi Édouard Ier; retour de Philippe le Bel en France (édit., pp. 19-23).

Sv., p. 48, l. 47-51 et 54-59, combats en Artois, défaite du pont d'Arques, trêve d'un an (édit., pp. 23-24). Très abrégé dans Gilles de Roye.

Sv., p. 51, l. 21-23 et l. 25-46, nouvelle guerre en 1314, traité d'Orchies, mort de Philippe IV (éd., pp. 29-31).

Sv., p. 59, l. 14-25, petits combats en Hainaut pendant le siège de Tournai (édit., pp. 47-48).

Sv., p. 60, l. 21-52, campagne d'Édouard III en 1346 (édit., pp. 74-82). Très abrégé.

Sv., pp. 60, l. 53 à 61, captivité et évasion du jeune comte de Flandre, Louis de Male, réconciliation de Godefroi d'Harcourt (édit., pp. 84-86). Très abrégé.

Sv., p. 61, l. 7-21, siège et prise de Calais; campagne de Philippe VI en 1347. Sommaire des pp. 87 à 90 de notre édition.

Ce sont là les seuls passages de l'œuvre commune de Gilles de Roye et d'Adrien de Budt, dans lesquels nous ayons trouvé trace d'emprunts faits à notre chronique. Nous en concluons que ni l'un ni l'autre de ces deux auteurs n'a connu directement l'abrégé de la *Chronique normande*, mais qu'ils ont employé une autre composition historique, qui avait déjà fait usage de cet abrégé. Il est vrai que l'édition de Schott est tellement défectueuse qu'il serait difficile de se prononcer sur ce point sans avoir vu le ms. même du *Rapiarium*.

Résumons maintenant les résultats auxquels nous croyons être parvenu. Abrégée par un Flamand vers 1380, la *Chronique normande* a été copiée mainte fois sous cette nouvelle forme; elle a servi de point de départ à un certain nombre d'historiens de Flandre, qui se sont contentés de la continuer jusqu'à leur époque ; certains copistes l'ont jointe aux *Chroniques abrégées de Baudouin d'Avesnes;* enfin elle a été connue de plusieurs chroniqueurs, qui sont l'auteur de la *Chronique de Flandre*, Jean de Noyal, l'anonyme de Berne et Gilles de Roye; les deux premiers l'ont transcrite presque en entier, en la complétant sur certains points, les autres en ont traduit ou abrégé une partie notable. Le tableau ci-joint fera mieux comprendre les résultats auxquels nous croyons être arrivé :

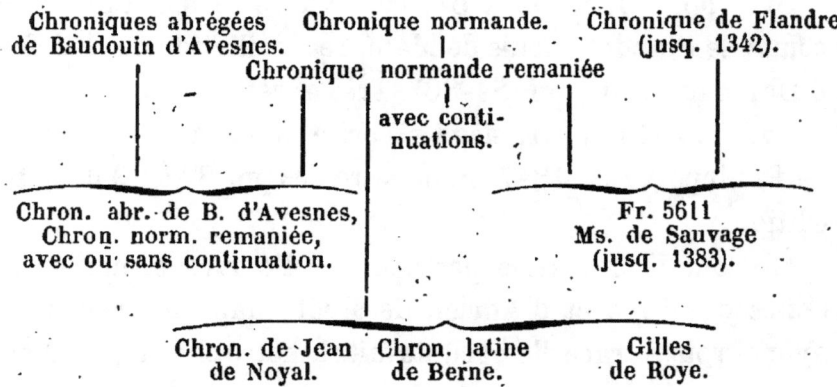

III.

Nous avons terminé l'étude de notre chronique et de ses remaniements ; il nous reste à dire quelques mots de la manière dont nous avons exécuté la présente édition. Les deux manuscrits de Paris (fr. 4987) et de Toulouse nous ont fourni le texte même de la *Chronique normande*, mais ces deux copies, nous l'avons remarqué plus haut, sont extrêmement défectueuses et pleines de lacunes ; pour corriger les fautes commises par les scribes et remplir les blancs laissés par eux, nous avons eu recours au meilleur manuscrit de la seconde rédaction, que nous connaissions, c'est-à-dire au ms. fr. 5610 de la Bibliothèque nationale. Grâce à ce secours, grâce à un petit nombre de corrections, dont nous prévenons toujours le lecteur, nous croyons être arrivé à rendre à peu près lisible le texte de la Chronique, et les quelques lacunes qui le déparent encore sont peu importantes et n'interrompent jamais la suite du récit. On nous reprochera peut-être de ne pas avoir mis également à contribution le texte du remaniement que Jean de Noyal a fait entrer dans son *Miroir historial;* le dialecte de ce dernier auteur se rapproche beaucoup de celui des mss. de Paris 4987 et 510 de Toulouse, tandis que le copiste du ms. 5610 étant Artésien, ses formes de langue se ressentent parfois un peu trop de son pays d'origine. Mais l'inconvénient n'est pas grand, la *Chronique normande* n'étant pas un texte philologique et ne devant jamais être employée que par des historiens.

Nous donnons en note les variantes des deux mss. de la chronique originale, d'autres empruntées au ms. 5610, et d'après ce dernier tous les passages de la seconde version dont le texte est sensiblement différent. Enfin nous indiquons soigneusement les passages supprimés dans la seconde rédaction, qui figurent dans l'ouvrage primitif.

Le texte de la chronique est suivi d'un petit nombre de documents, dont nous devons expliquer et justifier la présence dans notre volume. En premier lieu figurent plusieurs arrêts du Parlement des années 1336 et 1337, relatifs aux démêlés entre Philippe VI et Édouard III, démêlés qui furent la cause immédiate, l'occasion de la guerre de Cent ans; ces arrêts, nous le faisons remarquer dans notre sommaire [1], prouvent l'exactitude de la version rapportée par le chroniqueur. Vient ensuite un acte racontant la prise de Puymirol par les commissaires royaux en juillet 1337; c'est le récit officiel du premier fait d'armes important de la guerre anglo-française; ce document, curieux par là-même, a de plus l'avantage de fixer la date de plusieurs des événements racontés par l'anonyme. Le troisième acte est un contrat entre le roi de France et Ayton Doria pour l'armement d'une flotte (1337); le texte en est assez défectueux, — la charte est en français et nous n'en avons qu'une copie du xviie siècle, — nous espérons toutefois l'avoir rendu à peu près compréhensible, moyennant quelques légères corrections. — La pièce suivante se rapporte comme les arrêts déjà cités aux querelles entre Édouard III et l'un de ses barons de Gascogne, Arnaud-Garsie de Navailles.

Sous le n° 5, nous publions le compte des sommes payées par le maître des arbalétriers, Le Galois de la Baume, pour la mise en état de défense de la place de Cambrai en 1339; ce compte mentionne 10 *canons*, fabriqués par Hugues de

---

1. Voir pp. 242-243.

Cardaillac. Le fait était déjà connu par un fragment du compte original de François de l'Hôpital, clerc des arbalétriers, fragment imprimé il y a déjà longtemps dans un ouvrage sur le département de l'Ain, et M. Lacabane l'avait cité dans ses *Recherches sur l'origine de la poudre*[1], mais le texte publié par M. de la Teyssonnière, auteur de l'ouvrage en question, était assez fautif pour rendre utile l'impression du compte plus bref du Galois de la Baume.

La pièce qui suit, du 2 février 1341, présente un grand intérêt pour l'étude de l'administration militaire au XIVe s. C'est l'avis de deux clercs des comptes sur un mémoire adressé au roi par le connétable d'Eu, Raoul Ier. Ce haut dignitaire trouvait excessives les réductions que la Chambre des Comptes avait fait subir à ses gages des années 1337 à 1340. Après examen de son mémoire et sur l'avis de ces deux clercs, Philippe VI accorda au connétable à titre gracieux une certaine somme, sans d'ailleurs se prononcer sur le bien ou mal fondé de ses réclamations. L'acte est en français, d'une excellente langue et nous le donnons d'après une copie postérieure seulement de deux ou trois ans à sa rédaction.

Tous ces actes se rapportent aux événements rapportés par la *Chronique normande* et sont cités dans les notes de notre sommaire. Celui que nous publions en dernier lieu est le seul que nous n'ayons pas eu occasion de mettre à profit, mais nous ne regrettons aucunement de l'avoir imprimé. C'est l'interrogatoire et le jugement par la Tournelle d'un aventurier, français d'origine, que des démêlés avec la justice royale avaient fait entrer au service du roi d'Angleterre. On y trouvera racontées ses aventures avec force détails

---

1. *Bibl. de l'École des Chartes*, II; 1 (1844), pp. 40-41.

pittoresques et vraiment, malgré ses réticences, il en avoua assez pour mériter deux fois la corde que le Parlement ne sut pas lui refuser. C'est comme la contre-partie des récits de Froissart, un exemple de la manière dont se recrutaient les armées d'alors[1]. Arnaud Foucaut avait vingt-trois ans quand ce malencontreux arrêt mit fin à ses exploits ; il y avait huit ans qu'il faisait ce beau métier ; on voit que le sujet promettait.

Après les pièces justificatives on trouvera le sommaire de la Chronique, très étendu et analogue à celui dont M. Luce a enrichi son excellente édition de Froissart. Dans les notes qui l'accompagnent, nous avons cherché, sans toujours y réussir, à identifier tous les lieux, toutes les personnes nommées dans le texte, à fixer la date de tous les événements. Partout où soit le commentaire de M. Luce, soit l'*Histoire de du Guesclin* du même savant, nous fournissait les éléments de ce travail, nous avons renvoyé le lecteur à l'un ou à l'autre. Grâce à des recherches assez longues, grâce à l'emploi des principaux ouvrages imprimés, des collections manuscrites de la Bibliothèque Nationale et des registres du Trésor des Chartes, nous sommes arrivés à faire d'une manière assez complète la critique d'une grande partie de la Chronique.

Enfin le volume se termine par la table des noms de lieux et de personnes ; ces derniers sont rangés aux prénoms et à la forme moderne ; de nombreux renvois en facilitent l'usage.

1. C'est ainsi que l'armée du comte de Derbi en 1346 se composait en grande partie de voleurs et d'assassins. Les Rôles gascons de cette année renferment surtout des lettres de rémission accordées pour leurs méfaits à ces brillants héros de Froissart. Nous devons ce renseignement à l'obligeance de notre confrère et ami, M. Charles Bémont.

Il ne nous reste plus qu'à remercier publiquement notre savant maître, M. Léopold Delisle ; non seulement l'éminent administrateur de la Bibliothèque Nationale a bien voulu nous servir de commissaire responsable et relire nos épreuves, mais encore, en nous cédant gracieusement une copie de la *Chronique normande* qu'il possédait, il nous a épargné un long et fastidieux travail.

CHRONIQUE NORMANDE

DU

XIVᵉ SIÈCLE.

Du[1] temps du roy Phelippes le Bel, avoit ung conte en Flandres, que on appelloit Guy de Dampierre, et fut filz à la contesse Marguerite, et ot en son vivant deux femmes. Sa premiere femme fut fille à l'avoué de Betune; de celle ot le conte trois filz, Robert, Guillaume et Phelippe, et plusieurs autres filles, dont l'une fut mariée au conte de Guerle et l'autre au conte de Juilliers. Et la seconde femme audict conte de Flandres fut fille au conte de Luxembourg et fut contesse de Nemmur, et le conte en ot trois filz, Jehan, Guy et Henry, et une fille, qu'on appelloit [Philippe[2]] et fut filleulle au beau roy Phelippe de France. Le roy d'Angleterre, qui pour le temps estoit, fist cette pucelle demander pour Edouart son filz, et [li contez[3]] lui acorda et fiança en la main des messagers. Mais il fut briefvement dit au roy de France par ung des chevaliers de la court du conte, et estoit cil chevalier appellé Symon Lavais[4].

1. Le commencement de la chronique manque dans A jusqu'aux mots : *et le comte de Hollande* (p. 3).
2. B appelle cette princesse *Jehanne* ; nous corrigeons d'après 5610.
3. Nous empruntons ces deux mots à 5610.
4. Le Rias 5610.

Et lors le roy manda au conte de Flandres, que il venist parler à lui et lui menast [Phelippe] sa filleulle, et le conte y ala et y mena la pucelle. Quant le roy la tint, il dist qu'elle demourroit devers lui et la retint, et blasma moult le conte de ce qu'il avoit faict, et lui commanda que il vuydast de la conté de Flandres, que il avoit forfaicte, pour ce que on avoit estably en France par le noble conseil du royaume, que nul prince ne noble homme ne povoit ses enfans marier hors du royaume sans le congé du roy, et qui sans congé le faisoit, il estoit au vouloir du roy de le desheriter. Le conte ne peult trouver mercy au roy pour priere d'amys que il eust, et demoura sa fille devers le roy Phelippe, car il ne vouloit mye que le mariage se feist dudit roy d'Angleterre, car il estoit ses ennemys. Et lors ot le conte de Flandres conseil d'aucuns de ses amys, que il appelleroit du roy devant le sainct pere, et envoia à Romme pour fourmer l'appel. Le pape Boniface voult bien que l'appel se feist, et envoia à Paris le legat de Melas, qu'il dist au roy de par le sainct pere que il rendist au conte de Flandres sa fille et lui laissast marier à son vouloir où il l'avoit affiée et lui laissast sa terre paisible, et si ce ne vouloit faire, il envoiast à la court de Romme, où il estoit appellez du conte de Flandres. Le roy respondit au legat que de seigneurie terrienne ne se devoit le pape mesler, et que il avoit hommes de droit pour ses hommes juger, et que à la court du pape il ne plaideroit point. Le legat s'en ala à Romme et dist au pape Boniface la response du Roy.

Le conte sceut que le roy ne cesseroit point pour l'appel. Lors manda le faict au roy d'Angleterre et requist aide de ses amys et fist grans aliances et assembla grant parlement. Là fut le roy d'Angleterre et le roy Ardoffles d'Alemaigne et le duc de Brabant, le duc d'Auteriche, le conte de Guerle et le conte de Juillers et[1] le conte de Hollande et le conte de Bar, lequel avoit espousé la fille du roy d'Angleterre, Alienor. Pardevant ces princes que j'ay nommez et plusieurs autres, feist le conte Gui hommage au roy d'Alemaigne de la conté de Flandres, que il devoit tenir du roy de France, et le roy d'Allemaigne le receut et promist à defendre contre le roy de France. Adonc furent faites lettres de deffiance, où les aliez mistrent leurs seaulz, et furent aportées au roy de France par trois abbez[2], dont l'un fut de Gemblous et l'autre de Saint Andruy de Grantmont et le tiers de Saint Bavon de Gant. Aprés ces deffiances, le roy manda ses hommes et ses soudoiers moult efforciement pour aler en Flandres, et le conte manda ses amys et ses aliez, et envoia Guillaume son filz à Doay pour la ville garder, et avec lui le seigneur de Reux[3], que on nommoit le Famelleur[4], et Henry de Nasse et plusieurs de ses soudoyers. Et Guillaume, filz du conte de Flandres, eust espousée la fille Raoul, connestable de France. Aprés envoia le conte son ainsné filz à Lille, et mena avec lui le conte de Penton[5], le conte de Casteloigne, le sire de Kux, le sire de Fauquemont et plusieurs Alemans. Cilz Robers ot deux filz de sa derreniere

---

1. Ici commence le texte de A.
2. aliez A, B; abbez 5610.
3. Roux 5610.
4. Famelleux 5610.
5. Penuchiu 5610.

femme, qui fut fille au duc de Bourgongne et fut contesse de Nevers[1]; en ce temps estoit la dame trespassée, dont Loys li ainsnez releva au roy la conté de Nevers et ne se mella plus de la guerre. Et li autres filz ot nom Robert, et fut puis nommé Robert de Cassel. Le conte envoia par ces bonnes villes gens d'armes, et le roy s'en ala au siege devant Lille à tout grant foison de gent. Et fut l'an de grace mil deux cens quatre vings dix sept, que le roy se partit pour aler en Flandres. La royne Jehanne sa femme s'en ala en sa terre en Champaigne, où le conte de Bar menoit guerre pour ce que il estoit aliez au conte de Flandres, et mena avec lui le duc de Lorraine, le viconte de Nerbonne, le conte de Roussy et pluseurs autres, dont le conte de Bar eut paour que sa terre ne feust perdue, si que il se rendit à la royne sans bataille faire. La royne l'envoya à Paris en prison, et s'en ala de Champaigne droit à Lisle, où le roy son baron estoit au siege devant.

Et en ce temps que le roy Phelippe estoit au siege devant Lisle, ala Phelippe d'Artois, filz du conte Robert d'Artois, à Betune, qui estoit à Robert de Flandres, et ceulz de la ville se rendirent au roy, et Phelippe les receut ou nom du roy. Puis s'en ala au siege à grant gent. Et tantost aprés vint le conte Robert d'Artois du pais de Gascongne, où il avoit guerre pour le roy de France contre le roy d'Angleterre, et avoit laissié Anry Lalemant pour maintenir guerre et pour garder aucunes forteresses, qui estoient au roy. Le conte Robert d'Artois oyt dire au siege de Lille, que il avoit Flamans et Alemans [en la ville de Furnes[2]], qui guerrioient

---

1. *Sic* 5610; Evreux A et B; *de même plus bas.*
2. *Les mots entre* [ ] *sont tirés de* 5610.

sa terre et les gens de son pays. Lors assembla ses amys et manda Phelippe, son filz, Guy, conte de Saint Pol et Jaques son frère, Loys, duc de Bourbon, Robert, conte de Boulongne et Jehan de Tancarville, chambellain de France, et pluseurs autres, et les mena vers Furnes à grant puissance de gens. Et les Flamans et Alemans qui estoient dedens Furnes yssirent contre eulz, et assembla la bataille à un petit hamel que on appelle Bulemcamp. A icelle bataille fut en chief le conte de Julliers, qui estoit filz de la fille au conte de Flandres, et avoit avec lui le conte de Beaumont, le conte des Mons et grant foison d'Alemans et Flamans. Là estoit le sire de Gaumes, qui moult estoit preux. Le conte de Julliers bailla sa banniere à porter à un chevalier, qui ot nom Bauduin Ruffin, et à l'assembler de la bataille il gecta la baniere jus et se trait vers le chastellain de Bruges[1], qui estoit avec les François. Là furent Alemans et Flamans desconfiz, et en y ot grant foison de morz, et fut le conte de Julliers prins et envoyé en prison à Saint Omer. Mais il estoit si navrez, que il ne vesquit depuis que trois jours. Le conte de Blanmont[2] et le conte des Mons se eschapperent de la bataille et s'en alerent à Ypre. Le sire de Gaumes fut mort à la bataille, mais en ce jour se combatit contre Phelippe d'Artois et le print, mais il fut rescoux et ne pourquant fut il bleciez, si que il en mourut. Aprés icelle desconfiture, le conte d'Artois entra en Furnes et la fist forer et essillier, et puis s'en reppera au siege du roy par devant Lille, où le roy fist[3] et y ot pluseurs

1. Berghes 5610.
2. Beaumont B.
3. et i fist li rois xi sepmaines 5610.

assaulz et saillies, car Galerant le Roux de Fauquemont yssoit souvent sur les François.

Ung jour advint que le conte de Forest et le conte de Montbeliant et Jehan de Chalon faisoient le guet, pour ce que ceulz de dedens ne feissent aucune saillie sur l'ost, mais quant vint à la chaleur du jour, yceulz seigneurs qui faisoient le gait et le plus de leurs gens descendirent de leurs chevaulz et baillerent leurs bacinez à leurs paiges et leurs lances et leurs escuz et s'alerent umbroier en leurs tantes. Mais li Roux de Fauquemont sceut cel affaire par une espie, et adonc fist sa gent armer et lui aussi, et fist faire emprés le fer de sa lance un croq pour les paiges saicher jus de leurs chevaulz, et teles lances ont esté depuis appellées *saichiez-boutez*, dont puis firent les Flamans de ces lances. Le Roux de Fauquemont et ses gens yssirent hors aux champs et coururent sur ce appertement aux paiges et les mirent jus de leurs chevaulz. Adonc leva le cry parmy l'ost et pluseurs François coururent sur les Alemans, qui se defendirent en retraiant vers leur porte. Devant les autres s'avança le conte de Vandosme et se feri aux Alemans. Mais le Roux de Fauquemont le print et le mist sur son cheval par l'aide de ses hommes. Adonc vindrent François si efforciement que les Alemans furent moult grevez. Le Roux de Fauquemont ne se povoit mie bien aidier pour le conte de Vandosme, dont il estoit encombrez. Adonc il le getta en un puis qui estoit en l'arsin des faulzbours, et là fut mort. Les Alemans souffrirent moult de paine, mais toutesvoies rentrerent ilz en leur porte et gaingnerent pluseurs chevaulz, que ilz avoient devant envoiez par leurs varlez. Les François saicherent le conte de Vandosme tout mort hors du puis, et fut emporté en son pais, par ses hommes. Adonc fist le roy drecier grans engins aux portes et aux murs de Lille.

Une autre journée advint que les mechines de la royne[1] avoient fait une buée et avoient mises les napes de l'ostel du roy et de la royne aux champs, draps, linges sans buer et cuevrechiefz, et fut la buée estandue aux raiz de la Maladerie assez prés de la porte. Le Roux de Fauquemont s'arma et sa gent aussi et yssirent de la porte et des gens de pié avecques eulz. Le cry leva parmy l'ost, et ceulz qui firent le gait du jour coururent sur les Alemans. Le sire de Fauquemont et sa gent se combatirent contre les Francois, et les tindrent tant que les gens de pié eussent cueillie la buée et portée à Lille, dont se retrairent les Alemans et rentrerent ens sans perte de leurs gens.

De telles envaies, que le Roux de Fauquemont faisoit, fut le roy moult dolens et assembla son conseil, son frere, ses amis et ses princes, dont moult avoit en son ost, car il y avoit trente deux contes, le duc de Bourgongne, le duc de Bretaigne et le duc de Lorraine. Le roy demanda conseil de sa guerre, et leur dist que bien avoit oy dire que le roy Edouart d'Angleterre venoit en Flandres en l'aide du conte de Flandres, et pluseurs princes d'Alemaigne, et mesmes leur menoit le roy Ardouffle pour leur aider. Adonc parla le conte de Henaut, qui estoit nepveu au conte de Flandres, mais Robert de Flandres l'avoit moult guerroyé et grevé, et pour ce estoit aliez au roy. Cel conte dist au roy, que le roy

---

1. de la ville A, B.

d'Alemaigne estoit moult convoiteux, et que se il avoit aucun present de deniers, que tost lui feroit la guerre cesser. Donc lui envoia le roy quatre sommes de deniers par Jaques de Saint Pol, qui trouva le roy Ardouffle à Coulongne sur le Rin, et lui dist saluz de par le roy de France, qui lui prioit que il ne fust point en l'aide de ses ennemis pour lui grever, et que à son couronnement il avoit serement que il n'acroistroit point ses fiefz sur le royaume de France, et le roy de France avoit aussi juré à son sacre que il n'entreprendroit riens sur les fiefz de l'empire. Si lui prioit que il gardast bien son serement, aussi que le roy de France vouloit le sien garder. Adonc lui fist Jaques le present; et le roy le receut moult lieement et promist que il ne se melleroit pour l'une partie ne pour l'autre. Ainsi receut grant somme de deniers de chacune partie, et pour ce meffaict l'occirent puis les parens du conte de Flandres. Jaques print congié du roy Ardouffle et parti de Coulongne, puis revint au siege du beau roy Phelippe devant Lille, et lui compta comment le roy Ardouffle estoit appasiez, et que il ne se mouvroit pour l'une partie ne pour l'autre.

Le roy moult liez en fut et en tint siege plus hardiement. A Lille avoit un chevalier, qui estoit aux draps Robert de Flandres et de son conseil, et le nommoit on Robert d'Aticez[1]. Cil Robert yssi à un vespre tout seul de Lille et s'en entra coiement es treiz et fist tant que il fut es tentes du roy et parla aux chambellans, tant que ilz le menerent devant le Roy, et lui dist cil Robert que il lui ensaingneroit comment il pourroit

1. Astiches 5610.

demain prendre la ville de Lille et avoir vengance de ses ennemis. Le roy demanda comment ce pourroit estre. Le chevalier dist au roy : « Sire, fait-il, faites
« demain chacier une porcherie de vostre garnison
« devant la porte de la Magdalene et faites armer
« trois mile hommes et embucher prés; et bien scay
« que le Roux de Fauquemont ystra pour celle proye
« gaingner, et voz gens les suivront appertement, et
« se il retourne, je tendray la porte ouverte tant que
« vostre gent pourront entrer en la ville et la
« prendre. » Le roy lui accorda voulentiers et manda
pluseurs de ses barons et leur compta le faict et leur
commanda que ilz fussent armez l'endemain aux tentes
pour ce faire. Et cil lui acorderent; mais il y eut aucuns qui furent amys Robert de Flandres, qui ce fait
lui manderent en la nuitié secrement, comment ilz
devoient estre traiz par Robert d'Atices, et que il
estoit aux tentes du roy. Quant Robert sceut ce fait,
il le fist scavoir à ses hommes et commanda que on
envoyast l'endemain aux portes, et si tost que Robert
d'Atices rentreroit, que il feust prins et amenez devant
lui. L'endemain parti Robert d'Atices et ala vers la
porte que on dit de Fivez[1] et bien cuida entrer ens,
que on ne l'apparceust. Mais il fut prins et menez devant
Robert de Flandres, qui le feist emprisonner et dist
que il le feroit justicier. Les gens au roy s'embuscherent es tentes tous armés, et fist on envoier chacier dés heure de prime une porcherie devant la porte
de la Magdelaine. Mais le Roux de Fauquemont et les
autres soudoiers savoient bien le fait des François;

---

1. De Fiennes 5610.

et pour ce n'osoient yssir, mais li Roux Galerans de Fauquemont s'avisa; quant il vit la porcherie si prés de la porte, il la fist ouvrir et les bailliez aussi et fist sa gent rengier au dehors des bailliez et se fist apporter un petit porcel et le prit par les oreilles et le fist hugnier et crier si fort que les pors de la grant porcherie y acoururent les gueulles baées, et cil qui les gardoient ne les peurent onques tenir. Et quant les pors vindrent prés des bailles, le Roux laissa aler le porcelet, et ses gens chacierent les pors dédens la porte, et François se desbucherent des tentes et acoururent vers la porte, mais ilz faillirent à leur entente et perdirent leur porcherie. Moult fist li sires de Fauquemont d'ennuiz en l'ost du Roy, mais tant fut la ville assegée que les vivres y faillirent à pluseurs gens. Il estoit grant cherté de pluseurs vivres à Lille et bien voulsissent aucuns que la ville se feust rendue. Un jour seoit à disner Robert de Flandres en la sale à Lille, mais le conte de Hennaut lui fist envoier une pierre d'angin, qui rompi le comble de la sale et chay devant la table et occist deux chevaliers, dont Robert fut moult dolant et vit que il ne pourroit plus durer ne la ville tenir, et la fist rendre par les bourgois, et les bourgois la rendirent par tel convenant, que Robert s'en partiroit sauvement et toutes leurs gens d'armes et leurs harnois. Lors entra le roy de France en Lille et la royne et leurs gens, et Robert de Flandres et sa gent d'armes s'en partirent pour aler à Gant et fist chargier Robert d'Atices en un tonnel, mais il crioit si tres hault, que il fut oy des François et fut rescoux.

Le roy se reposa trois jours à Lille, mais au qua-

triesme jour s'en parti et bailla granment gens
d'armes à Charles son frere, qui s'en ala à tout à
Yppre, et le roy s'en ala à Courtray, la ville se rendi
à lui et le chastel[1], puis s'en ala en Englemoustre et là
se reposa en atandant Charles son frere, qui s'en ala
à Yppre. Mais les Alemans qui estoient bien trois mil
yssirent hors de la ville, le conte de Blanmont et le
conte des Mons qui avoient esté desconfiz à Furnes, et
si y estoit le conte de la Marche[2]. Là alerent assembler
Alemans et Flamans aux François à un hamel que on
dit Commines. Là furent Alemans et Flamans desconfiz
et moult en y ot d'occis, et fut prins le conte des Mons
et les autres furent chaciez jusques à Yppre et Charles
de Valois fist bouter le feu es fauxbours, mais ceulz
de Yppre ne yssirent point et s'en ala Charles à l'ost
du roy son frere en Anglemoustier.

Et en ce jour vinrent quatre bourgois de Bruges
presenter les clefz de la ville de par toute la communauté, et le roy les reçut et y envoia Charles de
Valois son frere pour recevoir les hommaiges, sauves
leurs vies[3]. L'endemain ala Charles à la ville du Dan
à tout grant foison de gens et y cuyda trouver le navire
du roy d'Angleterre, mais les Anglois l'avoient esquippée. Toutesvoies se rendi la ville à Charles et y
mist trois cens bidaux pour la garder, puis s'en repera
en Anglemoustier en l'ost du roy. Quant le roy d'Angleterre et le conte de Flandres sceurent que la ville
de Bruges estoit rendue et la ville du Dan, dont en-

---

1. *Ici* A *et* B *ajoutent la phrase suivante :* et vit que ilz ne pourroient plus durer ne la ville tenir.

2. *Sic* 5610; d'Alemaigne A *et* B.

3. loiz 5610.

voierent il le duc d'Auteriche et le prince de Gales au Dan à tout grant foison de gent, et là se mistrent et reconquistrent et occirent tous les bidaux que Charles y avoit laissiez, et puis s'en repairerent à Gant. Robert de Flandres et sa gent estoient venuz à Gant de Lille, et le conte de Guerle, qui dist au conte Guy de Flandres, que le roy Ardouffle d'Alemaigne ne faisoit nul appel de guerre, et que le roy de France lui avoit envoyé un present par Jaque de Sainct Pol, pourquoy point il ne se mouvroit. Adonc jura le duc d'Auteriche, que, se ceste guerre povoit estre finée et appaisiée vers [le roy de France[1]], que il assaudroit de guerre le roy d'Alemaigne; le duc de Brabant, Henry de Lucembourc, le conte de Guerle, le conte de Blanmont, le Roux de Fauquemont et pluseurs autres se alierent par fiance au duc d'Auteriche pour guerroier le roy d'Alemaigne. Lors aviserent le roy d'Angleterre et le conte de Flandres, que à trés grant peril assembleroient en bataille contre le roy Phelippe pour le grant peuple que il avoit. Si firent treves requerre, et tant fut la chose menée, que treves furent données, par condicion que le roy Phelippe et le roy d'Angleterre et le conte de Flandres mistrent leurs faiz en l'ordonnance du pape Boniface, pour apaisier tous les descors qui estoient entre eulz, et par condicion que les trieves durantes le roy Phelippe auroit possession de la ville de Bruges et de Courtray et de tout ce que il avoit conquis en Flandres.

Adonc se departirent les ostz et vint le roy de France à Paris. Quant les Galois virent que le roy d'Angle-

---

1. *Les mots entre crochets manquent dans* A *et* B.

terre et le prince de Gales, leurs sires, s'en vouloient partir de Flandres et que ilz n'avoient riens gaingné deça la mer, adonc se conseillerent de rober la ville de Gant et bouterent le feu en la ville en pluseurs lieux. Entretant que les gens de Gant entendoient à estaindre le feu, les Galois entroient es grans maisons et roboient les draps et les meilleurs richesses que trouver ilz povoient. Quant les gens de Gant apparceurent le malice des Galois, ilz laissierent le feu et crierent alarme et coururent sur les Galois et en occirent plus de quatre mil. Encor vouloient-ilz courir aux champs sur les autres, si n'eust esté le conte de Flandres et ses enffans, qui les appaisa à mout grant paine. Le roy d'Angleterre s'en ala au Dan[1] et rentra en mer, et le prince de Gales, qui moult ot perdu de ses hommes.

En l'an aprés deffia le duc d'Auteriche le roy Ardouffle d'Alemaigne et ala seoir devant Aiz et tout ses aliez avec lui. Adonc assembla le roy ses amis et o lui les Frisons et Guerfaut de Hongrie[2], Loys de Baviere et pluseurs autres princes jusque au nombre de dix huit mille hommes d'armes. Et le duc en avoit quatorze mille. Là ot grant bataille, et fut le roy Ardouffle desconfit, et pris Loys de Baviere et pluseurs autres. Aprés cele bataille sist le duc d'Auteriche quarante jours devant Aes, puis entra dedens et fut couronnez comme roys d'Alemaigne. Le conte de Hennault ala à ce roy faire hommaige et pourchaça tant que le roy ala demander à femme une des filles Charles de

1. adonc A, B; au Damp 5610.
2. Bouguerie 5610.

Valois. On lui envoya et [l']espousa à mout grant honneur. Par ce mariage perdi le conte de Flandres l'alience du roy d'Alemagne.

En ce temps alerent à Romme les conseillers des trois princes, c'est à scavoir pour le roy de France Jaques de Saint-Pol, et pour le roy d'Angleterre l'evesque de [Duremmes[1]], et pour le conte de Flandres y fut Robert son filz, et chascun pour sa partie monstra sa cause devers le saint pere. Aprés leurs raisons dictes et ordonnées, le pape ordonna que le roy de France rendroit au conte de Flandres sa fille et sa terre que il avoit conquise, et au roy d'Angleterre rendroit ce que il avoit conquis en Gasgoine, et furent les lectres faites par celle maniere et baillées, et furent chargiez à l'evesque [de Duremmes]. Les barons s'en retournerent en France, Robert s'en ala en Flandres, et l'evesque et Jaques s'en alerent à Paris et compterent au roy comment le pape avoit ordonné. Avec le roy estoit Charles de Valois et Loys d'Evreux, et Robert, conte d'Artois, qui demanda à veoir la lettre que le pape avoit seellée. L'evesque [de Duremes] l'ala querre et la voult monstrer au roy, mais le conte d'Artois lui esracha des mains et la dessira, puis la geta ou feu qui estoit en la cheminée de la chambre du roy. Li aucun l'en blasmerent et li autre non. Mesmes le roy dist qu'il ne croiroit ja l'ordonnance du pape, ains yroit sur ses ennemys, tantost que trieves seroient passées.

Quant les treves furent passées, le roy envoia le conte d'Artois en Gasgoingne, et Charles envoya en

---

1. *Manque* A, B.

Flandres et leur charga moult grant gent. Quant Charles vint en Flandres, tout le pais se rendi à lui moult ligierement jusques à Gant. Là estoit le conte et ses enfans, qui avoient mandez leurs aliez, mais si pou de gent leur vint en aide, que ilz virent bien que ilz ne pourroient contrester contre le povoir Charles. Adonc se rendi le conte et Robert son ainsné filz et Guillaume, par condicion que, se ilz ne povoient dedens un an accorder au roy, Charles de Valois les devoit restablir où il les avoit prins. Adonc s'en ala la contesse et ses quatre filz à Namur, dont elle estoit dame, et Charles emmena le conte et ses deux filz et pluseurs chevaliers de Flandres en la main du roy, et y mist Charles de Valois Raoul de Neesle, connestable de France, et en fut gouverneur. Charles de Valois mena ses prisonniers au roy et bien lui dist par quelle condicion ilz s'estoient renduz. Le roy envoya le conte Guy en prison en la tour à Compiengne et de ses chevaliers avec lui, et si envoya Robert au chastel de Chinon en Touraine, et envoya Guillaume au chastel de la Nonnette en Auvergne. En cel an ne peurent trouver paix ne accort au roy, dont requistrent à Charles que il les renvoiast en Flandres, ainsi comme il les avoit en convenant. Et Charles requist au roy que il lui rendist les barons, et il dist que non. Adonc Charles assembla cinq mille hommes et parti de France pour aler en Constentinoble, dont sa femme devoit estre empereris.

En ce temps estoit le conte Robert d'Artois au siege devant la Riolle, et tant donna au chastellain, que on appelle Gobert de l'Espinace, et avec ce lui promist un chastel en Flandres, lequel que il vouldroit demander au roy, et lui rendi la Riolle et Saint Maquare et autres forteresses, que il avoit en garde, dont revint Robert d'Artois au roy à Paris, et lui compta comment Gobert de l'Espinace lui avoit vendu les chasteaulz et les dons que il lui avoit faiz et promis, et le roy lui octroya.

Assez tost aprés ala le roy en Flandres visiter le pais ; là fut bien receuz et festoiez. Et là Gobert de l'Espinace demanda au roy le chastel de Marle de lez Bruges, et le roy lui donna. Adonc fist le roy Jaques de Saint Pol gouverneur de Flandres, et Raoul de Neelle en fut demiz. Le roy s'en ala en France, et assez tost aprés fut fait le mariage du roy Audouart[1] d'Angleterre et de Jehanne, seur au beau roy Philippe. Adonc fut pais par tout le royaume de France, et demoura Flandres au roy par l'espace de deux ans paisiblement.

En ce temps fist Jaques de Saint Pol refaire et enforcier le chastel de Lille pour le roy et autres chasteaux du pays, et fist la commune gent taillier pour payer ces fraiz, dont ilz commencerent à murmurer. Adonc advint que Gobert de l'Espinace vendi vin à Marle, et les gens de Bruges y alerent boire par pluseurs foiz. Si avint que un bourgois[2], que on appelloit Jehan Bredelle, se courouça au varlet qui traioit le vin et li feri, si que il l'occist. Adonc s'arma Gobert et sa gent pour son varlet venger, mais ceulz de Bruges se deffendirent. Le fait fut sceu à Bruges. Adonc y ala bien cinq cens de communes, qui occistrent Gobert et

---

1. du viel roy Edouart 5610.
2. uns bouchiers 5610.

sa gent. Quant le gouverneur de Flandres sceut le fait, il ala assembler grant quantité de chevaliers et d'escuiers et d'arbalestriers, jusques à la quantité de quatre mil, et s'en ala à Bruges pour corriger ceulz qui le chastellain avoient occis. Ceulz qui avoient fait le fait s'en alerent au Dan. Avec eulz avoit un tisserrant, nommé Pierre le Roy. Cil les enhardi de eulz defendre et de courir sus les François, et manderent pluseurs de leurs amis, que ilz envoierent querir à Bruges, et que il leur aidassent et que ilz yroient assaillir les François par l'aide de leurs amis. Et furent pluseurs occis en leurs litz et les aucuns en eulz defendant [1]. Jaques de Saint Pol, Pierre de Flecté [2], Jehan de Bremin [3] et Jehan de Lens et pluseurs autres eschapperent celle nuit et s'en alerent à Courtray. Mais à Bruges demoura [mors] des François bien trois mil et seize, et quarante prins prisonniers. Jaques de Saint Pol commanda le chastel de Courtray à garder à Jehan de Lens et à Jehan de Bremin et leur bailla souldoiers, quant il s'en ala à Paris compter le meffait au roy, que ceulz de Bruges lui avoient fait.

Lors manda le roy la noble chevalerie et escuierie de son royaume et les fist assembler à Arraz, et fist le roy chef Robert d'Artois et gouverneur de l'ost, et lui commanda que la vengence feust prinse des malfaiteurs de Bruges. Le conte lui acorda et vint à Arraz atendre les gens d'armes. Ceulz de Bruges sceurent que les

---

1. qu'il avoient à Bruges qui leur aidassent, et qu'il iroient par nuyt tuer les Franchoys en leurs lis en celle nuytié, et vinrent chil du Dan à Bruges assalir les Franchois, *etc.* 5610.

2. Flotte 5610.

3. Brevin 5610.

François faisoient grant assemblée pour venir sur eulz. Adonc manderent ceulz du Franc et firent leur chief du tisserrant qui avoit la chose esmeue, dont s'en vindrent aux champs et distrent que ilz reconquesteroient toute Flandres et raroient leur seigneur, que le roy avoit emprisonné. Dont s'en alerent parmy Flandres, et pluseurs villes à eulz se rendirent, comme Ardembourc, Bailluel, Pauperinghe[1], Audenarde, la ville de Cassel, et la ville de Courtray, mais le chastel se tint françois, car ceulz que Jaques y avoit laissié se defendirent. Dont assistrent Flamans le chastel de Courtray. Adont estoit venuz avecques eulz Gui de Namur, qui estoit filz au conte de Flandres et frere au conte Jehan de Namur, et uns damoiseaux, qui avoit nom Clerc de Jullers, pour ce que diacre estoit et attendoit à estre beneficié, quant la conté lui eschey par la mort son frere, qui morut à Saint Omer en prison, et avoit esté prins à Furnes. Avec ces deux princes furent aucuns chevaliers pour les Flamans aidier, et tindrent siege devant le chastel de Courtray. Le conte Robert d'Artois ala contre les Flamans à mout noble gent, mais à pluseurs douloient les cuers, pour ce que en l'ost bien dix jours avoit que ilz n'avoient oy cheval henir, dont il y avoit bien XL[m]. La bataille assembla devant Courtray, en l'an mil trois cens et deux, le jour saint Benoist, ou mois de juillet[2]. Là furent François desconfiz, et fut mort Robert le quens d'Artois, Jaques de Saint Pol, [le] conte d'Eu, le conte de Ponty, le conte de Maillé, le conte de Dreux, le conte

---

1. A et B *portent* Valent.
2. ou mois de juingnet 5610.

[de] Dampmartin, le conte de Soissons, et Aleausmes, ainsné filz du duc de Bretaigne, et Jehan sans pitié, ainsné filz du conte de Hennault, Gobert Dulains, Godeffroy de Brabant, Raoul de Neelle, connestable de France, Guy de Neelle, mareschal, Jehan le chambellant de Tancarville, Regnault de Try, Baudouin de Laigny, Baudes de Pierrenes, Ferrant d'Araines, Aubois Longueval, le chastellain de Douay, et tant d'autres, que sans les princes y eut mort soixante chevaliers banneréz et onze cens chevaliers d'un escu[1]. De la bataille eschapperent Loys de Bourbon, Robert de Boulongne, Guy de Saint Pol, Regnaut de Dampmartin et pluseurs autres, dont li aucun alerent compter au roy la desconfiture, dont fut mout esmerveillié.

Adont manda le roy gens à force par tout son royaume et ailleurs pour aler sur les Flamens. [Aprés celle desconfiture, qui fu à Courtray, cil du chastel se rendirent as Flamens[2]], et furent Jehan de Lens et Jehan de Bremin envoiez en prison à Bruges. Adont vint Jehan de Namur, qui assembla ceulz de la conté [de Flandres], d'Allos et [de] la terre du Vast, ceulz du Gant et d'Ippre, qui relenquirent le roy et s'en alerent avecques ceulz de Bruges. Dont partirent de Courtray et

---

1. *Voici d'après* 5610, *f.* 8, *la liste des morts de Courtray* : Robert li comtes d'Artois, Jaques de Saint Pol, li comte d'Eu, li contes de Vimeu, li contes d'Aubemarle, li contes de Dreues, li contes Dampmartin, li contes de Soissonz, Guillamez aynés fieux du duc de Bretangne, Jehans sans pitié, fiex au conte de Haynau, Gaudefroy de Brebant, Raoul de Neelle, connestable de Franche, Guy de Neelle, marischauz, Jehans li cambrelens de Tancarville, Regnault de Trie, Bauduin de Ligny, Baudart de Pierewes, Ferrant d'Arainnez, Auberis de Longueval, li castellains de Douay...

2. *Les mots entre crochets sont de* 5610; *ils manquent dans* A *et* B.

s'en alerent au siege devant Lille. Ceulz de Lille prindrent un parlement aux Flamans, et requistrent un mois de respit, et envoierent au roy se il ne les secourroit dedens un mois, que il se rendroient aux Flamens. Jehan de Namur et son conseil se y accorderent, et ceulz de Douay s'i accorderent et envoierent aux Flamans demander ytel respit comme ilz avoient donné à ceulz de Lille, et on leur accorda. Briefment envoierent les deux villes pour avoir secours, mais le roy ne leur accorda mie, car le jour estoit trop bref. Adont revindrent les messaiges, et tantost se rendirent aux Flamans. Adonc fut toute Flandres aux Flamens et fut contre le roy.

En l'an mesmes, environ la saint Remi, ala le roy au siege devant Douay à tout grant planté de princes et de gent. Et les Flamans s'assemblerent et alerent logier environ une lieue prés de l'ost du roy, aux fosses que on dist le Boulorm[1]. Jehan de Namur conduisoit les Flamens, et Guy son frere, le Clerc de Juilliers, le sire de Cuch[2], le sire de Courtray[3], mareschal de leur ost, et si estoit Guillaume de Boubein[4], un hospitaliers du Temple et Pierre le Roy, tisserrant, qui fut fait chevalier à la bataille de Courtray. Jehan de Namur envoya au roy d'Angleterre pour avoir secours pour les aliances, qui faites avoient esté par devant. Les messaiges passerent la mer et alerent à Londres pour demander secours au roy. Le roy Edouart avoit espousée la suer au beau roy Phelippe. Si ne vouloit mie

---

1. Boulenriu 5610.
2. Caux A, B.
3. Estornay 5610.
4. Bourbon A, B.

guerroier contre lui, non pourquant dist-il aux messaiges, que il leur pensoit briefment faire tel secours que il s'en apparcevroient bien. La royne demanda au roy : « Qui sont ces chevaliers? » et le roy lui dist : « Ce sont messagers de Flandres qui m'ont apporté
« un messaige secret, dont je suis moult esbahiz. »
La royne savoit bien que le roy de France estoit assegiez devant Douay. Si fut en sospeçon et fut moult desirante de savoir queles nouvelles ces chevaliers avoient aporté, et moult pria la nuit au roy que il le lui vousist dire, et le roy lui dist soutivement : « Dame, vous m'avez en convenant que ce sera cellé;
« car se il estoit sceu, je y auroy mout grant deshon-
« neur. » Et la royne lui convenança que bien le celeroit. « Dame, ce dist le roy, je suis mout esmer-
« veillié que le roy de France, vostre frere, se fait[1]
« tant hair de ses princes, car je say vraiement, ceulz
« en qui il se fioit le doivent trahir et livrer aux Fla-
« mans, et leur ont en convenant que à l'assembler de
« la bataille, ilz se partiroient et leroient prendre de
« ses ennemys. Et pour ce ont il envoié par devers
« moy et me prier, que je leur voulsisse prester aucune
« bonne forteresse par deça la mer pour le roy garder.
« Car ilz se tiennent pour tous asseurez que le roy sera
« livrez en leurs mains. J'ay respondu aux messaiges
« que ce ne feroye point, [car[2]] pour l'amour de vous,
« je ne vouldroys faire au roy chose qui lui despleust.
« Mais ce fait leur doy je celer sur la loyauté de mon
« corps. Si vous prye, dame, que vous gardez mon
« honneur. » La royne dist que si feroit elle, mais

1. se faisoit A, B.
2. car *manque* A, B.

mout triste fut pour son frere. Quant le roy fut endormis, elle se leva et envoya querre un clerc par son chambellant, et fist escripre ce que le roy lui avoit dit, puis sella et prist un messaiger et lui prya que il se hastast d'aler au siege devant Douay, et que en la propre personne et main du roy son frere, il lui baillast celle lectre et non à autre. Le messager prist le brief et se mist à voye et passa la mer, et fist tant que il vint au siege devant Douay et trouva le beau roy Phelippe et lui bailla les lectres. Il congnut le seel et l'ouvrit, puis la leut et vit comme sa suer lui manda, que il devoit estre venduz aux Flamans par les princes de son ost, et si savoit elle bien de vray que se il se combatoit, il seroit prins. Et le roy fut mout esbahis, et se doubtoient ses princes les uns pour les autres. Dont manda le roy jour de parlement aux Flamans, et ilz lui accorderent et y envoierent le Clerc de Julliers qui mout estoit saiges, et le roy y envoya Loys d'Evreux, son frere, pour savoir la voulenté des Flamans. Loys demanda que touz ceulz qui avoient fait la traison à Bruges feussent livrez au roy pour faire sa voulenté, et les Flamans respondirent que ils n'en bailleroient ja homme, ains se combatroient au roy. Lors failli le parlement, et revint Loys compter au roy la response des Flamans. Lors dist le roy, que les Flamans n'eussent ja si fierement respondu et que ilz n'osassent assembler à bataille contre son povoir, se ilz n'eussent alience de ses princes, et que il estoit trahiz. La nuit s'en parti le roy devant le jour et toute sa gent et se deslogierent, tous esbahiz de ce que le roy s'en partoit sans combatre aux Flamans. Et ce fut par le malice du roy Audouart.

Les Flamens s'en alerent en Flandres, et le roy s'en rala en France et laissa pour garder le pais de Flandres et les forteresses Gautier de Castellon, Mile de Noiers, Fouques de Marle, et moult d'autres bons chevaliers. Ainsi demoura la chose[1] sans paix faire et sans trieves.

Aprés avint en la fin de cel an, mil CCC deux ans, par un jeudi de la sepmaine peneuse, que les Flamans passerent le pont d'Arques bien quarante mil et entrerent en Artois, et les chevaliers que le roy y avoit laissez pour le pais garder et pluseurs autres chevaliers du pais s'assemblerent. Là fut Gautier de Castellon, Miles de Noiers et Anry Lalemant, Jaques de Baionne, Bernard d'Ernaqueil[2], Ameux[3] de Neuville, Robert de Saint Venant et pluseurs autres. Là ot grande bataille et furent les Flamens desconfiz, et en y ot de mors douze mille, dont il y ot grant foison de noiez, car le pont d'Arques rompi soubz eulx quant ilz s'enfuioient.

Assez tost aprés alerent les Flamans à grant ost, en l'an mil CCC et trois[4], devant Lessines, qui estoit au conte de Henaut, et estoit aliez au roy de France. En ce temps revint Charles de Valois du pays de Grece, où il avoit guerié, et mena grant gent pour aidier au roy son frere. Et Phelippe de Diete, filz au conte Guy, ala en Flandres, car ses freres l'avoient mandé pour estre chief de leur guerre, car il estoit li ainsnez, exceptez ceulz qui estoient emprisonnez.

1. le comté 5610.
2. Beraus de Marqueil 5610.
3. Aimmeris 5610.
4. deux A, B.

Et Phelippe [ala] à Lassines, que Flamans avoient assise, et la prindrent par force et l'essillierent, et puis alerent moult eforcieement devant Tournay à siege. Et le roy de France rassembla ses hommes pour aler secourre Tournay, et ala jusques à Peronne. Mais le roy fist requerre trieves par le conte de Savoye, et elles furent acordées [un an¹], par cy que le conte Guy de Flandres fust mys hors de prison, et se accort n'estoit trouvé dedens cel an, il devoit aler en prison arriere. Ce fait fut accordé. Si fut Tournay dessegié, et le conte ala en Flandres un an et puis rala arriere en la prison du roy, pour ce que on ne peut paix ne accort trouver. Quant trieves furent faillies, les Flamens se rassemblerent bien cinquante mil et rentrerent en Artois. Et Othes de Bourgongne, le baron Mahaut d'Artois contesse, assembla ses gens avec les chevaliers, que le roy avoit laissiez pour le pais garder. [Là ot grande bataille²], mais François perdirent, et fut Othes de Bourgongne si navrez, que onques puis armes ne porta, [ains morut moult tost aprés.³] Mout tost aprés les gens d'armes partirent du champ et s'en alerent à Arraz et ceulz de pié à Saint Osmer, mais il y en ot de mors plus de deux mil. Les Flamans s'en alerent à Tiroine et prindrent la ville et fut arce l'eglise Nostre Dame. Dont s'en yssirent Flamans, et fouirent tout le pais jusques à Betune et jusques à Lens, et puis passerent le pont à Vendin et s'en ralerent en Flandres.

Et le roy Phelippe rassembla ses princes et ses

---

1. un an *manque* A, B.
2. Là ... bataille *manque* A, B.
3. ains ... aprés *manque* A, B.

hommes partout son royaume et par tous ses amis, et parti de France pour aler en Flandres, et ala à Arraz pour actendre ses gens. Là fut amenez Guy de Namur, que Regnaut de Sabonne, [li amiraux de mer[1]], lui avoit prins en mer devant Stripesse[2] en Hollande, où il avoit par force de Flamans assegié Guillaume, filz au conte de Hennaut. Le roy fist envoier Guy à Paris en prison et party d'Arraz pour aler en Flandres, mais le Clerc de Juilliers et les Flamans garderent si le pas, que le roy n'y pot passer et s'en ala à Valenciennes et s'en ala droit à Tournay, et de là en Peulles devant la ville d'Orcies, et se rendi. Puis s'ala le roy logier à Faumont l'Abaye et les Flamans s'alerent logier à Mons en Peurle, si prés du roy que il les povoit bien veoir. Bien estoient les Flamans deux cent mille et toute gent commune, excepté les princes et les chevaliers, que je ay devant dit. Et le roy avoit plus de C et L mille, dont il y avoit grant foison de chevaliers. Là ot grant bataille et merveilleuse, et furent Flamans esbahiz et moult grevez, tant que ilz estoient sur le point de desconfire, tant que il firent mander le conte de Savoye et lui distrent que il envoiast dire au roy, que ilz se mettoient en sa mercy, mais que il leur voulsist pardonner leur meffait pour donner et ordonner cent chappelles, où on diroit messes pour les François, qui avoient esté occis à Bruges et ailleurs. Le conte de Savoye envoya dire ceste requeste au roy, mais le roy ne la voult accorder. Entretant que le parlement se fist, les Flamens se

1. Colonne A; Coulonne B; *les mots entre crochets manquent dans A et B.*
2. Setuesse 5610.

eslargirent et refroidirent, et pluseurs des François s'alerent umbroier soubz les arbres et desarmer pour le chaut, car bien cuidoient avoir trieves ou pais. Mais les Flamans, aprés la response rendue, rendirent les trieves et se ferirent mout appertement sur les François, qui estoient mal ordonnez et pluseurs desarmés pour le chaut. Si furent prins et s'enfuirent pluseurs, mesmement le conte de Savoye et sa bataille. La nouvelle fut dicte au roy Phelippe, qui se repposoit en ses tentes, que sa gent s'enfuioit en pluseurs parties. Adont monta à cheval et ala à toute sa bataille sur les Flamans. Là eut creuse bataille, et fut le roy demonté et son cheval occis soubz lui, et Guillaume Gentieux et Gens[1] son frere, qui estoient à son frain, [furent occis[2]], et l'oriflambe du roy fut à terre versée, et Anciaux de Chevreux qui la porta fut ce jour mort de chaut et de paine. Mile de Noiers l'en releva, et Charles de Valois, Loys d'Evreux, Loys de Bourbon se ralierent à la bataille du roy en sa propre personne, qui se combatit ce jour fort et puissanment. Cele bataille fut ou mois d'aoust, le mardi aprés la mi aoust[3], l'an mil CCC et quatre. Là furent Flamans desconfiz, et fut prins le Clerc de Juillers, qui requist que il feust mené au roy pour ranson paier, mais Regnaut, le conte de Dampmartin, ne le voulut accorder, ains l'occist pour vengier la mort de son pere[4], qui fut mort à la bataille de Courtray. Au jour que celle bataille fut à Mons en Peule, y ot mort plus de vingt

1. Jehans 5610.
2. furent occis *manque* A, B.
3. le mardi apres la saint Berthiemiu 5610.
4. frere 5610.

mil Flamens, et perdirent tentes, charroy et chevaulz.

Aprés la desconfiture des Flamens, parti le roy de Mons en Peulle et ala prendre siege devant Lille, où Phelippes de Flandres et Jehan de Namur estoient venuz. Et Jehan de Namur s'en ala en Flandres et donna aux Flamans tel conseil, que ilz rassemblerent et firent faire treiz et tentes de draps vers et jaunes et rouges et de pluseurs autres couleurs, et passerent le Lis et s'alerent logier vers la riviere de la Deulle[1] prés des François. En cel an estoit morte Phelippe, la pucelle par quoy la guerre avoit esté encommencée premierement. Le roy et les François estoient esmerveilliez commant aprés si grant desconfiture de gent, de harnois et de charroy estoient revenuz dedens quarante jours les Flamans prés de la bataille. En l'ost des Flamans estoit le duc de Brabant, qui leur conseilla de faire paix, et il y ala pour eulz faire la requeste et offri amendes pour leurs meffaiz, et les amis du roy lui loerent la paix, car mout doubtoient la force et la cruaulté des Flamans, qui faisoient guerre mortelle sans rançon. Lors s'assembla le conseil et fut la paix faite, par condicion que tous prisonniers feussent delivrez, et mistrent les Flamans en la main du roy Lille, Douay et les appartenances et chastelleries de ces deux villes, et les devoit le roy tenir jusques à ce que ilz eussent baillié autant de terre qui peut estre avalué à ces deux villes et chastelleries, ou bailleroient cinquante mil livres, un vieil gros tournois d'argent pour un denier. Lors furent livrées les deux villes en la main du roy, et il s'en ala en France. En ce temps mourut

1. Lendelle A, B.

le conte Guy de Flandres en la tour de Compiengne, et il fut porté à enterrer en Flandres en l'abbaye de Flines, que la contesse Marguerite, sa mere, avoit fait fonder. Lors furent les prisonniers delivrez, et ala Robert saisir[1] la conté de Flandres.

Le roy Phelippe se complaignoit souvent de ses bons princes, que il avoit perduz en Flandres, et disoit souvent que le pape Boniface l'avoit grevé en sa guerre. Il avoit un chevalier en France, que on appelloit Guillaume Louguaret. Il haioit le pape et entreprist le fait pour le grever par l'accort du roy, qui lui bailla gens et deniers pour prendre soudoiers. Lors ala en Romanie et trouva le pape Boniface en la cité d'Avignon et l'asaillit en son palais et occist son frere; et desploia la baniere de France et crioit Montjoye, et fut le pappe grevé et empressé à l'entrer en sa chambre, dont il fut moult ayré, et en ycelle yre il maudist le roy de France jusques à la septiesme ligne et tous ceulz qui ce meffait lui faisoit, et assez tost après il mourust tout ayrez et desapaisiez. Aprés fut pappe Benedit un an, et aprés Celestins, qui se desmist et ala en un hermitaige. Et puis fut pappe Clement, qui vint par deça les mons et mist siege à Lion sur le Rosne, et de là il ala a Bordeaux et puis à Poitiers. Le roy Phelippe y envoya Charles son frere et pluseurs barons, pour le pappe honnorer. Et ainsi comme ilz aloient [parmy les rues[2]] à Poitiers, un grand mur chay, qui occist le duc de Bretaigne et vingt chevaliers et d'autres gens plus de quatre vings. Assez tost après ala le pape à Avignon et là demoura et fist graces.

1. asseir A, B.
2. parmy les rues *manque* A, B.

En cel an espousa le filz au viel roy Edouart d'Angleterre Ysabel, fille au beau roy, et furent les noces faites à Boulongne sur la mer, et fut par mariage rendue à Edouart la duchié d'Aquitaine et la conté de Ponty. Assez tost aprés manda le pappe Clement au roy de France et aux autres princes de Crestienté, que les Templiers feussent prins et mis à mort pour aucuns meffaiz dont ilz estoient accusez devers lui. Dont furent prins en l'an de grace mil ccc et sept; leurs maisons et possessions que eulz tenoient furent mises es mains des Hospitaliers. Puis avint que Guillaume Lougaret mourust et enraigea moult hideusement, la langue traitte, dont le roy fut moult esmerveillié, et pluseurs autres qui avoient esté contre le pappe Boniface. En ce temps fist trois filz que le roy avoit faire chevaliers, et donna à Loys l'ainsné le royaume de Navarre, et à Phelippe le conté de Poitiers, et à Charles le mainsné la conté de la Marche. Et fist moult noble feste et large, et à eulz adouber fist chevaliers Phelippe et Charles, enfans Charles de Valois. A ceste feste que le roy fist ne fut mie Robert, conte de Flandres, dont le roy se plaint à ses amis de ce que il avoit bien huit ans que il estoit tenant de la conté de Flandres, et encor ne lui avoit fait hommage ne venu à sa court, et si lui avoit mandé par pluseurs foiz. Le roy ot encores conseil, que il le manderoit et que il venist à sa court, sauf aler et sauf venir. Ainsi fut mandé Robert, et il ala à court mout richement. Le roy lui demanda que il luy feist hommaige de la conté de Flandres, et il respondit que [ains] il auroit Lille, Douay et que les deniers qui furent accordez pour le pais estoient largement paiez, et que Enguerrant de Marigny, chambellan du roy, les avoit receuz, puis dist Robert que tout rauroit ou tout perdroit avant qu'il feist hommaige au roy. Par maltalent se parti Robert, et assembla ses gens et s'en ala à siege devant Lille. Et le roy manda ses hommes et envoia Loys son ainsné filz en Flandres, que le gent nommoient Hutin, pour ce que il avoit grant voulenté de combatre aux Flamans. Et avec le filz du roy ala Charles de Valois et Loys d'Evreux, mais le roy y envoya Enguerrant de Marigny comme son lieutenant. Quant Robert seut que François venoient sur lui efforciement, il se parti lui et ses gens du siege de Lille, et s'en alerent oultre le Lis. Quant les François aprocherent Flandres, tant que Loys de Navarre estoit à Douay, et bien cuidoient les princes combatre aux Flamans, Enguerrant de Marigny ala parler à eulz et leur donna trieves un an, et s'en revindrent les François. Dont Loys de Navarre et Charles de Valois firent grant plainte au roy de Enguerrant de Marigny, qui trieves avoit données. Le roy le excusa, car mout l'amoit[1].

Aprés avint en ce temps, ou mois de septembre, que le beau roy Phelippe ala chacier en la forest de Biere, et eurent sa gent eslevé un sanglier grant et merveilleux, le roy le chaca tant que il passa ses gens par force de cheval. Quant le sanglier fut eschauffez, il retourna et courut sur le roy, et le roy le failli à ferir de l'espie. Le sanglier le feri de ses dens en la jambe du cheval, dont il se desroia pour la bleceure et geta le roy à terre et demoura un de ses piez en l'estrier, si que le cheval traina moult longuement le roy par

---

1. et crenioit 5610.

les bois, si que il fut moult mehaignez. Et sa gent qui le trouverent le porterent à la Fontaine Bliaut et mourut en l'an de grace mil ccc et xvi, et fut enterrez en l'abbaie de Barbel, et fut le cinquantiesme roy en France. Et celle sepmaine que le roy trespassa, le pappe et l'arcevesque de Reins trespasserent, et pourtant Loys, ainsné filz du beau roy Phelippe, detria d'aler à son sacre à Rains, jusques à ce qu'il y eust un pappe, par qui l'arceveschié feust ordonnée. Et en ce temps fist mourir le roy Enguerrant de Marigny pour la hayne des guerres de Flandres.

En l'an mil trois cens dix sept[1], fut Loys sacrez à Rains, et tantost manda ses princes et ses gens pour aler en Flandres. Et le conte Robert de Flandres manda les Flamens et ala faire siege devant Lille et gasta le pais, mais quant il seut que le roy venoit contre lui à si grant peuple, il laissa le siege et envoya ses gens oultre le Lis, et le roy s'ala loger à Bondues[2]. Mout avoit le roy grant nombre de gent, mais en cele saison il plut tant et si longuement et si merveilleusement, que par force d'eaue et de lait temps il laissa le pais de Flandres et son ost sans bataille faire, et s'en rala en France. Deux femmes ot ce roy Loys, la premiere fut fille Mahault, contesse d'Artois, et celle royne se meffist de son corps, pourquoy elle fut du roy separée et fut emmurée au Chastel Gaillart. Celle royne ot une fille du roy, si comme elle disoit, mais par le meffait de sa mere elle perdi les terres, qui escheoir lui povoient ou royaume de France, c'est assavoir la conté de

1. mil ccc et xvi 5610.
2. Bonduces A *et* B.

Champaigne, les terres de Brye et autres. Toutesvoies ot elle le royaume de Navarre, que son pere lui octria, et fut mariée au conté d'Evreux, qui estoit cousin germain du roy. Et la seconde femme du roy ot nom Clemence, et fut fille au roy de Hongrie. Ce roy Loys ne regna que un an et fut empoisonnez; et la royne demoura grosse d'un filz, et Phelippe, le frere du roy, demoura regent du royaume. Aprés ce que la royne fut acouchée, fut l'enfant appellé en baptesme Jehan, et ne vesquit que dix jours.

Le roy Phelippe de Poitiers.

Aprés la mort du roy Loys, fut roy Phelippe, son frere. Sa femme ot nom Jehanne et fut fille Mahaut, contesse d'Artois. Et contre ce roy Phelippe et contre Mahaut d'Artois contesse, furent aliez chevaliers de France, et en fut Charles de la Marche, frere du roy Phelippe, [Jehans[1]], filz au conte de Valois. Le roy manda Gautier de Chastillon, Miles de Noiers et pluseurs autres chevaliers feables et de ses communes gens, et les envoia contre ses ennemis si efforcieement que les pluseurs se partirent du royaume, et les aucuns furent assegiez au chastel de Tigry. Mais toutesvoies eschapperent il et s'en alerent en Flandres. Le roy fist abatre pluseurs chasteaulz, qui estoient à ces aliez contre lui. De ces aliez furent le sires de Renty, le sires de Pinquigny, le sires de Tingry, le sires de Fiennes et pluseurs autres. Ce roy Phelippe ot trois filles; l'une fut mariée au duc de Bourgongne, l'autre au dauphin

---

1. Jehans *manque* A, B.

de Vienne, la tierce à Loys de Flandres, filz Loys de
Nevers[1], et fut accordé à ce mariage que cel enfant
Loys seroit après la mort du conte Robert de Flandres
saisi de la conté de Flandres. Lors fut paix entre
François et Flamens, que onques puis ne se mesle-
rent de guerre, sa vie durant. Et regna cinq ans ce
roy Phelippe et fut le LIIe roy en France.

Le roy Charles de la Marche.

Aprés la mort du roy Phelippe fut et regna Charles
son frere, qui fut conte de la Marche. Lors furent les
aliez rappellez en France. En ce temps fut Loys conte
de Flandres, qui avoit espousée Marguerite, fille du roy
Phelippe. Si avint que le conte Jehan de Namur, qui
avoit Lescluse et estoit sienne, voult que le pois et la
balence que ceulz de Bruges en avoient osté y fust
remys. Quant ceulz de Bruges le seurent, ilz s'armerent et firent leur seigneur aler avecques eulz contre
son oncle tout par force et alerent bouter le feu à Lescluse et tuerent les gens au conte de Namur et l'ame-
nerent à Bruges, en prison que on dit [le] Pieres. Mais
il eschappa par le treu d'un privé lieu, qui estoit sur
l'eaue, et s'en ala en son païs. Quant ceulz de Bruges
le seurent, ilz bouterent leur seigneur hors de la ville,
pour ce que il ne voult mie accorder que le conte son
oncle feust occis.

Aprés avint en l'an mil CCC XXIIII que ceulz de
Bruges, du Franc et d'entour chacerent les chevaliers et les nobles hommes et en occirent pluseurs

---

1. d'Évreux A, B.

et abatirent leurs chasteaulz, et firent leur chief d'un Flament que on appelloit Clay d'Ennequin[1], et alerent asseger la ville d'Ardambourc, pour ce que aucuns chevaliers qu'ilz avoient chaciez avoient esté soustenuz par eulz. Par devant Ardembourg furent Flament VI sepmainez en tamps d'iver, et convint par force que cil se rendissent à eulx[2] pour estre de leur partie. Quant le conte vit que ceulz de Bruges le vouloient ainsi dechacier, il assembla ses amis, Guy de Namur, Jehan de Namur, Guy et Jehan de Flandres, seigneur de Neelle et pluseurs chevaliers, et par conseil il envoya Guillaume de Granson, evesque de Cambray, par les bonnes villes pour savoir lesquieulz vouldroient obeir au conte et lesquelz non. La ville de Gant, Yppre et Audenarde furent de la partie du conte, et les autres villes et le plat pais, que on appelloit Franc, furent contre lui. Et quant le conte seut l'entente de ses hommes, il assembla ses amis et ses chevaliers et s'en ala à Courtray à grant compaignie de gens d'armes, et entra à Courtray et y fist bouter le feu. Mais le commun se assembla et se combatirent contre le conte et ses gens et le desconfirent. En l'an mil CCC XXVI, ou mois de juing[3], fut celle bataille à Courtray. Là fut le conte desconfiz et fut occis Jehan de Flandres, sire de Neelle, et vingt quatre chevaliers, et le conte de Namur eschappa et s'enfouy à Gant, et le conte fut pris et l'emmenerent à Bruges, en la prison que on dit la Pierre. Aprés ce fait, le commun se commencerent à rebeller contre les gros et en chacierent pluseurs autres

1. Saudequin 5610.
2. *Les mots* par devant ... eulx *manquent* A, B.
3. le XXIIIe jour de juing 5610.

hors de la terre, à Yppre et à autres villes. Mais les grans bourgois de Gant furent adont maistres du commun et en occirent pluseurs et si en bannirent bien cinq mille hors de la ville. Ceulz qui furent banniz de Gant se assemblerent avec Clay d'Ennequin[1], qui grant gent avoit assemblée, et allerent assaillir la ville d'Audenarde, qui ne voult obeir à ycellui Clay. Ainsi se combati tout le pays, et tenoient leur seigneur en prison. Les parens du conte Loys alerent au roy Charles compter le meffait que les Flamans avoient fait à leur seigneur, et lui requistrent que par lui feussent les Flamens pugniz et que le conte feust desprisonnez. Adont envoya au pape le meffait et desobeissance. Le pappe geta sentence sur eulz, se ilz ne s'amendoient, et y envoya un cardinal pour sa sentence publier. Et le roy Charles envoia Amphour d'Espaigne, Miles de Noyers et le bailli d'Amyens et grant foison de gens d'armes sur les frontieres de Flandres pour les Flamands destraindre. Mais pour ce ne cesserent leur emprinse. Assez tost aprés vint le cardinal à Tournay et geta sentence sur les Flamans. Les prestres cesserent en Flandres de chanter, de administrer les sacremens de sainte Eglise. Les Flamens envoierent au cardinal que il laissast l'escommeniement, pourtant que ilz osteroient leur seigneur de prison et distrent que ilz obeiroient à lui. Mais en cel an mesmes se rebella le commun et chacierent leur seigneur, les chevaliers et les grans bourgois hors du pais. Et le conte s'en ala en sa conté de Nevers[2], et Clay d'Ennequin fut sires et maistres

1. Saudequin 5610.
2. d'Evreux A, B.

de tout le pais de Flandres. Et assez tost aprés morut le roy Charles, qui regna cinq ans et ot deux femmes en son vivant; la premiere fut seur au roy de Behaigne et l'autre fut suer au roy de Navarre, conte d'Evreux.

Le roy Phelippe de Valois.

Aprés la mort du roy Charles, fut Phelippe de Valois regens du royaume, pour ce que la royne demoura ensainte, mais elle apporta une fille. Pourtant eschay le royaume [à Phelippe], qui fut couronné à Rains, par un jeudi de la Trinité[1], l'an mil ccc xxviii. Là furent les pers de France, et le conte de Flandres fist au roy de France hommage de lui saindre l'espée, et le roy lui promist que il lui[2] feroit joir de sa conté de Flandres, dont sa gent l'avoient chacié. Aprés cest sacre, vint le roy à Paris et fist mout noble feste, et assembla ses princes et ses barons par son royaume, et manda soudoiers et s'en ala en Flandres droit à Cassel, où il y avoit mout de Flamans assemblez. Le roy se loga par un samedi desous[3] le mont de Cassel, jour saint Berthelemy, l'an mil ccc xxviii. Si[4] descendirent Flamans du mont de Cassel et entrerent en l'ost du roy. Grant bataille y ot, et y ot occis xi^m Flamans et plus. Aprés celle desconfiture, ala le roy à Yppre, et la ville se rendi et vindrent Flamans de toutes les villes de Flandres à mercy au roy. Là remist le roy le conte Loys en possession de sa terre de Flandres.

1. Ternité A.
2. le B.
3. sur A B.
4. se A.

En l'an aprés manda le roy de France au roy Edouart d'Angleterre, que il venist à Amiens et lui fist hommaige de la duchié d'Aquitaine et de la conté de Ponty. Et le roy Edouart y vint et lui fist hommaige.

Aprés envoia le roy Jehan, son filz, au pappe pour requerre la croix. Et envoya le pape deux cardinaus en France, qui prescherent et donnerent la crois au roy de France, au roy de Navarre et à pluseurs autres princes et gens. Et porta l'evesque de Beauvaiz la deffiance oultre mer au soudant.

En ce temps que le roy Phelippe se pourvoit pour aler faire guerre aux Sarrasins, le roy Edouart se pourveoit et queroit aliances[1] pour faire guerre au roy Phelippe, car il se disoit estre li plus prochains hoirs du roy Charles, car il estoit filz de sa suer[2] ; mais le royaume ne descendoit point à la branche femenine. Non pourquant[3] se pourveoit il de faire guerre par le conseil Robert d'Artois, qui estoit banny du royaume de France en ce temps, pour meffait dont il avoit esté accusez vers le roy Phelippe, et avoit le roy fait emprisonner ses enffans et sa femme, qui estoit suer au roy, et les enffans estoient ses nepveuz. Et Robert ala au roy Edouart, qui le retint de son conseil.

En ce temps, vint un chevalier de Baionne au roy Phelippe, et lui requist droit du roy d'Angleterre, duc d'Aquitaine, qui grant somme de deniers lui devoit et paier ne lui vouloit. Et si en avoit lettre seellée de son

---

1. et ... aliances *manque* A, B.
2. *Nous empruntons le texte de cette phrase au ms.* 5610; *A et B donnent la leçon vicieuse qui suit :* disoit estre plus prochains au roy Philippe filz de sa suer.
3. pourtant B.

seel. Le roy Phelippe envoia sergens en Gascoingne pour saisir le chastel de Pommerel, que le roy Edouart avoit obligiez soubz son seel pour paier la debte au chevalier. Mais le chastellain, par le commandement du roy Edouart, ne voult obeir aux sergens, mais les chaca hors du chastel. Et cil revindrent au roy Phelippe et lui compterent tout[1] le fait. Et lui fut dit que la pourveance, que le roy Edouart faisoit, n'estoit mie pour aler sur les Sarrasins, ains estoit pour le royaume de France guerroier. Le roy Phelippe demanda jugement à sa court, sur la terre dont le roy Edouart lui avoit fait hommaige. Et lui fut jugié que forfaite l'avoit pour celle desobeissance. Le roy manda grant planté de gens d'armes pour le pais prendre à force, et les menerent Symon d'Arquery, Raoul de Rabastre[2], Le Galois de la Baume. Et le roy Edouart y envoya Robert d'Artois et pluseurs autres princes, chevaliers et archiers d'Angleterre pour les Gascoins defendre. Mais pou assemblerent à bataille contre François, ains se tindrent à Bordeaux et en pluseurs autres forteresses. En l'aide du roy Phelippe furent avec les François le conte d'Armignac, le conte de Fois, le seneschal de Thoulouse et ceulz de Carquassonne et moult essiellerent le pais, et prindrent en ce temps par force de siege et d'assaut Blaive, Penne, Bourc [et] Plommerel.

Et en ce temps que celle guerre fut en Gascoingne, s'assemblerent François en Normendie et entrerent en mer. Et les mena le conte de Guines et Robert Bertran, et estoient six mil hommes de France et de

1. tout *manque* A.
2. Rabatre B; Rabstein 5610.

Normendie. Ceulz assaillirent l'ille de Guernesuy, et y ot grant bataille contre les Anglois et les desconfirent; là fut prins le conte de Cleves, Hemars de Valence et xii^c Anglois, qui furent mors et prins. Et conquistrent les François l'ille et le chastel de Guernesy. Quant le roy d'Angleterre scut la desconfiture de Gascoingne et de l'ille, du chastel et de ses hommes, il envoya l'evesque de Nicole, le conte du Suffot, Gaultier de Mauny à mil hommes en mer, et arriverent en l'ille de Gagant, où il avoit[1] foison de nobles hommes de Flandres à soudoiers. Et se combatirent fort contre les Anglois, mais il furent desconfiz, et fut pris Guy, le bastard de Flandres, frere Loys, et fut mort le Diacres[2] de Halouin, Jehan Demmer de Quarque[3], Jehan Denmerede[4], Ernoul de Bruguedant[5] et touz les habitans en l'ille, et fut ce jour arce et destruitte.

Aprés celle desconfiture se prindrent à troubler en Flandres fort l'un contre l'autre, et prindrent à hair fort leur seigneur pour la mort d'un chevalier, nommé Sohier le Coutesien[6], que le roy de France avoit fait mourir pour traison, dont le conte Loys l'avoit acusé, mais les Flamans disoient que ce estoit à tort. Et s'en revelerent[7] pluseurs et firent leur chief d'un bourgois de Gant, qui avoit esté braceur de miel, et l'appelloit on Jaques d'Artevelle. Lors furent le bailli et tous les officiers du conte chaciez hors de Gant. Et mena Jaques

1. y avoit B.
2. Ducres A, B.
3. de Muquerque 5610.
4. de Visterode 5610.
5. Brugnedant A, B.
6. Courtrisien 5610.
7. rebellerent B.

avec lui sept cens[1] Flamans à armes et à ensaignes de blans chapperons et s'en alà à Bruges[2], où il fut bien receu du commun peuple de la ville. Et quant le conte le seut, il laissa le pais et s'en ala au roy Phelippe conter la desobeissance de ses hommes, dont pensa le roy Phelippe, que Flamans se vouloient alier au roy Edouart, et envoya pluseurs gens d'armes en pluseurs lieux pour garder les pors[3] parmy son royaume.

Aprés ce temps, assembla le roy Edouart en Engleterre ses hommes, et entra mout efforcieement en mer[4] et ala arriver à Envers en Brabant, pour ce que il avoit aliance au duc de Brabant, au duc de Guerle, au conte de Julliers, au conte de Hennaut, son serorge, au marquis de Blanquebourc, filz Loys de Baviere, lequel avoit espousée la seur du dit roy d'Angleterre. Et furent ces deux dames filles de la seur au roy Phelippe de France et mere d'icellui conte de Hennaut. Le duc de Baviere envoya le marquis son filz en l'aide du roy Edouart à tout mil hommes d'armes et fist le dit roy vicaire de l'empire[5], mais[6] l'evesque de Cambray et les bourgois n'y vouldrent obeir, car Loys de Baviere estoit en ce temps escommenié par la crestienté, pour ce que il s'estoit fait couronner à Rome comme emperere contre le voulenté du pape[7] et de l'eglise. Par

1. mena quant et lui Jaques sept cens B.
2. *sic* 5610; Briges A, B.
3. pays B; pors de mer 5610.
4. sur mer B.
5. emperiere A.
6. *Ici* 5610 *ajoute le passage suivant*: Et manda li rois au vesque de Cambray, Guillaume d'Ausoince, et as bourgois de le cité qu'il le rechussent comme sen vicaire.
7. *sic* 5610; roy A, B.

l'ellection de l'evesque de Cambray et du peuple de la cité, Jehan, duc de Normandie, fut elleu pour estre gouverneur de Cambray et envoya le conte d'Armaignac à tout cinq cens hommes d'armes pour la ville garder.

En ce temps alerent à Envers[1] les aliez du roy Edouart, et parti de Brabant le dit roy d'Angleterre et entra en Hennaut. Et Guillaume de Hennaut et Jehan de Beaumont conduirent son ost jusques à Cambray, et y fist siege en la cité en l'an de grace mil CCC XXXVIII. Assez prés de Cambray avoit un chastel, qui estoit à l'evesque Guillaume, et estoit nommé Tun l'Evesque. Le chastellain le vendit[2] aux Anglois et les mist ens, dont ceulz de la cité furent mout grevez. Prés de là estoit le chastel d'Escaudeuvre, qui estoit au conte de Hennaut, et le chastel de Relengues. Pluseurs assaulz fist le roy faire à Cambray, mais rien n'y firent. Dont se parti du siege et s'en ala[3] logier à l'abbaye de Vauchelles et de là au Mont Saint Martin, et fist le pais essiller et faire pluseurs assaulz, premierement à Oisy[4], à Hennecourt, à Crievecuer, à Bouchain[5] et à pluseurs autres, mais rien n'y fist. Et en ce temps assembla le roy Phelippe ses gens et ses hommes mout efforciement et ala contre le roy Edouart, qui adonc prist son chemin parmy la Teresse et fist ardoir et essillier le pais. Et le roy Phelippe le suy jusques à Burenfosses. Là cuida avoir bataille au roy Edouart, mais il se des-

1. Ennest A.
2. le vendit *manque* A, B.
3. se departirent ..... allerent B
4. Loissi A, B.
5. Bouhan A, B.

loiga et ala à Douay et parmy Hennaut droit à Anvers. Là donna congié à ses aliez et sejourna à Anvers toute la saison jusques au nouvel temps. Et estoit avec lui la royne sa femme et ses filz.

Le roy Phelippe repaira en France. Et assez tost aprés lui manderent les Flamans par le conseil Jaques d'Artevelle, que il leur rendist Lille et Douay, et que les deniers, qui furent accordez et donnez pour les deux, estoient paiez, et se il ne leur rendoit les deux villes, il leur mouveroient guerre et les conquerroient bien. Quant le roy oy ces nouvelles, il envoia le conte Loys en Flandres et luy prya que il tenist ses gens paisibles à son pouvoir, par quoy ilz ne meussent point de guerre contre lui. Le conte ala en Flandres et fut receuz comme sires, mais il ne peut ses hommes tourner[1] à l'accort du roy de France, ains se vouldrent traire par force à l'aide du roy Edouart. Et quant il vit le desroy, il se parti le plus tost que il peut du pais et le plus secretement, et s'en ala au roy Phelippe son seigneur. Quant Flamans seurent la deppartie de Loys leur seigneur, ilz manderent le roy Edouart à Anvers, et il y ala et y mena sa femme et ses deux filz, dont l'un avoit esté né en cel an à Envers. A l'abbaie de Saint Bavon de Gant fut faite l'aliance du roy Edouart et des Flamans pour le roy Phelippe guerrier, par le conseil Jaques d'Artevelle. Adonc laissa Edouart sa femme et ses enffans à Gant avec le conte de Salbery, le conte de Suffot et grant foison de ses gens, et ala par mer en Engleterre pour faire grant assemblée de gent.

1. trouver A, B.

Et quant le roy Phelippe le seut, il fist assembler Hues Quieret, Nycole Bahuches et Barbevaire à xxx^m Normans et Genevois et les envoia vers l'ille de Gagant pour garder le pais, par quoy le roy Edouart ne peust aler en Flandres et aussi que marchandise n'y peust arriver.

En ce temps yssirent soudoiers de Cambray, Genevois et autres, et alerent assegier le chastel de Escaudeuvre, mais rien n'y firent. Lors entrerent en Hennaut et ardirent et pillierent la ville de Happie et pluseurs autres. Quant Guillaume, le conte de Hennaut, le seut, il ala à Gant pour faire aliance des Flamans avec le duc de Brabant, le duc de Guerle, le conte de Jullers et pluseurs autres, pour guerrier le roy Phelippe avec le roy Edouart.

En ce temps assembla Godemart de Fay des gens d'armes xiie et parti de Tournay, dont il estoit cappitaine, et alerent assaillir et ardre le pais de Flandres jusques à Audenarde et occirent Flamans et prindrent et emprisonnerent, et puis s'en reperierent. Quant Jaques d'Artevelle seut ce fait, il assembla des Flamans plus de xl^m et s'en ala au siege devant Tournay. Et le conte de Salbery, le conte de Suffot assemblerent leur gent et pluseurs Flamans et s'en alerent vers Lille pour le pais fouir et assaillir. Les souldoiers et les bourgois de Lille yssirent hors contre eulz à bataille. Là furent Flamans et Anglois desconfiz, et fut prins le conte de Salbery, le conte de Suffot et pluseurs autres. Ce[1] fut fait l'an de grace m ccc xxxix, et furent les deux prisonniers menez au roy Phelippe.

---

1. et A ; che 5610.

Aprés ala Jehan, filz au roy Phelippe, assegier le chastel de Escaudeuvre et de Thun delez Cambrai, et mena grant compaignie de princes, de souldoiers et de gent de commune. Et mesmes le roy son pere fut soudoier, pour ce que le chastel seoit sur les fiefz de l'empere. Jehan, vaus[1] de Cambresy, ala assaillir et ardoir le pays de Henaut jusques à Valenciennes et puis ala assegier les chasteaux devant diz. Assez tost aprés fut renduz le chastel d'Escaudeuvre[2]; mais cellui de Thun et cellui de Relengues se tindrent fors et endurerent moult de fors assaulz et de merveilleux. Guillaume de Henaut manda les Flamans et tous ses alliez pour ses chasteaulz secourre. Adont y ala Jaques d'Artevelle et mena XL^m Flamans, et le duc de Brabant, le duc de Guerle, le conte de Julliers, le marquis de Branquemont[3], Regnaut de Beaumont, Jehan de Fauquemont et pluseurs autres. Et se logerent prés du chastel de Escaudeuvre et de Thun, sur la riviere de l'Escaut à une rive et les François à une autre. Et fist Jehan drecier pluseurs engins, dont il fist moult les chasteaux dommaiger. Au temps de cest siege, alerent les François pillier et ardoir le pais Jehan de Hennaut entour Chimay et Beaumont; et Jehan ala ardoir Auventon[4] et pluseurs villes en pais de Terasse. Et atendoient Flamans et Hanuers le roy d'Angleterre, qui en ce temps estoit entrez en mer à grant foison de gens. Et assembla à bataille contre François, qui gardoient le pas en mer à l'Escluse. En l'an mil CCC XL, ou mois

1. baux 5610.
2. Burenfosse A, B.
3. Blanquebourt 5610.
4. Aubenton 5610.

de juing, fut celle bataille grande et merveilleuse, et moult perdirent Anglois au premier, mais ilz furent rescoux par les Flamans et furent François desconfiz. Là fut mort Hues Quierez, Nicole Bahuches, et Barbevaires en eschappa, et y ot mort xx^m Normans et x^m Genevois et x^m Anglois et xii dames d'Angleterre, que Edouart amenoit à Gant pour sa femme servir.

Aprés celle bataille, arriva le roy Edouard au port de l'Escluse et puis ala à Gant et manda le fait de la bataille à Jaques d'Artevelle et aux princes, qui estoient assemblez contre François.

Le fait de la bataille, qui fut en mer, fut mandé au roy Phelippe, qui en l'ost de son filz estoit, dont lui et ses hommes[1] furent moult doulens pour la victoire de leurs ennemis. Et manderent bataille au duc Jehan, qui, par le conseil du roy son pere, ordonnerent[2] François leur bataille le jour que ilz se devoient combatre, mais leurs ennemis se deslogerent, et mesmes ceulz du chastel de Thun bouterent le feu au chastel et s'en alerent avec leur ost. Dont fist le roy Phelippe arraser le chastel de Thun, cellui de Relengues et cellui de Escaudeuvre, qui leur avoient esté renduz, et puis s'en ala à Arras à tout son ost. Mais il envoya le duc d'Ataines, le viconte de Touwart[3] à iiii^m hommes fuster et ardoir le pais de Henaut. Et ceulz y alerent et ardirent Bavay et le pais d'entour jusques à Maubouges, et puis s'en repererent. Car le roy les manda par la priere[4] de sa seur, qui estoit mere au conte de Henaut,

1. filz A, B.
2. *sic* A, B, 5610.
3. Chemir A, B.
4. proiere A.

et s'estoit la dame rendue nonne aprés la mort de son baron et estoit abbesse de Fontenelles..

Quant le roy fut à Arraz, il envoya pluseurs de ses barons à Tournay, à Lille et à Saint Osmer pour garder le pais. Et les princes, qui alerent au roy Edouart à Gant, prindrent conseil d'aler assegier Tournay. Dont s'en alerent les princes en leur pais pour faire leurs hommes apparreiller. En ce temps que les princes et leurs gens s'appareillerent, mena Robert d'Artois XL^m Flamans devant Saint Osmer. Là estoit le duc Eudes de Bourgongne, conte d'Artois, le conte d'Armaignac, le conte de Fauquenbergue et pluseurs barons jusques au nombre de II^m hommes d'armes et X^m hommes à pié. Et assemblerent en bataille contre Robert d'Artois et les Flamans en l'an mil CCC XL, le jour Saint Jaques et Saint Christofle et entre Saint Osmer et Arques. Là furent Flamans desconfiz, et y eut bien III^m mors, et perdirent tout leur charroy et leur harnois. Robert d'Artois se recueilli à Yppre et des Flamans ce que il en peut avoir, et les mena au siege devant Tournay, où le roy Edouart, le duc de Brabant, le conte de Henaut et Jaques d'Artevelle estoient, et chacun de ces princes ot o soy tant de gent que ilz peurent, tant nobles comme commune gent. Et si y avoit maint prince et maint baron d'Alemaigne et leur gent, qui estoient souldoiers et estoient en nombre de III^c mil hommes, et firent faire pluseurs grans assaulz et merveilleux à la cité de Tournay, mais riens n'y valut.

A Tournay estoit de par le roy Phelippe le conte de Foiz, le conte de Eu, le viconte de Nerbonne, le conte de Pierregourt, Lois de Poitiers, Hemars de Poitiers,

Godemart du Fay, Savari de Vyvonne[1] et Robers Bertrans, et avoient avecques eulz vi^m hommes combatans.

A ce temps alà le roy logier o tout son ost, delez le pont de Bovines, à deux lieues petites de ses ennemis. Et moult souvent s'entrencontroient les fourriers des ii ostz et assembloient à bataille les uns contre les autres. Un jour avint que Regnaut de Fauquemont et Jehan de Haynau[2] aloient fourragier vers Mons-en-Peule, et l'evesque du Liege, soudoier du roy Phelippe, les encontra. Adont assemblerent à bataille les uns contre les autres. Là furent Anglois et Hennuyers[3] desconfiz, et y en avoit bien iiii cens mors et xl prisonniers. En l'autre sepmaine aprés alà le merquis de Julliers, soudoier du roy Edouart, vers Mons-en-Peule à v^e hommes d'armes, et encontra Charles de Montmorency et son frere et Billebaut de Trye. Ilz assemblerent à bataille et furent François desconfiz et y avoit de mors viii^{xx} François, et fut prins Charles de Montmorency et Billebaut de Trie et aussi le frere dudit Charles.

Aprés avint en la derniere sepmaine du mois d'aoust, que le seneschal de Londres, le seneschal de Henaut, Regnaut de Fauquemont et Jehan de Hainau[4] et Gautier de Maigny se partirent du siege de Tournay et chevaucherent vers l'ost du roy Phelippe à x^m hommes. Et trouverent l'evesque du Liege à demie lieue de l'ost prés du roy Phelippe et assemblerent à lui en bataille.

1. Viane 5610.
2. Beaumont A, B.
3. Baviers A, B.
4. Bimont A, B.

Là furent Liegois desconfiz et y en morut plus de XL, et fut prins l'evesque Gobert[1], mais le conte de Savoye et Loys son frere le secoururent et le desprisonnerent. Là furent Anglois desconfiz et Hennuiers, et y mourut le seneschal de Londres et y ot mort plus de IIII^c hommes.

Devant Tournay fut Edouart XI sepmaines, et faisoient mout fort geter par leurs engins aux portes et aux murs, et ceulz de la cité les grevoient mout d'angins et de trait.

En ce temps avoit fait savoir le roy Phelippe au pappe[2] la desobeissance des Flamans, qui devoient estre ses hommes, qui le guerroient malesgré son seigneur. Dont fut sur eulz getée la sentence du pappe et furent maudiz, se ilz ne s'amendoient, et leur fut la sentence envoiée et la nouvelle devant Tournay. Assez tost aprés fut prins jour de parlement des deux roys et de leurs aliez. Et y fut le conseil des deux princes, mais ne peurent trouver paix. Toutesvoies fut prins respit trois ans, par cy que Flamans feussent absoulz du saint pere. Adont parti le roy Edouart et ses aliez du siege, et le roy Phelippe s'en rala à Paris. Là estoit prisonniers le conte de Salbery, le conte de Suffot, Guillaume de Montaigue, qui furent delivrez pour avoir Charles de Montmorency et son frere et Billebaut de Trye.

Aprés le respit de ceste guerre, le duc Jehan de Bretaigne parti du roy Phelippe, et en alant en son pais, il trespassa en la voye et fut portez à Nantes et là fut

---

1. Englebert 5610.
2. au roy Edouart A, B.

il enterrez. Aprés la mort dudit duc Jehan, assembla Jehan de Montfort ses amis et ses soudoiers et s'en ala devant la cité de Limoges, qui avoit esté au duc Jehan, et tant fist que elle lui fut rendue et tout le pais. Et trouva à Limoges la plus grant partie du tresor au duc Jehan, dont il prist souldoiers, et s'en ala en Bretaigne briefment. Tant fist le conte de Montfort par l'aide de ses barons et du pais, que il fut receuz à Nantes comme sires, et prist Cantoursel[1], la ville et le chastel et pluseurs autres forteresses en sa main et y mist soudoiers de par lui. Et assez tost aprés lui fut rendue la cité de Vennes, Rennes, Dinant et tout le pais, mais ce ne fut mie au gré des communes gens du pais, ains fut par la force des barons et des chevaliers, que le conte atrait devers lui.

Quant Charles de Blois seut que le conte de Montfort ot la terre de Bretaigne saisie, il ala de ce faire sa clamour au roy de France et presenta sa femme pour faire hommaige de la duchié de Bretaigne, comme droit hoir. Et le roy de France respondi, que il recevroit le droit hoir par le jugement de sa court de Parlement[2] et assigna journée, et manda au conte de Montfort, que il fut à la journée pour oir le jugement. Mais le conte de Montfort ne voult obeir au mandement du roy Phelippe, ains s'en ala au roy Edouart en Angleterre presenter l'hommaige de la duchié de Bretaigne. Et le roy Edouart le reçeut et lui promist à garentir contre tous ses nuisans.

À la journée fist le roy de France rendre à sa court

1. Chavorsel A, B.
2. de ses pers de Franche 5610.

4.

jugement, et fut jugié que la duchié de Bretaigne estoit par droit escheue[1] à la femme Charles de Blois, niepce du duc Jehan, et en receut le roy l'hommaige.

Aprés ala Charles de Blois devant Rennes en Bretaigne, et mena avec lui Charles d'Alençon, son oncle, frere du roy Phelippe, et le conte de Harecourt à IIII mil hommes. La cité de Rennes fut rendue à Charles de Blois, maugré pluseürs chevaliers, et pluseurs villes, qui estoient de la part au conte de Montfort, se rendirent à Charles de Blois; pour ce que il estoit envoiez de par le roy de France. Tant fist Charles, que il ot XII^m hommes et chevaucha[2] pour conquerre le pais à force et s'en ala devant Saint Albin du Cormer. La gent de la ville yssirent contre lui et son ost, mais ilz furent desconfiz et cuiderent pluseurs entrer en la ville à garant. Mais Charles de Blois les suy de si prés, que il entra en la ville avec eulz et la conquistrent, et fut essilliée. Mais le chastel se tint, car mout estoit fort, et le gardoit un chevalier, nommé Pappellons de Saint Gile. Charles assega le chastel et y fist faire pluseurs assaulz, mais riens n'y firent. Dont il se desloga et s'en ala à Rennes. Et assez tost aprés, li allerent faire hommaige li bourgois de pluseurs villes et pluseurs chevaliers, si comme li visquens de Biaumont, Hervil du Lion, le visconte de Rohain, li sires de Rochefort, Robers sires de Biaumont, li sires de Castelbruiant, Raoul de Monfort et pluseurs autres. Et aprés li firent hommaige par trahison aucuns chevaliers, qui s'estoient aliez au conte de Monfort. De chiaux fu Oliviers

---

1. esleue A, B.
2. encommenca A, B.

de Clicon, li sires de Laval, Gieffroy de Malatrait, Henris de Malatrait, li sires de Lavaugour, Thiebaus de Morillon. Avec chiaux furent aliez chevaliers Normant Godeffrois de Harecourt, li sires de Rochetrechons, Richars de Persé, Rogiers Bacons. Et pluseurs autres chevaliers refuserent à faire hommage. De chiaux fu Tanguis du Castel, li sires de Valgarnier et Pappilonz de Saint [Giles] et pluseurs autres, qui se tinrent de la partie du conte de Monfort. Et estoit avec li la chevalerie de Limosin et pluseurs soudoyers.

Charles de Blois manda secours au roy Phelippe, son oncle, qui li envoia Jehan, son fil, duc de Normendie, le roy de Navare, le duc de Lorrainne, le duc d'Atainnes, le conte d'Eu, le conte de Vendome, Mille de Noiers, Robert Bertran, Guillaume, son frere, adonc li vesques de Biauvais (sic) et bien x^m hommez d'armes et xii^m Genevois, dont Otthon Doire et Charles de Gremaut estoient cappitaines. A entrer en Bretaigne li dus de Normendie assega Cantoursel et prist la ville et le castel par force d'assault. Et puis ala li dus Jehans à siege devant la citté de Nantes, où li contes de Monfort estoit avec ses hommes et ses saudoiers. Li dus Jehans manda Charles de Bloiz qui estoit à Rennes et il alla à luy à grant plenté de gens[1]. Quant le conte de Montfort vit la cité assegiée de si grant peuple, il requist aide aux bourgois de la cité, mais eulz distrent que non, car bien lui avoient dit que ja ne guerrieroient Charles de Blois, se il estoit envoiez de par le roy de France comme sires du lieu. Dont leur pria le

---

1. *Nous empruntons ici tout un passage, depuis : Et assez tost après ... (p. 50) jusqu'à : Quant le comte de Montfort, à 5610.*

conté que ilz vosissent obtenir un mois[1] tant seulement, et se dedens ce mois, ilz ne povoient le siege lever, il se partiroit de la cité, et on lui accorda.

En ce temps se parti le duc d'Ataines du siege, et emmena o lui Robert Bertran à vi^m hommes et alerent forrer le pais et essiller. Et assaillirent le chastel du Val Guernier. Ferrans, le sires du chastel, yssi contre eulz, et y ot grant bataille, et fut pris le Sauvaige d'Antigny, dont le duc d'Athaines fut moult courroucié, dont manda au duc Jehan que il lui envoyast le roy de Navarre à xii^m hommes d'armes. Quant le conte de Montfort vit que le siege fut appeticiez, il yssi de la ville à tout grant gent et cuida le duc Jehan desconfire, mais il fut desconfiz et lui convint par force rentrer en la ville.

Apprés ce fait li sires de Valgarnier manda bataille de ii^c Bretons qu'il avoit contre ii^c François. Celle bataille fu accordée et manderent le fait au duc de Normendie, qui moult joiauz en fu. Et à la bataille il mesmes fu des ii^c chevalliers de l'emprise, li rois de Navare, li dus de Lorrainne, li dus d'Attainnez, Robers Bertrans, Salvagez d'Atigny et d'autres dusques à ii^c, qui assamblèrent à la bataille à jour nommé contre ii^c Bretons. Et furent Bretons desconfit et ochis tout, excepté xxx qui furent pris en vie. Et fu pris li castiaulz et donnez à Salvaige d'Attigny, pour ce que bien s'estoit prouvez à la bataille, et avoit esté delivrez des Bretonz par convent de la bataille accorder[2].

Aprés ce fait, le duc Jehan repaira au siege devant

---

1. xv jours 5610.

2. *Ce paragraphe n'existe que dans 5610; il est nécessaire pour comprendre la suite des événements.*

Nantes en Bretaigne, et fist les trente prisonniers décoler et geter leurs chefs en la cité de Nantes par les engins de l'ost. Le conte de Montfort fist requerre au duc Jehan jour de parlement, et il lui octroya. Dont y ala le conte de Montfort, et tant fut la chose menée, que il se rendi au duc Jehan, sauve sa vie, et firent ceulz de Nantes hommaige à Charles de Blois et tout le païs de Bretaigne Galot, et rendi Pappellons de Saint Gile à Charles de Blois le chastel de Saint Albin de Cormier et s'accorda à lui. Dont se parti l'ost des François et mena le duc Jehan le conte de Montfort prisonnier à Paris au roy Phelippe, qui le fist emprisonner au Louvre.

Quant la contesse seut que son baron estoit en prison et que il ne pot mercy trouver[1] au roy Phelippe, elle fist porter le tresor, qui avoit esté au duc Jehan de Bretaigne, au chastel de Brest, qui mout estoit fort, et le gardoit Tanguy[2] du Chastel. Tant fist la dame que elle assembla pluseurs chevaliers et soudoiers, et alerent de par elle assaillir l'ille de Gurende et la conquistrent, et se rendirent ceulz de l'ille à la contesse, et les conduisoit Gieuffroy[3] de Malatrait, Fouques de Laval, Henry de Champignay[4], Olivier Rigaut, Denis du Plessis et pluseurs autres, et alerent assaillir la ville de Redon et la prindrent par assaut.

Quant Charles de Blois sceut que la contesse s'efforçoit de guerrier, il assembla ses hommes et remanda secours en France. Et le duc de Normandie lui envoia

1. avoir B.
2. Tanneguy B.
3. Charle B.
4. Cappenay 5610.

XIIe hommes d'armes, et les conduisoit Le Galois de la Baume, Robert Bertran et Miles de Noiers. Quant la contesse seut que Charles s'efforçoit de venir contre ses gens, elle les fist retraire en leurs fors et s'en ala par mer au roy Edouart, et lui dist comment son baron estoit prisonnier, et si tenoit Charles de Blois la duchié de Bretaigne par la force du duc de Normendie. Adont requist la dame grant secours au roy Edouart, et il s'i accorda, pour ce que son baron lui avoit fait hommaige de la duchié de Bretaigne. Lors assembla XL mile hommes, et les conduisoit Robert d'Artois, le conte de Salbery, le conte de Suffot, le conte de Beaufort, le baron de Stanffort[1]. Ceulz entrerent en mer et leurs gens et ramenerent la contesse de Montfort et Jehan son filz, que elle avoit menez avec[2] elle.

Aprés ce que Anglois furent entrez en mer, le roy Edouart d'Angleterre viola par force la femme du conte de Salbery, qui pour lui estoit alé en la guerre à son commandement.

Tant nagerent Anglois sur mer, que ilz arriverent prés du port de Beauvez sur mer. Là estoit Loys d'Espaigne et Otton Doire pour garder le pais à tout x mil Genevois et pour aler en mer sur les ennemis Charles de Blois. Et bien sceurent cil la venue[3] des Anglois. Dont monta une partie de leurs gens en galies en mer, et l'autre partie demoura à terre sur le port. Quant Anglois cuiderent arriver, Genevois defendirent fort la descente. Là ot grande bataille, et entretant que les Anglois entendoient à gaigner terre, Loys d'Es-

1. li contes du Fort et li baronz de Stanfort 5610; Cauffort A, B.
2. quant et B.
3. ces nouvelles A B; chil le venue 5610.

paigne et Otton Doire les assaillirent par mer à bien[1] vi mil Genevois et François. Là ot bien mort iii mil Anglois et le baron de Stanfort, et convint aux Anglois retraire en mer, et alerent arriver au port de Vennes et assegierent la cité.

A Vennes estoit Oliviers de Clicon, qui estoit d'une partie de la cité, et estoit cil chevalier et pluseurs autres aliez au conte de Montfort secreement et avoient fait hommaige à Charle de Blois par trahison. A Vennes estoit[2] Hervi[3] de Lion, qui ce jour yssi de la cité par la porte de l'eau[4] à tout vii^c hommes de commun, et se combatirent aux Anglois et en tuerent bien iiii^c, et recoustrent une grant proye que il avoient forée et par force la mistrent en la cité. Une autre fois yssirent les gens de Vennes, bien xii cens par le commandement Olivier de Clicon, et furent trahiz, car ainsi que ilz se combatoient, Robert d'Artois mena une partie des Anglois vers la porte de la cité et la conquistrent.

Quant les Bretons, qui estoient sailliz hors, virent que ilz ne peurent entrer en leur ville, ilz se retrairent en une forte place[5] vers la cité et manderent secours à Beauves sur mer et ailleurs[6], tant que l'endemain, heure de prime, ilz assemblerent bien xx mils hommes et alerent combatre aux Anglois, qui estoient sur les champs. A celle bataille perdirent Anglois terre. Quant

1. à tout B.
2. Les mots Oliviers de Clicon ... estoit *manquent dans* A *et* B; *nous les empruntons à* 5610.
3. Hues A, B.
4. Les mots par ... l'eau *manquent* A, B.
5. en une pieche de terre 5610.
6. à Rennes, à Nantes, à Dinant et ailleurs 5610.

Robert d'Artois et sa gent, qui estoient dedens la cité, virent ce, ilz[1] yssirent hors et laissierent dedens v cens Anglois. Mais les Bretons, qui en la cité estoient, et les femmes mesmes les assaillirent et occirent mout de Anglois.

La bataille fut grande, où Robert d'Artois assembla contre François, Genevois et Bretons. Là furent Anglois reculez et cuida Robert d'Artois rentrer en la cité, mais il ne pot, car ses hommes estoient occis et le commun ravoit gaingnée la ville. Et fut ycellui Robert navrez mout cruelment en la bataille, que onques puis ce jour ne porta armes, ains mourut dedens brief temps aprés. Et nomment aucuns ycelle bataille la bataille de Morles. Ceulz de Vennes et leurs aidans rentrerent en la cité et les autres Bretons, François et Genevois se retrairent par les forteresses du pais, où ilz estoient commis à garder.

En ce temps ardirent et essillerent les Anglois grant partie de Bretaigne, et alerent assegier Vennes o l'aide des gens du conte[2] de Montfort. Et Robert d'Artois s'en ala en Angleterre, où il mourut et fut enterrez à Cantorbie[3].

Aprés la mort de Robert d'Artois, assembla le roy d'Angleterre ses hommes, tant comme il peut de son royaume, et des soudoiers d'Alemaigne et d'ailleurs, et s'en ala par mer en Bretaigne pour ses hommes secourre. Et arriva au port delez[4] Vennes et assega la cité et la fist assaillir pluseurs fois, mais riens n'i fist.

---

1. virent ce ilz *manque* A.
2. de la contesse 5610.
3. Canturbie A.
4. à Vennes A, B; au port dallez 5610.

Adont envoia le rois Edouart une partie de ses gens pour assegier¹ la cité de Nantes, et les conduisoit le conte de Glossestre, le conte de Guerle, le marquis de Blanquemont² et le conte de Cleves, et bien menerent devant la cité xx mil hommes. Et adont ala le roy Edouart devant Rennes en Bretaigne, où sa gent estoit assegié, et mena mout grant foison de gent o lui, et avecques lui ala le prince de Gales, le conte de Hantonne, le conte de Derby³, le conte de Varvic⁴, le conte d'Arondel et pluseurs autres. Et laissa le conte de Norhantonne et le conte de Vicestre, l'evesque de Nicole, l'evesque de Dureme à siege devant Vennes. Par ces trois citez qui furent assegiées et par ces trois ostz, fut le pais essillié en pluseurs parties.

En l'an de grace mil ccc xlii⁵, assembla le roy Phelippe son ost pour aler en Bretaigne contre le roy Edouart, et envoia devant Jehan son filz, le roy de Navarre, le conte d'Alençon, le conte de Valois⁶, le conte de Harecourt et pluseurs autres princes, et furent bien xl mil hommes, et alerent premier secourre la cité de Nantes. Quant les François furent prés, ilz cuiderent l'endemain avoir la bataille, mais aucuns des bourgois de Nantes cuiderent en celle nuit livrer la cité aux Anglois. Mais Miles de Noiers et pluseurs autres, qui en celle nuit faisoient le gait, les encontrerent

---

1. *Au lieu des mots :* et assega ... assegier, A *et* B *portent :* Vennes et assega la cité de Nantes.
2. Blanquebourt 5610.
3. de Herby A, B.
4. Norhuic 5610.
5. mil ccc xliii A, B.
6. Loys de Bloiz 5610.

et les prindrent et à tout leurs requestes les menerent au duc Jehan de l'ost de France[1].

Quant les Anglois sceurent celle aventure, ils se deslogerent et s'en alerent à Raines, où le roy Edouart estoit logié. Et l'endemain le duc de Normandie entra en Nantes, et fist couper le chef à xxx bourgeois, qui furent prins la nuit en alant en l'ost des Anglois. Aprés ce, le duc de Normandie parti de Nantes à tout son ost et s'en ala vers Rennes. Et quant Edouart le sceut, il se desloga et s'en ala devant Vennes, où il avoit de ses gens. Et là le duc de Normandie le poursuy et fist logier son ost à deux lieues prés du roy Edouart. En l'ost du duc Jehan, estoit Olliviers de Clicon, Gaudeffroy de Harrecourt[2] et pluseurs autres chevaliers devant nommez, qui par trahison s'estoient aliez au conte de Montfort, et aussi se alierent il au roy Edouart par dons et par promesses. Et fut faite une lettre d'aliance, où li pluseurs mistrent leurs seaulz, et celle lettre garda le conte de Salbery de par le roy Edouart. Le roy Edouart, par le secret mandement de Ollivier et de Godeffroy[3], manda bataille au duc de Normandie, et en la fiance des devant nommez, afin

1. *Ici le texte de 5610 est assez différent; on en jugera par le fragment suivant :* Mais aucuns des bourgois de Nantes vaulrent en celle nuyt livrer le chitté as Engles et firent leurs communes gens aler dormir, et il veillerent le nuyt pour faire leur meffait, et issirent hors pour porter leur grandes ricquesches as Engles et pour le chitté livrer as Engles. Mais Milles de Noiiers et pluiseurs chevaliers franchois, qui en celle nuyt gaitterent l'ost de Franche, les encontrerent et les prirent et leur ricquesches ossy, et furent mené en l'ost de Franche.

2. *Les noms de ces deux seigneurs sont empruntés à 5610; A et B ont ici la même lacune.*

3. *Même remarque que ci-dessus.*

que il le peut desconfire avant que le roy son pere venist au secours. Et fut la journée de la bataille prise au jeudi d'après la Saint Martin d'iver, en l'an mil CCC XLII. Mais le roy Phelippe se hasta tant que il vint à mout grant gens en l'ost son filz devant la journée, qui estoit accordée de combatre et jurée par seremens. Le roy Phelippe et son filz furent ce jour sur le champ à tout leurs batailles ordonnées, et au vespre repererent à leurs tentes. En ce point furent ces deux ostz cinq jours sans combatre. Et en ce temps un cardinal fut envoyé de par le Saint-Pere et traita, tant que trieves furent données trois ans. Et après ces trieves données, le roy Edouart s'en ala à toutes ses gens en Angleterre, et le roy Phelippe s'en ala en France et laissa Charles de Blois duc et seigneur de toute Bretaigne Galot. Mais en Bretaigne Bretonnant avoit pluseurs forteresses, qui se tenoient avec le conte de Montfort et Jehan son filz.

Après ce que le roy de France et le roy d'Angleterre furent retraiz en leurs pais, le conte de Salbery sceut par sa femme mesmes, que elle avoit esté par force violée du roy d'Angleterre. Le conte fist son atrait et manda ses amis et s'en ala à la court du roy Edouart devant les pars et se dessaisi de sa terre par tele maniere, que sa femme y prendroit son douaire sa vie durant[1]. Dont se parti le conte de Salbery de la court et envoya deffier le roy Edouart, et passa la mer et vint au roy Phelippe et lui bailla les lettres de l'aliance, que Oliviers de Clicon et Godeffroy de

---

1. 5610. *porte :* de sa terre et en aherita une fille, qu'il avoit, partant que se femme i prenderoit sen doaire toute se vie.

Harecourt[1] avoient fait au roy Edouart. Et mout tost aprés se parti le conte de la court au roy Phelippe, et puis ce temps ne fut veu en France ne en Angleterre[2]. Adonc fu pris Olliviers de Clicon et le fist le rois decoller à Paris sur I escaffault et fist le corps pendre à Monfaucon. Et li quiefs fu portez à Nantes en Bretaigne et fu sur le bout d'un glaive mis sur une des portes de la cité pour ce que la trahison y fu pourpensée contre son seigneur.

Godeffroy de Harecourt s'en ala par mer au roy Edouart d'Angleterre, qui le receut, et le roy le fist bannir par les quarrefours aux trompes de Paris. Quant les autres chevaliers seurent celle aventure, ilz s'assemblerent et alerent à la dame de Clisson et lui distrent la mort de son baron. Dont assembla la dame IIII cens hommes d'armes parmy ses traicteurs et s'en alerent au chastel de Brest, qui adont estoit à Charles de Blois, et le gardoit li Gallois de la Heuse[3] et avoit avec lui IIII^{xx} soudoiers. Et la dame de Clisson fist ses gens embucher prés du chastel et ala vers la porte à XL hommes d'armes couvertement et requist que on la laissast entrer ens. Le chastelain l'avisa bien, mais riens ne savoit de la mort Olivier de Clisson ne de son meffait, et fist avaler le pont et ouvrir la porte pour la dame recevoir à grant joye. Quant la dame et ses gens furent ens, ilz prindrent à corner et li agaiz acourut mout tost ens. Et fut le chasteau pris et le chastellain occis, lui et tous ses souldoiers, par le

---

1. Même remarque que ci-dessus, p. 58, note 2.
2. Ici dans A et B une lacune que nous comblons à l'aide d'un passage de 5610.
3. Le nom du châtelain de Brest manque dans A et B.

commandement de la dame, qui n'en voult nul respiter de mort pour priere de ses amis. Quant Charles de Blois sceut ce meffait, il assembla ses hommes mout hastivement pour secourre son chastel; mais la dame ne les traiteurs ne les sceurent atandre, ains s'en partirent du chastel et se destournerent. Adont entra la dame en mer et mena grant foison de gent pour François grever, et fist en celle saison pluseurs marchans occire. Celle nouvelle fut ditte au roy de France, dont fut la dame bannie du royaume et fut sa terre saisie en la main du roy.

En ce temps advint que Charles aloit à Paris et o luy avoit IIII^{xx} hommes. Les trahiteurs le gaitoient ou chemin où il estoit et saillirent à VIII^{xx} hommes, mais toutesvoies furent les trahiteurs desconfiz. Là fut le sires de Malatrait prins et son filz, Thibaut de Moreillon, le sire de Laval, le sires de Avagor et des trahiteurs jusques à dix, dont il y eut VI chevaliers et IIII escuiers, que Charles mena au roy à Paris, dont aucuns furent decollez et les corps penduz par une nuit Saint Andry l'an mil CCC XLIII. Et furent les testes de ceulz qui furent mors portées à Nantes.

Au jour de Noel, tint le roy Phelippe court en son palais à Paris, et par la priere de pluseurs princes fist le roy desprisonner le conte de Montfort par tele maniere, que il fist serement que en la duchié de Bretaigne jamais riens ne clameroit, ains en lairoit joir paisiblement Charles de Blois et sa femme. Mais il failli depuis de tenir ce serement, car moult tost aprés sa delivrance, il rala en Bretaigne et par le conseil de sa femme et d'aucuns chevaliers, il alá en Bretaigne Bretonnant, où la dame avoit pluseurs forteresses, et assembla gens, et coururent parmy le pais et moult l'essillerent hors les forteresses. Mais briefment aprés le conte de Montfort trespassa et fut enterrez à Quimper-Corentin, en l'an de grace mil CCC XLIII. Et mout tost aprés assembla à ost Charles de Blois devant Quimper-Corentin et tant y fut que la ville fut rendue par force, et y fut prins Henry de Malatrait, lequel Henry avoit esté de la court du roy Phelippe et un des maistres de ses requéstes, lequel fut pour sa trahison mené un samedi de Pasques sur un benel par les quarrefours de Paris, et puis morut en la prison de l'evesque, car il estoit clerc[1].

Assez tost aprés manda le roy Edouart au pappe à Avignon, que il lui pleust mander au roy Phelippe, que il lui rendist le royaume de France, [le] Pontiu[2] et sa terre de Guienne, que il avoit saisie et que à tort lui touloit, et se rendre ne la vouloit, il la conquerroit à l'espée comme son heritaige. Adont envoya le pappe au roy Phelippe un patriarche pour lui monstrer ceste chose. Et le roy Phelippe respondi au patriarche, que bien et loyaument il avoit enformé les XII pers que il estoit et devoit estre roy de France par droit, et pour ce le royaume tendroit et soustendroit à son povoir

---

1. *Texte de* 5610 : et IIII traihiteur chevalier pris. Li unz fu li sires de Rochetresson, li seconz Guillaumes Bacons, li tiers Richars de Persy, li quars Henris de Malatrait, qui avoit esté de le court du roy de Franche et uns des maistres des requestes. Ches IIII chevaliers mena Charles à Paris et furent li troy decolé et leur corps pendus par I sabmedi, vegille de Pasques. Et Henriz de Malattrait fu menez sur un benel parmy les quarfours de Paris, et puiz fu rendus au vesque comme clers et morut en le chartre que on dist oubliette.

2. *Sic* 5610; pour sien A, B.

contre ses ennemis. Lors prist congié le patriarche au roy et s'en parti. Et le roy envoya par son royaume sur les frontieres contre ses ennemis. Et le roy Edouart envoya par mer en Gascongne le conte Derbi, le conte de Suffot, le conte d'Arondel, Gaultier de Mangny et Regnault de Cobehan[1] à tout grant foison de gent, et arriverent en Bayonne et emmenerent avecques eulz grant foison de Baionnes[2]. Au-devant la ditte venue des contes devant diz, les gens du roy de France avoient conquis en Gascoingne le chastel de la Riole, le chastel de Penne en Agenois et Bourc, Blaves et Bergerat et Saincte-Foy, Eguillon[3] et Pommereux.

En cellui temps assembla le roy Edouart les princes et autres gens de guerre, que il peut finer en son royaume, et autres souldoiers estranges tant que il en peut avoir, et entra en mer et mena son ainsné filz avec lui et arriva en l'ille de Caiant. Et lors manda à Jaques d'Artevelle que il feist tant vers les Flamans que son filz feust receuz en Flandres comme sires, et il les garderoit contre tous leurs nuisans et leur vendroit d'Angleterre largement de la marchandise en Flandres et d'autres pais, dont ilz seroient enrichis. Lors assembla Jaques d'Artevelle le commun de Gant et leur fist ycelle requeste de par le roy Edouart et leur conseilla, que ilz accordassent la ditte requeste et que grant proufit y auroient pour ce que grant povoir avoit en mer, dont il leur povoit grandement aidier et grever se il vouloit. Ycellui commun de la ville de

1. Collehem 5610; *ce ms. ajoute à la liste* le conte de Clochestre.
2. x^m Baionnois 5610.
3. et Guillen A, B.

Gant s'accorderent au conseil Jaques d'Artevelle, mais les bourgois le contredistrent et mesmement le doien des tisserans, qui estoit nommé Grant Denis. Ycellui dist que trop grant meschief seroit de son droit seigneur renoyer pour autres obeir. Par cellui conseil s'accorderent la plus grant partie du commun avec les bourgois, et adont leur dist Jaques d'Artevelle par faintise, que bien s'accordoit à ce que dit avoient et que il yroit rendre la response au roy Edouart. Lors ala au roy Edouart en l'ille de Caiant rendre la response de ceulz de Gant, et puis dist le dit Jaques au roy Edouart, que il lui prestast v cens de ses hommes et il les embuscheroit de nuit dedens la ville de Gant, et puis il assembleroit de ses amis et aliez et yroit de nuit trouver Grant Denis et pluseurs autres bourgois, qui contraires leur estoient, et les occiroit, et par ainsi il vendroit à son entente. A ce conseil Jaques d'Artevelle s'accorda le roy Edouart, et bailla au dit Jaques v cens Galois armez, et Jaques les fist aler vers Gant et les fist embucher prés de la ville, et ala à Gant et assembla de ses amis en sa maison bien jusques au nombre de vii^{xx}. Mais il fut dit à Grant Denis que on avoit veu embucher gens dehors la ville et mout en y avoit. Lors ot Grant Denis souppeçon de traison et fist armer les bourgois de la ville et grant foison du commun et envoya garder les portes, et fist assaillir Jaques d'Artevelle en sa maison, lequel se mist grant piece en defense, mais en la fin il fut desconfit et mort et tous ses aidans. Et ainsi faillirent les Galois à leur entente et retournerent arriere[1] au roy Edouart. Et si

---

1. à L'Escluse 5610.

tost qu'il le sceut, il se parti briefment et rala en Angleterre.

Et en celle saison ala le conte Derbi à siege devant Blaives, et en sa compagnie les contes qui estoient venuz avec lui d'Angleterre avec tout leur povoir, et firent mout de grans assaulz à la ville de Blaives, mais riens n'y firent, car dedens avoit un preudomme à cappitaine, qui grant confort donnoit à ceulz de Blaives et aux souldoiers, et y estoit Miles de Hauteroche et un bourgois de la ville de Thoulouse et pluseurs autres[1]. Fist ycellui chastellain de grans saillies sur les ennemis, et tant que une fois il en tua bien v cens et en prist bien trois cens. Et quant le dit conte Derbi ot esté devant Blaives à tout son ost environ vii sepmaines, il prist trieves de iii mois au chastellain et à ceulz de la ville. Et adont il s'en ala devant Bourc et le chastellain vendi le chastel aux Anglois et s'en parti et emmena grant foison d'avoir, qui estoit au chastel. Mais il fut dit au chastellain de Blaives, et lors il yssi à tout deux cens hommes combatans et le rataignit et parti l'avoir à ses gens et fist au trahistre coupper la teste au marchié de Blaives pour son meffait. Et adont le conte Derbi laissa deux cens de ses hommes en la ville de Bourc pour la garder et s'en ala devant Bergerat à tout son ost[2], et s'en ala droit à Auberoche à

1. *La rédaction de cette phrase est un peu différente dans* 5610; *voici le texte de ce dernier manuscrit* : mais riens n'i firent, car laiens avoit i castellain preudomme, qui grant confort donnoit à chiaux de Blaves et as saudoiiers, non pourquant n'estoit-il mie chevaliers, ains estoit bourgois de Toullouse, et estoit nommez Milles de Hauteroche....

2. *Ce passage est un peu différent dans* 5610; *voici le texte de ce dernier manuscrit* : et mena sen ost devant Bergerart. Li contes

tout son ost, où le conte de Lille et le seneschal de Thoulouse estoient à siege, lequel seneschal estoit appellé Godemart du Fay. Et là le conte de Lille attendi la venue du conte Derbi, qui avoit mout plus de gens que le conte de Lille n'avoit, et assemblerent à bataille. Là furent François desconfiz bien xiiii^c combatans, et grant foison en y ot de mors et de pris, et fut prins le conte de Lille, ne onques ne dist de sa bouche que il se rendist et fut emmené à force devers les Angloys. Là fut mort le seneschal de Thoulouse.

En ce temps avoit en Gascoingne trois sieges que tenoient les François : premier le seneschal de Pierregort en tenoit un devant Moncu pres de Bergerat, et l'autre tenoit le conte d'Armignac devant Mouchamp, et l'autre tenoit Robert de Houdetot, seneschal d'Agenois, devant Cassenuel. Lesquelz sieges se leverent quant ils sceurent la desconfiture d'Auberoche. Mais ledit conte Derbi se hasta tant de venir sur le seneschal de Pierregort, qui partoit du siege de Moncu, que il l'ataignit lui et ses gens à l'entrée de la ville de Bergerat et y ot grant besoingne et dure sur le pont, et toutes voies les François se cuidierent retraire en la ville pour la grant force des Anglois, que ilz virent venir. Et au passer la porte de dessus le pont, il avoit un cheval cheu en l'ouverture de la ditte porte, par quoy on ne povoit la porte clorre ne ouvrir ne la porte coleice ne

embusqua se gent et envoya devant le ville une grande proie par ii^c hommes. Chil de Bergerart issirent hors bien à xvi^{xx} hommes, qui furent tout ochis, fors le castellain, qui fu pris à renchon. Et prirent Engles le ville et le castel. *Le manuscrit 5610 ne mentionne pas la bataille d'Auberoche et passe immédiatement au siège de Sainte-Foi par le comte d'Arundel (v. pp. 67-68).*

povoit cheoir jusques à terre. Et pour celle cause entrerent les Anglois dedens la ville et la gaignerent, et y eut grant foison de gens mors et pris. Et s'en ala le seneschal de Pierregort par une des autres portes de la ville à tout grant gent. Aprés ce envoya le conte Derbi grant foison de ses gens en la compaignie du conte d'Arondel devant Saincte-Foy sur Dourdonne. Et là Raimon Fouquaut yssi de la ville o tout grans gens et courut sus aux Anglois par tele maniere, que il en y ot bien trois cens de mors. Et se retrairent les Anglois et alerent devant Aguillon et [quant cil d'Aguillon virent Englois venir, il [1]] tuerent et emprisonnerent de nuit les souldoiers, qui y estoient de par le roy de France et se rendirent aux Anglois. Et lors le conte d'Arondel y mist de ses gens, et puis s'en ala à Bergerac au conte Derbi et lui dist la prise d'Aguillon et comme ceulz de Saincte-Foy l'avoient dommaigié de ses gens. Lors assembla le conte Derbi Anglois et Gascoins et s'en ala à siege devant Saincte-Foy. Mais Remon Foucaut estoit alé vers le roy de France, et le chastellain gardoit le lieu et yssi pluseurs foiz sur les Anglois et mout les dommaiga. Et vint lors le sire de Chastelbaiart, à tout cent hommes d'armes et deux cens servans, passer parmy l'ost des Anglois mout saigement et vaillanment, et en tuerent pluseurs au passer, et entra le dit sires de Castelbaiart et ses gens dedens Saincte-Foy. Et quant le conte Derbi sceut que le sires de Castelbaiart y estoit ainsi entré, il se leva du siege et s'en ala droit à Sauveterre, que il

---

1. *Les mots mis entre* [ ] *sont empruntés à* 5610 *et rendent la phrase intelligible.*

cuida ligierement conquester, pour ce que le sire de
Chastelbaiart, qui en estoit cappitaine, estoit hors à
tout ses gens. Mais ainsi comme le conte Derbi se
logoit devant Sauveterre, le sire de Castelbaiart, qui
saigement le poursuivoit, passa par le bout de son
ost et tua des Anglois et entra dedens la ville. Et tantost le conte Derbi s'en partit et ala à siege devant
Monpesat[1]. Et quant ceulz de la ville virent les Anglois,
ilz occirent les gens qui estoient dedens de par le roy
de France, puis se rendirent, et le conte les receut et
aprés s'en ala devant le chastel de Loury et de Monroy
et fist un embuchement, et envoya une grant proye
passer en la veue du chastel et de la ville, et ceulz de
la ville yssirent pour la proye gaingner. Mais les

1. *La relation du siège de Sainte-Foi par Derbi est tellement différente dans le ms. 5610, que nous jugeons utile de donner sa rédaction en note :* Mais Remons, leur sires, estoit lors allez querre secours au roy de Franche, et li castellains wardoit le lieu et issi pluiseurs fois sur les Engles par une posterne, qui alloit du castel dusques à 1 bos, qui estoit prés de l'ost des Engles, et moult les damaiga. Et se partirent du siege sans rienz meffaire, et s'en alla li contes Derbi et se gent à Bergerac tout essillant le pais. — *Ce qui suit n'existe pas dans les manuscrits A et B ; nous le donnons comme offrant un certain intérêt :* En che tamps ala Raimons Foucaulz dire au roy le fait des Engles et le conqueste qu'il faisoient ou paiis de Gascongne. Dont y envoia li rois Phelippes Jehan, duc de Normendie, le duc de Bourgongne, l'evesque de Biauvais, le duc de Bourbon, le conte d'Erminac, le marchis de Monferrant, le visconte de Touars, le conte de Monluchon, le conte de Mombliart, le visconte de Nerbonne et pluiseurs autres, et grant plenté de commune gent. Et tout ainsy comme li Franchois chevauchoient à ost vers Gascoingne, li contes Derbi et se gent partirent de Bergerac et allerent assegier le castel de le Riolle, qui moult estoit fors, mais li castellains rendi le castel as Engles sans assault. Li contes Derbi i mist de ses gens et s'en alla à siege devant Montpesas.

Anglois de l'embuschement les surprindrent telement,
que la plus grant partie en furent mors et pris, et
fut la ville gaingnée et le chastel.

Aprés se rendi aux Anglois Villefrance et Tonins et
Damasan et la plus grant partie du païs jusques à
Angolesme, selon le chemin que les Anglois tindrent.
Et la cyté de Angolesme se rendi[1], et y mist le conte
Derbi grant gent pour la garder et en pluseurs villes.
Et d'illec s'en ala jusques à Saint Jehan d'Angeli et la
prist et la garny de ses gens. et chevaucha vers Poitiers, et au passer pardevant Lesignen le chastellain
lui apporta les clefz et lui rendi, et le conte le garny
de ses gens et chevaucha oultre jusques à Poitiers et
entra dedens, car elle estoit petitement close, et la
courut et pilla toute. Et de là se retourna, gastant et
dommaigant le païs de Poitou, de Xantonge et de
Gascongne, et prist pluseurs forteresses et pluseurs
se rendirent et tournerent à lui de leur mauvaise voulenté, et tant que ilz vindrent devant la Riole, et avoient
les bourgois de la ville traitié à lui ou à ses gens de
lui rendre. Et quant ceulz de la ville virent venir les
Anglois, ilz manderent au chastellain, nommé Bertaut[2]
d'Oultre-l'eaue, que il leur venist aidier à défendre leur
ville, et il y vint comme cellui qui ne se doubtoit point
de leur mauvaistié. Et quant il fut à une des portes,

1. *Tout ce qui suit jusqu'au siège d'Angoulême manque dans
5610, qui ne contient que la phrase suivante* : Là entra li contes Derbi
et une partie de se gent, et l'autre partie envoia par les fortresches pour warder contre les Franchois, qui venoient mout effor-
chiement. Moult tost aprés que le citté d'Agoulleme se fu rendue
au conte Derbi, alla li dus Jehans de Normendie à siege devant
Agouleme à plus de IIII^{xx} mille hommes d'armes. *Voir la suite p.* 71.

2. Bertrand B.

ilz ouvrirent l'autre aux Anglois et les mistrent ens, et eust esté le chastellain pris, se n'eust esté une bonne femme qui lui dist que les Anglois entroient en la ville par une autre porte. Lors il se retrahist hastivement vers son chastel et en son chemin trouva bien XL pors et en prist l'un et l'emmena trainant, et il crya par tele manere que tous les autres pors le suivirent dedens le chastel, et se recueilli sauvement, combien que il feust de mout prés suivy. Et lors le dit conte Derbi assega le dit chastel et fist merveilleusement gecter d'angins et en pluseurs lieux miner, et lui mesmes combati en la mine pluseurs foiz, et par mine chay la grosse tour et y donna pluseurs assaulz, mais par assaulz n'y peut riens faire, de cy à tant que vivres faillirent au chastelain et à ses gens. Et adont le dit chastellain traita telement au conte Derbi, que il peust aler sauvement devers le roy Jehan, qui lors estoit duc de Normandie, querir son secours, et que entretant ses gens peussent avoir des vivres pour leur argent pour leur souffisance. Et eut terme cinq sepmaines, et se au bout des v sepmaines il n'estoit secouru, il rendroit le chastel. Et lors le duc de Normandie estoit vers Angolesme, et neantmoins le dit chastellain au terme qui mys lui estoit[1] ne fut point secouru, mais rendi le chastel au terme qui mis lui estoit.

Car le duc de Normandie avoit grandement à besongner pour la ville d'Angoulesme, que il gaingna par siege, et y eut pluseurs grans saillies et escarmouches où les Anglois perdirent. Et quant il l'eut recouvrée,

---

1. au terme ... estoit *manque* A.

il tint noble feste au jour de la Chandelleur, en l'an de grace mil CCC XLV, et là sejourna v sepmaines[1]. Et aprés ce ala le duc Jehan à tout son ost vers Bergerat, où le conte Derbi s'estoit logiez. Et quant le dit conte Derbi sceut que les François aprouchoient, il se parti et fist son charroy mener avant. Et à ce qu'il detria, vint l'avant garde de l'ost de France, que le conte d'Eu, connestable de France, et le sire de Montmorency, mareschal, et le Galoys de la Baume, mestre des arbalestiers, conduisoient, et assemblerent à bataille les François aux Anglois prés de Bergerat. Mais les Anglois ne la peurent souffrir et doubterent la venue du grant ost, là où il avoit bien IIII mil hommes combatans, et mout de nobles seigneurs y avoit en la compagnie du duc Jehan : premier le duc de Bourgongne et Phelippe son filz, conte de Boulongne, le duc de Bourbon et Jaques son frere, le conte d'Armignac, l'evesque de Beauvaiz et l'evesque de Tournay, le conte de Fois et le conte de Monlesun, le marquis de Montferrant et pluseurs autres nobles seigneurs[2]. Et perdirent Anglois pluseurs de leurs gens et s'en ale-

---

1. *Voici d'après* 5610 *le récit du siège d'Angoulême* : Pluiseurs fois issirent Englez sur l'ost des Franchois, mais riens n'i firent et assez i perdirent, et à une issue les encacha li contes de Lille et moult les damaiga et les remist par forche en le chitté, et tant s'avancha qu'il fu pris, mais il fu rendus pour autres prisonniers. Quant li contes Derbi vit les prisonniers Franchois, il envoia au duc Jehan requerre trives III jours pour faire parlement, et li dus li ottria. Et en che tamps se partirent li contes Derbi et li Engles de le chitté, et fu rendue au duc Jehan et il entra ens et y tint noble court au jour de le Candeler, en l'an mil CCC XLV et là sejourna v sepmainez pour attendre le douche saison.

2. *Cette énumération a été placée beaucoup plus haut par* 5610; *voir p.* 68, *note* 1.

rent droit Aguillon. Et le duc Jehan les suivy à tout son ost et prist par assaut le chastel de Montsegut[1], puis alerent au Port Saincte Marie, et bien III cens Anglois, qui estoient dedens la ville, yssirent hors pour recueillir leurs proyes, qui estoient aux champs pour paistre. Mais messire Phelippe de Bourgongne, qui faisoit l'avant garde, leur vint courre sure, et furent les diz Anglois presque tous mors et pris, et lors se rendi la ville aux François. Et adonc s'en ala le duc Jehan assegier Aguillon. Et quant le conte Derbi le seut, il s'en parti et laissa en la ville Gautier de Maigny et Alixandre de Caumont à tout bien xv^c combatans, et mist de ses autres gens à Tonnins et à Damesan et en pluseurs autres forteresses, que ilz tenoient sur le pais, et emmena le conte d'Arondel et le conte de Glossestre et le surplus de ses gens vers Bordeaux.

Aguillon est mout forte place, et si est en une pointe entre deux rivieres, dont l'une est appellée Garonne et l'autre Lot. Devant Aguillon ot pluseurs grans saillies et assauz, et y avoit un pont que avoit empris à garder Alixandre de Caumont, lequel pont estoit mout fort et estoit seant sur la riviere de Lot. Si avint un jour, que le connestable de France et pluseurs autres seigneurs venoient de chevaucher de l'autre part de la riviere de Lot, car l'ost des François estoit logié entre deux rivieres, et adont saillirent les gens Alixandre de Caumont pour escarmoucher aux François, qui de chevaucher venoient. Et les François leur coururent sus et les rebouterent si durement, que ilz gaingnerent la forteresse du pont par force d'assaut.

1. Monsenguy 5610.

Et y fut prins Alixandre de Caumont et pluseurs nobles hommes, et grant foison en y ot de mors. Le siege fut mout fort devant Aguillon, et y ot grant foison de gros engins getans, mais riens n'y firent. Une journée ala chevaucher le connestable de France et prist d'assaut une forteresse nommée Miremont, et là fut mort Marteau de Baqueville, qui estoit boiteux et bon chevalier de son corps. Et en ce temps Robert de Houdetot, seneschal d'Agenois, ala asseger un chastel à une lieue de la cité d'Agin, appellé Bajamont, et avoit bien en sa compagnie IIII cens combatans. Mais à un point du jour, l'Arcediacre Durfort à tout grant foison d'Anglois lui vint courre seure, et se mist le seneschal d'Agenois en belle ordonnance, et fut la bataille grant et dure, mais François furent desconfiz et la plus part[1] mors et pris. Et fut prins ledit seneschal d'Agenois mout vaillamment, car onques ne se rendi, mais fut à force emmené dedens le chastel. Pluseurs rencontrées ot en ce temps des Anglois et des François sur le pais. Et lors vint en l'ost des François un grant courrot, car on dist à Phelippe de Bourgongne[2] que les Anglois estoient sailliz sur le logis du duc de Normandie. Si s'arma hastivement et monta sur un courcier et fery des esperons. Et au traverser un fossé, le cheval chai si merveilleusement, que il debrisa tout, et onques puis armes ne porta, mais mourut assez tost aprés. Et en cel ost mourut pluseurs autres nobles hommes et plus de maladie que d'autre chose.

1. mais François desconfiz et le plus en furent mors et pris A.
2. fil du duc de Bourgongne 5610.

Et en ce temps fist le conte Derbi monter en mer le conte de Glossestre et le conte d'Arondel, pour querre secours au roy Edouart. Lors entrerent les contes en mer et menerent grant gent pour ce que ilz se doubtoient d'encontrer François, afin que ilz ne les peussent grever ne dommager. Et toutesvoies avoit il un marinier en mer, qui estoit nommez Marans, et avoit o lui bien III cens combatans, qui s'aventuroient pour grever Anglois[1]. Et conquist ce Marans sur le conte d'Arondel une nef, où mout avoit de richesses et XL[2] hommes, qui tous furent occis. Les contes arriverent en Engleterre et alerent au roy Edouart compter les aventures de Gascongne, et lui distrent que le conte Derbi ne povoit contrester contre le povoir du duc Jehan de Normandie, se il n'avoit secours. Quant le roy Edouart oy ces nouvelles, il assembla ses princes et ses hommes, tant que il en pot avoir, et entra en mer pour aler en Gascongne, mais le vent les detria. Ainsi comme le navire du roy Edouart aloit par mer, Marans y vint et conquist cinq[3] nefs anglesches vers l'ille de Guernesi et mist à mort tous les Anglois, qui dedens estoient. Quant le roy Edouart le sceut, il envoya Godeffroy de Harecourt et Regnaut de Cobehan, son mareschal[4], en l'ille de Guernesi assaillir le chastel Cornet, et ils y alerent et firent mout fort assaut. Longuement se deffendirent les François, qui estoient cinq cens combatans, et leur chastellain estoit bon chevalier et preudomme et estoit nommez Nicoles

---

1. François B.
2. LX 5610.
3. VI B, 5610.
4. à x^m hommes *ajoute* 5610.

Helies. Trois jours se tindrent François, mais en la fin furent desconfiz et mors et le chastel conquis. Aprés ce eut le roy Edouart conseil d'arriver en Normandie, et fist son navire venir devant Chirebourc. Mais le port fut defendu, et aussi n'estoit il pas bon. Puis alerent arriver à Hougue-de Saint Vast. Adonc se prist à chevaucher le pais, robant et essillant tout le pais, et coururent la ville de Valongnes et celle de Quarenten[1]. Et dedens le chastel avoit deux chevaliers, qui rendirent malvaisement le chastel, si comme on dit, et pour ce meffait furent depuis decolez et mors à Paris. Li uns fu nommez Guillaume de Grohi et l'autre Guillaume de Verdin[2]. Et d'illecques alerent Anglois en Constantin à Saint Lo et la roberent et gasterent, car elle estoit toute desclose. Et de là alerent à Torigny et autant en firent et pou ardirent sur le pais, mais mout y trouverent de grandes richesses. Et lors alerent droit à Caen, où estoit le conte d'Eu, connestable de France, le chamberlant de Tancarville, Robert Bertrant et Guillaume Bertran, evesque de Baieux[3], et yceulz demourerent dedens le chastel et le garderent à tout grant quantité de gent. Et le conte d'Eu à tout

1. Mais li pors li fu deffendus. Lors alerent Englez à Harfleu et Normant issirent contre eulz, mais il furent desconfit et en y ot mors plus de v[c]. Appres allerent Engles à Carenten, si ardirent le ville et y ot mors plus de xii[c] personnes, et fu li castiaux rendus as Engles, qui estoit mout fors, car doy chevalier, qui estoient au roy de Franche, le vendirent as Engles. 5610.

2. Nicolaz de Groussy et li autres Rolans de Verdun 5610.

3. le connestable de Franche, Robers Bertrans, marischal, Guillaume, sen frere, adonc vesque de Bayeux, le cambrelent de Tancarville, le conte de Harecourt, sen fil comte d'Aumarle, li sires de Baieux, li sires de Brimeu et pluiseurs autres. 5610.

bien IIII mil combatans et le conte de Tancarville prindrent à garder la ville, ce que on appelle l'Ille, et là ot grande bataille et merveilleuse à la porte Saint Pierre dessus le pont, mais la dicte ille estoit mauvaisement close et la rivière estoit basse, par quoy les Anglois entrerent par pluseurs lieux en la ville et encloirent les François au dos, qui combatoient au pont. Là fut prins le conte d'Eu, connestable de France et le chamberlant de Tancarville, le sire de Grimbox[1] et Friquet de Fricamps. Et fut mort le sire de Brimeu, Phelippe de Pons et pluseurs nobles chevaliers et autres, tant que il y morut plus de II mil personnes, et pluseurs se partirent par la porte Millet et ailleurs et se sauverent. Et lors prindrent Anglois la ville et y firent mout de maulz, comme de gens tuer, violer femmes et rober et piller tout ce que ilz trouverent. Et y sejourna le roy Edouart environ VIII jours. Et envoya le roy Edouart grant foison de ses gens prisonniers et de ses richesses, que lui et ses gens y avoient gaingnez, par mer en Engleterre, et chargerent à Estrehan.

En ce temps estoient Flamans aliez au roy Edouart, et quant ilz sceurent que il estoit si efforcieement entrez en Normandie, ilz assemblerent à grant ost et entrerent en Artois, et se rendi à eulz le païs de la Leve[2] et alerent asseger la ville de Betune, mais le roy Phelippe y avoit envoyé Jehan de Castellon à cappitaine, Godeffroy d'Ennequin et le seigneur du Peu à bien VIII^{m}[3] sergens et arbalestiers, qui bien la defendirent contre les Flamans.

1. Tournebus et ses doy fil 5610.
2. Leure A, B.
3. VIII^{xx} 5610.

En ce temps ala le roy Phelippe à Rouen et assembla ses princes et son ost mout hastivement. Et le roy Edouart parti de Caen pour aler en France à tout son ost[1]. Et le roy Phelippe manda adonc le roy de Behaingne et Charles de Behaingne son filz et l'evesque du Liege. Mais le dit evesque avoit guerre à ses communes, et assembla le dit evesque Charles de Behaingne, le duc de Brabant, le conte de Juilliers, le conte de Lespeusse[2], le conte de Namur, le conte des Mons, le conte Sauvaige, Guillaume Longue-espée, Regnault de Montacu, le conte de Longuecorne, Regnaut de Fauquemont et pluseurs autres, tant que ilz furent bien XL[3] mil. Et assemblerent à bataille contre les communes du pays de[4] Liege, en ce temps que le roy Edouart estoit en Normendie, par un mercredi ou mois de juillet[5], et fut la bataille à un hamel, que on nomme Avanterme[6]. Là fut l'evesque desconfit et fut mort le conte de Longuecorne et Guillaume Longue-espée et Regnaut de Fauquemont et plus de cent chevaliers et grant foison d'autres gens. Aprés celle bataille s'assemblerent pluseurs Alemans avec le roy de Behangne pour aler en l'aide du roy de France, et y ala Charles de Behangne son filz et le conte de Namur.

En ce temps passa le roy Edouart par Normandie et

1. 5610 *ajoute* : exepté XV Engles qu'il laissa à Quen pour le ville warder. Mais Robers Bertranz, li vesques, ses freres et les chevaliers, qui avec yaulz estoient, issirent contre les Engles et les ochirent tous à l'aide de chiaus de le ville, qui se tournerent devers iauz.
2. Pennechen 5610.
3. LX 5610.
4. pays de *manque* A.
5. juingnet 5610.
6. Vetesme 5610.

ala de sa gent jusques devant Rouen et passa par Louviers, et fut arse et fourrée, car desclose estoit[1]. Et envoya le roy Edouart au Pont de l'Arche pour assaillir la ville, mais il y avoit des gens grant quantité, par quoy assaillir ne l'oserent et se retrairent[2]. Adonc se parti l'ost des Anglois pour aler vers Paris et ardirent et essillierent le pais sur la riviere de Saine. Et le roy Phelippe chevaucha à tout son ost de l'autre part de la riviere. Tant ala le roy Edouart, que il se loga à Poissy l'abbaye des Dames, à vi lieues de Paris, et le roy Phelippe lui demanda et requist bataille par l'evesque de Meaulz, et le roy Edouart lui octria à estre au jeudi ensuivant, en une place entre Paris et le Vaugirart. Et quant le roy Phelippe le sceut, il ala à Paris à tout son ost pour passer la riviere de Saine, et s'en ala loger à Antourgny[3], assez prés de la place où la bataille devoit estre l'andemain. Mais en celle nuit, le roy Edouart fit faire le pont de Poissi, que les François avoient despecié, et passa en celle nuit la riviere de Saine, et desconfit la commune d'Amiens, qui gardoient le pas, et en y ot occis plus de deux cens. Aprés s'en ala le roy Edouart vers Beauvaiz et fist ardre et essillier tout le pais. Mais en la cité ne peut riens faire, car elle estoit bien fermée, et entour ne laissa onques riens, que il ne feist tout ardre, maisons et abaies. Et quant le roy Phelippe sceut que le roy Edouart avoit failli les convenans de la bataille,

1. 5610 *porte :* à Louviers, où bonne ville avoit, mais desclose estoit, et pourtant fu elle ars et y ot ars plus de II^m des milleurs maisons et moult de genz perilz grans et petis.
2. ains s'en retournerent à Louviers à l'ost du roy Edouart 5610.
3. Nygon A, B.

car il avoit passé la riviere de Saine, adonc se desloga le roy Phelippe et ala après mout hastivement. Et le roy Edouart chevaucha en essillant tout le pais jusques à Pois et fist la ville et le chastel ardoir, qui mout estoit fort, mais le sire n'y avoit mis nulle defense. Adonc s'en ala le roy Edouart et passa parmy Araines, et là se arresta et envoya grant foison de ses gens[1] sur la riviere de Somme pour trouver passaige, et cil alerent à Hangest, mais riens n'y firent, car ceulz de la ville et du pais[2] defendirent bien la ville et le passaige. Lors alerent vers le pont de Remy[3], mais riens n'y firent et retournerent vers le roy Edouart, qui à cele heure ouy nouvelles[4] que le roy de France le poursuivoit à mout grant ost. Adont laissa le roy Edouart le disner, qui appareillé estoit et se parti mout en haste à tout son ost. Et les François vindrent à Araines, qui trouverent l'appareil et se repeurent. Et les Anglois ardirent Oisemont[5] et y tuerent pluseurs gens du commun, et alerent les Anglois sur la riviere de Somme, au pas de la Blanchetache. A cele heure estoit la mer retraite et la riviere plate, et pou y avoit d'eaue. A ce pas estoit Godemart de Fay, Jehan de Pinquigny et l'Ermite de Caumont et Jehan de Cange, tresorier des guerres, et avoit bien XII^c[6] combatans. Mais les Anglois entrerent en l'eaue, qui petite estoit,

1. x mille hommes 5610.
2. et li paisant des villes entour 5610.
3. et Godeffrois de Harecourt et le duc de Lanclastre y livrerent grant assault 5610.
4. ouy nouvelles *manque* A, B.
5. Boissemont A, Voiremont B.
6. II^m 5610.

et quant François se mistrent à defendre le pas, Godemart du Fay s'en parti o tout ses gens sans coup ferir, et Anglois gaingnerent le pas et y eut mors et pris grant foison de François, et adont tout l'ost des Anglois passerent la riviere. Et assez tost aprés le roy Phelippe arriva au pas, mais le flot de la mer vint à cele heure, qui engroissa si l'eaue de Somme[1], que François n'y peurent passer. Le roy Phelippe à tout son ost ala passer à Abeville, et le roy Edouart fist ardoir et rober tout le pais[2], où il passa, et pluseurs bonnes villes du pais[3] descloses. Et quant le roy Edouart scut que le roy Phelippe le suivoit si prés, il ala loger à Cressy prés de la forest et fist son ost clorre de son charroy, car mout doubtoit la bataille, mais plus detrier ne la povoit, car le roy Phelippe le suivoit de moult prés et à mout grant effort de gens d'armes et autres gens combatans.

Et tant aprocha le roy Phelippe que il vit l'ost du roy Edouart, auquel il desiroit tant d'assembler, que onques par conseil il ne voult atendre ses communes ne grant partie de son ost, qui derriere estoit, et ordonna ses batailles de ses princes et des gens d'armes, qui avec lui estoient. Et fist II^m Genevois arbalestiers mettre devant, lesquelz trairent ce que ilz avoient de trait, mais pou en avoient avecques eulz, car venuz estoient en haste et leur charroy estoit darriere, par quoy leur trait faillit tantost, et les Anglois furent bien targiez de leur charroy et de fortes haies et d'autre

---

1. si fort la riviere B.
2. 5610 *ajoute* : alla par Pontieu et fist rober le ville du Crotoy et de Dommart et du paiis entour.
3. du pais *manque* A.

targement et trairent fort de leurs saiettes. Et par
especial, quant ilz virent le trait des Genevois amenui-
sier, ilz trairent si espessement, que Genevois comman-
cierent à fuir, et pluseurs en y ot de mors et navrez.
Et quant les gens d'armes François les virent tourner,
il en y ot pluseurs, qui leur coururent seure et en
occirent pluseurs. Et quant les Anglois virent ce tri-
boul[1], ilz saillirent hors de leur charroy et coururent
seure aux François et mout les greverent et plus de
trait que d'autre chose, car les chevaulz des François,
qui se sentirent feruz des saiettes, se prindrent à des-
roier et en chay mors pluseurs. Et lors se prindrent
François à desconfire et grant partie enfouy sanz
assembler. Lors yssi le roy Edouart de son charroy,
et le prince de Gales, et le conte de Lenclastre, le conte
de Glossestre, le conte de Varvic[2], le conte de Norhantonne et Godeffroy de Harecourt. Et mout s'avança le
prince de Galles, filz du roy Edouart, et Godeffroy de
Harecourt d'assembler aux François, tant que on dit
que le conte de Flandres print le prince de Gales, mais
tost fut secouru[3]. Et dit on que le roy Phelippe eut
deux chevaulz mors soubz lui, mais il fut remonté, et
en grant paine l'en peurent emmener Jehan de Hennaut et autres, qui estoient pour son frain, quant ils

1. tribouillis. B.
2. Norvich 5610.
3. 5610 *donne de la bataille de Crécy un récit un peu différent; voici le passage le plus saillant de sa version*: Et li peulles qui suioit le roy à desconfire se prent pour le fuians, si ques sans assembler et sans caup ferir pluiseurs chevalier s'en fuirent, et toutez les commugnes de Franche s'enfuirent, exepté le commugne d'Orliens, qui estoit à l'assembler de le battaille avec le roy et furent tous presquez morz.

virent la grant desconfiture, et fut prés d'estre prins.

Et fut celle bataille l'an de grace mil CCC XLVI, par un samedi aprés la Saint Berthelemy, ou mois d'aoust. Et là fut mors le roy de Behangne, le duc de Lorraine, le conte d'Alençon, le conte de Flandres, le conte de Blois, le conte de Harecourt, le conte de Sancerre[1], le conte de Sainnes et autres nobles seigneurs jusques au nombre de bien XIIe chevaliers et autres gens, tant que il y ot bien mors XXVIII[2] cens hommes d'armes.

Et en celle sepmaine que la bataille de Cressi fut, se deslogerent Flamans devant Betune, car ilz ne cuidoient mie que la bataille devant dicte deust ainsi tourner. Quant le roy Phelippe fut parti du champ, il ala droit à Labroye et à Doulens et [à] Amiens; et là cuida rassembler ses hommes pour aler combatre au roy Edouart, mais ce ne pot estre, car de pluseurs contrées[3] s'en alerent François en leurs pais. Adonc s'en rala le roy Phelippe droit à Paris. Et le roy Edouart fist cerchier le champ de la bataille, et pluseurs princes fist enterrer et mettre ensaignes sur eulz, par quoy ilz feussent puis recongneuz de leurs hommes et emportez en leurs contrées.

En ce temps manda le roy Phelippe le fait de la desconfiture à Jehan son filz, qui estoit encores au siege devant Aguillon à mout grant peuple. Et lui manda que tantost et sans delay il laissast le siege et venist à lui, et il le fist.

Et le roy Edouart parti du champ aprés la bataille et s'en ala droit vers Monstereul, et fist gaster et

1. d'Auchoire 5610.
2. dix-huict B.
3. par pluiseurs parties 5610.

essiller le pais entour et vers Boulongne, et fist faire
pluseurs assaulz aux villes et aux chasteaux, mais riens
n'y firent. Lors ala prendre siege devant Calais, ou mois
de septembre, aprés la bataille qui fut à Cressi. A
Calais estoit adonc de par le roy Jehan de Vienne à
cappitaine, Arnoul d'Odenehan[1], le sire de Beaulo, le
sire de Grigny[2] et pluseurs autres. Et assez[3] tost aprés
se parti le conte Derbi de Gascoingne, quant il eut
garny les forteresses, que il avoit prinses, comme Saint
Jehan d'Angeli, Lisegnac[4] et pluseurs autres villes, et
entra en mer et ala à siege devant Calais au roy
Edouart. Et lors envoya le roy Phelippe à Arraz le duc
d'Ataines à tout grant gens pour le pais garder contre
Flamans et Anglois, et à Boulongne envoya le conte de
Joigny, Charles d'Espaigne, le seigneur de Beaujeu, le
seigneur de Moreul, tous deux adonques mareschaux de
France, et à Saint Osmer envoya Guy de Neelle[5]; et à
Monstereul le conte de Salbruche, et par tous ces lieux
y ot grant foison de gens d'armes. Ainsi fist le roy
Phelippe garnir son pais pour le garder et destraindre

1. d'Audrehem 5610.
2. Guingny 5610.
3. Ici 5610 *ajoute un passage assez long, que voici* : En che
tamps assambla li contes Derby ses gens en Gascongne et entra
ou païs de Onge et prist le ville de Saint Jehan d'Angellis par
forche d'assault et moult gasta le païs, puis entra en Poitau et
prist le ville de Lingregion et le castel, qui moult estoit fors.
Apprés prist le ville de Poitiers par forche d'assaut. Adont envoya
li rois Phelippez grant puele pour le chitté de Poitiers reconquerre;
et quant li contes Derby le sceut, il se parti de le chité, car mal
estoit fermée. Mais se gent le roberent et emporterent les ricquesches.
4. Lissegnac A; Lizeinghien 5610.
5. 5610 *ajoute* : et à Aire le seigneur de Medon.

ses ennemis, tant pour les Flamans comme pour les Anglois, qui estoient au siege de Calais.

En ce temps estoit Loys, filz du conte de Flandres, qui estoit mors à Cressi, et en la bonne garde du roy Phelippe estoit, et fut traictiez un mariage du dit Loys et de la fille au duc de Brabant, par si que le duc devoit laissier l'aliance du roy Edouart. Et en ce temps ala Loys en Flandres et y fut receuz et obeiz comme sires de ses hommes tant pour lui paier les revenues de la conté, mais point ne vouloient estre de la partie du roy de France. Quant le roy Edouart sceut que Loys estoit receuz en Flandres comme sires et que le duc de Brebant lui vouloit donner sa fille, il doubta par ce traitié perdre l'aliance des Flamans. Lors ala à Gant et assembla le conseil des communes et leur requist que Loys leur sires vousist prendre Ysabel, sa fille, pour l'aliance confermer, et Flamans lui acorderent celle requeste sans le scu de leur seigneur et prindrent journée pour le mariage confermer. Dont s'en ala Edouart au siege devant Calais à ses hommes, et Flamans alerent dire à leur seigneur les convenans, que ilz avoient faites au roy Edouard d'Angleterre. Mais li enffes dist que ja ne[1] l'accorderoit. Adonc mistrent Flamans leur seigneur en prison et le firent estroitement garder, et lui distrent que jamais n'en ystroit jusques à tant que il auroit accordé le mariage.

En ce temps parti Godeffroy de Harecourt de l'ost du roy Edouart de devant Calais et ala au duc de Brabant compter le traitié du roy Edouart et des Flamans. A cellui Godeffroy pourchaça le duc de Brabant sa

---

1. ne *manque* A.

paix au roy Phelippe[1], qui l'avoit banny de son pais.

Le roy Edouart ala à Bruges[2], à la journée que les Flamans lui avoient mise, et les Flamans y menerent leur seigneur comme prisonnier et lui firent accorder à prendre la fille du roy Edouart par force et malgré luy[3], et fut prise la journée pour espouser à la pasque close prochain ensuivant. Et s'en rala le roy Edouart au siege devant Calais à ses hommes et Flamans firent garder leur seigneur à gens d'armes, afin que il ne leur eschapast pour aler au roy de France. Le conte Loys avoit avec lui deux chevaliers avec la commune gent. Et mout se fioit l'enfant Loys en eulz, et par leur conseil il fist faire noble feste à Gant et fist semblant que il vouloit noble feste tenir, pour la fille du roy Edouart espouser. Mais pour ce ne furent Flamans asseurez, que ilz ne le feissent garder songneusement. Un jour requist Loys de Flandres à ses gardes que ilz le menassent vouler, et ilz lui accorderent. Ainsi qu'il s'esbatoit à vouler des oiseaux, le jeune conte laissa aler un faucon et fist semblant que il aloit aprés. Quant il fut eslongné de ses gardes, il brocha tant le cheval des esperons, que il vint à la riviere, à un pas que on dit le gué de Fiennes; et là trouva deux chevaliers qui l'atendoient de fait pourveu, puis le monterent sur un courcier et se ferirent en l'eaue et passérent à no parmy la riviere à force de cheval, et Flamans qui le suivoient n'oserent passer ne entrer en l'eaue, ains s'en retournerent tout quoy. Ainsi eschappa l'enfant des Flamans et fut mené au roy Phelippe par les deux

1. *Les mots* au roy Phelippe *manquent dans* A, B.
2. Berghes 5610.
3. sien A.

chevaliers, dont l'un fut nommez Loys de Laval[1] et l'autre Loys de Pouques[2]. De la venue du jeune conte fut le roy Phelippe moult liez, et manda ses princes et ses hommes par son royaume et soudoiers, tant que il en peut avoir, pour secourre le peuple de Calais, qui mout souffroit famine, car le roy Edouart avoit clos le pas et par terre et par mer. Un jour avint que II^m Anglois partirent de Calais pour aler fourrer le pais vers Saint Osmer, et les conduisoit Thomas de Hollande et Regnault de Cobehan. Mais Guy de Neelle et les chevaliers, qui illec estoient, et ceulz de Boulongne et ceulz d'Aire[3] yssirent hors et se assemblerent bien v cens hommes d'armes et poursuivirent les Anglois jusques à Tournehan et les assaillirent et desconfirent et en occirent plus de vi cens, et reconquistrent la proie, que les Anglois avoient fourrée sur les François. Et une autre journée avint que xii cens Flamans passerent la Neufosse et entrerent en Artois, et les conduisoit le bastart de Renti, qui adonc estoit banny du royaume de France et s'estoit aliez aux Flamans. Les chevaliers et autres gens devant diz yssirent de leurs forteresses et alerent à bataille contre les Flamans et en occirent plus de vii cens.

En ce temps avoit un chevalier en Terasse, que on appelloit Jehan de Bomont[4], qui par trahison estoit aliez aux Anglois, et avoit tant fait que un bourgois de Laon par son conseil avoit fait caver le mont de Laon[5] par force par dessoubz terre et fait voye pour

1. Levallée 5610.
2. Rollans de Pouques 5610.
3. d'Aire *manque* A, B.
4. Biaumont 5610.
5. Laon *manque* A, B.

mettre par nuit les Anglois dedens la cité, mais il fut sceu et fut le bourgois prins et mourut de bien honteuse mort, et estoit nommez Gauvain de Bellemont[1]. Et envoya le roy Phelippe le chevalier assaillir en son chastel, mais il s'enfouy hors du royaume et fut son chastel abatu.

Après avint en ce temps que le roy Phelippe assembloit ses hommes, que le roy David d'Escosse, qui estoit aliez au roy Phelippe, assembla ses hommes et entra en Angleterre et essilla tout le païs jusques prés de Duresme[2], et avoit bien VI mil hommes. Mais l'evesque de Duresme et le sire de Percy vindrent contre le roy d'Escosse à tout bien XIIII cens hommes d'armes et XX mil archiers et assemblerent à bataille prés de Duresme, et dit on en Escosse que le roy Davy assembla en la bataille le second entre les gens d'armes et fut l'un des derreniers pris, et si fut il blecié et navré[3] de deux saiettes par le visaige, dont il ot le fer d'une en la teste IIII ans et l'autre neuf. Et toutesvoies furent les Escoz desconfiz et en y ot de mors bien II mil, et fut le roy d'Escosse pris et le conte de Ludenaz[4] et le conte de Bouton[5] et le sires de Duglaz et pluseurs autres[6].

En ce temps ala le roy Phelippe à Arraz, et avint que mil[7] Flamans passerent le Lis au pont de Warnes-

---

1. Bellencourt 5610.
2. et entra en le chitté à x^m hommes *ajoute* 5610.
3. blecié es anennes A, es aenes B.
4. Ludenart B.
5. Betan 5610.
6. Et y ot mort plus de III^m chevaliers d'Escoche, ou moiz de juing 5610.
7. III^m 5610.

ton[1] et entrerent en la chastellerie de Lille, et li chastelains de Lille et Charles de Montmorency alerent contre eulz à III cens hommes d'armes et v cens hommes à pié et assemblerent à un hamel, que on nomme le Quesnoy sur le Deulle[2], et là furent Flamans desconfiz et y en mourut VII cens. Celle bataille[3] des Flamans conduisoit le bastart de Renti, et en pluseurs autres batailles les avoit menez, là où ilz avoient esté desconfiz. Et assez tost après lui fut pourchacée sa paix vers le roy Phelippe, et fut puis avec le roy et avec les François chevalier de grant emprinse et bien se montra en pluseurs lieux de grant honneur. Après se parti le roy Phelippe d'Arraz et ala à Hedin attendre ses communes.

Et en ce temps que le roy Edouart fut devant Calais, avoit foison de François à Boulongne, à Guynes, à Saint Osmer et en pluseurs forteresses sur le pais, et en pluseurs lieux ruerent jus des Anglois par petites routes[4]. En ce temps envoya le roy Phelippe grant foison de ses gens en la terre de la Leve[5], pour ce qu'elle se tenoit en l'aide des Flamans. Ces gens de France conduisoit Jaques de Bourbon, le duc d'Ataines, le conte de Sallebruche, Charles d'Espaigne, le sire de Beaugeu[6] et le seigneur de Seuli, et furent bien II mil hommes d'armes et grant foison de servans et arbalestiers Genevois et autres gens de commun. Et du pais de la

---

1. Darneston A, B.
2. Deure A, B.
3. route des Flamans, A, B.
4. *Le commencement du paragraphe manque dans* 5610.
5. de la Leve *manque* A, B.
6. Maihiu de Roye *ajoute* 5610.

Leve[1] estoient bien XII cens, qui assemblerent à François au bout d'une longue chaucée sur un pas, et furent ressortiz les François et leurs communes gens, et fut occis le sire de Seully et le sire de Suencourt[2] et deux vaillants escuiers, dont l'un estoit nommé Le Grant d'Aussi et l'autre Le Moine d'Estansselles[3], et pluseurs autres chevaliers et escuiers. Et lors vint le seigneur de Beaugieu à tout sa route par voye sur costé de celle, là où on assembla premierement, et courut sus aux Flamans et pluseurs autres gens d'armes qui se recouvrerent. Là furent Flamans desconfiz et prés de tous mors, et les villes d'icelles contrées prés de toutes arsses, et y ot grant perdicion de femmes et d'anffans. Puis alerent ces François essiller le val de Cassel et assaillirent la ville par mout grant assaut, mais riens n'y firent, car il avoit dedens trop grant foison de Flamans.

Assez tost aprés parti le roy Phelippe de Hedin et ala devant Calais à tout bien c mil[4] hommes et manda bataille au roy Edouart, qui la ville avoit assegée, mais il n'eut mie conseil de combattre, ainçois envoya querre trieves de III jours par III cardinaux, qui y estoient envoiez par le saint pere pour appaisier ces II princes. Et le roy Phelippe accorda les trieves III jours, et en cellui terme les Anglois et les Flamans firent fossez et trenquiez entour leur ost et sur la dune de la mer, par tele maniere que François n'y purent assembler à eulz ne secourre la ville de vivres ne

---

1. Le... A, B.
2. Fuencourt B.
3. Li Canoines d'Estaisselles 5610.
4. v mil A, B.

d'autres choses. Et s'estoient les gens de la ville si destrains de vivres, que li pluseurs mengoient raz, souriz, chaz, chiens, cuiers et mout d'autres diverses viandes. Et bien savoit le roy Phelippe la famine, que son peuple souffroit à Calais. Lors manda le roy Phelippe au roy Edouart bataille de corps contre corps, de cent contre cent, de mil contre M ou de gent contre gent, mais le roy Edouart le refusa, et bien vit le roy Phelippe que la ville ne povoit secourre ne la bataille avoir. Adonc s'en parti à son ost et s'en rala en France. Lors se rendirent les bourgois de Calais par cele maniere, que six[1] des bourgois de la ville en alerent au roy Edouart en linges, draps deffublez et deschauciez, la hart au col, mais par la priere de la royne sa femme, ilz furent de mort respitez et tout le commun peuple de la ville s'en parti à sauveté de corps, mais leur avoir perdirent, et tous les chevaliers, qui là estoient de par le roy de France, se rendirent et furent prins à rançon.

Donc laissa le roy Edouart à Calais Jehan de Beauchamp et son frere et pluseurs autres pour la ville garder, et fist chastellain du chastel un Lombart, qui estoit nommez Emery de Pavie. Et lors envoya le roy Phelippe gens d'armes et autres à Saint Osmer et à Boulongne et en pluseurs autres forteresses pour le pais garder.

En cel an mesmes qu'il avint que Calais[2] fut prins, ala Charles de Blois asseger La Roche-Darien, et Jehan de Montfort assembla Thomas d'Agorne et grant foison

---

1. VII 5610.
2. Qualais A.

d'Anglois, et vint courre seure de nuit à Charles de Blois. Et bien sceut Charles sa venue, mais petite ordonnance eut en ses gens quant vint au combattre, mais mout y ot grant bataille et pluseurs de nobles chevaliers et autres mors, et là fut Charles de Blois prins et desconfiz et fut menez en Angleterre, où il fut longtemps prisonnier.

Environ ce temps espousa Loys, conte de Flandres, la fille du duc de Brabant, appellée Marguerite, et assez tost aprés se deppartirent Flamans de la guerre des deux princes. Et en cele saison avoit en Flandres de dures besoingnes, si comme à Viquaennes, à Vuatres, à Bailleul et à Harebourc, où Mouton, sire de Blainville, fut fait chevalier. Et en ces IIII places furent Flamans desconfiz et en y ot mout grant foison de mors, et le pais ars et gasté jusques prés de Popelinges, et furent ces besongnes en Flandres en l'an XLVIII[1].

Et en l'an XLIX, Emery de Pavie vendi le chastel de Calais, dont il estoit garde, à Gieffroy de Charny et Henry du Bost, qui estoient sur les frontieres de Picardie à tout grant foison de gent pour le païs garder, et fut prise la journée de vendre le chastel et des deniers paier. Et lors manderent les II chevaliers à Mareau de Fiennes, Jehan de Landas, Eustace de Rubemont, Pepin de Biere[2], Oudart de Renti et pluseurs autres chevaliers et communes gens, tant que ilz furent bien XV cens combatans, et alerent devant le chastel

---

1. 5610 *a abrégé les deux derniers paragraphes; il ne dit rien des combats en Flandre et se contente d'indiquer brièvement la défaite de Charles de Blois.*

2. Vierre A, *de même plus bas;* Vienne 5610.

de Calais à la journée que Emery leur avoit mise, et porterent les chevaliers les deniers dedens le chastel. Mais Emery les trahi, car le roy Edouart estoit entré secretement à Calais à tout bien M hommes d'armes et grant foison d'archiers, et y estoient venus par mer. Et quant il ot prins ceulz, qui avoient portez les deniers dedens le chastel, il yssi hors à tout ses gens à bataille contre les François et les desconfit, et là fut mort le sires de Crequi, Peppin de Biere et Henry du Bost, et furent prins Gieuffroy de Charny, Eustace de Rubemont et Oudart de Renty et pluseurs autres, et furent menez en Angleterre.

Et en cele saison, devant celle bataille, avoit fait le conte Derbi une grant chevauchée parmi le pays de[1] Gascoingne[2], et avoit mout dommaigé le pais et pris pluseurs forteresses. Et quant il fut retrait de sa chevauchée, le conte d'Armignac et Robert de Hodetout, maistre des arbalestiers, se mistrent sur les champs à tout bien cinq mile combatans, que ilz avoient assemblez pour cuidier combatre le dit conte Derbi, mais retrait s'estoit à Bordeaux. Et lors alerent asseger Beaumont à IIII lieues de Thoulouse, que le dit conte Derbi avoit prins en sa chevauchée et garni de ses gens, et la prindrent et puis prindrent Crie et Fail et la ville d'Estanfort par assaut, et assaillirent la ville de Dunes, où il y[3] avoit bien XIIII cens combatans. Et fut l'assaut merveilleusement grant, et assailloit le conte d'Armignac d'un costé à tout son ost et le maistre des arbalestiers assailloit

---

1. parmi le pays de *manque* A.
2. B *ajoute* jusques prés de Carcassonne.
3. y *manque* A.

de l'autre, et estoit la ville sur le point d'estre prinse, quant le conte d'Armignac fist retraire ses gens de l'assaut. Et quant ceulz de dedens virent ce tour, ceulz qui estoient aux defenses de la ville[1] devers le conte d'Armignac, alerent courre seure aux gens du maistre des arbalestiers, qui avoient rompu le palais et ja entroient en la ville, mais il furent reboutez si durement, que il en y ot L mors. Et toutesvoies y eut il de ceulz de la ville grant foison de mors et bleciez, et la nuit laissierent la ville et s'en alerent ceulz de dedens à autres forteresses que ilz tenoient. Et l'endemain se parti l'ost et s'en ala devant La Plume, qui se rendi, et puis devant le Port Saincte Marie, qui ne fut mie prise. Et passa l'en la riviere et fut prise une tour, qui estoit à Saint Lorens du Port, et garnie de François, pour destourber à ceulz de la ville du Port de recueillir leurs blez et leurs vendenges. Et de là ala l'ost devant Montignac, et fist on trenchier les vignes et les blez et destruire le pais d'environ. Et puis se departi l'ost, et s'en ala le conte d'Armaignac et ses gens en ses forteresses, et le maistre des arbalestiers s'en ala à tout les siens à la cité d'Aigny et retint bien avecques lui IIII^c hommes d'armes et VIII^c servans. Et deux jours aprés Gobert de Bauville et Bertran de Goux empererent une place sur la riviere de Garonne de l'autre part du Port Saincte Marie, et avoient bien VII^{xx} combatans. Et le maistre des arbalestiers le sceut et y ala hastivement à tout ses gens, le lundi aprés la Saint Jehan d'esté l'an mil CCC L, et vint si hastivement, que ses gens qui vindrent les premiers trouverent les

---

1. du conte A, B; *nous corrigeons* de la ville.

gens du Port Saincte Marie, qui estoient de l'autre part des Anglois et aidoient à fortiffier le fort, et furent bien L mors et les autres se recueillirent en bateaux et passerent de l'autre part de l'eaue en leur ville. Et tantost fut le fort assailli mout viguereusement, et tant que il fut pris et tous ceulz de dedens pris, et furent prins Gobert de Bouville[1] et Bertran du Goux, lesquelz furent mout durement navrés, mais pas n'en moururent. Et le IIIe jour après ala le dit maistre des arbalestiers assaillir un chastel nommé Feugueroles[2] à III lieues d'Aigny, et fut prins d'assaut, et y eut bien IIII^{xx} hommes combatans mors et pris, et furent prins le seigneur et la dame de l'ostel et de belles damoiselles, et fut tout amené à Aigny et le lieu destruit et arrasé.

En l'an devant, avoit eue une bataille en Poitou, et avoit esté de la part des Anglois le seneschal de Bordeaux, le castal de Beuf, le sire de l'Espaire[3], le sire de Montferrant, le sire de Pommiers, le sire de Mucheden, et du costé des François fut chief Jehan de Lille, le seneschal de Poitou, et y fut Bouciquaut, Savary de Vivonne, le sire de Chauvigny et pluseurs autres, tant que ilz furent bien autant ou plus que les Anglois. Et les Anglois descendirent tantost à pié, mais les François envoierent une route de leurs gens courre sur les chevaulz des Anglois et les gaingnerent tous, et lors coururent seure aux Anglois une partie des François tout à cheval, et y ot grant bataille. Mais les Anglois les rebouterent tant que il y eut bien mors et pris

1. Robert de Bouville B; Beuville A.
2. Sauguerolles B.
3. Lespere B.

III cens François, et les autres se recueillirent à la bataille de leur gent, qui n'estoient point alez assembler, et les Anglois se tindrent en leur place, qui de grant aventaige estoit. Et ainsi furent jusques au vespre les uns devant les autres sans plus en faire, et y fut prins Bouciquaut, et les François se retrairent la nuit loing des Anglois pour eulz loger. Et tantost que les Anglois les virent partir, ils se mistrent à chemin et s'en alerent de pié toute la nuit, et tant errerent que ilz vindrent à leur forteresse. Et fut celle bataille nommée la bataille de Lunalonge.

En cel an fut prins par siege Montul de Laval et autres forteresses vers Agenois, et les prist le maistre des arbalestiers. Et lors le Galois de la Heuse, qui estoit en Bretaigne de par le roy de France, fist mout de belles besongnes, car il prist d'assaut Beauvaiz sur mer et la Guernache et l'Ille-Chauvet, et desconfit grant route d'Anglois devant Prugny, et aprés ces besongnes prist le chastel de Prugny[1].

Environ ce temps furent trieves prinses, mais pou durerent[2], car le saint pére, qui se melloit du traittié faire, ne peut faire l'accort des deux rois.

Et environ ce temps trespassa la royne de France, suer au duc Eudes de Bourgongne. Prist le roy à femme Blanche, seur au roy de Navarre, et en l'an

---

1. *Tout ce qui précède depuis la trahison d'Aimeri de Pavie* (p. 92) *manque dans le ms. 5610, qui ne contient que la phrase suivante :* Assez tost aprés furent triuwes donneez III ans des II roiz par le conseil du pappe, et alla li consaulz des II parties à Avignon pour accord traittier, mais rienz n'y firent, ains retournerent sans accors. *On reconnaît dans cette phrase une autre rédaction de celle qui suit immédiatement dans* A *et* B.

2. durent A.

aprés trespassa le roy Phelippe, et demoura ii filz de sa premiere femme, dont li uns fut Jehan, duc de Normendie, et l'autre fut Phelippe, duc d'Orleans[1].

LE ROY JEHAN.

Assez tost aprés la mort du roy Phelippe, fut couronné à Rains comme roy de France Jehan, duc de Normendie, en l'an de grace mil CCC L. Et eut deux femmes en son vivant ; la premiere fut nommée Bonne, fille au roy de Behangne, et l'autre fut Jehanne, contesse de Boulongne et d'Auvergne. Le roy Jehan ot iiii filz et iii filles de sa premiere femme; li ainsnez fut nommez Charles, duc de Normendie et dauphin de Vienne, le iie fut Loys, duc d'Anjou, le iiie Jehan, duc de Berry et le iiiie Phelippe, duc de Bourgongne. La premiere fille fut mariée au roy Charles de Navarre, la iie fille fut mariée au filz Galiaches, sires de Millan, la iiie fut mariée au duc de Bar.

Mout tost aprés le couronnement du roy Jehan, vint le conte d'Eu, connestable de France, à Paris et repera d'Angleterre, où il avoit esté mout longtemps prisonnier de la prise de Caen. Et tantost aprés le roy Jehan le fist decoler, ne il ne fut mie declairé au peuple la cause pourquoy le roy fist mourir le dit conte d'Eu, et il ne fut pas mort devant le peuple, ains fut decolé en la tour de Neelle. Et fut grand dommage de sa mort, car c'estoit mout noble et moult vaillant prince. Aprés sa mort fut connestable de France[2] Charles

---

1. 5610 *ajoute* : et de se darraine femme ot une fille.
2. de France *manque* A.

d'Espaigne, que le roy Jehan ama moult, et dit on
que ycellui Charles avoit mout pourchacié vers le roy
Jehan la mort du dit conte d'Eu, dont il fut mout de
gens qui l'en hairent[1].

En ce temps estoit cappitaine d'Angoulesme Friquet
de Friquant, et fut l'an mil CCC LI, et en pou de temps[2]
desconfit trois fois les Anglois sur les champs, et prist
le fort de Aombleville par assaut, qui estoit prés de
Coignac à leue et demie, et prist une autre mout forte
place sur la riviere de Charente que les Anglois
tenoient. Et en ces places devant dictes ot bien
IIII cens Englois mors et pris. Et en ce temps fut ordonné par le roy Jehan le mareschal de Neelle, cappitaine general ou païs de Poitou et de Xantonge et des
frontieres d'environ. Et assembla ycellui Guy de Neelle,
mareschal de France, bien XV cens combatans, car il
oy dire que les Anglois et pluseurs Gascoins estoient
assemblez pour chevaucher et dommager le païs de
Poitou et de Saintonge. Et lors se mist le dit mareschal à chevaucher contre eulz vers le païs, où il pensoit que ilz deussent venir, et tant que il les encontra une
lieue par dela Saintes à une chapelle, que on nomme
Saint George. Et tantost que les Anglois apparceurent
les François, ils descendirent à pié et se mistrent en
ordonnance. Et le mareschal et sa gent le firent ainsi,
excepté que il mist deux routes de gens d'armes à
cheval sur les deux costez de sa bataille, et tant mist
à faire son ordonnance que bien de trois à quatre cens
Anglois, qui demouroient à Tanay sur Charente et à

---

1. *Tout ce qui suit jusqu'au siège de Saint-Jean-d'Angély* (p. 99)
manque dans 5610.
2. terme B.

Taillebourc, vindrent assembler avec leurs autres gens. Et assez tost aprés assemblerent les batailles et y ot forte bataille et dure. Là furent François desconfiz et y fut prins le mareschal de Neelle, Ernoul d'Odenehen, Regnaut de Pons et grant foison de nobles chevaliers et autres. Et furent bien vi cens hommes d'armes mors et prins et les autres se retrairent en la cité de Sainttes.

Tantost aprés celle desconfiture, envoya le roy Jehan Charles d'Espaigne, son connestable, cappitaine sur le dit pais et avec lui Bouciquaut, Friques de Friquans et Jehan de Clermont et pluseurs nobles chevaliers, à tout grant foison de gens d'armes. Et une fois ala Bouciquaut et Friquant et Jehan de Clermont, Hutin de Vermelle et Floury[1] de Tourmeville pour cuidier escheler la ville de Sainte Foy sur Dordonne, et avoient bien vi cens combatans et cuiderent avoir aucuns de leurs aidans dedens la ville. Mais le seneschal de Bordeaux le sceut et se vint mettre dedens à tout grant foison d'Anglois et Gascoins, et y vint la nuit que François la pensoient à escheler. Et toutesvoies les François eurent aucun sentement des gens qui estoient entrez en la ville, ou eurent destourbier par quoy ilz ne peurent pas parfaire leur emprinse, combien que ilz y essaiassent. Et quant il fut grant jour et les François furent retraiz es champs hors du trait de la ville, le seneschal de Bordeaux et ceulz de dedens la ville yssirent, et estoient bien autant ou environ comme les François. Et quant les François les virent, ilz leur coururent seure, et là eut grant besongne, et

1. Fleury B.

y furent les Anglois desconfiz et fut prins le seneschal de Bordeaux et la plus grant partie de ses gens mors et prins.

Environ ce temps, prindrent yceulz François un lieu par assaut que on appelle la Mote, et furent touz ceulz de dedens mors et prins. Et tantost aprés on mist bastides [1] devant Saint Jehan d'Angeli que les Anglois tenoient, et dedens yceulz bastides ordonna le roy Jehan grant foison de gens d'armes, qui mout destraindrent la ville. Et assez tost [2] aprés ala le roy Jehan au siege devant Saint Jehan d'Angeli. Mais tantost les Anglois demanderent trieves de XL jours en tele maniere, que se dedens les XL jours n'estoient secouruz, ilz rendroient la ville et le chastel. Lesquelz n'eurent point de secours et se rendirent sauves leurs vies. Et le roy Jehan s'en repera en France et laissa Charles d'Espaigne et le seigneur de Beaugeu, mareschal de France, ou pais de Poitou et de Saintonge à tout grant foison de ses gens.

L'année de devant avoit esté prins Lodun, et y eut un mout grant assault et de grans saillies, car le Bascon de Mareil et pluseurs autres Gascoins et Englois estoient dedens, qui mout appertement se gouvernoient, et toutesvoies rendirent ils le chastel et s'en alerent.

Environ ce temps escherlerent et prindrent Englois Bescherel, et y ot une bataille prés d'Auroy, que feist Raoul de Caours et le sire de Beauvoir, et y eut mors

---

1. bastides *manque* B.
2. *Le ms.* 5610 *reprend ici, mais à partir de la fin du paragraphe et jusqu'aux mots* mencion en cest livre (p. 100), *il se contente d'analyser sommairement le texte de* A *et* B.

et prins bien v cens Englois et y fut mort Thomas d'Agorne, qui estoit lieutenant du roy Edouart en Bretaigne[1].

Environ ce temps fut la bataille des xxx, que fist le sire de Beaumanoir de François contre trente Anglois, et combatirent en champ esleu et à jour nommé. Là fut mort Robert Brambroc, chief d'iceulz Englois, et tous les autres Anglois mors et prins.

Grans guerres ot en ce temps et moult de besongnes petites et grandes par le royaume de France, tant en Poitou, en Bretaigne, que sur les marches de Gascoingne, dont il n'est point fait de mencion en cest livre.

En ce temps que le connestable d'Espaigne et le seigneur de Beaugieu furent envoiez de par le roy ou païs de Poitou, fut prinse la ville de Lesignen et l'eglise, mais le chastel se tint, et y eut pluseurs forteresses prinses sur le païs. Et fut Ernoul d'Odenehan delivré de la prinse de Saintes et fut ordonné à certaine quantité de gens d'armes de par le roy Jehan sur le païs de Limosin et de Pierregort. Une fois chevauchoit le dit Ernoul d'Odenehen pardevant une forteresse, que les Anglois tenoient, nommée Combort; et avoit avec lui bien ii cens hommes d'armes, mais à ycellui point estoient assemblez pluseurs Anglois et Gascoins au dit lieu de Combort, bien ii cens hommes et v cens servans, et les gouvernoit Ernault de Labret, Emelion de Pommiers, Emery de Tartres, le sire de Montferrant et le Basque de Mareul, lesquelz yssirent en bataille contre le dit Ernoul d'Odenehen. Là ot grant

---

1. qui ...: Bretaigne *manque* B.

bataille et dure, et y fut mort Jehan de Nerve et Damp[1] James de Beauval, et plus de vii^{xx} hommes d'armes françois mors et prins, et ne fut point prins le dit Ernoul d'Odenehan, et dit on que par la vaillance du bastard de Sancey il fut mis à sauveté, et toutesvoies fut le dit bastart prins[2]. Aprés envoya le roy Jehan le seigneur de Beaugieu à Saint Osmer.

En ce temps revindrent d'Angleterre Gieuffroy de Charny, Eustace de Rubemont et Oudart de Renti, et furent delivrez par rançon et vindrent à Saint Osmer.

Et en ce temps avint que Jehan [de] Beauchamp, cappitaine de Calais, et Loys son frere yssirent hors de Calais à tout mil hommes Anglois et alerent fourrer le païs vers Saint Osmer. Et lors yssirent contre eulz le seigneur de Beaugieu, mareschal, et Guichart son frere, le conte de Porcien, Moreau de Fiennes, Gieuffroy de Charny, Oudart de Renti et pluseurs autres, et vindrent trouver les Anglois emprés[3] la ville de Ardre, et descendirent à pié les uns contre les autres et assemblerent à bataille mout durement. Et à l'assembler fut mort le bon seigneur de Beaugieu[4], mais Guichart son frere et les autres chevaliers combatirent si vaillanment[5], que les Anglois furent desconfiz, et fut pris Jehan de Beauchamp et plus de vii cens[6] Englois

1. Dant A.
2. Le récit du combat de Comborn manque dans 5610.
3. en la ville B.
4. par trop hastivement assallir ses anemiz *ajoute* 5610.
5. mais Guichars ses freres releva le cry de Biaugu, et Franchois le firent si bien 5610.
6. vii^{xx} 5610.

mors et prins[1]. Assez tost aprés fut le chastel de Guines prins des Anglois par la trahison de Hue de Beaucouroy, qui depuis en fut par justice escartelé à Saint Osmer.

Aprés la mort du bon seigneur de Beaugieu, fut Ernoul d'Odenehen mareschal de France.

Et en cel an de grace mil CCC LIII, fut Giefroy de Charny lieutenant du roy Jehan ou pais de Picardie à grant nombre de gens, et eut avec lui Robert, sire de Hodetot[2], maistre des arbalestiers. Et fist le dit Gieuffroy de Charny une bastide contre le chastel de Guines, en une abbaie de nonnains, qui estoit en la ville de Guines et si prés du chastel, que les Anglois gettoient de jour et de nuit de l'une place à l'autre. Et le premier jour que les François prindrent la place de l'abbaie, les Englois de Calais et ceulz de Guines vindrent durement combatre contre ceulz de la bastide, et la besongne [eut lieu] à une grant porte, qui estoit en l'entrée de l'abbaie vers le chastel de Guines, et là perdirent les Englois et furent durement reboutez dedens leur chastel, et plus eussent perdu, se leur chastel n'eust esté si prés. Tous les jors estoient grandes les escarmouches entre le chastel et la bastide, et y avoit grant foison de trait de canons et d'espringales. Et une nuit s'assemblerent les Englois de Calais et des autres forteresses d'environ. Là fut Robert de Helle, cappitaine de Calais, Pierre d'Audelee, le sire de Hastingues et son frere, et furent bien VI cens combatans d'Englois. Et pour ce que la bastide n'estoit

---

1. 5610 *ajoute* : et fu celle bataille d'encoste Ardre, en une plache qu'on appelle Selluesse.

2. Hedetrec B.

pas encore forte, les François faisoient le gait en une grant bassecourt, close de vieulz murs de chesnes, qui estoient devant l'enforcement que on faisoit de la ditte bastide, et là estoient les angins. Et cele nuit faisoient le gait Valles de Villiers et le sire de Voincourt et pluseurs autres. Mais les Englois vindrent si appertement, que ilz entrerent en la dite bassecourt et rebouterent le gait jusques à l'entrée de la ditte bastide. Mais les François, qui dedens estoient logiez, yssirent appertement et vindrent courre seure aux Englois. Là ot grant besoingne et furent les Anglois desconfiz et grant foison de leurs gens mors et prins. Bientost aprés revindrent iceulz Englois de nuit et plus fors que à l'autre foiz n'y avoient esté. Et faisoient le gait aux engins Sarrasin Betencourt et le seneschal d'Eu à tout bien xxx hommes d'armes et soixante servans, et à une porte d'icelle bassecourt estoit Noel d'Auffay à tout x hommes-d'armes[1] et xxx servans. Mais les François yssirent hastivement de la bastide et vindrent combatre par tele maniere, que les Englois furent desconfiz et furent grant foison mors et prins. Et estoit pour lors le sire de Bavelinguehan leur cappitaine de la dicte bastide. Et assez tost aprés fut la dite bastide forte et fut baillie en garde à Robert de Varegnies, qui mout avoit travaillié à emperer la ditte place[2], et longtemps l'a gardé. Et depuis fut la ditte bastide gaingnée en trieves par les Anglois en la garde de Cornu de Ramille.

En ce temps estoient logeis à Ardre Gieuffroy de

---

1. et soixante ... d'armes *manquent* B.
2. bastide B.

Charny et le maistre des arbalestiers et Jehan de Clermont et Arnoul d'Oudenehen à tout bien xv cens combatans, et estoit l'abbaie forte. Un jour alerent chevaucher Oudart de Renti et le seneschal d'Eu vers Calais, et à leur retour vindrent par devant une forteresce, nommée Fretun. Et quant ilz eurent avisée la ditte forteresse, ilz vindrent à Andre et distrent à Gieuffroy de Charny et aux autres seigneurs, qui là estoient, que il leur sembloit que la ditte forteresse de Fretun estoit prenable d'assaut. Et le second jour ensuivant, yceulz seigneurs à toutes[1] leurs gens y alerent, et fut la ditte forteresse prinse d'assaut, et fut pris Aimery de Pevie[2] et mené à Saint Osmer, et fut mis sus un eschauffaut devant le peuple et à tenailles de fer ardans lui furent arrachiées les II mamelles et pluseurs autres membres du corps, et puis lui furent couppées les II cuisses et les II braz et la teste, et furent les membres penduz au dehors de la ville, et la teste fut mise emmy le marchié, et fut pour la trahison qu'il avoit faite du chastel de Calais, là où Godefroy de Charny fut prins[3].

Et pluseurs besoingnes y eut en celle saison, et y en eut une que fist Oudart de Renti et le sire de Fiennes[4],

1. à tout toutes A.
2. Pavie B.
3. *Tout ce qui précède depuis le récit de la bataille d'Ardres (p. 102) manque dans 5610, qui contient seulement le court passage suivant :* Et de che jour en xv jours apprés, s'en alla messires Geffroy de Chargny, cappitaine general pour le roy, avec luy le comte de Montfort, Morel de Fiennes, messire Oudart de Renti avec pluiseurs aultres, s'en alerent devant le castel de Fretun. Là fu pris Aymeris de Pavie par assault et fu amenez à Saint Omer et esquartellez et decollez pour le trahison de Callais.
4. Hennes A, B.

là où fut prins Richart d'Otressant[1] et pluseurs autres Englois.

En cel an prindrent les Englois les bastides, que les François avoient faites devant Plarmel en Bretaigne. Et assés tost aprés chevaucherent Gautier de Bantelay et autres à tout bien xv cens Englois par le pais de Bretaigne jusques vers Mauron. Et le mareschal de Neelle, qui lors estoit cappitaine de Bretaigne pour le roy Jehan, assembla grans gens, et fut avec lui Guillaume de Briquebeq et le sire de Hambuie, le viconte de Rohan, le sire de Quintin[2], le sire de Derval, le sire du Lion, le sire de Rochefort et le sire de Beaumanoir, et le plus des chevaliers de Bretaigne et pluseurs autres, et furent bien xiiii cens combatans. Lors alerent contre leurs ennemis et les encontrerent prés de Mauron, et lors les Anglois descendirent à pié et se mistrent le long d'une haie, laquele ilz mistrent derriere leur dos, et mistrent leurs archiers sur leurs costez, dont ilz avoient bien viii cens. Et Guy de Neelle, mareschal de France, descendi à pié, lui et toutes ses gens, devant les Englois, excepté le sire de Hangest que il ordonna à demourer à cheval à tout bien vii^{xx} hommes d'armes pour courre seure aux archiers. En celé place avoit grans herbes, qui greverent moult les François, qui estoient à pié, car ilz alerent courre seure aux Englois, et les Englois ne vindrent se petit non[3] encontre eulz, et si aloient les François un petit en montant, par quoy ilz en furent plus grevez. Et toutesvoies perdirent les Englois terre

1. Oultressault B.
2. d'Equinens B.
3. mye encontre B.

à l'assembler et ressortirent jusques à leur haie, mais une grant route de François, en estoit le sire de Hambuie et le sire de Beaumanoir, partirent et s'en alerent. Et lors Englois recouvrerent, et fut la bataille tres dure et ala le sire de Hangest assembler aux archiers et les desconfit, et furent bien mors plus de VI cens. Mais les Anglois, qui combatoient à pié, desconfirent le mareschal et sa route. Là fut mort le dit mareschal et le seigneur de Briquebec, le viconte de Rohan, le seigneur de Quintin[1], le sire de Tintigniac[2] et le chastellain de Beauvaiz, et tant que il y mourut VII banneres et XLIIII chevaliers, et y eut bien en tout VIII cens hommes d'armes des François mors et pris, et des Anglois y eut grant foison de mors et pris. Cele journée ne vesqut gueres Gautier de Vantelay, car il y fut mout durement navrez.

Et tantost aprés fut mareschal de France Jehan de Clermont, et fut le mareschal d'Odenehen envoié de par le roy Jehan cappitaine general sur les marches de Bretaigne et de Normendie. Et en cellui point une route d'Englois avoient enforcié une place prés de Pontorson, que on appelloit Lendal[3], laquele place le dit mareschal et sa route vindrent assaillir mout durement, et tant que elle fut prinse d'assaut et tous ceulz de dedens mors et pris. Assez tost aprés ala le dit mareschal chevaucher devant Becherel, et en son retour il se vint arrester à une ville que on appelle Combour, pour repaistre lui et ses gens, mais les

---

1. d'Equinens B.
2. Tintiniac B.
3. Londal B.

Englois de Becherel[1] le poursuivirent saigement et lui vindrent courré seure en la ville, et trouverent lui et ses gens logiez et espartis et en prindrent grant foison et tuerent, et y fut mort un chevalier nommé Griseau de Champs, et se retrait le dit mareschal à Pontorson. Et une autre journée ala le dit mareschal chevaucher vers Becherel, et trouva assez prés de Monmuron Hue de Ceverly[2] et la plus grant partie de la garnison de Becherel, et estoit un jour de jeudi absolu. Et descendirent à pié l'une partie et l'autre et combatirent mout durement, et fut prins le dit Hue de Cauveley[3] et bien VII^{xx} Englois mors et pris, et ceulz qui reschapperent s'en refuirent à Becherel.

Et en celle saison eut à Dinain unes grans joustes de fer de glaive de François contre Englois, et y eut bien de joustez en un jour XIX paires, et les mist sur du costé des François Guillaume Martel et Jehan Martel, son frere, qui mout estoient amez du roy Jehan, et du costé des Englois Guillaume de Lussi, Mahieu de Gournay et pluseurs autres. Et tua Jehan Martel aux joustes Jennequin Standon. Et unes autres joustes de guerre avoit eues, n'avoit gueres[4], à Pontorson et non pas si grandes, que avoit mis sus Bertran de Guesclin et Baudouin d'Ennequin, qui depuis fut maistre des arbalestiers. Et tantost aprés combati Eriq de Ridebourt[5], qui estoit Alemant et estoit du costé devers les Englois, Acquieret de Voincourt, qui estoit Fran-

---

1. de Becherel *manque* B.
2. Tencely A.
3. Cameley A.
4. nagueres B.
5. Ricquebourc B.

çois, et fut la bataille en champ clos à Pontorson devant le marechal d'Odenehen. Et combati Eriq de Ridebourc[1] mout vaillanment et pourchaçoit fort[2] son ennemi; car il estoit appelleur, mais en la fin il fut desconfit et mort en champ[3].

Bientost aprés avint que le roy Charles de Navarre, qui mout durement haioit Charles d'Espaigne, qui estoit connestable de France, fist tuer le dit connestable en son lit en la ville de Laigle. Et d'icelle mort fut le roy Jehan tres courroucié et en prist le roy de Navarre en grant haine. Mais la paix en fut pourchacée par la royne Jehanne[4] et par la roine Blanche. Et estoit la royne Jehanne ante au roy de Navarre et la royne Blanche estoit sa suer, et sa femme estoit fille du roy Jehan.

Et bien brief aprés envoya le roy Jehan le sire de Garencieres à tout cinquante hommes d'armes françois en messagerie en Escosse pour mettre les Escoz en mouvement de faire guerre aux Englois. Lesquelz Escoz commencierent et firent guerre contre les Englois. Et y ot une grant besoingne, où bien vii cens Englois furent desconfiz et mors, et y fut prins Thomas de Beaumont, et y ot pluseurs autres besongnes où Englois perdirent, et s'en revint en l'obeissance des Escoz ii contréez de païs, qui avoient esté en la seigneurie du roy d'Angleterre puis la bataille de Duresme, où le roy David d'Escosse fut prins, et y

1. Ricquebourc B.
2. fort manque B.
3. Tout ce qui précède depuis la mort d'Aimeri de Pavie (p. 104) manque dans 5610.
4. et par la roine Blanche. Et estoit la royne Jehanne manque B.

furent prinses deux forteresses. Et ycelle saison prindrent Escoz la ville de Bervic, mais le roy d'Angleterre la secourut et ne la purent Escoz tenir. Et chevaucha le roy Edouart à grant povoir en Escosse, mais mout y perdit de ses gens et pou y conquesta[1].

Après avint en l'an mil CCC LV, ou mois d'octobre, que le roy Edouart passa la mer et vint à Calais et assembla pluseurs Englois et autres soudoiers, et fourrerent le pais de la conté de Guines, de Boulongne et d'Artois jusques à Haidin. Mais le roy Jehan ala contre lui si efforcieement, que le roy Edouart retourna à Calais et en Engleterre, et le roy Jehan s'en revint en France sanz bataille avoir. En cel an et en cele saison mesmes se parti le prince de Gales de Gascoingne à tout grant foison d'Englois et de Gascoins et s'en ala vers Carquassonne, et prist les villes par force et pluseurs forteresses en celle contrée, et fut le pais mout essilliez et mout grevez en pluseurs lieux.

Lors avint que le roy Jehan prist en son chastel de Rouen le roy Charles de Navarre, le conte de Harecourt, le seigneur de Grainville et pluseurs autres, et tient on que ce fut pour certains malefices que le roy de Navarre et ses complices avoient faites et entendoient à faire contre lui et sa magesté, combien que il ne fut pas presentement declairé au peuple. Et fist coupper la teste au sire de Harecourt, au sire de Grainville, à Maubue de Mainesmaires et à Colin Doubel; et ne furent point jugez devant le peuple, mais tantost que ils furent prinz, furent decolez. Et le roy de Navarre fut mené en prison ou chastel de Crievecuer, et depuis

---

1. *Le récit des expéditions des Écossais manque dans* 5610.

fut il mené ou Chastellet de Paris. Le roy Jehan fist assegier Evreux et assez tost gaingna la ville[1], mais la cité se tint et le chastel. Et depuis y fut amené le roy de Navarre par le conte d'Eu et par le commandement du roy Jehan, et fist le dit roy de Navarre rendre la cité et le chastel. Et au rendre avint que ne say qui bouta le feu en la cité et fut toute la cité arce et l'eglise Notre Dame. Et aprés ce fut mené le roy de Navarre à Crievecuer et puis au chastel d'Alleux en Paluel et fut baillé en garde à Tristrant du Bos. Phelippe, frere au roy de[2] Navarre, rendi son hommaige au roy et le fist deffier, pour ce que il tenoit son frere en prison, et se alia aux Englois. Et vindrent le duc de Lenclastre et lui chevaucher par Normandie jusques vers Paris à tout mout grant gent, et estoient venuz pour secourre Evreux, qui ja s'estoit rendue. Le roy Jehan ala contre eulz à tout moult grant gent, et quant le duc de Lenclastre et Phelippe de Navarre le seurent venir, ilz se retournerent vers leurs forteresses, car mout en avoient en Bretaigne et en Normandie, et garnirent le chastel de Bretueil. Et le roy Jehan les poursuivit jusques prés de Legle, où il cuida bien avoir bataille, mais le duc de Lenclastre et Phelippe de Navarre se deslogerent de Legle devant le jour, et s'en alerent eulz et leurs gens si grant erre, que le roy Jehan ne les sceut à consuivre, car moult avoit grant ost et planté de communes. Et de là s'en ala mettre le siege devant Bretueil, et y ot grant assaut et de dures saillies. Et

---

1. la ville fut gangnée B.
2. Phelippe ... de *manque* B.

toutesvoies rendirent ceulz de dedens le chastel, sauves leurs vies[1].

En ce temps parti le prince de Gales du pais de Gascoingne et chevaucha parmy Saintonge droit en Touraine et en Saulongne jusques prés[2] d'Orleans[3].

1. *Voici le récit de la guerre des Navarrais d'après 5610; on verra qu'il est tout à fait différent de celui de la Chronique normande:* Lors avint que li rois Jehans fu infourmez que Charles de Navare et li contes de Harecourt et aucuns aliiez a yaulz pourcachoient trahison contre luy et contre Charle sen ainné fil. Lors alla li rois Jehans à Roen et mena avec luy Ernoul d'Audrehem et pluiseurs chevaliers fiables et trouva ses anemis ou castel de Rouein avec Charle sen fil. Et fist che jour decoler le conte de Harecourt, le seigneur de Granville et II autres et leurs corps pendre à le justiche de Rouein. Et fist le roy de Navare mener prisonnier au castel de Crievecuer, et puis ala à siege devant le chitté d'Evreux, qui estoit au roy Charle de Navare. A Evreux avoit I chevalier castellain, appellé Jehan de Garmans. Par le conseil du chevallier Navarrois fu le ville tenue et deffendue contre l'effort du roy Jehan. Et Phelippes, freres au roy de Navare, s'alia en che tamps as Engles pour sen frere delivrer et manda le duc de Lanclastre, conte Derbi, qui menoit guerre en Bretaigne contre le femme Charle de Blois, qui estoit prisonniers en Engleterre. En l'aide Phelippe de Navare s'aloiia Godefroy de Harecourt, Pierres de Sacquainville et pluiseurs aultres Normans, et gasterent pluiseurs villes en Normendie et en Perche et prirent le castel de Bretuel. Quant li rois Jehans le sceut, il laissa le siege devant Evreux pour aller sur les anemis. Quant Phelippes de Navare le sceut, il se retraist et ses gens et laissa saudoiiers ou castel de Bretuel. Li rois alla prendre siege devant et tant i fu, que chil du castel se rendirent sauves leurs vies, mais ainchois eurent pluiseurs grans assaulz par pluiseurs fois.

2. prés *manque* B.

3. *Texte de* 5610 : En che tamps assambla li prinches de Galles ses gens et chevaucha par forche parmy le paiiz de Poittau, de Tourainne, de Brye, de Sallongne dusques pres d'Orliens. Et fist ces contréez ardoir et fourrer en pluiseurs parties et prist sen retour vers Gascongne.

Et bientost aprés ala Amauri[1] de Meulent, qui estoit cappitaine pour le roy Jehan en la basse Normendie, chevaucher et gaster le clos de Constentin à tout bien vi cens combatans. Mais[2] Perres de Saquenville, Guillaume de Braquemont[3] et pluseurs autres Normans, qui estoient aliez à Phelippe de Navarre, avecques pluseurs Navarrois et Englois, vindrent contre le sire de Meulent au gué de Saint Clement[4] et là combatirent, et furent François desconfiz et fut le sire de Meulent prins et pluseurs autres François, mais pou y en mourut.

Le roy Jehan assembla moult grant ost et ala contre le prince de Gales, qui avoit prinse la tour de Remorentin, là où Bouciquaut fut prins et pluseurs nobles chevaliers, qui mout s'estoient defenduz. Le prince de Galles se print à retraire, quant il seut la venue du roy Jehan, et le roy le poursuy jusques prés de Poitiers. Et en celle poursuite, entre Poitiers et Chauvigny, trouverent les gens du prince le conte de Joigny et plus de ii cens hommes d'armes, et furent François desconfiz et fut prins le conte de Joigny et pluseurs autres. Le roy[5] Jehan poursui tant le prince, que il le trouva prés de Poitiers, là où il estoit logié, au bost et toutes ses gens. Et estoit la place, où le prince estoit, nommée Malpertuis. Là estoit avec le prince[6] le

---

1. Amauri *manque* A, B.
2. Godeffroy de Harecourt *ajoute* 5610.
3. Guillaume de Braquemont *manque* 5610.
4. au guez de Ruppallais 5610.
5. *Le commencement du paragraphe est tout à fait différent dans* 5610 : En celle sepmaine que celle bataille fu, ot li rois Jehans tant poursuy le prinche de Galles, *etc.*
6. 5610 *ajoute* : Jehans de Chandos, chevaliers de renon.

conte de Varvic¹, le conte de Suffot, le Despencier, le baron de Stanfort, le sire de la Waire, le sire de Vallus², le sire de Mombrin, le sire de Labret, le sire de Pomiers³, le Castal de Beuch, le sire de Lespaire, le sire de Caumont, Eustace d'Aubissecourt et pluseurs autres. Et estoient les gens du prince plus de VIII mile combatans, dont il y avoit environ III mile hommes d'armes et le surplus archiers. Tant aproucha l'ost du roy Jehan de cellui du prince, que ilz virent l'un l'autre et pour l'endemain combatre. Là estoit venu le cardinal de Pierregort, envoyé de par le pappe pour mettre accort entre les princes. Et ala le dit cardinal devers le roy Jehan requerir trieves de par le prince, et pour les trieves avoir vouloit le prince rendre au roy Jehan tous les chasteaulz et forteresses, que il avoit conquis ou royaume de France, qui en sa main estoient puis III ans⁴, et cent mil florins⁵ et vouloit le prince demourer⁶ prisonnier et ostage, tant que ce feust acompli et parfaict, en tele maniere⁷ que toutes ses gens s'en peussent aler sanz combatre. Ces offres reffusa le roy Jehan et dist au cardinal, que le prince et toutes ses gens se rendroient du tout en sa merci, ou il essaieroit de les conquerre à force. Et quant le prince sceut celle response, il ordonna ses gens et attendi la bataille mout doubtablement, car le roy

1. Norvich 5610.
2. Falus 5610.
3. Emenion de Pommiers 5610.
4. dont li somme estoit grande *ajoute* 5610.
5. pour les damaiges qu'il avoit fait en celle voye sur le roialme *ajoute* 5610.
6. donner 5610.
7. et cele A.

Jehan avoit mout grant ost, et estoient avec lui ses
IIII filz qui estoient moult jeunes[1], et son frere le duc
d'Orleans, le duc de Bourbon et Jaques son frere, Jehan
d'Artois et Charles d'Artois, filz Robert d'Artois, dont j'ay
devant parlé; et les avoit le roy Jehan delivrez de prison
et leur mere, qui estoit ante du roy Jehan, assez tost
aprés son couronnement, et avoit donné au dit Jehan
d'Artois la conté d'Eu[2]. Et avec les dessus nommez fut
le duc d'Ataines, le conte d'Estempes, le conte de
Dampmartin, le conte de Ventadour, le conte de Vaudemont[3], Henry de Bar[4], le conte de Vendosme, le sire
de Pons, Jehan de Lendas, Gieuffroy de Charny, qui
ce jour porta l'oriflamble de France. Et y estoit Jehan
de Cleremont et Ernoul d'Odenehem, tous deux mareschaulz de France, et le conte de Salbruche.

Les Englois avoient fait deux ailles de leurs archiers
sur les costez de leur bataille, et estoient embatailliez
en un grant champ de vignes, clos de haies, où il avoit
pluseurs breches. Le roy Jehan avoit bien XII mil
hommes d'armes, mais pou avoit d'autres combatans,
comme archiers et arbalestiers, et pour ce trairent
les archiers d'Engleterre plus seurement, quant vint
au combatre. Le roy Jehan ordonna pluseurs batailles
et bailla la premiere bataille aux mareschaux, lesquelz
se hasterent tant d'aler assembler, que la bataille du
roy estoit encores durement loings, et passerent les
mareschaulx la haie et alerent courre seure aux Englois
dedens le clos, où eulz estoient en bataille. Et tantost

1. moult jeunes *manque* A, B.
2. et le conté de Biaumont *ajoute* 5610.
3. Veudemont A.
4. Guichart d'Engle, Therris de Bar 5610.

furent desconfiz et grant partie de leurs gens mors et pris. Là fut mort le mareschal de Cleremont et l'autre mareschal fut prins. Et assez tost aprés vint le duc de Normendie, qui avoit tres grosse bataille de gens d'armes, et vindrent assembler aux breches de la haie[1] et ressortirent un pou les Englois, et y ot des gens du duc qui passerent tout[2] oultre la haie, mais les archiers des Anglois prindrent si espessement à traire, que la bataille du duc commança à ressortir, et lors passerent les Englois sur les François. Là furent grant foison de ceulz de la bataille du duc mors et prins et pluseurs s'en alerent, et une partie se recueilli à l'ost du roy, qui or à primes venoit. La bataille du duc d'Orleans s'en alerent et ceulz qui demourerent s'assemblerent à l'ost du roy. Les Englois se remistrent ensembles et recouvrerent un petit leurs alaines, et le roy et ses gens vindrent grant erre et de loing, qui mout les greva. Lors vint le roy et sa bataille assembler, et y eut grant bataille et dure, et y ot pluseurs Englois qui tournerent pour fuir, mais François s'entasserent si pour le grant trait des archiers, qui sur leurs testes leur venoit, que grant foison ne povoient combatre et chairent les uns sur les autres. Lors se prindrent François à desconfire. Là fut prins le roy Jehan et Phelippe son filz, Jaques de Bourbon, Jehan d'Artois et Charles son frere, le conte de Dampmartin, Henry de Bar, Henry de Salebruche et pluseurs autres nobles seigneurs. Et là fut mort le duc de Bourbon, le duc d'Ataines, Gieuffroy de Charny, le sire de Lendas,

---

1. aux hayes brechées B.
2. tout *manque* B.

le sire de Pons, Guichart de Beaugieu, Jehan de Chasteauvillain, Mouton de Chambeli. Et le duc Charles en fut mené de ses chevaliers, le duc d'Anjou et le duc de Touraine. Et ne fut point la mortalité de cette bataille si grande comme la desconfiture, et toutesvoies il y eut bien mors VIII cens hommes d'armes François et fut celle bataille en l'an mil CCC LVI[1].

Aprés fut le roy Jehan et Phelippe son filz et les autres prisonniers menez à Bordeaux, et Charles, le

---

1. Le récit de la bataille de Poitiers dans le ms. 5610 est assez différent pour que nous jugións utile de le donner ici : Ainchois que li battaille assamblaist, fu pris li contes d'Auchoire et Raoul de Couchy, ainsy comme il chevauchoient pour esmer l'ost des Engles. A l'assambler de le grant battaille y avoit II ellez d'archiers d'Engleterre, qui s'estoient targiet de haiez de bos et de vignes, et prirent si fort à traire, que il ochirent pluiseurs chevaux, et chil qui sus estoient moroient au queir en le presse. Lors descendi li rois à piet et chil de se battaille. Et tantost aprés se prist li osts de Franche à desconfire et à fuir en pluiseurs parties. Meismes li dus d'Orliens, freres au roy Jehan, se parti à toute se battaille, li dus de Normendie, li dus d'Ango, li contes de Poittiers et leur battaillez. La premiere bataille des Franchois fu desconfitte par le trait des saiettes, et là fu ochis li dus d'Attainnez, connestable de Franche, Jehans de Cleremont, marischaulz de Franche, et là fu pris Ernoulz d'Audrehem et pluiseurs autres. Aprés celle desconfiture et fuite mervilleuse, assambla li prinche de Gallés ses gens d'armes contre le battaille du Roy. Là fu ochis li dus Pierres de Bourbon, Jehans de Landas, Guichars de Biaugu, Jehans de Chastiauvillain, Gieffroy de Chargny, Wittasses de Ribemont, Grismouton de Chambeli, Bernars de Moreul, Guillaume de Nelle et pluiseurs autres. En celle bataille fu pris li rois Jehans et Phelippes sés mainnez fieux, Jaques de Bourbon, Jehans d'Artois, li contes Danmartin, li contes de Sallebruisse, li contes de Jongny, Henris de Bar et grant plenté d'autres chevaliers. Ne fu point li ochision si grande comme le desconfiture fu mervilleuse, et fu nombrée li ochisions à VIII^c hommes. Et fu le bataille ou mois de septembre, l'an mil CCC LVI.

duc de Normendie, ala à Paris et fut regent de France, et ala devers Charles de Behaingne, empereur de Romme, qui estoit son oncle, à Mez, et y ala pour avoir son conseil et aide et comment il pourroit delivrer[1] son pere[2].

Environ ce temps mist le duc de Lenclastre le siege devant Regnes en Bretaigne, lequel siege dura bien VIII mois et plus, et estoit dedens Bertran de Saint Pere, cappitaine de la ville, et y estoit Bertran du Claiquin et grant foison de nobles chevaliers et escuiers du pais[3] de Bretaigne, qui tres vaillanment la garderent et defendirent, et firent grant foison de saillies et escarmouches, là où il y ot vaillanment combatu et là où les Englois perdirent. Et toutesvoies s'en parti le duc de Lenclastre sans la prendre.

Et environ ce temps ot grant guerre en Bretaigne et en Normendie et mainte rencontre et mainte besongne. Car Phelippe de Navarre et ses aliez faisoient guerre, et prindrent les Navarrois la forteresse de Hambuie. Et lors vint demourer Nicole Painel, frere du sire de Hambui, et de ses plus prochains amis à la Rochetesson et guerrierent fort les Navarrois de Hambuie et de Gavray. Un jour avint que Nicole Paynel ala chevaucher vers Gavray à tout environ XL combatans et trouva de ceulz de Gavray et y en eut de prins. Et lors le cappitaine de Gavray en oy les novelles, et tantost monta à cheval et poursui le dit Nicole Painel et ses gens à tout bien IIII^{xx} combatans,

---

1. avoir B.

2. *Tout ce qui suit jusqu'aux mots :* Et quant le regent (*p.* 118) *manque dans* 5610.

3. du pais *manque* B.

et tant que[1] il les trouva à un lieu que on nomme[2] Mauny. Et là descendirent à pié l'une partie et l'autre, et vindrent combatre tres durement les uns aux autres, et en la fin furent les Navarrois desconfiz et la greigneur partie prins et mors en celle besoingne.

Environ cellui temps fut gaingné par siege le chastel du Pontaudemer, lequel avoit esté assegié dés le temps que le roy Jehan fut devant Bertueil, et y ot de dures saillies et escarmouches, et y eut le Begue de Villaines l'euil crevé à une d'icelles saillies.

Et quant[3] le regent fut retourné à Paris du voiage où il estoit alé, il trouva que la monnoie qu'il avoit fait forgier n'avoit point de cours à Paris et avoit esté defendue par le prevost des marchans et par Robert le Coq, evesque de Laon, et par leurs aliez. Et avoient ordonné que le royaume de France seroit ordonné et gouverné par les III estaz et avoient esleuz trois clers, III chevaliers et trois bourgois pour la gouvernance du royaume de France, et l'avoient fait pour oster au regent sa seigneurie et dominacion. Et encores lui recoupperent son estat et le mistrent à pension et lui osterent grant partie de ses serviteurs et de nobles hommes de son conseil, et ordonnerent à Paris la chambre des III estaz, et osterent de leur conseil[4] l'arcevesque de Rouen, Symon de Bussi[5], Jaques la Vache, Pierre de Mainville et pluseurs autres, qui estoient

1. tantost que B.
2. lieu nommé B.
3. *Ici reprend* 5610.
4. et firent parlement chesser et ordenerent que toutes les causes seroient jugiez par yaulz en le cambre des trois estas, et estoient (*sic*) de leur conseil et de leur ordenanche 5610.
5. Bucy. B.

du parlement et du conseil royal. Moult despleut au regent l'ordonnance des III estaz et à son povoir le contredist, mais n'en peut venir à chief.

Assez[1] tost aprés la bataille de Poitiers, fut Robert de Clermont cappitaine de Normandie, et assembla bien VII cens[2] hommes d'armes et IIII^{xx} archiers et ala chevaucher le pais de Constentin jusques à Harefleu et y loga une nuit, et fist le pais courre, gaster et ardoir en pluseurs lieux, car tout le pais estoit pour lors en l'aide de Phelippe de Navarre et contre le regent et le royaume de France. Lors assemblerent Godeffroy de Harecourt, Pierre de Saqueinville, Guillaume de Braquemont et son frere grant foison de gens d'armes et autres, jusques au nombre de III cens hommes d'armes et VI[3] cens archiers, et poursuivirent le dit Robert de Clermont et ses gens jusques en son retrait, et bien le cuidierent surprendre à un pas appellé la Chaucée d'Estoquebugle, mais le Baudrain de la Heure et Rigaut de Fontaines demourerent derriere à tout bien XL hommes d'armes au bout d'un vilaige, et quant les coureurs de Godeffroy et de ses gens passerent, le Baudrain et ses gens leur coururent seure et durement les rebouterent sur Godeffroy et sur ses gens qui venoient, et par ce delay passerent François le pas sanz destourbier. Mais Godeffroy et ses gens passerent aprés et poursuivirent Robert de Clermont jusques[4] prés des Guez de Saint Clement. Et lors Robert de

---

1. *Tout ce qui suit jusqu'aux mots* : Environ ce temps (*p.* 123) *manque dans* 5610.
2. VII^{xx} B.
3. sept cens B.
4. jusques *manque* A.

Cleremont tourna contre eulz pour combatre, et Godeffroy et ses gens descendirent à pié à un petit clos, prés d'une maison, et Robert de Cleremont descendi à pié et mout reculerent[1] grant partie de ses gens de descendre, mais le Baudrain de la Heuze et Guillaume du Plessis à tout bien xxx hommes d'armes aprocherent leurs ennemis et rebouterent leurs archiers, qui estoient yssuz hors du clos pour traire sur les François, et passa le Baudrin dessus dit entre les gens du dit Godeffroy et les gens Robert de Cleremont, qui descendoient à pié, et ala jusques sur le derriere de ses diz ennemis. Et lors Robert de Clermont et bien III cens hommes d'armes, qui descenduz estoient, alerent assembler. Là fut mort Godeffroy de Harecourt[2] et bien VII^{xx} combatans de sa partie, et Guillaume de Braquemont[3] fut prins et grant foison d'autres, et s'en ala Pierre de Saqueinville, Regnault de Braquemont et pluseurs autres. Robert de Cleremont et ses gens logierent la nuit à Sainte Marie du Mont, et l'endemain vint à Baieux et guerria fort les Englois, qui estoient sur le pais en pluseurs forteresses, et lui et ses gens les desconfirent mout de foiz, et prist par assaut II eglises fortes, que les Englois tenoient, dont l'une avoit nom Ros et l'autre Caron.

En ce temps estoit Creuilli en la main des Englois et Coulon et le Criot et l'abbaye du Val et Messi, et assez tost aprés le feu fut mys à[4] Fontenay. Et estoient ces forteresses ou pais de Bessin et environ. Avec ce fai-

1. treculerent A.
2. Harancourt B, Harencourt A; *nous corrigeons* Harecourt.
3. Brequemont B.
4. fut mys à *manque* A.

soient guerre les forteresses du roy de Navarre. Environ ce temps prindrent Englois Harefleu, qui avoit esté commencié à fortiffier, et une autre place appellée Auvillers, et estoit cappitaine de Honnefleu Jehan de Coulongne et d'Auvillers Thomas Fout et du Neufbourc Thomas Caon, et tenoient Englois Fontaines, Heudebourc et la Ferté, dont estoit cappitaine Jaques Standon, et tant que toute Normendie du Mont Saint Michel jusques à Eu estoit en guerre. Et prist Regnaut de Braquemont Saint Valery sur Somme par eschelement, lequel Regnaut avoit bien[1] v cens combatans d'Englois et de Navarrois, et en demoura cappitaine un Englois, appellé Guillaume Boulemer. Assez tost aprés que Honnefleu fut prins, vint Loys de Harecourt, cappitaine de par le regent sur le pais, en sa compaignie Robert de Cleremont et Houdetot, maistre des arbalestiers, à tout bien viii cens hommes d'armes et vi cens gens de commune et arbalestiers. Et ala devant Honnefleu et l'assailli par deux foiz, mais il le failli à prendre, car il avoit dedens bien xii^{xx} hommes d'armes et v cens archiers. Et s'en parti et demoura Loys de Harecourt et le Baudrain de la Heuze sur le pais en la ville du Pontaudemer. Et avec le dit Loys de Harecourt[2] avoit bien trois cens combatans. Un jour se parti le dit Loys pour aler devers le regent, et laissa son lieutenant le Baudrain de la Heuze. Un jour ala le dit Baudrain chevaucher pour porter dommaige aux Englois, et assez prés du Neufbourg[3] trouva bien lx combatans d'Englois et les desconfit. Et lors Tho-

1. bien *manque* B.
2. avec ..... Harecourt *manque* B.
3. du Bourc B.

mas Caon, cappitaine de Neufbourg, sailli hors pour ses gens secourre et y eut dure besoingne, mais il fut desconfit et pris, et le plus de ses gens mors et prins. Et trois jours aprés print le dit Baudrain la tour d'Aanieres par assaut, où il avoit bien cinquante Englois. Et l'endemain parti du Ponteaudemer pour aler en aucunes de ses affaires. Mais adont avoit bien cinquante combatans d'Alemans au Ponteaudemer et estoient aux gaiges soubz Loys de Harecourt. Ceulz Alemans estoient du pais et de la congnoissance de Jehan de Coulongne, et par le porchaz d'un prisonnier appellé Hervy[1] Scut, lequel un escuier appellé Jehan de Malleville avoit desconfit en champ et estoit son prisonnier, yceulz Alemans firent prendre de nuit la ville du Pontaudemer, et y ot bien XII^{xx} combatans de François que mors que prins et pluseurs gens de commune. Et apparut bien la fausseté et trahison d'iceulz Alemans, car ilz se tournerent et demorerent[2] avec Jehan de Coulongne et guerrierent le royaume.

Environ ce temps fut prins le chastel de Creully et cellui de Fontenay par assaut sur les Englois, et furent tous ceulz de dedens mors et prins, et fut par les gens d'armes, qui lors estoient au regent de ses gaiges en la basse Normendie et autres du pais, qui n'estoient de riens aux gaiges, et moult vaillanment se porterent ceulz du pais en cellui temps et depuis tousjours pour leur droit seigneur. Aprés la prinse de ces II forteresses, fut delivré le fort de Saint-Vast par argent, que le pais en paia, et fut reconquesté[3] le Criot et

---

1. Henry B.
2. et demorerent *manque* B.
3. conquesté B.

Auney et l'abbaie du Val et Messi et pluseurs autres forteresses, les unes par argent et les autres par force. Mout ot de petites besoingnes et de rencontres par le royaume de France. Environ[1] ce temps faisoit guerre Phelippe de Navarre pour le roy son frere, qui estoit prisonnier, et couroit lui et ses gens jusques prés de Paris. Lors requistrent au regent ceulz des III estaz, que pour celle guerre cesser il feist delivrer le roy de Navarre de prison, mais il dist que à ce ne s'accorderoit mie sans le congié du roy son pere.

En ce temps fut mené le roy Jehan de Bordeaux en Engleterre et fut ordonné un traitié, lequel le roy Jehen envoia à Charles[2] son filz par Regnaut d'Assi, qui estoit son advocat. De ces lectres ne peurent riens savoir ceulz des III estaz par le regent ne par son conseil, dont ilz se doubterent et conseillerent ensemble d'occire le conseil du regent. Aprés le prevost des marchans et li eschevin[3] assemblerent grant planté du commun de Paris en armes, et alerent au palais en la chambre du regent, et par devant lui occirent Robert[4] de Cleremont, mareschal de France, et le mareschal de Champaigne, et par eulz fut occis Regnaut d'Assi hors le palais, en une maison où il se cuida mettre à garent. Et pour la mort d'iceulz fut le regent en grant doubte de mort; mais le prevost des marchans lui bailla son chapperon, qui estoit tel que ceulz de leur alience portoient pour eulz ensaigner. Moult desplut au regent l'outraige que on lui avoit fait et la

1. *Ici reprend le ms.* 5610.
2. Charles *manque* B.
3. li eschevin *manque* A, B.
4. Regnault 5610.

subjection, en quoy ceulz le tenoient. Et pluseurs nobles de France en eurent grant deul et s'assemblerent [1] pluseurs chevaliers et autres, et les mena le Begue de Villaines à Corbueil et prindrent la ville soudainement et là fourrerent, pour ce que c'estoit la ville qui plus soustenoit de vivres ceulz de Paris. Quant le prevost des marchans sceut ce fait, il fist armer ceulz de Paris et les fist yssir aux champs par la porte Saint Anthoinne pour eulz monstrer, et tantost sans rentrer en la ville, il les fist mouvoir et les mena à Corbueil, et fut par un jour de jeudi absolu en la fin de l'an mil CCC LVII. Tant alerent ceulz de Paris en celle nuit et en celle vesprée, que l'endemain bien matin furent à Corbueil, mais n'y trouverent mie ceulz qui la ville[2] avoient fourrée, car ils s'estoient partiz et mis en pluseurs forteresses, dont retournerent ceulz de Paris.

Et tantost fist le prevost des marchans et ceulz des III estaz delivrer le roy de Navarre par Jehan de Pinquigny, qui estoit[3] gouverneur d'Artois, et tant fist que il print et emprisonna cellui qui le gardoit en la forteresse d'Alleux en Paluel, et estoit nommez Tristant du Bois, chevalier. Mout fut le chevalier requis et contrains par Jehan de Pinquigny de lui rendre et delivrer le roy de Navarre, mais ce ne voult Tristan du Bois accorder. Dont lui osta Jehan de Pinquigny son seel et fist lettres à son plaisir et les seella du dit seel, et tant fist que le roy de Navarre fut mis hors de la forteresse et fut conduit jusques à Amiens. En ce temps furent lettres apportées à Amiens de par les

1. et *ajoute* A.
2. la ville *manque* B.
3. qui estoit *ajoute* B.

III estaz, que on laissast le roy de Navarre oultre passer paisiblement par la cité. Adonc fist le roy de Navarre assembler le commun d'Amiens et leur dist que moult avoit[1] souffert de griefz maulz sanz desserte, et se mist en la bourgoisie d'Amiens par le conseil d'aucuns de ceulz de la ville, qui le jurerent à estre de son aliance. Quant Charles le regent sceut la delivrance du roy de Navarre, il se doubta moult de trahison, car ceulx[2] de Paris le tenoient et gardoient de si prés, que il ne s'en povoit partir. Lors manda secrettement son maistre charpentier et le maistre de ses eaues, et ceulz firent tant par commandement du regent que ilz le mistrent hors de Paris par nuit en une nef, et s'en ala à Meaulz et manda de ses amis et de ses chevaliers.

Pour la departie du regent se doubta le prevost des marchans et ses aliez. Lors manda le dit prevost au roy de Navarre que il venist à Paris, et si fist. Et il fut receuz à grant feste, et fist assembler grant partie du peuple de Paris es prez Saint Germain, et leur prescha et monstra la haulte lignée dont il estoit venuz, et que mieulz lui appartenoit par droit de ligne[3] le royaume de France que au roy Jehan, qui emprisonné l'avoit; et pluseurs autres belles[4] paroles dist au peuple en se plaignant du roy Jehan et en blasmant le regent et ses faiz. Dont aucunes gens tenoient ses paroles estre fausses et decevables, mais contredire ne

1. bien *ajoute* B.
2. ceulx *manque* A.
3. proismetté 5610.
4. belles *manque* A.

l'osoient, pour ce que il estoit receuz et avouez[1] des souverains gouverneurs de la ville de Paris.

En celle saison fist le prevost des marchans et son conseil prendre le maistre des charpentiers[2] et le maistre des eaues, qui le regent avoient secrettement mis hors de Paris, et pour celle cause les jugerent et furent menez en Greve pour justicier. Et avint que quant le bourreau eut saisie la doulouere pour eulz justicier, il chay devant le peuple de mauvaise et villaine maladie et ne se peut relever en grant piece, et au relever ne se peut il excuser de la justice faire et les despeça chacun d'eulx[3] en IIII quartiers.

Aprés ala le roy de Navarre à Rouen et fist deppendre les corps du conte de Harecourt et du seigneur de Grainville et des autres, que le roy Jehan avoit fait justicier, et les fist apporter en la place où ils furent decolez, et fist assembler les religieux de la ville de Rouen pour les armes recommander, et puis les fist sollempnelment enterrer en la grant eglise Notre Dame, à une chappelle que on nomme des Innocens, et puis fist assembler le commun de Rouen et prescha ainsi comme il avoit fait à Paris. Et en ce temps print il aliance de pluseurs chevaliers de Picardie[4], comme de ceulz de Pinquigny, du sire de Beaulo[5], de Rifflart de Pollehai[6] et de pluseurs autres du pais, et d'aucuns Normans, comme du sire de Hotot[7] de Garmille, qui

1. amenez 5610.
2. maistre charpentier A.
3. de II A; d'iaulz deux 5610.
4. *Ce qui suit jusqu'à* pluseurs bourgois *(p. 127) manque dans* 5610.
5. Beaulx B.
6. Poushay B.
7. Hococ B.

par avant avoit trahy Jehan de Meudon. Car icellui Jehan de Meudon se fioit autant en lui comme en homme du monde, et il le prist et fist prendre dedens le chastel d'Evreux, et sa femme et ses enfans et tous ses biens et le chastel aussi que le dit Meudon avoit en garde. Et fut de la part du roy de Navarre Sauvaige[1] de Pommereux et pluseurs autres chevaliers du païs de Constantin. Et aussi prist le dit roy de Navarre l'aliance de pluseurs bourgois de bonnes villes, et fist à ses aliez porter chapperons semblables pour cognoissance.

En ce temps estoit Charles le regent à Meaulz, et assembla aucuns de ses chevaliers feables et se plaingnit à eulz[2] des cruaultés, que on faisoit à lui et à ses amis. Lors fut le regent conseillié que il mandast aux chevaliers de France et de Beauvoisin, qui avoient forteresses, que briefment ilz meissent des garnisons dedens grant planté pour mettre des gens d'armes dedens pour destraindre la ville de Paris, que vivres ne marchandise n'y peussent entrer pour la ville gouverner. Lors fut fait ce mandement à pluseurs chevaliers, et ceulz qui forteresses avoient s'assemblerent ensemble pour savoir comment ilz pourroient acomplir le mandement du regent, car li pluseurs n'avoient mie pourvoiance pour les chasteaux garnir. Et eurent conseil que ceulz qui pourvoiance n'avoient en prenissent sur leurs hommes. Par ce conseil prindrent aucuns des biens de leurs hommes oultrageusement, tant que les paisans distrent que les chevaliers,

---

1. Robert B.
2. à eulz *manque* B.

qui les devoient garder, avoient prins conseil de leur oster touz leurs biens. Pour ce fait s'esmeurent[1] les paisans moult merveilleusement[2] et coururent sur les chevaliers et sur touz les nobles et mesmes sur leurs seigneurs, et s'assemblerent et moult cruelment occirent pluseurs nobles femmes et enffans, et abatirent leurs forteresses et leurs maisons. Quant le prevost des marchans seut la crueuse esmeute des paisans, il fist yssir hors la commune de Paris, et alerent abatre la tour de Gornay, le fort de Palesuel et Trappes[3] et Chevreuse[4] .... engesme et pluseurs autres villes et[5] forteresses, qui estoient entour Paris.

En ce temps alerent les paisans à Beauvoisin entour Compiengne et manderent que on leur envoiast et rendist tous les nobles, qui léans s'estoient mis, mais les bourgois les reffurerent et porterent garant aux nobles hommes, qui en la ville de Compiengne estoient. En ce temps s'en alerent pluseurs des nobles hommes de France et de Beauvoisin hors du pais, car moult doubtoient la cruaulté des paisans, qui sanz pitié et sanz rançon occioient hommes, femmes et enffans de nobles lignées. Et alerent les diz paisans asseigier un chastel, qui estoit nommé le Plaissie[6], lequel estoit Mahieu de Roye, là où pluseurs nobles s'estoient mis à garant. Mais Raoul de Coucy et pluseurs autres chevaliers se assemblerent et alerent contre les diz pai-

1. se mistrent A.
2. moult merveilleusement *manque* B.
3. Trible 5610.
4. *Ici un blanc dans* A *et* B; 5610 *porte* Lenne et Engencie.
5. villes et *manque* A.
6. Plessie B; le Plaisier 5610.

sans et les desconfirent et en occirent pluseurs et
grant foison. Puis se rassemblerent autres paisans
en pluseurs lieux, en Beauvoisin et en France; et
mesmes ceulz de Beauvoisin qui estoient contre les
nobles en envoierent pluseurs à Beauvaiz, qui furent
occis par le consentement du commun de la ville. Et
aussi le maire d'Amiens y envoya c hommes du commun[1], mais il en despleut au conseil de la ville et s'en
retournerent assez brief[2]. Les nobles du royaume de
France[3] s'assemblerent de pluseurs pais pour resister
aux villains, qui furent de là en avant appellez Jaques.
Bien III mil d'iceulz Jaques alerent ardoir[4] et destruire
le chastel de Pois, et destruisoient ce que ilz povoient
trouver des nobles et de leurs ostelz, et alerent vers
Aumarle jusques à Ligneres, et là les trouverent bien
VI^{xx} hommes d'armes, Normans et Picars. Et se
mistrent les Jaques en belle ordonnance, mais ilz
furent desconfiz et furent bien mors XXII^c, et y fut
mort un chevalier, nommé Testart de Pinquigny, que
les Jaques tuerent en parlant à eulz à leur seurté,
avant que on combatist. De là passerent iceulz nobles
jusques[5] à Poix et vers le Beauvoisin et grant foison
en tuerent[6].

1. en l'aide des villains *ajoute* 5610.
2. s'en retournerent sans riens meffaire as nobles hommes se
moult pau non 5610.
3. de France *manque* B.
4. aler ardoir A.
5. jusques *manque* B.
6. *La fin de ce paragraphe manque dans* 5610 *depuis les mots*
assez brief (*p.* 129). *En outre la rédaction du paragraphe qui suit
immédiatement est assez différente dans ce manuscrit, pour que nous
jugions utile de la donner*: Adont manderent li noble de Franche
secours en mainte contrée par le Crestienté, et firent mainte pit-

En ce temps assembla le roy de Navarre grans gens et ala vers Cleremont en Beauvoisin, et en tua[1] plus de viiie et fist copper la teste à leur cappitaine, qui se vouloit tenir pour roy[2], et dient aucuns que les Jaques s'attendoient que le roy de Navarre leur deust aidier pour l'aliance, que il avoit au prevost des marchans, par lequel prevost la Jaquerie s'esmut[3], si comme on dit.

En ce temps alerent ceulz de Paris à Ermenonville et assaillirent le chastel et le prindrent d'assaut. Là estoit de Lorris, qui avoit l'ordre de chevalerie, mais par paour il regnia gentillesse et jura que il amoit mieulx les bourgois et le commun de Paris que les nobles, et par ce fut sauvé et sa femme[4] et ses enffans, mais ses biens furent touz robez et prins, qui dedens le chastel estoient. Lors reppairerent ycelles gens à Paris.

Et adont ala le regent à Compiengne pour assembler sa chevalerie et ses nobles hommes, et laissa la royne[5] à Meaulz, et avecques elle le Begue de Villaines,

---

teuse clameur en leurs lettrez, dont s'assamblerent li noble de maint paiis. — En che tamps avoit li rois de Navare assanblé mout grant gent et plenté de gens d'armes, Engles et Normans. Et en alerent au castel de Clermont et là manda i des cappitaines des villains, qu'il allast parler à luy et qu'il voloit estre de leur partie. Lors y alla chis, mais tantost qu'il y fu venus, li roy li fist copper le teste. Puis alla à toute se gent sur les villains, qui cuidoient qu'il leur deuist aidier, ainsy comme il leur avoit mandé, mais il leur fally et se gent, et en ochisent plus de viii chens.

1. tua *manque* A; tuerent B.
2. le roy B.
3. se suivit B.
4. qui de Paris estoit *ajoute* 5610.
5. se femme 5610.

Heron de Mail, le Borgne de Chambeli[1] et pluseurs autres nobles hommes, et garnirent la forteresse du Marché de Meaulz grandement. Mais ceulz de Meaulz manderent secours au prevost des marchans, et le dit prevost y envoya XIIIe hommes d'armes du commun de Paris. Et ceulz de Meaulz alerent sur le pont pour assaillir la forteresse du Marchié, mais les nobles se defendirent bien et fut mort le Borgne de Chambeli. Et en ce point vint le conte de Fois à Meaulx, et tantost alerent courre seure aux Jaques ceulz qui par avant estoient en la ville et lui[2], et furent les Jaques desconfiz et grant nombre mors et prins, et bouterent le feu en la ville et la gasterent et coururent[3].

Quant le prevost des marchans sceut que le regent et ses nobles hommes s'efforçoient et faisoient grant assemblée, lors fist tant au commun de Paris, que ilz s'accorderent que le roy de Navarre feust cappitaine de Paris. Et il y vint et amena grant foison d'Anglois et

---

1. Chambelly B.
2. et lui *manque* B.
3. *Voici le récit du siège de Meaux, d'après le ms.* 5610 : Et laissa se femme à Miaux, avec luy le Beghe de Villainnes et le Béghe de Chambely, qui firent garnisonz grant plenté mettre en le fortresche du Marquiet, car il y metoient tout l'avoir des villains, qu'il avoient mort et desconfit en pluiseurs lieux. Lors se doubterent chil de la ville et de Miaux et manderent secours à chiaux de Paris, dont leur envoia li prouvos des marchans XIIIe hommez du commun de Paris. Chil les rechurent liement. Dont alerent sur le pont pour assallir le fortresche du Marquiet, mais li noble se deffendirent fort, et là fu ochis li Beghes de Chambely, qui estoit boins chevaliers. Mais toutefois tinrent li noble le fortresche du Marquiet tant que chil de Paris s'en ralerent. Et tantost apprés entrerent li noble en le ville et le fourrerent et y bouterent le fu et ochirent grant plenté de gent, et fu moult le ville essillie par fu.

de Navarrois et autres gens d'armes, et par conseil yssirent de Paris xiiii^m hommes de commun pour aler avec lui assegier le regent à Compiengne, et alerent jusques à Senliz, et oirent dire que grant foison de nobles venoient à la semonse du regent de France et retournerent de Senliz à Paris.

En ce temps s'assemblerent les[1] nobles de pluseurs contrées[2], et fut le pais de Beauvoisin ars en pluseurs lieux et le peuple occis et chaciez et leurs richesses tolues, dont moult en avoient. Lors assembla le regent les nobles hommes jusques à x ou xii mil[3] et autres gens combatans, et ala à siege devant la cité de Paris, et requist conseil à ses amis comment il pourroit seignourer[4] ceulz, qui lui et ses amis grevoient si cruelment. Là ot conseil le regent, que [se] sa bataille feroit contre ceulz de Paris et il estoit victorieus et il abandonnoit aux nobles hommes à destruire la ville de Paris, moult seroit merveilleuse la perte et moult en pourroit ennuier au roy Jehan son pere, qui estoit prisonnier en Engleterre; et se il avenoit que il feust desconfiz et son peuple occis, il seroit en aventure d'estre chaciez hors[5] du royaume, car le roy de Navarre, dont ilz avoient fait leur gouverneur, tendoit moult à le desheriter. Adont par conseil fut traitie la paix du regent et du roy de Navarre, et fut tendu un paveillon entre la maison Saint Anthoine et le bois de Vinciennes. Là s'assemblerent les ii parties et fut là

1. plusieurs B.
2. de ..... contrées *manque* B.
3. xl mil ou plus 5610.
4. seigneurir B; guerre mener contre 5610.
5. hors *manque* B.

paix confermée, et la promistrent les II princes à tenir par serement.

Lors se retraist le regent, et le roy de Navarre rala à Saint Denis. Et avoit laissié grant foison d'Anglois à Paris, mais debat se mut entre eux et le commun de Paris, et en occirent grant foison et en prindrent environ XXXII des plus puissans, et les autres s'enfouirent. Mais le prevost des marchans fist tant aux bourgois, qui avoient prins les Englois, que il les fist rendre à lui et les fist par couverture emprisonner au Louvre, et disoit on que on rauroit pour eulz grant foison de prisonniers françois, qui estoient en Engleterre, mais il les fist par nuit delivrer par le chastellain du Louvre, qui estoit de son aliance et trahiteur à son seigneur. Quant les Englois furent delivrez, ilz s'en alerent avec les autres à Saint Cloud pour prendre, fuster[1] et moult dommager le commun. Et ceulz de la ville firent leur plainte au prevost des marchans et lui distrent que ilz vouloient aler sur les Englois, et il dist que il yroit avec eulz. Lors fist armer grant foison de gens et yssirent aux champs, et le roy de Navarre vint à eulz de Saint Denis, car ilz l'avoient mandé. Lors ordonnerent ensemble leur gent, et pluseurs gens à pié se mistrent devant, qui cuidoient estre suiviz, et alerent jusques au bois de Saint Clout, où les Englois estoient embuschiez[2], et yssirent contre eulz et les desconfirent et en occirent plus de VIII cens, et les autres s'en raffuirent, et le roy de Navarre s'en rala à Saint Denis, et le prevost des marchans et ses gens

1. frustrer B.
2. B *ajoute* qui estoient.

s'en revindrent à Paris sans assembler aux Englois.
Dont le peuple de Paris prist à murmurer, et le prindrent pour trahiteur et ceulz de son conseil. Lors manderent autres[1] bourgois de Paris au roy regent, que il lui pleust à venir en la ville de Paris et il y seroit receuz comme sires, mais il respondit et jura que jamais[2] n'y enterroit[3] jusques à tant que le prevost des marchans feust en vie, et fist escripre lettres au commun de Paris. Mais quant le messager entra en la ville, il fut mené droit au prevost des marchans, qui les lettres receut et les monstra secrettement à ceulz de son conseil, dont voulurent les autres bourgois savoir la teneur des lectres, mais il ne les voult monstrer, dont le peuple se doubta de trahison. Lors manda le prevost des marchans au roy de Navarre, que il assemblast ses gens et venist la nuit ensuivant à Paris, et on lui ouverroit[4] les portes, et ainsi pourroient occire touz leurs nuisans. Et le roy remanda que il seroit tout prest, à l'eure que on lui avoit mis. Lors manda les Englois à Saint Clout et assembla ses gens et parti en celle nuit pour aler à Paris, et le prevost des marchans et ses aliez avoient fait leur attrait, et ne voulurent que on veillast en celle nuit aux portes ne aux murs. Mais à Paris avoit un bourgois, nommé Jehan Maillart, qui estoit garde par le gré du commun d'un quartier de la ville, qui estoit ordonnée par IIII cappitaines. Cil Jehan Maillart ne voult mie que cil, qui estoient ordonnez en son quartier pour veiller,

1. aucun 5610.
2. jamais *manque* B.
3. entreroit B.
4. ouvreroit B.

laissassent leur garde, dont Phelippe Giffars et autres, qui estoient aliez à la trahison, le blasmerent et voulurent avoir les clefz de la porte de sa garde et retraire ses gens et leur garde laissier. Lors ce Jehan Maillart s'apparceut bien de trahison et manda Pepin des Essars et pluseurs autres bourgois et les fist armer et pluseurs autres[1] et fist drecier une banniere de France, et crioit cil et sa gent : « Montjoye au riche roy et au duc son « filz le regent, » et assembla avecques eulz grant foison du peuple de Paris en armes et alerent voir aux portes et les forteresses visiter[2]. Et avint que vers la porte Saint Anthoine, ils trouverent le prevost des marchans et autres de ses aliez, qui par couverture crioit : « Mont- « joye au riche roy et au duc son filz le regent, » si comme les autres. Adont Jehan Maillart requist au prevost des marchans et pardevant le peuple, que il montrast les lettres, que le regent leur avoit envoiées, mais il ne les monstroit mie voulentiers, pour ce que le mandement lui estoit contraire, et se cuidoit excuser par paroles. Mais li pluseurs conceurent la trahison, et là fut assailliz du commun et occis[3], et estoit appellé Estienne Marissiaux. Avec lui fut occis Phelippe Giffars, Giles Marissiaux, Symon Parmes, Jehan de Lille. Aprés la mort d'iceulz, fut prins Josérans[4] du Mascon, Charles Toussat, Jehan Godart, Pierre de Puisieux, Pierre Giles, le chastellain du Louvre et pluseurs autres. Adonc fut mandé le fait au regent, et il manda que ceulz qui estoient emprisonnez feussent mis à mort

1. autres *manque* B; et fist armer les gens de sen quartier 5610.
2. visiter *manque* A, B.
3. et occis *manque* A, B.
4. Joseaux A, B.

et qu'il n'entreroit à Paris tant que ilz feussent en vie. Adont furent justiciez deux en un jour et deux en l'autre par pluseurs journées.

Comment le Regent fu receu à Paris[1].

Aprés vint le regent à Paris et y fut receuz et obbeiz comme lieutenant du roy Jehan son pere, qui estoit prisonnier en Engleterre, et monstra au peuple les grans ennuiz que il avoit euz par[2] les trahiteurs, et leur pardonna ce que ilz avoient esté contre lui par[3] le conseil des mauvaiz trahiteurs, qui pugniz en estoient. Quant le roy de Navarre sceut que ses aliez estoient ainsi mors, adont se parti de Saint Clout et de Saint Denis, et fourrerent sa gent l'abbaie et la ville en pluseurs lieux, et prist à mener guerre contre le royaume de France, nonobstant la paix jurée au regent. Et fist assembler pluseurs de ses gens à Mante et à Meulent, et prindrent ses gens pluseurs forteresses en France et en Beauvoisin, si comme Creil[4], le Molin de Lesaut[5], la Herelle[6], Mauconseil[7] et pluseurs autres. Et fut la premiere esmeute des paisans contre les nobles et fut commencée la premiere sepmaine du mois de juing, et le derrenier jour du mois de juillet fut occis le prevost des marchans, et ou mois d'aoust ensuivant

1. Ce titre manque dans B.
2. pour B.
3. che qu'il avoient erré 5610.
4. Crec A, B; Creilg 5610.
5. le Mollin de Lesauch 5610.
6. La Herle A, B.
7. Monconseil A, B.

fut recommencée[1] la guerre des Navarrois contre le royaume de France, l'an mil CCC LVIII.

En ce temps partirent de Tournay v cens hommes de commun et alerent à siege devant le chastel de Malconseil, là où estoient assemblez pluseurs chevaliers et pluseurs gens du commun, pour ce que Navarrois et Englois estoient dedens. Et là estoit cappitaine de l'ost des François Pierre de Flany, chevalier. Mais le roy de Navarre y envoya le Bascon de Mareil et bien v cens hommes d'armes, qui partirent de Creil et d'autres forteresses et assemblerent à bataille contre les François devant Malconseil par une matinée. Là furent les[2] François soubzpris et desconfiz et furent ceulz de Tournay presque touz mors et prins et pluseurs autres. Environ icellui temps mist Charles le regent le siege devant le chastel et ville de Meleun, que la royne Blanche, suer du roy de Navarre, tenoit et estoit dedens à tout grant foison d'Anglois et de Navarroiz, et y ot de grans saillies et escarmouches et tant[3]....

Adonc demouroient à Amiens la femme au viconte de Pois[4] et la femme Jehan de Pinquigny, et furent prinses et emprisonnées par le commandement du regent, pour ce que leurs barons estoient ses ennemis. Lors manderent cil à Amiens, que on leur rendist leurs femmes. A ce s'accordoient le maires de la ville et pluseurs autres bourgois, qui estoient aliez avec les

---

1. derechef *ajoute* B.
2. les *manque* B.
3. *Ici dans* A *et* B *une petite lacune, que le texte de* 5610 *ne permet pas de combler, ce manuscrit ne mentionnant pas le siège de Melun.*
4. Fois A.

Navarroiz; mais le commun le contredist pour obeir au regent. Dont firent tant ces II chevaliers, que pluseurs de leurs hommes entrerent en la ville secrettement et mesmes Jehan de Pinquigny, et furent esconssez en pluseurs lieux par le gré et consentement du maire de la ville et d'autres. Cil s'assemblerent par nuit en armes secrettement et alerent tuer pluseurs de ceulz, qui estoient en[1] la ville en la nouvelle forteresse, et tant firent que ilz ouvrirent une porte et les Navarrois y entrerent et fourrerent et occirent pluseurs gens. Adont leva le cry en la ville d'Amiens, et les gens se coururent armer par toute la ville d'Amiens, et moult furent esbahiz, car ilz voyoient bien que ilz estoient trahiz. Et pluseurs gens qui demouroient entre deux murs se mistrent à garant dedens la vielle forteresse. Et quant le peuple d'Amiens fut armez et assemblez, ilz vouloient que on alast courir sur les ennemis, mais le maire d'Amiens, qui conduire les devoit, detrioit la besongne. Dont se tindrent en la vielle forteresse pour trahiz, et laissierent leurs gens entre II murs jusques à l'endemain, soleil levant, que le conte de Saint Pol vint en la ville et fist sonner la bancloche et la gent assembler pour aler[2] combatre. Mais les Navarrois yssirent aux champs sanz bataille avoir. Lors fut prins le maire d'Amiens et mis à mort comme trahistres, et estoit nommé Fremin de Coquerel, et pluseurs bourgois de la ville furent devant et aprés justiciez pour leur trahison; tieulz y eut, et tieulz y ot, qui s'en partirent et alerent[3] avec les Navarrois. Lors

1. qui wardoient 5610.
2. aler *manque* B.
3. et alerent *manque* B; qui pour paour de mort s'enfuirent et alerent 5610.

firent ceulz d'Amiens abatre ce qui estoit remez es fauxbours[1]. Et avindrent ces choses à Amiens en l'an mil[2]
CCC LVIII, ou mois de septembre.

Environ[3] ce temps assembla Almaurriz de Meulent
et le sire de Vienne bien environ de III à V cens combatans et partirent de Pontoise et alerent vers Meulent
pour assaillir la ville. Mais les Navarrois, qui dedens
estoient, yssirent hors environ C combatans, et quant
le sire de Meulent et ses gens les virent venir, ilz cuiderent que plus grosses gens les suivissent, si se
prindrent à retraire, disans qu'ilz prenissent place et
descendissent à pié. Et en cellui retrait leurs diz ennemis les virent de si petit gouvernement, que ilz se aban-
donnerent à leur courre seure, et furent les François
desconfiz et furent[4] prins le sire de Meulent, le sire de
Vienne et pluseurs autres[5].

Et en celle saison fist le sire d'Ivery et Phelippe
Malvoisin[6] et pluseurs autres bons chevaliers et escuiers
du pais devers la riviere d'Eure pluseurs belles besongnes, et en III places ruerent jus en pou[7] de temps
leurs ennemis en bonnes besongnes combatues moult
durement, dont leurs ennemis estoient autant ou plus
que ilz estoient.

Et environ icellui temps tindrent Englois Pons sur
Saine, Trainel et pluseurs autres forteresses vers

1. où devant le destrucion avoit bien IIII^m maisons et pluiseurs eglises 5610.
2. mil *manque* A.
3. *Ce qui suit jusqu'au paragraphe commençant par* Et d'autre part vers Normendie (*p.* 141) *manque dans* 5610.
4. fut A.
5. autres *manque* B.
6 de Malvoisin B.
7. pou *manque* B.

Troyes en la Champaigne. Une fois vint Eustace d'Aubiscourt[1] à tout bien mil combatans chevaucher vers Bray sur Saine. Et lors s'assemblerent grant foison de François, bien autant ou plus que les Englois n'estoient. Là estoit le conte de Val des Monts, l'evesque de Troies et pluseurs autres nobles chevaliers et escuiers. Et quant ilz seurent vraies nouvelles de leurs ennemis, ilz chevaucherent vers eulz et les trouverent prés de Bray sur Saine. Et quant Englois les virent venir, ilz dessendirent à pié et se mistrent en un grant clos, où il avoit vignes. Et lors les François descendirent à pié et appertement coururent seure à leurs ennemis, et y eut grant besongne et dure. Mais les Englois furent desconfiz et furent bien VII cens mors et pris en la place, et fut prins Eustace d'Aubissecourt, leur cappitaine, et pluseurs autres.

Environ ce temps s'assemblerent grant quantité de gens de compaingne vers les marches de Bourgongne et d'Auvergne et dommaigerent moult le royaume. Lors fu ordonné du regent le conte de Tancarville cappitaine sur le pais où ilz estoient, et ala le dit conte loger à Bregny à tout bien XV^c combatans. De là estoit Jaque de Bourbon, conte de la Marche, et Pierre son ainsné filz, le conte de Sallebruche et pluseurs autres nobles seigneurs. Quant icelles compaignies les seurent sur les champs, ilz vindrent à[2] eulz pour combatre et assemblerent en bataille prés de Bregny, et fut la bataille grande. Là furent les François desconfiz et fut mort le dit conté de la Marche et Pierre son ainsné

---

1. d'Aubicourt B.
2. vers B.

filz et le conte de Sallebruche et pluseurs autres nobles seigneurs[1], et bien ᴍ hommes d'armes François mors et pris. Et depuis chevaucherent les dittes compaignes icellui pais et mout le dommaigierent.

Et d'autre part, vers Normendie et Picardie, faisoient guerre les Navarrois moult cruelle, et avoient grant foison d'Englois et d'Alemans, de Hannuiers et de gens d'autres pais à eulz aliez, et moult estoient aigres sur le commun peuple et les occioient et destruisoient sans mercy, tant par espées que par dures prisons[2]. Un jour avint que Regnault des Ysles, qui gardoit le Neufchastel pour le roy de France, chevaucha pour trouver ses ennemis et tant que il trouva emprés Fourmeries bien de LX à IIII^{xx} combatans Navarrois et Englois de la garnison d'Aumeille, et environ autant de gent povoit avoir comme ilz estoient. Ilz descendirent à pié l'une partie et l'autre et combatirent. Là furent Navarrois et Englois desconfiz et la greigneur partie en furent prins et mors. Lors avint que les Navarrois prindrent la forteresse de Long en Pontieu et mout gasterent le pais, mais les seigneurs de Picardie et les gens de pluseurs bonnes villes alerent à siege devant eulz, mais rien n'y firent et s'en ralerent. Assez tost aprés alerent iceulz Navarrois à Saint Vallery, que Regnault de Briquemont et Guillaume Boulemer avoient prise, et laissierent la forteresse de Long. En celle saison s'assemblerent pluseurs chevaliers et escuiers du pais de Veuquesin et seurent que Robert Scot, qui tenoit la forteresse de l'Ille Adam,

1. et le conte ..... seigneurs *manque* A.
2. *Le commencement du paragraphe existe seul dans* 5610, *qui omet ensuite le récit du combat de Formeries.*

estoit sur les champs à tout environ VI^{xx} combatans. Et lors ilz alerent celle part et le trouverent, et furent les Englois desconfiz et presque tous mors et pris, et aprés prindrent yceulz François leur forteresse. Et en cellui temps tenoient Englois Chaumont, Latainville et Rovencelles et pluseurs autres forteresses ou pais de Veuquessin. Et lors avoit bonne garnison de gens d'armes à Gisors et en autres forteresses sur le pais, qui grant guerre leur faisoient, et y ot pluseurs besongnes et rencontres, où les Englois perdirent, et tant que en la fin les Englois laissierent pluseurs d'icelles forteresses et s'en alerent, car le pais estoit si gasté et destruit que petitement y povoient vivre.[1]

En la nouvelle saison de l'esté ensuivant, ala Moreau de Fiennes, connestable de France, et le conte de Saint Pol et grant foison de nobles de Piquardie et avecques eulz les communes des bonnes villes du pais à siege devant Saint Valery, et vint à ce siege Mouton, sire de Blainville, le Baudrain de la Heuse et Guillaume Martel et pluseurs Normans. Tant furent ces seigneurs au siege que bien estoient IIII cens combatans. Tant firent que ceuz de la ville de seans rendirent la ville, sauves leurs vies, mais quant ilz en partirent, les gens de commune en tuerent plus de cent, ne le connestable,

---

1. *Voici ce qui dans 5610 correspond à la fin de ce paragraphe :* En che tamps s'assanblerent Navarois en le fortresche de Lonch en Pontiu et fourerent le ville et tout le paiis entour. Lors s'assanblerent le gent de pluiseurs villes d'Artois, de Picardie et de Pontieu et allerent à siege par devant Lonc, mais rienz n'i firent, ains s'en rallerent par le conseil du conte de Saint Pol et pour le saison d'iver qui estoit froide. Et moult tost aprés prirent li Navaroïz le ville de Saint Vallery.

à qui seurté en estoit baillée[1], ne les en povoit garder. Phelippe de Navarre assembla grans géns, Englois et Navarrois, pour secourre ceulz de Saint Valery, mais la forteresce fut rendue, entretant que il se ordonnoit pour y venir[2]. Lors entra Phelippe de Navarre ou pais de Vermendois et d'Artois et fourrerent le pais jusques vers Dourlens, et de là alerent vers Saint Quentin; mais les Piquars et autres qui avoient esté au siege de Saint Valery, excepté les Normans qui s'en ralerent[3] en leur pais, pour ce que grans guerres y avoit, le suirent et tant que ilz [le] trouverent prés d'un hamel, que on nomme Torgny[4], emprés Saint Quentin en Vermendois, et approucherent François si prés des Navarrois comme pour assembler et moult en estoient desirans, et estoient les François prés de mil (sic) combatans et les Navarrois n'estoient[5] que environ xv^c[6]. Mais par le petit gouvernement et petite emprinse de[7] Moreau de Fiennes et d'aucuns autres, qui les François avoient à gouverner, fut la besongne retardée. En cellui jour, si comme pluseurs gens l'ont dit, et en celle nuit ensuivant, se deslogerent Englois et Navarrois mout saigement de la place où ilz estoient, et furent moult eslongnez avant que les François feussent en ordonnance pour les poursuire, car ilz avoient grans gens de commune qui ne povoient pas aler tost. Ainsi Phelippe de

---

1. en estoient partiz A.
2. Le récit du siège de Saint-Valery est fort abrégé dans 5610.
3. raloient B.
4. Corgny A, B.
5. n'estoient manque B.
6. Les chiffres donnés par A et B manquent dans 5610.
7. Les mots le petit ..... de manquent 5610.

Navarre et ses gens se retrairent à moult grans journées, tant que ils vindrent en ses forteresses.

En ce temps[1] ou environ parti[2]... de la Herelle[3], que les Englois tenoient, et assembla pluseurs Englois jusques au nombre de bien v cens, et vindrent à Blangi, qui siet sur la riviere qui depart Normendie et le pais de Vimeu, et n'estoit pas moult bien fortiffiée, mais quant Englois y vindrent, ilz la commencierent à fortiffier moult fort et garnir. Mais Normans et Piquars s'assemblerent jusques au nombre de bien XIII^c combatans. Là fut des Normans le sire de Harecourt, Mouton de Blainville, le Baudrain de la Heuse, Guillaume Martel, et des Picars y fut Hues[4] de Chastilon, Raoul de Raineval et pluseurs autres nobles et gens de commun, tant de l'un pais comme de l'autre. Et assaillirent la ville de Blangy, Normans assaillirent vers Normendie et Piquars vers Picardie, et fut l'assaut grant et dur, mais pas ne fut prinse.

Et devant avoit esté la paix faite du regent et du roy de Navarre, et fut confermée à Pontoise. Et quant le roy de Navarre seut que les Englois avoient prins Blangi, il assembla grans gens et vint pour aidier aux Normans et aux Piquars, qui là estoient. Et quant il fut venu, les Englois n'oserent plus atendre et de nuit ilz se partirent de la ville et la laissierent et s'en alerent si grant erre, que les François ne les peurent

---

1. *Nouvelle lacune dans* 5610.
2. *Ici dans* A *et* B *un blanc que le texte de* 5610 *ne permet pas de remplir.*
3. Berelle A ; Verelle B. *Nous corrigeons ; voir le sommaire et plus haut, p.* 136.
4. Picars le sire de B.

aconsuivre, et tant que ilz vindrent à leurs forteresses, dont ilz estoient partiz. Quant Normans furent partiz de Blangi et la ville fut recovrée et le fortiffiement en fut abatu, Piquars s'en ralerent en leurs forteresses et le roy de Navarre s'en rala en sa terre. Et Loys de Harecourt, Mouton de Blainville, Guillaume Martel et pluseurs autres Normans alerent assaillir la forteresse de Betencourt et la prindrent d'assaut, et furent tous les Englois de dedens mors et pris. Et au devant avoient prins Garville et autres forteresses que Navarrois tenoient. Et avindrent ces choses en l'an mil [CCC] LX, et par toutes les contrées du royaume de France eut grans guerres et en l'an mil CCC LVIII, LIX et en l'an LX. Et[1] y avoit pou de contrées de pais, là où Englois ou Navarrois ou autres de leurs aliez ne tenissent forteresses, et moult estoit le peuple du[2] royaume de France grevé et moult en y ot d'occis et d'emprisonnez, et grans tailles couroient sur le menu peuple, et pluseurs seigneurs prenoient sur leurs hommes et sur autres[3] excessivement et les souffroient piller et rober. Et ceulz qui estoient es villes fermées avoient moult de travail de leurs guez et de leurs gardes et de leur ville fortiffier et emperer, et perdirent moult de ce que[4] ilz avoient hors leurs clostures par pluseurs beaux hostelz, qui furent abatuz et gastez en leurs fauxbours, et leurs biens que ilz avoient dehors les forteresses pilliez et gastez tant par leurs[5]

1. *Ici reprend le texte de* 5610.
2. peuple du *manque* B.
3. B *ajoute* moult.
4. de leur que B.
5. les B.

ennemis que par les gens de leur costé. Et ne povoient marchans aler seurement par pais ne mener marchandise, se n'estoit par sauf conduit ou par truaiges paier ou aux aventures de leurs corps et de perdre ce que ilz menoient. Et petitement estoit en ce temps le peuple du royaume soustenu et gardé, ne justice n'y regnoit[1] se bien petit non, mais les fors, tant nobles que bourgois, renoient cruelment[2] sur leurs subgez[3].

En ce temps devant dit Phelippe de Navarre et

1. n'y rendit A, n'y regnoit que B.
2. telement A.
3. *La fin de ce paragraphe est représentée par ce qui suit dans le ms.* 5610 : En l'an mil ccc LIX et LX, avint que Navarois, Engles, Allemans, Normans et gens de pluiseurs paiis, assamblez en pluiseurs parties, firent guerre ou roialme de Franche entre le riviére de Rone et de Somme. Et en toutes ces contrées il euurent fortresches, où il avoient leur retour, pour le pulle grever et mout en ochirent et renchonnerent et osterent leur ricqueschcs. Car en che tamps n'avoit li pulés nul deffendeur, se moult pau non. Et meismes li regens leva ou royalme pluiseurs tailles mervilleuses, et li aucun seigneur prendoient blez, avainnez, bestes et aultres vivres et les metoient en leurs garnisons de leurs castiax, et souffroient li aucun que leur homme fussent mollesté et leur terriens osté, pour le hayne qu'il avoient à yaulz fu li envie enflée des nobles et de leurs subges par les paisans de Biauvesis, qui commenchierent à ochirre soudainement les nobles hommes. Et aussy chil qui es chittez, es bours et es villes demouroient euurent en che tampz moult de persecucionz; car tous leur fourbours furent ars et destruit par yaulz et par leurs anemis en toutes les contrées devant dittes, et moult furent [grevez] pour leurs murs et pour leurs fossez refaire et pour villier et grans tailles paiier. Et ne pooit on marchandise mener hors de fortresche, fors par sauf conduit ou par treu paiier ou à l'aventure de perdre corps et avoir. En che tamps ne regnoit loy ne justiche par le roialme de Franche, mais li fort, tant noble comme bourgois, regnoient crueusement sur leurs subges sans loy et sans pitté.

Robert Canolle prindrent la cité d'Aucerre par aucuns des bourgois de la cité, qui [la] leur vendirent par trahison. Et après se assamblerent environ ııı^c paisans de Beauvoisin et leur chief firent d'un nommé Guillaume l'Aloe¹, et se prindrent à guerrier les Englois de Creel et de pluseurs autres forteresses, dont les Englois tenoient grant foison sur cellui pais. Et avoient ces paisans leur retrait à Longueil Saintte Marie, et estoit celle maison close à murs sanz fossez et sans autre defense, fors la porte de l'ostel, qui estoit defensable. Lors s'assemblerent les Englois de pluseurs forteresses², et y fut Jehan Fondicque, cappitaine de Creel³, et alerent assaillir celle maison et y entrerent par dessus murs bien vı^c, car les paisans ne les porent⁴ contrester. Et se retrairent les paisans en une haute maison⁵, et les Englois coururent par l'ostel, prenant ce que ilz trouvoient, et apporterent grant foison de feu pour icelle maison ardoir, se ilz ne se rendoient. Mais les diz Englois ne les pensoient pas prendre à rançon, ains les pensoient à tuer. Adont eurent conseil les paisans, que il valoit mieulx mourir en eulz defendant main à main de leurs ennemis, que d'estre ars et leurs femmes et leur enffans dedens celle maison⁶. Lors se descendirent⁷ et coururent seure à leurs enne-

---

1. l'Aloue B.
2. plus de xvı^c 5610.
3. et y fut ..... Creel *manque* 5610.
4. povoient B.
5. en une loge desous leurs femmes et leurs enfans qu'il avoient enfermé hault pour les crys qu'elles faisoient de paour 5610.
6. celle maison *manque* B.
7. et descendirent à ı fais en faisant grans cris et reclamant pluseurs ensaignes 5610.

mis, dont pluseurs estoient espartiz par l'ostel pour piller ce qui estoit, et furent les Englois desconfiz et y en ot bien VIII^{xx} mors, dont il y eut XXIIII chevaliers. Depuis tindrent iceulz paisans icelle maison le temps durant[1] de celle guerre, ne à celle besongne ne morut que II paisans, dont Guillaume l'Aloe fut l'un, et pour ce ne voulurent ilz prendre nul Englois à mercy, excepté un Navarrois, qui avoit nom Sansson[2] Loppin, et pour lui furent delivrez pluseurs prisonniers des diz paisans que les Englois tenoient[3]. Et après ce firent yceulz[4] paisans leur cappitaine un de leurs gens, nommé Colart Sade, et firent fossez entour la dite maison et y recueillirent pluseurs gens du pais et soutindrent d'autres assaux, celle guerre durant[5].

Environ ce temps combati Regnault de Goillons, qui estoit cappitaine de Paris, à une besoingne à Beausse contre les Englois, prés d'une ville que on appelle Estrechi, et estoient bien les Englois II cens combatans, mais Regnault de Goullons en avoit beaucoup plus. Mais moult de ses gens s'en partirent mauvaisement, et toutesvoies combatirent bien ceulz qui demourerent et en furent bien la greigneur[6] partie

1. durant *manque* B.
2. Sancon B.
3. et pour ycelluy furent rendu c prisonnier de Compiengne que Engles tenoient en pluiseurs fortresches 5610.
4. les B.
5. et rechevoient tous chiaulz du pais, qui en leur lieu se voloient warder leurs corps et leurs biens, exepté gens de noble lignie, car onques noble ne laisserent herbegier en leur lieu. Et soustinrent pluseurs grans assaulz contre leurs anemis et tinrent leur lieu tout le cours de celle guerre, et se furent en che tamps prises des Engles toutes les fortresches à yaulz voisines 5610.
6. la plus partie B.

mors et pris, car les Englois gaingnerent la journée, et fut prins Regnault de Goillons. En ce temps desconfirent les Englois de Bescherel pluseurs Bretons au pas d'Evreux[1], entre Dignant et Becherel, et y furent prins Bertran de Guesclin et Bertran de Saint Pere[2].

Environ ce temps, en l'an mil CCC LIX, ou mois d'octobre, assembla le roy Edouart d'Engleterre à grant ost à Calais. Et fut avec lui le prince de Gales[3], le duc de Lenclastre et plus de tous les nobles d'Engleterre et grant foison d'Alemans et gens d'autres pais, et chevaucha[4] parmi Artois et Vermendois jusques à Rains et y fist siege pardevant la ville, mais riens n'y fist et s'en ala devant Chalon et puis à Trois et à Provins et pardevant Meaulz et pardevant Paris du costé devers le Chartrain. Mais pou de temps y sejourna et ne conquist en ce voyage nulle ville qui face à compter, et si assaillit il Bray sur Somme[5] et Crespy en Lannois et pluseurs autres, où il eut pluseurs[6] de ses gens mors et bleciez[7], mais il ne trouva en ce voyage qui le combatist à plaine bataille[8]. En ce temps assembla Jehan de Neufville bien XV^c combatans par

---

1. ou pays B.
2. *Ce paragraphe manque dans* 5610.
3. 5610 *ajoute* : li contes Derby.
4. chevaucherent B.
5. Seyne B.
6. pluseurs *manque* B.
7. et se firent se gent assault à Bray sur Somme, à Crespi en Laonnois et ailleurs, où riens ne firent 5610.
8. Mais en che voyage greva moult le païs d'ardoir, de biens essillier, de gens renchonner et ochire, et ne fu qui contre luy alast pour le regne deffendre *ajoute* 5610. *Tout ce qui suit jusqu'à l'arrivée du roi d'Angleterre à Bonneval* (p. 151) *manque dans ce dernier manuscrit.*

l'ordonnance du regent et passa en Engleterre et arriva à Vinchevesel, et prindrent la ville et la pillerent et gasterent toute, et y ot grant foison de gens[1] de commun mors et pris, et puis s'en retournerent François en France.

En ce temps que François firent celle armée, Loys de Harecourt, qui estoit lieutenant du regent en la basse Normendie, assembla bien xii^{xx} combatans de Normans, et sccut que Thomas Fout, capitaine d'Auvillers, et Baimbourg, cappitaine de Honnefleu, et Thomas Caon, à tout bien xii^{xx} combatans, s'estoient mis sur le pais de Levin. Et lors ala vers eulz Loys de Harecourt, en sa compaignie Guillaume Martel, le Baudrain de la Heuse et pluseurs autres nobles chevaliers, et trouverent leurs ennemis emprés un villaige, nommé le Faverel, et s'estoit departi des Englois Thomas Caon à tout bien iiii^{xx} combatans, et à celle heure n'estoient pas les Englois plus de vii^{xx} combatans. Et descendirent[2] à pié les uns et les autres et combatirent. Mais à l'assembler, de xxxvi Navarrois qui y estoient, il s'en ala les xxxii et grant foison d'autres des gens Loys de Harecourt, et par ce fut le dit Loys et ses gens desconfiz, et furent prins Loys de Harecourt, le Baudrain de la Heuse et pluseurs autres bons chevaliers et escuiers, et y fut mort Guillaume Martel et y ot plus d'Englois mors que de François.

En ce temps eut une petite besoingne prés de là, qui fut nommée la besoingne de Chaude Cote[3], et moult durement fut combatue, et estoient les Englois

1. de gens *manque* B.
2. se descendirent B.
3. Chaude Corée B.

plus que les François et moult prés furent d'estre desconfiz. Et toutesvoies furent les François desconfiz et bien xxx mors et prins, et y morut Hapart le Bigot. Et bientost aprés la delivrance de Jehan le Bigot, mareschal de Normendie, il, qui avoit esté prins à la besoingne de Faverel, sceut que les Englois, qui demouroient à Honnefleu, chevauchoient, et lors y ala contre eulz à tout bien vi^{xx} combatans, et les Englois estoient bien vii^{xx}, et les trouva à Tosteville prés du Ponteaudemer. Et descendirent à pié l'une partie et l'autre, et combatirent moult durement, et furent les Englois desconfiz et la greigneur partie mors et pris.

Et aprés ce que Bertran du Guesclin fut délivré de la prinse du pas d'Evreux, il assembla bien environ ii cens combatans et ala logier à Saint Meen de Gueel[1], et loga en l'abbaie à tout environ xl combatans de ses gens, et le surplus logierent en la ville, qui estoit desclose, et firent barrieres non pas moult fortes. Et lors plus de iii cens combatans d'Anglois, qui estoient sur le pais, scurent que le dit Bertran estoit ainsi logié à Gueel, et lors vindrent courre seure de nuit à ceulz qui estoient logez en la ville et pluseurs en tuerent et prindrent et les desconfirent. Mais Bertran s'arma hastivement et sailli de l'abbaie environ lui xxxe, et appertement coururent seure aux Englois et les desconfirent, et furent presque tous mors et rescoit ses gens. Moult d'autres belles besoingnes avoit fait le dit Bertran sur le pais de Bretaigne contre les Englois.

Quant[2] le roy d'Angleterre se fut parti de devant

---

1. Sainct Meel en Gueel B.
2. *Ici reprend le texte de* 5610.

Paris, il chevaucha jusques à Bonneval et vers Chartres, et estoit ja entré l'an mil CCC LX. Lors commança l'ost du roy Edouart à avoir grant deffaut de vivres, car le pais avoit esté mout essillié[1] par les guerres, qui par avant y avoient esté, tant du roy Edouart que des Navarrois. Et lors chay en l'ost des Englois une si grant tempeste du ciel, que les grosses pierres qui cheoient tuerent grant foison gens et chevaulx, et moult en furent Englois esbahiz. Lors manda Edouart la paix au regent, laquele paix il avoit autreffois refusée, et avoit par avant esté traitié par le roy Jehan, pere du dit regent, qui estoit en Engleterre. Et icelle paix et traitié accorda le regent pour delivrer le roy son pere, et le roy Edouart s'en rala à Honnefleu et monta là en mer, lui et ses princes et le plus de ses gens, et passerent en Engleterre[2], et le surplus de ses gens passerent seurement par le royaume jusques à Calais. Et fut signiffié à tous les Anglois, qui tenoient forteresses sur le royaume de France, que la paix estoit faite du roy de France et du dit roy Edouart et que ilz ne feissent plus de guerre sur le royaume. Mais la plus grant partie ne s'en deporterent que bien pou de temps.

Assez tost aprés fut amené le roy Jehan à Calais et furent ordonnez grant foison d'ostaiges à envoier pour lui en Engleterre jusques à tant que le traitié de la paix eust esté acompli et enteriné. Lequel traitié fu

---

1. exillié B.
2. Et li rois Edouars parti de Franche et s'en alla à Calais et de là en Engleterre 5610. *La fin du paragraphe manque dans ce manuscrit, dont le texte, à partir de cet endroit, s'écarte de plus en plus de celui des mss.* A *et* B.

tel que le roy Edouart auroit la conté de Guinnes et
Calais et la conté de Pontieu et toute la duché de
Guienne affin de heritaige et sans en faire hommaige
au roy ne estre en rien en son ressort, par tel convenant que dedens un an la paix acomplie le dit roy
Edouart vendroit en sa personne à Saint Osmer ou
autre bonne ville françoise au roy de France et à son
filz, et renonceroit en leur presence au nom, aux
armes et au cry[1] de France et generaument à toute la
droiture que il avoit onques maintenue ne ditte avoir
ou dit royaume ne en la couronne de France. Et promist au dit traitié que à ses propres depens il feroit
vuidier du royaume toutes les gens, qui pour son fait
avoient fait guerre sur le royaume de France, sans
que jamais pour lui ne pour son fait y retournassent,
et feroit vuidier toutes les forteresses que sur le pais
avoient tenues, sans que ilz coustassent rien au roy ne
à son filz, et cela deut[2] faire et acomplir dedens certain
temps, qui fut accordé au traittié. Et ou cas que le
dit roy Edouart ne feroit[3] la renonciacion devant divisée
dedens le terme, qui accordé lui fut, la duchié de
Guienne demourroit en l'ommage et ou ressort de la
couronne de France et les autres terres qui baillées
lui estoient. Et de cel[4] article furent faites lettres et
convenances à part, qui ne furent pas publiées au
premier devant le peupple. Et deut avoir le roy
Edouart iii millions de flourins, qui pour le temps couroient par le royaume, et par ainsi seroit le roy Jehan

1. roy B.
2. deut *manque* B.
3. faisoit B.
4. icellui B.

delivré et bonne paix entre eulz. Et de la duchié de
Bretaigne, dont discort estoit entre Charles de Blois et
Jehan de Montfort, les II roys ne se melleroient[1], mais
cellui qui la pourroit conquerre en demorroit en la
foy et hommaige du roy de France. Et autres accors y
eut, comme de la gouvernance des ostages, que ilz
seroient tous en Engleterre, et de leur delivrance, et
deut le sire de Clisson ravoir la terre qui fut son pere
et la reut. Toutes les terres furent livrées et delivrées
franchement au roy Edouart, qui accordées lui furent,
et alerent en ostaige Loys et Jehan, filz du roy Jehan,
et Phelippe son frere, duc d'Orleans, le duc de Bourbon, le conte de Saint Pol, le conte du Perche, le conte
de Harecourt, le conte Daulphin d'Auvergne et grant
foison d'autres contes et grans banneres et bourgois
de bonnes villes[2].

1. melerent B.
2. *Voici le passage de* 5610, *correspondant au paragraphe précédent de* A *et* B : Apprés che manda li rois Edouars au regent par messagiers le traitiet de le pais, qui avoit esté traitié du roy Jehan et de luy, comment que il heust refusé à tenir, il se voloit acorder au roy Jehan si comme il avoit esté ordonné, mais que li regens le vosist ossy accorder. Bien acorda li regens le traitiet de le pais, et li rois Edouars parti de Franche et s'en alla à Calais et de là en Engleterre. Et fu devant le roy Jehan confermez li traitiez de le pais, qui fu telz que li rois Edouars devoit avoir toute le duché de Ghienne, le conté de Pontieu, le conté de Poitiers dusques au pont de Pille, le conté de Ghinnes, le ville de le Rocelle, et tout che tenir comme terre conquise de l'espée sans hommaige faire au roy de Franche. Et avec che acorda li rois Jehans à baillier au roy Edouart III milionz d'or. Lors fu li rois Jehanz et ses fieux Phelippes amenez par mer à Calais, et là l'allerent vir si prinche et sy amy. Sy fu delivrée au roy Edouart le conté de Ghinnes, le conté de Pontieu, le ville de le Rocelle, le conté de Poitiers, qui estoit à Jehan, fil du roy Jehan de Franche, et pourtant li donna

Et lors le roy Jehan s'en revint en France, et fut ordonné Jehan de Chandos pour le roy d'Engleterre et Loys de Harecourt pour le roy de France pour vuidier les forteresses de Normendie. Et firent vuidier le Neufbourg, Honnefleu, Auvillers et pluseurs autres forteresses par Normendie, mais ce fut aux despens du roy et de son pais. Et fut levé sur le royaume de France grant argent pour vuidier les forteresses, que les Englois tenoient, lesqueles le roy Edouard[1] d'Engleterre devoit faire vuidier à ses despens. Et neantmoins pluseurs Englois demourerent sur le royaume de France en pluseurs routes, et estoient d'iceulz qui des dittes forteresces estoient partiz, et se tenoient par maniere de compaigne. Et pluseurs s'en alerent en Bretaigne à Jehan de Montfort, et s'en assembla une grant route, qui s'en ala vers Avignon, et prindrent le Pont Saint Esperit et autres forteresses sur ces marches et mout destraindrent Avignon de vivres et destruirent le pais d'entour, tant deça le Rosne que par dela. Et estoient à Avignon le saint pere et le colliege de Romme, et pluseurs besoingnes et pluseurs assaulz ot sur le pais des gens des dittes compaignes et des gens, qui pour le pappe et pour le roy de France[2] les guerrioient. Et fut

---

li rois ses peres le duché de Berry. — Apprés chel acord, vint li rois Jehans en Franche et Phelippez ses fieux. Et pour le traitiet tenir et emplir, il laissa en ostaige Loys sen fil et Jehan, et Phelippe, duc d'Orliens, sen frere, le duc de Bourbon, le Doffin d'Auvergne, le conte de Saint Pol, le seigneur de Couchy, le seigneur de Ligny, chastellain de Lille, le seigneur de Saint Venant et pluseurs autres chevaliers. — *Le ms. 5610 passe ensuite immédiatement au paragraphe* Avant que le roy Jehan (p. 156).

1. Edouard *manque* B.
2. de France *manque* B.

sentence d'excomeniement donnée du pappe sur les dittes compaignes. Et en la fin les absolit le pappe et leur donna grant argent pour aler en Lombardie contre Galiaches[1] et Bernabo de Milan, à qui le pappe avoit guerre, et ainsi faisoit le merquis de Montferrant, avec qui le plus des dittes compaignes alerent et pluseurs dommaiges et guerres firent par dela les mons, et pou en retourna en France ne en Engleterre, qui ne morussent en ce voyage.

Avant[2] que le roy Jehan feust venu à Paris, fut morte Jehanne sa femme, royne de France, et fut enterrée en Bourgoingne, et la duchié eschay au roy Jehan par lignage[3] du duc de Bourgoingne, qui assez tost aprés trespassa, et le roy Jehan donna la duchié de Bourgoingne[4] à[5] Phelippe, son mainsné filz. Lors ala Phelippe saisir la duchié de Bourgoingne et mena avec lui un chevalier nommé L'Arceprestre, qui par le royaume de France en pluseurs contrées avoit mené[6] gens de compaigne. Et mist en ce voyage le dit Phelippe à mercy le conte de Montbleart, Loys du Chastel et pluseurs autres chevaliers de la duchié de Bourgoingne, qui à lui ne vouloient pas obeir, et tant fist que il fut sires et obey de toute la duchié de Bourgoingne[7].

Aprés ala le roy Jehan en Avignon devers le pappe. Et en ce temps vint le roy de Chippre devers le

1. les Galiaches B.
2. *Le ms. 5610 contient ce paragraphe et le suivant.*
3. par proismeté de lignaige 5610.
4. qui assez ..... Bourgoingne *manque* B.
5. et B.
6. avoit mené *manque* A, B.
7. qui à lui ..... Bourgoingne *manque* B.

pappe et devers les plus grans princes de chrestienté requerre secors et aide pour guerrier les Sarrasins et conquerre la Sainte terre de Jherusalem. Adonc prist le roy Jehan la croix de la main du pappe Urbain pour aler oultre mer, puis reppera en France et ala en Engleterre pour ordonner de ses ostages et pour ses convenances acomplir[1].

En cellui temps ot grant guerre sur les marches de Bretaigne, et pluseurs Englois et gens de compaigne, qui s'estoient retraiz sur ycelles marches après la paix, qui avoit esté accordée des II roys, se commencerent à espendre sur les marches de Normendie, du Perche, du Maine et d'Anjou. Et prindrent les diz Englois Saint Martin de Seez, Brisoles, Livarrot, l'abbaie de Silli, Rupiere à v lieues de Caen, Roleboise, Quatremares et ....[2] le Fresne, Eschaufou et pluseurs autres forteresses et fortes places, et le plus d'icelles empererent et fortiffierent les diz Englois et gens de compaigne. En cellui temps sceut Bertran du Guesclin, qui estoit vers Pontorson et sur les marches de Bretaigne, là où il faisoit guerre aux Englois et à ceulz qui guerrioient sur le pais pour Jehan de Montfort, que une grant route d'Englois estoient logiez sur le pais de Normendie en une grant ville desclose, nommée Briouse[3]. Et de bien loing où il sceut ces nouvelles se parti et chevaucha à tout bien II^c combatans grant chemin et si grant erre, que pluseurs de ses gens ne porent parvenir avecques lui à l'eure que il vint sur les Englois, et vint si soudainement que les Englois ne seurent

1. *Le ms. 5610 omet tout ce qui suit jusqu'à la mort du roi Jean.*
2. o le Fresne A, B.
3. Brieuse B.

nulles nouvelles jusques à ce que il leur courut seure en leurs logis. Là furent ces Englois desconfiz et furent mors et prins plus de VIII^{xx} combatans. Là fut prins Hoppequin Dierre, leur cappitaine.

De là se parti le dit Bertran du Guesclin et ala devant Brisoles en la compaignie de Moreau de Fiennes, connestable de France, et de pluseurs sengneurs de[1] Normendie et de France, qui estoient assemblez vers Tilleres pour destraindre les Gascons et Englois, qui dedens Brisoles estoient. Lesquelz Englois et Gascoins se partirent de Brisoles sanz combatre et sanz attendre l'assaut, par traitié que ilz s'en peussent sauvement aler.

En cellui temps tenoient Englois Sablé et le Plessie Buret, et fut Sablé recouvré par siege par le sire de Craon, le sire de Laval, le sire de Bertran, et pluseurs autres forteresses sur le pais, et d'assaut y en eut prinses, là où Englois furent mors et prins. Et eut environ ce temps pluseurs rencontres et besongnes, qui se firent sur icelles contrées et vers la conté d'Alençon.

Environ ce temps Guillaume de Craon et Bertran du Guesclin chevauçoient[2] à tout bien XIIII^c combatans, et tant que ilz vindrent au Pont de Jugny et là trouverent Hue de Cauveley, à tout bien autant ou plus d'Anglois que ilz n'estoient de François. Et descendirent à pié l'une partie et l'autre et vindrent combatre les uns aux autres moult durement. Et au premier perdirent les Englois terre, mais les archiers Hue

---

1. du pays de B.
2. chevaucherent B.

de Caverley vindrent courre seure aux François sur le derriere, et en cellui point se parti Guillaume de Craon et bien IIII^{xx} hommes d'armes, et par ces II choses furent les François desconfiz; et bien y en ot III cens mors et prins et aussi y morut il pluseurs Englois. Là fut prins Bertran du Guesclin moult vaillanment, et pluseurs nobles chevaleries[1] fist et avoit fait par avant le dit Bertran en pluseurs lieux et avoit combatu en champ clos en fait de gaige de bataille, et avoit esté dedens la cité de Regnes tant comme elle avoit esté assegée par le duc de Lenclastre, et y ot mainte saillie et mainte vaillance faite. Et dura ycellui siege environ VIII mois, et toutesvoies s'en parti le duc de Lenclastre sans prendre la ville. Et en fut capitaine en ce temps Bertran de Saint Pere.

Environ ce temps ot une besongne sur le païs de ....[2], qui fu nommée la besongne du Champ Genestous, laquele fut tres vaillamment combatue. Et fut du costé des Normans Le Galois d'Assi et du costé des Englois Robert Mitton, et n'estoient pas plus de VI^{xx} combatans d'une part et d'autre, et furent les Englois desconfiz et tous mors et pris, excepté deux qui s'en alerent au Plaissis Buret moult navrez. Et pour ce que tres vaillamment fut combatue on en doit faire mencion.

Environ ce temps ala Moreau de Fiennes, connestable de France, et Bertran du Guesclin devant Saint Martin de Seez. Et quant ils y furent, ilz vindrent entrer par derriere par une porte, qui estoit en l'abbaie,

1. chevaliers A.
2. *Ici manque un mot dans* A *et* B; *peut-être faut-il suppléer* Maine.

bien IIII^c Englois, et quant ils y furent, ilz saillirent par la porte de devant et avec eulz le plus des autres Englois, qui par avant estoient en la dite forteresse. Et pour ce que il faisoit grant broullaz, les François qui devant estoient logiez ne seurent rien de leur venue, jusques à ce que ilz les virent saillir hors de leur forteresse pour leur venir courre seure. Et la plus grant partie en estoient touz desarmez et entendoient à eulz logier. Mais Bertran du Guesclin et pluseurs de ses gens, Oudart de Renti[1], Enguerran d'Eudin et pluseurs Normans et Piquars, qui là furent, et gens d'autres pais s'armerent hastivement et coururent seure aux Englois, et furent les Englois desconfiz et la plus grant partie en furent mors et prins. Et aprés celle besongne rendirent les Englois la forteresse, par ainsi que ilz s'en alerent sauvement.

Aprés prindrent Englois l'abbaie de Cormeilles et l'enforcierent, et le Quesnoy. Et au devant la prise de Brisoles, dont cy devant est parlé, avoit esté Bertran du Guesclin grant temps sur le pais d'Anjou et avoit esté au siege de Saint Brisse[2], lequel fut prins, et à pluseurs autres forteresses prendre, par siege et par assaut. Et aprés la besoingne et prinse de Saint Martin de Seéz, avint que Bertran du Guesclin oyt nouvelles, que bien VI^c combatans d'Englois et de Gascons[3] estoient logiez sur les champs vers Saint Guillaume de Mortaing. Et quant le dit[4] Bertran le sceut, il ala celle part à tout environ IIII^c combatans à II lieues environ prés

---

1. Renes B.
2. Saint Brice B.
3. d'Angleterre et de Gascongne B.
4. le dit *manque* B.

de Mortaing, et mout appertement lui et ses gens leur coururent seure, et pou tindrent les diz Englois et Gascons et s'enfouirent les premiers les Englois, et furent bien IIII cens Englois et Gascons[1] mors et prins et plus. Un jour alerent chevauchier bien C combatans d'Englois, qui demouroient à Quinquernon et à Romeilli, et lors le Galois d'Aussi et pluseurs autres alerent contre les diz Englois et les trouverent à ...[2]; et là eut grant besoingne et dure, et furent les Englois presque tous mors et prins.

Environ ce temps mist Charles de Blois et Bertran du Guesclin le siege devant Becherel à tout bien II^m combatans. Et Jehan de Montfort et Robert Canolle, le sire de Clicon et Hue de Caverley, à tout bien M hommes d'armes et XIII^c archiers Englois, vindrent pour lever le siege. Et firent tant que ilz vindrent prendre le hault d'une montaigne devant l'ost des François et si prés que on povoit plainement traire de l'un bout à l'autre. Mais la venue estoit estroite entre les II ostz et en grant desaventaige pour cellui des II ostz qui eust voulu courre seure à l'autre. Et furent ainsi pluseurs jours les uns devant les autres, et tousjours armez aussi comme pour combatre, et pluseurs grans saillies et escarmouches furent entre les II ostz, tant que ilz furent l'un devant l'autre. Et furent les François mout destrains de vivres, car la ville, où il avoit de bonnes gens de guerre, leur estoit d'un costé et l'ost des Englois leur estoit de l'autre sur le chemin devers[3] Dinant, dont le plus de vivres venoit à l'ost des

---

1. et Gascons *manque* B.
2. *Ici il manque un mot dans* A *et* B.
3. devant B.

François, et estoient les François aussi comme contre-segiez[1]. Toutesvoies si print un accort entre les princes et les gouverneurs des II ostz, que une place plaine seroit esleue, au plus prés du siege que trouver se pourroit, en laquele les II ostz yroient pour combatre à certain jour qui fut divisé, et seroit le champ parti et esleu par chevaliers saiges, qui à ce furent commis. A laquele journée et place les II ostz furent ordonnez pour combatre. Là fut traitiée la paix des II princes, mais Englois la refuserent au premier. Lors se mistrent les François au chemin pour aler combatre, et quant les Englois les virent, ilz envoierent ceulz qui avoient esté traiteurs de leur costé, reprendre et récueillir le traictié, que par avant avoient refusé. Et par ainsi fut la paix jurée et accordée, et furent pluseurs nobles ostaiges bailliez tant d'un costé que d'autre, mais le dit accord ne dura gueres de temps. Lors se departirent grant foison de gens d'armes François, qui là estoient assemblez.

Là ot pluseurs Normans qui recouvrerent en Bessin et trouverent que pluseurs Englois avoient prins la forteresse de Beaumont le Richart, laquele pluseurs Normans qui n'avoient pas esté devant Becherel avoient ja assegée. Et quant iceulz y furent venuz, qui de devant Becherel venoient, la forteresse fut assaillie et lors se rendi par traitié.

Assez tost aprés assembla Phelippe de Navarre, frere du roy de Navarre, bien environ M combatans et ala pour assegier II forteresses, qui estoient bien prés l'une de l'autre, l'une estoit appellée Quinquernon

1. contrassiegez B.

et l'autre Rimilly, que les Englois tenoient, et seoient icelles forteresses à deux lieues de Beaumont le Roger. Mais les Englois, qui estoient à Tuebeuf et au Plessis Buret et en pluseurs autres forteresses sur les marches de Normendie, du Perche et du Maine, seurent ce que Phelippe de Navarre avoit empris et s'assemblerent et vindrent si soudainement, que Phelippe de Navarre n'en sceut riens jusques à ce que il les vit devant lui. Et lors ordonna ses gens hastivement pour aler combatre. Mais les Englois descendirent à pié selon le costé d'un vilaige et mistrent derriere eulz un closage fort, là où ilz firent pluseurs breches, et là mistrent leurs chevaulz et leurs varlez, qui [ne] leur povoient valoir au combatre, et devant eulz getterent grant foison de branches esparcies par le champ et firent fossés et pluseurs empeschemens pour les François, se ilz leur feussent venuz courre seure. Par quoy Phelippe de Navarre ne fut pas conseillé de les aler[1] combatre en leur place, et se tint devant eulz deux jours et II nuiz, tousjours tout prest pour combatre. Et au tiers jour, un Englois appellé Glainville et un sien compaignon, qui estoient dedens Remilly, rendirent la forteresce à Phelippe de Navarre devant leurs gens. Et lors les Englois, qui estoient venuz pour les II forteresses secourre, firent[2] traitié d'eulz en aler sauvement et ceulz de l'autre forteresse, appellée Quinquernon, et par ainsi la rendirent. Et lors les Englois s'en ralerent en leurs forteresses, et Phelippe de Navarre s'en revint à Beaumont et là departi ses gens.

1. aler *manque* B.
2. furent A.

Et depuis ne vescut gueres longuement et morit en son lit de maladie[1], et fut grant dommaige, car il estoit moult honnorable chevalier.

Environ ce temps parti[2] Hoppequin[3] Diere de l'abbaie de Silli, que lui et Jaque Platin avoient emperée, et ala piller et rober l'abbaie de Saint Pierre sur Dive, et avoit en sa compaignie de L à LX combatans. Et en son retour le sire de Coucy, Jehan Martel et Guillaume de Rouveron[4] le vindrent encontrer à environ autant de gent comme il avoit, et descendirent à pié l'une partie et l'autre et combatirent moult durement, et ne s'en falut[5] que IIII ou que v que les Englois ne feussent tous mors et prins en la place, et y morut Hoppequin Diere. Et mainte[6] autre besoingne ot en celle saison en pluseurs lieux du royaume de France, et le plus où les Englois perdirent et pou en gaingnerent.

Environ ce temps prist Bertran du Guesclin l'abbaie de Cormeilles par siege et par traitié que les Englois qui la tenoient firent d'eulz en aler sauvement. Et desconfit ledit Bertran Jehan Jouel et pluseurs Englois de sa compaignie au pas du Brueil, à II lieues de Lisieux, et assez tost aprés vint assegier la forteresse du Chesnoy prés d'Argenten et se rendirent ceulz de dedens à lui.

Et environ ce temps vint un chevalier englois, nommé Regnaut de Rigni, et pluseurs Englois en sa

---

1. mourut de maladie B.
2. parti *manque* B.
3. Pierre Hoppequin B.
4. Roveron B.
5. faillit B.
6. moult B.

compaignie emperer une forte place à Quatremares entre Louviers[1] et le Neufbourg. Et là vint[2] Mouton de Blainville et en sa compaignie le sire de la Ferté et pluseurs autres nobles gens d'armes de Normendie, et estoient environ iiii cens combatans, et assaillirent la forteresse moult durement et tant que elle fut prinse d'assaut, et fut mort Regnault de Rigni et tous ceulz de dedens, bien de c à vi^{xx} Englois.

En ce temps estoit Guillaume du Merle cappitaine en la basse Normendie, et l'année devant l'avoit esté Moreau de Fiennes, connestable de France, et avoit assailli une forteresse nommée la Vignée, que il failli à prendre. Et assez tost aprés demoura le gouvernement au dit Guillaume du Merle. Lors avint que Henry, sire de Colombiers, qui avoit sa forteresce prés d'un fort, que les Englois tenoient, nommé la Remmée, dont leur cappitaine estoit appellé Morville, [sceut que les dits Englois[3]] estoient alez chevauchier. Si le fist savoir à Olivier de Mauny, qui demouroit à Quarenten, lequel vint prestement et aussi fist Guillaume du Merle, qui pour lors demouroit à Baieux. Et quant Guillaume du Merle vint devant la Remmée[4], il trouva Olivier de Mauny et dessendi à pié devant les Englois entre leur forteresse et eulz, à tout environ lx combatans, et les Englois estoient bien vi^{xx}. Mais Guillaume du Merle vint à tout bien iiii^{xx} combatans, et ja s'estoient[5] mis les Englois à

1. Louvres B.
2. myt B.
3. *Les mots entre* [ ] *manquent dans* A *et* B; *nous les suppléons.*
4. la Ramée B.
5. estoient B.

chemin pour venir combatre Olivier de Mauny. Et tantost Guillaume du Merle et ses gens descendirent à pié et tantost assemblerent les uns aux autres, et fut là besongne à merveille combatue. Toutesvoies furent les Engloiz desconfiz et plus de la moitié mors en la place et le surplus furent prins. Et aprés fut prinse la forteresce et ceulz qui dedens estoient demourans, et furent les prisonniers menez à Baieux.

Environ VIII jours aprés, avint que Jehan Martel, cappitaine de Faloise, et Jehan de Maten et Guillaume de Rouveron[1] s'embucherent à tout xxv hommes d'armes dedens un fumier droit devant la porte de la Vignée et se couvrirent du gros estrain du fiens mout coiement, et fut par une mout obscure nuit, et avoient ordonné que un villain du pais, qui avoit au jor à porter vivres aux Englois de dedens, vendroit celle nuit o une somme de pain, lequel y vint. Et pour ce que les Englois de dedens avoient grant neccessité de vivres, ilz[2] ouvrirent prestement[3] la porte et avalerent le pont. Et quant le cheval fut sur le pont, un compaignon qui estoit armez de son haubergon, vestu en guise de villain, et estoit avec cellui[4] qui le pain menoit, lors bouta la somme de pain jus sur le pont et tantost courut seure au portier, qui desarmé estoit, et le tua. Lors saillirent ceulz qui dedens le fumier estoient et entrerent en la forteresse, et furent tous ceulz de dedens la forteresse mors et prins, qui bien estoient LX combatans, et en estoit cappitaine

1. Buveron A.
2. et B.
3. presentement B.
4. lui B.

Vuillesoton et fut amené à Baieux et tous les prisonniers. Et assez tost aprés[1] les fist Guillaume du Merle tous[2] noyer et les autres prisonniers[3] qui avoient esté prins à la Remmée[4], pour cause que ilz faisoient guerre de compaigne et n'avoient point de tiltre de seigneur, et aussi estoient ilz escomeniez[5] du saint pere pour la male guerre que ilz faisoient.

Environ ce temps ou un pou aprés, avint que Loys de Sancerre, Gui le Baveux et le gouverneur de Blois assemblerent bien III[6] cens combatans et seurent que un cappitaine d'Englois, appellé Cressonvale, à tout bien II^c combatans estoient logiés à Olivet sur la riviere du Chier. Et là les devant nommez les vindrent combatre, mais les Englois se desconfirent de ligier[7] et furent presque tous mors, pris et noiez en la riviere. Et ceulz qui furent prins furent aprés tuez pour la male guerre que ilz faisoient.

Au devant ou environ ce temps, s'estoient bien assemblez IIII cens Englois, lesquelz vindrent prendre une place ou clos de Constentin, nommée le Homme, et siet au bout dedens les maisieres qui viennent de la tiere[8] joindre aux grans maires, qui cloent[9] Constentin. Et tantost que Guillaume du Merle le sceut, il assembla

---

1. assez tost aprés *manque* B.
2. tous *manque* A.
3. et les autres prisonniers *manque* B.
4. B *construit cette phrase ainsi que suit* : qui avoient esté pris à la Remmée, Guillaume du Merle les fist tous noyer.
5. escommuniez B.
6. deux B.
7. incontinent B.
8. Fiere A; siere B.
9. clost B.

bien vi^{xx} combatans et plus, et fist tant que les gens du roy de Navarre s'accorderent de venir mettre le siege devant la dite place du Homme, car c'estoit en la terre du roy de Navarre. Guillaume du Merle se loga sur le maresc de la part devers Saint Cosme du Mont, et les Navarrois se logierent de l'autre part vers le Pont l'Abbé. Une nuit avint que les Englois passerent moult soustivement vers les Navarrois et appertement coururent seure à leur gait et le desconfirent[1] et en tuerent plus de trente des Navarrois et se retrairent en leur place sanz gueres perdre. Mais assez tost après ilz furent si destrains de vivres que il convint que ilz se rendissent, et lors se rendirent aux Navarrois, lesquelz[2] promistrent de les sauver. Et celle prommesse firent sans[3] l'accord ne congié de Guillaume du Merle[4], qui là estoit cappitaine pour le roy de France[5], à qui la guerre appartenoit. Et pour ce, quant Guillaume du Merle et ses gens les virent hors de la forteresse, ilz leur coururent seure et les decoupperent tous.

Lors vint Bertran du Guesclin mettre le siege devant Roleboise[6], que Gautier Estraonc[7] et bien vi^{xx} combatans d'Anglois de sa compaignie tenoient. Là ot grant siege et fut durement assailli, mais[8] il ne fut pas pris, car le

---

1. destruisirent B.
2. les *ajoute* A.
3. sans *manque* A.
4. Marle A.
5. qui là ..... France *manque* B.
6. Reliboise B.
7. Estraont B.
8. et B.

chastel estoit¹ trop fort. Et assez tost aprés rendirent le chastel par traitié et s'en alerent, sauves leurs corps et leurs vies.

En cellui temps vint à vraie congnoissance au regent, que le roy [de Navarre]² entendoit et se pourchaçoit pour lui faire et commencier guerre. Et cela fist savoir à Bertran du Guesclin, qui estoit son lieutenant en Normendie. Et pour ce que le dit Bertran, qui regarda que Mente et Meulent, qui estoient deux fortes places sur la riviere de Saine et bons passaiges et estoient au roy de Navarre, et que grant dommaige pourroient porter au roy et au regent et à leur pais entre la riviere de Saine et Flandres, il envoia grant partie de sa gent à Mante et la prist et aprés prist Meulent³. Et lors vint Mouton de Blainville devant Gourné et devant le Neufbourg, qui estoient à la royne Blanche, suer du roy de Navarre, lesquelz se rendirent. Puis fut rendu Belencombre et Longueville, et ne demoura forteresse nulle au roy de Navarre ne à la royne Blanche, sa suer, entre la riviere de Saine et celle de Somme, qui ne feussent toutes en la main du regent.

Et lors vint nouvelles au regent que le roy Jehan son pere estoit trespassé en Engleterre⁴.

En cellui temps vint le castal de Beuf, qui estoit

---

1. est B.
2. *Nous suppléons les mots* de Navarre, *qui manquent dans* A *et* B.
3. *Cette phrase est mal construite; nous la laissons telle que la donnent nos deux manuscrits.*
4. *Texte de* 5610 : Et là li prist maladie de mort et trespassa en l'an mil ccc LXIII, et fu ses corps rapportez en Franche et enterez à l'abeye de Saint Denis. *Le ms. passe ensuite immédiatement au sacre de Charles V.*

lieutenant du roy de Navarre, en sa compaignie bien mil Navarrois combatans et Englois, en la conté d'Evreux. Et quant Guillaume du Merle, qui estoit vers Baieux, sceut que le castal estoit passé pour aler vers Evreux, il assembla bien II cens combatans ou environ et passa en Constentin et chevaucha et dommaga la terre du roy de Navarre. Et lors pluseurs Englois, qui estoient sur le pais, et des Constentinois, qui tenoient le parti du roy de Navarre, s'assemblerent bien XII[xx] combatans et vindrent encontrer Guillaume du Merle[1] au bout d'un vilage nommé Escauleville, et y avoit un petit pas d'eaue courante. Et toutesvoies Guillaume du Merle le vint passer vers ses ennemis, quant il fut descendu à pié, et là vindrent assembler les uns aux autres, et avoit un bas mur entre eulz, là où ilz assemblerent, et fut la besoingne grande et dure et longuement combatue. Mais en la fin les Navarrois furent desconfiz et bien de VIII[xx] à II[c] combatans mors et prins en la place. Et aprés fut gaingnée la ville et le chastel de Quarenten et le Pont d'Ouve. Et trois jours aprés Charles, qui avoit long temps esté regent, fut couronné à Rains[2].

Et lors Bertran du Guesclin, qui bien avoit assemblé M combatans, et estoit en sa compaignie le conte d'Aucerre[3], le viconte de Beaumont, le sire d'Ennequin, maistre des arbalestiers, Mouton de Blainville, Hugues de Chalon et pluseurs nobles seigneurs et

1. Marle B.
2. *Texte de* 5610 : Aprés le mort du roy Jehan, fu Charles ses fieux sacrez à Rainz par I jour de la sainte Trenité en l'an devant dit.
3. d'Autorre B.

autres gens d'armes de pluseurs contrées du royaume de France. Et avec le castal estoit toute la fleur des gens de guerre[1] Gascoins, Navarrois et Englois, qui furent sur les marches de Normendie, du Perche et du Maine, faisans guerre au royaume de France.

Un jour avint que Bertran du Guesclin parti pour aler contre le castal et loga la nuit à la Croix Saint Lieffroy. L'endemain, emprés le pas de Cocherel, apparceurent les gens du dit Bertran le castal et ses gens de l'autre part de la riviere d'Euze en la compaignie. Et lors Bertran passa la riviere et descendi à pié ou milieu[2] de la valée en moult beau champ et o nuy (sic), et le castal vint descendre à pié selon le boys ou hault de la montaigne vers Evreux, et là se tint lui et ses gens. Bertran ne fut pas conseillié de l'aler combatre en la place où il estoit. Ainsi demourerent les II ostz l'un devant l'autre deux jours et II nuiz. Et au tiers jour, environ prime, Bertran et toutes ses gens partirent en belle ordonnance et tous en bataille pour passer le pas de la riviere, qui derriere estoit, et lui et ses gens estoient à grant meschief de vivres, ne le castal n'estoit pas en place où il le peust combatre sanz grant desaventaige. Et quant le castal et ses gens virent ainsi partir Bertran et sa compaignie, ilz monterent à cheval prestement et devalerent[3] la montaigne et mistrent environ C coureurs devant, qui s'avancierent pour deloier[4] de passer le pas à Bertran du Guesclin et à ses gens. Et lors l'arriere garde dudit

1. d'armes B.
2. meillieu B.
3. s'en alerent B.
4. delayer B.

Bertran retourna appertement[1] sur les Navarrois et Englois et tous les François aussi, et rebouterent fort leurs ennemis et tant que ilz les poursuirent jusques à l'entrée d'une vigne, qui estoit ou plain de la valée. Et le castal et ses gens descendirent à pié de l'autre part de la vigne, et grant piece furent les unes batailles devant les autres[2]. Et toutesvoies les François se mistrent premier à chemin d'aler courre seure à leurs ennemis et traverserent la greigneur partie de la vigne. Et là ot grant bataille et durement combatue d'un costé et d'autre, et y ot une route des Englois qui passerent sur le derriere des François, mais une grant partie des gens qui estoient en la bataille Bertran du Guesclin passerent sur le dos de leurs ennemis et telement les dommaigerent, avec ce que ceulz qui combatoient ou front de devant combatoient bien, que les Navarrois et Englois furent desconfiz, et fut prins le castal de Beuf et furent mors presque tous les cappitaines des Englois[3] qui là estoient, et furent mors et[4] prins bien viii^c combatans, et des François y morut le viconte de Beaumont, le sire d'Ennequin, maistre des arbalestiers, le sire de Betencourt et bien de xxx à xl chevaliers et escuiers. Et fut celle bataille le jour de la Ternité, l'an mil CCC LXIII[5].

1. apartement B.
2. les batailles l'une devant l'autre B.
3. tous les Englois et leurs cappitaines B.
4. furent mors et *manque* B.
5. *Voici le récit de la bataille de Cocherel dans* 5610 : Et en che tamps s'estoient assamblé li homme au roy de Navare à Evreux. Là fu li captaus de Buef, Pierres de Sacquainville, Jehans Joiel, Robin Canolle, Robin Scot, Jehans Rosiaux, Guys de Mortemer et le Bascoing de Moreul, et avoient chil cappittaine bien mil com-

De là vint logier Bertran et ses gens une partie à Gaillon, et de là passa de l'autre part de Saine et firent ses gens moult de grans dommaiges sur le pais de Caux, et vint le roy à Rouen, qui les fist passer Saine. Aprés ceste bataille, donna le roy Charles à Bertran du Guesclin la conté de Longueville, pour le bon service[1] que en ceste bataille et en pluseurs autres nobles faiz de guerre lui avoit faiz. Et depuis delivra le roy Charles le castal de Beuf sans paier rençon et pour certains convenans que il lui fist de le servir. Et fist le roy Charles coupper la teste à Pierre de Saqueinville en la place du Vielz Marché à Rouen, lequel avoit esté prins en la bataille devant dicte[2].

batanz. Et eurent pris le voie droit à Vrenon, pour che que i bourgois de le ville leur avoit vendu et donné i jour de livrer, et estoit nommez Jehans Flourens. Chis faiz fu sceus des Franchois et s'assanlerent en armes et allerent contre les Navaroiz. Là fu li contes d'Auchoire, Loys ses frerez, Bertrans de Claiequin, Bauduinz d'Anequin, maistres des arbalestiers, le visconte de Biaumont, Oudard de Renty, li Baudrainz de le Heuse, Moutons de Blainville et pluiseurs aultres chevaliers de Franche. Et assanlerent à battaille les ii parties dalez le mont de Cocquerel. Moult fu le battaille fiere de le quantitté de gent qu'il y avoit, et là fu ochis li maistres des arbalestiers, li viscontes de Biaumont, Regnaulz de Bournonville et pluiseurs aultres Franchois. Mais toutefois furent Navarois desconfit et en y ot le plus grand partie de mors. Là fu pris li captaus de Buef, Pierez de Sacquainville, Jehan Joiel et li aultre cappitaine furent ochiz fors que Robin Scot, qui escappa de le battaille, qui fu faicte le jour devant le sacre du roy Charle.

1. bon *manque* B.

2. *Le commencement de ce paragraphe manque dans* 5610; *voici ce qui dans ce manuscrit en représente les dernières lignes :* Aprés fist mettre li rois Charlez à mort Pierre de Sacquainville comme trahiteur en le ville de Roen, et cuita au captal de Buef se raenchon, et ly donna terre pour che que il luy creanta à luy servir. Et aussy donna li rois à Bertran le conté de Longueville pour le

Et assez tost aprés ala Bertran mettre le siege devant le chastel de Valongnes, et Jehan de Chalon, qui se disoit conte d'Aucerre, combien que son pere vesquist encore, et Jehan de la Riviere, chamberlant de France, et Mouton de Blainville mistrent siege[1] devant le chastel et cité d'Evreux. Et tant fist Bertran que ceulz de Valoingnes traitierent de lui rendre le chastel et le jurerent[2], et depuis rompirent il le traitié, et bien tost aprés le prist le dit Bertran par assaut.

En ce temps gaingna le sire de la Ferté, qui lors estoit mareschal de Normendie, la ville de Bernay et le Sap par traitié, lesquelz fors se tenoient pour le roy de Navarre. Et de là vint au siege devant l'abaie de Silli, où le sire de Tournebust et Guillaume du Merle estoient à siege, et rendirent ceulz de dedens la forteresse, sauves leurs corps, leurs chevaulz et leur hernois.

Et assez tost aprés mistrent les dessus nommez et les Normans, qui en leur compaignie estoient, le siege devant Eschaufou, et dura XLII jours et en la fin y vint Bertran du Guesclin, qui avoit prins Valoingnes, et fut la forteresse rendue par si[3] que ceulz de dedens s'en alerent, sauves leurs vies et leurs biens.

En cellui temps print le duc de Bourgongne, frere du roy de France, la forteresse de Chameroles, de Marcherainville, de Touvoy et de Pereur[4] par force de

proeche qu'il avoit fait à le bataille de Cocquerel et ailleurs. *Les cinq paragraphes suivants n'existent pas dans* 5610.

1. le siege B.
2. et le jurerent *manque* B.
3. cy B.
4. Pereu B.

siege, et ceulz de dedens prisons¹ à sa voulenté. Et se rendi Drosuy, qui n'osa atendre le siege. Et estoient ycelles forteresses sur les marches d'Orleans et de Chartrain. Et de là vint le duc de Bourgongne devant le chastel de Molineaux à iiii lieues prés de Rouen, et l'assega.

Et lors le roy oy nouvelles, que Loys de Navarre venoit devers² Gascongne à tout bien xiiii^c combatans et avoit prins la Charité sur Loire. Lors manda le roy de France au duc de Bourgongne, son frere, que il laissast le siege de Molineaux et alast vers la Charité, et ausi le manda à ceulz qui estoient devant Evreux. Et il acompli le mandement du roy et assembla bien iii^m combatans et s'en ala vers la Charité. Et quant il vint devant la ville, il n'eut pas conseil de l'assaillir pour la grant quantité de gent qui y estoit, et ala loger à une place prés de là sur la riviere de Loire, que on appele la Marche, et estoit close de vieux³ murs anciens.

En ce temps⁴ avoit Charles de Blois et Bertran du Guesclin assemblé bien⁵ de iii à iiii^m combatans pour aler lever le siege que Jehan de Montfort, le sire de Clisson, qui pour lors tenoit le parti des Englois, Robert Canorle et Hue de Caveley⁶ avoient mis devant le chastel d'Auroy, et estoient plus de iii^m combatans. Et quant Charles de Blois et Bertran du Guesclin vin-

1. prisonniers B.
2. vers B.
3. vielz B.
4. *Ici reprend* 5610.
5. bien *manque* B.
6. Cameley A.

drent prés de l'ost des Englois[1], ilz se logierent sur une riviere et fut traitié de la paix d'un costé et d'autre. Mais nul accord n'y peut estre. Charles de Blois, Bertran du Guesclin et leurs gens passerent le pas de la riviere et trouverent touz les Englois ordonnez pour combatre, et lors ilz alerent assembler. Et ne vindrent pas tant les Englois du chemin contre eulz comme les François alerent. Si estoient les Englois en l'aventaige du champ, et bien[tost] que ilz furent assemblez, tres grant quantité de Bretons et autres gens, qui estoient en la bataille Charles de Blois, tournerent et s'en alerent[2]. Et lors Charles de Blois se joingnit à la bataille Bertran du Guesclin, et là ot moult dure bataille et y morut Charles de Blois, et furent les François desconfiz et mors et prins bien XII^c combatans. Aprés celle bataille fut rendu le chastel d'Auroy, et assez tost aprés se fist traitié entre Jehan de Montfort d'une part et la femme Charles de Blois, qui disoit estre duchesse de Bretaigne, d'autre, et de l'accord des barons du pais et des bonnes villes, qui fu tel que Jehan de Montfort porteroit le nom et les armes plaines de Bretaigne et seroit duc, et la conté de Paintievre et la terre d'Avaugor[3] ..... demourroit à heritaige à la dicte duchesse, qui fut femme Charles de Blois, et à ses enffans, et se Jehan de Montfort n'avoit hoirs malles yssans de lui, la duchié de Bretaigne revenroit aux enfans Charles de Blois[4]. Et par ainsi firent les seigneurs de Bretaigne hommaige à

1. François A, B.
2. tournerent et s'en alerent *manque* B.
3. *Lacune dans* A *et* B; *on pourrait suppléer* et la vicomté de Limoges.
4. et se Jehan ..... Blois *manque* B.

Jehan de Montfort, sauve la feaulté du roy de France, et depuis en fist le dit Jehan de Montfort hommaige au roy à Paris [1].

Quant le roy de France sceut la desconfiture d'Auroy[2], il manda au duc de Bourgoingne, qui estoit à la Marche devant la Charité, que il s'en venist vers lui, lequel avoit ja oyes nouvelles de la dicte[3] desconfiture. Et quant il eut receu le mandement du roy, il se desloga et s'en vint à Paris, et assez tost aprés il s'en ala en son pais de Bourgoingne et fist grant guerre sur la conté de Bourgoingne sur pluseurs du pais, qui guerrioient lui et sa duchié, et fut prins en une bonne petite besoingne Jehan du Neufchastel, et pluseurs de ses gens mors et prins. Et par celle prinse gaingna

---

1. *Voici le récit de la bataille d'Auray d'après le ms.* 5610 : Moult tost appres alla Jehans de Monfort à siege devant le castel d'Auroy en Bretaigne, liquelz estoit à Charlle de Blois, et le plus grant partie du pais. Avec Jehan de Monfort estoit Jehans de Chandos, Hues de Cavrelay, Robers Canolle, Olliviers de Clichon, fil Olivier dont nous avons parlé, et grant plenté de combatanz. Adont assambla Charles ses gens et manda secours en Franche. Et li rois li envoya le conte d'Auchoire, Bertran de Claiequin, Olivier de Maugny, et menerent chil plus de III mil combatans, dont li pluiseurs estoient gens de grandes compaignez, que Bertrans assambla, et laisserent pluiseurs fortresches que il tenoient en Franche pour aler avec luy. Devant le castel d'Auroy assambla Charles de Blois ses gens contre Jehan de Monfort. Là ot grande battaille et fut Charles desconfis et mors sur le camp. Là fu pris Bertrans de Claiequin et li contes d'Auchoire, qui ot I œil crevé en le battaille, et grant plenté en y ot de mors. Apprés celle battaille fu portez Charles de Blois à Guingant et là fu enterez. Apprés se rendi tous li pais à Jehan de Monfort, et alla puis faire hommaige au roy Charle de toute le duché de Bretaigne. Et il le rechupt et furent li prisonnier delivré pour raenchon paier.

2. Auray B.

3. dicte *manque* B.

la ville de Pontallier et acheva grandement de sa guerre[1].

Et assez tost aprés que le duc de Bourgoingne fut parti de devant la Charité, Lois de Navarre, qui dedens estoit, parti de la Charité et la laissa et s'en vint selon la riviere de Loire passer parmi Anjou à tout ses gens, et vint jusques en Bretaigne et parla à Jehan de Montfort et aux Englois, qui sur le pais estoient, et de là s'en ala mettre[2] siege devant le chastel de Valongnes à tout bien xv cens combatans et le gaigna par siege, et s'en partirent ceulz de dedens, sauves leurs corps et leurs biens. Et de là s'en ala à Avranches et depparti grant quantité de ses gens.

Dedens brief temps aprés fut traitée la paix du roy de France et du roy de Navarre, et fut par la royne Blanche et par la royne Jehanne, et rendi la royne Blanche au roy de France la ville et chastel de Vernon, car il ne vouloit pas que elle le tenist, et pour ce que c'estoit un passaige sur la riviere de Saine et qu'elle estoit suer au roy de Navarre, qui pluseurs foiz lui avoit meu guerre, et en recompensacion lui bailla le chastel de Neauffle prés de Gisors et lui rendi le Neufchastel, Gournay et les appartenances.

Aprés celle paix faite du roy de Navarre, s'assemblerent grans compaignies[3], dont li plus estoient Englois, et de mainte autre contrée en y avoit, et moult essillierent et dommaigerent le royaume de France, et tant que le pappe getta sur eulz sentence

---

1. *Ce paragraphe et les deux suivants manquent dans* 5610.
2. ala au siege B.
3. *Ici reprend le ms.* 5610.

d'escomeniement[1] moult cruelment. Mais pour ce ne se cesserent jusques à tant[2] que le pappe et le roy traitierent à eulz et leur donnerent grant foison de deniers pour aler sur les Sarrasins, et les devoit Bertran du Guesclin conduire en l'aide du roy de Chippre. Lors alerent à Avignon et le pappe les absolit.

En cellui temps fut plainte faite au pappe du roy Pietre d'Espaigne, qui cruelment et desordonneement justiçoit et demenoit les nobles et autres de son royaume, et fut dit au pappe et au roy de France comment il[3] avoit fait mourir sa femme, qui moult estoit loyale et bonne dame au record du peuple, et estoit suer de la royne de France et du duc de Bourbon, et grant temps avoit que il avoit[4] voulu faire mourir son frere Henry bastart, et l'avoit chacié hors de son royaume, et pluseurs autres nobles du pais. Lequel Henry fut recueilli[5] devers le roy Jehan[6] de France, et lui donna terre, et le servit long temps en sa guerre.

Quant le roy de France sceut la verité de la mort de la royne d'Espaigne, il lui en desplut[7], et lors manda à Bertran de Claquin, que il envoiast toutes ses gens sus le roy Pietre d'Espaigne et que il aidast à Henry le bastart d'Espaigne à le faire roy d'Espaigne, lequel avoit ja commencié guerre contre le roy Pietre

---

1. excommuniement B.
2. ne cesserent tant B.
3. cruelment ..... il *manque* 5610.
4. l'avoit A.
5. recueille A.
6. Jehan *manque* B.
7. et grant temps ..... desplut *manque* 5610.

pour le grant tort que il lui faisoit[1]. Et lors Bertran du Guesclin y ala à tout grant foison d'icelles gens de compaigne et autres, et depuis y envoya le roy de France Arnoul d'Odenehen, son mareschal, et le Begues de Villaines.

En ce temps estoit moult hay le roy Pietre de ses hommes, et se fioit plus es Juis[2] de sa terre que en autres gens, et tant que il fut reputé pour homme de mauvaise creance. Et telement le guerria Henry son frere par l'aide de Bertran du Guesclin, de ses gens et de pluseurs sengneurs d'Espaigne, qui estoient aliez avec lui, que il gaigna presque tout le royaume d'Espaigne et se retrait le roy Pietre à Sebile. Et lors ala le roy Henry à tout son ost devant Sebile, en laquele cité il avoit demouré grant foison Juis et Sarrasins. Et s'en estoit parti le roy Pietre, qui s'en estoit alé devers le roy de Bellemarine en Guernade, et tenoit le royaume de Guernade de luy et assembla grant foison de Sarrasins[3]. Les Juis et les Sarrasins[4], qui dedens Sebile

1., et que il aidast ..... faisoit *manque* 5610.
2. paisans B.
3. *Version de* 5610 *pour le commencement du paragraphe* : Chis rois Piettres estoit adont hais de ses hommes et des genz de sen royalme pour le mort de se femme et pour une Juise qu'il tenoit avec luy comme se soingnant, et le reputoient comme homme de maise creanche. Et mesmes Henris, ses freres bastars, li blasmoit moult, mais riens n'en vault faire pour luy ne pour ses hommes. Dont Henris le prist à grever par l'aide et conseil de pluiseurs barons du pais. Et moult tost apprés li alla en ayde Bertrans de Claiequin et ses gens. Et tant fu li rois Piettres court menez que il le convint partir du royalme d'Espaigne, et alla en sen royalme de Castelle à Toullette et puis à Sebille pour secours avoir, et ala au roy de Belmarin en Grenade pour secours avoir et assambla grant plenté de Sarrasinz, car li rois estoit ses homs.
4. et s'en estoit parti..... Sarrasins *manque* B.

estoient, demouroient à part en une partie de la ville, et estoient leurs rues fermées de barrieres et de chaines, et les Chrestiens aussi les uns contre les autres. Et quant les Chrestiens voulurent rendre la cité au roy Henry, et Juis et Sarrasins se tenoient au roy Pietre. Si ot grant dissencion en la cité, et combatirent les Chrestiens contre les Juis et Sarrasins, et à l'eure de celle[1] bataille une poterne fut ouverte, par laquele les Espaignolz et les souldoiers y entrerent, et y eut grant foison de Juis et Sarrasins occis, et pluseurs en y eut qui se firent baptiser et lever jusques au nombre de bien XII^c [2].

Aprés revint Henry en Espaigne, et se rendi à lui la ville de Saint Fagon et Pommiers et Saint Dommin[3]. Et puis ala à siege devant Bours, et se rendirent à lui ceulz de la cité, et là fut couronné comme roy d'Espaigne par I jour de Pasques. Et assez tost aprés ala le roy Henry à siege devant Toulette à moult grant peuple, et en ce temps donna à Bertran du Guesclin la

1. ceste B.
2. *Texte de 5610, correspondant à la fin de ce paragraphe :* En che tamps assambla Henriz li bastars grant puele et alla à siege devant le chitté de Sebille et avec Bertran de Claiequin, Ernoul d'Audrehen, mareschal de Franche, et pluiseurs gens de grandes compaignes assamblez de pluiseurs pais. En chelle chitté de Sebille estoient demourant Crestien, Juis et Sarrasin, et cascun en se partie. Estoient frameez les ruez de caines, de bailles l'un contre l'autre. Et adont estoient li Crestien de le chitté de Sebille d'acord que li chittez fust rendue à Henry, et Juis et Sarrasin se tenoient au roy Piettre. Et en y ot grand dissence en le chitté et battaille des uns contre les aultres. Et en l'eure de celle battaille une posterne fu ouverte, et par là entrerent li Espaignot et li aultres saudoier, et y ot grant plenté de Juis et de Sarrasins ochis et pluiseurs qui se firent baptiser dusques au nombre de XII^c.
3. Sainct Dommain B.

conté d'Estuire[1] pour le secours que il lui fist, et Henry le bastart fut tenu ou païs comme roy d'Espaigne. Devant Toullette arriva le roy Pietre à III lieues de la cité au Port[2], et avec lui le roy de Guernade et le roy de Bellemarine à tout XL mil Sarrasins. Quant le roy Henry et Bertran du Guesclin seurent leur venue, ilz alerent contre eulz sur le Port et les desconfirent, et y eut mort grant foison de Sarrasins, et rentrerent les roys[3] en mer à grant perte de leurs gens.

Aprés ala le roy Pietre à Bordeaux au prince de Gales et lui requist secours et aide pour son royaume reconquerre, afin que il se tenist de lui et de ses hoirs ensuivans, et aussi que il paieroit tous les souldoiers, qui à son secours vendroient. A ceste requeste s'accorda le prince par le consentement du roy Edouart, son pere, qui lui envoya grant foison d'Englois par mer, et les conduisoit Jehan, son filz, duc de Lenclastre de par sa femme, fille Henry de Lenclastre, conte Derbi, dont nous avons devant parlé. Moult assembla le prince d'Englois, de Galois, de Bretons et de Gascons. Et mesmes le castal de Beuf guerpi l'hommaige[4] du roy de France et la terre que il lui avoit donnée, pour aler en l'aide du prince de Gales, qui parmi le royalme de Navarre ala en Espaigne, et le consentit le roy de Navarre à passer pour le gaing que il en receut.

Quant le prince de Galles eut passé le royaume de

1. d'Estires 5610.
2. à Port 5610.
3. III roy 5610.
4. hommage B.

Navarre, il ala au Groin[1], et la ville se rendi à lui, sauves leurs vies, et aprés ala vers Nadres. Et lors[2] parti de l'ost du roy Henry bien XVIe combatans de François et Espaignolz, et le plus en estoient Espaignolz et touz estoient liegierement montez, et tant chevauchierent que ilz vindrent par un matin sur un des logis de l'ost du prince, là où estoit logié Guillaume Felton, englois, qui lors estoit seneschal de Poitou de par le prince. Et estoient bien grant foison Englois logiez avecques lui. Et là furent plus de III^c Englois mors et grant foison prins et fut tout ycellui logis rué jus. Et fut tout l'ost du prince en grant desaroy[3] et durement effroyé, car ilz cuidoient que ce feust tout l'ost du roy Henry. Et lors se retrairent les Espaignolz et ceulz qui la besongne avoient faite et revindrent à l'ost du roy Henry sans perdre[4]. Et lors le prince chevaucha avant et encontra[5] le roy Henry emprés Nadres, qui avoit moult grant ost, mais la plus grant partie estoient Espaignolz et grant quantité y en avoit sur chevaulz couvers, et la plus grant partie ne descendi point à pié. Mais Bertran du Guesclin, Ernoul d'Odenehen[6], le Begue de Villaines et toutes leurs gens dessendirent à pié et estoient bien .....[7] Et lors le prince et[8] toutes ses batailles descendirent à pié, et avoit bien

1. Groing 5610.
2. l'ost B.
3. desroy B.
4. perte B.
5. *Les mots* et lors parti ..... encontra *manquent dans* 5610.
6. de donehan B.
7. *Lacune dans* A *et* B, *que* 5610 *ne permet pas de combler. Voir pourtant la note 3 de la p.* 184.
8. de toutes A; de Gales et B.

plus dē xvi^m combatans de droites gens de guerre. Lors assemblerent les batailles, et tantost se desconfirent les Espaignolz, car les archiers des Englois tuerent et navrerent grant foison de leurs chevaulz, nonobstant leurs armeures, et mesmement se retrait le roy Henry avec ses gens. Là furent François encloz de toutes pars, car moult estoient petite quantité au regard[1] du grant ost que le prince avoit, et toutesvoies combatirent ilz bien et vaillamment, mais en la fin furent ilz touz mors et pris, et fu pris Bertran de Guesclin, Ernoul d'Odenehan[2], le Begue de Villaines et pluseurs nobles chevaliers[3].

Aprés celle desconfiture mena le prince de Gales le roy Pietre à Burs et le fist recevoir comme roy et le remist en possession de son royaume et en receüt l'ommaige[4], et puis s'en ala en Gascongne. Et en ce temps se parti le roy Henry d'Espaigne en moult povre

1. regent A.
2. dedenehan B.
3. *Voici le récit de la bataille de Najera d'après le ms. 5610 :* Là estoit li rois Henris, Bertrans de Claiequin, Ernoulz d'Audrehem, li Beghes de Villaines et grant plenté d'Espaignos et de Franchois, qui issirent à bataille contre le prinche. Et assambla li rois Henrys et si homme d'Espaigne contre les archiers du prinche, pour che que grant plenté d'Espaignoz avoient leurs chevaux armez. Bertrans de Claiequin et li Franchois descendirent à piet et se mirent en battaille contre le prinche et ses gens d'armes. A l'assambler de celle battaille y ot pluiseurs chevaulz des Espaignos navrez par le trait, non contrestant leurs armures, et mout pau tinrent plache, mais tost se desconfirent et fuirent. Et meismes li rois Henris guerpy le bataille. Et tantost aprés furent Franchois enclos de toutes pars. Là fu pris Bertrans de Claiequin, Ernoulz d'Audrehem, li Beghes de Villainez, et li aultre furent mort ou pris, qui estoient entre ix^c ou mil hommes combattans.
4. et en ..... l'ommaige *manque* 5610.

point et estat, et s'en ala vers le pappe Urbain à Avignon, mais pou lui fist de secours, car en ce temps [1] se pourveoit pour aler au siege de Romme. Lors ala le roy Henry vers le duc d'Anjou, qui le receut. Et en [2] ce temps faisoit guerre le duc d'Anjou comme roy d'Arle à la royne de Naples sur la conté de Prouvence.

Aprés ce que le prince fut revenu d'Espaigne, s'assemblerent pluseurs cappitaines de grant compaigne avecques Charles d'Artois, frere Jehan d'Artois, et disoit cilz Charles que il yroit conquerre la conté d'Artois [3], et passerent parmi France, Brie, Champaigne et Lannois [4] et repperent parmi France, et ne fut onques qui bataille leur livrast.

Et avint en l'an mil CCC LXVII, en la derraine [5] sepmaine de quaresme, que par toutes les contrées du royaume de France, en Alemaigne, en Espaigne [6] et en pluseurs autres contrées se prist le peupple à esbair et à fuir en pluseurs parties, et mesmement ceulz qui estoient es forteresses, et ne savoient de quoy.

Aprés celle saison fut Bertran du Guesclin delivré [7] par renson et parti de Bordeaux et ala au duc d'Anjou, qui estoit à siege devant Tarascon. Et assez tost aprés fut la paix faite entre le duc d'Anjou et la royne de Naples et repera le duc d'Anjou à Toulouse.

Le roy Henry et Bertran du Guesclin recueillirent

1. temps *manque* A, B.
2. en *manque* B.
3. frere ..... d'Artois *manque* B.
4. Laonnois B.
5. derrenière B.
6. en Espaigne *manque* 5610.
7. de prison *ajoute* B.

les gens d'armes que le duc avoit eus pour sa guerre
mener et les menerent en Espaigne. En ce temps
estoit le roy Pietre à Sebile, et le roy Henry ala à Burs
en Espaigne, et lui fut rendue sans assaut et y fut
receu comme roy. Et aprés fut receu en pluseurs
villes du royaume, si comme il fut à Burs. Adont
assembla tant de gent que il pot et ala à siege devant
Tollette. Et le roy Pietre ala querre secours le plus
efforcieement que il pot au roy de Bellemarine et au
roy de Guernade et ailleurs, tant que il eut bien xx^m[1]
hommes, Sarrasins et autres, et ala devers Tollette.
Quant le roy Henry et Bertran du Guesclin seurent la
venue du roy Pietre, ilz se deslogierent le plus secrettement que ilz peurent et alerent contre le roy Pietre,
et le trouverent où il avoit ses batailles ordonnées,
sur le pendant d'une valée, là où il couroit une riviere,
avecques lui grant foison d'Espaignolz et de Sarrasins,
et y estoit le filz du roy de Bellemarine. Le roy Henry
et Bertran du Guesclin passerent la riviere, qui en la
valée estoit, et toutes leurs gens, et lors alerent
assembler au roy Pietre, qui avoit moult grans gens.
Mais ilz combatirent pou, et là furent le roy Pietre et
ses gens desconfiz, et bien y eut de Sarrasins et autres
VIII^m de[2] mors[3]. Et donques le roy Pietre se retrait en

1. LX^m 5610.
2. de *manque* B.
3. *Récit de la bataille de Montiel d'après* 5610 : et alerent contre
yaulz, tant qu'il assamblerent soudainement à l'avan garde, que
Ferrans, li contes de Castres, menoit, et les desconfirent et s'en
retournerent pluseurs fuians à le bataille du roy Piettre. Quant
li Sarrasin oyrent nouvelle de le desconfiture, il n'ozerent attendre
leurs anemis, ains s'enfuirent tout. Et mesmés li rois Piettres, *etc.*

un chastel que on appelle le Mouchel[1], et dant Ferrant de Castres et pluseurs de ses gens avec lui. Et le roy Henry ala à siege devant[2]. Et quant le roy Pietre se vit assegié, il manda secrettement à un Gascoing, qui estoit avec Bertran et par avant avoit esté avec le prince, et à autres que ilz le meissent à sauveté et hors de ses ennemis, et il leur donrroit[3] grant avoir, lesquelz s'i accorderent et lui en firent telz seremens que à ce appartenoit. Adont yssi le roy Pietre secrettement du chastel, et lors le Gascoing et ceulz qui promis lui avoient de le conduire, le menerent au roy Henry. Et tantost que le roy Henry le vit, il lui courut seure et le roy Pietre se mist en defense. Mais pou lui valut, et les gens du roy estoient environ lui, et tantost fut tué et lui fist le roy Henry coupper la teste, et la fist monstrer à ceulz du chastel, lesquelz se rendirent[4]. Et le roy les print à mercy, excepté le conte Ferrant de Castres que il fist decoller devant luy[5]. Lors ala le roy Henry devant Tollette et fist monstrer à ceulz de dedens la cité le chief du roy Pietre, et tantost ilz se rendirent à lui et grant foison de villes du pais, et tant fist que il fu nommé roy d'Espaigne et de Castelle[6].

1. Montel 5610.
2. Et che fu dit au roy Henry, qui ala à siege devant 5610.
3. donneroit B.
4. *Mort de don Pedre, d'après le ms.* 5610 : Et li Gascoins, qui le prist en conduit, le mena droit au roy Henry à ses trefs. Et tantost li rois Henrys le fist decoler et fist mettre le quief sur le bout d'une lanche et le fist monstrer à ceulz du castel, qui pour le mort du roy se rendirent.
5. *Les mots* le conte ..... luy *manquent* A, B.
6. roy d'Espaigne aussi B.

En cellui temps fist le roy Charles de France adjourner en sa court le prince de Gales pour lui faire hommaige de la duchié de Guienne que il tenoit de lui et pour respondre sur certains malefices que il et ses gens avoient faiz et perpetrez contre la magesté royal. Auquel adjournement il ne comparut point et derechief fut adjournez par II foiz, ausquelz il ne comparut, et tant fut le proces demené contre lui en la court de France, que il fut jugé par sentence et arrest de Parlement, que il s'estoit forfait contre le roy et la couronne de France et que la duchié de Guienne devoit par la ditte forfaiture estre aquise au roy. Et lors le roy somma le conte de Foiz, le conte d'Armignac, le conte de Comminges, le conte de Monlesin, le sire de Labret et les autres seigneurs et[1] gens de bonnes villes de la duchié de Guienne, que ilz venissent en son obeissance, comme ses drois hommes que ilz estoient pour cause de la forfaiture devant ditte. Pour laquelle cause et pour pluseurs griefs et oultraiges et deffautes de droit que le prince leur avoit faiz, les contes devant nommez et le sire de Labret et pluseurs autres seigneurs et bonnes villes, comme Auch, Agien[2], Letore, Condon, Caours, Figat, Montauban[3], Bergerat, Pierregueux[4], Angoulesme[5], Saintes[6], Saint Jehan d'Angeli, la Rochele, Limoges et pluseurs autres bonnes villes, nobles chasteaux et forteresces de la

---

1. des A et B; *nous corrigeons.*
2. Agen B.
3. Montauben B.
4. Pierregeux B.
5. Angolesme B.
6. Xaintes B.

duchié de Guienne vindrent en l'obeissance et hommage du roy Charles et de la couronne de France, combien que il y eust pluseurs bonnes villes [et] forteresces, qui se tindrent depuis que la guerre fut commenciée du roy Charles de France d'une part et du roy Edouart d'Angleterre et de ses enffans d'autre et firent guerre du costé des Englois. Et en cellui temps commança la guerre des princes devant diz, en l'an mil CCC LXIX[1].

Et se rendi au roy de France la ville d'Abbeville et la ville de Rue par leur bon pourchaz et demonstrement, que leur fist Hue de Chastellon, maistre des arbalestiers, qui lors estoit cappitaine sur le pais pour le roy de France, lequel leur monstra comment ilz se devoient tenir et remettre en l'obeissance de leur souverain seigneur, le roy de France. Et aprés ala le dit Hue de Chastillon à siege devant le Crotoy, et tantost fu la ville du Crotoy gaingnée, et les Englois se mistrent ou chastel et se rendirent, sauves leurs vies par traitié. Puis alerent François à siege devant le chastel de Noielle, dont Nicole Stamborne estoit cappitaine, et rendi le chastel pour partir sauvement du pais et sans perdre leur avoir. Et aussi fut toute la conté de Pontieu rendue au roy de France.

En l'an que la conté de Pontieu se fut rendue aux François, s'assemblerent Anglois à Calais et pluseurs soudoiers d'Alemaigne à eulz aliez et entrerent en Artois et en la conté de Saint Pol, qui par eulz fut moult gastée d'ardoir villes et de prendre gens à ren-

---

1. A *et* B *portent* CCCLX; *la date* CCCLXIX *est donnée par* 5610.

çon, et aussi la conté de Boulongne[1] en pluseurs lieux[2].

En ce temps s'assemblèrent François, et les conduisoit Phelipe, duc de Bourgongne, Moreau de Fiennes, le conte Guy de Ligny[3] et de Saint Pol, et se logierent sur le mont[4] de Tournehan, et les Englois se logierent[5] entre Guines et Ardre en une moult forte place[6], et furent les II ostz logiez sur les champs l'un[7] prés de l'autre[8], et ot pluseurs rencontres et saillies entre les II ostz, mais premiers se partirent François de leur place et s'en alerent sanz bataille.

1. Bourgongne B.
2. *Voici comment* 5610 *a abrégé les trois paragraphes qui précèdent :* Apprés le mort du roy Piettre, li rois Charles de Franche manda deffianches au roy Edouart. Assez tost apprés se rendi au roy de Franche le ville de Abeville et de Rue en Pontieu, puis alerent à siege Franchois devant le Crotoy, et tantost fu le ville conquise et se misent li Engles en le tour, mais par traitiet il se rendirent, sauves leurs vies. Puis alerent Franchois à siege devant le castel de Noyelle, dont Richart de Colehem fu cappitaine, et rendi le fortresche pour partir sauvement du païs sans perdre leur avoir. Et ainsy fu toute le conté de Pontieu rendue au roy de Franche. — En che tamps aussy furent rendues au roy de Franche pluseurs villes et fortresses en le dúché de Ghienne, si comme Caours, Limoges, et pluseurs autres se rendirent par traitiet et pau y en ot prises par assaut. En l'an que le conté de Pontieu se fu rendue franchoise, s'assamblerent Engles à Calais et pluseurs saudoiers d'Alemaigne à yaux aliiés et entrerent en Artois et en le conté de Saint Pol, qui fu par yaulz moult destruite et essillie, et aussy le conté de Boulongne en pluseurs lieux.
3. Ligney B.
4. moult A.
5. deslogierent A, B.
6. et les conduisy le duc Jehan de Lenclastre *ajoute* 5610.
7. longuement et bien VI sepmaines *ajoute* 5610.
8. à demi lieue prés l'un *ajoute* 5610.

[1369] Quant les François furent partiz, pluseurs Englois et Alemans[1] entrerent en la conté de Pontieu et moult la fusterent, puis passerent la riviere de Somme et entrerent ou pais de Caux et l'essillerent et fusterent, et chevaucherent jusques à Harefleur, où le navire du roy Charles estoit[2], et moult gastoient et essilloient le pais d'environ[3], et puis s'en retournerent parmi Caux et vindrent par devant Abeville. Et adont yssi Hues de Chasteillon[4], maistre des arbalestiers, pour rebouter et porter dommaige à pluseurs Englois, qui s'estoient mis dedens les fauxbours devers le Vimeu, mais il fut desconfit et fu prins, lui xve[5] de chevaliers, et pluseurs autres mors et prins. Aprés s'en ala le duc de Lenclastre à tout ses Alemans et[6] Englois à Calais, et là departi il ses gens.

Vers la fin de l'an LXIX[7], un pou au devant de Noel, s'assemblerent bien vi^c combatans de François de pluseurs garnisons à Saumur. Là fut Jehan de Vienne, Guillaume des Bordes, Jehan de Bueil et Gui le Baveux, et là leur vint nouvelles que le conte de Pannebroc estoit logié en une plate[8] ville, appellée Pournon, à tout bien v^c combatans. Et lors les François alerent vers Pournon et là vindrent environ le point du jour et

1. avec le duc de Lenclastre *ajoute* 5610.
2. et assallirent le ville et le port, mais riens n'y firent *ajoute* 5610.
3. à l'environ B.
4. Castillon B.
5. quinzeiesme B.
6. et *manque* B.
7. *Tout ce qui suit jusqu'à la campagne de Robert Knolles (p. 195) manque dans* 5610.
8. petite B.

tantost coururent seure aux Englois en leur logis. Mais ilz trouverent le conte de Pennebroc et la greigneur partie de ses gens en ordonnance emmy la rue. Là combatirent fort et en la fin le dit conte se retrait à tout bien III^{xx} combatans de ses gens dedens un fort hostel, et tout le surplus de ses gens furent mors et prins. Et tient on que le dit conte eust esté prins dedens son hostel, se[1] n'eust esté la doubte que les François avoient de la survenue de Jehan de Chandos, qui avoit grant foison d'Englois avec lui à Poitiers, et aussi n'avoient les François nulles gens de trait. Un pou au devant avoit Jehan de Bueil desconfit la garnison d'Englois qui estoit à Monstereul Bonnine, et furent bien plus de VII^{xx} combatans mors et prins, et là fut prins Symon Burelle, cappitaine d'iceulz Englois, et fut une besoingne bien durement combatue.

Et en quaresme ensuivant, l'an mil CCC LXIX, Jehan d'Estouteville et Jehan de Villemeur assemblerent environ IIII^c combatans et seurent[2] que le Bourc Camus, le Bourg de Campane et Sustot de la Sague[3] estoient logiez à bien V cens combatans de Gascoins à une ville close, appellée Lesquerp, et tenoient les diz Gascoins le parti des Englois, et y avoit un fort moustier où pluseurs des gens de la ville demouroient, lesquelz gens aiderent aux François à entrer ens et en recueillirent[4] secrettement en leur moustier. Et quant les François furent dedens, ilz coururent appertement

---

1. se *manque* B.
2. sceut B.
3. Susot de la Sague B.
4. recueillent B.

seure[1] aux Gascons et les desconfirent, et y ot en pluseurs lieux bien combatu par les hostelz, et furent tous prins et leurs biens aussi et pou y en mourut. Et fut mené le Bourg Camus et le Bourg de Campaigne et Jehan le Negre à Paris, et leur fist le roy Charles couper les testes pour trahison que ilz[2] avoient faite à l'encontre de lui et de sa seigneurie.

Entre le temps que la besoingne de Purnon devant ditte fut et celle de l'Esquerp., le duc de Bourgongne mist le siege devant le chastel de Belleperche, ...[3] et pluseurs autres Gascons avoient prins dedens la duchesse de Bourbon, mere de la royne de France et du duc de Bourbon devant dit. Et avoit bien le duc de Bourgoingne de VIII^c à mil combatans, quant le duc de Lenclastre vint devant lui pour lever le siege à tout bien IIII^m combatans. Mais le duc de Bourbon fist clorre son siege de petiz fossez et de pal, et n'estoit pas grant forteresse veu la grant quantité des Englois et la petite des François, et le duc de Lenclastre ne ses gens n'entreprinrent point[4] de combatre les François en leur place, mais se logierent devant eulz et y furent III jours, et y ot grans saillies et escarmouches. Et lors le duc de Lenclastre se desloga et s'en ala vers Guienne et perdi en icellui chemin moult de bestes et de chevaulz, et eurent moult mal temps ceulz de son ost, car l'iver estoit moult fort.

Environ le commancement de l'an mil CCC LXX, avoit le duc de Lenclastre, filz du roy Edouart, assemblé

1. seure *manque* B.
2. eulz A.
3. *Ici dans* A *et* B *un blanc.*
4. riens B.

avec lui grant foison d'Englois et de Gascoins en la duchié de Guienne, et estoit avec lui le conte de Pennebroc, le castal de Beuf et pluseurs autres nobles seigneurs. Et fut aprés ce que le prince de Gales se[1] parti de Guienne moult malade et ala en Engleterre, ne onques puis[2] ne s'arma ne ne fut en droicte santé.

Et environ le temps qu'il se parti, un escuier de Bretaigne, appellé Caraloet, parti de l'abaie de Saint Sernin, que les François avoient nouvellement conquise sur les Englois, à tout environ IIII^{xx} combatans, et alerent droit au pont de Lusac. Mais Jehan de Chandos, Loys de Harecourt, le sire de Partenay et bien VII^c combatans, lesquelz avoient la nuit devant essaié escheler Saint Sernin, mais failli y avoient, seurent que le dit Caraloet et ses gens et compaignons estoient alez vers le pont de Lusac. Si alerent aprés grant aleure[3], mais avant que ilz venissent là, ja estoit venu le conte de Stanfort et Dagorisses à tout bien VII^{xx} combatans, lesquelz avoient ja combatu longuement aux François et avoient esté durement reboutez à l'un des bouz du pont. Et quant Chandos vint de l'autre costé, les François se miepartirent[4], l'une partie defendit le bout du pont devers Chandos avec Loys de Saint Julien et l'autre partie defendit l'autre bout du pont avec Caraloet contre le conte de Stanfort. Et à merveilles combatirent bien et tindrent longuement le pont les François de si pou de gens que ilz estoient, mais en la fin furent tous mors et prins, et là fut mort Jehan de

1. se *manque* B.
2. depuis B.
3. erre B.
4. se departirent B.

Chandos et grant foison d'Englois mors et bleciez.

De la mort Jehan[1] Chandos fut durement courroucié le roy d'Engleterre et le prince. Assez tost après mist le duc de Lenclastre le siege devant Limoges et la minerent, et un jour firent bouter le feu es estaies de leur mine, et quant la mine fondit, il chait un grant pan du[2] mur, et en cellui point vint tout l'ost des Englois assaillir la ville moult durement. Mais de ce premier assaut la faillirent à prendre et se retrairent jusques à leur logis. Et assez tost après revindrent[3] assaillir par tele maniere, que ilz la prindrent. Dedens la ville estoit Rogier de Beaufort et Jehan de Villemur à tout bien VII^{xx} hommes d'armes.

Environ ce temps[4], en[5] l'an LXX, s'assemblerent Alemans et Englois à Calais, et fut leur chief de par le roy Edouart Robert Canolle, qui se disoit Englois et lieutenant du roy Edouart, et Thomas de[6] Gransson aussi et pluseurs autres, et se mistrent à chevauchier parmi le pais d'Artois et moult l'essillerent tant d'ardoir comme d'autres dommaiges, et essillerent moult les fauxbours d'Arraz et les villes de entour. Et ainsi gastant et essillant vindrent passer la riviere d'Oise[7] et celle d'Aine, et après passerent la riviere de Marne et puis la riviere de Saine et la riviere d'Yonne, et vindrent jusques devant Paris et ne trouverent nulz qui

1. Jehan *manque* A.
2. de B.
3. vindrent B.
4. *Ici* 5610 *reprend, mais avec tant de différences que nous publions sa version plus bas.*
5. en *manque* B.
6. de *manque* B.
7. Oire B.

les combatist, et si n'estoient pas plus de vi^m combatans entre gens d'armes et archiers. Et partirent de devant Paris et s'en alerent vers le Chartrain et le Mans[1].

En cellui temps s'estoit desmis Moreau de Fiennes, connestable de France, et lors fut esleu Bertran du Guesclin, qui nouvellement revenoit de la guerre d'Espaigne, cy devant divisé, à estre connestable de France, et lors lui charga le roy environ ii^m combatans pour poursuivre le dit Canolle et l'ost des Englois. Et assembla ses gens à Caen et lors chevaucha de Faloise jusques au Mans tout d'une tire, sans gueres arrester. Et quant il vint, il estoit vespre et moult avoit ses gens et chevaulz foulez[2], mais tantost il monta à cheval à tout une partie de ses gens, car il lui vint nouvelles que Hue de Cameley, Thomas de Gransson et pluseurs autres Englois, bien vi cens combatans ou environ, estoient logiez vers Pontvalain et venoient aprés Robert Canole, qui ja estoit passé sur le costé du Mans en alant vers Bretaigne et avoit laissié pluseurs de ses gens en la forteresse de Vas, qui seoit sur la

---

1. *Voici ce qui dans 5610 correspond à ce paragraphe :* En l'an aprés que on dist mil ccc lxx, se rassamblerent Engles et Allemant à Callais, et les conduisy Robers Canolle, qui se disoit lieutenans du roy de Franche et d'Engleterre, et Thomas de Granson et pluseurs aultres, et passerent parmi le païs d'Artois, qui par yaulz fu moult essilliés et ars, et mesmes li fourbours de le ville d'Arras furent moult essilliet par yaulz et ars. Et allerent parmy le royalme de Franche dusques à Paris et essillerent et renchonnerent pluseurs villes en Franche et ne trouverent qui batale leur livrast. Et mesmes li rois Charles ne se vault consentir que le commune de Paris ississent contre yaulz, et se n'estoient mie nombré xii^m combatans. Et eslongerent Paris sans battaille avoir.

2. fouler B.

riviere du Loir, et à Rilli et au Louroux, lesqueles ilz avoient de nouvel emperées pour faire sur le pais. Le dit Bertran chevaucha tant la nuit, que il vint au point du jour prés du Pontvallain, et là cuida trouver ses ennemis, mais ilz avoient logié à Maiet, et tantost les trouva prés du chastel de la Faugue et descendirent à pié et se mistrent en belle ordonnance. Et lors descendi à pié grant foison des gens du dit Bertran, et quant ilz furent descenduz bien m^c hommes d'armes, ilz alerent vers leurs ennemis pour combatre, et avoit encore moult de gens du dit Bertran derriere pour cause d'un fort pas estroit, que ilz ne povoient mie passer hastivement. En celle route qui premier ala assembler fut Mouton de Blainville, mareschal de France, et Arnoul d'Odenehan, Raoul de Raineval, Jehan de Vienne, le sire de Montauban et moult d'autres nobles chevaliers, et fut fort combatue, et furent les Englois desconfiz, et presque tous mors et prins, par especial des gens d'armes fut prins Thomas de Gransson, Gieuffroy[1] Orselle, Richart de Greine, David de Greine, Gilebert[2] Giffart, Thomas Fillefort et grant quantité d'autres[3].

1. Geuffroy B.
2. Gilbert B.
3. *Récit du combat de Pontvallain dans* 5610 : En che tamps vint à Paris Bertrans de Claiequin, et lors s'estoit demis Moriaulz de Fiennes de le connestablie de Franche, et fu Bertrans esleus connestables par le roy Charle et sen conseil. Lors poursuy Bertrans les anemys de Franche tant que vers le citté de Mans il assambla à battaille contre Thomas de Gransón, qui avec luy avoit pluiseurs chevaliers à baniere et estoient bien xii^c combattans. Avec Bertranz estoit Ernoulz d'Audrehem, Moutons de Blanville, mareschal de Franche, Raoul de Rainneval et pluiseurs aultres, qui assemblerent

Aprés celle bataille vint Bertran du Guesclin à gesir au Mans pour y[1] mettre ses prisonniers et recueillir grant foison de ses gens, qui demourez y estoient. Et quant Robert Canolle sceut ces nouvelles, il se desloga hastivement lui et son ost par maniere de grant effroy, et s'en alerent si grant erre que à merveilles ne nullement le dit Bertran ne l'eust peu aconsuivre brief, veu le grant[2] travail que il avoit prins. Et toutesvoies perdi Canole la greigneur partie de ses gens en son retrait par pluseurs places, tant en Bretaigne comme dehors, et en desconfit le sire de Clisson grant quantité à Saint Mahieu de Fine Poterne[3], où ilz furent bien mors.

Et[4] quant Bertran vit que Canolle s'en aloit ainsi, il ala devant Vastz et l'assailli et[5] print d'assaut. Là furent bien de III à IIII cens Englois mors et prins et plus en furent mors, et fut prins un grant banneret d'Angleterre, appellé le sire de Fieuvauter. Et de là ala à Rilli, mais les Englois ne l'oserent atendre et fuirent as Engles et les desconfirent. Et là fu pris Thommas de Granson, Gieffroy Anellay, Richars de Grene, Guillebert Guiffart, David de Grene, Thommas Fillefort et tant des aultres que pau en escappa, qui ne fussent mors ou pris. Et là fu grevés Ernoulz d'Audrehem de le calleur et du fais de le battaille et en prist malladie dont il morut. Et fu tenus à sen tamps pour chevalier de grant emprise et preuz et loyaulz. Apprés celle battaille parti Robers Canolle hors du royalme et reprist Bertrans sur Engles III fortresches qu'il avoient conquis en la conté de Humainne (sic), et y ot pluiseurs Engles ochis. Et puis retourna Bertrans à Paris et mena au roy Thommas de Granson et pluiseurs autres prisonniers.

1. y manque B.
2. grant manque B.
3. Perterne A.
4. et manque B.
5. et le B.

devant lui, mais il les poursuivit et fist poursuivre par tele maniere, que la greigneur partie en furent mors et prins. Et vint passer Loire à Saumur, et là oy nouvelles que des Englois, qui estoient partiz des forteresses devant dictes, avoient passé Loire à l'abbaie de Saint Mor, qui siet sur Loire, où leurs gens avoient fait une forteresse, et s'en aloient iceulz Englois droit à Bressieres. Et lors le dit Bertran monta à cheval à tout ce que il pot prestement avoir de ses gens, et estoit environ mienuit quant il parti de Saumur et chevaucha à merveilles grant chemin. Et quant il vint devant Bressieres, il trouva les diz Englois, qui estoient passez à Saint Mor, bien XII^{xx}, lesquelz se mistrent dedens la barriere, car ceulz de la ville ne les voulurent recuiellir. Et lors le dit Bertran et ses gens les assaillirent par tele maniere que ilz furent tous mors et aprés prindrent la ville d'assaut. Assez tost aprés traitierent ceulz qui estoient en l'abbaie de Saint Mor et s'en alerent par traitié[1].

1. *Récit des opérations de du Guesclin jusqu'à la prise de Bressuire d'après* 5610 : Apprés che que li connestables Bertrans ot pris Thommas de Granson et les aultres capitaines dessus diz à Pontvillain, il retourna au Mans; et moult tost aprés alla assallir l'abeye de Laval en Ango; que Robers Canolle avoit conquis et y avoit laissiet III^c Engles, et fu l'abeye prise. Et à chel assault fu li mareschaulz d'Audrehem grevez de caut et fu menez mallades à Saumer en Ango et là morut. Et quant Engles sceurent que l'abeye estoit conquise, chil du fort de Saint Mor sur Loire et d'un autre fort se partirent et s'en allerent à Brissuere en le conté de Poitiers, et bien estoient IIII^c lances. Et Bertrans et Jehans de Vienne et Raoulz de Raineval et pluiseurs Franchois les siuirent si prés que chil de le Bruissiere ne laisserent mie entrer les Engles en le ville pour doubte que li Franchois n'entraissent avec iaulz, et furent droit dalez le porte li Engles combatu et desconfit, et en

Environ le temps que la bataille de Pontvalein fut, le duc de Lenclastre mist siege devant Montpaon, et estoit une ville que François avoient prins de nouvel, qui estoit close de pal et estoit bien avant vers Bordeaux. Et estoit dedens Fouques Boules, sire d'Assi, et Sevestre Budes et estoient le plus de ceulz de dedens Bretons, et moult tres vaillanment tindrent et defendirent la ville, et moult firent de grans saillies et escarmouches sur ceulz de l'ost et aussi furent durement assaillis, et longuement atendirent le secours de France que ilz[1] avoient mandé. Et assembla Bertran du Guesclin grans gens pour aler lever le siege, mais avant que il feust en la moitié de son chemin, ceulz de la ville se rendirent, sauves leurs vies, car plus ne se povoient tenir tant par faultes de vivres que autrement, ne plus n'atendoient le secours, pour ce que tant avoit demouré, et avoient bien tenu la ville l'espace de....[2]

y ot bien III^c que mors que pris. Aprés celle battaille fist li connestables assallir le ville de le Brissuere et en che jour fu prise par forche d'assaut, mais grand plenté de le gent se retrairent ou castel, qui moult estoit fors. Et Franchois et Breton pillerent che qu'il trouverent en le ville dehors le castel. Et puis manda li connestables à chiaux qui estoient ou castel, qu'il renchonnassent leur ville ou il le feroient toute ardoir, et fu renchonnée à x mille frans. Puis retournerent li connestables et li Franchoiz à Saumer, et fu faiz li serviches du marischal d'Audrehem. Et assez tost aprés ala li connestables à Paris. — En che tamps fu Robers de Canolle allez en Bretaigne au castel de Derval et demoura là toute le saison sans faire guerre, et li Engles s'en rallerent par mer en Engleterre. *Le ms. 5610 passe immédiatement après à l'année* 1371 *et omet toute la fin de la chronique normande.*

1. eulz A.
2. *Ici dans* A *et* B *un petit blanc.*

Quant Bertran du Guesclin sceut nouvelles que Montpaon estoit rendu, il conseilla au duc de Bourgongne et au duc de Bourbon que ilz alassent devant Ussel que les Englois tenoient. Et quant ilz furent là venuz, ilz firent la ville durement assaillir, mais elle fut faillie à prendre, et lors firent retraire leur assaut et eurent iceulz seigneurs entencion de faire assaillir l'endemain. Mais environ mienuit leur leva si merveilleux temps de froidure et de nege, que tout leur ost fut à si[1] grant meschef que il leur convint hastivement deslogier, et avec ce avoit la plus grant partie de l'ost grant deffaut de vivres, et eurent mal temps icelle nuit et l'endemain, tant que ilz vindrent à....[2] Là departirent le plus de leur gent, et les seigneurs s'en revindrent en France et ceulz qui devers ces marches estoient.

Assez tost après vint mettre Bertran du Guesclin le siege devant Conches et une bastide devant Bretueil. Ces II chasteaulz avoit donné le roy de Navarre, grant temps avoit, au castal de Beuf et faisoient icelles[3] II forteresses guerre pour le roy Edouart et par le commandement du castal, qui en fu moult blasmé de pluseurs gens, car on tenoit que il avoit eu de grans seremens au roy de France, quant il le delivra de sa prinse de la bataille de Coicherel[4] et lui fist maint autre prouffit. Dedens Conches estoit Archambaut de Pressi, oncle du dit castal, et moult y eut de grans saillies et escarmouches.

1. si *manque* B.
2. *Ici un blanc dans* A *et* B.
3. iceulz A.
4. Coucherel B.

En ce temps s'assemblèrent grant foison d'Englois vers Touars et mistrent le siege devant Monconstor et le prindrent par traitié, et au devant avoient prinse la Roche de Posé. Lors parti Bertran de Guesclin, connestable de France, de devant Conches et laissa de ses gens devant en II places que il avoit faites enforcier, et par l'ordonnance du roy se retrait[1] vers les marches de Bretaigne. Là[2] assembla grant foison de gens et se mist à chemin de venir lever le siege de devant Monconstor. Et quant il vint vers Saumur, il sceut que les Englois l'avoient prins et garny de leurs gens, et les autres s'estoient retraiz par les forteresses du pais que ilz tenoient. Et lors Bertran ala vers Monconstour, en sa compaignie Loys de Sancerre, Mouton de Blainville, mareschal de France, et[3] le sire de Clisson assaillirent le dit lieu de Monconstour, mais ilz n'avoient nulz arbalestiers et pour ce le faillirent à prendre.

Assez tost aprés fut ordonné Mouton de Blainville, mareschal de France, à aler devant Conches mettre une bastide dedens le parc de Conches, là où il avoit[4] grant foison de bois et joingnoit la forest au dit parc, et de cellui costé les Englois estoient souvent refreschiz de vivres, quant le mareschal de Blainville s'i vint logier et en sa compaignie Jehan de Vienne. Et depuis fut le dit chastel bien assegié et ne demoura gueres de temps que ceulz de dedens se rendirent et s'en alerent sauvement par traitié, et y dura le siege

---

1. trait B.
2. et B.
3. et *manque* B.
4. y avoit B.

ix mois, et eut devant Conches et devant Bertueil mainte saillie et escarmouche, tant que le siege et bastides y furent. Aprés la prinse de Conches ceulz de Bretueil traitierént en tele maniere, que ilz garderoient le chastel pour le castal sans faire guerre, se ainsi n'estoit que le roy de Navarre la feist.

EXPLICIT, AMEN[1].

1. Finis. Explicit hoc totum, pro pena da michi potum. B.

APPENDICE

I.

4 juillet 1335, 11, 12 et 13 juillet 1336.

Arrêts du Parlement, relatifs à des différends entre le roi d'Angleterre, duc de Guyenne, et certains de ses vassaux de France.

I. Guillelmus[1], abbas monasterii Silve Majoris inter duo maria, pro se et nomine dicte abbacie, ut procurator et nomine procuratorio dicti abbatis et conventus dicti monasterii, et eorum quilibet sponte recognoverunt tenere immediate dictum monasterium cum bonis, membris, jurisdicionibus et rebus dicti monasterii a nobis, ipsumque monasterium, juridiciones, membra, res et bona et pertinencias ejusdem monasterii esse et diu fuisse de gardia et ressorto nostris immediate. Ad que procurator ducis Acquitanie se opposuit jure quod dicit [ad] ducem pertinere, ac protestatus fuit quod ratione advoationis hujusmodi aliquod prejudicium dicto duci non generetur in futurum. IIII^a die julii [1335.]

II. Petragoricensi[2] et Agennensi senescallis aut eorum loca tenentibus, salutem. Cum per arrestum curie nostre in nostro preterito parlamento latum dilectus et fidelis noster dux Acquitanie condempnatus fuerit in expensis factis per dilectum et fidelem nostrum Garsiam Arnaldum, dominum de Noailliis, militem, dictarum expensarum taxacione penes curiam nostram reservata; dicteque expense per eandem curiam nostram taxate

---

1. Archives nationales, X^{1a}, 7, f. 47.
2. Archives nationales, *Ibid.*, f. 109.

fuerint ad ducentas quadraginta duas libras quatuor solidos Parisiensium, vobis et vestrum cuilibet committimus et mandamus, quatinus dictum ducem ad reddendum et solvendum dicto domino de Noailliis aut ejus certo mandato dictam peccunie summam per capcionem et explectacionem bonorum suorum viriliter et sine aliqua dilacione compellatis. Die XI^a julii [1336.]

III. Cum[1] lato certo arresto in nostro novissime preterito parlamento inter dilectum et fidelem consanguineum nostrum ducem Acquitanie ex parte una et Guarciam Ernaudi, militem, dominum de Noalhis, ex altera, per quod quidem arrestum dux predictus fuit dicto militi in certa summa peccunie, distribuende inter ipsum et ejus homines, certis de causis condempnatus, prout in dicto arresto plenius continetur, dubium verteretur inter partes predictas, cujus temporis estimacio peccunie haberetur, tempore litis mote seu condempnationis et prolationis predicti arresti, pluribus racionibus hinc inde a dictis partibus propositis; dicta curia, viso predicto arresto necnon attentis racionibus parcium predictarum, declaravit habendam consideracionem peccunie, que currebat tempore litis mote inter partes predictas, et quod in tali peccunia seu ejus valore executioni mandabitur arrestum antedictum. Verum cum predictus dominus de Noalhis peteret eidem solvi totam summam peccunie, in qua dictus dux exstitit condempnatus, ut eam distribueret inter suos subditos et homines juxta tenorem arresti predicti, procuratore dicti ducis dicente quod eidem domino solvere non debebat dictam summam, super quo petebat per curiam provideri, ordinavit predicta curia quod tota dicta summa predicto domino per ducem predictum exsolveretur, data tamen per ipsum caucione nostro senescallo Agennensi de dicto duce servando indempne contra predictos suos subditos vel illos qui causam haberent ab eisdem. Cavebit eciam predictus dominus dicto senescallo nostro quod dictam summam inter suos homines et subditos distribuet juxta predicti arresti continenciam et tenorem. Die XII^a julii [1336.]

1. Archives nationales, X^{1A}, 7, f. 141 v°.

IV. Cum[1] Bertrandus Barravi, Petrus de Camperano, Raimundus de Lananda et Helyas Vigerii de Lananda, mercatores Burdegale, et eorum in hac parte consortes, ad instanciam dilecti et fidelis nostri ducis Acquitanie et Aelipcie, domine de Ornone, adjornati fuissent in curia nostra, visuri taxari quasdam expensas, in quibus per arrestum curie nostre eisdem fuerant condempnati, peterentque procuratores dictorum ducis et heredum dicte Aelipcie, cum dicta Aelipcia decesserit pendente adjornamento predicto, predictas expensas taxari, fuit per procuratorem dictorum mercatorum propositum, quod relaciones facte super adjornamento predicto non erant sufficientes, nec apparebat per ipsas ipsos mercatores fuisse sufficienter adjornatos; nam licet senescallo Petragoricensi et Caturcensi mandatum fuisset, ut predictos mercatores adjornari faceret et hoc curie rescriberet, non apparebat per relacionem predicti senescalli vel alterius judicis regii ipsos mercatores adjornatos fuisse, sed solum per relacionem quorundam notariorum ducis Acquitanie, quibus hoc commissum non fuerat, nec eisdem super hoc debebat fides aliqua adhiberi. Propter quod petebat dictos ducem et heredes dicte Aelipcie in expensis condempnari, procuratoribus dictorum ducis et heredum in contrarium plures proponentibus rationes. Quibus partibus auditis, visisque relatione et mandato predictis, dictum fuit per arrestum quod dicte relationes non erant sufficientes, propter quod dicta curia dictos ducem et heredes in expensis dictorum mercatorum condempnavit, earum taxatione penes curiam reservata. Die XIII^a julii [1336.]

II.

17 juillet 1337.

Acte racontant la prise de Puymirol par les commissaires du Roi.

[Archives nationales, JJ. 68, n. 147.]

Universis presentes litteras inspecturis Symon, dominus de Arquiriaco, miles, consiliarius Regis et magister requestarum

1. Archives nationales, X^{1a}, 7, ff. 142-143.

hospicii, et Galesius de Balma, miles, magister balisteriorum domini nostri Francie regis, commissarii super certis negociis ad partes Lingue Occitane a magestate regia deputati, salutem et presentibus dare fidem. Noveritis quod, cum nos, nomine dicti domini nostri regis Francie, locum Grandicastri alias de Podiomirol ceteraque loca regis Anglie, ducis Acquitanie, ad manum Regis ponere vellemus ex causis in arrestis regiis contentis, dictumque locum de Podiomirol inobedientem et rebellem dicto domino nostro Francie regi et nobis nomine suo obcedissemus gentesque ibidem manentes; hinc est quod hodierna die o[b]cidionem predictam ante dictum locum tenentes, tractatu inter nos habito, nomine dicti domini Francie regis ex parte una, consulesque dicti loci, nomine et vice universitatis dicti loci, virumque discretum magistrum Bernardum de Brigeto, jurisperitum, ex altera, super obediencia prestanda per locum et gentes predictos dicto domino nostro Francie regi, dicto magistro Bernardo de Brigeto, tanquam benemerito, de speciali gratia et de consilio nobilium et potentum virorum senescallorum Tholose, Carcassone, Agennensis, Ruthenensis et de Belcayre, nomine dicti domini nostri Francie regis, in recompensacionem remuneracionis quam consequtus erat ratione servicii et fidelitatis, que erga ducem Acquitanie hactenus habuerat, et pro servicio quod dicto domino nostro Francie regi ex nunc in antea impendet in futurum, dicto magistro Bernardo de Brigeto, tanquam benemerito, suisque successoribus ex legitimo matrimonio procreatis, vice et nomine dicti domini nostri Francie regis, centum libras Turonensium parvorum renduales, quolibet anno per se et successores suos ex legitimo matrimonio [procreatos] recipiendas de et super exitibus baillivie de Podiomirol, constituimus, conferimus et donamus, mandantes et precipientes bajulo dicti loci de Podiomirol, qui nunc est vel qui pro tempore fuerit, vel eorum loca tenentibus, ut eidem magistro Bernardo, tanquam benemerito, et suis successoribus predictis ex legitimo matrimonio procreatis predictas centum libras Turonensium parvorum integre quolibet anno satisfaciant et solvant sine spectacione alterius cujuscumque mandati. Eidem magistro Bernardo, tanquam benemerito, et suis successoribus predictis ex legitimo matrimonio procreatis concedimus quod si contingerit (*sic*), quod absit, ipsum magistrum Bernardum seu successores suos ex legitimo matrimonio procreatos aliqua crimina committere seu excessus, ex quibus de jure aut de consuetudine bona sua et successorum suorum deberent confiscari, confiscationem predictam anullamus et revocamus eidemque remittimus successoribusque suis ex legitimo matrimonio procreatis perpetuo et quittamus. Insuper auctoritate et vice predictis eidem et successoribus suis concedimus, quod si contingeret in futurum aliquem suum emphiteotam committere seu delinquere, ex quo bona sua debeant confiscari, in casu illo bona et res, que tenerentur a predicto magistro Bernardo et successoribus suis ex legitimo matrimonio procreatis in emphiteosim, devenirent et volverentur dicto magistro Bernardo et successoribus suis, dictusque magister Bernardus et successores sui predicti, ex legitimo matrimonio procreati possent ipsas capere de facto tanquam proprias sine spectacione et licencia judicis cujuscumque et dominio suo applicare et ipsis bonis uti tanquam propriis quoquomodo. Predicta omnia et singula ex nostra certa scientia et de gratia speciali, auctoritate et vice predictis concedentes, non obstantibus juribus et consuetudinibus aliquibus, mandantes et precipientes omnibus dicti domini nostri Francie regis et nobis subditis, officialibus aut justiciariis regiis, qui nunc sunt vel qui pro tempore fuerint, ut predictas litteras et contenta in eisdem teneant inviolabiliter et observent atque compleant cum effectu juxta seriem earumdem et tenorem, absque expectatione alterius cujuscumque mandati, et sub pena in qua possent incurrere erga dictum dominum Francie regem. Datum in plateis ante dictum locum Podiimirolli, sub nostris sigillis propriis, decima septima die julii, anno Domini M° CCC° tricesimo septimo.

Suit la confirmation du don fait à maître Bernard de Briget, par le connétable d'Eu, lieutenant du roi, datée du siège de Saint-Macaire, 24 juillet 1337.

Par lettres datées de Bergerac, 7 octobre 1341, Jean, évêque de Beauvais, lieutenant du roi en Languedoc, assigna ce revenu de cent livres sur la trésorerie royale de Cahors; ce nouvel arrangement fut approuvé par le duc de Normandie, à Beaucaire, en juin 1344.

III.

25 octobre 1337.

Contrat entre le roi de France et Ayton Doria de Gênes.
[Bibl. nat., *Pièces orig.*, vol. 265, doss. *Behuchet*, n° 12. — Copie.]

C'est l'ordenance de 40 galées armées que l'en doit avoir tant de Gennes come de Moneghe pour le service du Roy pour sa guerre l'an 1337.

Traité et accordé fu par les gens du Roy nostre sire avec Ayton Dorea de Gennès, et iceli Ayton promist servir le Roy à autant de galées comme le Roy voudroit jusques au nombre de 20, pour chacune pour 900 florins d'or le mois, et des convenances furent faites lettres en la manière qui s'ensuit :

A tous ceux qui ces presentes verront Pierre Belagent, garde de la prevosté et viconté de Paris, salut. Sçavoir faisons que, par devant J. de Rueil et Nicolas Le Gros, clers notaires jurez et establis de par le Roy nostre sire ou Chastelet de Paris, et especialement quant à ce qui ensuit ou lieu de nous commis et deputez, ausquiex nous adjoutons foy plenière en ce cas et en plus grand, personnellement establi Ayton Dorea, de Gennes, reconnut et confessa de son bon gré par devant iceuls clers notaires jurez, come par devant nous en jugement, luy pour luy et en son nom avoir fait et accordé à hauts hommes nobles et discrez M. Louis de Savoye, chevalier, sire de Vaux, M. Hugues de Pomart, chanoine de Paris, M. Guy Chevrier, chevalier, Nicolas Behuchet, Perre des Essars et Mathé Gaite, au nom du Roy nostre sire et pour luy, les convenances et marchié que ensuit : C'est à sçavoir que ledit Ayton servira et doit servir le Roy nostre sire, à tant de galées come il plaira au Roy nostre sire ou à son conseil jusques au nombre de 20 galées, contre le roy d'Angleterre, contre tous ses aidans, quelque il soient et pourroient ou voudroient estre et contre tous autres anemis du roy de France nostre sire et du royaume. Et doit ledit Ayton livrer et tenir en chacune d'icelles galées 210 homes, tous souffisans et bien armez de plates, de bacinez, de coliers avecques gorgeres de fer et de pavais, desquiex 210 hommes li uns sera le patrons et deux comites, deux escrivains, 25 arbalestriers et nuef vins mariniers pour voguer les avirons. Et doit livrer et mettre en chacune galée 6000 virétons, 300 lances, 500 dars, pavais, lances longues... de fer et tous autres garnemens et armeures, selon ce qu'il convient à galée bien armée en temps de guerre. Et doit livrer le dit Ayton entre cy et le premier jour d'avril prochain venant toutes aprestées et appareilliées et prisiées de partir de Gennes ledit premier jour d'avril pour venir au service du roy de France nostre sire, c'est à sçavoir chacune desdites galées que le Roy nostre sire voudra avoir jusques audit nombre, ainsy garnie de genre d'armeures et d'autres choses come dit est dessus, pour le pris de nuef cens florins d'or de Florence pour chascun mois que elles seront audit service du Roy nostre sire, chacun mois compté de 30 jours, que le Roy nostre sire luy doit donner, et la moitié de tous les gains que elles feront sur les anemis du roy de France nostre sire, excepté de chataus, de citez, de prisonniers et de tous heritages, qui tous seront au Roy nostre sire, sans ce que ledit Ayton y puist aucune chose demander. Et aura ledit Ayton et les autres patrons la moitié de tout le fruit et noule que lesdites galées gaigneront, si come ledit Ayton disoit. Et dont ledit Ayton doit bailler et livrer aus gens du Roy nostre sire ou au porteur de ces lettres, sans autre procuration ou mandement avoir ne requerir, à la volonté d'iceluy porteur, bons pleges qui se obligeront souffisament pour lui en la cité de Gennes envers le Roy nostre sire de tenir et accomplir toutes les choses et chacune dessus dites et de bien loyaument servir le Roy nostre sire, tant comme il plaira au Roy nostre sire et à son conseil ou au porteur de ces lettres. Lesquiex pleges et obligation ainsi bailliez, le Roy nostre sire fera bailler audit Ayton et aus patrons desdites galées, pour chacun patron 1000 florins de Florence au bon lois, le premier jour de de[cembre] prochain venant, pour faire et appareiller lesdites galées. Et se entre cy et le premier jour de janvier prochain venant le Roy nostre sire fait sçavoir audit Ayton que il n'a mestier desdites galées, ledit Ayton sera tenu à rendre et procurer à son coust que les dessusdits patrons rendront aux gens du Roy nostre sire ou au porteur de ces lettres 500 florins de Florence pour chacune galée des 1000 qui leur auront été baillez, et les autres 500 florins demeureront aux dessusdits patrons pour le travail et pour le dommage qu'ils auroient eu à faire les galées et à faire le voyage. Et se le premier jour de febvrier prochain venant, le Roy nostre sire vouloit avoir les galées appareilliées, si comme est dit dessus et au temps dessusdit, il feroit bailler à chacun desdits patrons pour chacune galée 1000 florins de Florence, et le 10 jour de mars à chacun patron pour chacune galée 1600 florins de Florence et ainsy auront lesdits patrons en somme 3600 florins de Florence pour le payement de quatre mois. Et commenceront les dessusdits patrons à servir le Roy nostre sire avec lesdites galées le 1er jour qu'ils partiront de Gennes pour venir audit service du Roy nostre sire, desquex 1er jour les patrons serviront le Roy nostre sire 3 mois et le quart mois demeurera ausdits patrons pour retourner en leur pays. Et se le Roy nostre sire veut avoir les dessusdits patrons et galées en son service plus que les trois mois, ledit Ayton avec les dessusdits patrons et galées le doit servir tant come il plaira au Roy nostre sire en prenant les gaiges dessusdits. Ce adjouté que se lesdites galées accomplissent les trois mois ou pays d'Angleterre vers Finistrem, ils auront un mois de retourner en leur pais, et de Finistrem jusques à Aiguesmortes 20 jours, et d'Aiguesmortes jusques à Gennes 10 jours, et de Romenie et de Turquie et de Surie jusques à Secile 1 mois, de Secile jusques à Gennes 10 jours, et de Naples jusques à Gennes 10 jours. Et.... pour ce que ceus, qui sont chevetains en tels services, menent plus de gens et font plus grands despens que les autres patrons ne font, et est accoustumée chose de tous pais, le Roy nostre sire doit donner audit Ayton pour sa despence 100 florins de Florence le mois, si come il disoit, et quant lesdites galées seront armées pour ledit service du Roy nostre sire. Et se il avoit ou pais ou treves entre le roy de France nostre sire et le roy d'Angleterre, ledit Ayton avec les dessusdits patrons, gens et galées doivent servir le Roy nostre sire, se il plaist audit nostre sire le Roy, contre Sarazins et toutes autres personnes qui seroient anemis du roy de France nostre sire, tant et si longuement come le Roy nostre sire leur donnera les gaiges dessusdits, et serviront le Roy nostre sire à porter marchandise quelque part que le Roy nostre sire voudra, prenans lesdits patrons la tierce partie de tous les frais et nolesemens que lesdites galées gaigneront, ce sauf que se païs ou trèves se font entre le roy de France et le roy d'Angleterre, le comun de Gennes, ledit Ayton et les patrons des galées seront comprins en icelle païs ou trèves. Et doit ledit Ayton avoir un maitre sirugien de son pays, auquel le Roy nostre sire doit donner et payer 10 florins d'or de Florence pour chacun mois, tant come ledit Ayton, patrons, gens et galées serviront le Roy nostre sire, si comme ledit Ayton disoit et affermoit par devant lesdits notaires jurez commis par devant nous. Tous lesquelles choses et chacune dessusdites, autant comme elles le touchent, ledit Ayton promist par la foy de son corps sur ce baillée ez mains d'iceux notaires jurez et par son serment tenir, garder et accomplir bien et loyaument sans venir encontre et à rendre touz couz, despens et interets faits par son deffaut, obligeant quant à ce, ses hoirs, tous ses biens et les biens de ses hoirs, meubles, non meubles, présens et avenir, à justicier par nous et par nos successeurs prevos de Paris et par tous autres justices pour enteriner ces lettres. En tesmoin de ce, nous, à la relation desdits notaires jurez, avons mis à ces lettres le seel de la prevosté de Paris. Et je Ayton Dorca dessus nommé disant et affirmant tous les choses dessusdites et chacune d'icelles avoir ainsi fait, accordé et reconnu par devant iceux clers notaires jurez, et encores icelles loant et ratiffiant, en temoin et verité, ay seellé ces presentes lettres de mon propre seel, avec le seel de la prevosté de Paris dessusdit. Ce fut fait et accordé le samedi 25ᵉ jour du mois d'octobre, l'an de grace 1337.

Et fut depuis ordené par les gens du Roy que l'en pourchasseroit avoir à Monegue 20 galées armées, si que pour tout l'armée seroit de 40 galées tant de Gennes comme de Moneghe, c'est à sçavoir 20 de Gênes et 20 de Monegues, et y furent envoyez Thoré du Puy, receveur de Nismes, Marquis Scatisse, receveur de Carcassone, et Bernard de la Massourre, sergent d'armes du Roy nostre sire, lesquex ont rescript que tous lesdites 40 galées sont retenues et que elles doivent partir pour venir au service du Roy le 1ᵉʳ jour de may l'an 337 au plus tart, et doivent couster lesdites 40 galées pour quatre mois 14400 florins d'or paiez en partie par la compagnie des Bardes, Philippe de Pogge et pluseurs autres, et 2000 autres florins pour viretons et 2 galiotes.

IV.

14 janvier 1340.

Lettres de répit pour Garsie Arnaut, seigneur de Navailles.

[Bibl. nat., Collection Doat, vol. 187, f. 1.]

Philippe, par la grace de Dieu roys de France, à tous ceux qui ces presentes lettres verront salut. Sçavoir faisons comme nostre amé et feal Garsie Arnaut, seigneur de Navailles, chevalier, nous eut requis que nous li voussissions faire delivrer les chastiaux de Penne et de Puymirol en Agennois, qui li avoient esté vendus par nostre senechal d'Agenois pour le prix de vint mille livres par execution faisant contre le roy d'Angleterre d'un arrest contenant greigneur somme, qui fut donné jadis en nostre parlement à Paris pour le dit Garsie et contre le dit roy, ou que nous li rendissions les dites vint mille livres ; sçavoir faisons que nous voulons et au dit Garsie avons octroyé de grace especial que le temps ne li coure mie pour chose qui soit à present ou au temps avenir qu'il ne puisse faire cete requeste quand bon li semblera et temps et lieu sera, combien que à present il ne le soit mie pour certaine cause. Donné au boys de Vincenne, le quatorsiesme jour de janvier, l'an de grace mille trois cens trente et neuf. — Par le Roy, à la relation de monseigneur l'evesque de Bauvays et de vous.

V.

24 janvier 1340.

Compte des deniers payés par le maître des arbalétriers pour la défense de Cambray[1].

[Bibl. nat., *Pièces originales,* vol. 226, *dossier de la Baume,* n° 27.]

Deniers paiés par nous, Gualoys de la Balme, chevalier, sire

---

1. Le compte original de François de l'Hôpital existe aux archives du château de Montrevel; il est daté du 24 janvier 1339-1340, et couvre une feuille de parchemin de quatre mètres de long sur dix-sept centimètres de large; il est cité par de La

de Valuffin et maistre des arbalestiers du Roy nostre sire, pour les causes cy dessous contenues :

Ovrages :

Mons. Hugues, sire de Cardillac, pour faire faire dix canons en la ville de Cambray par sa lettre donnée viii d'octobre
xxv l. ii s. vi d.

Estienne Morel, pour acheter salpetre et souffre vif pour les diz canons xi l. iiii s. iii d.

Mons. Guillaume de Monfaucon, pour raparoiller les closures de Cambray xx l.

Jehan Le Clerc, receveur de Cambray, pour enforcier la dite ville c l. vi s. iii d.

Jehan de Noyers, de Cambray, pour faire fossés et autres forteréces entour la dite ville vi^{xx}x l. viii s. ix d.

Mons. Guillaume de Monfaucon, pour faire les fossés dudit lieu en l'establie du conte d'Armignac xix l. xi s.

Mons. Pierre de Marsant, pour faire les diz fossés
xv l. vi s. iii d.

Nicaise de Gaincourt, bourgois de Cambray, pour celle mesme cause ix l. v s.

Guillaume de Viz, escuier, pour clous et fustes acheteés pour le bastiment de la dite ville de Cambray en la garde de Monseigneur d'Aucerre iiii l. xii s.

Mahieu de Saint, valet de Mons. Reincourt, pour fus, ays et potieus, pour reparer et gariter la dite ville
vi l. xiiii s. ix d. obol.

Mons. Thibaut de Moreul, pour les ouvrages de bretesches f[ait]s sur les murs du dit lieu cx s.

Jehan de Longecombe, sergent d'armes, pour acheter fus à faire iiii engins, eschiffes et autres choses neccessaires pour les diz engins xlviii l. viii s.

Boneface de Bracyon, pour faire pluseurs ouvrages es frontieres du dit lieu vii l. xv s.

Teyssonnière, *Recherches historiques du département de l'Ain*, III, 289-294.

Mons. Jehan Carbon, pour pluseurs merrien et tonneaux pour assaillir chasteaux . . . VI^{xx}XII l. XVIII s. VI d.

Mons. Florent, abbé de Saint Aubert de Cambray, pour boys acheté de lui pour enforcier la dite ville . . . LXXV l.

Mons. Raoul de Sorel, pour boys et merrien pris et acheté de lui pour les ouvrages dudit lieu, lequel boys fu prisé par les jurés de la dite ville . . . LXV l. x s.

Colin Baillout, pour la reparation des fossés de la dite ville . . . XX l. V s.

Mons. Thibaut de Moreul, pour faire faire les ouvrages neccessaires ou chastel de Hencourt par III lettres . . . IIII^{xx}I l.

Pierre Terralion, maistre des euvres du chastel de Bohain, pour les reparations neccessaires au dit lieu . . . VII l. x s.

Mathieu de Neuvevillete, pour c paire de soulers et cent paire de gans pour la garnison du dit lieu et pour reparer les diz engins, par lettre . . . XXXVII l. x s. VII d. ob.

Dannicole, prieur de Ribemont, pour pluseurs ouvrages fais ou chastel de Ribemont . . . c l.

A quatre charetiers pour le louyer d'eulz, IIII charetes et IX chevaux pour mener l'artillerie de Saint Quentin à Cambray pour le fait de Relengues, c'est assavoir LXXVII casses de carreaux, LXXIX paveis et XI grans targes, sanz lettre . . . IIII l. XVII s.

Somme des ouvrages paiés par nous, Galoys de la Balme dessus dit : neuf cens vint huit livres, quatoze (*sic*) soulz et onze deniers tournois ; laquelle somme nous a esté rendue par Françoys de l'Ospital, en nostre compte finant le XXIIIIe jour de janvier l'an XXXIX. En tesmoing de ce, nous Gualoys dessus dit avons scellé cest roule de nostre seel. Escript à Paris, le dit XXIIIIe de janvier, l'an trente nuef dessus dit.

(Parchemin orig., scellé sur simple queue.)

VI.

2 février 1341.

Règlement de la solde du connétable d'Eu, pour les guerres de 1337 à 1340 ; mémoire en faveur de ses réclamations.

[Archives nationales, JJ. 269, ff. 86-89 ; copie du temps.]

La copie des responses faites au Roy par Jehan Le Mire et

François de l'Ospital, sus pluseurs articles, bailliez au Roy par monseigneur le comte de Eu, connestable de France, lesquelz articles le Roy leur avoit envoiez pour en savoir leur opinion, et furent envoiées les dictes responses à Poissi, le 2ᵉ jour de fevrier, l'an de grace mil ccc et quarante.

Tres excellent en tres haute puissance et noblesce, tres cher et tres redoubté sires, cy escript est pour ce qu'il vous appere ce qui s'ensuit.

Et premierement sus les choses qui s'ensuivent, baillies par monseigneur le Connestable disant comme en ses comptes qu'il a renduz soient contenuz xiiᶜ xl livres tournois pour les restors de vi chevaux pour un de ses bannerez et v de ses bachelers de son propre hostel et mesnage, lesquelz chevaux furent affolez à Tournay, li estant là lieutenant, et voz genz des comptes disant que pour ce qu'il estoient à gaiges, nonobstant qu'il sont de son mesnage et que il les doit monter, il ne les doit compter devers eulz, mais devers le tresorier de voz guerres, qui comptera pour chascun cheval xxv livres.

Item et sur ce qu'il dit que [en] ses comptes, qui ont esté cloz darrenierement, l'en ne li a volu riens compter pour xvii chevaux de son propre hostel, affolez sus les frontieres, par les parties que il a esté vostre lieutenant, ii mil iv cens xxv livres, pour ce qu'il dient que il les deust avoir renduz à l'escuirie, et il les avoit detenuz pour la continuacion de voz guerres, où il les parusoit, et li sembloit que ce estoit plus vostre profit que de en racheter des nouveaus, quar, quant il vous seront renduz, il vous tourneront à petit profit. Sur ces ii articles nous samble que partout où le dit connestable est en voz guerres, il est à vostre despense à certeinne quantité de genz, dont nous ne savons le nombre, et ce en la conscience de lui chiet et en vostre grace.

Item à ce qu'il dit que du droit de l'office de la connestablie, vostre connestable, estant en voz guerres connestable, avec vous ou sanz vous, touz les chevaux de li et des genz de son hostel doivent estre prisiez et veuz par le mareschal de sa bataille et par les maistres de son hostel, à tel pris comme il y mettent par leur bon aviz, autel pris comme les diz chevaux ont cousté vous li devez rendre, et voz dictes genz dient que non, mais pour chascun cheval xxv livres. Laquele chose le dit connestable par nulle guise ne porroit porter ne soustenir, quar nulle foiz il ne va en lieu où vous l'envoiez pour demourer sur les frontieres, qu'il ne conviengne qu'il monte xl ou l que bannerez que bachelers de son hostel et autant d'escuiers. Il vous plaise ce point à desclairier ou cas que autrefoiz ne l'auroit esté, quar autrement ses dictes genz ne le serviroient point, se il ne les montoit, et se il se montoient, se il ne leur rendoit plain restor, et avant qu'il fust connestable, le faisoit il à ses dictes genz et ses autres seigneurs li faisoient et aussi le font tuit li autre. Sur ce nous samble, combien que nous ne poons tout savoir ne ne devons, toutevoies pensons nous bien, comme dessus est dit, qu'il doit avoir certein nombre de genz et par pluseurs termes, tant avec vous en voz guerres comme connestable ou vostre lieutenant ou quant voz batailles chevauchent, lesquiex si sont à gaiges, le demourant chiet en grace. Et de la quantité de genz que nous ne savons mie, se il ne sont à gaiges, samble qu'il doient estre de fraiz et de couz. Et quant vous chevauchiez en bataille, il nous est avis que il doit visiter toutes les batailles et veoir l'arroy et le convoy de la garde jusques à l'arriere garde, et doit arreer vostre bataille et doit avoir pour li ii chevaux en vostre bataille, afin qu'il les truisse quant il sera venu de visiter les batailles. Et toutefois que ledit connestable se arreste, les batailles doivent arrester par les signes qui sont entre lui et les mareschaux. Et quant il chevauche, les batailles doivent chevauchier, et s'il avient que on doie combatre et les anemis approchent, nul de la bataille ne se doit mouvoir de son estat, jusques à tant qu'il ait tourné le doz à la bataille et le visage aus anemis. Et pour ce nous samble il, que pour ce faire li faut pluseurs chevaux, dont nous ne savons quel nombre, et pour celle cause doit avoir une journée sus touz les soldoiers, qui aus gaiges dou Roy sont retenuz.

Item et sur ce encore qu'il dit du droit dou dit office, lui estant comme connestable en voz guerres avec vous ou avec autre de vostre lignage vostre lieutenant, ou qu'il y soit seul comme connestable seulement, il doit estre menez touz couz et fraiz, tout aussi bien comme quant il est vostre lieutenant, et voz dictes genz disant le contraire li aient royé en ses comptes touz les despens qu'il fist à Tournay en yver, ou temps que monseigneur de Navarre y fu vostre lieutenant. Soit mandé à voz dictes genz que les diz despens il comptent et aussi ceulz que il fist à Amiens à vostre semonse derreniere; tant comme il fu et demoura avec vous. Et samblablement, li compteront de vostre semonse de Compiegne, tant comme il fu à Noyon et en vostre ost de Buyronfosse. Quar autrement, se ces II poins li estoient ostez maintenant et autrefoiz, tant comme il vous plaira qu'il tiengne l'office, il ne le porroit soustenir ni porter par nulle guise, quar il doit estre menez touz couz et fraiz, aussi bien connestable comme lieutenant. Si convendroit qu'il vendist la plus grant partie de sa terre ou toute, et encore ne souffiroit il mie à si grant mise faire. Et combien que es comptes ordinaires du connestable Gauchier, ne soit trouvé que on li en ait fait mes que ainsi comme aus autres, toutefoiz on li faisoit à part autant comme se on li comptoit les dictes choses, senz ce qu'il fust déterminé ne pour li ne contre li. Et sera bien trouvé que par le tresor il out plusieurs sommes d'argent, pour ce que il en demandoit. Sur ce nous samble comme devant est dit en l'article precedent.

Item à ce qu'il dit, comme vous et moult d'autres porriez penser que ses droiz de voz guerres li aient valu trop grandement et grossement, et de ses diz droiz il devroit porter une grant partie de la dicte mise; à ce respont, le dit connestable que li ont valu et valent bien; mais ce n'est mie à la moitié de ce qu'il deussent à li valoir, combien que en ce vous ne prenez ne mettez, quar ils se prennent sur les genz d'armes, et se le connestable ne les avoit, ne vous tourneroient il à nul profit. Et autant en a vostre tresorier de voz guerres, qui est menez touz couz et fraiz. Sur ce nous samble comme dessus. Et quant aus droiz, bien est voir, quar ce ne tourne à damage ne à pourfit de vous, mais sauve soit sa grace, il prent plus que le tresorier des guerres, quar ledit tresorier ne prent que sur les genz d'armes, et autant prent ledit connestable et avec ce prent sur toutes les genz d'armes et de pié de la retenue au maistre des arbalestiers, où ledit tresorier ne prent riens.

Item et sur ce qu'il dit avoir pour chascun jour que vous chevaucherés armé, bassinet en teste, c livres, et quant vous chevaucherés senz bassinet L livres, et cheval pour monter après l'oriflambe, et lequel cheval il dit qu'il l'a bien eu, mais le demourant non ; de ce ne savons nous, mais quant au cheval nous samble que il le doit avoir.

Item et sur ce qu'il dit, que comme du droit de son office tout ce qui dedens Bourc et Blaive, pris à force darrenierement, furent trouvées, li appartiengnent, excepté prisons et artillerie, et le seneschal de Xantonge et autres en aient pris et baillié grant foison aus soldoiers sur leurs gaiges et autrement detenu, que ce li soit rendu et mis au delivré. De ce nous samble, en tant que la ville siet sus la riviere de Garonne, et l'amiraut, là où il assaut et prent, touz les droiz li appartiennent et non à autres.

Item à ce qu'il dit, que du temps que on a esté en Henaut devant Escaudevre, Thuin et aus champs, jusques à tant qu'il ala d'Arras à Tournay darrenierement, on li compte fraiz, couz et restors entiers comme dessus. De ce nous samble, comme dessus est dit ou premier article.

Item et sur ce qu'il dit que par le temps que il a esté à Tournay darrenierement, depuis qu'il parti d'Arras, on li compte couz et fraiz et restors comme dessus. Il nous samble de ce comme au premier article.

Item et sur ce qu'il dit que ceulz de votre lignage et autres, c'est assavoir le roy de Navarre, monseigneur d'Alençon et le duc de Bourgoingne, et aussi pluseurs autres, pour ce qu'il ne sont mie dou royaume, le roy de Boëme, les evesques de Liege et de Mes, et le conte de Savoie se veulent exempter de paier droitures. De ce nous samble que les droiz sont deuz de toutes manieres de genz d'armes et de pié qui servent en l'ost, se il ne servent au leur, et sauf les droiz des soldoiers de la mer, qui appartiennent à l'admiral et au clerc des arbalestiers.

Et tres cher sires, des choses ci dessus escriptes, baillies par le dit monseigneur le connestable à nous Jehan Le Mire et François de l'Ospital, et receues de vostre commandement, de ce que nous en poons savoir, en la maniere que dit est, nous en vueilliez tenir pour excusez.

Li sains Espriz vous tiengne en sa garde et en sa grace et quauques vous amez, touz jours en accroissement.

A savoir est à fin que le connestable doie estre menez touz couz et fraiz en guerre, aussi bien connestable comme lieutenant, que l'en trouvera au tresor que le connestable Gauchier, en trois voyages que il fist entre les autres pour le Roy comme connestable seulement, l'en ne li compta mie par la Chambre touz couz et fraiz, mais ce qui li fu royé en la Chambre li fu rendu par le tresor entiérement par maniere de don, si comme d'un voyage que il fist vers les parties de Verdun et de Thou li furent renduz al tresor, à l'ascencion CCCXIX, x^m l. paris. ; de la Reolle où il fu avec monseigneur de Valois li fu rendu au tresor, à la saint Jehan CCCXXV, mil xl l. paris., et de l'ost de Cassel li fu rendu au tresor, à la saint Jehan CCCXXIX, xviii^c xxvi l. xv s. xi d. paris.

Sur pluseurs voyages où monseigneur avoit esté en ces presentes guerres comme connestable seulement, aucunes foiz en la compaignie du Roy, à Amiens, ou mois de sept. CCCXXXVIII, à Tournay en decembre l'an dessus dit en la compaignie de monseigneur de Navarre, lieutenant dou Roy, à Compiegne en la compaignie dou Roy en septembre CCCXXXIX, à Saint Quentin oudit mois de septembre connestable seulement, en l'ost de Buyronfosse ou mois d'octobre ensuivant en la compaignie dou Roy, et es mois de may et de juing CCCXL en Henaut en la compaignie dou duc de Normendie, et es mois de juignet, d'aoust et de septembre l'an dessusdit aus champs avecque le Roy, et dedens Tournay connestable seulement; le Roy, pour touz les fraiz que il pooit avoir faiz es diz lieux, li donna une foiz paiez x^m l. tournois par ses lettres dont la teneur s'ensuit :

Phelippes, par la grace de Dieu roys de France, à noz amez et feaux genz de noz comptes et tresoriers à Paris, salut et dilection. Comme nostre tres cher et feal cousin, Raoul, comte de Eu, connestable de France, nous ait fait pluseurs demandes de pluseurs fraiz et despens qu'il a faiz, si comme il dit, en pluseurs lieux et pour pluseurs causes en noz presentes guerres, savoir vous faisons que de nostre grace especial et liberalité royal nous avons donné et donnons par ces lettres à nostredit cousin diz mile livres tournois une foiz, par tele maniere que des choses dessusdites nostre dit cousin nous a quitté parmi la somme desdites diz mil livres, senz ce que il puist tourner à prejudice de son office de connestable ou temps à venir ne à nous aussi. Si vous mandons et à chascun de vous que lesdites diz mil livres vous li paiez ou faites paier ou à son certein commandement, rabatu ce en quoy il nous est tenu par la fin de ses comptes, en prenant lettres de recognoissance de li de ladite somme et retenant ces presentes, par lesqueles rapportant nous volons ladite somme estre allouée es comptes de vous, noz diz tresoriers, senz nul contredit. Donné au boys de Vincennes, le XIII° jour d'aoust, l'an de grace mil ccc quarante et un.

Phelippes, etc., savoir faisons à touz presenz et à venir que sur ce que nostre tres cher et feal cousin, Raoul, conte de Eu, connestable de France, disoit, *etc.* Donné à Saincte Jemme, l'an de grace mil ccc quarante, ou mois de fevrier. (*Cette pièce a été publiée dans le Glossaire de Ducange d'après une copie de Peiresc,* v° Comes stabuli, *éd. Henschel,* II, 459-460.)

L'estat des sergens d'armes est tel : Il doivent avoir III chevaux, à restor pour cheval pour leur corps XL l., pour pallefroy XII l. et pour sommier X l. tournois. Item quant il sont à court, leur table est là où li Roys mengue et doit estre servie aprés chevaliers, chapellains et huissiers d'armes. Item tant comme li Roys est à table, il doit avoir devant le drecouer I sergent d'armes, I devant les barilz et I ou deux devant la table le Roy pour la garde. Et pour ce ont à matin ceulx, qui ce doivent faire, une platelée de souppes, une piece de char et une juste de vin. Item il doivent avoir leur harnois avec euls où qu'il soient, et especialment quant il font la garde de nuit. Item et ceuls, qui font ladite garde de nuit, doivent avoir chascune nuit I sextier de vin, I molle de busche, quatre quaiers et une poignée de chandelle et une torche, laquelle ceuls de la fruicterie reprennent au matin. Item se il sont es guerres, il ont II s. VI d. oultre leurs gages de leur masse. Item et se il vont hors en commission, il prennent XX s. par jour. Item se il gardent prisonniers, il ont XX s. et leurs despens. Les gages de leur masse sont gages de sodoierie encienne, V s. le jour, et si ont C s. pour robe, et les arbalestiers à cheval ont oultre IIII d. pour la corde à leurs arbalestes. Item il doivent avoir leur mareschal, leur fourrier et I vallet, qui les sert en sale. Item pour le fait de leur corps, il ne doivent respondre devant autre juge que devant le maistre des arbalestiers ou ses lieuxtenans, et par souveraineté devant le connestable, ou cas où ledit maistre leur faudroit de droiture. Item il sont accoustumez de mal parler et de prendre volentiers davantage quant il le treuvent.

VI.

16-28 mai 1345.

Interrogatoire et jugement par le Parlement d'Arnaud Foucaut, aventurier à la solde des Anglais.

[Archives nationales, X²ᴬ 4, ff. 190 v°-192 v°.]

L'an mil ccc xlv, le vendredi de relevée après la feste du saint Sacrement, xxvii° jour de may, en la chambre du Parlement ou palays royal à Paris, en la presence de messire G. Flote, chancelier de France, messire Jehan, sire de Til, messire Jehan du Chastellet, messire Symon de Bucy, messire Jaques la Vaiche, messire Jehan de Charrolles, messire Bertrant des Prez, messire Guillaume d'Ambreville, chevaliers, maistre P. de Deinneville, Michiel de Paris, Henri Guys, Thomas Vanin, Jehan de Hangest; — P. d'Aucerre, P. de Creel vinrent trop tart :

Fu leue à Arnaut Foucaut, né de la parroiche de Cliont, en la chastellenie de Pont en Xanctonge, sa confession faite par pluseurs foiz, en la maniere que ci après s'ensuit :

L'an de grace mil ccc xlv, le lundi de relevée après la Penthecouste[1], par devant maistre Jaques la Vache, en la presence du prevost de Paris et Pierre Hardi, Pierre de Houpelines et Thomas de la Heuse, fu amené Arnault Fouquaut, nez de la parroisse de Cliont, en la chastellerie de Pont, qui estoit detenu prisonnier de par le Roy, nostre sire, es prisons de Sainte Geneveve à Paris, lequel Arnault, après ce que il ot juré par son serement, fait aus sains Evangiles, de dire et respondre verité sur ce que demandé li seroit, dist et confessa de sa bonne volenté, senz force ou contrainte, que pour ce que il qui parle, des le temps

1. 16 mai 1345.

que il avoit l'aâge de environ xiiii ou xv anz, avoit aidé à son pere, qui avoit eu à faire pour certain riot et debat contre Pierre Garda, icelui Pierre, environ viii anz a, avoit batu li qui parle en venent de l'escole, et non contempt de ce l'avoit depuis assailli et voulu oster raisiaux que il qui parle faisoit porter, contre lequel il qui parle s'estoit deffendu et tant que il l'avoit navré et villené, le dit Pierre se mittrent en point de grever li qui parle ; pour laquele chose il qui parle se tint garni, et pou de temps [après], environ iiii sepmaines ou un mois, ainsi comme il qui parle aveques li un vallet, appellé Jehan Faure, s'en venoient de la parroisse de Cliont, avoient trouvé emmy le chemin Garda Garda, frere dudit Pierre, aveques lesquels estoient iii hommes que il ne scet nommer, qui avoient leur harnois comme espées et boucliers, lequel Garda assailli li qui parle et gita pluseurs cops contre lui de s'espée, lesquels il qui parle recupt sus une taulasse que il avoit; et en soi deffendent il qui parle d'une lance que il portoit, avoit feru ledit Garda et l'avoit navré pardevant en tele maniere que il mourut assez tost après, si comme il oi depuis dire. Pour lequel fait il qui parle fu poursuiz par les genz du Roy, et pour doubte d'estre prins s'en ala à Montandre, où il fu receu à soldées par Guillaume Raymon de Garrenague, chevetaine pour le roy d'Angleterre. Ouquel lieu il fu par l'espace de demi an et juques à ce que le lieu fu prins par monseigneur Mouton de Blainville et monseigneur Savary de Vivonne, lors capitaines pour le Roy nosire es parties de Sainctonge, et dit que en faisant le traictié audit Raymon de rendre le chastel, fu acordé par lesdiz capitaines entre pluseurs autres choses, que dudit fait il qui parle seroit absols par euls et de ce li donnerent leurs letres, lesqueles il dit estre en son païs. En seureté desqueles il qui parle s'en ala en son païs, où il fu et demoura par l'espace de iii anz ou environ, et tant que il truva en la ville de Jonzach Guillaume Garda et Helies Garda, amis charnex du dessus dit Garda Garda, qui le assaillirent et le navrerent, et il qui parle se revancha et les navra aussi, et furent departiz par les gens de la ville qui là estoient. Et environ v sepmaines après fu prins il qui parle tout navré en la parroisse de Rusinach par un sergent du roy de la seneschaucie de Xanctonge, appellé Richart Lembleur, qui le arresta prisonnier et le bailla à plaige de Guillaume Raoul, qui le promist à rendre au seneschal à un certain jour, auquel jour il qui parle, pour ce que il estoit si blecé que il n'y povoit aler, envoia ledit Guillaume et autres par devers ledit seneschal pour le excuser, lequel seneschal leur charga que il envoiassent li qui parle hors du païs, pour ce que il ne povoit diner à madame de Plaissac, se il ne le prenoit et feist mourir. Pour laquele chose il qui parle se parti du païs et ala à Bordeaux, en l'ostel de Jehan Coulon, souz et aveques lequel il se mist des lors, et depuis a esté comme homme d'armes en la compaignie du seneschal de Gasquoigne pour le roy d'Angleterre et des genz dudit roy, juques au temps de la date d'une grace que il se dist avoir eue du fait dessus dit par monseigneur l'evesque de Biauvais, comme lieutenant du Roy, à la contemplacion du comte de Pierregort, auquel Jehan Coulon en avoit prié et escript.

Item il dit que le temps que il fu à Montande, il issi par pluseurs foiz aveques les genz, qui là estoient, pour courir sus la terre et genz du roy de France, et vit que aucuns de sa compaignie bouterent pluseurs foiz les feux et firent pluseurs pilleries, dont il ot aucunes foiz proufit, ne scet combien, que il despendi estant oudit lieu.

Item il dit que environ demi an après ce que il fu alez à Bordeaux, comme dit est, et que les treves furent faillies entre les roys de France et d'Engleterre, Guillaume Barbe, qui estoit en l'ostel et souldoier en la compaignie de Jehan Coulon, dist et pria à lui qui parle que il alast aveques lui en certain lieu où il avoit à faire pour soi contrevanger de aucuns ses anemis, qui estoient en un lieu assez près de Bourc, lequel il ne scet nommer, et il qui parle le li acorda. Lequel Guillaume par ceste maniere assembla bien environ LV ou LXV hommes armez, que il mist en certains vaisseaux en la mer environ miedi, et d'ileques s'en alerent juques au bec d'Ambais, qui est en la mer pres du Bourct, environ une liue, où il se arresterent, et lors leur dist le dit Guillaume et Aymery de la Mote, qui estoient les plus souverains de l'assemblée, que il estoient illeques venuz et assemblez pour aler prandre Bourc, quar il y avoit un chanoine et un clerc en ladite ville, lesquels il ne scet nommer, qui leur avoient promis rendre celle nuit la dite ville. Et illeques furent et attendirent juques environ heure de jour faillant, que il arriverent derrieres l'abbeie de la dite ville, à laquele abbaie la mer bat, et là euls arrivez se arresterent devant une fenestre, qui estoit en celle abbaie, à laquelle fenestre virent que l'en bouta par dehors une poingnée de feu, qui leur donna grant clarté et signe que il deussent aler à cele fenestre, contre laquele fenestre fut drecée une grant eschiele, que il avoient amené aveques euls à flot parmy la mer, par laquele eschiele montèrent environ xii du premier vaissel, et premierement un charpantier, appellé Pierre de Labatut, qui ladite eschiele avoit faite, et entrerent dedenz, et il qui parle, le dit Guillaume Barbe, qui estoit ou vaissel, où il qui parle estoit, et touz les autres desdiz vaisseaux monterent aprés par ladite eschiele et entrerent dedenz l'abbaie, laquele est où chastel. Et lors les genz de la ville s'esmurent et efforcerent d'entrer ou chastel, mais euls qui estoient dedenz fermerent les portes et deffendirent le chastel, mais pou y ot d'assault, quar les genz de la ville s'enfouirent. Et croit que à celui assault n'ot pas plus de trois personnes mortes. Et prindrent le chevetaine dudit chastel, appellé monseigneur Jehan de Montlion, qui forment s'i deffendi dés genz que il avoit, et y fu navrez un sien escuier, qui de la navreure mourut. Et dit que en ce faisent il pilloient chacun au miex que il povoit, dont il qui parle ot à sa part du gaaing, qui fait y fu, lequel fu moult grant, un harnois de guerre tant seulement, qui bien valoit x livres. Mais il dist que depuis le dessus dit Aymerion li en promist à bailler, pour ce que il qui parle se compleignoit de si petit que il avoit eu, xxx livres de Bordelois, combien que puis il n'en eust riens, jasoit ce que depuis il qui parle demourast avec lui oudit lieu pour garder ledit chastel par l'espace de ix sepmaines, que il qui parle s'en parti pour ce que ledit Guillaume Barbe li mettoit sus que il qui parle s'efforçoit de vouloir rendre ledit chastel aus genz du Roy nos.; et pour ce le mistrent en gehine et à question et firent moult de villenies, et eussent plus fait, se n'eust esté ledit Jehan Coulon, qui les deffia, pour ce que pour la doubte duquel il laissierent aler li qui parle, qui s'en ala arrieres à Bordeaux ches ledit Jehan.

Item il dit que depuis il qui parle il fu en la compaignie du segneur de Pommiers à bien cent hommes de leur compaignie, dont il y en avoit environ x hommes de cheval et le demourant de pié, où il courirent en la seneschaucie de Xanctonge, où il pillerent environ x livres de biens, dont il qui parle ot à sa part ne scet combien.

Item il dit que un poi ayant que les treves derrenieres fussent données entre les roys, il qui parle fu souz ledit Jehan Coulon, son maistre, en la compaignie du seneschal de Gasquoigne, à prandre le chastel de Blanssac, qui estoit au segneur de la Roche, dont il qui parle ot bien proufit des pilleries, qui faites y furent, environ x livres; et dit que lors et depuis ceuls dudit chastel maintenoient et depuis ont maintenu que les treves estoient données, et les autres maintenoient et disoient que non.

Item le mardi après Panthecouste[1], par Pierre Hardy, Pierre de Houpelines et Thomas de la Heuse furent leues et recolées audit Arnault les choses dessusdites, et li fu demandé par le serement que fait avoit, se autres choses ou malefices il avoit faiz et se il savoit aucunes personnes du royaume de France, qui fussent de l'aliance des anemis du Roy nos. ne qui audit nostre seigneur le Roy fussent traitres ou s'efforçassent de li porter dommage ou prejudice. Lequel Arnault dist et respondi que les choses dessusdites, par lui confessées, estoient vraies et que durant le temps dessusdit, il avoit esté par pluseurs foiz aveques les genz et soldoiers du seneschal de Gasquoigne pour le roi d'Angleterre en pluseurs lieux sus les genz du Roy nos., où l'en avoit bouté pluseurs feuz et fait pluseurs pilleries, dont il avoit eu proufit, ne savoit combien, mais il dist sur ce requis, que onques n'avoit esté en lieu où fame eust été violée ne prinse à force. Et dit que quant aus anemis du Roy nos., se aucuns en savoit, il n'en diroit autre chose que dessus a dit, se ce n'estoit à la personne du Roy nos., à monseigneur le duc son filz, à monseigneur d'Alançon ou à aucuns de nosseigneurs du sanc de France, ne plus ne autre chose ne voult dire ne respondre.

Item le lundi de relevée[2] après la Trinité l'an XLV, en la

1. 17 mai 1345.
2. 23 mai 1345.

tournelle de Sainte Geneviève ou Mont de Paris, par devant monseigneur Symon de Bucy, monseigneur Jaque la Vache, maistre Pierre de Deineville, monseigneur Guillaume d'Ambleville, maistre Thomas Vanin, Guillaume Bescot, Jehan de Hangest, Pierre Hardi, Pierre de Houpelines et Thomas de la Heuse, fut leue et recolée au dessusdit Arnault Fouquaut la confession dessus escripte, laquele icelui Arnault, de sa bonne volenté, afferma par son serement estre vraie.

Item il dist oultre, après ce que li ot esté demandé qui estoient les anemis du Roy nos., lesquels il disoit que il ne nommeroit ne diroit fors à la personne du Roy nos. ou de son sanc, que il n'en savoit aucuns nommez, mais il savoit bien que au pais de Gasquoigne avoit pluseurs balliz, prevoz et sergenz du Roy nos., qui ne se portoient pas deuement, mais prenoient sus les genz du pais autrement que il ne deussent, dont le peuple se douloit moult, et que l'on disoit communement au pais, que se le roy d'Angleterre ou aucun de son sanc venoient au pais, que pluseurs villes et chasteaus, subgez du Roy nos. et[1] tourneroient pardevers lui et de sa partie, et pour ce en vouloit il qui parle aviser le Roy nos., ne autre chose ne savoit. Requis qui sont cil de qui l'en dit lesdites choses, dit que on le dit communement au pais, autrement ne le scet.

L'an mil CCCXLV, le mardi après la Trinité[2], sus les quarreaux ou Chastellet, pardevant maistre Pierre de Deineville, monseigneur Guillaume d'Ambleville, chevalier, Michaut de Paris, Thomas Vannin, Henry Guiais, Jehan de Hangest, Adam de Senz, maistre Geffroy de Malicorne, Pierres de Houpelines et Thomas de la Heuse, fu leue et recolée à Arnault Fouquaut la confession, par lui autrefoiz faite, laquele le dit Arnault de sa bonne volenté afferma icelle et les choses dedenz contenues estre vraies.

Post questiones. — Item il dist oultre et confessa, que l'année derrenierement passée, entre aoust et vendenges, si comme il li semble, autrement du jour ne du temps ne se recorde, un que

---

1. Sic dans le manuscrit.
2. 24 mai 1345.

on appelle Bernart Jourdain de Foïs, lequel il cognoissoit bien, trouva li qui parle à Bordeaux, où il estoit soldoier, et li dist que il savoit un lieu où il entendoit à aler, ouquel il avoit un prieur, qui avoit assez or et argent, et que il avoit parlé à pluseurs compaignons, qui li avoient promis que aveques lui iroient là voulentiers pour en avoir, et pria à li qui parle que il y alast. Et il qui parle l'acorda et en sa compaignie se parti de Bordeaux et ala aveques lui juques à un bois appelé Donnezac, qui est à une grant journée de Bordeaux, et illeques trouverent pluseurs et grant quantité d'autres compaignons juques au nombre de xxv, entre lesquels estoient Fortunier de Beuf, Perrotin de Lartiga, et les autres ne scet nommer. Et quant il furent là, disnerent ou dit bois de la vitaille que il avoient apportée et puis s'en alerent touz ensemble et d'un acort en la prioré de Saint George de Resse et y arriverent de nuit et entrerent oudit prioré environ xvii, et les autres demourerent dehors, dont il qui parle fu li uns de ceuls qui dehors demourerent. Et là firent grant roberie et prindrent grant quantité d'or et d'argent que il chargerent sus un cheval, et l'emporterent à Bordeaux, où il le departirent, dont il qui parle ot xx florins à l'escu, que ledit Bernart Jourdain, qui est le maistre et chevetaine du fait, li en bailla et à chacun des autres sa partie. Et ledit Bernart en retint ce que il li plot, ne scet combien, pour ce que il estoit le maistre. Et dit que il croit bien que ceuls qui entrerent oudit prioré lierent le prieur et les genz de leanz. Pour ce le croit que il ne oi onques que aucun criast ne feist semblant de ce, et s'en ralerent paisiblement.

Laquele confession leue, il dist, presens les dessusdiz monseigneur le chancelier et les autres dessus nommez, que il perseveroit en ce que il avoit dit et qui li avoit esté leu, excepté ce qu'il avoit dit du fait et de la roberie du prieur de Saint George de Resse, disent que il ne fu pas au fait dudit prieur ne ne scet qui le fist. Et requeroit que une grace que messires li evesques de Biauvaiz li fist seur la remission de ses meffaiz, li fust tenue et gardée.

Aprés ces choses, oye ladite grace et leue et entendue icelle, dit fu que ladite grace ne li profiteroit de rien.

Si fu juigez li diz Arnauz par les dessuz diz seigneurs, c'est assavoir le chancelier, messire Symon de Bucy, messire Jaque la Vache, P. de Demonville, messire Jehan de Til, messire Jehan du Chastellet, messire Jehan de Chereles, messire Bertrant des Prez, messire Guillaume d'Ambreville, Michiel de Paris, Henri Guits, Thomas Vanin, Jehan de Hangest, comme traistres en crime de lese majesté, robeur, pilleur, murtrier et larron, à avoir la teste copée es hales et premier trayné et puis menez et penduz au gibet.

Et ainsi fu fait le semadi ensuigvant aprés la feste du saint Sacrement[1].

1. 28 mai 1345.

CHRONIQUE NORMANDE

SOMMAIRE.

Origine, mariages et enfants du comte de Flandre, Gui de Dampierre[1]. Projet de mariage entre sa fille, Philippe et le fils du roi d'Angleterre, Édouard I[er][2]. Informé de ce projet, Philippe le Bel fait venir le comte et sa fille à Paris et déclare à Gui qu'il a forfait sa terre, conformément aux lois du royaume de France. La fille du comte reste entre les mains du roi[3]. Appel du comte de Flandre au saint-siège. Boniface VIII reçoit l'appel et envoie un légat au roi de France. Réponse de Philippe le Bel[4] (Pages 1-2).

Le comte Gui fait alors alliance avec Édouard Ier, Adolphe d'Allemagne, les ducs de Brabant et d'Autriche, les comtes de Gueldres, de Julliers, de Hollande et de Bar[5]. Hommage de Gui

---

1. Gui de Dampierre, comte de Flandre et marquis de Namur, était fils de Marguerite de Flandre et de Gui de Dampierre. Voir dans Pertz (*Monumenta Germaniae, Scriptores*, XVI, 559) le tableau de sa descendance.

2. Le 20 juin 1294, Édouard Ier chargea l'évêque de Durham de négocier le mariage de son fils aîné Édouard avec Philippe, fille de Gui de Dampierre (Rymer, nouv. édit., I, 2, p. 803); le traité définitif est du 31 août 1294 (Kervyn de Lettenhove, *Hist. de Flandre*, éd. de 1847, II, 370).

3. V. Guillaume de Nangis, édit. Géraud, I, 287.

4. Comparez les *Chroniques de Flandre*, éd. Kervyn de Lettenhove, I, 207.

5. Rymer (I, 2) a publié plusieurs des traités que conclut alors Édouard Ier contre le roi de France. Le traité d'alliance avec Gui de Dampierre est du 7 janvier 1297; il fut ratifié le 6 avril suivant (*Ibid.*, p. 853). — Dès le 22 octobre 1294, il avait fait un traité avec Adolphe, roi des Romains; les négociateurs du roi d'Angleterre étaient Jean, archevêque de Dublin, Antoine, évêque de Durham, Florent, comte de Hollande, et Hugues le Despensier (*Ibid.*, p. 812). Le 12 novembre 1294, Édouard Ier

au roi d'Allemagne pour la comté de Flandre. Il fait défier Philippe le Bel[1]. Le roi se prépare à la guerre; le comte Gui fortifie Douai et Lille. Détails sur sa famille (Pages 2-4).

Siège de Lille par le roi de France[2] (1297). La reine de France, Jeanne, va défendre sa terre de Champagne contre le comte de Bar, qui est fait prisonnier[3]. Elle rejoint ensuite son mari devant Lille (Page 4).

Prise de Béthune par Philippe d'Artois. Le père de ce dernier, Robert, charge Henri l'Alemant[4] du soin de garder la Gascogne et vient rejoindre l'armée du roi. Il bat les Flamands et les Allemands près de Furnes[5]; le comte de Julliers est pris et meurt

demanda au comte de Hollande un sauf-conduit pour Jean de Butecourt, chevalier, qui portait au roi des Romains l'argent promis par ce traité (*Ibid.*, p. 815). — Le 23 avril 1295, le duc de Brabant promit au roi d'Angleterre de le servir contre Philippe le Bel avec 2000 hommes d'armes, moyennant 16,000 livres tournois pour six mois (*Ibid.*, p. 820), et le 28 avril le roi d'Angleterre engagea Jean, seigneur de Cuyk, à négocier la réconciliation du comte de Hollande et du comte de Flandre (*Ibid.*, p. 820); enfin, le 1er et le 16 janvier 1296, Édouard chargeait son trésorier, Gautier de Langton et Guillaume de Valence, comte de Pembroke, de s'entendre avec le comte de Hollande et le comte de Clèves au sujet des troupes qu'ils devaient fournir dans la guerre contre Philippe le Bel (p. 835). — Quant à l'alliance entre le comte de Bar et le roi d'Angleterre, elle est prouvée par une lettre du 1er octobre 1295, adressée par ce dernier prince à Adolphe, roi des Romains; dans cette lettre il se plaint de ce qu'Henri, comte de Luxembourg, a arrêté au passage une somme de 12,000 l. tournois envoyée au comte de Bar pour l'aider à faire la guerre au roi de France (p. 827). Dans la conférence de Gramont, qui eut lieu au mois de novembre 1296, les confédérés arrêtèrent leurs dernières dispositions (Kervyn de Lettenhove, *Hist. de Flandre*, éd. de 1847, II, 386); à cette conférence assistaient le roi des Romains, le comte de Bar, le duc de Brabant; les comtes de Flandre et de Julliers.

1. Ces lettres de défi sont datées du mercredi après l'Épiphanie (9 janvier) 1296-7; elles ont été insérées dans les *Chroniques de Flandre*, publiées par M. Kervyn de Lettenhove, I, 209.

2. Le siège de Lille commença le 23 juin 1297, veille de la Saint-Jean, d'après Guill. de Nangis (I, 299), à la fin de juin d'après les Annales de Gand (Pertz, *Scriptores*, XVI, 561).

3. Voyez Guillaume de Nangis, I, 298.

4. Cet Henri l'Allemant doit être un certain Henri de Hans, parfaitement inconnu d'ailleurs, qui porte, dans un acte de 1303, le titre de sénéchal d'Agen (Magen et Tholin, *Chartes d'Agen*, I, p. 216).

5. Le combat de Furnes eut lieu le 13 août 1297 (Kervyn de Lettenhove, *Histoire de Flandre*, II, 397).

trois jours après de ses blessures. Mort de Philippe d'Artois[1] (Pages 4-5).

Siège de Lille. Surprise du guet des Français par Le Roux de Fauquemont; mort du comte de Vendôme. Exploits du sire de Fauquemont. Conseil de guerre du roi de France; le comte de Hainaut engage celui-ci à acheter la neutralité du roi Adolphe. Jacques de Saint-Pol est envoyé vers ce prince; il le trouve à Cologne et réussit dans sa négociation. Adolphe fut plus tard tué pour ce fait par les parents du comte de Flandre (Pages 5-8).

Continuation du siège de Lille. Un chevalier Flamand, nommé Robert d'Athies, vient proposer à Philippe le Bel un stratagème pour prendre la ville. Averti par plusieurs seigneurs, Robert de Flandre se tient sur ses gardes. Historiette de la « porcherie ». Nouveaux exploits du sire de Fauquemont. Manquant de vivres, Robert de Flandre est obligé de rendre la ville; il sort librement, lui et la garnison[2] (Pages 8-10).

Charles de Valois marche sur Ypre; Philippe le Bel s'empare de Courtrai, puis de Ingelmünster. Combat de Commines[3] entre Charles de Valois et les confédérés; défaite de ces derniers. Reddition de Bruges; prise de Dam[4]. Reprise de Dam par le duc d'Autriche et le prince de Galles. Le comte de Gueldres explique à Gui de Flandre, qui est à Gand, les raisons de l'inaction du roi Adolphe. Le duc de Brabant et plusieurs autres princes font une ligue contre ce dernier. Le roi d'Angleterre et le comte de Flandre se décident à faire la paix. Une trêve est conclue; le différend est soumis à l'arbitrage du pape Boniface VIII et Philippe le Bel reste en possession de ce qu'il a conquis en Flandre[5]. Incendie et pillage de la ville de Gand par les Gallois du prince de Galles;

---

1. Philippe d'Artois ne mourut qu'en 1298 (Guillaume de Nangis, I, 306).

2. Lille capitula le 29 août 1297 (Kervyn de Lettenhove, *Histoire de Flandre*, II, 403).

3. Commines, Nord, arr. de Lille, cant. de Quesnoy-sur-Deulle, sur la frontière actuelle de la France et de la Belgique.

4. Cette campagne de Charles de Valois est des années 1299-1300 (Guillaume de Nangis, I, 308-310; *Annales Gandenses*, Pertz, *Scriptores*, XVI, 563-564). La reprise de Dam par les Flamands eut lieu le 10 octobre 1297 (*Annales Gandenses*, p. 562).

5. Les envoyés de Gui de Dampierre au pape furent Michel Asclokettes et Jaquemon. Bek (Kervyn, *Histoire de Flandre*, II, 411); ils furent rejoints à Rome par Robert de Béthune et son frère, Jean de Namur; ces derniers étaient dans cette ville le 26 juin 1298 (*Ibid.*, 414-415).

bataille entre eux et les Gantois[1]. Départ du roi d'Angleterre et du prince de Galles[2] (Pages 10-13).

Guerre entre le duc d'Autriche et le roi Adolphe. Siège d'Aix-la-Chapelle (1298). Défaite d'Adolphe. Le duc d'Autriche s'empare d'Aix et se fait couronner roi d'Allemagne[3]. Par l'entremise du comte de Hainaut, il épouse une des filles de Charles de Valois (Pages 13-14).

Vers le même temps, le pape Boniface décide que le roi de France rendra au comte de Flandre sa fille et sa terre et au roi d'Angleterre ses conquêtes de Gascogne[4]. L'évêque de Durham rapporte à Paris les lettres du pape; le comte d'Artois les lui enlève et les détruit (Page 14).

A l'expiration de la trêve, les hostilités sont reprises. Charles de Valois s'empare de toute la Flandre jusqu'à Gand. Le comte Gui et ses fils Robert et Guillaume se rendent à lui[5]. Raoul de Nesle, connétable de France, devient gouverneur du pays[6]. Gui est enfermé à Compiègne, Robert à Chinon et Guillaume à Nonette en Auvergne[7]. Philippe le Bel les retient prisonniers au delà d'un an, malgré les conventions conclues entre eux et Charles de Valois. Ce dernier ne pouvant tenir sa parole quitte la France et va guerroyer en Orient[8]. Robert d'Artois, lieutenant du roi en Gascogne, s'empare de La Réole par trahison, de Saint-Macaire[9] et de plusieurs autres places (Pages 14-16).

1. Sur le pillage de Gand par les Gallois (mars 1298) comparez le récit des *Annales de Gand* (Pertz, *Scriptores*, XVI, 562).

2. Édouard III débarqua en Angleterre le 14 mars 1298 (Rymer, I, 2, p. 889).

3. Albert Ier d'Autriche fut couronné à Aix-la-Chapelle, le 24 août 1298.

4. La sentence arbitrale du pape est du 30 juin 1298 (Kervyn de Lettenhove, *Histoire de Flandre*, II, 417).

5. Voyez Guillaume de Nangis, I, 308-310; et les *Annales de Gand* (Pertz, *Scriptores*, XVI, 563-564). Gui se rendit au roi de France vers la fin du mois d'avril de l'an 1300.

6. Dès juillet 1300, Raoul de Nesle était lieutenant du roi de France en Flandre (Kervyn de Lettenhove, *Histoire de Flandre*, II, 431).

7. Nonette, Puy-de-Dôme, arr. d'Issoire, cant. de Saint-Germain-Lembron.

8. Charles de Valois avait épousé en secondes noces Catherine, petite-fille de Baudouin et héritière de l'empire de Constantinople, et ce fut pour faire valoir les droits de sa femme qu'il quitta la France en 1301 (Guillaume de Nangis, I, 311).

9. Saint-Macaire, Gironde, arr. de La Réole.

SOMMAIRE.   235

Voyage de Philippe le Bel en Flandre[1]. Jacques de Saint-Pol devient gouverneur du pays à la place de Raoul de Nesle. Mariage d'Édouard d'Angleterre et de Jeanne, sœur de Philippe[2]. Paix de deux ans entre la France et la Flandre (Page 16).

Excès de Jacques de Saint-Pol en Flandre. Querelle entre les Français et les gens de Bruges. Soulèvement du pays; massacre des Français à Bruges[3]. Jacques de Saint-Pol vient avertir le roi. Celui-ci rassemble une armée à Arras et la met sous les ordres de Robert d'Artois. Les Brugeois se préparent à la résistance et reprennent une partie des villes de Flandre. Gui de Namur et le clerc de Juliers viennent à leur secours. Siège de Courtrai par les Flamands. Robert d'Artois vient au secours de la ville; il est défait et tué; noms des chevaliers morts dans cette bataille et de ceux qui échappent[4] (P. 16-19).

Philippe le Bel se dispose à marcher contre les Flamands. Ceux-ci, commandés par Jean de Namur, viennent assiéger Lille. Les garnisons de Lille et de Douai concluent avec les Flamands une trêve d'un mois[5] et envoient demander des secours au roi de France. Celui-ci ne peut les secourir en temps utile et les deux villes sont rendues. La Flandre tout entière prend parti contre Philippe le Bel (Pages 19-20).

1. Le voyage de Philippe le Bel en Flandre eut lieu aux mois de mai et de juin 1301 ; le 26 mai il était à Gand; le 11 juin à Winendale; le 2 juillet, il était de retour à Paris (*Hist. de France*, XXI, 438).

2. Le 30 juin 1298, Boniface VIII annula le contrat de mariage entre Philippe de Flandre et le fils d'Édouard Ier (Rymer, I, 2, p. 894). Le même jour il rendit sa sentence arbitrale entre les deux rois et décida qu'Édouard Ier épouserait Marguerite, sœur de Philippe le Bel, avec un douaire de 15,000 livres; et le prince de Galles Isabelle, fille du roi de France, avec un douaire de 18,000 livres. Édouard Ier accepta ces propositions le 22 avril 1299 (*Ibid.*, 902); les fiançailles d'Isabelle de France et du jeune prince furent célébrées le 20 mai 1303 (*Ibid.*, 954).

3. Sur le soulèvement ou plutôt les soulèvements de Bruges en 1301 et 1302, sur le massacre du 17 mai 1302 et la révolte de Gand, voyez les *Annales de Gand*, où tous ces événements sont racontés avec les plus grands détails (Pertz, *Scriptores*, XVI, 565-569) et Guillaume de Nangis (I, 316-318).

4. La bataille de Courtrai fut livrée le 9 juillet 1302.

5. Les Lillois promirent aux Flamands de se rendre à la mi-août s'ils n'étaient secourus; les habitants de Douai obtinrent les mêmes conditions (*Annales Gandenses*, Pertz, *Scriptores*, XVI, 572-573).

La même année, vers la fête de saint Rémi[1], le roi vient assiéger Douai. Les Flamands campent près de l'armée française, aux fosses de Boulorm[2]. Noms de leurs chefs. Jean de Namur envoie demander des secours au roi d'Angleterre. Embarras du roi Édouard. Intrigues de la reine Marguerite de France. Historiette à ce sujet. La reine avertit son frère Philippe le Bel d'une prétendue trahison ourdie par ses nobles[3]. Le roi de France entame des négociations avec les Flamands; elles échouent et il lève le siège de Douai. Les Flamands retournent dans leur pays, le roi en France, en laissant de bonnes garnisons sur les frontières[4] (Pages 20-22).

Entrée des Flamands en Artois le jeudi saint suivant[5]. Les Français marchent contre eux; noms des principaux seigneurs. Défaite des Flamands à Arques[6]. Peu après, ils vont attaquer le comte de Hainaut, allié du roi de France. Charles de Valois revient de Grèce. Philippe de Diest, fils du comte Gui, vient en Flandre devant la ville de Lessines[7] que les Flamands assiégeaient. La

1. Ce ne fut pas vers la Saint-Rémi, c'est-à-dire au commencement d'octobre, mais de la fin d'août à la fin de septembre 1302, que l'armée française assiégea Douai (Guill. de Nangis, 1, 321-322; *Annales Gandenses*, Pertz, *Scriptores*, XVI, 573).

2. Les fosses de Boulorm: nous croyons qu'il s'agit ici des marais avoisinant le lieu de *Bellonne* (Pas-de-Calais, arr. d'Arras, canton de Béthune); cette localité est située à 7 kil. au S.-E. de Douai, et plusieurs villages des environs rappellent son nom, *Noyelles de Bellonne*, etc. On peut remarquer que le pays avoisinant les marais en question forme un plateau, dont la défense devait être facile contre une armée venant de Douai.

3. Le Continuateur de Nangis (I, 337) attribue l'inaction du roi de France aux mauvais conseils du comte de Savoie. Guillaume de Nangis (I, 322) laisse entendre la même chose sans nommer personne. — Les *Chroniques de S.-Denis* (éd. Paris, V, 144) donnent dans des termes un peu différents la même version que notre chroniqueur. C'est évidemment une anecdote sans aucune authenticité.

4. Le roi de France laissa des garnisons à Saint-Omer et à Tournai (*Annales Gandenses*, Pertz, *Scriptores*, XVI, 574).

5. 4 avril 1303.

6. Pendant l'année 1303, on livra à Arques (Pas-de-Calais, arr. et canton de Saint-Omer) deux combats: le premier et le plus important eut lieu le 5 avril 1303, l'autre au commencement de juillet (*Annales Gandenses*, Pertz, *Scriptores*, XVI, 574 et 578); c'est sans doute du premier que le chroniqueur veut parler.

7. Lesquin, Nord, arr. de Lille, cant. de Séclin.

ville est prise et pillée[1]. Ils assiègent ensuite Tournai[2]. Philippe le Bel s'avance jusqu'à Péronne; des trêves sont conclues par l'entremise du comte de Savoie[3]. Le comte Gui est mis en liberté pour un an. Au bout de ce temps, il rentre en prison et la guerre recommence (Pages 23-24).

Invasion de l'Artois par les Flamands. Eudes, duc de Bourgogne, les attaque, mais il est battu et meurt peu après de ses blessures[4]. Les Flamands s'emparent de Thérouanne, ravagent le pays jusqu'à Béthune et à Lens[5], puis rentrent en Flandre (Page 24).

Philippe le Bel rassemble une armée à Arras. Prise de Gui de Namur par l'amiral de France, Regnaut de Sabonne, devant la ville de Scripesse en Hollande[6]. Invasion de la Flandre par les Français; prise d'Orchies[7]. Bataille de Mons en Puelle. Les Flamands font demander la paix au roi par le comte de Savoie. Reprise du combat; Philippe le Bel est sur le point d'être fait prisonnier; défaite définitive des Flamands (mardi après la mi-août 1304[8]). Second siège de Lille par Philippe le Bel. Les Flamands viennent camper près de l'armée du roi. Le duc de Brabant négocie la paix définitive. Les villes de Douai et de Lille sont remises au roi comme gages d'une indemnité de guerre de 50,000 livres[9]. Mort du comte Gui de Flandre[10]. Il est enterré à l'abbaye de Flines[11]. Robert son fils lui succède (Pages 24-28).

1. Le siège de Lesquin dura de la fin de février aux premiers jours d'avril 1303 (*Annales Gandenses*, Pertz, *Scriptores*, XVI, 574).
2. Le siège fut mis devant Tournai par les Flamands au mois d'août 1303 (*Annales Gandenses*, Pertz, *Scriptores*, XVI, 578).
3. Les trêves devaient durer jusqu'au mois de mai 1304; elles furent conclues par l'entremise d'Amédée V, comte de Savoie (Cont. de Nangis, I, 337; *Annales Gandenses*, Pertz, *Scriptores*, XVI, 578).
4. Otton IV, comte de Bourgogne, mourut le 26 mars 1303 (*Art de vérifier les dates*).
5. Lens, Pas-de-Calais, arr. de Béthune.
6. Voyez le Cont. de Guill. de Nangis, I, 345, et les *Annales Gandenses* (Pertz, XVI, 575-577, 579 et 581-583). La prise du jeune comte Gui eut lieu le 11 août 1304 pendant qu'il assiégeait une ville de Hollande, que le frère mineur de Gand appelle Zierixze, et qui est évidemment le *Scripesse* de notre chroniqueur. Les Flamands furent défaits par la flotte génoise au service de la France.
7. Orchies, Nord, arr. de Douai.
8. 18 août 1304.
9. Voyez les *Annales de Gand*, Pertz, *Scriptores*, XVI, 590.
10. Gui de Dampierre mourut le 7 mars 1305.
11. D'après le Cont. de Nangis (I, 346), le corps de Gui de Dampierre

SOMMAIRE.

Démêlés entre le roi de France et le pape Boniface. Guillaume de Nogaret va arrêter le pape à Avignon; mort de Boniface VIII. Benoît XI, puis Célestin V lui succèdent. Élection de Clément V. Ce pape vient en France; entrevue de Poitiers; il va résider à Avignon[1] (Page 28).

Mariage du fils d'Édouard Ier avec Isabelle de France[2]. Le roi d'Angleterre recouvre la duché d'Aquitaine et le comté de Ponthieu[3]. Suppression de l'ordre des Templiers (1307). Mort épouvantable de Guillaume de Nogaret. Les trois fils du roi sont faits chevaliers; l'aîné, Louis, reçoit le royaume de Navarre, Philippe, le comté de Poitiers, et Charles, le comté de La Marche[4] (Page 29).

Le roi mande Robert de Flandre à sa cour pour lui rendre hommage. Le comte demande qu'on lui rende d'abord Lille et Douai, les indemnités convenues ayant été payées à Enguerrand de Marigny; à son retour en Flandre, il met le siège devant Lille. Le roi envoie contre lui son fils aîné Louis, Charles de Valois, Louis d'Évreux et Enguerrand de Marigny. Ce dernier accorde aux Flamands une trêve d'un an; colère et plaintes des princes[5] (Pages 29-30).

Vers le même temps, au mois de septembre, Philippe le Bel meurt d'une chute de cheval à Fontainebleau (1316). Il est enterré à l'abbaye de Barbeaux[6]. La même semaine que le roi, meurent

fut transporté à l'abbaye de Marquette; mais les *Annales de Gand* (Pertz, *Scriptores*, XVI, 591) disent positivement qu'il fut enterré à l'abbaye de Flines, et donnent ainsi raison à notre chroniqueur.

1. Nous ne pensons pas qu'il soit utile de faire ressortir les nombreuses erreurs réunies dans ce paragraphe : Guillaume de Nogaret arrêtant le pape à Avignon, Célestin V succédant à Benoît XI, etc. Elles prouvent combien notre chroniqueur est inexact quand il ne s'en tient pas au récit des événements contemporains.

2. Le mariage d'Isabelle de France et d'Édouard, fils du roi d'Angleterre, fut décidé le 20 mai 1303 (Rymer, I, 2, 954), mais il n'eut lieu qu'en janvier 1304 (Cont. de Guill. de Nangis, I, 364).

3. Voyez le Cont. de Guill. de Nangis, I, 335.

4. Cette cérémonie eut lieu le jour de la Pentecôte (3 juin) 1313, en présence du roi d'Angleterre, Édouard II, et de sa femme (Continuateur de Nangis, I, 395-6; *Grandes Chroniques*, V, 198-199).

5. Ces événements de Flandre se rapportent aux années 1313-1314. La guerre éclata définitivement en juin 1314 et la trêve ménagée par Enguerrand de Marigny, qu'on appelle trêve ou paix d'Orchies, est du 13 septembre 1314 (Kervyn de Lettenhove, *Histoire de Flandre*, IV, pp. 58-62; Continuateur de Nangis, I, 410-411).

6. Philippe le Bel ne mourut pas au mois de septembre 1316, mais le

le pape et l'archevêque de Reims[1]; cette dernière circonstance retarde le sacre de Louis X. Supplice d'Enguerrand de Marigny[2] (Pages 30-31).

Sacre de Louis X à Reims (1317)[3]. Expédition de Flandre[4]; le roi revient en France. Épouses de Louis X[5]; il meurt empoisonné en laissant enceinte sa seconde femme Clémence[6]. Naissance et mort du petit roi Jean[7] (Pages 31-32).

Règne de Philippe V. Ligue des seigneurs contre le roi. Il réduit les rebelles. Ses filles : l'une d'elles est mariée à Louis de Flandre, fils de Louis de Nevers. Paix entre les Français et les Flamands[8] (Pages 32-33).

Règne de Charles IV[9]. Il rappelle les seigneurs bannis. Querelle entre le comte Jean de Namur, seigneur de L'Écluse, et les habitants de Bruges. Le comte est pris, mais parvient à s'échapper. Révolte des gens de Bruges et des environs (1324); ils assiègent Ardembourg et prennent cette ville au bout de six semaines. Le

---

29 novembre 1314; il fut enterré non pas à l'abbaye de Barbeaux, mais à Saint-Denis; son cœur fut déposé à Poissy (Continuateur de Nangis, I, 414-415).

1. Clément V mourut le 20 avril 1314; Jean XXII, qui lui succéda, ne fut élu que le 7 août 1316. Quant à l'archevêque de Reims, Robert de Courtenai, élu en 1299, il ne mourut qu'en 1324 (*Gallia Christiana*, IX, cc. 121-123).

2. 30 avril 1315.

3. Notre chroniqueur, conséquent avec lui-même (voir plus haut), place cet événement en 1317; Louis le Hutin était mort à cette date.

4. Louis X prit l'oriflamme à Saint-Denis le 24 juillet 1315 pour marcher contre les Flamands (Cont. de Guill. de Nangis, I, 422); cette expédition n'eut aucun résultat.

5. Louis X avait épousé, en 1305, Marguerite, fille de Robert II, duc de Bourgogne, qui fut enfermée en 1314 au Château-Gaillard, à cause de son inconduite, et mourut l'année suivante. La seconde femme de Louis fut Clémence, fille du roi de Hongrie.

6. Louis X mourut à Vincennes le 5 juillet 1316, suivant le Continuateur de Guillaume de Nangis (I, 426) et le 5 juin suivant la plupart des autres sources; voir à ce sujet une note de Géraud, dans son édition du Continuateur.

7. Jean Ier naquit le 15 et mourut le 19 novembre 1316.

8. Cette paix fut conclue à Paris le 5 mai 1320; le 22 juillet suivant fut célébré le mariage entre Louis de Flandre et la fille du roi (Continuateur de Nangis, II, 23-24).

9. Philippe V mourut le 3 janvier 1322 et Charles IV fut sacré le 21 février suivant.

comte de Flandre essaie de résister aux rebelles; Gand, Ypres et Audenarde se déclarent pour lui. Il s'empare de Courtrai, mais il est battu près de cette ville par les Brugeois (juin 1326). Noms des seigneurs tués dans la bataille. Le comte de Flandre est fait prisonnier et enfermé à Bruges[1]. Guerre civile entre les bourgeois et les gens du commun. Les bourgeois de Gand chassent les gens de métier qui vont attaquer la ville d'Audenarde sous la conduite de Clay d'Ennequin. Les parents du comte demandent à Charles le Bel d'intervenir. Le roi fait excommunier les Flamands par le pape et envoie contre eux Alfonse d'Espagne, Miles de Noyers et le bailli d'Amiens[2]. Les Flamands offrent au légat, à Tournai, de mettre leur comte en liberté s'il lève l'excommunication. Mais peu après, nouvelle révolte du commun de Flandre. Le comte se réfugie en France et Clay d'Ennequin reste maître du pays[3]. Mort de Charles IV[4]; noms de ses deux femmes[5] (Pages 33-36).

A Charles le Bel succède Philippe de Valois comme régent, puis comme roi; il est couronné à Reims en 1328, le jeudi de la

1. La querelle entre les Brugeois et Jean de Namur éclata en juillet 1323; le comte fut enfermé dans la prison de Steen, que notre chroniqueur appelle *la Pieres*; Jean de Namur s'évada en octobre 1323 (Kervyn de Lettenhove, *Hist. de Flandre*, IV, 115). La révolte de la Flandre contre le comte Louis commença en 1325 (*Ibid.*, p. 110 et suiv.); le combat de Courtray eut lieu les 20 et 21 juin 1325 (*Ibid.*, pp. 124-125).

2. L'intervention de Charles le Bel dans les affaires de Flandre eut lieu en septembre 1325; le 19 de ce mois, ce prince écrivit une lettre menaçante aux révoltés; elle a été publiée par Kervyn de Lettenhove (*Hist. de Flandre*, IV, 129-130); la sentence d'excommunication, que notre auteur mentionne, fut publiée par l'abbé de Saint-Denis et l'évêque de Senlis, envoyés du roi de France. Celui-ci fit marcher contre les Flamands, en janvier 1326, Alfonse d'Espagne, seigneur de Lunel, Mathieu de Trie et Miles de Noyers. Le comte de Flandre fut remis en liberté le 18 février suivant. Alfonse d'Espagne et Mathieu de Trie étaient à Saint-Omer le 1er mars et donnaient des ordres pour la mise en état des forteresses du pays (Bibl. Nat., coll. Clairambault, *Sceaux*, vol. 43, orig. scellé). La paix fut signée à Arques entre la France et les communes révoltées peu après et ratifiée par Charles IV, le 19 avril suivant (Kervyn de Lettenhove, *Hist. de Flandre*, IV, 131-134).

3. Voir à ce sujet le Continuateur de Nangis, II, 90-91.

4. 31 janvier 1328.

5. Charles le Bel eut trois et non deux femmes : 1° Blanche, fille d'Otton IV, comte de Bourgogne; 2° Marie, fille de l'empereur Henri VII; 3° Jeanne, fille de Louis de France, comte d'Évreux.

Trinité[1], en présence des pairs de France. Le comte de Flandre figure au sacre et le roi s'engage à le rétablir dans son comté[2] (Page 36).

De retour à Paris, Philippe convoque les princes et barons de son royaume et marche sur Cassel où se sont rassemblés les Flamands[3]. Bataille de Cassel[4] (24 août 1328); défaite des Flamands qui perdent 11,000 hommes[5]. Prise d'Ypres; soumission de la Flandre. Le comte Louis est rétabli dans sa terre (Page 36).

L'année suivante, Philippe VI reçoit l'hommage du roi d'Angleterre, Édouard III, à Amiens, pour le duché d'Aquitaine et le comté de Ponthieu[6]. Il envoie son fils Jean au pape[7] pour lui

1. Le Continuateur de Guillaume de Nangis (II, 91) donne pour la date du sacre de Philippe VI le dimanche jour de la Trinité (29 mai 1328). La même date est donnée par Jean Le Bel et Froissart; voir dans ce dernier (éd. Luce, I, 296-297) les noms des pairs de France et des seigneurs qui assistèrent à cette cérémonie.

2. L'hommage du comte de Flandre au roi de France est placé par le Continuateur de Guillaume de Nangis avant la cérémonie du sacre (II, 90). C'est après cet hommage que Philippe VI lui promit de le rétablir dans son comté. Le même auteur place d'ailleurs, comme Jean Le Bel et notre chroniqueur, le conseil de guerre dans lequel fut résolue l'expédition, à Reims après le couronnement.

3. Le rendez-vous de l'armée était fixé à Arras pour le jour de la Madeleine (22 juillet); mais notre chronique dit, d'accord avec le Continuateur de Nangis, et contrairement à ce qu'affirme Froissart, que le roi revint de Reims à Paris avant d'entrer en campagne; il alla prendre l'oriflamme à Saint-Denis.

4. Le Continuateur de Nangis (II, 96) et la *Chronique de Flandre*, éd. Kervyn de Lettenhove (I, 344-7), datent la bataille de Cassel du 23 août, veille de la Saint-Barthélemi.

5. Ce chiffre est à peu près celui du Continuateur de Guillaume de Nangis, qui dit (II, 99) que sur le champ de bataille on trouva 11,547 cadavres; le roi de France dans une lettre à l'abbé de Saint-Denis estimait le nombre total des morts à 19,800 (*Ibid.*). Voir au sujet de ce chiffre, probablement exagéré, Froissart, édit. Luce, I, CLV, note 1; le relevé fait par les Flamands eux-mêmes n'indique que 3,192 morts.

6. L'acte d'hommage rapporté par Rymer (II, 2, p. 765) est daté du 6 juin 1329. Cet hommage fut renouvelé par Édouard III, le 30 mars 1331 (Rymer, *ibid.*, p. 813).

7. Nous ne trouvons dans les chroniques aucune trace de ce voyage de Jean de Normandie à Avignon. Philippe VI paraît avoir conçu ce projet de croisade à l'instigation de Pierre de Palud, patriarche de Jérusalem, qui avait été envoyé en mission auprès du Soudan. C'est à la requête du roi que Jean XXII ordonna aux prélats de France de prêcher la croi-

demander la croix et la reçoit des mains des légats avec le roi de Navarre[1] et beaucoup d'autres princes. L'évêque de Beauvais va outre-mer défier le Soudan[2] (Page 37).

Cependant à l'instigation de Robert d'Artois[3], banni par le roi de France, Édouard III se prépare à faire la guerre à Philippe VI et à faire valoir les droits à la couronne qu'il tient de sa mère, sœur de Charles IV (Page 37).

Un chevalier de Bayonne[4], auquel Édouard III devait une grosse

sade en 1331 (Cont. de Nangis, II, 131). L'année suivante, dans un conseil tenu à Paris, le 2 octobre, à la Sainte-Chapelle, le roi annonça aux barons, prélats et chevaliers et aux bourgeois de Paris, qu'il était décidé à partir et qu'il laisserait comme régent du royaume son fils Jean, alors âgé de 14 ans (Ibid., II, 134). Il ne prit du reste la croix que l'année suivante dans une assemblée tenue au Pré-aux-Clercs, après un sermon de l'archevêque de Rouen. Le départ fut fixé au mois d'août 1336 (Ibid.). Ces derniers faits sont rapportés à peu près dans les mêmes termes par la *Chronique des Quatre Valois* (pp. 5-6).

1. Froissart dit aussi que le roi de Navarre prit la croix en même temps que Philippe VI (I, 116).

2. Jean de Marigny, évêque de Beauvais, fut en effet envoyé outre-mer, *causa pluribus ignorata*, dit le Continuateur de Nangis (II, 145), et ne revint en France qu'en 1335. Il eut pour compagnon de voyage Jean de Cépoy, que Philippe VI avait envoyé en Orient pour s'occuper des préparatifs de la croisade.

3. Robert d'Artois, banni du royaume de France en mai 1332 (Cont. de Nangis, II, 132), se réfugia auprès du roi d'Angleterre, après avoir séjourné quelque temps en Brabant et dans le marquisat de Namur; il accompagna Édouard III dans son expédition contre les Écossais (Froissart, I, pp. 309-316).

4. Il y avait tant de sujets de querelles entre le roi d'Angleterre et le roi de France, que chaque chroniqueur assigne à la guerre qui commença en 1337 une cause différente. Le Continuateur de Nangis (II, 157) parle du pillage par les Anglais d'un château de Saintonge, nommé *Paracolum;* un chevalier languedocien, qui avait livré la place, fut peu après décapité à Paris sur le marché aux Pourceaux (Ibid., p. 158). Les *Grandes Chroniques*, dont les auteurs ont traduit en partie le Continuateur de Nangis, rapportent naturellement les mêmes faits (V, 368-369), mais elles parlent aussi d'un débat à propos du château de Saintes en Poitou, qui aurait été pris en 1324, lors des campagnes de Charles de Valois, château dont Édouard III, poussé par Robert d'Artois, réclamait impérieusement la restitution (V, 366-367). Froissart comme notre chroniqueur donnent pour occasion à la guerre des différends entre le roi d'Angleterre et certains de ses vassaux, différends que le parlement de Paris régla en dernier ressort par des arrêts, dont les sergents de Philippe VI durent assurer l'exécution. Cette dernière version est plus probable; du moins

somme d'argent, demande à Philippe VI de le faire payer. Le roi de France ordonne de saisir le château de Pommerel en Gascogne;

elle s'appuie sur des textes. Nous donnons plus haut, pp. 205-207, un certain nombre d'arrêts du Parlement sur ces différends. Le premier, du 4 juillet 1335, nous montre la cour recevant, malgré les protestations du procureur d'Édouard III, la déclaration de l'abbé de la Seauve, qui se disait vassal immédiat du roi de France. L'année suivante, le 13 juillet 1336, le duc de Guyenne est condamné par défaut à payer une somme importante à divers marchands de Bordeaux. Les deux jours précédents avaient été employés par la cour du roi à régler une affaire plus importante et sur laquelle il faut nous arrêter un instant. Garsias-Arnaud, seigneur de Navailles en Béarn, avait eu un différend avec son suzerain, le duc de Guyenne, et la cause avait été portée devant le Parlement. Celui-ci décida, le 11 juillet 1336, que le duc payerait au plaignant les dépens, taxés à 242 l. 4 sous parisis, et chargea les sénéchaux d'Agenais et de Périgord de forcer le duc à s'exécuter par la saisie de ses terres et châteaux. Le lendemain 12, la cour décida, contre Édouard III, que le sire de Navailles serait chargé, sous la surveillance du sénéchal d'Agenais, de distribuer à ses hommes la somme à eux adjugée à titre de dommages et intérêts par un précédent arrêt; il déclara en même temps que le paiement serait fait en monnaie forte, comme celle qui avait cours au commencement du procès. Si l'on rapproche les indications fournies par ces actes du récit de Froissart, on sera frappé des ressemblances; suivant ce dernier, un seigneur de Noyelles, originaire du Poitou, était créancier du roi d'Angleterre pour une somme de 30,000 écus hypothéquée sur la châtellenie de Condom; le châtelain expulsa les sergents du roi de France chargés d'opérer la saisie et maltraita leur chef Raimond Foucaut, procureur du roi en la sénéchaussée de Carcassonne (éd. Luce, I, cxciv-cxcv et 379-380). On reconnaît dans *Noyelles* la forme *Noalhiae* francisée, mais les prénoms donnés au seigneur en question par les arrêts du Parlement prouvent son origine méridionale, et donnent ici raison à la *Chronique normande* contre Froissart. Ce dernier place à Condom le conflit entre les officiers français et anglais; la *Chronique normande* le place à *Pommerel* ou Puymirol; peut-être les deux auteurs ont-ils raison tous les deux et le sénéchal d'Agen fit-il saisir à la fois les deux châteaux; en tout cas un acte, que nous donnons parmi les pièces justificatives du présent volume (pp. 207-209), confirme le dire de la *Chronique normande;* le 17 juillet 1337, les commissaires royaux, maîtres de Puymirol, déclarent qu'ils étaient venus dans le pays pour mettre ledit château sous la main du roi et que, les habitants persistant dans leur désobéissance, ils ont dû assiéger la ville. Enfin un autre acte de janvier 1339-1340, que nous publions également, nous apprend que le sénéchal d'Agen vendit plus tard le château de Pommerel ou Puimirol au seigneur de Navailles pour une somme de 20,000 livres à déduire de sa créance sur le roi d'Angleterre (p. 214).

le châtelain anglais chasse les sergents royaux. A cette nouvelle, Philippe, averti d'ailleurs des préparatifs d'Édouard, saisit sa cour de l'affaire. Les possessions du roi d'Angleterre en France sont confisquées pour cause de forfaiture (Pages 37-38).

Philippe envoie une grande armée en Gascogne sous la conduite de Simon d'Arquéry[1], de Raoul de Rabastre et du Galois de la Baume. Édouard III envoie en Gascogne Robert d'Artois[2] et plusieurs autres seigneurs pour défendre le pays. Les Anglais se contentent d'occuper les places fortes. Le comte d'Armagnac, le comte de Foix[3], le sénéchal de Toulouse et les gens de Carcas-

1. Dès le 23 mai 1337, Raoul, comte d'Eu et de Guines, fut envoyé comme lieutenant du roi « ès parties de la Langue d'oc et en Gascoigne. »; il en revint le 2 novembre 1337 (Bibl. nat., Coll. Decamps, vol. 83, f° 172 et D. Vaissete, *Hist. de Languedoc*, éd. in-fol., IV, 223, 224). — « Monseigneur Robert de la Heuse... A li par cedule de Mons. donné à Paris xxii de juillet cccxxxviii pour les gages d'une journée d'une partie des genz d'armes de l'ostel de Mons., qui compterent et se paierent par li, es parties de Gascoingne en esté cccxxxvii, *que Mons. y fu lieutenant du Roi*..... » (Arch. nat., Comptes du connétable d'Eu, JJ 269, f° 31). — « Item par ledit tresor des deniers, recouvrez là pour les parties royees en la Chambre es comptes de Monseigneur du voyage de Gascongne, *quant il y fu lieutenant du Roy* et pour la raençon de maistre Regnaut de Houdetot et de Robert de Seris mil xlv l. p. et xviii s. ii d. obole » (*Ibid.*, f° 16). Il fut remplacé par Simon d'Arqueri, conseiller du roi, et le Galois de la Baume, maître des arbalétriers ; les lettres de commission de ces deux personnages sont du 13 nov. 1337 (Arch. nat. JJ 72, n. 2); ils portaient le titre de *capitanei et gubernatores in partibus Occitanis*. Ils étaient à Marmande dès le 26 décembre 1337 (*Ibid.*); en février 1338, ils commencèrent le siège de Madaillan (Lot-et-Garonne, arr. d'Agen, cant. de Prayssas). (Coll. Doat, 186, f° 160; Bibl. nat., *Pièces originales*, vol. 226, dossier Baume, n. 1.) Leur pouvoir dura jusqu'au commencement de 1339 : le 20 février 1338-1339, Le Galois de la Baume et Pierre de la Palu, sénéchal de Toulouse et d'Albigeois, furent nommés *capitanei et gubernatores in Occitanis partibus* (Arch. nat., JJ 71, n. 254, et Bibl. nat., *Pièces originales*, vol. 226, *Dossier Baume*, n. 2).

2. Robert d'Artois était encore en Angleterre le 5 mai 1337 (Rymer, II, 2, p. 969).

3. Le comte de Foix fut envoyé par le roi en Gascogne, le 20 mai 1337. Il devait se trouver à Marmande dans la quinzaine de la nativité de saint Jean-Baptiste (*Hist. gén. de Languedoc*, IV, 223. — Cont. de Nangis, II, 158). Il opéra principalement dans la vicomté de Marsan; le 20 septembre 1337, le comte d'Eu lui permit de retourner chez lui avec ses troupes (Doat, vol. 186, f°° 115-116). Le 10 juillet 1337, il était près d'Aiguillon (*Ibid.*, f° 163). En 1338, il continua ses campagnes dans la

sonne[1] viennent renforcer l'armée française, qui prend d'assaut Blaye, Penne[2], Bourg[3] et Pommerel[4] (Page 38).

Cependant les Français se concentrent en Normandie et entrent en mer sous le commandement du comte de Guines et de Robert Bertran. Prise de Guernesey et défaite des Anglais. Le comte de Clèves, Aimar de Valence et 1200 Anglais sont faits prisonniers[5] (Pages 38-39).

---

vicomté de Marsan (Doat, 186, f° 160); le 26 juillet, étant à la Réole, il envoya à sa place dans ce pays Arnaud Guillem de Béarn (*Ibid.*, f°' 123-4); il l'y rejoignit quelques jours plus tard (*Ibid.*, f° 124-5, acte du 12 août). Le roi le nomma pour 30 jours son lieutenant en Gascogne et Agenais, 15 jours avant et 15 jours après Noël (Lettres du 4 novembre 1338; Doat, 186, f° 235-6); le 16 mars 1339, il devint pour quelques jours *capitaine général et lieutenant en Gascogne*, jusqu'à la quinzaine de *Pâques charneux*, c'est-à-dire jusqu'au 11 avril.

1. Les gens de Carcassonne étaient partis dès le 13 mai 1337 avec le sénéchal Pierre de la Palu (*Hist. gén. de Languedoc*, IV, 221).

2. Penne, Lot-et-Garonne, arr. de Villeneuve-sur-Lot. Le Continuateur de Guillaume de Nangis place la prise de Penne en 1338. Nous savons que le siège en dura assez longtemps; le 19 et le 25 juin 1338, le Galois de la Baume et Simon d'Arqueri étaient *in castris ante Pennam* (Doat, 186, f. 132 et 121); ils durent le lever peu après, car le 8 août le Galois était à Toulouse (*Ibid.*, f° 122). Le comte de Foix fut nommé lieutenant en novembre 1338, avec la charge spéciale de réduire cette place (voir plus haut). Le roi lui adjoignit le 30 du même mois le roi de Bohême (*Hist. gén. de Languedoc*, IV, 228). Les bourgeois se rendirent peu après par capitulation, mais le château tint bon, et le comte promit aux habitants que le Galois de la Baume ne quitterait pas la ville avant sa réduction; ce dernier approuva cet accord le 2 janvier 1339 (Doat, 186, f. 246-7). La reddition de Penne eut pour principal auteur Aimeri de Roquefort, chevalier du Toulousain, auquel Gaston de Foix, par acte daté de cette ville, 29 mars 1338-1339, donna le lieu de Nogaret en Toulousain pour le récompenser de ses bons offices (Arch. nat., JJ 73, n. 140).

3. Bourg-sur-Gironde, Gironde, arr. de Blaye, chef-lieu de canton. La prise de Bourg et de Blaye est placée en 1339 par les *Grandes Chroniques*, V, 377.

4. Puymirol, Lot-et-Garonne, arr. d'Agen. — Voir plus haut p. 243. Cette place capitula le 17 juillet 1337 (V. *Pièces justificatives*, p. 208). A cette date, Simon d'Arqueri et le Galois de la Baume, voulant récompenser de ses bons offices Bernard de Briget, que les habitants de Puymirol avaient chargé de la négociation, donnèrent à lui et à ses héritiers une rente perpétuelle de 100 livres tournois sur les revenus de la baylie de cette ville.

5. Les courses maritimes des Français contre les Anglais avaient com-

A la nouvelle de ces revers, Édouard III envoie l'évêque de Lincoln, le comte de Suffolk et Gautier de Manny avec 1000 hommes attaquer l'île de Gagant[1] qu'occupaient des chevaliers Flamands. Défaite de ces derniers; prise de Gui, bâtard de Flandre, frère du comte; mort de Diacres de Halluin[2], de Jean Demmer de Quarque, de Jean Denmerede[3] et d'Ernoul de Bruguedant[4] (Page 39).

Troubles en Flandre; les Flamands reprochent à leur seigneur la mort d'un chevalier nommé Sohier le Courtrisien, exécuté par

mencé dès la fin de l'année 1336 (Rymer, II, 2, 951-952, acte du 27 novembre). Il y eut deux expéditions contre les Iles normandes; la première est antérieure au mois de juillet 1337 (Rymer, *ibid.*, p. 983), la seconde, paraît avoir eu lieu vers la fin de 1338, au mois d'octobre (Havet, *Série chronol. des gardiens des Iles normandes*, dans la *Bibl. de l'Éc. des chartes*, 1876, p. 209); le comte d'Eu put assister à celle-ci, car nous savons qu'il quitta Amiens, où il résidait le 1er septembre 1338, le 16 du même mois (Bibl. nat., Coll. Decamps, t. 83, f° 246). Philippe VI fit don des Iles normandes à Jean, duc de Normandie, qui les donna à son tour à Robert Bertran, sire de Briquebec, et celui-ci confia la garde du château et de l'île de Guernesey à Nicolas Hélie, qui en fut capitaine jusqu'à leur reprise par les Anglais en 1345 ou 1347 (Havet, *ibid.*; Delisle, *Histoire du château et des sires de S.-Sauveur-le-Vicomte*, pp. 62-63). Voir dans les *Actes normands de la Chambre des comptes* publiés par M. Delisle pour la Société de l'histoire de Normandie, pp. 194-195, une pièce de janvier 1338-9, relative à l'armement des Iles par le sire de Briquebec. Les deux expéditions furent faites avec le concours de la marine normande et des galères génoises, dont les capitaines étaient entrés au service de la France à la fin de 1337 (voir plus haut pp. 210-213). Les marins génois restèrent au service de Philippe VI jusqu'en 1339; le compte des sommes à eux payées existe encore aujourd'hui, du moins en partie, et a été publié par M. Delisle dans les *Actes normands*, pp. 211-232.

1. Gagant, aujourd'hui Cadzant, village de la province de Zélande (Pays-Bas), à 7 kil. N.-O. d'Ootsburg, près de la frontière belge, et du rivage méridional de l'embouchure de l'Escaut; c'est ce village qui a donné son nom à l'île qui l'avoisine. — D'après Froissart (I, 132), la garnison de Cadzant interceptait les communications entre la Flandre et l'Angleterre; c'est ce qui aurait décidé Édouard III à diriger une expédition contre elle. D'après le même auteur, les Anglais arrivèrent devant l'île le 10 novembre 1337.

2. *Ducres* de Halluin suivant Froissart (I, 136), ou le *duchere*, c'est-à-dire le *sire* (*Ibid.*, ccxiv-ccxv).

3. Le même que Jean de Rhode (?) de Froissart, I, 138, des *Grandes Chroniques*, V, 371 et des *Chron. de Flandre*, I, 363.

4. Brukedent, suivant Froissart (I, 136), Brigdamme suivant M. Luce (*Ibid.*, ccxiv).

ordre de Philippe VI[1]. Les rebelles prennent pour chef Jacques d'Artevelle, bourgeois de Gand. Soulèvement de Bruges[2]; le comte Louis se réfugie à la cour de France[3]. Philippe VI, craignant une alliance entre les Flamands et les Anglais, fait garder les ports du royaume (Pages 39-40).

Édouard III rassemble ses troupes, et se rend à Anvers. Il a pour alliés le duc de Brabant, le duc de Gueldres, le comte de Julliers, le comte de Hainaut, son beau-frère, le marquis de Brandebourg, fils de Louis de Bavière[4]; celui-ci nomme Édouard vicaire de l'Empire[5]. L'évêque et les bourgeois de Cambrai refusent de reconnaître son autorité, Louis de Bavière étant excommunié, et choisissent pour gouverneur Jean, duc de Normandie. Le comte d'Armagnac met garnison dans Cambrai[6] (Pages 40-41).

Conciliabule d'Édouard et de ses alliés à Anvers; le roi entre en

---

1. Sohier de Courtrai, accusé par le comte de Flandre d'avoir trop bien reçu, en 1337, les envoyés du roi d'Angleterre, qui venaient solliciter l'alliance des Flamands, fut exécuté le 21 mars 1338 (Froissart, I, ccviii, et *Chroniques de Flandre*, éd. Kervyn, I, 362).

2. Comparez *Grandes Chroniques*, V, 371-373, et *Chroniques de Flandre*, éd. Kervyn, I, 363-365.

3. Voyez Froissart, I, 418.

4. Voyez Froissart, I, ccxv-ccxx. Édouard III quitta l'Angleterre le 16 juillet 1338 (Rymer, II, 2, p. 1050); il séjourna à Anvers jusqu'au 16 juillet 1339 (*Ibid.*, p. 1087).

5. Édouard III reçut ce titre avant le 13 novembre 1338; en effet, Benoit XII, dans une bulle datée de ce jour, reproche amèrement au roi d'Angleterre d'avoir accepté ce titre de la main d'un soi-disant empereur excommunié (Rymer, II, 2, p. 1063).

6. Ce ne fut qu'en novembre 1339, c'est-à-dire postérieurement au siège de Cambrai, qu'un accord fut conclu entre le roi de France et les habitants de cette ville. Philippe VI s'engagea à entretenir 300 hommes d'armes et 300 arbalétriers pour la défense de la place (Arch. nat. JJ 73, pièce 244, f° 191. — Froissart, I, ccxxv, note 1); mais bien avant cette date les Cambrésiens étaient entrés en relation avec les Français, et si le duc de Normandie eut le titre de gouverneur ou bailli de Cambrai, ce furent Le Galois de la Baume, maître des arbalétriers, et le comte d'Armagnac, qui s'occupèrent de la mise en état de défense de la ville. Dès le 29 octobre 1339, le premier de ces seigneurs donne quittance à François de l'Hôpital, clerc des arbalétriers, de 3000 l. t. « pour nous acquitter à Cambray de ce en quoy nous y estions tenus pour le fait du dit seigneur » (Bibl. nat., *Pièces orig.*, vol. 226, doss. *Baume*, n° 4, orig. scel.).

— Un compte du 24 janvier 1340 (n. s.), que nous publions plus haut, (pp. 214-216), nous montre que rien ne fut épargné pour mettre la place

Hainaut[1]. Guillaume de Hainaut et Jean de Beaumont assiègent Cambrai (1338)[2]. Le châtelain de Thun-l'Évêque vend son château aux Anglais[3]; ce château est situé près de ceux de Relengues[4] et d'Escaudeuvres[5] qui appartiennent au comte de Hainaut (Page 41).

Siège de Cambrai; Édouard III, qui ne peut prendre la ville, va se loger à l'abbaye de Vaucelles[6], puis au Mont-Saint-Martin[7]; il ravage le pays sur son passage et tente sans succès de s'emparer d'Oisy[8], d'Honnecourt, de Crèvecœur et de Bouchain[9]. Phi-

à l'abri d'un coup de main; Hugues de Cardaillac fut même chargé de faire faire dix canons; une pareille mention est encore assez rare à cette époque pour mériter d'être signalée. — Le 2 août 1340 (n. s.), Le Galois de la Baume donna quittance des gages qui lui étaient dus pour être demeuré « ès parties de Vermandois et de Cambresis » du 1er août 1339 au 24 janvier 1340, avec un chevalier, 23 écuyers de son hôtel, 30 arbalétriers et 30 sergents de pied (Bibl. nat., *Pièces orig.*, vol. 224, doss. *Baume*, n° 25, orig. scel.). — Enfin la présence du comte d'Armagnac à Cambrai est attestée par un passage du compte que nous publions plus haut.

1. D'après Froissart (I, 151), Édouard III fit valoir son titre de vicaire de l'Empire pour obtenir la permission de traverser le Hainaut avec son armée. Il se mit en marche à la fin d'août ou au commencement de septembre 1339; il était encore à Bruxelles le 20 août, et le 19 septembre il séjournait à Valenciennes (Rymer, II, 2, p. 1089 et 1090).

2. Le siège de Cambrai eut lieu non pas en 1338, mais en 1339. Voir plus haut.

3. Thun-l'Évêque (Nord, arr. et cant. de Cambrai). Froissart (I, 156) dit seulement que ce château n'avait pas une garnison suffisante pour se défendre avec succès.

4. Relenghes, Nord, arr. et cant. de Cambrai, comm. d'Escaudœuvres.

5. Escaudœuvres, Nord, arr. et cant. de Cambrai.

6. Édouard III était à l'abbaye du Mont-Saint-Martin (Aisne, arr. de Saint-Quentin, cant. de Le Câtelet), le 13 octobre 1339 (Rymer, II, 2, 1093).

7. Vaucelles, abbaye cistercienne (Nord, arr. de Cambrai, cant. de Crèvecœur).

8. Oisy, Aisne, arr. de Vervins, cant. de Wassigny.

9. Honnecourt, Nord, arr. de Cambrai, cant. de Marcoing. Le 6 septembre 1339, Philippe IV manda à Barthélemi du Drach, trésorier des guerres, de donner 400 l. p. « pour faire reffaire et appareillier ce que nostre amé et feal chevalier et conseillier et maistre de nos arbalestriers, le Galois de la Baume, vous dira qui a mestier à reffaire et rappareillier ou chastel de Honnecourt » et « pour faire reffaire et rappareillier ce que il verra que à faire sera ès autres chasteaux de par delà... » (Bibl.

lippe VI marche contre lui[1]. Ravage de la Thiérache par les Anglais. L'armée française les suit jusqu'à Buironfosse; Édouard III se retire à Douai, puis à Anvers[2]. Il congédie ses alliés et séjourne dans cette ville jusqu'au printemps, avec la reine et ses fils (Pages 41-42).

Philippe VI revient en France[3]. Les Flamands, par le conseil de Jacques d'Artevelle, lui réclament les villes de Lille[4] et de

nat., *Pièces orig.*, vol. 226, doss. Baume, n° 5). Le maître des arbalétriers donna quittance de cette somme le 16 septembre suivant (*Ibid.*, n° 6). Sur la défense de ce château et la belle conduite de l'abbé d'Honnecourt, qui combattit corps à corps avec Henri de Flandre, voyez Froissart, I, 166-168. — Crèvecœur, Nord, arr. de Cambrai, cant. de Marcoing. — Bouchain, Nord, arr. de Valenciennes.

1. Philippe VI rassembla son armée à Saint-Quentin (Cont. de Nangis, II, 163).

2. Froissart (I, 174-184) a tenu à donner le beau rôle à Édouard III dans le récit qu'il a fait de l'expédition de Buironfosse (Aisne, arr. de Vervins, cant. de La Capelle); malheureusement les actes diplomatiques et le Continuateur de Nangis (II, 165) s'accordent pour prouver que le roi d'Angleterre dut battre en retraite devant l'armée française. Dans la nuit du dimanche 17 octobre 1339, Le Galois de la Baume, maître des arbalétriers, informa Édouard III que s'il voulait attendre jusqu'au mercredi suivant (20 octobre), le roi de France viendrait établir son camp près de lui et lui offrirait la bataille pour le jeudi ou le vendredi (21 ou 22 octobre). Le lendemain 18, Édouard fit répondre qu'étant entré en France depuis plus de trois semaines, Philippe VI aurait bien pu trouver l'occasion de le combattre s'il en avait eu le désir, mais que toutefois il attendrait jusqu'au jour indiqué (Rymer, II, 2, p. 1093). Il l'attendit en effet, et sans les conseillers du roi de France, qui le dissuadèrent de livrer bataille un vendredi (Cont. de Nangis, II, 164), la bataille aurait eu lieu à Buironfosse. Édouard profita de ce nouveau délai pour lever son camp le soir même; le 1er novembre, il était à Gand (Rymer, II, 2, p. 1094), le 13 du même mois, il était de retour à Anvers (*Ibid.*, p. 1097).

3. D'après Froissart (I, 184), le roi quitta Buironfosse le samedi 23 octobre; le maître des arbalétriers ne paraît toutefois avoir quitté ce lieu que le 28 (Bibl. nat., Coll. Décamps, vol. 83, f° 244 b), le 29 il était de retour à Saint-Quentin (Bibl. nat., *Pièces orig.*, vol. 226, doss. Baume, n° 15).

4. Avant de retourner à Paris, Philippe VI mit des garnisons dans les grosses villes, comme Lille, Douai et Tournai. Le maître des arbalétriers fut envoyé à Lille; le 3 novembre 1339, il donna quittance de 150 l. t. « lesquelles furent baillies à Estienne Morel, nostre escuier, qu'il nous aporta à Lile en Flandres, où nous estoient (*sic*) alé au partir de S. Quen-

Douai, pour lesquelles ils ont payé les sommes convenues; en cas de refus, ils menacent de lui faire la guerre. Philippe renvoie le comte Louis en Flandre en le chargeant de contenir ses sujets. Retour du comte qui n'a pu réussir dans sa mission. Les Flamands appellent Édouard III à Anvers; il y vient avec sa femme et ses deux fils et conclut avec eux une alliance contre le roi de France, à l'abbaye de Saint-Bavon de Gand[1]. Il laisse ensuite sa femme

tin. » (Bibl. nat., *Pièces orig.*, vol. 226, doss. Baume, n° 17, orig. sc.). — Le comte d'Eu, connétable de France, fut envoyé à Tournai, où il avait séjourné dès 1338. Voici quelques extraits des comptes du connétable qui donnent des renseignements sur les opérations qui précédèrent et suivirent l'ost de Buironfosse : « Monseingneur de Bailleul..... Item lui doit-on pour le demourant de ses gages desserviz sus les frontieres de Flandres par cedule de Monseigneur, donnée à Tournay, xix de may cccxxxviii, d'une part..... A li pour i pallefroy et i sommier mors ou voyage de Flandrès à Pasques cccxxxviii..... A li pour le demourant de ses gages desserviz à Tournay et à Amiens par cedule xviii d'octobre cccxxxviii..... A li pour le demourant de ses gages de l'ost de Burenfosse..... Pour i autre restor, deu à Marquerel du temps que Monseigneur fu à Tournay après le retour dudit host de Burenfosse..... » (Arch. nat.; JJ 269, f° 28 b). — « Monseingneur de Houdetot. ... A li pour le demourant des gages mons. Thibaut de Moreul desserviz à Tournay en esté cccxxxviii..... A li et à mons. Robert de la Heuse pour le demourant de leurs gages desserviz à Lille et à Tournay en Pasques, commençant l'an cccxxxviii... A li pour gages et restors tant par le compte fait aus genz d'armes à Amiens xvi jour de septembre cccxxxviii, comme par i autre compte fait aus dites genz à Tournay ou mois d'octobre ensuivant..... Pour le demourant de ses gages desserviz à Tournay en yver cccxxxviii, par compte fait aus genz d'armes à Tournay en avril entrant cccxxxix... Pour restor de ii chevaux en l'ost de Burenfosse..... Pour restor d'un cheval affolé au partir de Tournay en decembre cccxxxix » (*Ibid.*, f° 30). — Le même registre nous donne les états de service du connétable de 1338 à 1340; il alla à Amiens avec le roi en septembre 1338; à Tournai avec le roi de Navarre au mois de décembre suivant; à Compiègne avec le roi en septembre 1339; à Saint-Quentin, en septembre; à Buironfosse avec le roi en octobre; en mai et juin 1340 en Hainaut avec le duc de Normandie; en juillet, août et septembre avec le roi et à Tournai (Voir plus haut p. 221).

1. Ce fut à la suite de l'assemblée de Gand qu'Édouard III prit le titre de roi de France; il était encore à Anvers d'après un acte du 21 janvier (Rymer, II, 2, p. 1106); cet acte est ainsi daté « anno regni regis tertio decimo ». Dans un acte daté de Gand, le 26 janvier (*Ibid.*, 1107), on lit au contraire : « Anno regni nostri Franciæ primo, Angliæ vero quartodecimo »; c'est donc entre le 21 et le 26 janvier 1340 qu'Édouard III prit

et ses enfants à Anvers avec les comtes de Salisbury et de Suffolk et retourne en Angleterre pour lever une armée [1] (Page 42).

Philippe VI envoie Hue Quieret, Nicolas Béhuchet et Barbevaire vers l'île de Gagant pour gêner le commerce des Flamands [2] (Page 43).

le titre de roi de France. Le 8 février, dans un acte solennel, il déclarait que ce titre lui avait été reconnu par les Flamands et invitait tous les Français à les imiter (*Ibid.*, p. 1108-1109).

1. Édouard III était de retour en Angleterre le 1er mars 1340 (*Ibid.*, p. 1115).

2. Les courses des marins Français ne se bornaient pas à gêner le commerce des Flamands; ils croisaient aussi en vue des villes de la côte anglaise et ils saccagèrent l'île de Wight (Froissart, I, 188-189). Dès 1337, Ayton Doria entrait au service de la France avec quarante galées de Gênes et de Monaco (Voyez plus haut, pp. 210-213). Quant à Nicolas Béhuchet, conseiller du roi, il était capitaine de l'armée de mer dès 1338 (Bibl. nat., *Pièces orig.*, vol. 265, doss. Béhuchet, n° 10, orig. sc.). Le 19 mai 1340, étant à Harfleur, Hues Quieret, amiral de France et Nicholas Béhuchet, mandaient au garde du clos des galées de Rouen de pourvoir à ce qu'Étienne de Compiègne « député sur le fait des garnesons de la présente armée » put leur amener des farines et des biscuits : « Et comme il conviengne nécessairement que les farines et bescuis dessus dis soient couvert bien soufisanment et par telle maniere que sauvement sans empirier d'yaue de pluye ou autrement il puissent estre amenés par devers nous, vous mandons que des trés du roy et autres choses que vous aves par devers vous convenables pour le sauf conduit des becuis dessus dis vous balliés et delivrés au dit Estienne » (*Ibid.*, n° 5; orig. sc.). Ce même Hue Quiéret avait pris part au pillage de Southampton, ainsi que l'indique le mandement suivant qu'il adressait de Leure (Seine-Inférieure, comm. Le Havre), le 15 novembre 1338 à Jean Gaite, trésorier de l'armée des galées de Gênes : « Comme nous, afin que les gens de l'armée de la mer fussent plus courageus et volentieus à honnour et proffit du dit seigneur ès causes appartenantes à la dite armée, eussions ordené que les premiers qui entreroient la ville de Hantonne, par nous en la dicte armée en Engleterre nouvelement prise, auroient cent livres tornois; et combien que trouvé ait esté par information sur ce faite que nos escuiers et genz propres y fussent premierement entrés et emprès euls les gens et maronniers de la galie Ayton Doyre, les quiex secoururent et aiderent les nostres dictes gens ou peril où il se mirent, toutevois n'avons mis voulu que noz dictes genz eussent les dictes cent livres, ançois avons voulu et voulons que cil qui les secoururent, comme dit est, les eussent, nous vous mandons que tantost et sanz delay bailliez et delivrez au dit Ayton les dictes cent livres torn. ou cent deniers d'or à l'escu, qui autant valent, pour les donner et distribuer aus dictés genz

La garnison de Cambrai assiège inutilement le château d'Escaudeuvres[1], elle saccage la ville d'Haspres et plusieurs autres en Hainaut[2]. Guillaume, comte de Hainaut, se rend à Gand et fait alliance avec les Flamands, en même temps que le duc de Brabant, le duc de Gueldres et le comte de Julliers[3] (Page 43).

Godemart de Faye[4], gouverneur de Tournai, ravage la Flandre jusqu'aux environs d'Audenarde. Jacques d'Artevelle et 40,000 Flamands viennent assiéger Tournai. Les comtes de Salisbury et de Suffolk ravagent les environs de Lille; ils sont défaits et pris par la garnison de cette ville et envoyés au roi Philippe. (1339)[5] (Page 43).

Jean, duc de Normandie, vient assiéger les châteaux d'Escaudeuvres et de Thun, après avoir ravagé le Hainaut jusqu'à Valenciennes[6]. Prise du château d'Escaudeuvres; résistance prolongée de ceux de Thun[7] et de Relengues[8]. Guillaume de Hainaut appelle

de sa dicte galie pour la dicte cause, à chascun si comme bon li semblera et miex gaaignié l'ara..... » (Bibl. nat., *Coll. Clairambault*, vol. 825, f° 19; orig. sc.).

1. Froissart (I, 190) ne parle que du siège de Relenghes, forteresse très proche d'Escaudœuvres, qui fut prise par les Cambrésiens.

2. Haspres, Nord, arr. Valenciennes, cant. Bouchain. — Cette expédition fut entreprise, d'après Froissart, pour punir les gens du comte de Hainaut des incursions continuelles qu'ils faisaient dans le Cambrésis (I, 193-195).

3. Sur ce voyage du comte de Hainaut, voyez Froissart, I, 204.

4. Godemard de Faye était capitaine de Tournai pour le roi de France (Froissart, I, 193); sur cette chevauchée des Français en Flandre, voyez le même auteur (II, 3).

5. Cette première tentative de Jacques d'Arteveld contre Tournai et la prise des comtes de Salisbury et de Suffolk, près de Lille, eurent lieu en 1340 (voyez Froissart, II, 4-8).

6. Le château d'Escaudœuvres fut pris par le duc de Normandie avant le 3 juin 1340, puisqu'il y résidait à cette date (Froissart, II, xii, n. 2); dans le courant de juin, le château de Thun eut le même sort, comme l'atteste un acte daté de « noz tentes, après la prise du chastel de Thun, l'an 1340, au mois de juin » (Arch. nat., JJ 73, f° 117, pièce 137; cité par M. Luce, Froissart, II, xiii, note 8).

7. La garnison de Thun obtint, d'après Froissart, une trêve de quinze jours, au bout de laquelle elle devait se rendre, si elle n'était pas secourue; malgré l'arrivée du comte de Hainaut, qui aurait pu essayer de la dégager, la garnison abandonna la place (II, 26 et 29).

8. Il s'agit certainement ici du siège que Froissart mentionne de son côté, mais en le plaçant à une autre date (I, 190).

les Flamands au secours de ces places. Il est rejoint par Jacques d'Artevelle et 40,000 Flamands[1], qu'accompagnent les ducs de Brabant et de Gueldres, le comte de Julliers, le marquis de Brandebourg, Regnaut de Beaumont et Jean de Fauquemont[2]. Les deux armées occupent les deux rives de l'Escaut. — Invasion de la Thiérache par Jean de Hainaut, qui brûle Aubenton[3]. Les Français ravagent les environs de Chimay[4] et de Beaumont[5] (P. 44).

Bataille de l'Écluse et défaite des Français (juin 1340); mort de Hue Quiéret et de Nicholas Béhuchet[6]. Édouard III se rend à Gand[7] (Pages 44-45).

Les alliés offrent la bataille au duc Jean, puis décampent sans combattre et abandonnent le château de Thun[8]. Philippe VI fait détruire ce château et ceux de Relengues et d'Escaudeuvres et se retire à Arras. Le duc d'Athènes et le vicomte de Thouars détruisent Bavay[9] et ravagent le Hainaut jusqu'à Maubeuge. Le roi les

1. Froissart dit 60,000 (II, 30).

2. Peut-être celui que Froissart appelle Walerans de Fauquemont (*Valkenburg*), II, 12.

3. D'après Froissart, le sac d'Aubenton (Aisne, arr. de Vervins), par lequel Jean de Hainaut voulut venger celui d'Haspres, précéda l'expédition du duc de Normandie (I, 198-204).

4. Chimay, province de Hainaut (Belgique), ch.-l. de cant., arr. de Thuin.

5. Beaumont, province de Hainaut (Belgique), ch.-l. de cant., arr. de Thuin, sur la route de Maubeuge à Philippeville. On peut remarquer que ces expéditions paraissent avoir été antérieures à la campagne du duc de Normandie.

6. La bataille de l'Écluse (Pays-Bas, Flandre hollandaise, prov. de Zeeland, arr. de Middelburg) fut livrée le 24 juin 1340; Edouard III et sa flotte avaient quitté les côtes d'Angleterre la veille (Rymer, II, 2, p. 1129). Le Continuateur de Nangis attribue la défaite des Français à la mésintelligence qui régnait entre les deux ou plutôt les trois amiraux, Hue Quiéret, Nicholas Behuchet, qui payèrent tous deux de leur vie leur imprudence, et le Génois Barbavara qui s'enfuit avec quatre galères. (Cont. de Nangis, II, 169; *Grandes Chroniques*, V, 386; Froissart, II, 34-38; *Chr. des Quatre premiers Valois*, pp. 10-11).

7. D'après Froissart, après la bataille, Édouard se rendit en pèlerinage à Notre-Dame d'Aardenburg, puis à Gand (II, 38). On remarquera qu'à partir de 1340, la chronologie de notre chroniqueur devient beaucoup plus exacte.

8. Nous avons vu plus haut que le château de Thun fut pris au mois de juin 1340.

9. Bavay, Nord, arr. d'Avesnes, ch.-l. de cant.

rappelle à la prière de sa sœur, l'abbesse de Fontenelle, mère du comte de Hainaut (Pages 45-46).

Le roi de France met garnison à Tournai, Lille[1] et Saint-Omer; Édouard III, et ses alliés se préparent à assiéger Tournai[2]. — Robert d'Artois et les Flamands attaquent Saint-Omer que défendent le duc Eudes de Bourgogne, les comtes d'Armagnac et de Fauquembergue. Bataille de Saint-Omer (25 juillet 1340)[3]; défaite de Robert d'Artois; il bat en retraite sur Ypres, puis se rend au camp d'Édouard, devant Tournai. Siège de Tournai par Édouard III, le duc de Brabant, le comte de Hainaut, les Flamands et Jacques d'Artevelle, et leurs alliés d'Allemagne; les assiégeants sont au nombre de 300,000 (Page 46).

Tournai est défendu par les comtes de Foix, d'Eu et de Périgord, le vicomte de Narbonne, Louis et Aimar de Poitiers, Godemart de Faye, Savari de Vivonne et Robert Bertrand (Pages 46-47).

Philippe VI vient camper à deux lieues de l'ennemi, près du pont de Bouvines[4]. Escarmouches entre les éclaireurs des deux armées. L'évêque de Liège[5], allié des Français, bat Regnaut de

1. Les garnisons de Lille et de Tournai furent commandées du 18 octobre 1339 au 1er octobre 1340 par Godemar de Faye (Bibl. nat., *Coll. Decamps*, vol. 83, f° 308-b); d'autre part, Louis d'Espagne, comte de Talmont, fut capitaine de Lille, du 16 avril au 27 septembre 1340 (*Ibid.*, f° 310 b. Cité par M. Luce, Froissart, II, xviii).

2. Dès le 9 juillet, Édouard III annonçait ses intentions : il comptait se diriger vers Tournai avec 100,000 Flamands, pendant que 50,000 autres, sous le commandement de Robert d'Artois, iraient attaquer Saint-Omer (Rymer, II, 2, p. 1130). Les alliés devaient se trouver devant Tournai, le 22 juillet (Froissart, II, 43).

3. Sur la bataille de Saint-Omer, voyez le Continuateur de Nangis (II, 170), et les *Grandes Chroniques* (V, 390-397). La date du 25 juillet donnée par notre chroniqueur s'accorde avec une mention de compte (Bibl. nat., *Coll. Decamps*, vol. 83, f° 343), d'après laquelle, à cette date, « devant Saint-Omer », 38 écuyers furent faits chevaliers (voyez Froissart, II, xxxi, note 2).

4. Philippe VI convoqua son host à Arras au mois de juillet 1340 (Bibl. nat., *Coll. Decamps*, vol. 83, f° 296). Le 30 juillet il était près du prieuré de Saint-André (Nord, arr. et cant. de Lille), (Rymer, II, 2, 1131); mais ce ne fut qu'au mois de septembre qu'il vint s'établir près du pont de Bouvines (Arch. nat., JJ 73, f° 193 b, pièce 247). — Voyez Froissart, II, xxv, note 1.

5. Adolphe, évêque de Liège, figure sur les rôles de l'host de Bouvines (Froissart, II, xxiv, note 2).

Fauquemont et Jean de Hainaut près de Mons en Puelle[1]. Une semaine après, le marquis de Julliers, allié d'Édouard, défait au même endroit un corps de Français commandé par Charles de Montmorency et son frère et Billebaut de Trie; ces trois seigneurs sont faits prisonniers[2] (Page 47).

Dans la dernière semaine d'août, le sénéchal de Londres, celui de Hainaut, Regnaut de Fauquemont et Gautier de Manny défont dans une reconnaissance Gobert[3], évêque de Liège, et ses gens. Le comte de Savoie et son frère Louis arrivent à temps pour dégager l'évêque et battre les Anglais. Le siège de Tournai dure en tout onze semaines[4] (Pages 47-48).

Cependant le pape, à la demande de Philippe, excommunie les Flamands. Tentatives de réconciliation entre les deux rois; une trêve de trois ans[5] est conclue et les Flamands sont absous de l'excommunication. Levée du siège de Tournai; retour du roi Philippe à Paris. Les comtes de Salisbury et de Suffolk[6] et Guillaume de Montaigu sont échangés contre Charles de Montmorency, son frère et Billebaut de Trie (Page 48).

Mort du duc Jean de Bretagne; il est enterré à Nantes[7]. Jean de Montfort s'empare de Limoges et du trésor du feu duc et soulève la Bretagne. Il occupe Nantes, Chavorcel[8], Vannes, Rennes, Dinant. Il est soutenu par la noblesse, mais combattu par les gens des communes (Pages 48-49).

1. Mons en Pévèle, Nord, arr. de Lille, cant. de Pont-à-Marcq.
2. Sur ce combat voyez Froissart, II, 71-76.
3. L'évêque de Liège se nommait Adolphe et non Gobert; voir plus haut.
4. Nous avons vu plus haut que les alliés devaient se réunir devant Tournai le 22 juillet; les trêves conclues entre Édouard III et Philippe VI sont datées du 25 septembre (Rymer, II, 2, pp. 1135-1137); le siège de Tournai n'a pu par conséquent durer onze semaines, comme le dit notre chroniqueur, mais tout au plus 8 ou 9.
5. Les trêves ne devaient pas durer trois ans, mais seulement jusqu'à la nativité de Saint-Jean-Baptiste de l'année suivante (Rymer, *ibid.*).
6. D'après Froissart, les comtes de Salisbury et de Suffolk, prisonniers des Lillois, auraient été échangés par le roi de France avec eux contre Waflard de la Croix, chevalier de Hainaut, pris dans un combat par les gens de l'évêque de Liège (II, 61-62).
7. Jean III, duc de Bretagne, mourut le 30 avril 1341; d'après le Continuateur de Nangis (II, 185), il fut enterré à Ploërmel.
8. Champtoceaux (Maine-et-Loire, arr. de Cholet), dont le duc de Normandie eut à faire le siège en 1341, lors de son expédition en Bretagne.

SOMMAIRE.

Charles de Blois fait valoir les droits de sa femme sur le duché de Bretagne. Le roi de France saisit le parlement de l'affaire. Cité en justice, le comte de Montfort refuse d'obéir et va prêter hommage à Édouard III[1]. (Page 49).

Le parlement adjuge le duché à la femme de Charles de Blois; le roi de France reçoit l'hommage de ce dernier, qui envahit la Bretagne avec son oncle, Charles d'Alençon, et le comte de Harcourt[2]. Prise de Rennes[3] et de plusieurs autres villes. Défaite des habitants de Saint-Aubin du Cormier[4] et surprise de cette place; le château gardé par Papellon de Saint-Gilles ne peut être pris. Charles de Blois reçoit l'hommage d'un certain nombre de villes et de seigneurs. D'autres ne lui prêtent hommage qu'à contre-cœur et avec l'intention de le trahir; alliance entre les chevaliers bretons et les chevaliers normands[5]. Plusieurs seigneurs bretons refusent absolument de reconnaître son autorité (Pages 50-51).

Il demande des secours à Philippe VI, qui lui envoie son fils

---

[1]. D'après Froissart, Jean de Montfort fit à Paris une entrée magnifique; voyant ensuite que ses affaires allaient mal, il s'enfuit sous un déguisement (II, 103-105; Continuateur de Nangis, II, 186-187; *Grandes Chroniques*, V, 412-413). Comme l'a remarqué M. Luce (Froissart, II, xxxvi, n. 2), on ne trouve pas dans les actes publiés par Rymer de traces d'un hommage prêté par Jean de Montfort à Édouard III; mais le comte de Montfort devint réellement vassal du roi d'Angleterre, car le 24 septembre 1341, c'est-à-dire postérieurement à la sentence qui l'écartait de la succession de Bretagne (7 septembre 1341; D. Morice, *Preuves de l'histoire de Bretagne*, cc. 1421-1424), il reçut le comté de Richmond (Rymer, II, 2, 1176).

[2]. Le récit de notre chroniqueur est ici très différent de ceux de Froissart, du Continuateur de Nangis et des *Grandes Chroniques*. Il fait commencer l'expédition de Charles de Blois et du duc de Normandie par le siège de Rennes, qui n'eut lieu qu'en 1342, après la prise de Nantes et la reddition de Jean de Montfort. Nous tâcherons de rétablir autant que possible l'ordre des événements à l'aide des quelques documents fort rares qui parlent de cette expédition.

[3]. Rennes ne fut pris qu'au commencement du mois de mai 1342 (Froissart, II, 141-142).

[4]. Saint-Aubin-du-Cormier, Ille-et-Vilaine, arr. de Fougères, ch.-l. de canton.

[5]. Sur la trahison de Geoffroy de Harcourt et des chevaliers normands, voyez L. Delisle, *Hist. du château et des sires de Saint-Sauveur-le-Vicomte*, pp. 54 et suiv.

Jean[1], le roi de Navarre, le duc de Lorraine, le duc d'Athènes, le comte d'Eu, le comte de Vendôme, Miles de Noyers, Robert Bertran, Guillaume Bertran, évêque de Beauvais[2], avec 10,000 hommes d'armes et 10,000 Génois que commandent Otton Doria et Charles Grimaldi. Siège et prise de Cantoursel[3]. Le duc de Normandie vient assiéger Nantes[4]; il est rejoint par Charles de Blois qui était à Rennes[5]. Le comte de Montfort ne peut empêcher les Nantais de demander une trêve d'un mois aux assiégeants[6] (Pages 51-52).

Le duc d'Athènes et Robert Bertran vont attaquer le château

---

1. L'expédition du duc de Normandie en Bretagne commença au mois de septembre 1341 : « Le voyage de Bretagne et l'ost devant Nantes fait par le duc de Normandie et les establies après ensuivant le dit voyage, commençant 26 septembre 1341, finant 6 mai 1342. » (Bibl. nat., *Coll. Decamps*, vol. 83; f° 452; cité par M. Luce, Froissart, II, xxxix, n. 2.)

2. Guillaume Bertrand ne devint évêque de Beauvais qu'en 1347; en 1341, il était encore évêque de Bayeux.

3. Chantoceaux, Maine-et-Loire, arr. de Cholet. — Ce siège eut lieu au mois d'octobre 1341 (voyez Froissart, II, xli, n. 1). En octobre 1341, Jean de Normandie était au gué de Mauni lès le Mans. (Arch. nat., JJ 74, n. 615, 616, 617.)

4. Le siège de Nantes eut probablement lieu au mois de novembre 1341; en tout cas la ville était déjà aux mains des Français le 21 novembre (Froissart, II, xlii, n. 2). Froissart indique trois dates pour la reddition de la place : la Toussaint, les environs de la Toussaint et le 20 octobre; mais comme le siège dura quelque temps, il faut, croyons-nous, placer cet événement vers la fin de novembre. Le texte suivant peut confirmer soit le dire de Froissart, soit notre hypothèse : « ..... Sur quoy li fu baillée cedule de Berthelemieu du Drach, tresorier des guerres, par laquelle estoit dehu du Roy à Monseigneur [le connétable] pour restors de xvii chevaux mors et affolez en Bretaigne, *quant on fu devant Nantes en yver* cccxli pour iiic xxv l. t., iiic xl l. p. » (Comptes de l'hôtel du comte d'Eu, Arch. nat., JJ 269, f° 6a). Mais si nous remarquons qu'en octobre 1341, le duc était encore auprès du Mans, et que le siège de Chantoceaux dut le retenir plusieurs jours, nous conclurons qu'il ne dut pas arriver devant Nantes avant la fin du mois, ce qui met la reddition de la place en novembre.

5. Ici notre chroniqueur, persistant dans son erreur, place encore le siège de Rennes avant celui de Nantes.

6. Notre chronique contredit ici complètement Froissart, qui ne dit pas un mot d'un accord entre Jean de Montfort, les bourgeois de Nantes et les Français.

de Valgarnier[1]; Ferrant, seigneur du château, les défait et fait prisonnier Le Sauvage d'Antigny[2] (Page 52).

Sortie du comte de Montfort contre les Français; défaite du comte. Combat de deux cents Français, parmi lesquels le duc de Normandie, contre deux cents Bretons commandés par le sire de Valgarnier; défaite de ces derniers et prise du château de Valgarnier. Retour du duc de Normandie devant Nantes; il fait décapiter les 30 chevaliers pris devant Valgarnier. Entrevue du comte de Montfort et de Jean de Normandie; Montfort se rend et est mené à Paris[3]. Soumission à Charles de Blois de Nantes et de la Bretagne Galot; reddition du château de Saint-Aubin du Cormier (Pages 52-53).

La comtesse de Montfort se retire à Brest où commande Tanneguy du Chastel. Ses partisans, Geoffroy de Malatrait, Foulques de Laval, Henri de Champignay, Olivier Rigaut, Denis du Plessis, etc., s'emparent de l'île de Guérande[4] et de la ville de Redon (Page 53).

Charles de Blois ayant demandé des secours à Jean de Normandie, ce dernier lui envoie 1200 hommes d'armes avec Le Galois de la Baume[5], Robert Bertran et Miles de Noyers. Les partisans

1. Nous ignorons l'emplacement de ce château.

2. Sauvaige d'Anteigny ou d'Antigny est mentionné parmi les chevaliers qui accompagnèrent le duc de Normandie en Bretagne (Bibl. nat., *Coll. Decamps*, vol. 83, f° 453a).

3. D'après Froissart (II, 112-113), Jean de Montfort fut pris dans le château de Nantes par les Français, auxquels on avait ouvert une des portes de la ville. En avril 1342, Philippe VI confirma les privilèges de la ville de Nantes, pour récompenser les habitants de l'empressement avec lequel ils avaient ouvert leurs portes au duc de Normandie. (Arch. Nat., JJ 74, n. 631.)

4. Loire-Inférieure, arr. de Saint-Nazaire, ch.-l. de cant.

5. Le Galois de la Baume, maître des arbalétriers, était déjà venu en Bretagne lors de la première expédition du duc de Normandie. Le 16 octobre 1341, il mandait à François de l'Hôpital, clerc des arbalétriers, qu'il avait retenu « aux gages du roi Jehan de La Tour, maistre engingneur et six charpentiers de sa compaignie, pour aler avec nous au service du dit seigneur ès parties de Bretaigne » (Bibl. nat., *Pièces orig.*, vol. 226, doss. Baume, n° 28, orig. sc.); le 8 novembre 1341, à Angers, le même mandait au garde du clos des galées de Rouen « que toute l'artillerie que vous avés fait venir de Rouen à Angiers par charetes pour cest present fait de Bretaigne, vous délivrés à Robin des Perres, lieutenant de Jehan du Louvre, m° de l'artillerie du roy » (*Ibid.*, n° 35, orig. sc.). Mais dès le mois de mai 1342, le maître des arbalétriers était de

de la comtesse se retirent dans les forteresses, et elle-même va demander des secours au roi Édouard[1], qui envoie en Bretagne 40,000 hommes commandés par Robert d'Artois[2], le comte de Salisbury[3], le comte de Suffolk[4], le comte de Bedford, le baron de Stafford[5]. Cette armée part pour la Bretagne avec la comtesse de Montfort et son fils Jean (Pages 53-54).

retour à Paris, d'où il repartait bientôt pour la Picardie et l'Artois (*Ibid.*, n°* 36, 37, 38).

1. La comtesse de Montfort n'alla point en personne demander ses secours à Édouard III; elle chargea de cette négociation Amauri de Clisson, tuteur de son fils. Au surplus le départ d'une expédition pour la Bretagne était depuis longtemps décidé en Angleterre; dès le 3 octobre 1341, Édouard III ordonnait de réunir et de préparer des vaisseaux à Portsmouth « pro passagio magnatum et aliorum fidelium nostrorum quos ad partes Britanniæ in obsequium nostrum pro diversis urgentissimis negotiis nostris missuri sumus » (Rymer, II, 2, p. 1177). Les actes publiés par Rymer nous permettent de suivre les préparatifs de cette expédition : 10 novembre 1341 : Ordre de payer diverses sommes sur leurs gages à venir à Robert d'Artois, à Gautier de Manny et à quatre autres seigneurs, « qui ad partes Britanniæ in obsequium nostrum sunt profecturi » (*ibid.*, p. 1181); — 20 février 1342 : Ordre de préparer des vaisseaux pour le prochain passage en Bretagne (*ibid.*, p. 1187); — 10 mars 1342 : Édouard III donne pouvoir à Gautier de Manny de prendre possession des ports, villes et châteaux de Bretagne, que conformément au traité conclu avec Amauri de Clisson, tuteur du jeune duc, on doit remettre à l'armée anglaise pour sa sûreté (*ibid.*, p. 1189); — 27 mars 1342 : Ordre de préparer des vaisseaux pour le passage du comte de Northampton en Bretagne (*ibid.*, p. 1190); — 20 juin 1342 : Autre ordre semblable (*ibid.*, p. 1201).

2. Robert d'Artois avait avec lui 120 hommes d'armes; il était encore en Angleterre le 3 juillet 1342 (*ibid.*, p. 1201).

3. Il n'est pas certain que le comte de Salisbury ait fait partie de l'expédition de Bretagne; prisonnier de Philippe VI, il ne fut mis en liberté qu'en s'engageant par serment à ne jamais porter les armes contre la France, engagement qu'Édouard III approuva le 20 mai 1342 (*ibid.*, p. 1195).

4. Le comte de Suffolk, accompagné de 51 hommes d'armes, dut passer en Bretagne peu après le 13 juillet, en même temps que Regnaut de Cobeham (40 hommes d'armes), Philippe de Weston (20 hommes d'armes), Thomas de Hatfeld (20 hommes d'armes), Thomas de Beauchamp, comte de Warwick (80 hommes d'armes), Jean de Veer, comte d'Oxford (40 hommes d'armes), Michel de Ponynges (15 hommes d'armes), Thomas Bradeston (20 hommes d'armes), Hugues de Courtenay, comte de Devonshire (50 hommes d'armes) et Hugues d'Audeley, comte de Glocester (100 hommes d'armes) (*ibid.*, p. 1203).

5. Raoul de Stafford emmena 50 hommes d'armes (*Ibid.*, p. 1201).

— Pendant l'absence du comte de Salisbury, Édouard III viole la comtesse, sa femme[1]. (Page 54).

Les Anglais arrivent devant le port de Beauvais-sur-Mer[2] que gardent Louis d'Espagne[3] et Otton Doria. Une partie des Génois de la garnison va sur mer à la rencontre des Anglais, qui sont battus; le comte de Stafford est tué dans le combat. Les Anglais se décident à aller assiéger Vannes. (Pages 54-55).

Vannes est défendu par Olivier de Clisson et plusieurs autres chevaliers, partisans secrets de Montfort, et par Hervé de Lion[4]. Ce dernier bat une première fois les Anglais, mais pendant une seconde sortie dirigée par Olivier de Clisson, Robert d'Artois s'empare de la ville par trahison[5]. Les gens de Vannes demandent du secours à la garnison de Beauvais qui vient les rejoindre; le combat recommence le lendemain; défaite des Anglais qui sont chassés de Vannes; Robert d'Artois meurt peu après des blessures reçues dans cette bataille que plusieurs nomment le *Combat de Morles* (Pages 55-56).

Second siège de Vannes par les Anglais. Retour de Robert

---

1. Notre chroniqueur est ici très affirmatif; sans accepter entièrement son dire, remarquons toutefois qu'il n'avait pas les mêmes raisons que Froissart pour se taire à ce sujet; il y revient du reste plus bas.

2. Beauvoir-sur-Mer (Vendée, arr. des Sables-d'Olonne, ch.-l. de cant.) au fond de la baie de Bourgneuf, en face de l'île de Noirmoutier. Il faut peut-être identifier ce combat de Beauvoir-sur-Mer avec le combat naval dont parle Froissart (III, 7-11). Cet engagement eut lieu entre le 3 juillet 1342, date à laquelle Robert d'Artois se disposait à quitter l'Angleterre (Rymer, II, 2, p. 1201) et le 15 août, date à laquelle l'armée anglaise était déjà partie (*Ibid.*, p. 1209).

3. Louis d'Espagne était comte de Talmond et amiral de France; nous le voyons figurer avec ce titre en septembre 1341 à Harfleur, Graville et autres lieux de Normandie, où il s'occupait de préparer la prochaine campagne (Mandements divers aux gardes des galées de Rouen, Bibl. nat., *Pièces originales*, vol. 1065, dossier Espagne, n. 2, 3, 5, 6). En septembre 1342, le même arsenal délivra à Charles Grimaldi de l'artillerie et des armes pour la guerre de Bretagne (*Actes normands de la chambre des comptes*, p. 282).

4. Froissart (III, 11) cite également Hervé de Léon comme chargé avec Olivier de Clisson et les seigneurs de Tournemine et de Lohéac de la défense de Vannes. M. Luce a démontré (Froissart, III, p. IV) qu'il n'est guère possible qu'Hervé de Léon ait figuré à ce siège de Vannes; il était alors prisonnier en Angleterre.

5. Froissart ne dit rien de cette trahison.

d'Artois en Angleterre[1]; il meurt peu après et est enterré à Cantérbury (Page 56).

Édouard III conduit en personne de nouvelles troupes en Bretagne; une partie, sous la conduite des comtes de Glocester et de Guèldres, du marquis de Brandebourg et du comte de Clèves, met le siège devant Nantes; le roi lui-même, le prince de Galles, les comtes de Hampton, de Derby, de Warwick et d'Arundel assiègent Rennes, tandis que le comté de Northampton, le comte de Winchester et les évêques de Lincoln et de Durham investissent Vannes[2] (Pages 56-57).

Année 1342. Philippe VI se met en marché pour venir combattre Édouard III; il envoie d'abord en Bretagne son fils Jean, le roi de Navarre, les comtes d'Alençon, de Valois et d'Harcourt. Trahison de plusieurs bourgeois de Nantes qui essaient de livrer la ville aux Anglais; Miles de Noyers arrête les coupables; les Anglais lèvent le siège et vont rejoindre Édouard III devant Rennes. Entrée du duc de Normandie à Nantes. Il marche contre Édouard III qui abandonne le siège de Rennes et se replie sur Vannes. Le duc le poursuit et vient camper à deux lieues de son camp. Trahison d'Olivier de Clisson et de Godefroy d'Harcourt. Édouard III et le duc Jean fixent le jour de la bataille au jeudi

---

1. Notre chroniqueur place la mort de Robert d'Artois après l'arrivée d'Édouard III en Bretagne, puisqu'il mentionne auparavant le second siège de Vannes. Dès le 15 août 1342, le roi annonçait son départ pour la Bretagne (Rymer, II, 2, p. 1209), et le 5 octobre suivant il quittait le port de Sandwich (*Ibid.*, p. 1212); mais comme la nouvelle de la mort de Robert d'Artois ne fut pas connue en Angleterre avant le 20 nov. 1342 (*Ibid.*, p. 1215), il ne faut pas faire de cette mort, avec Froissart, la cause de l'expédition d'Édouard III. On peut conclure, d'une part que le combat où fut blessé mortellement Robert n'est pas antérieur au 5 octobre, puisqu'Édouard l'ignorait à son départ d'Angleterre; d'autre part que le siège de Vannes par le roi commença longtemps après l'arrivée de ce prince en Bretagne, puisque la mort de Robert, postérieure, d'après notre chroniqueur, au commencement de ce siège, ne fut connue que le 20 novembre en Angleterre. Ajoutons que Robert ne mourut pas en Angleterre, mais en Bretagne (Rymer, II, 2, p. 1222; Froissart, III, v, n. 2).

2. Cependant nous savons par Robert d'Avesbury (*Historia Edwardi III*, pp. 99-100) que le comte de Northampton fut envoyé du côté de Nantes. Guillaume de Bohun, comte de Northampton, avait été nommé par Édouard III lieutenant en France et dans le duché de Bretagne, dès le 20 juillet 1342 (Rymer, II, 2, pp. 1204-1205).

après la Saint-Martin d'hiver (14 novembre) 1342. Philippe VI rejoint son fils avant cette date. Les deux armées restent en présence pendant cinq jours, au bout desquels un cardinal[1], envoyé par le pape, décide les deux rois à conclure une trêve de trois ans. Retour d'Édouard en Angleterre et de Philippe en France. Charles de Blois reste maître de la Bretagne Galot et d'une partie de la Bretagne Bretonnante (Pages 57-59).

Le comte de Salisbury, ayant appris l'affront que lui avait fait le roi d'Angleterre, se rend à la cour de France et met sous les yeux de Philippe VI le traité conclu entre Olivier de Clisson, Godefroy d'Harcourt et le roi Édouard. Le comte de Salisbury quitte ensuite la cour « et puis ce temps ne fut veu en France ne en Angleterre » (Pages 59-60).

Olivier de Clisson est décapité à Paris; Godefroy d'Harcourt[2] est banni et se réfugie auprès d'Édouard III (Page 60).

Vengeance de la dame de Clisson; elle s'empare par surprise du château de Brest gardé par Le Galois de la Heuse et en massacre la garnison, puis elle entre en mer et arrête les marchands français. Elle est bannie du royaume et ses terres sont confisquées (Pages 60-61).

Guet-apens dressé contre Charles de Blois par le sire de Malatrait et son fils, Thibaut de Moreillon, le sire de Laval, le sire d'Avaugour et plusieurs autres; les traîtres, au nombre de dix, sont faits prisonniers, menés à Paris et décapités par ordre du roi (veille de la fête de saint André, 29 novembre 1343)[3] (Page 61).

Philippe VI tient sa cour à Paris le jour de Noël et met en

---

1. Les légats envoyés par le pape étaient Pierre des Près, évêque de Palestrina, et Annibale Ceccano, évêque de Frascati (Rymer, II, 2, p. 1216). Cette trêve, dite trêve de Malestroit, ne fut conclue que le 19 janvier 1343; Philippe VI dut quitter la Bretagne peu après; il était encore à Ploërmel le 21 janvier 1342-3 (JJ 68, n. 99).

2. Sur la trahison du sire d'Harcourt, voyez Delisle, *Hist. du château et des sires de Saint-Sauveur-le-Vicomte,* p. 54 et suiv. — Godefroy d'Harcourt se retira d'abord en Brabant (*Ibid.,* p. 59). Olivier de Clisson fut exécuté le 2 août 1343 (Froissart, III, p. ix, n. 3).

3. Ces dix prisonniers furent en effet décapités le 29 novembre 1343; M. Luce a publié le procès-verbal de leur exécution (Froissart, III, p. x, n. 1). Voici leurs noms : Geoffroy de Malatrait et son fils Geoffroy, Guillaume de Briex, Alain de Kedillac, Jean de Montauban, Denis du Plaissié, Jean Malart, Jean des Briez, Raoulet des Briex, Jean de Sevedain. Sur cette affaire, voir encore les *Grandes Chroniques,* V, 432-433.

liberté le comte de Montfort[1], qui s'engage à renoncer à ses prétentions ; toutefois il reprend bientôt les hostilités et rejoint sa
femme dans la Bretagne Bretonnante. Il meurt peu après, en
1344, et est enterré à Quimper-Corentin[2] (Pages 61-62).

Siège et prise de Quimper par Charles de Blois. Henri de Malatrait, ancien maître des requêtes du roi Philippe, y est fait prisonnier et envoyé à Paris ; châtiment qui lui est infligé (Page 62).

Édouard III demande au pape d'appuyer ses réclamations auprès
de Philippe VI ; le pape envoie un cardinal au roi de France,
qui refuse de rien écouter. Reprise des hostilités (Pages 62-63).

Édouard III envoie en Gascogne les comtes de Derby[3], d'Arundel, Gautier de Manny et Regnaut de Cobeham. Les Anglais
débarquent à Bayonne[4]. Avant leur arrivée, les Français avaient
conquis La Réole[5], Penne d'Agenais[6], Bourg[7], Blaye[8], Bergé-
rac[9], Sainte-Foy[10], Aiguillon[11] et Pommereux[12] (Page 63).

1. D'après les *Grandes Chroniques*, Jean de Montfort fut mis en
liberté dès le mois d'août 1343 (V, 430).
2. Jean de Montfort mourut à Hennebont, le 26 septembre 1345 ; son
corps fut plus tard transporté à Quimperlé et non à Quimper-Corentin
(D. Lobineau, *Hist. de Bretagne*, I, 337) ; voir à ce sujet le *Chronicon
Briocense* (D. Morice, *Mémoires pour l'histoire de Bretagne*, I, 42) et le
Chronicon Nannetense (ibid., 113) ; ce dernier donne la date du 13 mai
1345, mais une charte publiée par D. Lobineau (II, 490) prouve que Jean
de Montfort vivait encore le 13 septembre 1345.
3. Le 8 mai 1345, Édouard III nomma Henri de Lancastre comte de
Derby, capitaine et lieutenant en Guienne (Rymer, III, 1, p. 37).
4. Les Anglais durent débarquer vers le 25 juillet 1345. M. Bertrandy
(*Études sur Froissart*, pp. 28-30), pense qu'en effet ils abordèrent non à
Bordeaux, mais à Bayonne, le comte Derby ayant à terminer certaines
négociations avec la Castille.
5. Gironde, ch.-l. d'arr.
6. Lot-et-Garonne, arr. de Villeneuve-sur-Lot.
7. Bourg-sur-Gironde, Gironde, arr. de Blaye.
8. Gironde, ch.-l. d'arr.
9. Dordogne, ch.-l. d'arr.
10. Sainte-Foy-la-Grande, Gironde, arr. de Libourne.
11. Lot-et-Garonne, arr. d'Agen, cant. de Port-Sainte-Marie.
12. Puymirol, Lot-et-Garonne, arr. d'Agen. — Nous trouvons dans la
collection Decamps (vol. 83 ; f° 286 et s.) la liste des lieux forts de Gascogne
occupés par des garnisons françaises, avec les noms des seigneurs qui
les commandaient ; nous allons indiquer les principaux. — « Establies
par deça la Garonne : » Puymirol : Guillaume Rollant, chevalier banneret, sénéchal de Rouergue. — Malause (Tarn-et-Garonne, arr. et cant. de

Édouard III se rend avec son fils aîné dans l'île de Gagant[1]. Par l'entremise de Jacques d'Artevelle, il offre aux Flamands de Moissac) : Raimond Bernard de Durfort, seigneur de La Capelle. — Agen : Guillaume de Cauveroque. — Bajamont (Lot-et-Garonne, arr. et cant. d'Agen) : Guillaume de Caumont, sergent d'armes, capitaine. — Le Puy-St-Michel de Penne (? Penne d'Agenais, Lot-et-Garonne, arr. de Villeneuve-sur-Lot). — Villeneuve-sur-Lot : Gautier de Maisières, chevalier. — Port-Ste-Marie (Lot-et-Garonne, arr. d'Agen) : Aimar de Mauléon, chev. — Tombebœuf (Lot-et-Garonne, arr. de Villeneuve-sur-Lot, cant. de Monclar) : Arnaud de Caumont, fils du sire de Tombebœuf. — Sainte-Livrade (Lot-et-Garonne, arr. de Villeneuve-sur-Lot). — Casseneuil (*ibid.*). — Monflanquin (*ibid.*). — Montpezat (Lot-et-Garonne, arr. d'Agen, cant. de Prayssas). — Fumel (Lot-et-Garonne, arr. de Villeneuve-sur-Lot). — Sauveterre en Agenois (*ibid.*). — Marmande. — La Réole : Guillaume de la Baume, Thibaut de Barbazan. — Montségur (Gironde, arr. de La Réole). — Sauveterre (*ibid.*) : Ogier de Barbazan, Barthélemi de la Baume, Adémar de Mauléon. — Blasimon (Gironde, arr. de La Réole, cant. de Sauveterre) : Arnaud Raimond de Castelbajac. — Saint-Ferme (Gironde, arr. de La Réole, cant. Pellegrue) : Ogier de Montaut, seigneur de Saint-Front. — Auvillar (Tarn-et-Garonne, arr. de Moissac). — Astaffort (*ibid.*). — Nérac (Lot-et-Garonne). — La Plume (Lot-et-Garonne, arr. d'Agen). — La terre de Fezensaguet : Guiraud d'Armagnac, vicomte de Fezensaguet. — La terre du Fié-Marconf : Jean de Lomagne. — Condom : Bertrand de Lisle, capitaine en Condomois. — Sos (Lot-et-Garonne, arr. de Nérac, cant. de Mezin). — Poudenas (*ibid.*). — Mezin (*ibid.*) — Damazan (Lot-et-Garonne, arr. de Nérac). — Villeton (Lot-et-Garonne, arr. de Marmande, cant. du Mas-d'Agenais). — La terre du sire de Lisle en Agenais : Bernard Jourdain, sire de L'Isle. — Grézet-Cavagnan (Lot-et-Garonne, arr. de Marmande, cant. de Bouglon). — Le Mas d'Agenais (Lot-et-Garonne, arr. de Marmande) : Beaumont d'Esterac, Gaillard de Castelpugon, Arnaud Raimond de Castelbajac. — Bouglon (*ibid.*). — Bazas : Oth de Montaut, Bernard de Pardaillan, Thibaut de Barbazan. — Langon (Gironde, arr. de Bazas) : Jean, comte d'Armagnac. — La terre d'Armagnac : id. — Monlezun (Gers, arr. de Condom, cant. de Nogaro) : Le sire de Monlezun. — Mont-de-Marsan. — Castelnau-Tursan (Landes, arr. de Saint-Sever, cant. Geaune). — Castelsarrazin en Béarn (Landes, arr. de Saint-Sever, cant. d'Amou). — « Establies du Toulousain » : Muret (Haute-Garonne). — « Establies de Perigord. » : Bourg-sur-Gironde (Gironde, arr. de Blaye) : Payen de Mailly, sénéchal de Périgord. — Fronsac (Gironde, arr. de Libourne). — Bergerac. — Limeuil (Dordogne, arr. de Bergerac). — Cognac. — Bourdeille (Dordogne, arr. de Périgueux, cant. de Brantôme). — Estissac (Dordogne, arr. de Bergerac, cant. de Villamblard).

1. Édouard III quitta l'Angleterre le 3 juillet 1345 (Rymer, III, 1, p. 50).

prendre son fils pour comte et leur promet sa protection. Refus des bourgeois de Gand et de leur chef le tisserand Grandenis[1]. Jacques d'Artevelle, de retour auprès d'Édouard, offre de lui livrer la ville de Gand et de massacrer ses adversaires. Édouard III accepte et lui envoie cinq cents Galois. De retour à Gand, Jacques d'Artevelle est mis à mort par Grandenis et ses partisans. Retour d'Édouard III en Angleterre[2] (Pages 63-65).

Siège de Blaye par le comte de Derby; résistance énergique de la place, défendue par Miles d'Hauteroche, bourgeois de Toulouse. Au bout de sept semaines de siège, le comte de Derby accorde aux Français une trêve de trois mois. — Le châtelain de Bourg vend la place aux Anglais. Rejoint par le capitaine de Blaye, il est fait prisonnier et décapité[3]. Derby se rend à Bergerac[4] et de là à Auberoche[5] qu'assiègent le comte de L'Isle et Godemar du Fay,

---

1. Thomas Denis, suivant Froissart; il faut sans doute corriger Gérard Denis, car tel était le nom du doyen des tisserands en 1345; voir une note de M. Kervyn de Lettenhove, citée par M. Luce (éd. de Froissart, III, xxvi; n. 3).

2. Jacques d'Artevelde fut tué le 24 juillet et Édouard III était de retour en Angleterre dès le 26 juillet 1345 (Rymer, III, 1, p. 53).

3. M. Bertrandy pense que la première opération de Derby fut le siège de Bergerac (voir plus bas). Nous ne voyons aucune impossibilité, étant donnée la position géographique de Bourg et de Blaye, à ce que ces deux villes aient été attaquées d'abord. Seulement le siège de Blaye ne peut avoir duré sept semaines, puisque Derby ne débarqua que vers le 25 juillet et que dès le 24 août il était maître de Bergerac. Froissart (III, pp. 94-5) dit, comme notre chroniqueur, que Blaye résista avec succès. Nous n'avons rien trouvé sur la personne de Milles de Hauteroche. — M. Bertrandy, croyant que Bourg n'avait pas cessé d'appartenir aux Anglais, rejetait le témoignage de Froissart, qui mentionne également la prise de Bourg par Derby (*Études*, pp. 233-236). Mais cette ville étant mentionnée par la liste des lieux forts appartenant aux Français, publiée plus haut, il n'y a plus aucune raison pour nier cet événement. — La prise de Bourg et le siège de Blaye peuvent se placer au commencement d'août 1345.

4. La prise de Bergerac eut lieu d'après M. Bertrandy (*Études*, pp. 31-33) entre le 15 août et le 2 septembre 1345. On peut donc accepter pour cet événement la date du 24 août donnée pour cet événement par la chronique bordelaise, que nous citons plus loin (Bibl. nat., ms. fr. 5361, f° 1).

5. Le château d'Auberoche (Dordogne, arr. de Périgueux, cant. de Savignac-les-Églises, com. du Change) avait été livré par trahison aux Anglais (Bertrandy, *Études*, pp. 75-76, et Froissart, III, xv, n. 9).

sénéchal de Toulouse. Défaite des Français; prise du comte de L'Isle et mort du sénéchal.[4] (Pages 65-66).

A ce moment les Français assiégeaient à la fois trois villes en Gascogne : le sénéchal de Périgord, Moncuq[2], près Bergerac; le comte d'Armagnac, Monchamp[3]; Robert d'Houtetot, sénéchal d'Agenais, Casseneuil[4]. Après le combat d'Auberoche, ces trois sièges sont levés. Défaite du sénéchal de Périgord par Derby, près de Bergerac, et prise de cette ville[5] (Pages 66-67).

Derby envoie le comte d'Arundel assiéger Sainte-Foi sur Dordogne[6]. Les Anglais sont battus par Raimond Foucaut, capitaine

1. Après la prise de Bergerac, le comte Derby était revenu vers Bordeaux pour faire reposer ses troupes. Les préparatifs de Jean, duc de Normandie, qui réunissait des forces en Angoumois et en Saintonge, et du duc de Bourbon, lieutenant général en Languedoc, qui garnissait de troupes le Quercy et l'Agenais, le forcèrent à rentrer en campagne. En attaquant le corps d'armée qui assiégeait Auberoche, Derby voulait couper les communications entre les deux généraux français. Il réussit à retarder de six mois la campagne que Jean de Normandie allait entreprendre. — D'après Villani (Muratori, *Rer. Italicarum Script.*, XIII, col. 927) et une chronique placée en tête des *Coutumes de Bordeaux* (Bibl. nat., ms: fr. 5361, f° 1), la bataille d'Auberoche eut lieu le jour de la fête de saint Séverin, c'est-à-dire le 21 octobre 1345. Le comte de L'Isle qui fut fait prisonnier dans cette rencontre était « capitaine dans les parties de Perigord, Xaintonge et Limousin. » (D. Vaissète, *Hist. de Languedoc*, éd. in-folio, IV, notes, p. 570). Quant au sénéchal de Toulouse, il ne fut point tué dans la bataille, mais seulement fait prisonnier; du reste ce n'était plus Godemar du Faye, mais Agout des Baux (*Ibid.*, p. 255); lequel fut remplacé dans sa charge par Girard de Montfaucon (Froissart, III, xvii, n. 4, et Bertrandy, *Études*, pp. 170 et suiv.).

2. Les faits que raconte ici notre chronique sont en effet antérieurs à l'affaire d'Auberoche. Le 15 août 1345, Henri de Montigny, sénéchal de Périgord et de Querci, assiégeait Montcuq (Dordogne, arr. et cant. de Bergerac, comm. de Saint-Laurent-des-Vignes); voyez Bertrandy, *Études*, p. 32, n. 1.

3. Monchamp, probablement Mouchan, Gers, arr. et cant. de Condom, dont la situation, sur les confins de l'Agenais et du Condomois, entre les possessions anglaises et les domaines de la maison d'Armagnac, convient très bien.

4. Casseneuil, Lot-et-Garonne, arr. de Villeneuve-sur-Lot, cant. de Cancon.

5. Nous avons vu que Bergerac avait été pris par le comte Derby dès le 24 août 1345.

6. Sainte-Foy-la-Grande, Gironde, arr. de Libourne. Ce fait d'armes

de la place. En se retirant, ils s'emparent d'Aiguillon, grâce à la trahison des habitants. Le comte d'Arundel rejoint Derby à Bergerac[1]; celui-ci vient en personne assiéger Sainte-Foi. Le sire de Chastelbaiart[2], capitaine de Sauveterre[3], se jette dans la place et force les Anglais à lever le siège. Derby se dirige alors vers Sauveterre, où le sire de Castelbaiart rentre à temps. Montpezat[4] est livré aux Anglais par les habitants et Derby s'empare par surprise des châteaux de Loury[5] et de Monroy[6] (Pages 67-69).

dut avoir lieu dans le courant de novembre; voir ci-dessous ce que nous disons de la prise d'Aiguillon.

1. Sur la prise d'Aiguillon par Derby, voyez Bertrandy, *Études sur Froissart*, pp. 150-155; elle eut lieu avant le 10 décembre 1345.

2. Il s'agit ici d'Arnaud-Raimond de Castelbajac qui servait en Gascogne dès avant 1336 (Bibl. nat., *Pièces orig.*, vol. 612, doss. *Castelbajac*, n° 2) et auquel Jean, duc de Normandie, fit don, par lettres datées d'Agen, août 1346, du lieu de Guodor en Bigorre en récompense de ses services (Arch. nat., JJ 76, n° 392). En 1345, ce seigneur n'était pas châtelain de Sauveterre, mais de Blasimon (Gironde, arr. de La Réole, cant. de Sauveterre); voir plus haut, p. 264. — Nous ne trouvons aucune trace dans les actes du temps des exploits attribués par notre chronique à ce capitaine. Nous savons seulement qu'en 1342, Jean, évêque de Beauvais, lieutenant du roi en Languedoc, lui donna une rente héréditaire pour ses services dans les guerres de Gascogne; dans cet acte, on vante sa belle conduite comme capitaine du Mas d'Agenais, de Sauveterre et de la bastide mise devant Sainte-Bazeille (Arch. nat., JJ 74, n. 77). L'auteur de la *Chronique normande* aura peut-être confondu les temps et attribué à l'année 1345 des faits datant de 1342. N'oublions pas toutefois qu'en août 1346, Jean de Normandie fit au sire de Castelbajac une donation importante (voir plus haut) et que les termes de l'acte prouvent que ce seigneur s'était distingué dans la dernière campagne.

3. Sauveterre-de-Guyenne, Gironde, arr. de La Réole.

4. Montpezat, Lot-et-Garonne, arr. d'Agen, cant. de Prayssas. — Cette ville fut en effet probablement livrée aux Anglais, peut-être même par Rainfroid, seigneur de Montpezat, qui, le 4 septembre 1347, reçut une donation d'Édouard III (Bertrandy, *Études sur Froissart*, pp. 191-192). La reddition de Montpezat doit dater de décembre 1345.

5. Probablement Leyritz-Moncassin, Lot-et-Garonne, arr. de Nérac, cant. de Casteljaloux.

6. Ce *Monroy* est sans doute le *Mauron* de Froissart, dans lequel M. Bertrandy a voulu voir Monclar (*Études sur Froissart*, p. 241), et qui, quoi que cet auteur en dise, ne peut être que Castelmoron-sur-Lot (Lot-et-Garonne, arr. de Marmande), qui fut pris par les Anglais le 8 janvier 1347 (*Ibid.*, p. 103), après avoir été sans doute réoccupé par le duc de Normandie, dans sa campagne de 1346.

Reddition au comte Derby de Villefranche[1], de Tonneins[2], de Damazan[3] et de tout le pays jusqu'à Angoulême; prise de cette ville et de Saint-Jean-d'Angély; reddition de Lusignan; pillage de Poitiers[4]. Le comte Derby, après avoir ravagé le Poitou, la Saintonge et la Gascogne, vient camper devant La Réole[5]. Les bourgeois livrent la ville. Le châtelain, nommé Bertaut d'Oultreleau[6], défend énergiquement le château; quand les vivres lui manquent, il conclut une trêve de cinq semaines avec Derby et va demander du secours à Jean, duc de Normandie, qui, à ce moment, assiège Angoulême[7]. Au bout des cinq semaines, le secours

1. Villefranche-du-Queyran, Lot-et-Garonne, arr. de Nérac, cant. de Casteljaloux.
2. Lot-et-Garonne, arr. de Marmande.
3. Lot-et-Garonne, arr. de Nérac.
4. La campagne de Derby en Saintonge et en Angoumois date des derniers mois de 1346. Derby partit de La Réole le 12 août 1346 (Robert d'Avesbury, *Historia Edwardi III*, 141) et passa à Bergerac; le 12 septembre, il s'emparait d'Aubeterre-sur-Dronne (Charente, arr. de Barbezieux), puis de Châteauneuf-sur-Charente, de Taillebourg, de Surgères, d'Aulnay, de Saintes, de Saint-Jean-d'Angély (vers le 21 septembre; *Grandes Chroniques*, V, 464; Froissart, IV, vi, n. 11; Robert d'Avesbury, 143), de Niort, de Saint-Maixent, de Lusignan (Vienne, arr. de Poitiers), de Vivonne, de Montreuil-Bonnin, de Poitiers (4 octobre 1346; Robert d'Avesbury, 144). L'auteur de la rédaction flamande de notre chronique a placé cette partie du récit primitif à la place qu'elle aurait dû occuper (voir pp. 69 et 83). Sur cette expédition de Derby et les ravages qu'elle occasionna, voir une curieuse lettre de rémission de décembre 1346 (JJ 77, n. 49).
5. La prise de La Réole est bien antérieure à la chevauchée de Derby en Saintonge. Immédiatement après la bataille d'Auberoche, le capitaine anglais marcha vers cette ville; la place semble en effet lui avoir été rendue par les habitants, mais le châtelain (la liste plus haut citée nomme Guillaume de la Baume et Thibaut de Barbazan) résista énergiquement. Derby était maître de la ville le 13 novembre 1345 et le château était encore aux mains des Français à la fin de janvier 1346 (Bertrandy, *Études*, pp. 162 et suiv.).
6. Bertaut d'Outreleau n'était peut-être pas châtelain de La Réole en 1345, mais ce n'est pas un inconnu. En juillet 1357, il est indiqué comme capitaine du château de Caen (L. Delisle, *Hist. de Saint-Sauveur*, p. 110, note). Un Robert d'Outreleau, probablement fils du précédent, était conseiller à l'échiquier de Rouen en 1366 (Delisle, *Mandements de Charles V*, n. 385).
7. Voir plus bas ce que nous disons du siège d'Angoulême.

n'arrivant pas, le château de La Réole est rendu aux Anglais (Pages 69-70).

Siège et prise d'Angoulême par Jean de Normandie[1], qui y

[1]. Dès 1344, le duc de Normandie était venu en Agenais. Le sénéchal Robert d'Houdetot autorisa cette année les consuls d'Agen, Condom, Bazas, Marmande, La Réole, Sainte-Foy, Penne, Puymirol, Villeneuve, Tournon, Monflanquin, Villeréal, Castillonés, Port-Sainte-Marie, Montréal et autres à s'assembler à Agen pour délibérer sur ce qu'il convenait de faire à l'arrivée de ce prince (Arch. municipales d'Agen, BB 15). Le 3 septembre 1344, le duc était à Montauban, d'où il mandait au receveur d'Agenais de donner à Pierre de Beaumont, chevalier, « mareschal de nos guerres, » un poulain confisqué sur le Bour de Balaus (Bibl. nat.; Pièces orig., vol. 247, dossier Beaumont, n° 8). Le 18 du même mois, il était à Agen; à cette date il renouvela pour cinq ans l'autorisation de lever les droits de souquet et de barrage, applicables à la construction des remparts de la ville et à la réparation du pont (Arch. municip. d'Agen, CC. 39). En 1345, le duc de Normandie vint également en Languedoc (Hist. de Languedoc, éd. in-folio, IV, p. 257), puis il retourna dans le Nord et séjourna en Poitou, Limousin, Angoumois, Touraine et Berry. Au mois d'octobre 1345, il était à Angoulême (Bertrandy, Études sur Froissart, pp. 265, 266, 268, 269); en novembre, à Angoulême, à Caunay, à Lusignan et à Châtillon-sur-Indre, où il demeura jusqu'à la fin de décembre (Ibid., pp. 269, 270, 271, 280, 282, 283, 284). Au mois de janvier et février 1346, nous le trouvons à Loches et à Châtillon-sur-Indre (Ibid., pp. 285, 286), au mois de mars à Cahors et à Montauban (pp. 288, 289, 306) et enfin le 5 avril à Agen (p. 306). On voit par cet itinéraire qu'il est impossible que Jean de Normandie ait assiégé Angoulême au commencement de l'année 1346. Froissart mentionne également une ville d'*Agolem* ou *Agolent*, dont le duc de Normandie aurait fait le siège. M. Luce (Froissart, III, p. xxx) a voulu y voir Agen, à tort croyons-nous, puisqu'Agen était en ce moment aux mains des Français; le siège de cette ville offre d'ailleurs encore plus d'impossibilités que celui d'Angoulême. Nous proposerions de résoudre ces difficultés de la manière suivante. Angoulême aura été pris vers le mois de décembre 1345 par un parti anglais; la distance entre Périgueux, qui fut inquiété à plusieurs reprises par les ennemis, et Angoulême est assez faible pour autoriser cette supposition (19 lieues). Remarquons que la *Chronique normande* fait coïncider le siège d'Angoulême et les derniers moments de la résistance du châtelain de La Réole; ces deux événements seraient donc de janvier 1346. Qu'y a-t-il d'impossible à ce que Jean de Normandie ait fait assiéger Angoulême par un de ses lieutenants, tandis que lui-même s'occupait de rassembler son armée à Châtillon-sur-Indre? La *Chronique normande* dit que le duc séjourna à Angoulême le 2 février; la date est fausse, mais nous verrons tout à l'heure qu'il put y venir à la fin du même mois, au moment de se mettre en route pour le Midi.

séjourne cinq semaines et y tient sa cour le jour de la Chandeleur (2 février) 1345-1346. Il marche ensuite sur Bergerac et trouve le comte Derby près de cette ville. Défaite des Anglais par l'avant-garde française commandée par le comte d'Eu, connétable de France, le sire de Montmorency, maréchal, et Le Galois de la Baume, maître des arbalétriers. Noms des seigneurs qui accompagnent le duc de Normandie : le duc de Bourgogne, son fils Philippe, comte de Boulogne, le duc de Bourbon et son frère Jacques, les évêques de Beauvais[1] et de Tournai[2], les comtes de Foix et de Montlezun, le marquis de Montferrat, etc. Retraite des Anglais vers Aiguillon[3]. Prise de Montségur par les Français[4]. Défaite de la garnison de Port-Sainte-Marie et prise de cette ville[5] par Philippe de Bourgogne[6]. Le comte Derby laisse à Aiguillon Gautier de Manny et Alexandre de Caumont avec 1500 hommes, met garnison à Tonneins[7] et à Damazan[8] et se retire à Bordeaux avec les comtes d'Arundel et de Glocester[9] (Pages 70-72).

Situation d'Aiguillon entre la Garonne et le Lot. Combat entre Alexandre de Caumont et le connétable de France; prise du sire

1. Jean de Marigni, évêque de Beauvais, puis archevêque de Rouen en 1347.
2. Jean Desprez, évêque de Tournai, mort en 1349 (*Gallia christiana*, III, 227).
3. Aiguillon, Lot-et-Garonne, arr. d'Agen, cant. de Port-Sainte-Marie.
4. Monségur, Lot-et-Garonne, arr. de Villeneuve-sur-Lot, cant. de Monflanquin.
5. Port-Sainte-Marie, Lot-et-Garonne, arr. d'Agen.
6. Froissart prétend aussi que le duc de Normandie s'empara de Port-Sainte-Marie avant de mettre le siège devant Aiguillon (III, 120); cependant cette ville semble avoir été dès cette époque au pouvoir des Français (Bertrandy, *Études sur Froissart*, p. 315).
7. Tonneins, Lot-et-Garonne, arr. de Marmande.
8. Damazan, Lot-et-Garonne, arr. de Nérac. — D'après Froissart (III, 119-120) ces deux places furent prises par le duc de Normandie avant le commencement du siège d'Aiguillon.
9. L'itinéraire du duc de Normandie, tel que le donne la *Chronique normande*, peut être accepté moyennant certaines rectifications. L'armée, réunie par Jean de Normandie, devait en effet pour venir en Agenais passer par Angoulême avant de rejoindre celle que Pierre de Bourbon avait concentrée à Agen. Elle se mit en mouvement au commencement de mars 1346, et la première rencontre entre elle et les Anglais de Derby, aux environs de Bergerac, put avoir lieu vers le 7 ou le 8 de ce mois. Laissant alors ses troupes continuer leur route vers le sud, le duc de Normandie se rendit en Quercy, à Cahors (13 mars), puis à Montauban

de Caumont[1]. Le connétable d'Eu s'empare de Miremont[2]; mort de Marteau de Baqueville[3]. Robert d'Houdetot, sénéchal d'Agenais, va assiéger le château de Bajamont[4], à une lieue d'Agen ; il est défait et pris par l'Archidiacre Durfort[5]. Alerte dans le camp français : le fils du duc de Bourgogne, Philippe, meurt des suites d'une chute de cheval[6] (Pages 72-73).

Derby envoie les comtes de Glocester et d'Arundel demander des secours à Édouard III. Ils sont attaqués et pillés en mer par un marin français, nommé Marant. Édouard III se met en mer pour aller en Gascogne. Il est attaqué par Marant près de Guernesey. Le roi d'Angleterre envoie à Guernesey Godefroy d'Harcourt et son maréchal, Regnaut de Cobeham, pour s'emparer du Chastel-Cornet qu'occupent les Français, commandés par Thomas Hélie; prise du château après trois jours de siège[7] (Pages 74-75).

On conseille à Édouard III de débarquer en Normandie. Il

(22 mars), où l'appelaient certaines affaires administratives. M. Bertrandy pense que c'est entre cette dernière date et le 30 du même mois que le duc alla à Toulouse, où D. Vaissète signale sa présence vers cette époque (*Études*, p. 306). Le 30, il était de retour à Montauban, le 5 avril il arrivait à Agen, où se trouvaient déjà la plupart des nobles de son armée. La prise de Monségur et les préliminaires du siège d'Aiguillon auraient donc eu lieu pendant son absence. Le siège fut mis devant Aiguillon entre le 10 et le 15 avril 1346 (Bertrandy, pp. 309-310).

1. Ce combat eut lieu le 16 juin 1346, d'après Villani (Muratori, *Script. rer. Italicarum*, XIII, c. 928) ; Alexandre de Caumont fut pris par Robert d'Augerans (Bertrandy, *Études sur Froissart*, p. 326).
2. Miramont, Lot-et-Garonne, arr. de Marmande, cant. de Lauzun.
3. Guillaume V Martel de Basqueville (Hellot, *Essai historique sur les Martel de Basqueville*, p. 40).
4. Bajamont, Lot-et-Garonne, arr. et cant. d'Agen.
5. Au sujet de l'affaire de Bajamont et de la prise du sénéchal (juillet 1346), voyez Arch. de la ville d'Agen, BB 16 et EE. 54 ; la rançon de Robert d'Houdetot fut payée par les gens du pays. Le véritable nom de l'Archidiacre de Durfort était Rainfroid de Durfort (voir JJ, 77, n. 329 ; acte de Robert d'Houdetot pour la bru dudit Rainfroid). Ses biens furent confisqués par les Français ; Jean de Normandie donna à Gui de Leuse, chevalier, une maison à Toulouse, confisquée sur ce personnage (Bibl. Nat., *Clairambault*, Sceaux, vol. 65, doss. Leuse).
6. Philippe, fils d'Eudes IV, duc de Bourgogne. Il mourut le 22 septembre 1346.
7. Château-Cornet était retombé aux mains des Anglais dès avant le 28 août 1345 (L. Delisle, *Histoire du château et des sires de Saint-Sauveur-le-Vicomte*, p. 63, n. 1).

échoue devant Cherbourg, mais parvient à prendre terre à Saint-Vaast de la Hougue[1]. Ravage du pays; prise de Valognes[2] et de Carentan[3]. Les capitaines du château de Carentan, Guillaume de Grohi et Guillaume de Verdun[4], livrent la place; ils furent plus tard décapités à Paris. Pillage de Saint-Lô[5] et de Thorigny[6]. Édouard III attaque Caen[7] que défendent le comte d'Eu[8], connétable de France, le chambellan de Tancarville, Robert Bertrand et Guillaume Bertrand, évêque de Bayeux. Combat à la porte Saint-Pierre; défaite des Français; prise du connétable d'Eu, du chambellan de Tancarville, du sire de Grimbox[9] et de Friquet de Fri-

1. Saint-Vaast-de-la-Hougue, Manche, arr. de Valognes, cant. de Quettehou. — Édouard III débarqua le 12 juillet 1346 (Robert d'Avesbury, *Hist. Edwardi III*, p. 123) et se reposa à Saint-Vaast jusqu'au 18.
2. Valognes fut pris le 18 juillet (*ibid.*, p. 124).
3. Le 20 juillet 1346 (*ibid.*).
4. Les *Grandes Chroniques*, V, 452, appellent ces deux chevaliers *Groussi* et *Rollant de Verdun*, chevaliers; le roi d'Angleterre confia à ces deux traîtres la garde du château de Carentan. Peu après son départ, plusieurs Normands, sous la conduite de Philippe le Despensier, reprirent la ville, firent prisonniers les deux chevaliers et les envoyèrent à Paris (*Ibid.*). Ils y furent décapités, le jeudi après la Conception de la Vierge (14 décembre) 1346 (*Ibid.*, p. 466).
5. Le roi d'Angleterre entra à Saint-Lô le 22 juillet (Robert d'Avesbury, p. 124).
6. Torigny, Manche, arr. de Saint-Lô. La prise de cette place est également indiquée par les *Grandes Chroniques* (V, 452).
7. Édouard III arriva devant Caen le 26 juillet 1346 (Robert d'Avesbury, p. 125).
8. Suivant Froissart (III, xxiii, 128 et 350), le comte d'Eu aurait été envoyé à Philippe VI par les seigneurs de l'armée de Jean de Normandie, pour lui demander conseil et l'engager à faire abandonner par son fils le siège d'Aiguillon; avec lui étaient partis pour la France le comte de Blois et le sire de Tancarville. On peut placer le voyage du comte d'Eu vers la fin de juin 1346.
9. Gui de Tournebu, sire de Grimbosq (Calvados, arr. de Falaise, cant. de Bretteville-sur-Laize), servait dès 1345 en Normandie, sous Robert Bertrand, ainsi que l'atteste l'acte suivant du 26 août 1345 : « Robert Bertran, sire de Briquebec, capitaine commis par le roy sur les frontières de la mer, depuis Honefleu jusques en Bretaigne, au bailly de Caen..... Nous avons entendu que nostre amé cousin mons. Guy de Tournebu, sire de Grimbosc, doit avoir prins un moine en la ville d'Ostrehan pour souspeçon d'estre espie..... Nous vous commandons que sans delay icelui moine vous admenez ou envoiez soubz seure garde, car nous volons parler à luy..... » (Bibl. nat., *Pièces orig.*, vol. 521, doss.

camps; mort du sire de Brimeu, de Philippe de Pons, etc. Une partie des Français s'échappent par la porte Millet. Pillage de la ville de Caen. Édouard III y séjourne huit jours. Les prisonniers et le butin sont embarqués à Ouistreham [1] et transportés en Angleterre (Pages 75-76).

Les Flamands, alliés d'Édouard III, envahissent l'Artois, soumettent le pays de la Leure [2], et assiègent Béthune. Cette ville est défendue par Jean de Castellon, Geoffroy d'Ennequin et le seigneur du Peu (Page 76) [3].

Philippe VI rassemble son armée à Rouen [4]. Il appelle à son secours le roi de Bohême, son fils Charles et l'évêque de Liège; mais l'évêque est retenu par une guerre avec ses communes, contre lesquelles il marche avec Charles de Bohême, le duc de Brabant, le comte de Julliers, le comte de Lespeusse, le comte de Namur, le comte des Monts, le comte Sauvaige, Guillaume

---

Briquebec, n° 2, copie). Sur la prise de Caen, voyez non pas Froissart, dont le récit est très fautif, mais les *Grandes Chroniques*, V, 452-3.

1. Ouistreham, Calvados, arr. de Caen, cant. de Douvres.
2. Ou de *Lalleu*, partie de l'arrondissement actuel de Béthune.
3. Sur cette expédition des Flamands, voyez la Chronique de Gilles li Muisis (*Corpus chronicorum Flandriæ*, II, 240 et suiv.). Commandés par Henri de Flandre, ils essayent de passer la Lys le 2 août, et sont battus au pont d'Estaires (Nord, arr. d'Hazebrouck); plus heureux à Merville (id., id.), ils franchissent le fleuve le 10, brûlent le même jour le village de Saint-Venant, dont le château résiste; le 15, ils commencent le siège de Béthune, défendue par Geoffroi d'Ennequin; le 16, ils donnent un grand assaut, sans résultat et meurtrier pour eux; le 22, dans un engagement près de Lillers, ils perdent 500 hommes, et une sortie vigoureuse des assiégés met le désordre dans leur camp. Le 24, ils brûlent leurs machines, lèvent le siège et retournent à Merville. Les *Chroniques de Flandre* (éd. Kervyn, II, 41) indiquent comme capitaines de Béthune *le seigneur de Chastillon et de Dampierre et monseigneur Godefroy d'Anekin*.
4. D'après le Continuateur de Nangis (II, 198), Philippe VI serait allé en personne à Rouen et serait revenu en toute hâte à Paris, en suivant la rive droite de la Seine, dès qu'Édouard III eut pris la direction de Poissi, où il arriva le 14 août 1346 (Robert d'Avesbury, *Hist. Edwardi III*, p. 136). Les *Grandes Chroniques* disent la même chose (V, 454). Sur cette campagne, que notre chroniqueur raconte très exactement, voir Robert d'Avesbury, Froissart (III, xxxix-xl, 148-151), les *Grandes Chroniques* (V, 454-56), et Gilles li Muisis, pp. 240-246; ce dernier donne une foule de dates exactes et trace d'une manière très précise l'itinéraire des deux armées.

Longue-Espée, Regnaut de Montacut, le comte de Longuecorne, Regnaut de Fauquemont[1]. Les alliés livrent bataille aux communes du pays de Liège, près d'un hameau nommé Avanterme, un mercredi du mois de juillet. Défaite de l'évêque de Liège ; mort du comte de Longuecorne, de Guillaume Longue-Espée, et de Regnaut de Fauquemont. Le roi de Bohême, son fils Charles, et le comte de Namur viennent rejoindre le roi de France[2] (Page 77). Campagne d'Édouard III en Normandie. Attaque de Rouen ; prise de Louviers ; tentative infructueuse contre Pont-de-l'Arche. Les Anglais remontent la rive gauche de la Seine et viennent camper à 6 lieues de Paris, à Poissy. Philippe fait demander bataille à Édouard par l'évêque de Meaux[3] ; elle est acceptée par le roi d'Angleterre pour le jeudi suivant[4], entre Paris et Vaugirard. Philippe VI remonte vers Paris pour passer la Seine et vient camper à Antourgny[5], près du lieu fixé pour la bataille. La même nuit, Édouard fait réparer le pont de Poissy, passe la Seine et bat la commune d'Amiens, qui gardait le passage[6]. Il se porte en-

---

1. Voici les identifications proposées par de Reiffenberg pour quelques-uns de ces noms (*Bulletins de la commission d'histoire*, VI (1843), p. 286) ; *Lespeusse*, dans certains manuscrits est écrit *Spenehem*, qui serait *Spanheim* ; *Longuecorne* al. *Lanchecorne*, serait *Landskron* ; le comte *Sauvaige* = Wildgraf. — Quant au comte *des Monts*, ce doit être celui de *Berg*.

2. Sur cette bataille, voyez entre autres Polain, *Histoire du pays de Liège*, II, 155-176, qui renvoie aux sources contemporaines ; elle fut livrée au lieu de Vottem, entre Liège et Maëstricht, le mercredi 19 juillet 1346. L'évêque s'appelait Englebert de la Mark, il avait avec lui Charles de Luxembourg, les comtes de Gueldre, de Juliers, de la Mark, de Clèves, de Salm, de Namur, de Loz, le sire de Fauquemont, etc. Ces détails prouvent que notre chroniqueur était bien informé.

3. Ces lettres de défi sont datées du 14 août 1346 ; elles furent apportées à Édouard, non pas par l'évêque de Meaux, mais par l'archevêque de Besançon. Elles ont été publiées par M. Kervyn de Lettenhove (Froissart, IV, 496, et V, 551).

4. C'était un des jours que proposaient les lettres citées plus haut. Mais Edouard III se garda bien d'accepter formellement l'offre du roi de France ; il fit au contraire refaire à la hâte le pont de Poissi et passa la Seine le 16 août (Robert d'Avesbury, *Hist. Edwardi III*, 137).

5. Sous cette forme, il faut sans doute reconnaître le lieu d'Antony (Seine, arr. et cant. de Sceaux), auprès duquel le roi de France vint camper (Cont. de Nangis, II, 199 ; *Grandes Chroniques*, V, 457).

6. Les Amiénois furent battus par le comte de Northampton (Robert d'Avesbury, *Hist. Edwardi III*, p. 136).

suite vers Beauvais et ravage les environs de cette ville sans pouvoir la prendre (Pages 77-78).

Philippe VI se met à la poursuite des Anglais, qui s'emparent de Poix[1] et d'Airaines[2]. Édouard III cherche inutilement à passer la Somme à Hangest[3], puis au pont de Rémi[4]. L'approche des Français le force à quitter précipitamment Airaines; il brûle Oisemont[5] et arrive sur les bords de la Somme, au passage de la Blanche-Tache[6], qui est défendu par Godemart du Fay, Jean de Picquigny, L'Hermite de Caumont et Jean du Cange, trésorier des guerres. Godemart du Fay quitte la place sans coup férir et les Anglais passent la Somme[7]. Philippe VI les suivait de près, mais la marée l'empêche de traverser le fleuve; il va le passer à Abbeville. Ravage du pays par Édouard III, qui vient camper près de la forêt de Crécy[8] et se prépare à la bataille (Pages 78-80).

Le roi de France, ayant atteint l'ennemi, se dispose à engager l'action sans attendre le reste de ses forces. Les Génois commencent la bataille. Le manque de munitions les force à se replier. Les gens d'armes français les chargent. Les Anglais sortent de leurs retranchements et mettent une partie de l'armée française en fuite. Le roi Édouard, le prince de Galles, les comtes de Lancastre, de Glocester, de Northampton et Godefroi d'Harcourt prennent part au combat. On dit que le comte de Flandre fit un instant le prince de Galles prisonnier. Philippe VI, après avoir eu deux chevaux tués sous lui, est emmené par Jean de Hainaut (Pages 80-82).

Cette bataille eut lieu en 1345, le samedi après la Saint-Barthélemy[9]. 1200 chevaliers français y périrent et parmi eux le roi de Bohême, le duc de Lorraine, le comte d'Alençon, le comte de Flandre, le comte de Blois, le comte d'Harcourt, le comte de Sancerre, le comte de Sainnes[10] (Page 82).

---

1. Somme, arr. d'Amiens.
2. Somme, arr. d'Amiens, cant. Molliens-Vidame.
3. Hangest-sur-Somme, Somme, arr. d'Amiens, cant. de Picquigny.
4. Pont-Remy, Somme, arr. d'Abbeville, cant. d'Ailly-le-haut-Clocher.
5. Oisemont, Somme, arr. d'Amiens.
6. Entre Abbeville et Saint-Valery, en face du petit village de Saigneville.
7. 24 août 1346 (Robert d'Avesbury, *Hist. Edwardi III*, p. 138).
8. Crécy-en-Ponthieu, Somme, arr. d'Abbeville.
9. 26 août 1346.
10. Les *Grandes Chroniques* (V, 462) nomment le comte de « Samines »,

SOMMAIRE.

La semaine même de la bataille de Crécy, les Flamands lèvent le siège de Béthune[1] (Page 82).

Philippe VI se retire à Labroye[2], de là à Doullens, à Amiens[3] et enfin à Paris. Le roi Édouard fait enterrer les morts (Page 82).

Philippe VI annonce sa défaite à son fils Jean, qui lève le siège d'Aiguillon[4]. Édouard III ravage le pays aux environs de Montreuil et de Boulogne et, au mois de septembre, investit Calais[5]. La place est défendue par Jean de Vienne, Arnoul d'Audrehem, le sire de Beaulo, le sire de Grigny, etc. (Pages 82-83).

Le comte Derbi quitte la Gascogne, après avoir mis des garnisons à Saint-Jean-d'Angély et à Lusignan, et rejoint Édouard III devant Calais[6] (Page 83).

Philippe VI envoie à Arras le duc d'Athènes, à Boulogne le comte de Joigny, Charles d'Espagne et les maréchaux de Beaujeu et de Moreuil, à Saint-Omer Gui de Nesle et à Montreuil le comte de Sarrebrück (Pages 83-84).

Louis, fils du comte de Flandre, mort à Crécy, pupille de Philippe VI, est fiancé à la fille du duc de Brabant. Il retourne en Flandre, mais les Flamands n'abandonnent point l'alliance anglaise. Édouard III va à Gand et propose aux Flamands de marier leur comte avec sa fille Isabelle. Refus du comte Louis que ses sujets retiennent prisonnier[7] (Page 85).

---

et Gilles li Muisis (p. 246) le comte de « Saumes », qui est certainement le *Sainnes* de notre chroniqueur ; il s'agit très probablement de Simon, comte de Salm, qui fut en effet tué à Crécy.

1. Le 24 août ; voir plus haut, p. 273.
2. Pas-de-Calais, arr. de Montreuil-sur-Mer, cant. de Hesdin.
3. Le roi de France était le dimanche 27 à Amiens (*Grandes Chroniques*, V, 462).
4. Jean de Normandie n'attendit pas la nouvelle de la défaite de Crécy pour abandonner le siège d'Aiguillon : le camp fut levé le 20 août 1346 ; les 23 et 24 du même mois, le duc était à Agen, le 25 à Moissac (Bertrandy, *Études sur Froissart*, pp. 347-348).
5. Édouard III arriva le 2 septembre 1346 devant Calais (Robert d'Avesbury, *Hist. Edwardi III*, p. 140).
6. Derby était de retour en Angleterre le 14 janvier 1347 (Froissart, IV, vii ; n. 6).
7. Notre chroniqueur se trompe ; les fiançailles de Louis, comte de Flandre, avec Marguerite, fille du duc de Brabant, sont postérieures aux tentatives que fit Édouard III pour le marier à sa fille Isabelle. Le jeune comte Louis vint en Flandre après une entrevue avec les députés des communes à Menin et à Halluin, vers novembre 1346 (Gilles li Muisis,

SOMMAIRE.

Godefroy d'Harcourt se rend auprès du duc de Brabant, et lui communique le traité entre les Flamands et le roi d'Angleterre[1]; le duc lui fait obtenir son pardon du roi Philippe (Pages 84-85).

Entrevue de Bruges entre Louis, comte de Flandres, et Édouard III[2]; le comte est obligé de consentir à son mariage avec Isabelle d'Angleterre; les noces sont fixées à la Pâque close prochaine. Mais Louis de Male réussit à s'échapper pendant une partie de chasse, grâce à l'assistance de deux chevaliers nommés Louis de Laval et Louis de Pouques[3] et se réfugie auprès de Philippe VI (Pages 85-85).

p. 264). Le 13 mars 1347, à Dunkerque, Louis s'engagea à épouser la fille du roi d'Angleterre dans la quinzaine qui suivrait la fête de Pâques (Rymer, III, 1, p. 111); les lettres du comte furent remises le lendemain à Édouard III qui résidait alors à Bergues (*Ibid.*, p. 112). Les actes qui mentionnent le projet de mariage entre le comte de Flandre et la fille du duc de Brabant sont postérieurs à cette date. M. Luce (Froissart, IV, xxxv, n. 2) en a relevé un certain nombre. Le 17 mai 1347, Louis était à Conflans près Paris et choisissait des procureurs pour aller traiter ce mariage à Saint-Quentin; le 6 juin suivant, il promettait d'être à Lewre (Leeuw-Saint-Pierre, province de Brabant), le 26 du même mois, pour épouser Marguerite. Le mariage étant fixé au 8 avril (Pâques closes), l'évasion du jeune comte dut avoir lieu entre le 14 mars et le commencement d'avril. Gilles li Muisis (p. 265) la place au lendemain d'une entrevue entre les Flamands et les gens du roi d'Angleterre, entrevue qui eut lieu le 28 mars; le jeune comte obtint à grand'peine deux jours de répit et s'enfuit dès le lendemain. L'abbé de Tournai raconte d'ailleurs comme notre chroniqueur la fuite de Louis de Male. Le gué de Fiennes, auquel il passa la Lys, est, suivant M. Kervyn de Lettenhove (*Chroniques de Flandres*, II, 50, note), au lieu dit Vyve-Saint-Éloi. Notre chroniqueur a commis plusieurs erreurs dans cette partie de son récit, erreurs qui tiennent surtout au caractère assez romanesque de tous ces événements; voyez à cet égard le Continuateur de Guillaume de Nangis, II, 209, qui dit que de son temps on avait déjà fait des chansons en français sur l'évasion du comte.

1. Sur la réconciliation de G. d'Harcourt avec le parti français, voyez L. Delisle, *Histoire du château et des sires de Saint-Sauveur-le-Vicomte*, pp. 66-68. Godefroi d'Harcourt reçut des lettres de rémission de Philippe de Valois dès le 21 décembre 1346. C'est donc à tort que notre chroniqueur donne pour occasion à cette réconciliation le projet de mariage entre Isabelle d'Angleterre et Louis de Male.

2. Nous avons vu que cette entrevue eut lieu à Bergues; c'est du reste ce que dit Froissart (IV, 35) et le ms. 5610 donne la bonne leçon (voir p. 85, n. 2).

3. Sur la fuite du comte de Flandre, voyez Froissart (IV, 36-37) et le

Le roi de France se prépare à secourir Calais. Défaite d'un corps d'Anglais commandé par Thomas de Holland et Regnaut de Cobeham, entre Saint-Omer et Tournehem[1], par Gui de Nesle et les garnisons de Saint-Omer, Boulogne et Aire[2]. Un corps de Flamands commandé par le bâtard de Renti, banni du royaume de France, passe la Neufosse[3] et entre en Artois; il est battu par les Français[4] (Page 86).

Complot d'un chevalier de Thiérache, nommé Jean de Bomont, et d'un bourgeois de Laon, Gauvain de Bellemont, pour livrer la ville de Laon aux Anglais. Découverte de ce projet et punition des traîtres[5] (Pages 86-87).

Continuateur de Nangis (II, 209). Louis de Flandres dut s'échapper avant l'octave de Pâques (8 avril), date fixée pour son mariage avec Isabelle. Les *Grandes Chroniques* (V, 467) donnent la date du 3 avril. Gilles li Muisis (éd. de Smet, p. 265) indique le 29 mars, pendant une partie de chasse; il nomme Roland le seigneur de Poukes; le ms. 5610 donne la même leçon (voir p. 86, note 2). Aux noms des deux chevaliers cités ici comme ayant favorisé la fuite du comte, il convient d'ajouter celui de Marquet de Galleel, son écuyer; voyez Froissart, IV, xiv.

1. Pas-de-Calais, arr. de Saint-Omer, cant. d'Ardres.
2. Froissart ne mentionne pas cet engagement. Gilles li Muisis (p. 267) le date du 21 avril 1347; les Anglais furent attaqués pendant leur retraite et perdirent 300 hommes; les Français allèrent ensuite escarmoucher jusqu'aux portes du camp anglais, sous Calais.
3. La Neufosse; on appelle aujourd'hui *canal de Neufossé* celui qui va de Saint-Omer à Aire.
4. Ce combat est mentionné par Gilles li Muisis (éd. Smet, p. 267), qui le place vers la mi-avril 1347; provoqués par les gens de Saint-Omer, les Flamands passent le canal et vont brûler le village d'Arques, près de Saint-Omer. Moreau de Fiennes et Gui de Nesle, capitaines de la place, font sortir la garnison; à eux se joint une partie des habitants; les Flamands sont complètement défaits, perdent 500 hommes tués et 100 prisonniers.
5. Sur la trahison de Gauvain de Bellemont, avocat de Laon, voyez les *Grandes Chroniques*, V, 468-70, et Gilles li Muisis, éd. Smet, pp. 266-7. Le fait se passa vers Pâques 1347; Gauvain fut arrêté à Reims sur l'avis donné par un de ses complices, le jour de Pâques (1ᵉʳ avril); il fut mené à Laon, condamné à la prison perpétuelle, et tué par le peuple de la ville, qui avait demandé qu'on lui montrât le traître; Gauvain était affilié à l'ordre de Prémontré. Son complice s'appelait Jean de Vervins, sire de Beaumont; le château de ce dernier fut détruit le vendredi après l'Ascension 1347 (11 mai); voyez *ibid.*, pp. 470-471, et Gilles li Muisis, pp. 267-268; d'après ce dernier, le sire de Beaumont avait reçu du roi d'Angleterre une garnison de 60 archers et infestait tout le pays

David Bruce, roi d'Écosse, allié de Philippe VI, envahit l'Angleterre avec six mille hommes et s'avance jusque près de Durham. Là il rencontre une armée anglaise, commandée par l'évêque de Durham et le sire de Percy et comptant 20,000 archers et 1400 hommes d'armes; défaite des Écossais[1]; bravoure du roi David; il est blessé et fait prisonnier avec les comtes de Ludenaz[2] et de Buchan[3], le sire de Douglas, etc. (Page 87).

Philippe VI se rend à Arras[4]. Un corps de Flamands passe la Lys au pont de Warneston[5]; il est battu par le châtelain de Lille et Charles de Montmorency, près d'un hameau nommé le Quesnoy-sur-la-Deulle[6]. Les Flamands étaient commandés par le bâtard de Renti, qui peu après fit sa paix avec le roi de France. Philippe VI quitte Arras et se rend à Hesdin, pour y attendre ses communes (Pages 87-88).

Escarmouches entre les Anglais et les Français aux environs de

à l'entour; la place fut prise par les nobles du pays et les officiers royaux, la garnison chassée du royaume, et le château entièrement détruit. (Voyez aussi Arch. nat., JJ, 80, n. 396.) Le fils de Gauvain, Guyot, fut également mis à mort. Le 4 juin 1347, Philippe VI ordonna de restituer à Jeanne de Marle, veuve de Gauvain, ses biens propres, dont son mari, par menaces et violences, s'était fait faire donation; d'après cet acte, Gauvain de Bellemont était d'un caractère peu aimable; il avait chassé sa femme de chez lui en la frappant et là maltraitant, si bien qu'elle en était devenue sourde (Arch. nat., JJ, 77, n. 183). En août 1349, le roi donna au sire de Cramailles une terre que feu Guyot de Bellemont tenait en fief de ce seigneur (JJ, 78, n. 128).

1. La bataille de Durham où de Nevill's Cross, dans laquelle les Écossais furent battus, fut livrée le 17 octobre 1346 (Robert d'Avesbury, *Hist. Edwardi III*, p. 145, et Froissart, IV, viij-xij et 17-29).

2. Peut-être le seigneur de Ramsay (Rymer, III, 1, 95) ou le comte de Lindsay.

3. D'après Froissart, le comte de Buchan fut tué dans la bataille (IV, 23).

4. Philippe de Valois rassembla d'abord son armée à Amiens; puis s'avançant vers le Nord, il passa une partie du mois de juin 1347 à Arras (voyez Froissart, IV, xx, n. 7); à la fin de juin il quitta Arras pour se rendre à Hesdin, où il séjourna assez longtemps; le 20 juillet il était à Fauquembergue (*Ibid.*, xxi, n. 1 et 3).

5. Warneton-Sud (Nord, arr. de Lille, cant. de Quesnoy-sur-Deule), sur la rive gauche de la Lys; le pont dont il s'agit ici est marqué sur la carte de Cassini.

6. Quesnoy-sur-Deule (Nord, arr. de Lille, ch.-l. de cant.). La Deule est un affluent de la rive droite de la Lys.

Calais¹. Invasion du pays de la Lève par les Français, conduits par Jacques de Bourbon, le duc d'Athènes, le comte de Sarrebrück, Charles d'Espagne, le sire de Beaujeu et le sire de Sully. A la première rencontre, les Français sont battus : mort des sires de Sully et de Suencourt, et de deux écuyers, Le Grand d'Aussy et Le Moine d'Estancelles. Le sire de Beaujeu arrive à temps pour rétablir le combat. Ravage du pays jusqu'aux environs de Cassel que les Français essayent sans succès de prendre d'assaut² (Pages 88-89).

Philippe VI quitte Hesdin et s'approche de Calais³. Il offre la bataille à Édouard III, qui lui fait demander une trêve de trois jours par trois cardinaux, envoyés du pape⁴. Les Anglais et les Flamands profitent de la trêve pour fortifier leurs positions. Détresse de Calais.. Philippe VI offre de nouveau la bataille à Édouard III; refus de celui-ci⁵. Le roi de France retourne en France⁶. Reddition de Calais⁷; dévouement de six bourgeois. Le menu peuple a la vie sauve, mais perd son avoir et quitte la ville;

1. L'une d'elles eut lieu le 8 juin 1347 (Gilles li Muisis, p. 270).
2. Cette expédition est racontée un peu différemment par Gilles li Muisis (p. 270); il la place au mois de juin 1347; depuis le siège de Béthune en 1346, le pays de Lalleu était soumis aux Flamands.
3. Philippe VI (voir Robert d'Avesbury, *Hist. Edwardi III*, p. 163; et Rymer, III, 1, 129) vint camper à Sangatte (Pas-de-Calais, arr. de Boulogne-sur-Mer, cant. de Calais), le 27 juillet 1347. Sur toute cette expédition, voir le récit très détaillé et très exact de Gilles li Muisis, pp. 268-274.
4. Ces cardinaux n'étaient pas trois, mais deux seulement; c'étaient Annibale Ceccano, évêque de Frascati, et Étienne Aubert, cardinal de Saint-Jean et Saint-Paul (plus tard pape sous le nom d'Innocent VI). Sur les pourparlers entre Édouard III et Philippe VI, pourparlers qui précédèrent la retraite du roi de France et la reddition de Calais, voyez Froissart, IV, 51.
5. Notre chroniqueur s'accorde avec Froissart pour dire qu'Édouard III refusa la bataille; cependant le roi d'Angleterre, dans une lettre que nous a conservée Robert d'Avesbury, déclare formellement le contraire; le défi lui fut, dit-il, apporté le 31 juillet et dès le lendemain il répondit qu'il acceptait (*Hist. Edwardi III*, p. 166; Rymer, III, 1, 129).
6. D'après la lettre d'Édouard III, plus haut citée, les Français abandonnèrent leur camp le 2 août avant le jour. Dès le 3 août, Philippe VI était à Lumbres (Pas-de-Calais, arr. de Saint-Omer). Pour l'itinéraire du roi de France pendant cette retraite, voyez Froissart, IV, xxiv, n. 1.
7. La reddition de Calais eut lieu le 3 août 1347 (Robert d'Avesbury, *Hist. Edwardi III*, p. 166; Rymer, III, 1, 129).

les chevaliers de la garnison restent prisonniers et sont mis à rançon[1] (Pages 89-90).

Édouard III laisse à Calais Jean de Beauchamp[2] et son frère et nomme châtelain un Lombard, Aimeri de Pavie[3]. Philippe VI met garnison à Saint-Omer, à Boulogne et dans les principales forteresses du pays (Page 90).

Pendant le siège de Calais, Charles de Blois va assiéger La Roche-Derrien[4]. Jean de Montfort vient au secours de la place avec Thomas de Dagworth[5]; Charles de Blois, attaqué pendant la nuit, est défait et fait prisonnier[6] (Pages 90-91).

Mariage de Louis, comte de Flandre, et de Marguerite, fille du duc de Brabant[7]. Peu après les Flamands se retirent de la lutte[8]. Nombreux combats en Flandre pendant l'année 1348, à Viquaennes[9],

---

1. Les habitants de Calais furent entièrement dépouillés et chassés de leur ville par les Anglais. L'un des éditeurs du présent volume a publié ailleurs quelques-unes des donations que leur fit Philippe VI pour les indemniser de ce désastre (*Cabinet historique*, t. XXIV, pp. 254-280). Les chevaliers de la garnison française furent envoyés en Angleterre.

2. Jean de Beauchamp fut nommé capitaine de Calais le 1er septembre 1347 (Rymer, III, 1, 181); il fut remplacé successivement par Jean de Montgomery, le 8 octobre (*Ibid.*, 138) et par Jean de Chivereston le 1er décembre, puis renommé le 1er janvier 1349 (*Ibid.*, 181). Son frère était Thomas de Beauchamp, comte de Warwick.

3. Aimeri de Pavie ne semble pas avoir eu d'autre titre officiel que celui de capitaine des vaisseaux du roi d'Angleterre, titre qui lui fut conféré le 24 avril 1348 (Rymer, III, 1, 159).

4. D'après les *Grandes Chroniques* (V, 443-444), La Roche-Derrien (Côtes-du-Nord, arr. de Lannion) aurait été prise par le comte de Northampton dès décembre 1345.

5. Thomas de Dagworth avait été nommé capitaine en Bretagne par Édouard III le 10 janvier 1347 (Rymer, III, 1, 100).

6. La bataille de la Roche-Derrien fut livrée le 20 juin 1347 (Robert d'Avesbury, *Hist. Edwardi III*, p. 159); ce dernier auteur donne une lettre écrite par le général anglais lui-même, immédiatement après sa victoire.

7. Louis de Male épousa Marguerite, fille de Jean III, duc de Brabant, le 1er juillet 1347.

8. Un traité de paix n'en fut pas moins conclu le 10 décembre 1348, entre Louis de Male et Édouard III (Rymer, III, 1, 178); voir à ce sujet Gilles li Muisis, p. 285; l'accord fut conclu à Dunkerque vers le 30 novembre; l'un des négociateurs anglais était Henri de Derby, comte de Lancastre.

9. Wizernes ou Wisques, Pas-de-Calais, arr. et cant. de Saint-Omer?

à Vuatres[1], à Bailleul[2], à Arebourc[3]; Mouton de Blainville est fait chevalier dans cette dernière affaire. Le pays est ravagé jusqu'à Poperingues[4] (Page 91).

En l'année 1349, Aimeri de Pavie vend le château de Calais à Geoffroi de Charny et à Henri du Bost[5], chargés par le roi de France de la garde des frontières de Picardie. A eux se joignent Moreau de Fiennes, Jean de Landas, Eustache de Ribemont, Pepin de Wierre[6], Oudart de Renti, etc., avec plus de 1500 combattants. Au jour dit, ces chevaliers se trouvent devant Calais et sont introduits dans le château. Mais le roi Édouard qui, averti par le traître Aimeri de Pavie, est venu dans la place, défait les Français. Parmi les morts sont le sire de Créqui[7], Pépin de Wierre et Henri du Bost; parmi les prisonniers Geoffroi de Charni, Eustache de Ribemont et Oudart de Renti[8] (Pages 91-92).

Chevauchée du comte Derbi en Gascogne. Elle précède l'affaire de Calais[9]. Le comte d'Armagnac et Robert d'Houdetot, maître des arbalétriers, se mettent à la poursuite des An-

1. Watten, Nord, arr. de Dunkerque, cant. de Bourbourg.
2. Nord, arr. d'Hazebrouck, ch.-l. de cant.
3. Hazebrouck, Nord, sous-préf.
4. Le dernier de ces combats est probablement celui qu'indique Gilles li Muisis (p. 278) et qu'il date du 24 août 1348. Après avoir leurré les Flamands par une sorte de trêve, les Français, commandés par le maréchal Charles d'Espagne, sortirent en secret des villes de Saint-Omer et d'Aire, entrèrent en Flandre, ravagèrent le pays sur une étendue de cinq lieues et revinrent avec un grand butin.
5. Le combat de Calais eut lieu dans la nuit du 31 décembre 1349 au 1er janvier 1350.
6. Wierre, Pas-de-Calais, arr. de Boulogne-sur-Mer.
7. D'après Froissart, le sire de Créqui fut seulement fait prisonnier (IV, 80).
8. Édouard III combattit en personne en cette occasion; il lutta même avec Eustache de Ribemont, qu'au dire de Froissart (IV, xxxiii, n: 1 et p. 83), il mit en liberté sans rançon après la bataille. Voir un récit intéressant de cette tentative sur Calais dans Gilles li Muisis, pp. 383-5; cet auteur dit simplement qu'Eustache de Ribemont reçut un sauf-conduit pour aller à la cour de France, mais non pas qu'il fut mis en liberté sous caution.
9. Le copiste du manuscrit de Toulouse a ajouté ici *jusques près de Carcassonne* (voir p. 92, n. 2), confondant évidemment les campagnes de Derby en Guienne (1345-46) et la chevauchée du prince de Galles en Languedoc (1355).

glais qui se retirent à Bordeaux; ils reprennent Beaumont[1], à quatre lieues de Toulouse, et s'emparent de Crie[2], de Fail[3] et d'Astafort[4]. Ils attaquent ensuite la ville de Dunes[5]. La

1. Beaumont-de-Lomagne, Tarn-et-Garonne, arr. de Castelsarrasin.
2. Les deux mss. portent *Crie*, mais il faut probablement corriger Cuq, Lot-et-Garonne, arr. d'Agen, cant. d'Astaffort.
3. Fals, Lot-et-Garonne, arr. d'Agen, cant. d'Astaffort.
4. Astaffort, Lot-et-Garonne, arr. d'Agen. A Castelsarrasin, le 9 novembre 1348, Le Galois de la Baume, maître des arbalétriers, lieutenant du roi ès parties de la Langue d'Oc et de Saintonge, chargea Vezias Moys, damoiseau, co-seigneur d'Astaffort, de la défense dudit lieu (Bibl. nat., *Pièces orig.*, vol. 226, orig. sc., doss. *Baume*, n° 41). — A ce propos il faut remarquer que notre chroniqueur qualifie toujours Robert d'Houdetot de « maître des arbalétriers; » or si celui-ci le devint réellement plus tard (le 15 mai 1350, d'après le P. Anselme, VIII, 15), en 1347 et 1348 il n'était encore que sénéchal d'Agen; le 26 avril 1347, il prend ce titre et celui de capitaine des guerres entre Dordogne et Garonne (Arch. nat., JJ, 77, n. 229); il paraît aussi fréquemment dans les pièces des archives municipales d'Agen. Partout où notre auteur dit « Robert d'Houdetot, maître des arbalétriers » il faut lire « et le maître des arbalétriers, » car nous savons par de nombreux documents que Le Galois de la Baume, maître des arbalétriers, servit en Languedoc en 1348 et 1349; le 16 avril 1348, il s'intitule : « commissaire député par le roy ès parties de la Langue d'Oc » (Bibl. nat., *Coll. Clairambault*, 824, f° 5, orig. sc.); il devint lieutenant en titre avant le 29 juin 1348 (le 15 mai 1348, suivant le P. Anselme, VIII, 5) : à cette date, il était à Agen avec son collègue, Bertrand, comte de l'Isle, et approuvait un accord entre l'évêque de Cahors et le seigneur de Belaye (Arch. nat., JJ, 77, n. 345); le 11 juillet, il était à Moissac (JJ, 78, n. 249); le 2 août, nous voyons Pierre de Beaumont, sire de Charni, sénéchal de Carcassonne, mander au trésorier royal de cette ville de donner 100 s. t. à Jean de Bazoiches, chevalier, qu'il envoie vers Le Galois de la Baume, lieutenant du roi ès parties de la Langue d'Oc, à Moissac, « ubi ipse dominus locumtenens esse dicitur » (Bibl. nat., *Pièces orig.*, vol. 247, dossier *Beaumont*, n° 10). — Le 12 août 1348, Le Galois de la Baume était à Toulouse où il prenait le titre de lieutenant du roi ès parties de la Langue d'Oc (*Ibid.*, vol. 226, doss. *Baume*, n° 40); le 13, il ordonnait à Hugues de Lisle, écuyer, de recevoir les montres des gens d'armes en l'absence des maréchaux de France (*Ibid.*, n° 43); le 12 septembre il était encore à Toulouse (*Ibid.*, n° 44) et le 2 décembre 1348 nous l'y retrouvons encore (*Ibid.*, n° 45). La lieutenance du Galois de la Baume dut prendre fin en 1349. En effet, le 18 octobre 1349, Arnaud d'Espagne, chevalier, sénéchal de Bigorre, donne quittance à Jean Chauvel, trésorier des guerres, des gages qui lui étaient dus pour avoir servi du 16 août au 19 décembre 1348, sous le gouvernement « de monseigneur Le

retraite du comte d'Armagnac fait échouer un premier assaut; la nuit suivante la ville, abandonnée par la garnison anglaise, est occupée sans coup férir. Le lendemain les Français s'emparent de La Plume[1], mais échouent devant Port-Sainte-Marie[2]. Ils passent la Garonne et prennent la tour de Saint-Laurent du Port[3]. Ravage du pays jusqu'à Montignac[4]. Le comte d'Armagnac se retire en-

Galois de la Baume, lors lieutenant du roy ès parties de la Langue d'Oc » (*Ibid.*, vol. 1065, doss. Espagne-Montespan, n° 6), et le 4 août 1350, Arnaud Gausbert « de Castanheno, domicellus, nuper capitaneus Vicicastri prope Lausertam » (Lauzerte, Tarn-et-Garonne, arr. de Moissac) reconnaît avoir reçu du trésorier royal de la sénéchaussée de Périgord et Querci « de mandato eidem facto super hoc per nobilem et potentem virum dominum Galesium de Balma, militem, locum tenentem tunc domini nostri regis in partibus Lingue Occitane, » le montant des gages de lui et des gens d'armes, qui avaient tenu garnison dans cette place depuis la fin de l'année 1346 (*Ibid.*; vol. 612, doss. *Castanier*, n° 2). Le Galois de la Baume eut pour collègue l'archevêque d'Auch (Arch. nat., JJ 77, n. 425 ; JJ 78, n. 154, 226, 281, etc.). — 5. Dunes, Tarn-et-Garonne, arr. de Moissac, cant. d'Auvillars.

1. Lot-et-Garonne, arr. d'Agen.

2. Port-Sainte-Marie, Lot-et-Garonne, arr. d'Agen. — Cette ville appartenait encore aux Français le 17 août 1346 ; à cette date Aymar, vicomte de Clermont, y donna quittance des gages de sa compagnie, avec laquelle il avait servi en Gascogne sous le duc de Normandie (Bibl. nat., *Pièces orig.*, vol. 785, doss. Clermont, n° 7). Toutefois nous savons qu'elle tomba aux mains des Anglais à une époque qu'il nous est impossible de déterminer d'une manière précise. Le 5 déc. 1354, étant à Caen, Jean II accorda des lettres de rémission aux consuls et aux habitants de Port-Sainte-Marie pour avoir livré leur ville aux Anglais (Arch. nat., JJ 84, n° 24); le même jour le roi de France restitua à la ville ses anciens privilèges, « sicut erant ante predictam rebellionem » en accompagnant cette restitution des considérations suivantes : « Quod cum nos dilectis nostris consulibus, universitati et singularibus habitatoribus ville Portus Sancte Marie et ejus pertinenciarum, districtus et honoris, pluribus eorum excusacionibus inducti, rebellionem per eos contra nos, se inimicis nostris et rebellibus, qui fraudulenter locum predictum subintrarunt, adherendo, commissam ac omnes penas quas propter hoc potuissent erga nos incurrisse, presertim cum ad nostram, ipsis inimicis a dicto loco per gentes nostras vi armorum expulsis, redierint obedientiam, de nostra certa scientia et speciali gratia duxerimus remittendas..... » (*Ibid.*, n° 23).

3. Saint-Laurent-du-Port est situé sur la Garonne en face de Port-Sainte-Marie.

4. Montignac-Toupineries, Lot-et-Garonne, arr. de Marmande, cant. de Seyches, ou Montignac-de-Lauzun, canton de Lauzun. Il faut supposer

suite dans son pays et Robert d'Houdetot à Aigny[1] (Pages 92-93).

Deux jours après, Gobert de Bouville et Bertrand de Goux, partisans anglais, prennent une place sur la Garonne, vis-à-vis du Port-Sainte-Marie[2]. Le maître des arbalétriers s'y rend avec ses gens (28 juin, lundi après la Saint-Jean d'été 1350) et reprend la place; Gobert de Bouville et Bertrand de Goux sont faits prisonniers. Trois jours après, Robert d'Houdetot s'empare du château de Feuguerolles[3], à trois lieues d'Aigny, et revient ensuite dans cette dernière ville (Pages 93-94).

L'année précédente, grande bataille en Poitou entre les Anglais, commandés par le sénéchal de Bordeaux, le captal de Buch, le sire de Lespare, le sire de Montferrant, le sire de Pommiers et le sire de Mussidan, et les Français, qui ont pour chef Jean de Lisle, le sénéchal de Poitou, Boucicaut, Savari de Vivonne, le sire de Chauvigny, etc. Défaite des Français; Boucicaut est fait prisonnier. On appelle cette affaire la bataille de Lunalonge[4] (Pages 94-95).

dans les deux cas, qu'après la prise de la tour de Saint-Laurent-du-Port, les Français repassèrent la Garonne pour poursuivre leurs opérations au nord de ce fleuve.

1. Probablement *Agen*; voir plus bas, note 3.
2. Très probablement Paravis, à peu de distance de Saint-Laurent-du-Port. — Nous connaissons ce Bertrand de Goux (*de Gutto*) par la donation que lui fit le comte de Derbi, le 7 août 1346, à La Réole, de la prévôté de Dax. Il était fils d'Arnaud Garsie *de Gutto*, seigneur de Puyguilhem (Bibl. nat., *Coll. Moreau*, 652, Bréquigny, 28, f° 145).
3. Peut-être Fauguerolles, Lot-et-Garonne, arr. et cant. de Marmande; dans ce cas *Aigny* pourrait être *Agmé*, situé au nord-est de Fauguerolles dans la direction de Montignac; mais nous préférons corriger *Agen*; le nom de cette ville est parfois écrit *Agin*; de là à l'écrire *Agni*, puis *Aigny*, il n'y a qu'un pas pour un copiste du moyen âge. Voir plus haut. — Nous avons vu que Le Galois de la Baume n'était plus lieutenant en Languedoc en 1350, mais n'oublions pas que notre chroniqueur veut parler ici de Robert d'Houdetot, sénéchal d'Agen, auquel il donne par avance le titre de maître des arbalétriers, ou qui du moins ne portait ce titre que depuis peu de temps. Ces faits de guerre paraissent être de juin 1350; en juillet 1350, Robert d'Houdetot était à Saint-Laurent-du-Port, et donnait le lieu d'Astaffort au comte d'Armagnac pour le récompenser des services rendus par lui lors de la prise de cette place. (Arch. nat., JJ. 80, n. 231.) Dans cet acte et dans un autre daté du même lieu, 13 juillet 1350 (*Ibid.*, n. 232), le seigneur d'Houdetot prend le titre de *maître des arbalétriers et capitaine général pour le roi en Languedoc*.
4. Ce nom de lieu a été estropié de telle sorte par les copistes qu'il nous a été impossible de l'identifier; notre chronique parle seule de cette bataille en Poitou.

La même année, le maître des arbalétriers prend en Agenais plusieurs forteresses parmi lesquelles Montûl de Laval[1] (Page 95).

Exploits du Galois de la Heuse en Bretagne. Il prend Beauvaiz-sur-Mer[2], La Guernaché[3] et l'Ile-Chauvet[4], défait les Anglais près de Prugny et s'empare de ce château[5] (Page 95).

Trêve entre les deux rois; le pape ne peut leur faire conclure la paix[6] (Page 95).

Vers le même temps meurt la reine de France, sœur du duc Eudes de Bourgogne[7]. Philippe VI épouse Blanche, sœur du roi de Navarre[8]; il meurt l'année suivante[9]. De sa première femme il laisse deux fils, Jean, duc de Normandie, et Philippe, duc d'Orléans (Pages 95-96).

Règne du roi Jean.

Jean, duc de Normandie, est couronné à Reims en 1350[10]. De sa première femme, Bonne, fille du roi de Bohême[11], il eut quatre fils : Charles, duc de Normandie et dauphin de Viennois, Louis, duc d'Anjou, Jean, duc de Berri, et Philippe, duc de Bourgogne;

1. Peut-être Montcuq, Lot, arr. de Cahors.
2. Beauvoir-sur-Mer, Vendée, arr. des Sables-d'Olonne.
3. La Garnache, Vendée, arr. des Sables-d'Olonne, cant. de Challans.
4. Vendée, arr. des Sables-d'Olonne, cant. de Challans, commune du Bois-de-Cené.
5. Peut-être Pornic (Loire-Inférieure, arr. de Paimbœuf), dont le château subsiste encore aujourd'hui. En 1350, Le Galois de la Heuse, sire de Goy, était capitaine souverain en la vicomté de Thouars « dès la feure de Niort » jusqu'à la mer, et des terres de Belleville et de Clisson. C'est le titre qu'il prend dans un acte du 15 mars (Arch. nat., JJ 80, n° 192, cité par M. Luce, *Hist. de B. du Guesclin*, I, 98, n. 3).
6. Notre chroniqueur veut sans doute parler ici de la trêve conclue par l'intermédiaire des légats Annibale Ceccano et Étienne Aubert entre le roi de France et Édouard III, le 28 septembre 1347. Elle devait expirer quinze jours après la Saint-Jean 1348 (Rymer, III, I, 136); le 6 août 1348, elle fut prolongée d'un an (*Ibid.*, 166).
7. Jeanne de Bourgogne mourut le 12 décembre 1349, d'après les *Grandes Chroniques* (V, 490).
8. Philippe VI épousa Blanche de Navarre, sœur de Charles le Mauvais, le 11 janvier 1350, c'est-à-dire un mois après la mort de sa première femme (*Grandes Chroniques*, V, 491-92).
9. Le 23 août 1350 (*Ibid.*, 495).
10. Le 26 septembre (*Ibid.*, VI, 1).
11. Morte le 11 septembre 1349.

et trois filles, mariées à Charles de Navarre, au fils de Galéas, duc de Milan, et au duc de Bar. La seconde femme du roi Jean fut Jeanne, comtesse de Boulogne et d'Auvergne (Page 96).

Retour en France du comte d'Eu, prisonnier des Anglais depuis l'affaire de Caen. Le roi Jean le fait décapiter secrètement à la tour de Nesle, sans forme de procès[1]. Charles d'Espagne, favori du roi Jean, est nommé connétable de France. On prétend que c'est lui qui décida le roi à mettre à mort le comte d'Eu[2] (Pages 96-97).

Friquet de Fricamps, capitaine d'Angoulême, défait trois fois

---

[1]. Raoul, comte d'Eu et de Guines, connétable de France, avait été fait prisonnier à Caen, le 26 juillet 1346. Thomas de Holland avait cédé son prisonnier, le 16 juin 1347 (Rymer, III, 1, 126), moyennant 80,000 florins à l'écu, au roi d'Angleterre, qui désirait sans doute avoir sous la main un personnage de cette importance; dès le 10 avril 1347, il avait mandé à Thomas de Holland de le mettre « in aliquo loco forti et bene murato, absque eo quod colloquium cum aliquo de cætero habeat aut quovis modo communicet viva voce aut litteratorie, clam vel palam, sine mandato nostro speciali » (Ibid., 116). La rançon que demandait Édouard III au connétable devait être énorme, puisque celui-ci n'avait pas encore, le 20 octobre 1350, réuni la somme nécessaire (Ibid., 206). Quoi qu'il en soit, il revint en France peu de temps après cette date; le 16 novembre, il fut enfermé, sur l'ordre du roi, par le prévôt de Paris, à l'hôtel de Nesle; il y fut décapité le 18 novembre 1350, le matin, en présence d'un certain nombre de chevaliers (Grandes Chroniques, VI, 3).

[2]. Charles d'Espagne reçut la charge de connétable de France au mois de janvier 1351 (Grandes Chroniques, VI, 4). Notre chroniqueur, contrairement à ce qu'avancent les Grandes Chroniques et Matteo Villani (liv. 3, cap. 95), suppose que la mort du comte d'Eu fut l'œuvre de Charles d'Espagne. Villani prétend que le comte d'Eu ne pouvant payer sa rançon avait promis à Édouard III de lui livrer le comté de Guines, et M. Luce (Froissart, IV, XLVIII, n. 1) fait remarquer à l'appui de cette assertion que Jean II confisqua le comté de Guines. Ce dernier argument ne nous semble pas péremptoire, et Villani lui-même a avancé tant de choses sur l'étrange amitié du roi Jean et de Charles d'Espagne que la version de notre chronique n'a rien d'invraisemblable (Voy. Matteo Villani, ut suprà). Gilles li Muisis (pp. 402-404) dit que la mort du connétable fut décidée par le roi, sur le vu de certaines lettres écrites par lui au roi d'Angleterre et au duc de Glocestre, mais que l'affaire fut tenue secrète et qu'il n'en transpira que peu de chose. Le même chroniqueur donne pour première cause au mécontentement du roi les prodigalités du comte d'Eu, qui avait perdu au jeu et dissipé une forte somme envoyée par le trésor pour l'aider à payer sa rançon.

les Anglais en 1351[1]. Il s'empare du fort d'Ambleville[2] à une lieue et demie de Cognac, et d'une autre place sur la Charente. Le roi Jean nomme le maréchal de Nesle capitaine général en Poitou et en Saintonge[3]. Le maréchal vient attaquer les Anglais et les Gascons[4], qui ravageaient le pays, et les rencontre une lieue au delà de Saintes, près d'une chapelle nommée Saint-Georges[5]. Les retards de Gui de Nesle permettent aux garnisons anglaises de Tonnay-sur-Charente et de Taillebourg d'arriver sur le champ de bataille, et les Français sont battus; sont pris : le maréchal de Nesle, Arnoul d'Audrehem, Regnaut de Pons, etc.[6]. Les débris de l'armée se retirent à Saintes (Pages 97-98).

Peu après cette défaite, le roi Jean envoie en Saintonge le connétable Charles d'Espagne en qualité de capitaine général avec Boucicaut, Friquet de Fricamps et Jean de Clermont. Tentative de Boucicaut, de Friquet de Fricamps, de Jean de Clermont, de Hutin de Vermelle et de Floury de Tourmeville sur la ville de Sainte-Foy-sur-Dordogne[7]. Le sénéchal de Bordeaux arrive pour

1. Friquet de Fricamps remplaça Arnoul d'Audrehem, capitaine d'Angoumois, pendant une absence que fit celui-ci au commencement de l'année 1350; Friquet fut nommé à ce poste le 23 mars 1350 (n. st.) (Bibl. nat., ms. fr. 20684, f° 315 a).

2. Ambleville, Charente, arr. de Cognac, cant. de Segonzac.

3. Gui de Nesle, maréchal de France, était capitaine souverain en Saintonge, Poitou, Limousin, Périgord, Quercy et pays d'environ, dès le mois de janvier 1350 (Bibl. nat., ms. fr. 20684, f°³ 314-15).

4. Commandés par le sire d'Albret, d'après Robert d'Avesbury (*Hist. Edwardi III*, p. 186).

5. Peut-être Saint-Georges-la-Valade, sur la route de Saintes à Saint-Porchaire.

6. Cette bataille eut lieu le 1ᵉʳ avril 1351, d'après les *Grandes Chroniques* (VI, 4), le 8 avril d'après Robert d'Avesbury (*Hist. Edwardi III*, p. 186). Quoi qu'il en soit, dès le 16 avril, le roi donnait au maréchal de Nesle 10,000 écus pour sa rançon (P. Anselme, *Hist. généalogique*, VI, 723). — C'est peut-être dans le même but que Charles d'Espagne, comte d'Angoulême, connétable de France, lieutenant du roi ès pays d'entre les rivières de Loire et de Dordogne, mandait de Saint-Jean-d'Angély, le 20 août 1351, au receveur de Poitou, de délivrer à Bertrand de Born, seigneur de Hautefort, pour l'aider à payer sa rançon, 1000 l. t. à prendre sur l'imposition de la ville de La Souterraine (Bibl. nat., *Pièces orig.*, vol. 1065, doss. *Espagne-La Cerda*, n° 4).

7. C'est ici Sainte-Foy-la-Grande (Gironde, arrond. de Libourne). Voici un acte du 22 mars 1351 (n. st.), qui mentionne la prise d'une localité du nom de Sainte-Foy par des Gascons du parti anglais; mais s'agit-

renforcer la garnison; le lendemain de son arrivée, il est battu et fait prisonnier (Pages 98-99).

Vers le même temps les Français prennent d'assaut le lieu de La Mothe¹. Peu après commence le siège de Saint-Jean-d'Angély qu'occupent les Anglais. Le roi Jean y vient en personne. Les assiégés obtiennent une trêve de quarante jours, au bout de laquelle ils sont forcés de se rendre². Retour du roi en France. Il laisse en

il ici de Sainte-Foy-la-Grande, de Sainte-Foy-de-Longas (Dordogne, arr. de Bergerac, cant. de Saint-Alvère) ou de Sainte-Foy-de-Belvès (Dordogne, arr. de Sarlat, cant. de Belvès), c'est ce qu'il est difficile de décider. La mention du lieu de Domme nous fait pourtant croire que le Sainte-Foy en question est Sainte-Foy-de-Belvès, à cause de la proximité de ces deux localités. « Arnaudus de Yspania, miles, dominus de Monte Yspano, capitaneus et senescallus Petragoricensis et Caturcensis pro domino nostro Francie rege, prudenti viro thesaurario regio dicte senescallie..... Cum anno presenti, circa festum beate Marie Magdalene, per gentes nostras armorum Guillermus Nadal, Burdus de Burdelia dictus Negron et B. vocatus Annussa et tres alii prodictores, scalatores villarum et castrorum regiorum, quorum aliqui interfuerunt dum loca regia Montis Dome (Domme, Dordogne, arr. de Sarlat) et *Sancte Fidis* fuerint scalata et per ipsos et alios inimicos regios prodicionaliter capta, capti fuerint et plures alii proditores usque ad numerum, viginti quinque interfectores (*sic*) in dicta capcione et dicti capti vivi de mandato nostro in castro regio Montis Dome ducti et per quindecim dies ibidem detenti incarcerati cum duobus custodibus ad ipsos fideliter custodiendos; post qnos (*sic*), dictis quindecim diebus elapsis, dictus Guillermus Nadal, tamquam prodittores qui in loco regio Montis Dome delinquerat ipsam villam scalando, et alii sex in arboribus in nemore *de las Damas*, ubi mercatores depredando et alios subditos regis interficiendo delinquerant, suspensi fuerunt..... Datum Caturci.... die xxii mensis martii, anno Domini 1350 (1351 n. st.) (Bibl. nat., *Pièces orig.*, vol. 1065, doss. *Espagne-Montespan*, n° 8).

1. Peut-être La Mothe-Montravel, Dordogne, arr. de Bergerac, cant. de Vélines, sur la Dordogne, à peu de distance de Sainte-Foy.

2. Le siège de Saint-Jean-d'Angély dut commencer au mois de juillet 1351. M. Luce (Froissart, IV, xliv, n. 1) a cité une pièce de Charles d'Espagne, du 26 juillet 1351, datée « de ses tentes devant Saint-Jean-d'Angély ». La pièce du 20 août que nous avons citée plus haut (p. 288, n. 6) a dû être datée par erreur « de Saint-Jean-d'Angély, » car le siège durait encore le 30 août (Froissart, *ibid.*). La longueur de ce siège s'explique assez du reste par la trêve de quarante jours (de quinze, suivant Froissart) accordée aux habitants. La reddition dut s'effectuer entre le 30 août et le 5 septembre; en effet, le 29 août, le roi était encore devant la place et le 5 septembre il était revenu à Niort avec Charles d'Espagne (Froissart, *ibid.*).

Poitou et en Saintonge Charles d'Espagne et le maréchal de Beaujeu[1] (Page 99).

L'année précédente, la ville de Loudun avait été prise par les Français. Elle était défendue par le Bascon de Mareuil et une garnison composée d'Anglais et de Gascons[2] (Page 99).

Prise de Bécherel en Bretagne par les Anglais. Bataille près d'Auray entre eux et les Français, Raoul de Cahors et le sire de Beauvoir[3]. Défaite des Anglais, mort de Thomas de Dagworth, lieutenant du roi Édouard en Bretagne[4] (Pages 99-100).

Combat des Trente[5]; victoire des Français commandés par le sire de Beaumanoir; mort de Robert Brambroc, chef des Anglais[6] (Page 100).

1. Jean II ne put pas laisser en Poitou, après la prise de Saint-Jean-d'Angély, le maréchal de Beaujeu, puisque ce dernier fut tué près d'Ardres, dans un combat contre les Anglais, avant le 30 juin 1351 (Froissart, IV, XLVI, n. 1). Peut-être notre chronique veut-elle parler ici de Guichard de Beaujeu, frère du maréchal.

2. D'après les *Grandes Chroniques* (V, 492), Loudun aurait été pris par les Anglais le jour de la Saint-Jean-Baptiste (24 juin) 1350. Les ennemis profitèrent de l'occupation de cette place pour ravager le pays, et répandirent la terreur dans les environs; lire à ce sujet une curieuse lettre de rémission accordée par le maréchal Gui de Nesle, lieutenant du roi en Poitou, à un habitant d'Angliers (Vienne, arr. de Loudun, cant. de Montcontour) et datée du 18 décembre 1350 (Arch. nat., JJ 50, n. 577); Loudun venait d'être repris par les Français.

3. Le combat d'Auray (Morbihan, arr. de Lorient) eut lieu, d'après les *Grandes Chroniques* (V, 494), « en l'entrée du moys d'aoust » 1350. Raoul de Cahors ou de Caours, capitaine pour Édouard III en Poitou en 1347 (Rymer, III, I, 101), puis chargé d'une mission en Bretagne (*Ibid.*, 102), passa brusquement dans les rangs du parti français : le 14 juin 1350, il était compris nommément dans la trêve conclue entre les deux rois et était encore sujet du roi d'Angleterre; au commencement d'août, il livrait à ses compagnons de la veille le combat d'Auray. D'où vint ce changement subit? M. Luce (*Bertrand du Guesclin*, I, 97-99) a pensé qu'il eut pour cause la concession faite par Édouard III au comte de Lancastre du monopole de la vente du sel en Poitou, concession qui lésait les intérêts de Raoul de Cahors; la chose est possible, mais Raoul eût pu demander un dédommagement à Édouard III; nous penchons à croire qu'il fut tout simplement acheté par les agents du roi de France. Toujours est-il qu'en septembre 1350, celui-ci lui fit don d'une rente annuelle de 2000 l. t. (Luce, *Ibid.*, p. 515, n. 1).

4. Thomas de Dagworth avait été nommé lieutenant en Bretagne pour le roi d'Angleterre, le 10 janvier 1347 (Rymer, III, I, 100).

5. 27 mars 1351.

6. Froissart (IV, 112) appelle le chef anglais « Brandebourch ».

SOMMAIRE. 291

Il y eut encore en France, en Poitou, en Bretagne et en Gascogne, vers la même époque, beaucoup de combats, dont la chronique ne fait pas mention (Page 100).

Prise de Lusignan et de plusieurs autres villes du Poitou par Charles d'Espagne et le sire de Beaujeu. Arnoul d'Audrehem, délivré de prison, est envoyé par le roi Jean en Limousin et en Périgord[1]. Défaite d'Arnoul près de Comborn[2]. Les Anglais et les Gascons étaient commandés par Arnaut d'Albret, Émélion de Pommiers, Aimeri de Tartas, le sire de Montferrant et le Bascon de Mareuil. Deux chevaliers français, Jean de Nervé et Damp James de Beauval, sont tués. Arnoul d'Audrehem n'échappe que grâce au bâtard de Sancy, qui lui-même est fait prisonnier. Le roi Jean envoie ensuite le sire de Beaujeu à Saint-Omer[3] (Pages 100-101).

Vers le même temps, Geoffroi de Charni[4], Eustache de Ribemont et Oudart de Renti[5], délivrés de prison, arrivent à Saint-Omer. Jean de Beauchamp, capitaine de Calais, et son frère Louis[6] viennent fourrager aux environs de Saint-Omer. Le maré-

1. Arnoul d'Audrehem ne demeura pas longtemps prisonnier après le combat de La Chapelle-Saint-Georges (1er au 8 avril 1351); dès le 24 avril 1351, nous le trouvons à Angoulême, où il prend le titre de « capitaine et gouverneur du conté et ressort d'Angolesme pour noble et puissant prince monseigneur Charles d'Espagne » (Arch. nat., JJ 84, n° 224). Nommé maréchal à la fin de juin 1351, il devint lieutenant du roi « ès pais d'entre les rivieres de Loire et de la Dordogne », le 6 mars 1352 (Arch. nat., JJ 81, n° 607); mais il exerçait cette charge dès le 1er février de la même année (Arch. nat., JJ 82, n° 155).

2. Le combat de Comborn (Corrèze, cant. de Vigeois) est postérieur au 8 juillet 1353; un des chevaliers qui furent tués dans cette rencontre, Damp James de Beauval, figure dans la montre des gens d'armes de l'hôtel d'Arnoul d'Audrehem, maréchal de France, passée à Limoges, le 8 juillet 1353 (Bibl. nat., Coll. Clairambault, titres scellés, vol. 7, doss. Audenehan).

3. Ici notre chroniqueur revient sur ses pas, car la présence du sire de Beaujeu, maréchal de France, à Saint-Omer, nous reporte avant juin 1351.

4. Malgré l'avis contraire de M. Luce (Froissart, IV, xxxviii, n. 2), Geoffroy de Charni put être mis en liberté, au moins provisoire, avant le milieu de l'année 1351, par conséquent avant le combat d'Ardres. Toutefois il ne fut envoyé par le roi dans le nord de la France avec un titre officiel qu'au commencement de l'année 1352.

5. Dès le 14 février 1350, Oudart de Renti avait reçu du duc de Normandie 300 écus d'or pour l'aider à payer sa rançon (Arch. nat., KK 7, f° 43 b).

6. Le frère de Jean de Beauchamp ne s'appelait pas Louis, mais Thomas, et était comte de Warwick.

chal de Beaujeu, son frère Guichard, le comte de Porcien, Moreau de Fiennes, Geoffroi de Charni et Oudart de Renti les attaquent près de la ville d'Ardres. Défaite des Anglais. Mort du maréchal de Beaujeu; prise de Jean de Beauchamp[1]. Le château de Guines est livré aux Anglais par Hue de Beauconroy, qui fut depuis écartelé à Saint-Omer[2] (Pages 101-102).

1. Le combat d'Ardres fut livré, suivant Froissart (IV, 115), le lundi de la Pentecôte, 6 juin 1352 (*lisez* 1351). Bien que la date d'année donnée par Froissart soit inexacte, on peut accepter la date de jour qu'il indique avec une légère correction; car d'une part il est certain que le sire de Beaujeu était mort avant le 30 juin 1351 (Froissart, IV, XLVI, n. 1), et d'autre part, le 20 juin 1351, Robert du Herle fut nommé par Édouard III capitaine de Calais en remplacement de Jean de Beauchamp (Rymer, III, I, 222). Enfin Gilles li Muisis (p. 412) donne pour date à ce combat le mercredi après la Pentecôte 1351, c'est-à-dire le 8 juin; cette dernière date est probablement la véritable, Gilles li Muisis étant généralement très bien informé.

2. D'après les *Grandes Chroniques* (VI, 5-6) le château de Guines fut livré aux Anglais pendant les fêtes que donna Jean II à l'occasion de la fondation de l'ordre de l'Étoile; or cette fête eut lieu le 6 janvier 1352; d'autre part Robert d'Avesbury (*Hist. Edwardi III*, p. 188) dit que la place tomba par surprise aux mains des Anglais vers la Saint-Vincent, c'est-à-dire vers le 22 janvier 1352. On peut donc considérer comme certain que le fait se passa au mois de janvier; c'est du reste ce que dit Gilles li Muisis, p. 416. De plus il n'est pas impossible de concilier le texte des *Grandes Chroniques* et le récit de Robert d'Avesbury; il y eut bien surprise, mais cette surprise eut lieu de connivence avec le capitaine de la place, Hue de Biauconroy : « Les Anglais traitièrent avecques un de ceux à qui la garde du dit chastel estoit bailliée, nommé Guillaume (*sic*) de Biauconroy, et par traïson, sans ce que deffense y fust mise, y entrèrent. » L'acte suivant, du 24 février 1352 (n. st.), nous donne le droit d'être affirmatif sur ce point; il confirme pleinement le récit de notre chroniqueur qui a donné au traître son véritable nom, *Hue*, tandis que les *Grandes Chroniques* le nomment *Guillaume* : « Geffroy de Charny, chevalier et consseiller du roy nostre sire, estant pour le dit seigneur ès parties de Picardie et sur les frontieres de Flandre et d'Artois, à Jehan de l'Ospital, clerc des arbalestriers d'icelui seigneur ou à son lieutenant, salut. Nous vous mandons que vous bailliez et delivrez à monseigneur Gauvain de Bailleu, chevalier, la somme de deux deniers d'or à l'escu pour faire mestre en geine Hue de Biauconrray pour la souspeçon de la traïson du chastel de Guynes, sans prendre quitance du dit Gauvain, quar aussi n'en a point prins..... Donné à Saint Omer, soubz nostre scel, le xxiiiie jour de février, l'an mil ccc cinquante et un » (Bibl. nat., *Pièces orig.*, vol. 683, doss. *Charny*, n° 9, orig.).

Arnoul d'Audrehem devient maréchal de France en remplacement du sire de Beaujeu[1]. La même année, 1353, Geoffroi de Charni est nommé lieutenant du roi Jean en Picardie[2]; sous lui sert Robert d'Houdetot, maître des arbalétriers[3]. Geoffroi de Charni fait une bastide contre le château de Guines, dans une abbaye de femmes située dans la ville même[4]. Elle est attaquée inutile-

Gilles li Muisis (p. 416) ne nomme pas le traître, mais dit que la place fut livrée pendant l'absence du châtelain, Tassard de Bouvelinghem, mandé à Paris par le roi. Geoffroi de Charni eut d'autant plus raison de punir cette trahison, qu'une trêve d'un an avait été conclue avec les Anglais, quelques mois auparavant, le 11 septembre 1351 (Rymer, III, 1, 232).

1. Arnoul d'Audrehem devint en effet maréchal de France après la mort d'Édouard, sire de Beaujeu, mais ce fut en juin 1351. Dans un acte du 21 juin 1351 (Arch. nat., JJ 80, n° 495), Arnoul n'est encore qualifié par le roi que de « miles et consiliarius noster », tandis que dans un autre acte daté de Saint-Ouen, « au mois de juin », on lui donne déjà le titre de maréchal (Arch. nat., JJ 81, n° 110); ce fut donc entre le 21 et le 30 juin 1351 qu'Arnoul fut nommé maréchal.

2. Geoffroi de Charni remplit par le fait les fonctions de lieutenant du roi en Picardie, mais il n'en prend point le titre dans ses actes; il se dit « chevalier et conseiller du roy estanz pour le dit seigneur ès parties de Picardie et sur les frontières de Flandre » (Bibl. nat., *Pièces orig.*, vol. 683, doss. *Charny*, n°˙ 6, 10, 11).

3. Robert d'Houdetot, maître des arbalétriers, était encore capitaine général « en la duché de Normendie » au mois d'août 1351; par un acte du 11 de ce mois, étant à Caen, il déclare que « par nous et de nostre commandement et contrainte Guillaume Michiel, viconte de Faloise, a baillié à Pierre Chauveau, clerc des arbalestriers et tresorier des guerres ès parties de Normendie, la somme de 600 l. t. pour la tres grant necessité qui estoit pour icelle somme bailler et distribuer aus gens d'armes du dalphiné de Vienne ordennés pour aler en Costentin pour la garde et deffension du pays..... » (Bibl. nat., *Pièces orig.*, vol. 1537, doss. *Houdetot*, n° 4, orig.). En 1352 il se rendit effectivement, comme le dit notre chroniqueur, en Picardie; le 14 juillet 1352, il était à Andres (Pas-de-Calais, arr. de Boulogne-sur-Mer, cant. de Guines) et envoyait au clerc des arbalétriers la montre de Jean de Bellefrière, écuyer, « pour la garde et establie de l'abbaye de Guines » (*Ibid.*, n° 9, orig.). L'année suivante, Robert d'Houdetot revint en Normandie; le 9 juin 1353, il résidait à Saint-Lô (*Ibid.*, n° 10, orig.).

4. Geoffroi de Charni dut établir la bastide de Guines au printemps de l'année 1352; en tout cas, au mois de juin, elle existait depuis quelque temps déjà; le 28 de ce mois, à Saint-Omer, Geoffroi manda au clerc des arbalétriers d'indemniser des marchands qui avaient apporté des vivres à la garnison : « ..... comme en l'encommencement de la bastide du roy

ment par les garnisons anglaises de Guines et de Calais. Nombreuses escarmouches entre les deux partis. Une nuit, 600 Anglais de Calais, commandés par le capitaine de Calais, Robert de Herle, Pierre d'Audeley, le sire de Hastings[1] et son frère, viennent assaillir la bastide pendant la nuit. Les gens du guet, commandés par Valet de Villiers et le sire de Woincourt, sont d'abord battus, mais les Anglais finissent par être repoussés. Nouvelle tentative des Anglais contre la même bastide, une nuit où étaient de garde Sarrasin Betencourt, le sénéchal d'Eu et Noël d'Auffay; elle est également repoussée. La bastide était alors commandée par le sire de Bavelingehan[2]. Plus tard elle fut donnée en garde à Robert de Varignies[3] et enfin à Cornu de Ramille, sur lequel les Anglais la conquirent pendant les trêves (Pages 102-103).

A cette époque Geoffroi de Charni, le maître des arbalétriers,

monseigneur lez le chastel de Guines, nous eussions promis aus marchans qui ameneroient vivres en l'ost que nous les garderions de perde (*sic*) et domaige......» (Bibl. nat., *Pièces orig.*, vol. 683, doss. *Charny*, n° 11).

1. Laurent de Hastings, comte de Pembrocke.
2. Le sire de Bouvelinghem (Pas-de-Calais, arr. de Saint-Omer, cant. de Lumbres) avait, d'après les *Grandes Chroniques* (VI, 6), commandé le château de Guines; il vint à Paris lors des fêtes de la fondation de l'ordre de l'Étoile (L. Pannier, *la Noble-Maison de Saint-Ouen*, p. 96), et nous avons vu que la place avait été livrée aux Anglais pendant son absence. Gilles li Muisis l'appelle Tassart, mais c'est probablement le même que Baudouin de Bouvelinghem, chevalier; le 19 juillet 1348, à Saint-Omer, nous voyons ce dernier donner quittance de 21 « rasières » de blé, à la mesure de Saint-Omer, pour la garnison de son château de Bouvelinghem (Bibl. nat., *Clairambault*, titres scellés, vol. 11, p. 639, orig.). Le 18 janvier 1349 (n. st.), il reçut du roi, par la main du sire de Fontenay, son chambellan, un don de 200 l. p. (*Pièces orig.*; vol. 232, doss. *Bavelinghem*, n° 5); le 4 mars de la même année, il reçut encore 40 écus d'or (*Ibid.*, n° 3); enfin, en 1355, le 18 décembre, à Paris, il donna quittance des gages qui lui étaient dus pour la garde de sa « maison de Bavelingham » (*Clairambault*, titres scellés, vol. 11, p. 641, orig.), dont Michel de Bouvelinghem, écuyer, son fils vraisemblablement, était aussi capitaine (*Ibid.*). Nous n'avons point trouvé d'actes où il soit indiqué comme capitaine de la bastide de Guines.
3. Le 10 septembre 1352, étant à l'abbaye d'Andres, Geoffroi de Charni, chevalier et conseiller du roi, « estanz pour le dit seigneur ès parties de Picardie et sur les frontières de Flandres », annonça à Jean de l'Ospital, clerc des arbalétriers, qu'il avait établi messire Robert de « Varenies, » chevalier, capitaine de « la bastie » de Guines, aux gages de 50 l. t. par mois (Bibl. nat., *Pièces orig.*, vol. 683, doss. *Charny*, n° 6), mais Robert

Jean de Clermont et Arnoul d'Audrehem étaient à Ardres[1]. Oudart de Renti et le sénéchal d'Eu, à la suite d'une chevauchée vers Calais, leur proposent de tenter un coup de main sur le château de Frethun[2]. L'expédition a lieu deux jours après; le château est pris et Aimeri de Pavie emmené à Saint-Omer où il est mis à mort[3]. (Pages 103-104).

de Warignies prenait le titre de capitaine « de l'abbaye de Guynes » dès le 6 septembre 1352; à cette date il donnait quittance des gages de lui, d'un chevalier et de dix écuyers, étant « en la garde et deffense de la dite abbaye sous le gouvernement de noble homme mons. Gieffroy de Charny » (Bibl. nat., *Clairambault*, titres scellés, vol. 206, p. 8877); enfin le 10 septembre il prend le titre de « capitaine de la bastide devant Guynes » (*Ibid.*). — Un mandement de Jean II (Reims, 30 septembre 1354) au clerc des arbalétriers, confirme le même fait : « Nostre amé et feal Robert de Waregnies, chevalier, naguere capitaine de la bastie de Guynes, nous a donné a entendre que comme du commandement de nostre amé et feal chevalier et conseillier Gyeffroy de Charni, lors estant de par nous es parties de Picardie et sur les frontieres de Flandres, fust entré en la dicte bastie et li eust ordené certaine quantité de gens d'armes et de pié de sa compaignie et pour ycelles gens paier de leurs gaiges eust receu de toy par ses lettres pluseurs sommes de deniers et ycelles distribuées ou paiement des dictes gens sanz prendre ne avoir d'iceulz lettres de recongnoissance, pour ce que ou temps de lors on ne povoit trouver clers qui osassent aler en la dicte bastie à faire les diz paiemens ne faire lettre de quittance..... » (Bibl. nat., *Pièces orig.*, doss. *Wargnies*, orig.). — Enfin le 17 octobre 1377, au bois de Vincennes, Charles V donna quittance générale à Catherine d'Aignicourt, veuve de Robert de Varignies, dit le Galois, de toutes les sommes que celui-ci pouvait avoir reçues du trésor royal; là encore est rappelé le commandement qu'il avait exercé dans la bastide de Guines : « Comme par long temps nostre dit feu chevalier ait servi ou fait des guerres noz predecesseurs et nous, en pluseurs et diverses parties de nostre royaume, et aussi en pluseurs offices à lui commis, tant d'avoir esté capitaine de la bastide de devant Guynes, après de Saint Jame de Beveron, bailli de Caen, comme chastellain et capitaine de nostre chastel et ville du dit lieu de Caen..... » (Delisle, *Mandements de Charles V*, n° 1484, p. 749).

1. Ardres, Pas-de-Calais, arr. de Saint-Omer.
2. Frethun, Pas-de-Calais, arrondissement de Boulogne-sur-Mer; cant. de Calais.
3. La prise de Frethun dut avoir lieu au mois de février 1352; en effet Geoffroi de Charny fut envoyé en Artois en février (Froissart, IV, xxxviii, n. 2) et d'autre part Arnoul d'Audrehem, qui prit part à cette affaire, fut nommé lieutenant pour le roi ès pays d'entre Loire et Dordogne, le 6 mars

Autres combats à la même époque; Oudart de Renti et le sire de Fiennes font prisonniers Richard d'Otressant et plusieurs autres Anglais (Pages 104-105).

Prise par les Anglais des bastides élevées devant Ploërmel en Bretagne[1]. Combat de Mauron[2]. Les Anglais étaient commandés par Gautier de Bentley, les Français par le maréchal de Nesle, capitaine en Bretagne pour le roi Jean; avec celui-ci étaient Guillaume de Briquebec, le sire de Hambye, le vicomte de Rohan, les sires de Quintin, de Derval, du Lion, de Rochefort, de Beaumanoir, de Hangest et beaucoup de chevaliers bretons. Les Anglais sont d'abord défaits, mais le départ des sires de Hambye et de Beaumanoir leur permet de reprendre l'avantage. Défaite des Français; parmi les morts sont le maréchal de Nesle, le vicomte de Rohan, les sires de Briquebec, de Quintin et de Tinténiac et le châtelain de Beauvais[3]. Gautier de Bentley meurt

---

1352, et était déjà à Saint-Jean-d'Angély, le 26 du même mois (Bibl. nat., *Pièces orig.*, vol. 133, doss. *Audenehan*, n° 17, orig.). On comprend facilement que Geoffroi de Charni ait eu' à cœur de se venger du mauvais tour que lui avait joué Aimeri de Pavie, et ait saisi avec joie la première occasion qui se présenta d'en tirer vengeance. Sur ce fait d'armes, voy. Froissart, IV, 99, et la *Chronique des quatre Valois*, p. 30.

1. Avant le combat de Mauron, Gautier de Bentley, nommé capitaine en Bretagne et en Poitou, le 8 septembre 1350 (Rymer, III, 1, 204), s'empara en effet d'une bastide établie devant Fougères et ravitailla cette dernière place et celle de Ploërmel; c'est ce que nous apprend une lettre envoyée par lui au chancelier d'Angleterre pour lui annoncer la défaite du maréchal de Nesle, lettre que Robert d'Avesbury. (*Historia Edwardi III*, p. 190) nous a conservée : « ..... avoms taunt esploitez..... qe la ville et le chastiel de Ploermelle et de Fomiger ount esté bien confortez et vitaillez et pris par assaut une bastille q'avoit esté fait par les enemys devaunt Fougier...... »

2. Le combat de Mauron, Morbihan, arr. de Ploërmel, fut livré le 14 août 1352 (Robert d'Avesbury, *Hist. Edwardi III*, pp. 189-191).

3. La lettre de Gautier de Bentley nous a conservé les noms des principaux prisonniers et d'un certain nombre de chevaliers tués à Mauron : « ..... Et illeosqes fusrent mortz le seneschal d'Angou, le seneschal de Bennofyn, le viscounte de Roane, mounseir Johan Frere, le sire de Quyntine, le sire de Tynteak, le sire de Rogemont, le sire de Moncaubau (*lisez* Montauban), mounseir Renaud de Montauban, mounseir Robert Raguencl, mounseir William de Lamay, mounseir Aufray de Montbouch, mounseir Guilliam de Viel Chastiel, mounseir Guilliam de la Marche et aultres chivalers mortz jesqes à IIII^{xx}..... ..... Et y fusrent pris le sire de Byquebek, filtz à mareschal Bertram, mons^r Tristram de

peu après des blessures reçues dans le combat[1] (Pages 105-106). Jean de Clermont[2] est nommé maréchal de France. Le maréchal d'Audrehem, nommé par le roi Jean capitaine général sur les marches de Bretagne et de Normandie[3], s'empare par assaut du lieu de Landal[4], près de Pontorson; quelques jours après, dans une chevauchée vers Bécherel, il est attaqué par les Anglais de cette place dans la ville de Combourg[5] et forcé de se retirer à Pontorson. Mort du chevalier Griseau de Champs. Peu après, dans un combat livré près de Montmuran[6], le maréchal défait la garnison de

Maleloise, le sire de Maletret, le viscounte de Coyman, mounsʳ Geffray de Coayms, mounsʳ Johan de la Vaale, le sire Incher, mounsʳ Charles d'Argeville, mounsʳ Johan de la Muce et plusours altres chivalers et esquiers jusqes à VIIIxx..... » Gautier de Bentley a oublié de mentionner parmi les morts le maréchal de Nesle; mais Robert d'Avesbury répare cet oubli (voir *ibid.*, p. 190).

1. Gautier de Bentley ne mourut pas aussitôt que le dit notre chroniqueur; il alla en Angleterre, puis revint en Bretagne (Robert d'Avesbury, *Hist. Edwardi III*, p. 195) et vivait encore en septembre 1355 (Rymer, III, ɪ, 312).

2. Jean de Clermont, seigneur de Chantilly, fut créé maréchal de France après la mort de Gui de Nesle (P. Anselme, *Hist. généalogique*, t. VI, 750-751).

3. Arnoul d'Audrehem ne fut nommé officiellement lieutenant du roi en Normandie et sur les marches de Bretagne que le 2 août 1353 (Arch. nat., JJ 82, n° 18); mais il semble probable qu'il exerça cette charge dès la fin de l'année 1352; il ne put faire que peu de chose pendant la durée de son gouvernement, car une trêve, qui devait durer jusqu'au 1ᵉʳ août 1353, fut conclue le 10 mars 1353 (Rymer, III, ɪ, 254-255). Quoi qu'il en soit, il remplissait les fonctions de lieutenant du roi en Normandie dès le 6 juin 1353. (Bibl. nat. Pièces originales, vol. 133, doss. *Audenehan*, n° 4.)

4. Landal, Ille-et-Vilaine, arr. de Saint-Malo, cant. de Pleine-Fougères, comm. de La Boussac. — La prise de Landal n'eut très probablement lieu qu'au printemps de 1354, c'est-à-dire postérieurement aux tournois dont notre chroniqueur parle plus bas. En effet une nouvelle trêve, qui devait durer jusqu'au 2 février 1354, fut conclue le 20 novembre 1353; elle fut, le 30 janvier 1354, prorogée jusqu'à la quinzaine de Pâques (Rymer, III, ɪ, 269 et 271). Les hostilités ne purent par conséquent être reprises en Bretagne qu'après le 7 avril 1354, Pâques tombant cette année le 13 avril.

5. Combourg, Ille-et-Vilaine, arr. de Saint-Malo. Pour la date de ce fait d'armes, nous ne pouvons que renvoyer à la note précédente.

6. Montmuran, Ille-et-Vilaine, arr. de Montfort, cant. de Bécherel,

Bécherel, commandée par Hue de Calverly; ce dernier est fait prisonnier (jour du jeudi saint, 10 avril) (Pages 106-107).

Tournois de Dinan entre les Français et les Anglais; du côté des Français, on remarque Guillaume et Jean Martel[1], favoris du roi Jean; du côté des Anglais Guillaume de Lucy, Mahieu de Gournay, etc. Jean Martel tue Jennequin Standon[2]. Peu auparavant, une autre joute avait eu lieu à Pontorson, en présence du maréchal d'Audrehem; Bertrand Du Guesclin et Baudouin d'Hennequin[3], qui depuis fut maître des arbalétriers, y avaient figuré (Page 107).

Combat singulier à Pontorson, entre Éric de Ridbourg, chevalier allemand au service des Anglais, et Acquieret de Woincourt[4], chevalier français; il se termine par la mort d'Éric (Pages 107-108).

Le roi Charles de Navarre fait tuer, dans son lit, à Laigle, le connétable d'Espagne[5]. Colère du roi Jean. La reine Jeanne, tante du roi de Navarre, et la reine Blanche, sa sœur, rétablissent la paix[6] entre les deux princes (Page 108).

comm. de Les Ifs. — Sur ce combat voyez d'Argentré, *Histoire de Bretagne*, liv. IV, ch. xxx, p. 397, et S. Luce, *Hist. de Du Guesclin*, 1, p. 124 et s. D'après d'Argentré, Du Guesclin aurait été fait chevalier dans cette rencontre. Par la date de ce combat (10 avril 1354) on voit qu'Arnoul d'Audrehem n'avait pas perdu son temps et avait vraisemblablement repris les hostilités aussitôt après l'expiration des trêves.

1. Guillaume et Jean Martel, fils de Guillaume VIII Martel; le premier était capitaine de Falaise. Sur ces deux personnages, voyez Hellot, *Essai historique sur les Martel de Basqueville*, p. 64 et s.

2. Puisque Jennequin Standon mourut dans ce tournoi, c'est à tort que M. Luce (*Hist. de Du Guesclin*, I, p. 123, n. 5) l'a identifié avec Jean de Standon, capitaine anglais de la Ferté-Fresnel, en 1358 (Rymer, III, 1, 391).

3. Baudoin de Lens, sire d'Annequin, maître des arbalétriers en 1358 (Le P. Anselme, VIII, 28).

4. Quiéret de Woincourt était déjà chevalier en 1349 (Bibl. nat., *Coll. De Camps*, vol. 83, f° 539 b; cité par M. Luce, *Histoire de Du Guesclin*, I, 122, n. 4).

5. Charles d'Espagne fut assassiné le 8 janvier 1354 (*Grandes Chron.*, VI, 7). Pour les noms des complices du roi de Navarre en cette circonstance, voyez Froissart, IV, LI, n. 1.

6. La paix ne fut rétablie définitivement entre le roi de Navarre et le roi de France que par le traité de Valognes, conclu le 10 septembre 1355 (Secousse, *Preuves de l'histoire de Charles le Mauvais*, p. 582);

Peu après, le roi Jean envoie en Écosse le sire de Garencières pour décider les Écossais à faire la guerre à Édouard III[1]. Commencement des hostilités : les Anglais sont battus plusieurs fois ; Thomas de Beaumont est pris et les Écossais reprennent le pays conquis par Édouard III après la bataille de Durham. Ils s'emparent même de Berwick[2]. Le roi d'Angleterre reprend cette dernière ville et envahit l'Écosse ; mais il perd beaucoup d'hommes et ne peut conquérir le pays[3] (Pages 108-109).

Au mois d'octobre 1355, Édouard III débarque à Calais[4] et ravage le comté de Guines, l'Artois et le Boulonnais jusqu'à Hesdin. Le roi Jean marche contre le roi d'Angleterre, qui bat en retraite sur Calais et repasse en Angleterre, sans oser livrer bataille[5]. Vers le même temps, le prince de Galles ravage le Languedoc jusqu'à Carcassonne, prend un grand nombre de villes et rançonne le pays[6]. (Page 109).

---

mais une réconciliation avait eu lieu, grâce aux bons offices des deux reines, dès le 4 mars 1354 (*Grandes Chroniques*, VI, 10-12, et Secousse, *Preuves*, pp. 38-40).

1. La *Scala Chronica* donne la même version (Froissart, IV, LVI, n. 2).

2. Les Écossais s'emparèrent de Berwick le 6 novembre 1355 (Robert d'Avesbury, *Hist. Edwardi III*, p. 209).

3. Cette expédition d'Édouard III, en Écosse, n'eut lieu qu'après sa chevauchée en France. Le roi d'Angleterre quitta la France vers la fin de novembre 1355 ; le 23 novembre 1355, il était à Westminster (Rymer, III, 1, p. 314) ; le 13 janvier 1356, il recevait la soumission des habitants de Berwick (Robert d'Avesbury, *Hist. Edwardi III*, p. 228).

4. La chevauchée du roi d'Angleterre en France dura moins d'un mois ; le 23 octobre 1355 il était encore à Westminster (Rymer, III, 1, p. 314), et il s'y retrouvait le 23 novembre. Ce fut par conséquent à la fin d'octobre ou au commencement de novembre qu'Édouard passa en France. Robert d'Avesbury (*Hist. Edwardi III*, pp. 205-207) dit qu'il marcha le 2 novembre sur Saint-Omer et qu'il rentra à Calais le 11 ; il put donc débarquer à Calais dans les derniers jours d'octobre, comme le dit notre chroniqueur.

5. Le roi d'Angleterre refusa en effet la bataille que Jean II lui offrait ; mais il est juste de dire que ce dernier avait fait d'abord la même réponse à une offre semblable (Froissart, IV, 149-150 ; Robert d'Avesbury, *Hist. Edwardi III*, p. 206).

6. L'expédition du prince de Galles en Languedoc est en effet des derniers mois de l'année 1355. Il arriva devant Carcassonne le 2 nov. 1355 ; il entra dans la ville le lendemain et y séjourna jusqu'au 7 ; pendant ces cinq jours la ville fut livrée au pillage. Le prince n'osa pas attaquer la

Le roi Jean arrête au château de Rouen Charles de Navarre, le comte d'Harcourt, le sire de Graville et plusieurs autres. Le comte d'Harcourt, le sire de Graville, Maubue de Mainemares et Colin Doubel sont décapités, sans jugement[1]. Charles de Navarre est enfermé d'abord à Crèvecœur, puis au Châtelet de Paris[2]. Le roi Jean s'empare ensuite du bourg d'Évreux, mais ne peut prendre la cité et le château[3]. Le roi de Navarre, amené devant la place par le comte d'Eu, ordonne aux assiégés de se rendre[4]. La cité est tout entière brûlée[5]. Le roi de Navarre est ensuite mené à Crèvecœur[6], puis à Arleux en Palluel, où il est gardé par Tristan du Bos[7].

Cité et se dirigea ensuite sur Narbonne (Mahul, *Cartulaire de Carcassonne*, VI, pp. 20-21). Sur sa route il rançonna Capestang, Trèbes et Homps, et attaqua Narbonne; le bourg de cette ville fut pillé comme celui de Carcassonne, mais les Anglais n'osèrent attaquer la cité, que le vicomte occupait. Il revint par Limoux, Montréal, le nord du diocèse de Pamiers et repassa la Garonne à Carbonne. Il était de retour à Bordeaux à la fin de novembre (Froissart, IV, LIX-LXIV).

1. Le roi de Navarre fut arrêté le 5 avril 1356 (Froissart, IV, LXV, note 1).

2. D'après les *Grandes Chroniques* (VI, 27), le roi de Navarre fut mené d'abord au Louvre; il est assez difficile d'expliquer qu'on l'ait tout d'abord envoyé à Crèvecœur (Nord, arr. de Douai), surtout si l'on admet sa présence forcée au siège d'Évreux.

3. Évreux tomba au pouvoir des Français avant le 20 juin 1356 (Froissart, IV, LVIII, n. 1).

4. Notre chroniqueur semble être le seul à mentionner ce fait pour le siège d'Évreux; mais la *Chronique des quatre premiers Valois* (p. 44) raconte la même chose pour le siège de Breteuil.

5. « Et avoit esté la dite cité arse et l'eglyse cathedrale aussi » (*Gr. Chron.*, VI, 30).

6. Crèvecœur, Nord, arr. de Douai.

7. Le roi de Navarre resta prisonnier jusqu'au 8 novembre 1357, jour où Jean de Picquigny le délivra, à l'aide de fausses lettres, suivant Froissart et notre chronique, de vive force et avec le secours des bourgeois d'Amiens, suivant les *Grandes Chroniques* (VI, 63); cette dernière version est la plus vraisemblable : au mois de septembre 1359, un certain Andry Regelet obtint des lettres de rémission dans lesquelles il est dit que deux sergents du comté d'Artois lui ordonnèrent de la part de Jean de Picquigny d'aider à conduire plusieurs charrettes, qui menaient des échelles au château d'Arleux pour « l'eschieler » (Arch. nat., JJ 90, n° 500; cité par Secousse, *Mémoires pour servir à l'histoire de Charles le Mauvais*, p. 148).

Philippe de Navarre s'allie aux Anglais[1] et, accompagné du duc de Lancastre[2], il traverse la Normandie et arrive jusque sous les murs de Paris[3]; ils voulaient secourir Évreux, qui s'était déjà rendu. Le roi Jean marche contre eux. Lancastre et Philippe de Navarre se replient sur leurs forteresses de Bretagne et de Normandie et garnissent Breteuil[4]. Le roi Jean les poursuit jusque près de Laigle[5], mais les ennemis décampent. Le roi Jean prend Breteuil après un long siège[6]. Vers le même temps, le prince de Galles part de Gascogne et vient jusqu'auprès d'Orléans en traversant la Saintonge, la Touraine et la Sologne[7] (Pages 109-111).

1. Godefroi d'Harcourt et Philippe de Navarre envoyèrent en Angleterre, dès avant le 12 mai, Jean de Morbecque et Guillaume Carbonnel, solliciter l'appui d'Édouard III (Rymer, III, 1, 328 et 329), mais ils commencèrent les hostilités avant d'avoir reçu la réponse du roi d'Angleterre (Delisle, *Hist. de S.-Sauveur*, p. 85).
2. Les opérations du duc de Lancastre et de Godefroi d'Harcourt commencèrent le 22 juin (Robert d'Avesbury, *Hist. Edwardi III*, p. 247). — Sur cette campagne, voyez Delisle, *Hist. du château et des sires de Saint-Sauveur-le-Vicomte*, p. 86 et suiv.
3. Les Anglo-Navarrais ne dépassèrent pas Verneuil (Eure, arrondissement d'Évreux), qu'ils atteignirent le 4 juillet 1356 et qu'ils quittèrent le 8, après l'avoir pillé (Robert d'Avesbury, *Hist. Edwardi III*, p. 249).
4. Le duc de Lancastre était à Breteuil le 4 juillet, d'où il marcha sur Verneuil (*Ibid.*, pp. 248-249).
5. Le roi de France était à Tubœuf (Orne, arr. de Mortagne, cant. de Laigle), quand les Anglo-Navarrais passèrent à Laigle le 9 juillet (*Ibid.*, p. 249-250); mais le duc de Lancastre n'eut garde de s'arrêter et continua sa retraite sur Argentan.
6. Le siège de Breteuil commença au mois de juillet (Froissart, IV, LXX, n. 2), après que Jean II eut laissé échapper le duc de Lancastre. Cette ville tomba au pouvoir des Français entre le 12 et le 19 août (*Ibid.*).
7. D'après la chronique du moine de Malmesbury (citée par M. Luce, *Froissart*, V, II, n. 2), l'armée du prince de Galles se mit en marche dans la première semaine d'août 1356; le 9, le prince était à Brantôme (Dordogne, arr. de Périgueux). D'autre part, comme l'a fait remarquer M. Luce (Froissart, V, II, n. 2), nous savons par une lettre adressée par le prince de Galles à l'évêque de Worcester (Froissart, éd. Buchon, I, 354), qu'il se mit en marche le 6 juillet; il faut donc admettre qu'il aura fait un séjour assez long dans une des villes où il passa d'abord et que sa campagne ne commença véritablement qu'en août.

Amauri de Meulant[1], capitaine pour le roi Jean en Basse-Normandie, ravage le Cotentin. Il est défait et pris au gué de Saint-Clément[2] par Pierre de Saquenville, Guillaume de Braquemont et autres chevaliers normands, alliés de Philippe de Navarre (Page 112).

Le roi Jean marche contre le prince de Galles qui vient de prendre Romorantin, défendu par Boucicaut[3]. Le prince bat en retraite, poursuivi par les Français jusqu'auprès de Poitiers. Les Anglais battent le comte de Joigny entre Chauvigny et Poitiers[4]. Le roi Jean atteint le prince, près de Poitiers, au lieu dit Maupertuis. Le prince avait avec lui les comtes de Warwick et de Suffolk, le Despensier, le baron de Stafford, les sires de la Waire, de Vallus, de Monbrin, d'Albret, de Pomiers, de Lesparre et de Caumont, le captal de Buch, Eustache d'Auberchicourt, etc. Ses forces montaient à 8000 combattants, dont 3000 hommes d'armes et 5000 archers. Quand les deux armées se trouvent en présence,

---

1. Amauri de Meulant, chevalier, sire de Neubourg, s'intitulait dès le 26 mai 1356 « lieutenant du duc ès parties de Normendie » (Bibl. nat., fr. 25764, n° 86); le 14 juillet, le dauphin le nomma « son lieutenant et capitaine ès parties et bailliages de Caen et de Costentin » (Delisle, *Hist. du château et des sires de Saint-Sauveur-le-Vicomte*, p. 90, note), mais il prenait ce titre dès le 3 juillet 1356 (Bibl. nat., ms. fr. 25764, n°⁵ 115-116).

2. Au gué de Saint-Clément (Calvados, arr. de Bayeux, cant. d'Osmanville) ou à Rupalay, cant. d'Isigny, près de l'embouchure de la Vire, suivant le ms. fr. 5610 et plusieurs autres (Delisle, *ibid.*, p. 91, et *Preuves*, p. 93).

3. D'après le moine de Malmesbury, Romorantin se rendit le 3 septembre et le prince de Galles y séjourna le 4; le sire de Craon et Boucicaut y furent faits prisonniers (Robert d'Avesbury, *Hist. Edwardi III*, p. 255; *Grandes Chroniques*, VI, 31). — Pour l'itinéraire de Jean II, voyez les notes de Froissart, éd. Luce, V, pp. iv-v. Le 8 septembre 1356, il était à Meung-sur-Loire (Loiret, arr. d'Orléans; Arch. nat., JJ 84, n° 598), le 13 à Loches (*Ordonnances*, III, 84-85); le 15 il assiégeait Chauvigny (Vienne, arr. de Montmorillon) et avait par conséquent dépassé l'armée anglaise, qui s'arrêta à Châtellerault du 14 au 16 septembre (*Chronique de Malmesbury*, Froissart, V, ii, n. 2).

4. Le roi de France ayant, comme nous venons de le voir, trop précipité sa marche, les Anglais en reprenant le chemin de Poitiers, le 17 septembre, rencontrèrent, près de Chauvigny, l'arrière-garde française et la culbutèrent; le comte de Joigny fut pris dans cette affaire (*Grandes Chroniques*, VI, 31). Le prince de Galles se dirigea ensuite vers Maupertuis, à deux lieues sud-est de Poitiers.

le cardinal de Périgord, légat du pape, demande au roi Jean une trêve de la part du prince. Celui-ci offre de rendre les places conquises par lui en France depuis trois ans, de payer 100,000 florins et de rester en otage jusqu'à exécution du traité. Le roi Jean refuse et exige que le prince et ses troupes se rendent à merci; le prince de Galles se résout au combat[1] (Pages 112-113).

Principaux seigneurs qui accompagnent le roi Jean : ses quatre fils, le duc d'Orléans, son frère, le duc de Bourbon et son frère Jacques, Jean d'Artois, comte d'Eu, et son frère Charles, fils de Robert d'Artois, délivrés de prison par le roi Jean peu après son avènement, le duc d'Athènes, les comtes d'Étampes, de Dammartin, de Ventadour, de Vaudemont, de Vendôme, Henri de Bar, le sire de Pons, Jean de Landas, Geoffroi de Charni, porte-oriflamme de France, les maréchaux Jean de Clermont et Arnoul d'Audrehem, le comte de Sarrebrück (Page 114).

Dispositions militaires des Anglais. Le roi Jean a 12,000 hommes d'armes, mais peu d'archers et d'arbalétriers. Il met la première bataille sous les ordres des maréchaux qui attaquent sans attendre celle du roi. Ils sont défaits; le maréchal de Clermont est tué et Arnoul d'Audrehem fait prisonnier. Le corps du duc de Normandie attaque ensuite; mais les Anglais marchent à sa rencontre et les Français se débandent. La bataille du duc d'Orléans quitte le champ de bataille. Les Anglais s'arrêtent pour attendre l'ost du roi. Déroute des Français. Le roi Jean et son fils Philippe sont faits prisonniers, ainsi que Jacques de Bourbon, Jean et Charles d'Artois, le comte de Dammartin, Henri de Bar, Henri de Sarrebrück, etc. Parmi les morts sont le duc de Bourbon, le duc d'Athènes, Geoffroi de Charni, le sire de Landas, le sire de Pons, Guichard de Beaujeu, Jean de Châteauvillain, Mouton de Chambly. Les ducs de Normandie, d'Anjou et de Touraine[2] avaient quitté le champ de bataille. Petit nombre des morts. Cette bataille eut lieu en l'an 1356[3] (Pages 114-115).

Le roi Jean, son fils Philippe et les autres prisonniers sont menés à Bordeaux. Charles, duc de Normandie, régent du royaume,

---

1. Sur ces négociations du cardinal de Périgord, voyez Froissart, V, 23-27. La version de Froissart est conforme à celle de notre chroniqueur.

2. *Corrigez* de Poitiers : Jean, plus tard duc de Berry.

3. 19 septembre. — Le récit par notre chroniqueur des péripéties du combat est assez conforme à celui de Froissart pour que nous n'entrions dans aucun détail.

va trouver son oncle l'empereur Charles de Bohême à Metz[1] pour lui demander aide et conseil (Pages 116-117).

Vers le même temps, commence le siège de Rennes par le duc de Lancastre[2]. Il dure environ huit mois. La ville est vaillamment défendue par le capitaine Bertrand de Saint-Pern, Bertrand du Guesclin et nombre de chevaliers et d'écuyers bretons. Le duc de Lancastre finit par lever le siège[3] (Page 117).

A la même époque, guerre en Bretagne et en Normandie. Philippe de Navarre et ses alliés prennent la forteresse de Hambuye[4]. Nicole Painel, frère du sire de Hambuye, se poste à la Roche-Tesson[5] et guerroie contre les Navarrais de Hambye et de Gavray[6]. Combats entre les deux partis; les Navarrais sont battus dans deux rencontres, notamment une fois au lieu de Mauny[7] (Pages 117-118).

Prise de Pont-Audemer qui était assiégé depuis l'époque de l'affaire de Breteuil[8]. Le Bègue de Villaines perd un œil dans un assaut (Page 118).

1. D'après les *Grandes Chroniques* (VI, 46), le duc de Normandie partit de Paris pour Metz, le 5 décembre 1356.

2. Le duc de Lancastre mit le siège devant Rennes, dans les premiers jours d'octobre 1356. Sur ce siège, voyez Luce, *Histoire de Bertrand Du Guesclin*, I, 185-229).

3. Le siège dura neuf mois, du 2 octobre 1356 au 5 juillet 1357 (Froissart, V, xxii, n. 2). Le duc de Lancastre ne le leva que sur les ordres réitérés d'Édouard III; la veille du jour où il s'y décidait, le roi lui écrivait encore de Westminster, l'avertissant que les Français se mettaient en marche pour venir l'attaquer (*Lettres de rois et de reines*, II, 113-115).

4. Hambye (Manche, arr. de Coutances, cant. de Gavray) tomba, selon M. Luce (*Hist. de Bertrand Du Guesclin*, I, 267), au pouvoir des Navarrais vers le milieu de 1357; en tout cas cette place avait été reprise par Guillaume Painel, sire de Hambye, avant le 16 juin 1358, puisqu'à cette date ce dernier y donna une quittance (*Ibid.*, note 6).

5. Manche, arr. de Saint-Lô, cant. de Percy, comm. de La Colombe (d'après M. Luce, *ibid.*).

6. Manche, arr. de Coutances, ch.-l. de cant.

7. Mauny, Manche, arr. de Coutances, cant. de Gavray, comm. de Hambye.

8. Le château de Pont-Audemer fut rendu par composition, le 4 décembre 1356 (*Grandes Chroniques*, VI, 45). La retraite des Navarrais fut achetée 6000 florins. Robert d'Houdetot avait échoué peu de temps auparavant devant cette place, qu'il avait assiégée d'avril à fin juin 1356 (Secousse, *Preuves*, p. 62).

SOMMAIRE.

Le régent revient à Paris. Entreprises du prévôt des marchands et de Robert Le Coq, évêque de Laon, contre son autorité. Nomination d'un conseil de neuf membres pour le gouvernement du royaume. Convocation des trois états à Paris[1]. Les partisans du prévôt chassent de leur conseil[2] l'archevêque de Rouen, Simon de Buci, Jacques La Vache, Pierre de Mainville et plusieurs membres du Parlement et du conseil royal[3]. Résistance infructueuse du régent (Pages 118-119).

Peu après la bataille de Poitiers, Robert de Clermont, capitaine de Normandie[4], chevauche en Cotentin jusqu'à Harfleur; tout le pays s'était déclaré pour les Navarrais. Godefroi d'Harcourt, Pierre de Saquenville, Guillaume de Braquemont, son frère et autres Navarrais, poursuivent les Français pendant leur retraite et les atteignent au lieu appelé la Chaussée d'Escoquebugle[5]. L'arrière-garde, commandée par le Baudrain de la Heuse et Rigaud de Fontaines, protège la retraite et bat Godefroi d'Harcourt. Celui-ci atteint pourtant les Français près des gués de Saint-Clément[6]. Robert de Clermont se décide à combattre. Les Navarrais sont

---

1. Notre chroniqueur embrouille ici un peu les événements. L'évêque de Laon ne devint un des chefs de l'insurrection parisienne que lors de la seconde réunion des États, convoqués pour le 5 février 1357 (*Grandes Chroniques*, VI, 52); Robert le Coq y prononça sa première harangue le 3 mars. De plus, le conseil dont la formation fut demandée le même jour, comptait trente-quatre et non pas neuf membres (Douët d'Arcq, *Bibl. de l'Éc. des chartes*, II, p. 382). Il est probable que sur ce point notre chroniqueur a commis non pas une erreur, mais une confusion : en effet, le 8 mars 1357, le régent nomma neuf réformateurs (Froissart, V., xix, n. 1).

2. Comme on peut le voir en note, p. 118, le ms. 5610 dit nettement que le parlement fut chassé et remplacé comme cour de justice par les États.

3. Ce sont quelques-uns des officiers dont les États demandèrent la retraite le 3 mars 1357 (*Grandes Chroniques*, VI, 53). Simon de Bucy avait vu dès le 25 janvier sa maison envahie par les sergents et ses biens inventoriés. L'archevêque de Rouen, Pierre de la Forêt, était chancelier de France (V. le P. Anselme, VI, 330-331).

4. Robert de Clermont était lieutenant du duc de Normandie, « ès parties des bailliages de Caen et de Cotentin », dès le mois d'octobre 1356 (Delisle, *Histoire du château et des sires de Saint-Sauveur-le-Vicomte*, p. 91, note); il servait encore en Normandie au mois d'octobre 1357 (Bibl. nat., *Pièces orig.*, vol. 783, doss. Clermont, n° 12).

5. Aujourd'hui Cocbour d'après M. Delisle (*Ibid.*, p. 92).

6. Calvados, arr. de Bayeux, comm. d'Osmanville.

battus; Godefroi d'Harcourt est tué, Guillaume de Braquemont fait prisonnier, Pierre de Saquenville et Regnaut de Braquemont s'échappent[1]. Les Français passent la nuit à Sainte-Marie-du-Mont[2] et atteignent Bayeux le lendemain (Pages 119-120).

Défaites réitérées des Anglais; prise des deux églises fortifiées de Ros et de Caron[3], tenues par eux. A ce moment les Anglais occupaient Creuilly[4], Coulon[5], Le Criot[6], l'abbaye du Val[7] et Messy[8]. Incendie de Fontenay[9]; prise de Harfleur[10] (sic) et de Auvillers[11] par les Anglais; ceux-ci tiennent encore Fontaines, Heudebourc[12] et La Ferté[13]. Capitaine de Honfleur, Jean de Coulongne; d'Auvillers, Thomas Fout; du Neubourg[14], Thomas Caon; de La Ferté, Jacques Standon[15]. Toute la Normandie, du Mont-Saint-Michel à Eu, est en guerre (Pages 120-121).

1. Ce combat fut livré au mois de novembre 1356 (*Gr. Chroniques*, VI, 44-45).
2. Manche, arr. de Valognes, cant. de Sainte-Mère-Église.
3. Ces deux églises de Rots (Calvados, arr. de Caen, cant. de Tilly-sur-Seulles) et de Cairon (Calvados, arr. de Caen, cant. de Creully) furent prises probablement dans le courant du mois de juin 1357; le 28 mai, Robert de Clermont mandait au vicomte de Bayeux que « il est ordenei de aler prendre la tour de Caron et les anemis du duc nostre seigneur qui illeq sont, par ce que il ne veulent tenir les trieves acordées. » (Delisle, *Histoire du château et des sires de Saint-Sauveur-le-Vicomte*, p. 115).
4. Calvados, arr. de Caen, ch.-l. de cant. Cette place et les suivantes furent réduites en 1358 et 1359. V. *ut supra*, pp. 114-121.
5. Coulombs, Calvados, arr. de Caen, cant. de Creully.
6. Cristot, Calvados, arr. de Caen, cant. de Tilly-sur-Seulles.
7. Calvados, arr. de Falaise, cant. de Thury-Harcourt.
8. Messei, Orne, arr. de Domfront.
9. Fontenay-le-Pesnel ou sur Seulles, Calvados, arr. de Caen, cant. de Tilly-sur-Seulles.
10. *Sic* dans les manuscrits; il faut corriger *Honfleur*; voir plus bas.
11. Auvilliers, Seine-Inférieure, arr. et cant. de Neufchâtel en Bray.
12. Il faut probablement réunir ces deux noms de Fontaines et Heudebourg, à cause de l'existence du lieu de la Fontaine-Heudebourg, Eure, arr. d'Évreux, cant. de Gaillon.
13. La Ferté-Fresnel, Orne, arr. d'Argentan.
14. Neubourg ou « Le Neuff Bourc » (Rymer, III, 1, 536), aujourd'hui le Neubourg, Eure, arr. de Louviers, ch.-l. de cant.
15. Jean et non Jacques Standon était en effet capitaine de la Ferté-Fresnel, le 1er mai 1358 (Rymer, III, 1, 391); quant à Thomas Fogg et à Thomas Caun, on les voit chargés, en 1360, de faire évacuer les forteresses du Perche, du Chartrain et du Drouais (*Ibid.*, 546).

SOMMAIRE.

Prise de Saint-Valéri-sur-Somme par Regnaut de Braquemont[1]; Guillaume Boulemer, anglais, en devient capitaine. Peu après la prise de Honfleur, Louis d'Harcourt[2], capitaine pour le régent sur le pays, Robert de Clermont[3] et Robert d'Houdetot, maître des arbalétriers, essayent inutilement de reprendre cette ville. Louis d'Harcourt et Le Baudrain de la Heuse[4] se retirent à Pont-Audemer. Louis d'Harcourt retourne auprès du régent en se faisant remplacer par Le Baudrain de la Heuse. Celui-ci défait la garnison de Neubourg et fait prisonnier son capitaine Thomas Caon. Il prend d'assaut la tour d'Anières[5]. Pendant une absence du Baudrain, la garnison allemande de Pont-Audemer livre la place à Jean de Coulogne[6] (Pages 121-122).

Vers le même temps, reprise par les Français des châteaux de Creully[7] et de Fontenay[8]. Fidélité de la noblesse normande à la

---

1. Saint-Valéri-sur-Somme fut pris par les Anglo-Navarrais avant le mois d'octobre 1358 (Luce, *Hist. de du Guesclin*, I, p. 506).

2. A la date du 11 juillet 1357, Louis d'Harcourt était capitaine du château de Moulineaux (Delisle, *Histoire du château et des sires de Saint-Sauveur-le-Vicomte*, p. 110, noté); il portait encore ce titre le 6 juillet 1358; à cette date le régent, étant à « l'ost devant Paris, » manda à Jean de Giencourt, maître des eaux et forêts, de lui payer, sur les revenus des forêts confiées à sa garde, les gages de la garnison du château de Moulineaux (Bibl. nat., *Pièces orig.*, vol. 1479, doss. *Harcourt*, n° 5). Louis d'Harcourt ne paraît avoir été lieutenant général en Normandie que vers la fin de l'année 1359 ou au commencement de 1360 (Bibl. nat., *Pièces orig.*, vol. 1479, doss. *Harcourt*, n° 6).

3. Voir plus haut, p. 306, note 10. Si Honfleur fut occupé par les Anglo-Navarrais à partir de 1359, comme l'indique M. Luce (*ut supra*, p. 466), Robert de Clermont ne put prendre part à une tentative des Français pour recouvrer cette ville, car il fut tué à Paris le 22 février 1358 (*Gr. Chroniques*, VI, 87).

4. Dès le milieu de l'année 1355, Le Baudrain de la Heuse servait en Normandie (Bibl. nat., ms. fr. 25764, n° 126, acte du 12 juillet 1355).

5. Asnières, Eure, arr. de Pont-Audemer, arr. de Cormeilles.

6. La ville de Pontaudemer fut livrée aux ennemis vers la Saint-Martin d'hiver 1357 (Arch. nat., JJ. 87, n. 166).

7. Calvados, arr. de Caen, ch.-l. de cant. Creully fut repris par les Français le 29 juillet 1358 (Luce, *Histoire de du Guesclin*, I, p. 466).

8. Fontenay-le-Pesnel fut repris pendant la même campagne, qui remit Creully aux mains des Français; c'est ce qui résulte de deux quittances, du 12 janvier et du 6 mars 1359, publiées par M. Delisle (*Histoire du château et des sires de Saint-Sauveur-le-Vicomte*, p. 116, n. 2).

cause royale. Rachat ou reprise des lieux de Saint-Vaast[1], du Criot[2], d'Auney[3], de l'abbaye du Val[4], de Messy[5], etc. Philippe de Navarre court le pays jusqu'aux environs de Paris. Les gens des trois États réclament inutilement au régent la délivrance du roi de Navarre (Pages 122-123).

Le roi Jean est emmené en Angleterre. Il envoie à son fils un projet de traité par son avocat Regnaut d'Acy[6]. Le dauphin refuse de le communiquer aux États. Le prévôt des marchands et les échevins de Paris excitent une émeute et font massacrer les maréchaux de Clermont et de Champagne et Regnaut d'Acy[7]. Craintes du régent pour lui-même. Le prévôt des marchands le force à prendre le chaperon aux couleurs des révoltés. Colère du régent; indignation de la noblesse. Le Bègue de Villaines et plusieurs

---

1. Saint-Vaast, Calvados, arr. de Caen, cant. de Tilly-sur-Seulles. Saint-Vaast ne fut évacué qu'en 1361, moyennant 16,000 écus (Luce, *ut supra*, p. 468). En 1363 les comptes des emprunts qu'avait nécessités cette évacuation n'étaient pas encore liquidés, témoin l'acte suivant du jeudi avant la Conception Notre-Dame, 7 décembre 1363 : « Par devant moi, Raoul Roillart, lieutenant du vicomte de Caen, fut present Guillaume Malnoury, qui congnut avoir eu et receu de mestre Jehan Malvoisin, receveur des restans et emprunz faiz pour les vieudemens de S. Vaast et de liu (*sic*) Guionie, cinq reaux d'or, que icelui Guillaume avoit prestez pour le dit fait. » (Bibl. nat., *Pièces orig.*, vol. 1896, doss. *Maunoury*, n° 2).

2. Voyez plus haut p. 306, n. 6.

3. Aulnay-sur-Odon, Calvados, arr. de Vire. Aulnay ne fut racheté qu'en avril 1363 (Luce, *ut supra*, p. 465).

4. Voyez plus haut p. 306, n. 7.

5. Voyez plus haut p. 306, n. 8. Cette forteresse ne fut vidée qu'en mars 1361, en même temps que Domfront et quelques autres localités, le tout moyennant 20,000 écus (Luce, *ut supra*, pp. 494-95).

6. Le 21 août 1357, Étienne de Paris, Jean de Champeaux et Regnaut d'Acy avaient reçu un sauf-conduit d'Édouard III pour passer en Angleterre (Rymer, III, 1, 368); ils en revinrent au mois de janvier 1358, et le 27 de ce mois ils firent au régent et à son conseil un rapport sur leur mission et leur communiquèrent le traité projeté entre les deux rois (*Grandes Chroniques*, VI, 83).

7. Jean de Conflans, maréchal de Champagne, et Robert de Clermont, maréchal de Normandie, furent tués sous les yeux du dauphin. Quant à Regnaut d'Acy, il fut tué en revenant du Palais chez lui, « en l'ostel d'un patissier, là où il se bouta quant il vit que l'on le vouloit tuer » (*Grandes Chroniques*, VI, 86-87). Cette émeute eut lieu le 22 février 1358.

autres chevaliers pillent la ville de Corbeil, qui fournissait des vivres aux Parisiens[1]. Le prévôt des marchands vient pour la reprendre le jour du vendredi-saint (30 mars 1357 v.-s.), mais les chevaliers avaient déjà décampé (Pages 123-124).

A l'instigation du prévôt des marchands et des gens des trois États, le roi de Navarre est mis en liberté par Jean de Picquigny, malgré son gardien Tristan du Bois[2], dont Jean de Picquigny contrefait le sceau. Charles de Navarre se rend à Amiens, harangue le commun de la ville et se fait recevoir comme bourgeois[3]. Le régent, à cette nouvelle, quitte secrètement Paris et se retire à Meaux, avec l'aide de son maître des eaux et de son maître charpentier[4] (Pages 124-125).

1. Les *Grandes Chroniques* ne disent rien du pillage de Corbeil, mais elles nous rapportent que « un chevalier appelé le Bègue de Villaines qui moult estoit ami du dit monseigneur Robert de Clermont, qui avoit esté tué à Paris, se rendit ennemi de ceux de la dite ville de Paris » (VI, 98). En outre ces mêmes *Grandes Chroniques* disent (*Ibid.*, p. 99) que « le jeudi absolu, furent les ennemis à Corbueil et y pillerent et y pristrent des prisonniers et s'en partirent tantost. » Mais faut-il entendre par ennemis les partisans du prévôt des marchands ou les hommes d'armes du Bègue de Villaines, c'est ce qu'il est difficile de décider. Il faut toutefois en retenir que vers Pâques 1358, Corbeil fut pillé par un des deux partis, peut-être successivement par les deux, ce qui rentrerait tout à fait dans les habitudes de l'époque et confirmerait l'assertion de notre chroniqueur.

2. Le roi de Navarre sortit de sa prison d'Arleux-en Palluel, le 8 novembre 1357 (*Grandes Chroniques*, VI, 63); il fut délivré par Jean de Picquigny et les bourgeois d'Amiens; cette version est plus vraisemblable que celle qu'à donnée Froissart, et s'accorde complètement avec les documents cités par Secousse (*Histoire de Charles le Mauvais*, p. 148, et *Preuves* de cette histoire, p. 98). Le roi de Navarre ne se montra pas ingrat envers Jean de Picquigny : en avril 1365, étant à Pampelune, il lui donna son château de Tinchebrai (Orne, arr. de Domfront) pour le récompenser des services qu'il lui avait rendus « au fait de nostre délivrance » (Bibl. nat., *Pièces orig.*, doss. *Picquigny*).

3. Sur le séjour de Charles le Mauvais à Amiens, aussitôt après sa délivrance, voyez les *Grandes Chroniques*, VI, 63, et Secousse, *ut supra*, pp. 98-99; il devint en effet bourgeois d'Amiens.

4. Ceci n'est pas tout à fait exact; notre auteur rapporte probablement la version populaire, qui circula au moment du départ du dauphin. D'abord le dauphin, qui ne prit le titre de régent que le 14 mars 1358 (*Grandes Chroniques*, VI, 97), ne quitta Paris que fort longtemps après la délivrance du roi de Navarre et après une sorte de

Craintes du prévôt des marchands et de ses alliés. Ils appellent le roi de Navarre à Paris : celui-ci harangue le peuple aux Prés-Saint-Germain et fait valoir ses droits à la couronne de France, sans que personne ose le contredire[1] (Pages 125-126).

Le prévôt des marchands fait décapiter en place de Grève le maître des charpentiers et le maître des eaux du régent, qui avaient aidé celui-ci à quitter Paris. Accident arrivé au bourreau au moment de l'exécution[2] (Page 126).

Le roi de Navarre se rend à Rouen. Il fait enterrer en la chapelle des Innocents de la grande église Notre-Dame les corps du comte d'Harcourt, du sire de Graville et des autres seigneurs décapités par ordre du roi Jean[3]. Il harangue le peuple de Rouen et fait alliance avec plusieurs chevaliers de Picardie (Picquigny, Beaulo, Rifflart de Pollehai) et de Normandie. Hotot de Garmille, qui avait précédemment trahi Jean de Meudon[4], capitaine du châ-

---

réconciliation avec lui ; en outre s'il quitta Paris, ce fut pour aller assister aux états convoqués à Senlis pour le 25 mars 1358 (*Ibid.*, p. 99), états auxquels devait assister le roi de Navarre qui se fit excuser. Ce qu'il faut croire, c'est que Charles de Normandie, bien aise de se soustraire à la tutelle du prévôt des marchands, profita de l'occasion pour ne pas rentrer à Paris. Ce point a été parfaitement éclairci par M. Flammermont (*La Jacquerie en Beauvaisis*, dans la *Revue historique*, IX, 1 (1879), p. 124).

1. Notre chroniqueur a confondu une première harangue du roi de Navarre au Pré-aux-Clercs, le jour de la Saint-André, 30 novembre 1357 (*Grandes Chroniques*, VI, 65), avec une seconde qu'il fit le 15 juin 1358, à l'Hôtel de ville, et dans laquelle il parla assez ouvertement de ses droits à la couronne de France (*Ibid.*, 115-116).

2. Ceci est encore une erreur ; Jean Peret, maître du pont de Paris, et Henri Métret, maître charpentier du roi, furent mis à mort le 29 mai 1358, mais ce fut « pour ce que il devoient avoir traictié avec aucuns du dit duc de Normendie..... de mettre gens d'armes dedens la dite ville de Paris pour ledit regent. » (*Grandes Chroniques*, VI, 111). Ce dernier auteur raconte également que le bourreau fut frappé d'une attaque d'épilepsie au moment de l'exécution.

3. Ceci est encore une erreur de chronologie ; le voyage du roi de Navarre à Rouen eut lieu en janvier 1358 (*Grandes Chroniques*, VI, 73-76).

4. C'est sans doute pour se venger de cette trahison que Jean de Meudon brûla Évreux, au mois de mai 1358, « dont le roy de Navarre fut moult courroucié, » disent les *Grandes Chroniques* (VI, 108). Jean de Meudon était en 1350 concierge du château de Saint-Germain-en-Laye

teau d'Evreux, Sauvage de Pommereux[1] et plusieurs chevaliers du Cotentin embrassent également le parti du roi de Navarre, ainsi que nombre de bourgeois des bonnes villes (Pages 126-127).

Séjour du régent à Meaux[2]. Ses chevaliers lui conseillent de faire mettre en état de défense par la noblesse de France et de Beauvaisis les forteresses voisines de Paris pour affamer cette dernière ville. Embarras de la noblesse; les exactions qu'elle est obligée de faire amènent la révolte des paysans[3]. Le prévôt des marchands en profite pour aller détruire les châteaux de Gournay[4], Palaiseau[5], Trappes[6], Chevreuse[7], etc. (Pages 127-128).

Les paysans de Beauvaisis cherchent inutilement à se faire livrer les nobles réfugiés à Compiègne par les bourgeois de cette ville[8]. Beaucoup de nobles quittent le pays. Les paysans assiègent le château du Plessis[9] défendu par Mahieu de Roye; ils sont défaits par Raoul de Coucy[10]. Les paysans du Beauvaisis livrent une partie des leurs aux bourgeois de Beauvais. Le maire d'Amiens envoie à leur secours cent hommes du commun de la ville[11]. Les nobles se liguent contre les paysans qu'on appelle dès lors les *Jacques*. Ceux-ci s'emparent du château de Poix[12] et marchent sur

(Arch. nat., JJ 78, n. 200) et, en 1366, maître des chasses du roi (Delisle, *Mandements de Charles V*, p. v).

1. Sur ce Sauvaige de Pommereux, voir un acte de 1363, publié par M. Luce, *Hist. de du Guesclin*, pp. 565-566.

2. Le régent arriva à Meaux le 12 avril 1358 (*Grandes Chroniques*, VI, 103).

3. Sur les causes de la révolte des paysans, voyez le mémoire de M. Flammermont, *La Jacquerie en Beauvaisis* (*Revue historique*, t. IX, 1, p. 122 et s.); la Jacquerie éclata le 28 mai 1358.

4. Seine, comm. de Villejuif.

5. Seine-et-Oise, arr. de Versailles.

6. Seine-et-Oise, arr. et cant. de Versailles.

7. Seine-et-Oise, arr. de Rambouillet: — Ici dans A et B une lacune; la leçon correspondante de 5610 est inacceptable.

8. « Et alerent à Compiegne, mais ceux de la ville ne les y laisserent entrer. » (*Grandes Chroniques*, VI, 110.)

9. Plessis-de-Roye, Oise, arr. de Compiègne, cant. de Lassigny.

10. Sur la guerre d'extermination que fit aux Jacques le sire de Coucy, nommé Enguerrand et non Raoul, voyez Froissart, V, 106.

11. Le même fait est rapporté dans une lettre de rémission, accordée en septembre 1358, par le régent à la commune d'Amiens (Secousse, *Preuves*, p. 98).

12. Somme, arr. d'Amiens.

Aumale[1]. Ils sont battus près de Lignières[2] par des hommes d'armes Normands et Picards. Mort du chevalier Testart de Picquigny. Les gens d'armes poursuivent les *Jacques* jusqu'à Poix[3] (Pages 128-129).

En ce même temps, le roi de Navarre défait les paysans près de Clermont en Beauvaisis et fait décapiter leur capitaine[4]. Étonnements des Jacques dont la révolte, dit-on, a eu pour premier instigateur le prévôt des marchands, allié du roi de Navarre[5] (Page 130).

Les Parisiens prennent et pillent Ermenonville[6]. Le sire de Lorris, chevalier, par peur renie *gentillesse*[7] (Page 130).

Le régent se rend à Compiègne et laisse la reine à Meaux[8]. La forteresse du marché de Meaux est défendue par le Bègue de Villaines, Héron de Mail, le Borgne de Chambly, etc. Les gens

---

1. Seine-Inférieure, arr. de Neufchâtel-en-Bray.
2. Lignières-Châtelain, Somme, arr. d'Amiens, cant. de Poix.
3. Sur cette défaite des Jacques par les chevaliers normands et picards, voyez la *Chronique des quatre premiers Valois*, pp. 75-76. Le vrai nom du sire de Picquigny, tué par trahison dans cette affaire, était *Guillaume*; voir une lettre de rémission qui confirme tout à fait le dire de la *Chronique normande*, dans Secousse, *Preuves*, pp. 78-79.
4. La bataille de Clermont, dans laquelle les Jacques furent complètement défaits, fut probablement livrée le 10 juin (Flammermont, *ouvr. cité*, p. 139, n. 3). Leur capitaine Guillaume Carle fut décapité à Clermont.
5. Étienne Marcel et ses partisans profitèrent il est vrai de la Jacquerie, mais n'en furent pas les instigateurs.
6. Les Parisiens détruisirent le château d'Ermenonville de concert avec les Jacques; après quoi ils se séparèrent et Jean Vaillant et les Parisiens se dirigèrent sur Meaux; ces faits sont antérieurs de trois ou quatre jours à la bataille de Clermont (Flammermont, *ouvr. cité*, pp. 138-139).
7. Ce chevalier de Lorris était de la famille de Robert de Lorris, conseiller du roi Jean, auquel appartenait le château d'Ermenonville. Voir à ce sujet l'ouvrage cité de M. Flammermont, p. 138. Si ce n'était Robert lui-même, c'était ou Lancelot de Lorris, chevalier et chambellan du duc d'Anjou en 1370, ou Garin de Lorris, écuyer et panetier du même duc à la même date (Bibl. nat., *Pièces orig.*, vol. 1755, doss. *Lorris*, n°s 6 et 9). Un manuscrit de la seconde rédaction de la *Chronique normande* (Bibl. nat., ms. fr. 17272, f. 34 r°) porte Robert de Lorris, ce qui donne à croire que telle était la leçon du ms. original.
8. La duchesse de Normandie, sa fille et Isabelle de France, sœur du régent, s'étaient enfermées dans la forteresse du marché de Meaux (*Grandes Chroniques*, VI, 114). Ce passage prouve que la rédaction de notre chronique est postérieure à l'avènement de Charles V.

de Meaux appellent à leur aide le prévôt des marchands et attaquent la forteresse[1]; mort du Borgne de Chambly[2]. Le comte de Foix vient au secours de Meaux, défait les *Jacques*, brûle et pille la ville[3] (Pages 130-131).

Le prévôt des marchands, effrayé des préparatifs du régent, décide le commun de Paris à prendre pour capitaine le roi de Navarre[4]. Celui-ci vient à Paris et détermine les gens du commun à marcher contre le régent, qui est à Compiègne; ils ne poussent pas plus loin que Senlis et retournent à Paris[5]. Pillage et dévastation du Beauvaisis par les nobles[6] (Pages 131-132).

Le régent se dispose à assiéger Paris[7]. Embarras dans lequel il se trouve : il craint d'être obligé de laisser détruire la ville[8], ou,

1. Les gens de Meaux n'appelèrent peut-être pas les Parisiens, mais ils ne firent aucune difficulté pour ouvrir leurs portes à l'épicier Pierre Gille et à Jean Vaillant et dressèrent des tables dans les rues pour leur donner des rafraîchissements. Le combat de Meaux eut lieu le 9 juin 1358 (*Grandes Chroniques*, VI, 113-114). Une lettre de rémission d'août 1358 donne pour date à cette affaire le 10 juin 1358, samedi veille de la Saint-Barnabé (Secousse, *Preuves*, pp. 90-91). En 1358, la veille de la Saint-Barnabé tombait un dimanche, et le samedi précédent était juste le 9 juin. On peut donc accepter la date des *Grandes Chroniques*.
2. Ce Borgne de Chambly jouait vraiment de malheur; s'il faut en croire les *Grandes Chroniques*, il fut tué « d'un vireton près de l'œil. »
3. S'il faut en croire Froissart, le comte de Foix, Gaston Phébus, et son cousin germain, Jean de Grailly, captal de Buch, revenaient de guerroyer en Prusse contre les infidèles (V, 103) et ce fut par hasard qu'ils se trouvèrent à Meaux, lors de l'attaque de la forteresse par les Parisiens. La présence du comte de Foix à ce combat est aussi attestée par les *Grandes Chroniques* (VI, 114). Après le combat la ville fut en partie livrée aux flammes.
4. Ce fut le 15 juin, qu'à la suite d'une harangue prononcée par lui à l'Hôtel de ville, le roi de Navarre devint capitaine de Paris (*Grandes Chroniques*, VI, 115-116).
5. Cette expédition contre Senlis est mentionnée dans une lettre du régent Charles, du 5 octobre 1358 (Secousse, *Preuves*, pp. 99-100). Elle eut lieu le 22 juin (Flammermont, *ouvr. cité*, pp. 142-143, note).
6. Jean de Venette dit que les nobles se permirent alors des excès pires que tous ceux qu'eussent pu commettre les Anglais (Contin. de Nangis, éd. Géraud, II, 266-267).
7. Le 29 juin, le régent et son armée occupèrent le bois de Vincennes, le pont de Charenton et les environs de Conflans (Seine, comm. de Charenton) (*Grandes Chroniques*, VI, 119).
8. L'auteur de la *Chronique des quatre premiers Valois* (p. 80) dit

dans le cas d'une défaite, d'être chassé du royaume par le roi de Navarre. On lui conseille de s'accorder avec ce dernier; entrevue des deux princes entre le bois de Vincennes et l'abbaye Saint-Antoine[1]; la paix est conclue (Pages 132-133).

Départ du régent[2]; le roi de Navarre retourne à Saint-Denis. Rixe entre les bourgeois de Paris et les Anglais de Charles de Navarre[3]. Le prévôt des marchands se fait remettre les Anglais prisonniers par les bourgeois, les enferme au Louvre et les fait délivrer secrètement[4]. (Page 133).

Hostilités entre la garnison anglaise de Saint-Cloud et le peuple de Paris. Les Parisiens forcent le prévôt des marchands et le roi de Navarre à les conduire contre la garnison de Saint-Cloud. Leur avant-garde est défaite; mécontentement des Parisiens[5]. Plusieurs bourgeois supplient le régent de rentrer dans la ville. Refus de celui-ci qui écrit au commun des lettres[6] dont le prévôt

que pour grossir son armée, le régent avait promis aux gens d'armes le pillage de Paris.

1. Ce fut surtout la reine Jeanne d'Évreux, tante du roi de Navarre, qui s'employa à la conclusion de cet accord; il fut passé à la suite de deux entrevues du régent et du roi de Navarre, la première eut lieu le 8 juillet 1358, entre Saint-Antoine et le bois de Vincennes « en un lieu que l'en dit le Moulin-à-vent » (Grandes Chroniques, VI, 120-22); la seconde, le 19, sur un pont de bateaux, entre les Carrières et Vitry (Ibid., 126).

2. Le régent se rendit le 20 juillet au Val-la-Comtesse (Ibid., 128).

3. Cette rixe entre les Parisiens et les Anglais, que le roi de Navarre avait fait venir à Paris, éclata le 21 juillet (Ibid., 128).

4. Étienne Marcel fit délivrer les prisonniers anglais le 27 juillet (Grandes Chroniques, VI, 131).

5. Cette expédition des Parisiens contre Saint-Cloud (Seine-et-Oise, arr. de Versailles, cant. de Sèvres) eut lieu le 22 juillet; elle a été racontée par les Grandes Chroniques (VI, 129-130) d'une façon peu compréhensible. Pour expliquer leur récit, il faut supposer qu'une partie des Parisiens, commandée par Étienne Marcel et le roi de Navarre, se dirigea vers Montmartre et Saint-Denis, tandis qu'un second corps marchait sur Saint-Cloud; ce dernier, abandonné par le roi de Navarre, fut très maltraité par les Anglais. Remarquons que les Anglais établis à Saint-Cloud n'obéissaient pas à Charles le Mauvais, mais à Édouard III, comme le prouvent des lettres de rémission publiées par M. Luce. (Mémoires de la Société de l'histoire de Paris, I (1875), pp. 122 et s.).

6. Ces lettres furent apportées à Paris par un certain maître Jean de Besançon, qui fut arrêté par ordre du prévôt, enfermé au Châtelet, interrogé et mis à la torture. L'un des magistrats chargés de l'instruc-

s'empare[1]. Étienne Marcel, se sentant soupçonné, se décide à livrer la ville à Charles de Navarre[2]. Dispositions prises par les deux alliés. Jean Maillart, capitaine de l'un des quartiers de Paris, et Pépin des Essars s'opposent à leur projet. Rixe dans les rues de Paris. Le prévôt des marchands est tué à la porte Saint-Antoine[3]. Noms de ses partisans tués en même temps que lui; plusieurs autres sont enfermés au Louvre. Le régent refuse de rentrer dans la ville avant que les mutins aient été exécutés. Rentrée du régent à Paris; il pardonne à la ville[4]. Le roi de Navarre abandonne Saint-Cloud et Saint-Denis après avoir pillé cette dernière ville, et ravage les environs de Paris[5]; il fortifie Mantes[6] et Meulent[7] et

tion, Jean Rose, avocat au Parlement, obtint pour ce fait des lettres de rémission en août 1358 (Secousse, *Preuves*, pp. 90-91).

1. Notre chronique tendrait à faire croire que la réaction qui mit fin à la domination d'Étienne Marcel fut d'avance complotée avec le régent; cependant, ainsi que l'a remarqué M. Luce (Froissart, V, xxxiv, n. 1), il n'est pas probable que les choses se soient passées ainsi; il est plus vraisemblable que la malheureuse expédition du 22 juillet contre Saint-Cloud fut pour beaucoup dans le revirement qui s'opéra dans les esprits en faveur du régent, et qu'il n'y eut aucun projet arrêté entre ce dernier et le parti modéré.

2. D'après une lettre du régent au comte de Savoie (*Mémoires lus à la Sorbonne, Histoire*, 1869, pp. 236-42), Paris devait être livré au roi de Navarre et aux Anglais qu'il menait avec lui, le 31 juillet au soir. Dès le 1er août 1358, c'est-à-dire quelques heures après la mort du prévôt, Charles le Mauvais signa avec les Anglais un traité de partage de la France, auquel M. Luce a restitué sa véritable date (*Mémoires de la Société de l'histoire de Paris et de l'Ile-de-France*, I (1875), pp. 113 et s.). A la suite de ce mémoire, M. Luce a publié plusieurs lettres de rémission des plus précieuses pour l'histoire de Paris à cette époque et que nous avons déjà citées plus haut.

3. Étienne Marcel fut tué à la porte Saint-Antoine le soir du 31 juillet (*Grandes Chroniques*, VI, 132-133).

4. Le régent entra à Paris le soir du 2 août; le même jour, mais avant son entrée, Joseran de Mâcon, trésorier du roi de Navarre, et Charles Toussac, échevin de Paris, furent décapités en place de Grève (*Grandes Chroniques*, VI, 134-135).

5. Le roi de Navarre fit défier le régent le 3 août (*Grandes Chroniques*, VI, 136); le 9 août il était à Mantes (Froissart, V, xxxvii, n. 1).

6. Seine-et-Oise.

7. Seine-et-Oise, arr. de Versailles. D'après Froissart (V, 120), Mantes et Meulan furent occupés par les troupes de Philippe de Navarre.

s'empare de Creil[1], de Moulin de la Saux[2], de la Hérelle[3], de Mauconseil[4], etc. (Pages 133-136).

La Jacquerie avait commencé dans la première semaine de juin 1358[5]; le prévôt des marchands fut tué le 31 juillet et la guerre recommença au mois d'août entre les Navarrais et le régent (Pages 136-137).

Cinq cents hommes de Tournai viennent assiéger Mauconseil, occupé par les Navarrais. Ils sont commandés par Pierre de Flany, chevalier; Le Bascon de Mareuil, envoyé de Creil au secours de la place par Charles de Navarre, les défait[6]. Vers le même temps, le régent assiège Melun qu'occupe la reine Blanche, sœur du roi de Navarre[7] (Page 137).

Le régent fait emprisonner à Amiens la vicomtesse de Poix et la femme de Jean de Picquigny[8]. Ces deux seigneurs essayent de s'emparer de la ville; ils y entrent secrètement et y introduisent les Navarrais. Le comte de Saint-Pol délivre Amiens après une

1. Oise, arr. de Senlis.
2. Le Moulin de la Saux, près de Beauvais (Luce, *Hist. de du Guesclin*, I, *Liste des lieux forts*, 493).
3. Oise, arr. de Clermont, cant. de Breteuil.
4. Mauconseil, près de Noyon (Luce, *ut supra*, p. 493).
5. Nous avons vu plus haut que la Jacquerie commença en réalité le 28 mai 1358 (*Grandes Chroniques*, VI, 110).
6. La bataille de Mauconseil, dans laquelle l'évêque de Noyon, Gilles de Lorris, tomba entre les mains des Navarrais, fut livrée le 23 août 1358 (*Grandes Chroniques*, VI, 138-139). Froissart (V, 124-125) porte le nombre des Tournaisiens qui figurèrent dans ce combat à 700 : « Et voelent dire li pluiseur que, de sept céns que il estoient, il en retournerent moult petit que tout ne fuissent mort ou pris. » D'après les *Grandes Chroniques*, ce furent surtout Jean et Robert de Picquigny qui contribuèrent à la défaite des Français.
7. Le 4 août 1358, les Anglo-Navarrais s'emparèrent, grâce à l'appui de la reine Blanche, qui tenait le château, d'une partie de la ville de Melun; l'autre partie demeura française et le régent y envoya une garnison (Voir Secousse, *Preuves*, pp. 117, 122, 123; *Grandes Chroniques*, VI, 137-138). Le siège, dirigé par le régent en personne, dura du 19 juin au 26 juillet 1359 (Voir Froissart, V, XLVIII-XLIX). Le traité de Pontoise, conclu en août de la même année, amena la levée du siège.
8. Froissart et les *Grandes Chroniques* sont muets sur ce fait; mais le fait de la détention à Amiens de la dame de Fluy, femme de Jean de Picquigny, est indiqué dans une pièce de 1359, publiée par Secousse (*Preuves*, 151). Cet acte prouve que le régent espérait par ce moyen ramener Jean de Picquigny à son parti.

nuit d'occupation[1]. Punition des partisans de Picquigny; le maire, Frémin de Coquerel, est mis à mort comme traitre[2]. Cette tentative sur Amiens eut lieu en septembre 1358[3] (Pages 137-139).

Tentative d'Amauri de Meulan et du sire de Vienne sur Meulan; partis de Pontoise, ils sont battus par la garnison navarraise aux portes de Meulan; les deux capitaines français sont pris[4] (Page 139).

Succès du sire d'Ivry[5] et de Philippe Malvoisin dans la vallée de l'Eure (Page 139).

Vers ce temps les Anglais occupent Pont-sur-Seine[6], Trainel[7] et autres places vers Troyes en Champagne. Eustache d'Auberchicourt est battu près de Bray-sur-Seine[8] par les Français que commandent le comte de Vaudemont, l'évêque de Troyes et autres nobles et chevaliers; Eustache lui-même est pris[9] (Pages 139-140).

1. La tentative de Jean de Picquigny sur Amiens eut lieu en effet, d'après les *Grandes Chroniques* (VI, 140-141) et Froissart (V, 127), avec la complicité d'un certain nombre de bourgeois. Le 16 septembre 1358, Jean de Picquigny s'empara des faubourgs d'Amiens, les pilla et les livra aux flammes. Gui de Châtillon, comte de Saint-Pol, qui avait été nommé, le 24 août 1358, lieutenant du roi ès parties de Picardie et de Beauvaisis (Arch. nat., JJ 90, n° 46, cité par M. Luce, Froissart, V, XL, n. 1), prévenu à temps, accourut de Corbie avec le connétable de France Robert de Fiennes, et repoussa les Navarrais.

2. Ni les *Grandes Chroniques* ni Froissart ne nomment Fremin de Coquerel parmi ceux qui payèrent de leur tête leur alliance avec le roi de Navarre. Une lettre de rémission de février 1358-1359 (Secousse, *Preuves*, pp. 132-133) cite toutefois *feu sire Fremin de Coquerel, lors maire d'Amiens*, et *feu sire Fremin Germont*, comme les deux principaux partisans du roi de Navarre. Ce Fremin de Coquerel, clerc et conseiller du roi, avait été envoyé en 1344 et 1345 avec l'évêque de Beauvais à Avignon pour poursuivre des négociations avec le pape (Bibl. nat., *Pièces orig.*, vol. 849, doss. *Coquerel*, n°° 2, 3, 4).

3. Le 16 septembre (Voir plus haut).

4. La *Chronique des quatre premiers Valois* (p. 89) mentionne la capture d'Amauri de Meulan par les Navarrais, mais elle ne dit ni quand ni comment elle eut lieu.

5. Jean d'Ivry, chevalier banneret, servait dès 1355 en Normandie (Bibl. nat., *Pièces originales*, vol. 1561, doss. Ivry, n°° 2 et 3). En 1365, un sire d'Ivry est capitaine de Mauves (Ibid., fr. 26,006, n° 240).

6. Aube, arr. et cant. de Nogent-sur-Seine.

7. Aube, arr. et cant. de Nogent-sur-Seine.

8. Seine-et-Marne, arr. de Provins.

9. D'après Froissart (V, 173), le combat de Bray-sur-Seine se livra le 23 juin 1359.

SOMMAIRE.

Ravages des compagnies sur les marches de Bourgogne et d'Auvergne. Le régent envoie contre eux le comte de Tancarville, qui se rend à Brignais avec Jacques de Bourbon, comte de la Marche, le fils de celui-ci, Pierre, le comte de Sarrebrück, etc. Bataille de Brignais; défaite des Français; mort du comte de la Marche, de son fils et du comte de Sarrebrück[1]. Ravages des compagnies. (Pages 140-141).

Courses des Navarrais et de leurs alliés Anglais, Allemands, Hannuyers, en Normandie et en Picardie; malheureux état du pays. Regnaut des Iles, capitaine de Neufchâtel[2] pour le régent, bat la garnison ennemie d'Aumeilles[3], près de Fourmeries[4]. Prise de la forteresse de Long[5] en Ponthieu par les Navarrais; les seigneurs de Picardie et les gens des bonnes villes essayent inutilement de la reprendre. Les Navarrais de Long se retirent à Saint-Valéri que viennent de prendre Regnaut de Braquemont et Guillaume Boulemer[6]. Défaite de Robert Scot, capitaine an-

---

1. Notre chroniqueur anticipe sur les événements, car la bataille de Brignais (Rhône, arr. de Lyon, cant. de Saint-Genis-Laval) ne fut livrée que le 6 avril 1362 (*Grandes Chroniques*, VI, 225; *Petit Thalamus de Montpellier*, ad ann.). Jacques et Pierre de Bourbon moururent de leurs blessures peu de jours après la bataille. Quant au comte de Sarrebrück, d'après les *Grandes Chroniques* (*Ibid.*, p. 226) il fut non pas tué, mais fait prisonnier par les routiers; il vivait encore en 1363.

2. Neufchâtel-en-Bray, Seine-Inférieure.

3. Sans doute Aumale, Seine-Inférieure, arr. de Neufchâtel-en-Bray. Là comtesse d'Aumale obtint en mai 1359 des lettres de rémission du régent pour avoir livré ses forteresses au roi de Navarre (Secousse, *Preuves*, 142-143).

4. Formerie, Oise, arr. de Beauvais.

5. Somme, arr. d'Abbeville, cant. d'Ailly-le-Haut-Clocher. Long fut pris par Jean de Picquigny (Froissart, V, xlv, n. 1); cette ville fut ensuite abandonnée, suivant Froissart, par les Navarrais battant en retraite devant le connétable de Fiennes et le comte de Saint-Pol (*Ibid.*, pp. 144-46), qui venaient de prendre Saint-Valery; mais comme l'a fait remarquer M. Luce (*Ibid.*, xliv, n. 6), Froissart s'est trompé sur les dates du siège de cette dernière place qu'il fait commencer au mois d'août 1358 et durer jusqu'au carême de l'année 1359; il eut lieu vraisemblablement en avril 1359, comme dit notre chroniqueur et comme le prouvent les actes (voyez plus bas), et ne dura pas par conséquent aussi longtemps que Froissart le suppose. Nous pouvons donc admettre contre Froissart le témoignage de notre chroniqueur et croire que les Navarrais qui évacuèrent Long se retirèrent à Saint-Valery.

6. D'après M. Luce (*Hist. de du Guesclin*, I, *Liste des lieux forts*,

glais de l'Isle-Adam[1], par des chevaliers du Vexin. Les Anglais occupent en Vexin Chaumont[2], Latainville[3] et Rovencelles[4]; les Français tiennent Gisors[5]. Après plusieurs défaites, les Anglais abandonnent ce pays qu'ils ont ruiné[6] (Pages 141-142).

L'été suivant, Moreau de Fiennes, le comte de Saint-Pol et beaucoup de nobles de Picardie vont assiéger Saint-Valery[7]. A ce siège se trouvent Mouton de Blainville, le Baudrain de la Heuse, Guillaume Martel et plusieurs autres chevaliers normands[8]. Reddition de Saint-Valery; la garnison anglaise est en partie massacrée[9]. Philippe de Navarre arrive trop tard à son secours. Il se

---

p. 506), Saint-Valery fut occupé par les Anglo-Navarrais peu avant le mois d'octobre 1358. Voyez *Chr. des quatre premiers Valois*, p. 87.

1. Seine-et-Oise, arr. de Pontoise. D'après la *Chr. des quatre premiers Valois* (pp. 104-105), Robert Sercot ou Scot s'était emparé de l'Isle-Adam, après avoir abandonné Blangy-sur-Bresle (Seine-Inférieure, arr. de Neufchâtel-en-Bray).

2. Chaumont-en-Vexin, Oise, arr. de Beauvais.

3. Lattainville, Oise, arr. de Beauvais, cant. de Chaumont.

4. Ce lieu dont le nom a été défiguré par les copistes pourrait bien être Jouy-sous-Thelle (Oise, arr. de Beauvais, cant. d'Auneuil), dont les Anglo-Navarrais s'emparèrent en même temps que des deux lieux précédemment nommés (*Chronique des quatre premiers Valois*, p. 87) et qu'ils évacuèrent en même temps en août 1359, après le traité conclu à Pontoise entre le régent et le roi de Navarre (*Gr. Chroniques*, VI, 160).

5. Eure, arr. de Les Andelys.

6. Les forteresses du Vexin furent évacuées, comme nous venons de le dire, en août 1359, en vertu du traité de Pontoise. L'auteur anonyme des *Grandes Chroniques* (VI, 160) constate l'empressement que mirent les Anglo-Navarrais à abandonner ces places; peut-être, comme le dit la *Chronique normande*, faut-il attribuer cet empressement à un motif moins désintéressé que le désir d'exécuter le traité; le pays étant épuisé, ces brigands n'étaient sans doute pas fâchés d'aller chercher fortune ailleurs.

7. Le siège de Saint-Valery commença vers le 15 mars 1359; la place était entre les mains des Français le 29 avril; c'est ce qui résulte des actes réunis par M. Luce (Froissart, V, XLIV, n. 6).

8. D'après la *Chronique des quatre premiers Valois*, qui donne de grands détails sur le siège et la prise de Saint-Valery (pp. 89-93), Le Baudrain de la Heuse, amiral de France, ne vint devant Saint-Valery que vers la fin du siège, appelé par le connétable de Fiennes, qui craignait avec raison que, s'il s'attardait, Philippe de Navarre n'arrivât au secours de la garnison.

9. Saint-Valery se rendit avant le 29 avril 1359. Voir plus haut.

rejette sur le Vermandois et l'Artois et pousse jusqu'à Doullens, puis jusqu'à Saint-Quentin[1]. Les Picards, qui ont quitté le siège de Saint-Valery, le poursuivent sans les Normands, et l'atteignent à Torgny[2], près de Saint-Quentin. Moreau de Fiennes retarde l'engagement et laisse échapper l'ennemi, qui regagne à marches forcées ses forteresses de Normandie[3] (Pages 142-144).

Vers le même temps la garnison anglaise de la Herelle[4] occupe Blangy[5], place située sur la rivière qui sépare la Normandie et le Vimeu; un certain nombre de chevaliers normands et picards essayent, mais en vain, de la reprendre; parmi eux figurent le sire d'Harcourt, Mouton de Blainville, Le Baudrain de la Heuse, Guillaume Martel, Hue de Châtillon et Raoul de Raineval[6]. (Page 144).

1. D'après Froissart (V, 144-146), Philippe de Navarre, voyant qu'il était arrivé trop tard pour secourir Saint-Valery et apprenant que les Français le poursuivaient, se réfugia au château de Long (Somme, arr. d'Abbeville, cant. d'Ailly-le-Haut-Clocher), qu'il quitta presque aussitôt de peur d'y être assiégé.

2. Thorigny, Aisne, arr. de Saint-Quentin, cant. de Le Câtelet, comm. de le Haucourt.

3. Notre chroniqueur blâme ici la conduite de Moreau de Fiennes, qui laissa échapper les Anglo-Navarrais. Le rédacteur de la *Chronique des quatre premiers Valois* (pp. 94-95) a employé au contraire toute son érudition et toute son éloquence à justifier la conduite du connétable. Il est à remarquer toutefois que Moreau de Fiennes montra la même impéritie quelques années plus tard dans ses campagnes contre les routiers qui ravageaient le Languedoc, et qu'il laissa plus d'une fois échapper leurs bandes.

4. La Hérelle, Oise, arr. de Clermont, cant. de Breteuil.

5. Blangy-sur-Bresle, Seine-Inférieure, arr. de Neufchâtel-en-Bray.

6. Le siège de Blangy est postérieur à la paix de Pontoise (21 août 1359); la *Chronique des quatre premiers Valois*, qui raconte longuement ce siège (pp. 103-105), dit comme notre chroniqueur que le roi de Navarre y vint, mais elle ne dit pas que l'on fit deux fois coup sur coup le siège de cette place. Quelques-uns des seigneurs qui sont nommés ici, Louis d'Harcourt, Guillaume Martel, Le Baudrain de la Heuse, figurent parmi les otages du traité de Pontoise (*Grandes Chroniques*, VI, 157-158). En 1359, la dame de Brétencourt, sœur du comte de Vendôme, accusa Raoul de Raineval de trahison auprès du régent et se fit donner une de ses terres. Mouton de Blainville, Guillaume Martel, Le Baudrain de la Heuse et un certain Colart Marc d'Argent, protestèrent par une lettre au régent, écrite à Neufchâtel-en-Bray, 14 avril (1359). Le duc de Normandie révoqua la donation faite par lui à la dame de Brétencourt,

Paix de Pontoise entre le régent et le roi de Navarre. Ce dernier vient à son tour assiéger Blangy que les Anglais abandonnent pendant la nuit[1]. Louis d'Harcourt, Mouton de Blainville, Guillaume Martel et plusieurs autres chevaliers normands s'emparent de Garville[2] et de Betencourt[3]. Tous ces faits se passent en l'an 1360[4] (Pages 144-145).

Malheur du pays pendant ces années de guerre, 1358, 1359 et 1360. Les paysans sont ruinés par des tailles excessives. Tyrannie et exactions des nobles. Les villes, pour se fortifier, détruisent leurs faubourgs; aucune sûreté pour les marchands (Pages 145-146).

Prise d'Auxerre, par trahison, par Philippe de Navarre et Robert Knolles[5]. Belle conduite de Guillaume l'Aloue et de ses compagnons en Beauvaisis, à Longueil-Sainte-Marie[6], près de Creil[7] (Pages 146-148).

le 10 mai suivant (Archives nationales, JJ 90, n° 548 ; Secousse, *Preuves*, pp. 140-141).

1. La *Chronique des quatre premiers Valois* dit (pp. 104-105) qu'en partant de Blangy, le capitaine anglais Robert Sercot (le Robert Scot de notre chroniqueur) alla faire main basse sur l'Isle-Adam ; or notre chroniqueur a déjà parlé plus haut (pp. 318-19) de Robert Scot comme capitaine de l'Isle-Adam ; dans tout ce récit des guerres de Normandie, il y a évidemment un certain désordre que les documents diplomatiques ne permettent malheureusement pas de faire disparaître entièrement.

2. S'agit-il ici de Grasville-Sainte-Honorine (Seine-Inférieure, arr. et cant. Le Havre) ou de Grainville-la-Teinturière (Seine-Inférieure, arr. d'Yvetot, cant. de Cany) que les Navarrais occupèrent grâce à la complicité de la dame de Bethencourt (Luce, *Histoire de du Guesclin*, I, *Liste des lieux forts*, p. 505). Nous opinerions plutôt pour ce dernier.

3. Bethencourt, Seine-Inférieure, arr. de Neufchâtel-en-Bray, cant. de Blangy, comm. de Dancourt.

4. Nous avons vu que tous ces faits, sauf les derniers qui appartiennent peut-être à l'année 1360, se passèrent en 1359.

5. Auxerre fut pris et pillé par Robert Knolles, le 10 mars 1359; ce chef de routiers ne l'évacua que le 30 avril et fit payer sa retraite 50,000 moutons d'or (Lebeuf, *Mémoires pour l'histoire d'Auxerre*, éd. Quantin et Challe, IV, 194). D'après un acte de Jean II, de déc. 1360 (Arch. nat., JJ 89, n° 429), la prise de cette ville fut due à l'indocilité des habitants, qui expulsèrent les gentilshommes chargés de la garder, sous la conduite de Guillaume de Chalon, fils du comte d'Auxerre.

6. Oise, arr. de Compiègne, cant. d'Estrées-Saint-Denis.

7. Sur Guillaume l'Aloue, voyez un article de M. Luce, *Notice sur Guillaume l'Aloue* (*Annuaire-Bulletin de la Société de l'histoire de*

SOMMAIRE.

Défaite de Regnaut de Goillons, capitaine de Paris, par les Anglais à Estrechy en Beauce[1]; le capitaine français est pris[2]. Les Anglais de Bécherel battent les Bretons au Pas d'Évreux, entre Dinan et Bécherel et font prisonniers Bertran du Guesclin et Bertrand de Saint-Père[3] (Pages 148-149).

Expédition d'Édouard III en France (octobre 1359[4]). Il débarque à Calais avec le prince de Galles et le duc de Lancastre[5], beaucoup de nobles anglais et de soudoyers allemands. Il traverse l'Artois et le Vermandois, essaie inutilement de prendre Reims[6], se présente devant Châlons, Troyes, Provins, Méaux et Paris du côté du Chartrain[7]. Il ne peut prendre aucune place un peu importante et

France, année 1875, pp. 149-156). L'auteur de l'article a imprimé le passage de notre chronique se rapportant à cet événement, mais d'après la récension de Jean de Noyal ou des Nouelles, abbé de Saint-Vincent de Laon (Bibl. nat., ms. français 10138), récension qui est identique à celle du ms. 5610, dont nous donnons les variantes en note.

1. Etréchy, Seine-et-Oise, arr. et cant. d'Étampes.

2. Regnaut de Goillons était capitaine de Paris dès le 1er juin 1359 (Secousse, *Preuves*, pp. 143 et suiv.). En juillet 1359, il ordonna la destruction d'un certain nombre de forteresses autour de Paris. Ce seigneur mourut peu de temps après; en mars 1360-1361, le roi Jean mit ses enfants en possession de leur héritage, en les exemptant du payement des dettes de leur père, qui dépassaient la valeur des biens laissés par lui (Arch. nat., JJ 89, n° 464).

3. Bertrand du Guesclin fut battu et fait prisonnier en même temps que Bertrand de Saint-Pern par Robert Knolles, au Pas d'Evran (Côtes-du-Nord, arr. de Dinan), sur les bords de la Rance, entre Dinan et Bécherel, dans les derniers mois de l'année 1359 (Luce, *Hist. de du Guesclin*, I, p. 312).

4. La trêve conclue à Bordeaux, le 23 mars 1357, avait été prorogée pour deux années à partir de Pâques, c'est-à-dire du 9 avril 1357 (Rymer, III, 1, 348); elle expira à Pâques 1359, c'est-à-dire le 21 avril.

5. Suivant Froissart (V, 193), le duc de Lancastre débarqua à Calais vers le 1er octobre 1359. Quant à Édouard III, il était dans cette ville le 30 octobre (Rymer, III, I, 453).

6. Édouard III arriva devant Reims le 4 décembre 1359 (Varin, *Archives administratives de la ville de Reims*, t. III, pp. 156-158, note; Froissart, V, LX, n. 1). Il en abandonna le siège le 11 janvier 1360 (*Grandes Chroniques*, VI, 167).

7. Édouard III arriva devant Paris le 7 avril 1360; l'armée anglaise occupa Châtillon près Montrouge, Issy, Vanves, Vaugirard, Gentilly et Cachan (*Grandes Chroniques*, VI, 170). Ses coureurs avaient étendu

échoue notamment devant Bray-sur-Somme[1] et Crépy en Laonnois[2] (Page 149).

Expédition de Jean de Neuville en Angleterre. Il prend et saccage la ville de Vinchevesel[3] (Pages 149-150).

Hostilités en Normandie. Louis d'Harcourt, lieutenant pour le régent en Basse-Normandie[4], rencontre, près de Faverel[5] dans le pays de Lieuvin, Thomas Fout, capitaine d'Auvilliers, Baïmbourg, capitaine de Honfleur, et Thomas Caon; une partie des Navarrais qui accompagnaient d'Harcourt quitte le champ de bataille sans combattre. Mort de Guillaume Martel; prise de Louis d'Harcourt et du Baudrain de la Heuse[6] (Page 150).

Peu après, combat de Chaudecote[7]; défaite des Français. Mort

leurs ravages jusqu'aux environs de Vézelay, Yonne, arr. d'Avallon (Arch. nat., JJ 91, n° 33).

1. Somme; arr. de Péronne. Ce fut le duc de Lancastre qui vint mettre le siège devant cette petite ville; ses habitants furent assez heureux pour repousser toutes ses attaques. Le dauphin récompensa leur courage et leur fidélité dès le mois de janvier 1360 (Froissart, V, LVII, n. 2).

2. Aisne, arr. et cant. de Laon.

3. Winchelsea fut pris par les Français commandés par Jean de Neuville, neveu du maréchal d'Audrehem, le 14 mars 1360 (Cont. de Guill. de Nangis, II, 299). Voyez à ce sujet Luce, *Hist. de du Guesclin*, I, 307 et *Pièces justificatives*, n° XXII, pp. 546-550; d'après ce dernier document, la ville de Paris équipa un vaisseau, dont le commandement fut confié à Pépin des Essarts. Voyez encore dans la *Chronique des quatre premiers Valois*, pp. 110-113, un long récit de cette expédition.

4. Louis d'Harcourt fut nommé lieutenant pour le roi dans les bailliages de Rouen, Caux et Caen et en Cotentin par le régent, le 28 mars 1358-9 (Secousse, *Preuves*, pp. 134-136).

5. Le Favril, Eure, arr. de Bernay, cant. de Thiberville.

6. Le combat du Favril eut lieu avant Pâques 1360 (Cont. de Guill. de Nangis, II, 298; *Chronique des quatre premiers Valois*, 107-110). Ce dernier auteur dit. (pp. 113-114) que Louis d'Harcourt fut pris par un *Angloiz de petit estat*, qui lui offrit de le faire évader pour n'avoir pas à partager la rançon. En effet le 29 septembre 1360, Louis d'Harcourt paya à Rouen, à un écuyer anglais qui l'avait fait prisonnier, « deux mil deux cent soixante royaux d'or, en rabatant de greigneur somme de fleurins en quoi il estoit tenu pour cause de sa raanchon. » (Hellot, *Essai historique sur les Martel de Basqueville*, p. 70, n. 211). Guillaume Ier Martel de Saint-Vigor était encore à la fin de 1359 et au commencement de 1360 capitaine de Château-Gaillard (*Ibid.*, p. 71). Voir, sur cette affaire du Favril, l'ouvrage de M. Hellot, pp. 69-70.

7. Caudecotte, Eure, arr. de Bernay, cant. de Thiberville, comm. de Bazoques.

de Hapart Le Bigot. Jean Le Bigot, maréchal de Normandie, fait prisonnier à Faverel[1], mis en liberté, défait les Anglais de Honfleur à Tosteville, près de Pont-Audemer[2]. (Pages 150-151).

Bertrand du Guesclin sort de prison. Il occupe l'abbaye de Saint-Méen de Gueel[3]. Attaqué de nuit par les Anglais, il les défait. Éloge de du Guesclin (Page 151).

Édouard III quitte les environs de Paris et se rend à Bonneval[4] et vers Chartres (commencement de l'année 1360)[5]. L'armée anglaise souffre de la disette; tempête épouvantable; Édouard III offre la paix au régent qui l'accepte[6], et va se rembarquer à Honfleur[7]. L'armée anglaise retourne à Calais[8]; la paix conclue est signifiée aux garnisons anglaises des forteresses de France, qui ne l'observent que très peu de temps (Pages 151-152).

Arrivée du roi Jean à Calais[9]. Remise des otages[10]. Analyse du traité de paix : Édouard III reçoit Calais, les comtés de Guines et de Ponthieu et le duché de Guienne en toute souveraineté[11]. Il s'engage à renoncer dans l'année à ses prétentions à la couronne de France et à faire quitter le royaume par les gens d'armes anglais qui en occupent les forteresses. Il est convenu en outre

1. La prise de Jean Le Bigot est également mentionnée par la *Chronique des quatre premiers Valois*, p. 109.
2. Toutainville, Eure, arr. de Pont-Audemer.
3. Ille-et-Vilaine, arr. de Montfort. Voyez sur cette affaire Luce, *Hist. de du Guesclin*, I, 313-314; M. Luce paraît placer cet événement vers le mois d'avril 1360.
4. Bonneval, Eure-et-Loir, arr. de Châteaudun.
5. L'armée anglaise quitta les environs de Paris le 12 avril 1360 (*Grandes Chroniques*, VI, 171).
6. Une trêve qui devait durer jusqu'à la Saint-Michel (29 septembre) 1361 fut conclue le 7 mai 1360 (Rymer, III, 1, 485-486). Quant au traité de Brétigny, près Chartres, il est du 8 mai 1360 (*Ibid.*, 487-494); il fut ratifié le 10 mai par le régent (*Grandes Chroniques*, VI, 200-201).
7. Édouard III était de retour en Angleterre le 18 mai 1360 (Rymer, III, 1, 494); le rédacteur des *Grandes Chroniques* s'est donc trompé quand il fixe au 19 mai le départ d'Édouard III d'Honfleur (VI, 214).
8. Cf. *Grandes Chroniques*, VI, 214.
9. D'après les *Grandes Chroniques* (VI, 215), Jean II arriva à Calais le 8 juillet 1360.
10. La ratification définitive du traité de Brétigny est du 24 octobre 1360 (Rymer, III, 1, 514); par conséquent les otages ne furent livrés que postérieurement à cette date.
11. Notre chroniqueur a singulièrement écourté la liste des pays cédés au roi d'Angleterre; voir Rymer, III, 1, 514.

que si Édouard III ne fait pas cette renonciation dans le terme convenu, il restera vassal du roi de France pour le duché de Guienne[1]. Il est rédigé un acte secret de ces dernières conventions. La rançon du roi Jean est fixée à trois millions de florins. Accord particulier pour la succession de Bretagne[2]. Le sire de Clisson rentre en possession de ses domaines. Exécution du traité. Noms des otages envoyés en Angleterre : Louis et Jean, fils du roi, les ducs d'Orléans et de Bourbon, les comtes de Saint-Pol, de Perche, d'Harcourt, le dauphin d'Auvergne[3], etc. Retour du roi Jean en France. Jean Chandos[4] et Louis d'Harcourt[5] sont désignés pour faire évacuer les places de Normandie tenues par les Anglais ; ils délivrent notamment le Neubourg[6], Honfleur[7], Auvillers[8], etc. Taxes levées sur le royaume pour faire évacuer ces places, que le roi Édouard devait racheter de son argent[9] (Pages 152-155).

1. Il fut convenu, le 26 octobre 1360, que le roi de France renoncerait à tout droit de suzeraineté sur la Guienne, mais seulement après l'évacuation complète par les Anglais des pays dont le traité de Brétigny lui laissait la possession. Voyez Froissart, VI, pp. vi-vii, n. 2.

2. L'article 21 du traité (Rymer, III, 1, 490-491) assurait au roi de France l'hommage du duché de Bretagne, mais sans régler le différend entre Charles de Blois et Jean de Montfort.

3. Pour les noms des otages, voyez Rymer, III, 1, 489-490.

4. Le 20 janvier 1361, Jean Chandos, sire de Saint-Sauveur, fut nommé capitaine ès parties de France et de Normandie pour le roi d'Angleterre et chargé de faire évacuer les places qui, conformément au traité de Brétigny, devaient être remises au roi de France (Rymer, III, 1, 555). Ses pouvoirs furent renouvelés le 1ᵉʳ juillet de la même année (Champollion-Figeac, *Lettres de rois*, II, 135-6). Mais dès le 28 octobre 1360, le captal de Buch et le sire de Montferrant avaient été désignés spécialement pour faire évacuer les forteresses de Normandie, d'Anjou et de Maine (*Ibid.*, 547).

5. Louis d'Harcourt, lieutenant du roi en Normandie, s'employa en effet au « videment » des places de Normandie (Delisle, *Histoire du château et des sires de Saint-Sauveur-le-Vicomte*, p. 120).

6. Le Neubourg (Eure, arr. et cant. de Louviers) fut évacué, moyennant rançon, dans les premiers mois de 1361 (Lucé, *Hist. de du Guesclin*, I; *Liste des lieux forts*, p. 472).

7. Honfleur fut évacué dans les premiers mois de l'année 1361 par l'intermédiaire de Mouton de Blainville (*Ibid.*, p. 466).

8. Auvilliers, Seine-Inférieure, arr. et cant. de Neufchâtel-en-Bray.

9. Presque partout les capitaines anglais firent acheter fort cher leur départ ; quelques-uns même, comme James de Pippes, s'inquiétant fort peu du traité de Brétigny, continuèrent leur vie d'aventures et de pillages

SOMMAIRE.

Ravages des compagnies. Certains routiers se rendent auprès de Jean de Montfort, d'autres en grand nombre descendent vers le midi; s'emparent du Pont-Saint-Esprit[1] et bloquent Avignon. Le pape excommunie les compagnies, puis les absout et achète leur départ pour l'Italie[2]; le marquis de Montferrat les conduit contre Galéas et Barnabo Visconti, de Milan, ennemis du pape; très peu reviennent de cette expédition (Pages 155-156).

La reine de France, Jeanne, et son fils, Philippe de Bourgogne, meurent avant le retour du roi de France[3]; le duché de Bourgogne fait retour à Jean II qui le donne à son fils puîné, Philippe[4]. Celui-ci va prendre possession du duché avec un chevalier, l'Archiprêtre, chef de routiers. Philippe a à combattre le comte de Montbéliard, Louis de Chastel et plusieurs autres seigneurs de Bourgogne[5] (Page 156).

(voyez Delisle, *Hist. de Saint-Sauveur-le-Vicomte*, pp. 123-125, et Luce, *Hist. de du Guesclin*, I, *Liste des lieux forts*; passim).

1. Le Pont-Saint-Esprit tomba au pouvoir des routiers dans la nuit du 28 décembre 1360 (*Petit Thalamus de Montpellier*, ad ann.; *Gr. Chroniques*, VI, 223).

2. Innocent VI excommunia les compagnies et prêcha la croisade contre elles. Une de ses bulles, du 19 janvier 1361, a été publiée par Compayré, *Études historiques sur l'Albigeois*, pp. 257-258; voyez également aux Archives nationales la layette *Contra magnas societates*, J. 711. Robert de Fiennes et Arnoul d'Audrehem furent chargés par le roi de France de les combattre et de traiter avec elles (D. Vaissète, *Hist. de Languedoc*, éd. in-f°, IV, 311; Martène, *Thesaurus anecdotorum*, II, 867); mais ce fut la peste qui décida les compagnies à abandonner le Pont-Saint-Esprit et à accepter l'argent du pape pour se rendre en Italie sous la conduite du marquis de Montferrat (*Ibid.*, 995 et 1027); quelques-uns des routiers, n'augurant rien de bon de l'empressement du pape à leur faire passer les Alpes, aimèrent mieux se rendre en Aragon (Arch. nat., JJ 93, n° 82 et *passim*). Ajoutons que la majeure partie des compagnies demeurèrent en France, où elles ne tardèrent pas à faire encore parler d'elles.

3. Jeanne de Boulogne, seconde femme du roi Jean, qui l'avait épousée le 19 février 1350, mourut le 21 novembre 1361, le même jour que son fils, Philippe de Rouvre, qu'elle avait eu de Philippe de Bourgogne, son premier mari.

4. Philippe, quatrième fils de Jean II, fut créé lieutenant en Bourgogne par son père, le 27 juin 1363; le 6 septembre suivant, il reçut le titre de duc de Bourgogne (P. Anselme, II, 460).

5. Sur l'expédition d'Arnaud de Cervole en Bourgogne et sur sa lutte contre le comte de Montbéliard et Jean (et non Louis) de Neufchâtel,

Voyage du roi Jean à Avignon[1]. Il y trouve le roi de Chypre qui vient demander des secours aux princes d'Occident pour reconquérir la Terre Sainte[2]. Le roi Jean prend la croix[3], puis retourne en Angleterre pour rester fidèle à ses conventions[4] (Pages 156-157).

Vers le même temps, la guerre recommence sur les marches de Bretagne. Les gens d'armes anglais ravagent les frontières de Normandie, de Perche, de Maine et d'Anjou; ils s'emparent de Saint-Martin de Séez[5], de Brisolles[6], de Livarot[7], de l'abbaye de Silly[8], de Rupiere[9], à cinq lieues de Caen, de Roleboise[10], de Quatremares[11], de Le Fresne, d'Eschaufou[12], etc. (Page 157).

voyez Chérest, *L'Archiprêtre*, pp. 254-290. Le célèbre routier avait déjà fait auparavant une première apparition en Bourgogne (*Ibid.*, pp. 143-155).

1. Le roi Jean arriva à Avignon vers la mi-novembre 1362, mais il ne vit le nouveau pape Urbain V à Avignon que le 20 novembre (*Grandes Chroniques*, VI, 227). Il résida à Villeneuve et aux environs jusqu'au mois de mai 1362 (D. Vaissète, *Hist. de Languedoc*, éd. in-f°, IV, 321-23 et 572, col. 2).

2. Pierre Ier, roi de Chypre, arriva à Avignon le 29 mars 1363 et y séjourna jusqu'au 31 mai suivant (Baluze, *Vitæ paparum Avenionensium*, I, 983, et de Mas-Latrie, *Histoire de Chypre*, II, 239-245).

3. Jean II prit la croix, en même temps que le roi de Danemark, Waldemar III, et un certain nombre de seigneurs, le vendredi saint 31 mars 1363, à la suite d'un sermon d'Urbain V (Baluze, *Vitæ paparum Avenionensium*, I, pp. 566, 982-983).

4. Le roi de France n'arriva en Angleterre que le 4 janvier 1364 (*Gr. Chroniques*, VI, 228-229).

5. Sées, Orne, arr. d'Alençon, ch.-l. de canton.

6. Brézolles, Eure-et-Loir, arr. de Dreux.

7. Livarot, Calvados, arr. de Lisieux.

8. Silli-en-Gouffern, abbaye du diocèse de Séez; auj. Orne, arr. d'Argentan, cant. d'Exmes.

9. Rupierre, Calvados, arr. de Caen, cant. de Troarn, comm. de Saint-Pierre-du-Jonquet. James de Pippes s'empara de Rupierre en même temps que du Hommet d'Arthenay (Manche, arr. de Saint-Lô, cant. de Saint-Jean-de-Daye); le routier anglais évacua ces deux places vers le mois de février 1362, moyennant 15,000 royaux (Delisle, *Histoire du château et des sires de Saint-Sauveur-le-Vicomte*, 124-125).

10. Rolleboise, Seine-et-Oise, arr. de Mantes, cant. de Bonnières.

11. Quatremarre, Eure, arr. et cant. de Louviers.

12. Peut-être Le Fresne (Eure, arr. d'Évreux, cant. de Conches) ou Fresne-Cauverville, Eure, arr. de Pont-Audemer, cant. de Cormeilles, à moins qu'il ne s'agisse ici de Fresnay-le-Vicomte (Sarthe, arr. de Mamers),

Bertrand du Guesclin résidait alors à Pontorson. Il surprend les Anglais à Briouse[1], puis il marche sur Brisoles avec Moreau de Fiennes, connétable de France, et plusieurs autres seigneurs normands[2] et français qui s'étaient rassemblés vers Tillères. La place de Brisoles se rend (Pages 157-158).

Vers le même temps, les Anglais occupaient Sablé[3] et le Plessis-Buret[4]. Sablé est assiégé et pris par les sires de Craon, de Laval et de Bertrand. Autres rencontres vers le comté d'Alençon (Page 158).

Combat au pont de Juigny[5] entre Guillaume de Craon et Bertrand du Guesclin d'une part et Hugh de Calverly de l'autre. Guillaume de Craon quitte le champ de bataille et Bertrand du Guesclin est fait prisonnier[6]. Éloge de ce dernier et de sa conduite pendant le siège de Rennes par le duc de Lancastre (Pages 158-159).

Combat du Champ Genestous[7] dans le [Maine], entre les Nor-

---

que le traité de Brétigny nomme parmi les forteresses devant être remises aux Français (Rymer, III, 1, 536 et 547), ou encore de Fresnai-le-Samson, Orne, arr. d'Argentan, cant. de Vimoutiers, repris par du Guesclin à la fin de 1361 (Luce, *Hist. de du Guesclin*, p. 356; voir Arch. nat., JJ. 92, n. 40). — Échauffour, Orne, arr. d'Argentan, cant. de Le Merlerault.

1. Briouze-Saint-Gervais, Orne, arr. d'Argentan.
2. Tillières-sur-Avre, Eure, arr. d'Évreux, cant. de Verneuil. D'après M. Luce (*Histoire de du Guesclin*, I, 354-356), cette expédition de du Guesclin doit être rapportée à la fin de l'année 1361; en effet au mois de novembre 1361, Brézolles était assiégé (*Ibid.*, Pièces justificatives, n° XXVII, pp. 554-555); nous voyons par la même pièce que le maître des arbalétriers, Baudouin d'Annequin, accompagnait du Guesclin.
3. Sablé-sur-Sarthe, Sarthe, arr. de La Flèche.
4. Le Plessis-Bouret, Mayenne, aujourd'hui Château-de-Bierné, arr. de Château-Gontier (Luce, *Histoire de du Guesclin*, I, *Liste des lieux forts*, p. 489).
5. Juigné-sur-Sarthe, Sarthe, arr. de La Flèche, cant. de Sablé.
6. M. Luce (*Hist. de du Guesclin*, I, 349-352) pense avec raison que l'affaire du pont de Juigné eut lieu à la fin de 1360 ou tout au commencement de l'année 1361; en tout cas du Guesclin, qui avait remis en otage un de ses frères à Hugh de Calverly, reçut du roi, le 14 juin 1361, la somme de 6000 royaux pour l'aider à payer sa rançon (*Ibid.*, Pièces justif., n° XXIV, p. 552). Sa défaite était donc antérieure à l'expédition de Briouze et au siège de Brézolles.
7. Peut-être Champgeneteux, Mayenne, arr. de Mayenne, cant. de Bais.

mands commandés par Le Galois d'Assy et les Anglais de Robert Mitton[1]. Défaite des Anglais, qui sont tous tués, sauf deux blessés, qui se réfugient au Plessis-Buret (Page 159).

Siège de Saint-Martin de Séez par le connétable Moreau de Fiennes et Bertrand du Guesclin. Profitant d'un jour de brouillard, les Anglais surprennent les Français. Bertrand du Guesclin, Oudard de Renti, Enguerrand d'Eudin et plusieurs autres chevaliers normands et picards rétablissent le combat. Reddition de la place[2] (Pages 159-160).

Prise par les Anglais de l'abbaye de Cormeilles[3] et du Quesnoy[4]. Avant la prise de Brisoles, du Guesclin avait servi en Anjou, notamment au siège de Saint-Brice[5]. Combat entre du Guesclin et une troupe d'Anglais et de Gascons vers Saint-Guillaume de Mortaing; défaite des Anglais[6]. Le Galois d'Aussy bat de son côté

Il est vrai que cette localité est un peu éloignée de Bierné (Plessis-Buret), où se réfugièrent les survivants de la bataille.

1. Peut-être Robert Morton, homme d'armes servant sous Jean Chandos en 1359 (Rymer, III, I, 444).

2. Le siège de Saint-Martin-de-Séez eut lieu vers le mois de février 1362. Voyez Luce, *Histoire de du Guesclin*, I, 358-359.

3. Cormeilles, Eure, arr. de Pont-Audemer. — Cormeilles fut pris vers Pâques, c'est-à-dire vers le 17 avril 1362, par James de Pippes qui venait d'évacuer, moyennant 15,000 royaux, les forteresses de Rupierre et du Hommet : « Lesquels ennemis se partirent du pays de Rupierre et tantost après vindrent à Cormelles environ Pasques et prindrent l'abbaye de Cormelles où ils firent un fort. » (Bibl. nat., ms. fr. 26004, n°° 1309 et 1318; cité par Luce, *Histoire de du Guesclin*, I, 361, n. 4. Voir aussi Delisle, *Hist. de Saint-Sauveur*, pp. 125-126). — Rupierre et Le Hommet furent évacués par James de Pippes avant le 6 février 1362, car à cette date Robert de Fiennes, connétable de France, par acte donné à Rouen, envoya Thomas Pinchon, chevalier, bailli de Caen, avec quatre glaives et quatre archers « pour prendre en la main du roy les forteresses de Rupierre, du Hommet et autres » (Bibl. nat., *Coll. Clairambault*, vol. 822, p. 7).

4. Probablement Quesnay, Eure, arr. de Pont-Audemer, cant. de Saint-Georges-du-Vievre, comm. de Noards.

5. Voyez Luce (*Hist. de du Guesclin*, I, p. 347).

6. D'après M. Luce (*Hist. de du Guesclin*, I, 358), l'affaire de Saint-Guillaume-de-Mortain (Manche) serait antérieure au siège de Saint-Martin-de-Séez. — Saint Guillaume Firmat était le patron de la principale église de Mortain.

les Anglais de Quinquernon[1] et de Romeilli[2] (Pages 160-161).

Siège de Bécherel[3] par Charles de Blois et Bertrand du Guesclin. Jean de Montfort, Robert Knolles, le sire de Clisson et Hugh de Calverly viennent au secours de la place et occupent la route de Dinan, coupant ainsi les vivres aux Français. Les deux prétendants conviennent d'un lieu et d'un jour pour combattre. Au jour dit, après plusieurs hésitations, la paix est conclue entre eux; elle dura d'ailleurs peu de temps[4] (Pages 161-162).

De retour en Bessin, les chevaliers normands de l'armée de Charles de Blois reprennent la forteresse de Beaumont-le-Richard[5]. Peu après Philippe de Navarre se dispose à assiéger les châteaux de Quinquernon et de Rimilly, à deux lieues de Beaumont-le-Roger, occupés par les Anglais. Les Anglais de Tubœuf[6], du Plessis-Buret[7] et d'autres forteresses de Normandie, de Perche et de Maine viennent au secours des assiégés. Les deux troupes restent deux jours et deux nuits en présence, sans combattre. Au bout de ce temps le capitaine de Remilly, nommé Glainville, rend la place. Les Anglais de Quinquernon suivent son exemple[8]. Phi-

1. Quincarnon, Eure, arr. d'Évreux, cant. de Conches. Ce combat est antérieur au mois de juillet 1363 (V. Delisle, *Hist. de Saint-Sauveur*, p. 127).

2. Romilly-la-Puthenaye, Eure, arr. de Bernay, cant. de Beaumont-le-Roger.

3. Bécherel, Ille-et-Vilaine, arr. de Montfort-sur-Meu. — Le siège de Bécherel commença en mai 1363 (Luce, *Hist. de du Guesclin*, I, 387, note 2).

4. Cet accord entre Charles de Blois et Jean de Montfort fut conclu le 12 juillet 1363 (Luce, *Ibid.*, p. 388).

5. Beaumont-le-Richard, Calvados, arr. de Bayeux, cant. d'Isigny, comm. d'Englesqueville. Cette place ne fut occupée par les routiers que le 18 juillet 1363, ce qui place sa reprise par les Français bien après le siège de Romilly (Luce, *Hist. de du Guesclin*, I, 414, n. 1).

6. Tubœuf, Orne, arr. de Mortagne, cant. de Laigle.

7. Le Plessis-Bouret, voir plus haut, p. 328, n. 4.

8. Quincarnon et Romilly furent évacués avant le 2 juillet 1363, ainsi que nous l'apprend l'acte suivant de Philippe de Navarre, acte qui donne comme notre chroniqueur le nom de Glanville au capitaine de Romilly : Philippe de Navarre, comte de Longueville, lieutenant du roi de Navarre « ès terres qu'il a en France et en Normandie » mande à Jean Climence, trésorier du dit seigneur, qu'il a accordé dernièrement à Jean Glanville, « lors connetable de Romilly, » 500 écus pour « nous rendre, delivrer et mettre en nostre main la place et forteresse dudit

lippe de Navarre retourne à Beaumont et meurt peu après de maladie[1]. Éloge de ce seigneur (Pages 162-164).

Vers le même temps Hoppequin Diere quitte l'abbaye de Silly[2] qu'il occupait avec Jacques Platin et va piller celle de Saint-Pierre-sur-Dive[3]. Au retour il est battu et tué par le sire de Coucy, Jean Martel et Guillaume de Rouveron[4]. Les Anglais sont défaits en plusieurs autres rencontres[5] (Page 164).

Vers le même temps, Bertrand du Guesclin prend l'abbaye de Cormeilles[6]. Il bat Jean Jouel au pas du Brueil[7], à deux lieues de Lisieux et peu après s'empare de la forteresse du Chesnoy, près d'Argentan[8] (Page 164).

Romilly, quant nous alasmes devant pour mettre siege, lesquelz par ce qu'il nous delivra la dicte forteresse lui sont dehuz. Si vous mandons que les diz v^c escuz vous li paiez. Donné à Vascueil, le 11 juillet 1363... (Bibl. nat., *Pièces orig.*, vol. 788, doss. *Climence*, n° 2, orig. sc.). Ces 500 écus n'étaient pas encore payés le 19 janvier 1364 (*Ibid.*, n° 3).

1. Philippe de Navarre mourut le 29 août 1363, à Vernon (*Chronique des quatre premiers Valois*, p. 132).
2. Silli-en-Gouffern, Orne, arr. d'Argentan, cant. d'Exmes.
3. Calvados, arr. de Lisieux.
4. M. Luce (*Hist. de du Guesclin*, I, 360) a lu à tort Guillaume de *Beuvron*. Il s'agit sans doute ici de Guillaume de Rouvron ou de Rouvrou, chevalier (Orne, arr. de Domfront, cant. d'Athis, comm. de Ménil-Hubert-sur-Orne), qui servait en Normandie sous les ordres de Guillaume du Merle, capitaine général ès bailliages de Caen et de Cotentin (Bibl. nat., *Pièces orig.*, dossier *Rouvron*).
5. M. Luce (*Hist. de du Guesclin*, I, pp. 359-60) place cette défaite d'Hoppequin Diere et de Jacques Platin (le Jacques Plantin de la *Chr. des quatre premiers Valois*), entre le siège de Saint-Martin de Séez et la tentative infructueuse de Moreau de Fiennes contre la forteresse de La Vignée; ce combat remonterait donc aux premiers mois de l'année 1362, car Moreau de Fiennes fut rappelé de Normandie par le régent vers mai ou juin 1362.
6. Comme nous l'avons vu plus haut, James de Pippes s'était emparé de Cormeilles vers le 17 avril 1362; sa reprise par du Guesclin date probablement du mois d'août 1362 (Luce, *Hist. de du Guesclin*, I, 370-371, n. 1).
7. Calvados, arr. de Pont-L'Évêque, cant. de Blangy.
8. Nous ne savons quelle est au juste cette localité, car il ne peut s'agir ici de Quesnay-Guesnon (Calvados, arr. de Bayeux, cant. de Caumont), puisque notre chronique dit expressément que ce lieu est situé près d'Argentan. D'ailleurs cette dernière place ne fut reprise par les Français qu'au commencement de l'an 1364 (Luce, *Hist. de du Guesclin*, I, p. 591).

Prise de Quatremares[1], entre Louviers et le Neubourg, par Regnaut de Rigny, chevalier anglais. La place est bientôt reprise par Mouton de Blainville[2], le sire de La Ferté et plusieurs autres Normands. Regnaut de Rigny est tué dans l'assaut.[3] (Pages 164-165).

Guillaume du Merle était alors capitaine en Basse-Normandie; il avait remplacé Moreau de Fiennes, connétable de France, qui l'année précédente avait échoué devant la forteresse de La Vignée[4]. Avertis par Henri, sire de Colombiers, que le capitaine anglais de La Remmée, nommé Morville, était sorti de la place pour aller chevaucher, Olivier de Mauny quitte Carentan, et Guillaume du Merle Bayeux, pour venir lui couper la retraite. Les Anglais sont battus, la forteresse prise et les prisonniers menés à Bayeux[5] (Pages 165-166).

1. Quatremarre, Eure, arr. et cant. de Louviers.
2. Mouton de Blainville servit fort longtemps en Normandie : en 1360 (30 juin), nous le voyons prendre le titre de « general deputé sur le fait des aides ou pays de Normandie » (Bibl. nat., *Pièces orig.*, vol. 558, doss. *Blainville*, n° 9); au mois de juin 1364, il reparaît avec le titre de « capitaine de par le roy ès parties de Normandie deça la riviere de Seine » (*Ibid.*, n° 15); il était à la tête d'une troupe de chevaliers assez nombreuse (*Ibid.*, n° 16), parmi lesquels se trouvait Le Baudrain de la Heuse, amiral de France; enfin le 19 octobre, il prend le titre de châtelain du château de Rouen (*Ibid.*, n° 18).
3. La prise de Quatremarre eut lieu au commencement d'avril 1364-1365. Le 5 de ce mois, Charles V ordonna à Mouton de Blainville de s'adjoindre le sire de la Ferté, Friquet de Friquant et Claudin, et d'aller punir Regnaut *de Reni*, chevalier ennemi, qui malgré les trèves fortifiait le lieu de Quatremares, près de Pont-de-l'Arche, pour grever le pays. Le même jour, le roi alloua à Mouton de Blainville, pour les frais de cette expédition, une somme de 1000 francs d'or (Delisle, *Mandements de Charles V*, n. 209 et 210). Quatremarre fut repris par Blainville avant le 10 avril 1365, car à cette date Richard d'Houdetot, chevalier, reconnut avoir reçu de Richard du Til, « receveur general ès cité et diocese de Rouen des aides derrenierement ordonnées à Amiens pour la provision et defense du royaume », 10 l. t. sur les gages de lui et de trois écuyers de sa compagnie, desservis et à desservir « ès parties de Quatremares et de Troussegoutiere, sous Mouton de Blainville, capitaine ès dit diocese » (Bibl. nat., *Pièces orig.*, vol. 1537, dossier *Houdetot*, n° 30).
4. La Vignée, lieu indéterminé de la vallée de la Vire, à peu de distance de Torigni, Manche (Luce, *Hist. de du Guesclin*, I, 360, n. 6).
5. La Ramnée, localité du Calvados entre Bayeux et Carentan (Manche).
— Ce fait d'armes se passa vraisemblablement vers le milieu de l'an

Prise par stratagème de la forteresse de La Vignée par Jean Martel, capitaine de Falaise, Jean de Maten et Guillaume de Rouveron. La place était occupée par l'Anglais Vuilleseton[1]. Les prisonniers de La Vignée et de La Remmée, conduits à Bayeux, sont noyés par ordre de Guillaume du Merle (Pages 166-167).

Vers le même temps ou peu après, une troupe d'Anglais commandée par Cressonval est battue à Olivet[2] sur le Cher par Louis de Sancerre, Gui le Baveux[3] et le gouverneur de Blois. Les prisonniers sont tous tués (Page 167).

Prise par les Anglais de la place du Homme[4], dans les marais de Cotentin. Guillaume du Merle et les Navarrais viennent en faire le siège et la bloquent, l'un du côté de S.-Cosme-du-Mont, les autres du côté de Pont-l'Abbé. Après une vigoureuse sortie, la garnison se rend aux Navarrais, faute de vivres[5]. Guillaume du

---

1365 (Luce, *Hist. de du Guesclin*, I, *Liste des lieux forts*, p. 467). En tout cas le sire de Colombières (Calvados, arr. de Bayeux, cant. Trevières) y prit part, comme le dit notre chroniqueur ; c'est ce que nous apprend un acte, daté de Falaise, 1er août 1365, par lequel Guillaume du Merle, seigneur de Messy, capitaine général ès bailliages de Caen et de Cotentin, mande à Renier Le Coutelier, vicomte de Bayeux, de bailler à Henri, sire de Colombières, chevalier, la somme de 120 francs d'or, « que nous li avons donnée et donnons ceste fois pour les bons et agreables services qu'il a fais au roy nostre sire ou gouvernement des gens d'armes auquel nous le commeismes en nostre absence, tant comme nous avons esté et demouré à Paris par devers le roy nostre sire, devers lequel nostre dit seigneur nous alasmes à son mandement, et aussy en recompensacion d'un courcier qui li fut tué à la besoingne où les Angloiz qui tenoient le fort de La Ramée furent desconfiz » (Bibl. nat., ms. fr. 26006, pièce 191 ; Delisle, *Hist. du château et des sires de S.-Sauveur-le-Vicomte*, p. 137).

1. La Vignée fut reprise sur les Anglais au mois de juillet 1365 (Luce, *Hist. de du Guesclin*, I, *Liste des lieux forts*, p. 468).

2. Il s'agit ici de l'abbaye d'Olivet (Loir-et-Cher, arr. de Romorantin, cant. de Mennetou-sur-Cher). M. Luce (*Ibid.*, p. 477) place la reprise de cette localité sur l'Anglais Jean Creswey en 1364.

3. Gui le Baveux, chevalier, donna quittance le 1er janvier 1364 (n. s.), à Corbeil, de ses gages « de quinze jours servis et à deservir en ces presentes guerres soubz mons. Jehan de Chalon, ainsné fils du comte de Tonnerre » (Bibl. nat., *Pièces orig.*, vol. 232, dossier *Baveux*, n° 4, or. sc.).

4. Le Homme, aujourd'hui l'Isle-Marie, arr. de Valognes, cant. de Sainte-Mère-Église, comm. de Picauville.

5. Le Homme ne fut repris sur les Anglais qu'au mois de juin 1366

Merle, auquel on n'a pas communiqué la capitulation, fait massacrer la garnison[1]. (Pages 167-168).

Bertrand du Guesclin vient mettre le siège devant Rolleboise[2], occupé par Gautier Estraone[3]. Après une première attaque infructueuse, la place capitule[4] (Pages 168-169).

Dans le même temps, le régent apprend que le roi de Navarre se dispose à reprendre les hostilités[5]. Il en informe Bertrand du Guesclin[6], son lieutenant en Normandie, qui s'empare des fortes places de Mantes[7] et de Meulan sur la Seine[8]. Mouton de Blainville[9] prend

(*Chronique des quatre premiers Valois*, pp. 169-170; Delisle, *Histoire du château et des sires de Saint-Sauveur-le-Vicomte*, p. 143).

1. A propos de ce massacre, l'auteur de la *Chronique des quatre premiers Valois* (p. 170) ajoute : « Ainsi fut l'en delivré d'eulx, et qui eust ainsi fait le temps passé, les guerres n'eussent pas tant longuement duré comme ilz ont. »

2. Rolleboise, Seine-et-Oise, arr. de Mantes, cant. de Bonnières. Jean Jouel s'était emparé de Rolleboise vers le commencement d'octobre 1363 (Luce, *Hist. de du Guesclin*, I, 410, note 2).

3. Wauter Strael, aventurier brabançon, qui reçut des lettres de rémission de Charles V en 1368 (*Ibid.*, p. 417, n. 1). Elles ont été publiées par Secousse (*Preuves*, pp. 295-296).

4. Le siège fut mis devant Rolleboise, le 25 mars 1364 (*Chronique des quatre premiers Valois*, p. 138). Le siège en fut levé par du Guesclin, sur l'ordre du régent (Luce, *Hist. de du Guesclin*, I, p. 427); mais les Anglais qui composaient la garnison de cette forteresse finirent par capituler et Charles V ordonna de la raser, le 30 avril 1365 (Delisle, *Mandements de Charles V*, n° 213).

5. Il en fut informé par Guillaume du Merle, qu'inquiétait à bon droit la venue du captal de Buch dans le pays (Bibl. nat., fr. 26006, n. 227).

6. Ce fut Boucicaut qui fut chargé d'aller faire part à du Guesclin, alors au siège de Rolleboise, des intentions du duc de Normandie sur Mantes et Meulan (Froissart, VI, p. 100 et L, note 2), vers la fin de la première semaine d'avril 1364 (Luce, *Hist. de du Guesclin*, I, 425).

7. Mantes fut pris le 7 avril 1364, d'après la *Chronique des quatre premiers Valois* (pp. 139-140), le 8 d'après les *Grandes Chroniques* (VI, 230). M. Luce adopte la première de ces deux dates (*Hist. de du Guesclin*, I, 426-427).

8. Meulan (Seine-et-Oise, arr. de Versailles) fut assiégé vers le 11 avril (*Chronique des quatre premiers Valois*, p. 140, et Luce, *ut supra*, 428).

9. Mouton de Blainville prenait le titre de « capitaine de par le Roy ès parties de Normandie deça la riviere de Seine, » le 29 juin 1364 (Bibl. nat., *Pièces orig.*, vol. 558, doss. *Blainville*, n° 15). Voyez aussi Delisle, *Mandements*, n° 218 (8 mai 1365); sous lui servaient 40 hommes d'armes.

ensuite Gournay[1] et le Neubourg[2] que tenait la reine Blanche, sœur du roi de Navarre. Bellencombre[3] et Longueville[4] tombent encore au pouvoir des Français, ainsi que toutes les autres forteresses du roi de Navarre et de sa sœur, situées entre la Seine et la Somme (Pages 168-169).

Le régent apprend que son père est mort en Angleterre[5] (Page 169).

Le captal de Buch, lieutenant du roi de Navarre, entre dans le comté d'Évreux[6]. Guillaume du Merle, qui était à Bayeux, en profite pour aller ravager le Cotentin. Les Anglais et les Navarrais l'attaquent près du village d'Escauleville[7]; ils sont battus. Guillaume du Merle s'empare ensuite du château de Carentan[8] et de Pont Douve[9]. Trois jours après le régent est sacré à Reims[10] (Pages 169-170).

Bertrand du Guesclin marche contre le captal de Buch avec le comte d'Auxerre, le vicomte de Beaumont[11], le sire d'Ennequin, maître des arbalétriers, Mouton de Blainville, Hugues de Chalon[12], etc. Avec le captal est la fleur des gens d'armes gascons et anglais.

---

1. Probablement Gournay-en-Bray, Seine-Inférieure, arr. de Neufchâtel-en-Bray, ch.-l. de canton.
2. Le Neubourg, Eure, arr. de Louviers, ch.-l. de cant.
3. Seine-Inférieure, arr. de Dieppe, ch.-l. de cant.
4. Seine-Inférieure, arr. de Dieppe, ch.-l. de cant.
5. Jean II mourut le 8 avril 1364 (*Grandes Chroniques*, VI, 229).
6. Le captal de Buch était à Vernon le 13 mai 1364 (*Chronique des quatre premiers Valois*, p. 144).
7. Ecausseville, Manche, arr. de Valognes, cant. de Montebourg.
8. Manche, arr. de Saint-Lô, ch.-l. de cant.
9. Pont-Douve, Manche, arr. de Saint-Lô, cant. de Carentan, comm. de Saint-Côme-du-Mont.
10. Charles V fut sacré à Reims le 19 mai 1364 (*Grandes Chroniques*, VI, 233), ce qui reporte les événements précédents vers le 15 mai. Toutefois il serait possible qu'ils fussent postérieurs à la bataille de Cocherel; voyez Delisle, *Hist. de Saint-Sauveur-le-Vicomte*, p. 133.
11. Louis, vicomte de Beaumont-le-Vicomte, était gendre du comte de la Marche, tué à la bataille de Brignais.
12. Cet Hugues de Chalon, comme l'a fait remarquer M. Luce (*Hist. de du Guesclin*, I, 420, note 3), était fils de Jean III de Chalon, comte d'Auxerre; il a été omis par le Père Anselme (*Histoire généalogique*, VIII, 419); peut-être cependant y a-t-il erreur dans notre chronique et s'agit-il ici de Louis de Chalon, surnommé le *Vert chevalier*, second fils de Jean III (V. Chérest, *L'Archiprêtre*, p. 260, note 4).

des marches de Normandie, de Perche et de Maine[1] (Pages 170-171).

Bertrand du Guesclin s'approche du captal de Buch et passe la nuit à la Croix-Saint-Lieufroy[2]. Le lendemain les deux armées se trouvent en présence au pas de Cocherel[3]. Bertrand passe la rivière d'Eure; le captal reste campé sur la colline, vers Évreux. Le troisième jour, le manque de vivres force Bertrand à décamper[4]; l'arrière-garde française est attaquée au passage de la rivière et la bataille s'engage. Les ennemis finissent par être enveloppés et complètement battus; le captal est pris; mort du vicomte de Beaumont, du sire d'Ennequin, maître des arbalétriers, du sire de Betencourt, etc. Cette bataille a lieu le jour de la Trinité (19 mai) 1363[5] (Pages 171-172).

Bertrand vient ensuite à Gaillon, passe la Seine et va ravager le pays de Caux. Charles V se rend à Rouen, donne le comté de Longueville à Bertrand du Guesclin[6] et délivre le captal de Buch.

1. Voir une liste des chefs de compagnies qui accompagnaient le captal, dans Luce, *Hist. de du Guesclin*, I, 436-437.
2. La Croix-Saint-Leufroy, Eure, arr. de Louviers, cant. de Gaillon.
3. Cocherel, Eure, arr. d'Évreux, cant. de Vernon, comm. de Houlbec-Cocherel.
4. Notre chronique est la seule qui mentionne cette inaction de trois jours avant la bataille de Cocherel, ainsi que la retraite forcée de du Guesclin. D'après Froissart (VI, 121-122) cette retraite n'était qu'un stratagème pour attirer le captal dans la plaine; M. Luce, dans son excellent récit de la bataille de Cocherel (*Hist. de du Guesclin*, I, 444), a adopté cette dernière version; nous avouons toutefois avoir quelque peine à prendre pour une ruse de guerre la retraite de du Guesclin: passer une rivière sous les yeux de l'ennemi pour battre en retraite, est une extrémité à laquelle on se résout quand on ne peut faire autrement, mais il est difficile d'admettre l'emploi volontaire d'un pareil stratagème qui pourrait coûter fort cher à celui qui l'emploierait. Le succès de du Guesclin à Cocherel ne saurait justifier une pareille tactique.
5. D'après Froissart (VI, 130), le Continuateur de Nangis (II, 342) et les *Grandes Chroniques* (VI, 232), la bataille de Cocherel eut lieu le jeudi 16 mai 1364; et la *Chronique des quatre premiers Valois* (p. 146) dit qu'elle fut livrée le jeudi 19 mai; or le 16 mai était un jeudi, c'est donc cette dernière date qu'il faut adopter. La même date est encore fournie par une note d'un Mémorial de la Chambre des comptes, publiée par Secousse (*Preuves*, p. 196).
6. Du Guesclin reçut le comté de Longueville, le 27 mai 1364, à Saint-Denis et non à Rouen (Luce, *Hist. de du Guesclin*, I, 454).

sans rançon à condition qu'il entre à son service[1]. Pierre de Saquenville, fait prisonnier à Cocherel, est décapité sur la place du Vieux-Marché à Rouen[2] (Page 173).

Siège et prise de Valognes[3] par du Guesclin. Siège des château et cité d'Evreux[4] par Jean de Chalon, fils du comte d'Auxerre, Jean de La Rivière, chambellan de France, et Mouton de Blainville. Prise de Bernay[5] et du Sap[6] par le sire de La Ferté, maréchal de Normandie. Le même, avec le sire de Tournebu et Guillaume du Merle, reprend l'abbaye de Silly[7] (Page 174).

Les mêmes seigneurs vont ensuite assiéger Eschauffou[8]. Le

---

1. Secousse a publié (*Preuves*, pp. 211-214) un acte de septembre 1364, par lequel le captal de Buch promet au comte d'Étampes, fondé de pouvoir du roi, d'être de retour le dimanche après la Saint-Remy à Paris, lieu qui lui avait été assigné pour prison.

2. Les prisonniers de du Guesclin furent remis par celui-ci aux mains du roi. Pierre de Sacquenville, partisan du roi de Navarre, fut en effet décapité à Rouen; un acte du 13 juin 1364, cité par M. Luce (*ut supra*, 455, n. 1), ne laisse aucun doute à cet égard. Cette exécution eut lieu sans doute lors du voyage de Charles V à Rouen, dont fait mention la *Chronique des quatre premiers Valois* (p. 149), c'est-à-dire entre le 8 juin, date à laquelle Charles V était encore à Château-Gaillard (Delisle, *Mandements de Charles V*, n° 29) et le 13 juin, date de l'acte cité plus haut. Charles V était encore à Rouen le 16 juin 1364 (*Ibid.*, n° 33).

3. Du Guesclin était au siège de Valognes, le 9 juillet 1364; le 11 la ville venait d'être prise (Froissart, VI, LXIV, note 3).

4. Le siège d'Évreux par Mouton, sire de Blainville, commença au mois de juillet; c'est ce que nous apprennent des comptes des élus du diocèse de Rouen (Bibl. nat., ms. fr. 26006, n° 53), qui vont du mois de juillet à la fin d'août 1364; au commencement de ces comptes, on lit cette note : « Pour les despens des dessus diz et de, ii chevaux louez comme dessus, fais en alant de Rouen devant Evreux au dit Mons. de Blainville qui avoit mis un siege devant ledit fort. » Il fut levé vers le mois d'octobre (Froissart, VI, LXV, note 2).

5. Bernay, Eure.

6. Le Sap, Orne, arr. d'Argentan, cant. de Vimoutiers.

7. Silli-en-Gouffern, Orne, arr. d'Argentan, cant. d'Exmes. Le siège fut mis devant cette forteresse le 24 mai 1364 (Luce, *Hist. de du Guesclin*, I, Liste des lieux forts, p. 495). — Dans deux quittances du 1er avril et du 9 décembre 1364, Pierre de Tournebu, chevalier, seigneur de Montreuil, est cité comme servant sous Guillaume du Merle, capitaine général de par le roi ès bailliages de Caen et de Cotentin (Bibl. nat., *Pièces orig.*, dossier *Tournebu*).

8. Échauffour, Orne, arr. d'Argentan, cant. du Merlerault.

siège durait depuis quarante-deux jours, quand du Guesclin, de retour de Valognes, se joint aux assiégeants et force la garnison à capituler[1] (Page 174).

Le duc de Bourgogne s'empare par assaut des forteresses de Chameroles[2], de Marcherainville[3], de Touvoy[4] et du Pereur[5], de Drosuy[6] par composition. Ces châteaux sont situés sur les marches de l'Orléanais et du pays Chartrain. Il vient ensuite assiéger Moulineaux à quatre lieues de Rouen[7] (Pages 174-175).

Charles V apprend la prise de la Charité-sur-Loire par Louis de Navarre qui venait de Gascogne[8]. Il ordonne à son frère de quitter le siège de Moulineaux et lui envoie également les troupes qui assiégeaient Evreux[9]. Le duc va à la Charité et se loge

1. M. Luce (*Histoire de du Guesclin*, I, Liste des lieux forts, p. 494) place la reddition d'Échauffour vers la fin d'août 1364.
2. Loiret, arr. de Pithiviers, commune de Chilleurs-aux-Bois.
3. Marchelainville, Eure-et-Loir, arr. de Châteaudun, cant. d'Orgères, commune de Péronville.
4. Le ms. A donne bien *Touvoy*; la *Chronique des quatre premiers Valois* (p. 153) porte *Connoy*; il faut corriger ces deux formes et lire *Couvay* (Froissart, VI, 142), localité que M. Luce a reconnue avec toute vraisemblance dans Crécy-Couvé, Eure-et-Loir, arr. et cant. de Dreux (ibid., LXIII, note 2).
5. Très probablement Villepereux-le-Grand, Eure-et-Loir, arr. de Châteaudun, cant. d'Orgères, commune de Courbehaye. Froissart (VI, 141-142) dit *Preux*.
6. Droizy, Eure, arr. d'Évreux, cant. de Nonancourt.
7. Moulineaux, Seine-Inférieure, arr. de Rouen, canton de Grand-Couronne. — Le château de Moulineaux avait été occupé par les Navarrais dans la première semaine d'août 1364, en même temps que plusieurs autres lieux voisins, tels que Oissel, Sotteville, Grand-Quevilly, Petit-Quevilly, Grand-Couronne, Petit-Couronne (Bibl. nat., ms. fr. 26006, n° 249; Luce, *Histoire de du Guesclin*, I, Liste des lieux forts, p. 504). Le siège commença à la fin d'août ou au commencement de septembre, et de nombreux actes prouvent que le duc de Bourgogne était devant la place le 8 septembre (Bibl. nat. ms. fr. 26006, n°° 54, 55, 56, 58); il fut abandonné vers la fin de ce mois; le duc de Bourgogne était à Cosne-sur-Loire le 30 septembre 1364 (Froissart, VI, LXIV, note 4).
8. La Charité-sur-Loire (Nièvre, arr. de Cosne) fut prise par Louis de Navarre, frère de Charles le Mauvais, dès le mois d'octobre 1363 (Froissart, VI, LXI, note 2); par conséquent Charles V connaissait cet événement depuis longtemps.
9. Charles V envoya en effet Mouton de Blainville au siège de la Charité; le 19 septembre 1364, il chargea Regnaut des Illés, bailli de Caux et capitaine de Montivilliers, de « la défense de nostre païs de Normandie, en

près de la ville, au lieu de La Marche, sur la Loire [1] (Page 175).

Charles de Blois et Bertrand du Guesclin essayent de faire lever le siège mis devant Auray [2] par Jean de Montfort, le sire de Clisson, « qui pour lors tenoit le parti des Anglais », Robert Knolles et Hugh de Calverly. On essaye inutilement de conclure la paix entre les deux partis. La bataille s'engage; une partie des Bretons de Charles de Blois abandonnent ce prince [3] qui est tué. Les Français sont défaits. Le château d'Auray est ensuite pris [4]. Traité entre Jean de Montfort et la veuve de Charles de Blois; analyse de ce traité : Jean de Montfort devient duc de Bretagne; la comtesse de Blois reçoit le comté de Penthièvre, la terre d'Avangourt et....., et ses enfants doivent hériter du duché, si Jean de Montfort meurt sans postérité. Plus tard le duc Jean fit hommage au roi de France [5] (Pages 175-177).

A la nouvelle de la bataille d'Auray, Charles V ordonne à son frère de lever le siège de la Charité [6]. Le duc de Bourgogne vient à

l'absence de nostre amé et feal chevalier et conseillier le sire de Blainville, et aussi se bon li samble pour faire et tenir siege devant Molineaux. » (Delisle, *Mandements de Charles V*, n° 84; Bibl. nat., ms. fr. 26006, n° 66, acte du 28 septembre 1364.) Le 7 octobre suivant, il accorda à Mouton de Blainville une certaine somme pour lui payer plusieurs chevaux perdus par lui et ses gens devant la Charité (*ibid.*, n° 93). Le fort des Moulineaux fut réoccupé par les Français avant le 8 septembre 1365 (Ms. fr. 26006, n. 206).

1. La Marche, village de 628 habitants, sur la Loire (Nièvre, arr. de Cosne, canton de la Charité).

2. Auray, Morbihan, arr. de Lorient.

3. La *Chronique des quatre premiers Valois* mentionne également la fuite d'une partie de l'armée de Charles de Blois (p. 160).

4. La bataille d'Auray fut livrée le dimanche 29 septembre 1364 (*Grandes Chroniques*, VI, 235); mais le château d'Auray était tombé aux mains de Jean de Montfort bien avant cette date (Froissart, VI, LXXI, note 3).

5. Notre chroniqueur veut ici parler du traité de Guérande (12 avril 1365), qui assurait à Jeanne de Penthièvre, veuve de Charles de Blois, la possession du comté de Penthièvre et de la vicomté de Limoges et par lequel Jean de Montfort reconnaissait Charles V pour son suzerain. — Ce traité a été publié par D. Morice, *Preuves de l'histoire de Bretagne*, I, 1588.

6. D'après Froissart, le duc de Bourgogne traita avec les assiégés (VI, 147); d'après le même, Louis de Navarre n'aurait jamais occupé lui-même la Charité-sur-Loire; il se serait tenu en Auvergne d'où il serait retourné en Normandie (*ibid.*, 146); c'est un point que le silence

Paris, puis retourne en Bourgogne ¹ combattre les barons de la Comté. Prise de Jean de Neufchâtel et de la ville de Pontailler ². Soumission du pays (Pages 177-178).

Louis de Navarre évacue la Charité, longe la Loire, traverse l'Anjou et vient en Bretagne. Ensuite il va reprendre Valognes ³ et se retire à Avranches ⁴, où il licencie une partie de ses troupes ⁵ (Page 178).

Peu après, la paix est conclue entre le roi de France et le roi de Navarre, par l'entremise des reines Blanche et Jeanne ⁶. La reine Blanche cède à Charles V le château de Vernon-sur-Seine et reçoit en échange celui de Neaufle ⁷ près Gisors; on lui rend Neufchâtel ⁸ et Gournay ⁹ (Page 178).

Ravages des Compagnies dans tout le royaume; elles sont excommuniées par le pape. On leur donne de l'argent pour les décider à aller au service du roi de Chypre, combattre les Sar-

des actes ne permet pas de décider; toutefois la *Chronique des quatre premiers Valois* indique la présence de Louis de Navarre sinon à la Charité même, du moins aux environs. D'après le même chroniqueur, le manque de vivres força le duc de Bourgogne à lever le siège (pp. 157-158). — De nombreuses pièces prouvent la présence de Louis de Navarre en Normandie du mois d'octobre 1364 au mois de décembre 1365 (Froissart, VI, LXVI, note 1).

1. Philippe était à Châlons le 22 octobre 1364 (Chérest, *L'Archiprêtre*, p. 402).

2. Pontailler-sur-Saône, Côte-d'Or, arr. de Dijon. Jean de Neufchâtel fut pris vers le 25 mars 1365. Pour ces faits voyez Chérest, *L'Archiprêtre*, p. 396 et ss.

3. Louis de Navarre était à Valognes le 16 novembre 1364 (Froissart, VI, LXVI, note 1).

4. Le même était à Avranches le 16 décembre 1364 (*ibid.*).

5. Charles de Navarre adjoignit à son frère, en 1365, Eustache d'Auberchicourt, avec le titre de gardien de ses terres de France et de Normandie; celui-ci composa en sept. 1365, par conséquent après la paix entre Charles le Mauvais et le roi de France, avec du Guesclin pour le rachat des places du Cotentin, occupées par les Navarrais (Bibl. nat., *Pièces originales*, vol. 118, dossier Auberchicourt, n. 5 et 6).

6. La paix fut conclue le 6 mars 1365 (Secousse, *Preuves de l'histoire de Charles le Mauvais*, pp. 222-231). Le roi de Navarre céda Mantes, Meulan et le comté de Longueville et reçut en échange la ville et la baronnie de Montpellier.

7. Neaufles-Saint-Martin, Eure, arr. des Andelys, canton de Gisors.

8. Neufchâtel-en-Bray, Seine-Inférieure.

9. Gournay-en-Bray, Seine-Inférieure, arr. de Neufchâtel-en-Bray.

rasins sous la conduite de Bertrand du Guesclin[1]. Les Compagnies se rendent à Avignon (Pages 178-179).

Affaires d'Aragon; excès de Don Pedro; mort de sa femme, belle-sœur du roi de France[2]. Expulsion d'Henri de Trastamare. Celui-ci, accueilli par le roi Jean II, était entré à son service depuis longtemps[3] (Page 179).

1. Le 22 août 1365, du Guesclin s'engagea à conduire les compagnies hors du royaume de France; il renouvela cet engagement le 30 septembre de la même année. (Froissart, VI, LXXX, note 3). Dès le mois d'octobre, il se rendit en Bourgogne auprès des chefs des compagnies pour leur proposer une expédition en Espagne; le roi de France, le roi d'Aragon et Henri de Trastamare devaient faire les frais de l'expédition et le pape lever l'excommunication qui pesait sur eux. Les routiers acceptèrent ces conditions et se mirent en marche au milieu d'octobre; ils étaient à Avignon vers le 15 novembre (*ibid.*); à Montpellier du 29 novembre au 3 décembre (*Petit Thalamus*, p. 369), à Barcelone au commencement de janvier 1366 (Zurita, *Anales de la corona de Aragon*, livre IX, ch. XLI; Froissart, VI, LXXX, note 3).

2. Blanche de Bourbon, sœur de Jeanne de Bourbon, et fille de Pierre Ier, duc de Bourbon, avait épousé don Pedro, roi de Castille, en 1353. Peu de temps après son mariage, don Pedro l'abandonna pour dona Maria de Padilla, sa maîtresse. Elle mourut en 1361, au château de Jerez, empoisonnée par ordre de son mari, s'il faut en croire Ayala (édit. de l'Académie royale, p. 328).

3. Henri de Trastamare, frère bâtard de don Pedro, tenta de pénétrer en France dès le mois de juin 1361, ainsi que nous l'apprennent les comptes de la sénéchaussée de Carcassonne : « Magistro Petro Arnaudi Cugunhani, domini nostri Regis clerico ejusque bajulo, pro XVIII diebus quibus vacavit ad visitandum fronterias et castra regia prelatorumque et baronum fronterie regni Aragonum gentesque regnicolas avisandum et compellendum, ut fortalicias custodirent pro obviando et resistendo comiti de Tristamara et pluribus aliis castellanis regni Castelle ac diversarum nationum tam equitum quam peditum, qui regnum Francie et specialiter senescalliam Carcassonne intrare dubitabatur, ut constat ex litteris senescalli Carcassonne et Bitteris datis die 24 junii 1361. » (Bibl. nat., *Coll. de Languedoc*, vol. 159, f° 154 b.) En février 1362, Henri de Trastamare et ses Espagnols acceptèrent, moyennant rémunération, de défendre la province contre les routiers (*Petit Thalamus de Montpellier*, p. 52); enfin il fut un des négociateurs du traité conclu à Clermont le 23 juillet 1362 avec les chefs des compagnies, traité par lequel ceux-ci s'engageaient à vider le royaume, et à se mettre au service du comte, moyennant une somme de 100,000 florins d'or (Hay du Chastelet, *Histoire de du Guesclin*, p. 313). Le traité de Clermont fut confirmé le 13 août suivant par le roi de France; Henri fit hommage à Jean II et

Charles V ordonne à Bertrand du Guesclin de conduire les compagnies en Espagne pour mettre Henri de Trastamare sur le trône de Castille; il lui adjoignit plus tard Arnoul d'Audrehem, maréchal de France, et le Bègue de Villaines (Pages 179-180).

Situation de la Castille. Don Pedro est détesté de ses sujets. Son frère Henri conquiert la plus grande partie du royaume, le force à se retirer à Séville [1] et vient assiéger cette place que don Pedro abandonne pour se réfugier auprès du roi de Bellemarine, à Grenade, qui était son vassal [2]. Querelles à Séville entre les Sarrasins, les Juifs et les chrétiens. Les chrétiens ouvrent une poterne aux gens d'Henri de Trastamare qui massacrent les infidèles; 1200 juifs se font baptiser (Pages 180-184).

Henri revient en Castille, occupe Saint-Fagon, Pommiers et Saint-Dommin [3], assiège et prend Burgos et s'y fait couronner le

reçut dix mille livres de rente assises sur la terre de Servian et autres lieux en Languedoc (Hay du Chastelet, p. 319). Par suite de circonstances indépendantes de la volonté du comte et du roi de France, le traité ne put être exécuté en ce qui concernait le départ des compagnies. Mais Henri de Trastamare ne perdait pas son projet de vue, et en 1363 il conclut avec Pierre IV d'Aragon le traité de Monzon par lequel ces deux princes s'engageaient à conquérir à frais communs le royaume de Castille et à se le partager (Mérimée, *Hist. de don Pèdre I*er*, Appendice, p. 545). Ce fut ce traité qu'il mit à exécution en 1366, avec l'appui des compagnies.

1. La première ville de Castille qui ouvrit ses portes à Henri de Trastamare fut Calahorra (Vieille-Castille, province de Soria), qui fut livrée par l'évêque et par don Fernand de Tovar que don Pedro avait chargés de la défendre (Ayala, p. 400). Don Pedro quitta Burgos et se réfugia à Séville. Les habitants de Burgos n'exigèrent d'Henri que la confirmation de leurs franchises pour lui ouvrir leurs portes (Ayala, p. 406); le jour de Pâques, 5 avril 1366, le nouveau roi était couronné à Burgos. (*Grandes Chroniques*, VI, 239).

2. Don Pedro ne se réfugia pas à Grenade auprès du roi de Bellemarine (le souverain du Maroc de la dynastie des Ben-Merini), mais, après avoir tenté de trouver un asile en Portugal, alla en Galice, puis en France (Ayala, pp. 416 et ss.). Quant au siège et à la prise de Séville, elle n'eut lieu qu'après le couronnement de don Henri à Burgos, c'est-à-dire après Pâques 1366, et ce ne fut qu'après la prise de cette ville que le plus grand nombre des compagnons quittèrent l'Espagne (Froissart, VI, LXXXVII, note 1).

3. Ces noms de lieux ayant été probablement estropiés par le copiste sont assez difficiles à retrouver aujourd'hui. Toutefois la suite du récit prouve qu'il faut les placer tous aux environs de Burgos et voici les identifications que nous proposons: *Saint-Dommin* serait *Santo-Domingo*,

jour de Pâques. Il va ensuite assiéger Tolède[1]. Vers le même temps il donne à du Guesclin le comté d'Estuire[2]. Don Pedro vient au secours de Tolède avec les rois de Grenade et de Belle-marine et 40,000 Sarrasins. Henri de Trastamare et du Guesclin les défont au lieu de Port, à trois lieues de Tolède, et les forcent à reprendre la mer[3]. (Pages 181-182).

Don Pedro va à Bordeaux implorer le secours du prince de Galles. Celui-ci fait alliance avec lui, du consentement du roi Édouard qui lui envoie des renforts sous la conduite de son fils, Jean de Lancastre, gendre du comte de Derbi. Le prince rassemble une foule de partisans anglais, bretons, gallois et gascons; le captal de Buch lui-même quitte le service du roi de France et va rejoindre le Prince Noir. Ce dernier achète du roi de Navarre le droit de traverser ses domaines avec son armée[4] (Page 181).

Le prince de Galles entre en Castille[5], s'empare de Groïn[6] et s'approche de Najéra[7]. Défaite par les Espagnols d'un corps d'Anglais commandé par Guillaume Felton, sénéchal de Poitou[8].

à 16 lieues à l'E. de Burgos, entre cette ville et Calahorra; *Saint-Fagon* = Sahagun (en latin *Sanctus Facundus*), à l'O. de la même ville; enfin *Pommiers* = *Médina de Pomar*, au N. de Burgos. Les troupes d'Henri de Trastamare ayant commencé par s'assurer du pays environnant avant de faire le siège de Burgos, nos identifications nous paraissent toutes acceptables, et les deux premières certaines.

1. La prise de Tolède est postérieure au couronnement de don Henri à Burgos (Froissart, VI, LXXXVII, note 1).

2. Du Guesclin reçut le duché de Trastamare, et un peu plus tard, en 1369, celui de Molina (Froissart, ibid., note 7) et le bourg de Soria (p. XXXIII, note 2). C'est sans doute de cette dernière terre que notre chroniqueur veut parler.

3. Nous n'avons pas besoin de faire remarquer que ces derniers détails sont absolument imaginaires.

4. Le prince de Galles et le roi de Navarre imposèrent un traité fort onéreux à don Pedro; les conditions en furent arrêtées à Libourne le 23 septembre 1366 (Rymer, III, II, 115 et 122); le premier exigea une somme de 555,000 florins et la cession d'une partie de la Biscaye; le second, les provinces de Guipuzcoa et de Logroño.

5. Le prince de Galles franchit les Pyrénées au col de Roncevaux, du 14 au 20 février 1367 (Froissart, VII, 7-10).

6. Sans doute Logroño, sur l'Èbre, dans la province de Burgos.

7. Najéra, province de Logroño, sur la Najérilla, affluent de la rive droite de l'Èbre.

8. Ce combat, où Guillaume Felton trouva la mort, fut livré près d'Ariñez, non loin de Vitoria (Ayala, p. 446).

Les deux armées se trouvent en présence près de Najéra. Celle d'Henri de Trastamare se compose surtout d'Espagnols; ses auxiliaires français sont commandés par du Guesclin, Arnoul d'Audrehem et le Bègue de Villaines. Bataille de Najéra; fuite des Espagnols et du roi Henri. Résistance acharnée des Français qui sont tous tués ou pris; parmi les prisonniers sont du Guesclin, Arnoul d'Audrehem et le Bègue de Villaines [1]. Le prince de Galles conduit don Pedro à Burgos, le rétablit sur le trône et reçoit son hommage [2] (Pages 182-184).

Le roi Henri se rend à Avignon [3]. Le pape Urbain V, qui se dispose à retourner à Rome, ne peut lui accorder aucun secours [4]. Il va trouver le duc d'Anjou, alors en guerre avec la reine de Naples, au sujet du comté de Provence et du royaume d'Arles [5] (Pages 184-185).

Après le retour du prince de Galles en France, Charles d'Artois, frère de Jean d'Artois, soudoie une partie des Grandes Compagnies sous prétexte d'aller conquérir le comté d'Artois. Il traverse l'Ile-de-France, la Brie, la Champagne et le Laonnois (Page 185).

1368 (n.-s.) dernière semaine de carême : terreur universelle du peuple et des gens d'armes en France, en Allemagne, en Espagne, etc. (Page 185).

Délivrance de Bertrand du Guesclin; il quitte Bordeaux et rejoint le duc d'Anjou au siège de Tarascon [6]. Paix entre la reine

---

1. La bataille de Najéra fut livrée le 3 avril 1367; les trois chevaliers français ici nommés furent en effet faits prisonniers (Ayala, pp. 453-58).

2. Le prince de Galles séjourna en Espagne pendant la plus grande partie de l'été de 1367; mais on peut voir dans Froissart que don Pedro ne tint aucun de ses engagements (VII, 51-59).

3. Après la bataille de Najéra, don Henri traversa l'Aragon, et se rendit à Orthez où le comte de Foix le reçut et lui fournit les moyens de gagner Toulouse (Ayala, pp. 461-462).

4. Il n'est pas probable que don Henri ait pu voir Urbain V à Avignon, car celui-ci quitta cette ville dès le 30 avril 1367, pour se rendre à Rome (*Petit Thalamus*, p. 68).

5. L'empereur Charles IV ayant cédé au duc d'Anjou, en 1365, ses droits sur le royaume d'Arles, celui-ci se mit en devoir de les faire valoir dans les premiers mois de l'année 1368. Voyez *Hist. de Languedoc*, édit. in-fol., IV, 335.

6. Du Guesclin fut mis en liberté le 27 décembre 1367 (Cuvelier, *Chronique rimée*, II, pp. 402-403); il passa à Montpellier le 7 février 1368, avec le maréchal Arnoul d'Audrehem, et se rendit à Nîmes (*Petit Thalamus*, p. 74); le siège fut mis devant Tarascon le 4 mars; la ville se

de Naples et le duc d'Anjou.¹. Ce dernier retourne à Toulouse (Page 185).

Nouvelle expédition d'Henri de Trastamare et de Bertrand du Guesclin en Espagne². Pendant que don Pedro est à Séville, son frère s'empare sans coup férir de Burgos et de plusieurs autres villes. Il vient ensuite assiéger Tolède. Don Pedro appelle à son secours les rois de Bellemarine et de Grenade,³ et s'approche de Tolède. L'armée franco-espagnole marche à sa rencontre. Défaite de don Pedro qui se réfugie à Montiel⁴ avec don Ferrand de Castro. Don Pedro négocie son évasion avec un Gascon de l'armée assiégeante. Celui-ci le mène à don Henri, qui le tue après une lutte corps à corps. Le roi Henri s'empare ensuite du château de Montiel et fait décapiter don Ferrand de Castro. Reddition de Tolède. Triomphe définitif d'Henri de Trastamare⁵ (Pages 185-187).

Procès fait au parlement de Paris contre le prince de Galles⁶; le duché de Guienne est confisqué au profit du roi. Une partie des seigneurs et des villes d'Aquitaine abandonnent le prince :

---

rendit le 22 mai 1368 (*ibid.*). Le duc d'Anjou assiégeait en même temps Arles (Baluze, *Vitae papar. Avenion.*, II, p. 772).

1. La paix ne fut réellement conclue qu'en 1371, au mois d'avril; Jeanne de Naples, qui n'avait pas d'enfants, adopta Louis d'Anjou.

2. Don Henri dut rentrer en Espagne vers la fin de septembre 1367 (Froissart, VII, xxiv, note 2). Quant à du Guesclin il ne retourna en Espagne qu'au mois de décembre 1368 (*ibid.*, xxx, note 1), après le traité d'alliance conclu entre Charles V et don Henri, le 20 novembre de cette année (Rymer, III, ii, p. 850).

3. Mohammed, roi de Grenade, vint en effet ravager l'Andalousie avec une armée d'environ 35,000 hommes; mais, repoussée devant Cordoue, l'armée des Maures ne tarda pas à se fondre et à se disperser ; elle dévasta les campagnes, enleva quelques châteaux, fit de nombreux prisonniers, mais ne fournit à don Pedro qu'un secours dérisoire (Ayala, p. 525).

4. Le combat de Montiel fut livré le mercredi 14 mars 1369 (Ayala, pp. 548 et suiv.).

5. La version de notre chroniqueur, au moins quant aux grandes lignes, s'accorde parfaitement avec celle d'Ayala (pp. 550-556). Don Pedro aurait fait négocier son évasion auprès de du Guesclin, par l'entremise d'un chevalier, Men Rodriguez de Senabria ; du Guesclin, avec l'assentiment de don Henri, aurait feint d'accepter les propositions de don Pedro et lui aurait tendu un piège (23 mars 1369).

6. Notre chroniqueur ne donne pas la véritable raison de l'appel adressé au roi de France par les nobles de Guyenne; ce fut la levée du fouage ordonnée par le prince de Galles en 1368. L'appel fut envoyé aux mois de mai et de juin 1368 (Froissart, VII, xxxvi, note 2).

notamment les comtes de Foix, d'Armagnac, de Comminges et de Montlezun, le sire d'Albret [1]; les villes d'Auch, Agen, Lectoure, Condom, Cahors, Figeac, Montauban, Bergerac, Périgueux, Angoulême, Saintes, Saint-Jean-d'Angely, La Rochelle, Limoges, etc. D'autres restent fidèles au parti anglais. La guerre recommence en l'an 1369 [2] (Pages 188-189).

Hue de Châtillon, maître des arbalétriers, capitaine en Picardie, reprend les villes d'Abbeville et de Rue, par traité [3], les places du Crotoy [4] et de Noyelles [5], par force. Cette dernière place avait pour capitaine Nichole Stamborne [6]. Le comté de Ponthieu tout entier se soumet au roi de France (Page 189).

La même année, une armée anglaise se rassemble à Calais et ravage l'Artois et les comtés de Saint-Pol et de Boulogne [7] (Pages 189-190).

Les Français commandés par Philippe de Bourgogne, Moreau de Fiennes, Gui, comte de Ligny et de Saint-Pol, se postent sur le mont de Tournehem [8]. Les Anglais s'établissent dans une forte position entre Guines [9] et Ardres [10]. Les Français décampent sans combattre après quelques escarmouches [11] (Page 190).

1. Le sire d'Albret, Arnaud Amanieu, épousa, en cette même année 1368, Marguerite de Bourbon, belle-sœur de Charles V (Froissart, VII; xxxvi, note 2).

2. Les hostilités ne commencèrent en effet qu'en 1369; le premier combat fut selon toute vraisemblance celui du Mont d'Alazac (17 janvier 1369) dans lequel Jean, fils du comte d'Armagnac, battit les Anglais (Froissart, VII, xlii-xliii, note 1).

3. Abbeville se rendit le 29 avril 1369; Rue (Somme, arr. d'Abbeville) ouvrit ses portes le même jour à Hugues de Châtillon (*Grandes Chroniques*, VI, 271-272).

4. Le Crotoy, Somme, arr. d'Abbeville, cant. de Rue.

5. Noyelles-sur-Mer, Somme, arr. Abbeville, cant. de Nouvion.

6. Nicole Stauroure, d'après les *Grandes Chroniques* (VI, 272).

7. Les troupes anglaises étaient, comme le dit le ms. 5610, commandées par le duc de Lancastre (*Grandes Chroniques*, VI, 318).

8. Tournehem, Pas-de-Calais, arr. de Saint-Omer, cant. d'Ardres. Le duc de Bourgogne, à la nouvelle de la descente du duc de Lancastre, quitta la Normandie où il était occupé à armer une flotte pour faire une descente en Angleterre; il établit son camp sur la colline de Tournehem le 23 août 1369 (*Grandes Chroniques*, VI, 318).

9. Guines, Pas-de-Calais, arr. de Boulogne-sur-Mer.

10. Ardres, Pas-de-Calais, arr. de Saint-Omer.

11. Le duc de Bourgogne leva son camp le 2 septembre 1369 (*Grandes Chroniques*, VI, 319).

Après le départ des Français, les Anglais et les Allemands ravagent le Ponthieu, passent la Somme et pillent le pays de Caux jusqu'à Harfleur. Au retour, ils occupent les faubourgs d'Abbeville du côté du Vimeu. Hue de Châtillon, maître des arbalétriers, les attaque; il est défait et pris avec quinze chevaliers. Le duc de Lancastre retourne ensuite à Calais et licencie ses troupes[1] (Page 191).

Un peu avant la fête de Noël 1369, les Français se concentrent à Saumur sous la conduite de Jean de Vienne, de Guillaume des Bordes, de Jean de Bueil[2] et de Gui le Baveux. Ils vont attaquer le comte de Pembroke à Purnon[3]. Combat dans les rues. Le comte échappe, mais ses troupes sont détruites[4]; la crainte de Jean Chandos, qui occupait Poitiers, force les Français à battre en retraite. Un peu auparavant, Jean de Bueil avait défait la garnison anglaise de Montreuil-Bonnin[5] et pris son capitaine, Simon Burel (Pages 191-192).

Pendant le carême de l'an 1370, Jean d'Estouteville et Jean de Villemur défont le Bourc Camus, le Bourc de Campane et Sustot de la Sague[6], au lieu de Lesterp, que les Français occu-

1. Sur cette chevauchée du duc de Lancastre en Ponthieu, voyez les *Grandes Chroniques*, dont le récit est sur tous les points conforme à celui de notre chroniqueur, et Froissart; VII, 164-167, 185-188 et 191-196.
2. Sur Jean de Bueil, qui fut chargé en 1369 de diriger la défense en Anjou, voyez Froissart, VII, LXXVII, note 4, et Delisle, *Mandements de Charles V*, n° 510.
3. Purnon, Vienne, arr. de Loudun, cant. de Monts-sur-Guesnes, commune de Verrue.
4. D'après Froissart (VII, 180), la défaite de Pembroke ne fut pas aussi complète que le dit notre chroniqueur; toutefois il ne dut son salut qu'à l'arrivée de Chandos, sénéchal de Poitou.
5. Montreuil-Bonnin, Vienne, arr. de Poitiers, cant. de Vouillé.
6. De ces trois chefs de compagnies, un seul est bien connu, le Bourc Camus qui est souvent nommé par Froissart. Nous n'avons rien trouvé sur le Bourc de Campagne et sur Jehan le Nègre, cité plus bas. Quant à Sustot de la Sague, c'est évidemment l'aventurier Ciquot de la Saigue, que cite plusieurs fois Cabaret d'Orville (édit. Chazaud, pp. 75, 77, 78 et 92); ce chroniqueur disant qu'il fut un des deux aventuriers qui s'emparèrent du château de Belleperche et y retinrent prisonnière la duchesse douairière de Bourbon, il faut probablement l'identifier avec le Bernard de la Salle, que Froissart nomme à cette occasion (VII, 155-157). On peut supposer qu'à la prise de Lesterp, Ciquot de la Saigue trouva moyen de s'échapper, sans quoi il eût subi le même sort que ses estimables com-

pent grâce à la connivence des habitants de la ville[1]. Le Bourc Camus, le Bourc de Campaigne et Jean Le Nègre, faits prisonniers, sont conduits à Paris et décapités comme traîtres, par ordre de Charles V (Pages 192-193).

Après le combat de Purnon et avant celui de Lesterp, les ducs de Bourgogne et de Bourbon avaient mis le siège devant le château de Belleperche[2] qu'occupaient des Gascons du parti anglais qui y détenaient la duchesse de Bourbon, mère de la reine de France et du duc de Bourbon. Le duc de Lancastre vient pour faire lever le siège[3]. Mais il n'ose attaquer les Français et se retire en Guienne; souffrance de son armée pendant la retraite (Page 193).

Au commencement de l'an 1370, le duc de Lancastre assemble une forte armée en Guienne; avec lui sont le comte de Pembroke et le captal de Buch, etc. Le prince de Galles, malade, retourne peu après en Angleterre[4] (Pages 193-194).

Vers le temps de son départ, un écuyer breton, du nom de Caraloet[5], part de l'abbaye de Saint-Sernin, nouvellement occupée par les Français[6], et marche vers le pont de Lussac[7]. La nuit pré-

pagnons. Cabaret d'Orville le cite comme vivant encore en octobre 1372 (p. 92).

1. Lesterps, Charente, arr. et cant. de Confolens.

2. Belleperche, château ruiné, Allier, arr. et cant. de Moulins, commune de Bagneux. Belleperche avait été pris par les routiers vers le mois d'août 1369 (Froissart, VII, LXXI, note 1). — Le siège en fut commencé vers le mois d'octobre 1369 par Louis, duc de Bourbon, et le maréchal de Sancerre ; le duc de Bourgogne n'arriva devant la place qu'en février 1370 (ibid., XC, notes 3 et 4); Belleperche fut pris en mars 1370 (ibid., XCI, note 3).

3. D'après Froissart (VII, 215) ce furent les comtes de Cambridge et de Pembroke qui vinrent au secours de la garnison de Belleperche; cette dernière version est plus vraisemblable.

4. Le prince de Galles ne retourna en Angleterre qu'après la prise de Limoges, c'est-à-dire après le 19 septembre 1370 (*Petit Thalamus*, p. 77), et après le combat où périt Chandos (1er janvier 1370) et que notre chroniqueur raconte plus bas.

5. Jean de Kerlouet, huissier d'armes de Charles V, s'était auparavant emparé du château de la Roche-Posay (Vienne, arr. de Châtellerault, cant. de Pleumartin) dont le roi lui donna la garde en septembre 1369 (Froissart, VII, LXIV, note 2).

6. Il s'agit ici de la célèbre abbaye de Saint-Savin (Saint-Savin-sur-Gartempe, Vienne, arr. de Montmorillon).

7. Lussac-les-Châteaux, Vienne, arr. Montmorillon, sur la Vienne.

cédente, Jean Chandos, Louis d'Harcourt et le sire de Parthenay avaient essayé d' « escheler » Saint-Sernin [1]. Apprenant le départ de Caraloet, ils le poursuivent. Premier combat entre Caraloet et le comte de Stanfford et Dagorisses [2] au pont de Lussac. Attaqués en queue par Chandos, les Français se défendent longuement sous la conduite de Louis de Saint-Julien et de Caraloet; malgré leur résistance, ils sont tous tués ou pris; mort de Chandos [3] (Pages 194-195).

Douleur du roi d'Angleterre et du prince de Galles à la nouvelle de cette mort. Peu après, échec du duc de Lancastre devant Limoges. Il s'empare plus tard de la ville [4], qui était défendue par Roger de Beaufort et Jean de Villemur [5] (Page 195).

Vers le même temps (1370), une armée anglaise se rassemble à Calais sous la conduite de Robert Knolles, lieutenant du roi Édouard, et de Thomas de Granson [6]. Ravage de l'Artois, destruction des faubourgs d'Arras. Les ennemis passent successivement l'Oise, l'Aisne, la Marne, la Seine et l'Yonne et arrivent près de

1. Dans la nuit du 30 décembre 1369, selon Froissart (VII, 196).

2. Ce personnage est évidemment le *Degory*, nommé au vers 3215 de la vie du prince Noir par le héraut Chandos. Les éditeurs de cet ouvrage déclarent (p. 384) qu'il leur a été impossible d'identifier ce chevalier, qui est cité lors de la bataille de Najéra, en même temps que Richard Taunton et Raoul de Hastings. On a voulu corriger *d'Angouses* et en faire un comte d'Angus ; les éditeurs du héraut Chandos pensent que c'était plutôt un certain de Grey, qui figure, en 1366, parmi les chevaliers à la solde du duc de Lancastre.

3. D'après Froissart, qui raconte fort longuement le combat du pont de Lussac (1er janvier 1370), Chandos ne serait mort que quelque temps après la bataille (un jour ou trois jours suivant les différentes rédactions). (Froissart, VII, 196-207).

4. Le siège de Limoges par le prince de Galles (et non le duc de Lancastre qui d'ailleurs y assista) dura six jours, du 14 au 19 sep. 1370 (Froissart, VII, cxiii ; *Petit Thalamus*, p. 77); la ville retomba donc entre les mains des Anglais moins d'un mois après sa reprise par le duc de Berry et du Guesclin (Froissart, VII, cx, note 1; cxi, note 1).

5. A ces deux noms il convient d'ajouter celui d'Hugues de la Roche, parent de Roger de Beaufort (Froissart, VII, 251 ; cxiv, note 1).

6. D'après les *Grandes Chroniques* (VI, 323) la chevauchée de Robert Knolles en France commença à la fin de juillet 1370. Robert Knolles et Thomas de Granson avaient avec eux environ 1600 hommes d'armes et 2000 archers. Ils furent nommés lieutenants du roi d'Angleterre le 1er juillet 1370 (Bibl. nat., *Coll. Moreau*, 677, f. 62 b). Knolles était encore à Londres le 8 juillet 1370 (Champollion, *Lettres de rois et de reines*, II, 179).

Paris[1] sans être attaqués. Ils traversent ensuite le Chartrain et se dirigent vers le Mans (Pages 195-196).

Bertrand du Guesclin, de retour d'Espagne, remplace Moreau de Fiennes comme connétable de France[2]. Le roi le charge de poursuivre Robert Knolles. Bertrand rassemble ses troupes à Caen[3] et chevauche de Falaise au Mans presque sans arrêter. Hugh de Calverly, Thomas de Granson et plusieurs autres Anglais étaient logés à Pontvallain[4]; ils suivaient Robert Knolles, lequel se rendait du Mans en Bretagne et avait occupé les forteresses de Vas[5] sur le Loir, de Rilly[6] et du Louroux[7]. Bertrand marche contre Thomas de Granson. Au point du jour il arrive à Pontvallain[8]; les Anglais avaient couché à Mayet: il les trouve près du château de La Faugue[9]. Avec le connétable sont Mouton de Blain-

1. Les Anglais arrivèrent sous Paris le 24 septembre 1370 (*Grandes Chroniques*, VI, 323). — Notre chronique et l'anonyme de Saint-Denys s'accordent entièrement sur l'itinéraire des Anglais.

2. Du Guesclin fut nommé connétable le 2 octobre 1370 (Froissart, VII, cxvi, note; *Grandes Chroniques*, VI, 325).

3. Du Guesclin était encore à Caen le 1er décembre 1370 (Hay du Chastelet, *Histoire de du Guesclin*, Preuves, p. 133).

4. Pontvallain, Sarthe, arr. de la Flèche, ch.-l. de cant.

5. Vaas, Sarthe, arr. de la Flèche, cant. de Mayet.

6. Sans doute Ruillé-sur-le-Loir, Sarthe, arr. de Saint-Calais, cant. de la Chartre-sur-le-Loir.

7. C'est le lieu dont les deux localités suivantes du canton du Grand-Lucé (Sarthe, arr. de Saint-Calais) ont gardé le souvenir : Saint-Vincent-du-Lorouer et Saint-Pierre-du-Lorouer.

8. Du Guesclin dut faire une extrême diligence, comme le dit notre chroniqueur. Le 1er décembre il était encore à Caen; le 6 décembre, à Saumur (voir plus loin), et la bataille de Pontvallain avait eu lieu dans l'intervalle. Il dut prendre la grande route, la seule praticable au milieu de l'hiver et par suite passer par Alençon; de Caen à Alençon, il y a environ 100 kil., d'Alençon au Mans, 50 kil., du Mans à Saumur, par la Flèche, environ 90 kil., total 240 kil. parcourus en 4 jours, avec une troupe à cheval; on comprend que le connétable ait dû marcher nuit et jour et laisser une partie de ses troupes en arrière.

9. Du Guesclin avait si bien marché qu'il avait gagné les Anglais de vitesse. L'armée anglaise se dirigeait vers la Bretagne en côtoyant le Loir; arrivé au Mans probablement le 3 au soir, le connétable court à Pontvallain espérant y trouver l'arrière-garde, commandée par Thomas de Granson; elle était encore à 6 ou 7 kil. plus à l'est, à Mayet (Sarthe, ch.-l. de canton, arr. de La Flèche), où elle avait couché. Bertrand marche aussitôt à la rencontre des ennemis. Il semble que les

ville[1], maréchal de France, Arnoul d'Audrehem[2]; Raoul de Raineval[3]; Jean de Vienne, le sire de Montauban, etc. Défaite des Anglais; prise de Thomas de Granson, de Geoffroy Orselle, de Richard et David de Greine, de Gilbert Giffart, de Thomas Fillefort, etc.[4] (Pages 196-197).

deux troupes aient longé la petite rivière de l'Aune, affluent du Loir, car sur le bord de ce cours d'eau, *à un pas,* c'est-à-dire à un passage assez étroit, se trouve le château de la Faigne (Cartes de Cassini, f. 64, et de l'État-major, f. 93). Les Anglais étant coupés du corps principal, on s'explique pourquoi tous ceux qui ne furent pas tués furent faits prisonniers. — Sur ce château de la Faigne, chef-lieu d'une seigneurie importante au moyen âge, voir F. Legeay, *Recherches historiques sur Mayet*, Le Mans, 1856, 2 vol. in-18, I, 250-252.

1. Mouton de Blainville, maréchal de France, servit pendant toute cette campagne. L'acte suivant du 24 mars 1371 (n. s.) nous fait connaître le nombre de chevaliers qui accompagnaient le maréchal, en même temps qu'il nous fournit les principales étapes du connétable : « Bertran du Guesclin, duc de Molines, connestable de France, certifions à touz que il est deu à messire Mouton, sire de Blainville, mareschal de France, pour le demourant des gaiges de lui et des gens d'armes qu'il a tenus au service du dit seigneur en ces presentes guerres, soubz nostre gouvernement, depuis le vi[e] jour de novembre CCCLXX qu'il fist sa premiere monstre à Caen jusques au xiie jour de mars ensuivant que nous fusmes retournez de Ussel en Guyenne, auquel jour lui et ses dites gens d'armes furent cassez, comprins ens. IIIc frans d'or par nous à lui ordennez prendre et avoir pour son estat pour chascun mois, tant comme il servit ou service du dit seigneur en ses dites guerres, par compte fait par nous audit mareschal, c'est assavoir pour les gaiges de lui banneret, sept chevaliers bachelers et vingt-cinq escuiers, qui firent leur monstre le dit vi[e] jour de novembre à Caen jusques au vi[e] jour de decembre ensuivant; et pour les gaiges de lui banneret, six chevaliers bachelers et vingt-quatre escuyers, dudit vi[e] de decembre qu'il firent leur reveue à Saumur jusques au derrenier jour d'icelui mois ; et pour les gaiges du dit mareschal banneret, un autre banneret, dix chevaliers bachelers et quarante-trois escuiers qui firent leur montre à Bloyes jusques au dit xiie jour de mars que ledit cassement fut fait ... la somme de 1702 francs d'or. (Bibl. nat., *Pièces orig.*, vol. 1433, dossier Guesclin, n° 30, orig.)

2. Arnoul d'Audrehem est mentionné comme accompagnant du Guesclin dans cette expédition par la *Chronique rimée* de Cuvelier ; il aurait même commandé une partie de l'armée à Pontvallain (éd. Charrière, vers 18,460).

3. Raoul de Raineval, panetier de France. En 1369, il servait le roi avec 30 hommes d'armes (Delisle, *Mandements*, n° 505).

4. Froissart, l. I, ch. 319, nomme plusieurs des capitaines anglais énumérés ici par notre chroniqueur.

Bertrand du Guesclin retourne au Mans pour concentrer ses troupes. Fuite de Robert Knolles vers la Bretagne; il perd la plus grande partie de ses gens pendant la retraite. Le sire de Clisson le bat à Saint-Mahieu de Finepoterne[1] (Page 198).

Bertrand reprend Vas où est fait prisonnier un grand banneret d'Angleterre, le sire de Fieuvauter[2]. Il occupe ensuite Rilli que les Anglais ont abandonné. Il vient passer la Loire à Saumur et apprend que les Anglais, après avoir évacué leurs forteresses, ont passé le fleuve à l'abbaye de Saint-Maur qu'ils occupaient, et se retirent vers Bressuire. Il les poursuit en toute hâte, les bat sous les murs de la ville et prend celle-ci d'assaut[3]. Peu après l'abbaye de Saint-Maur capitule[4] (Pages 198-199).

Vers le temps de la bataille de Pontvallain, le duc de Lancastre assiège Montpaon[5], place située vers Bordeaux et occupée récem-

1. M. Luce (Froissart, VII, IV, note 3) identifie avec raison Saint-Mahieu de Finepoterne avec Saint-Mathieu-de-Fine-de-Terre, Finistère, arr. de Brest, cant. de Saint-Renan, commune de Plougonvelin. Mais il est impossible de supposer que Clisson ait pu poursuivre les débris de l'armée de Knolles à travers toute la Bretagne, pays où ces mêmes débris trouvèrent un refuge. Notre chroniqueur aura sans doute commis une erreur, et il faut chercher le lieu où les Anglais furent défaits sur les marches de Bretagne, aux environs du château de Derval où Knolles vint se réfugier après la défaite.

2. Cabaret d'Orville (éd. Chazaud, pp. 25-26) attribue l'honneur de la prise du maréchal d'Angleterre Fitz-Vatier à Louis de Sancerre et à Jean d'Azay, sénéchal de Toulouse. Suivant lui, le connétable arriva l'affaire finie et réclama le maréchal pour son prisonnier; Sancerre refusa de le lui rendre, ce qui amena une dispute entre les deux capitaines.

3. Voy. les *Grandes Chroniques*, VI, 326, Cuvelier, vers 18652-18704, et Cabaret d'Orville (éd. Chazaud, pp. 27-28); ce dernier attribue l'honneur de la journée à Louis de Sancerre; sa version est du reste peu acceptable.

4. La capitulation de Saint-Mor, achetée à prix d'argent, est antérieure à janvier 1371; le quatre de ce mois, la ville de Tours paya un messager envoyé à Paris par la municipalité au connétable et au sire de Chevreuse; il s'agissait d'obtenir une réduction sur la somme de 800 francs d'or imposée à la ville pour sa quote-part de la rançon payée à la garnison de Saint-Mor (Delaville Le Roulx, *Comptes municipaux de Tours*, II, p. 106, n° 486, 489, 497; et Froissart, VII, LXXXII, note 2). La place de Saint-Mor était occupée par l'Anglais Jean Cressewell.

5. Monpont-sur-l'Ille, Dordogne, arr. de Ribérac; voyez *Chr. des quatre premiers Valois*, pp. 208-209.

ment par les Français. La garnison composée de Bretons et commandée par Fouques Boules, sire d'Assi, et Sevestre Budes, résiste vigoureusement; mais le manque de vivres la force à se rendre avant l'arrivée de du Guesclin, qui est parti pour aller à son secours[1]. A la nouvelle de la prise de Montpaon, Bertrand conseille aux ducs de Bourgogne et de Bourbon d'assiéger Ussel; le manque de vivres et le mauvais temps forcent les Français à lever le siège[2]. L'armée est licenciée et les ducs reviennent en France (Pages 200-201).

Peu après, du Guesclin assiège Conches[3] et met une bastide devant Breteuil. Ces deux places avaient été données autrefois au captal de Buch, qui malgré ses serments faisait la guerre au roi de France. Conches était défendu par Archambaud de Pressy, oncle du captal (Page 201).

Vers le même temps les Anglais se réunissent vers Thouars[4], prennent la Roche-Pozay[5] et assiègent Montcontour[6]. Bertrand

1. Sur le siège de Montpont, voir Froissart, l. I, ch. 323-325. La garnison était en effet composée de Bretons ; Froissart nomme entre autres *le sire d'Arcy*, qui est le *Fouques Boules* de notre chronique, et *Sevestre Budes* ; sur ce dernier, cousin de du Guesclin, voir une note de M. Luce (Froissart, VI, xciv, n. 3). Montpont fut pris par les troupes du duc de Lancastre.

2. Du Guesclin quitta Ussel avant le 12 mars 1371 (voyez plus haut). Froissart appelle cette place *Uzès*, puis *Usson* (l. I, ch. 329 et 330) et la place en Auvergne, mais la position d'Ussel dans la Corrèze nous paraît convenir beaucoup mieux à la suite des événements.

3. D'après la *Chronique des quatre premiers Valois* (p. 215) du Guesclin mit le siège devant Conches après la Pentecôte de l'an 1371. Il était encore devant la place en juillet 1371 (Delisle, *Mandements*, n° 797).

4. Thouars, Deux-Sèvres, arr. de Bressuire.

5. La Roche-Pozay (Vienne, arr. de Châtellerault, comm. de Pleumartin). Cette place était gardée pour le roi de France par le breton Kerloet (Delaville Le Roulx, *Comptes municipaux de Tours*, II, 338).

6. Moncontour, Vienne, arr. de Loudun. Le siège de Moncontour eut lieu en septembre 1371. Mais, dès le mois d'août, du Guesclin quitta la Normandie pour aller au secours du Poitou. La concentration des forces françaises se fit principalement à Tours (Delaville Le Roulx, *ut supra*, pp. 339-340). Louis et Jean de Sancerre étaient dans cette ville le 5 septembre ; Mouton de Blainville le 6 ; du Guesclin et Olivier de Clisson se trouvaient à Saumur le 5, Olivier de Mauny à Sablé le 1ᵉʳ septembre. La plupart des chevaliers servant sous du Guesclin, Clisson et Mauny étaient des Bretons, mais les actes, analysés par M. Delaville Le Roulx, prouvent que, comme le dit notre chroniqueur, l'armée française,

du Guesclin quitte le siège de Conches, va rassembler ses troupes sur les marches de Bretagne et se met en route pour secourir la place; arrivé à Saumur, il apprend qu'elle s'est rendue. Il va essayer de la reprendre avec Louis de Sancerre, Mouton de Blainville et le sire de Clisson; le manque d'arbalétriers fait échouer cette tentative (Page 202).

Peu après, Mouton de Blainville, maréchal de France, est envoyé devant Conches avec Jean de Vienne pour compléter le blocus de la place du côté du parc et de la forêt de Conches. Elle se rend après neuf mois de siège. La garnison de Breteuil capitule et s'engage à garder le château pour le captal sans faire guerre, sauf en cas d'hostilités entre le roi de Navarre et le roi de France [1] (Pages 202-203).

forte d'au moins 2600 hommes, ne renfermait que peu ou point d'arbalétriers. L'armée anglaise, commandée par Thomas de Percy, comptait 3000 hommes. La place de Moncontour tint 10 jours. La concentration des troupes de secours fut pour la ville de Tours une cause de grandes dépenses (voir Delaville Le Roulx, *ut suprà*, p. 111, n°* 506 à 509). Les troupes françaises, après la prise de la place, allèrent guerroyer en Limousin.

1. La place de Conches, tenait encore en janvier 1371-1372 (Delisle, *Mandements*, n° 850); elle avait capitulé au mois d'août suivant, ainsi que Breteuil, et le roi fit régler les indemnités dues aux habitants de Verneuil pour dommages à eux causés par la garnison de cette dernière ville (*ut suprà*, n° 892). Breteuil fut définitivement repris en 1376 (*ut suprà*, n° 1269).

TABLE

DES NOMS DE LIEUX ET DE PERSONNES

N.-B. *Dans la présente table, chercher les noms d'hommes aux prénoms, quand ceux-ci sont connus; sinon, au nom de seigneurie ou au nom de famille; nous avons en général renvoyé de ces derniers aux prénoms quand le personnage est cité sous son prénom. Les formes anciennes de noms d'hommes et de lieux sont indiquées, mais nous renvoyons toujours à la forme moderne, quand celle-ci est connue. La lettre* n. *après un chiffre indique que le nom se trouve à la page indiquée, mais dans les notes ou dans les variantes. Nous avons fait autant de renvois que possible; il se peut encore que, malgré tous nos soins, certains personnages aient deux articles différents. Nous espérons toutefois que le cas est fort rare.*

A

Aanieres. Voyez Asnières.
Aardenburg (Notre-Dame d') (Flandre), 253 n. V. Ardenbourg.
Abbeville, *Abeville*, 80, 189, 190 n., 191, 275, 346, 347.
Acquieret. Voyez Quiéret.
Acy (d'). Voyez Regnaut.
Adam de Senz, conseiller au Parlement, 228.
Adhémar de Mauléon, capitaine de la garnison française de Sauveterre, 264 n.
Adolphe, évêque de Liège, 47, 254.
Adolphe, *Ardoffles*, roi des Romains, 3, 7, 8, 12, 13, 231 n., 232, 233, 234.
Aelipcia, domina de Ornone, 207.
Aes. Voyez Aix-la-Chapelle.
Agen, *Agin, Agien, Aigny*, 73, 93, 188, 264 n., 269 n., 270 n., 271 n., 276 n., 283 n., 285, 346.
— (consuls d'), 269 n.
Agenais, *Agenois*, 95, 214, 245 n., 264 n., 266 n., 269 n., 270 n.
— (receveur d'), 269 n.
— (sénéchal d'), 205, 206, 208, 243 n. Voyez Robert d'Houdetot.
Agoine (d'). Voyez Thomas de Dagworth.
Agolem, Agolent, 269 n. Voyez Angoulême.
Agorne (d'). Voyez Thomas de Dagworth.
Agoulleme. Voyez Angoulême.
Agout des Baux, sénéchal de Toulouse, 266 n.
Aiguillon, *Aguillon, Eguillon, Guillen* (Lot-et-Garonne), 63, 67, 72, 73, 82, 244 n.,

263, 267, 270, 271 n., 272 n., 276.
Aignicourt (d'). Voyez Catherine.
Aigny. Voyez Agen.
Aiguesmortes (Gard), 212.
Aimar de Mauléon, chevalier, capitaine de Port-Sainte-Marie, 264 n.
Aimar, *Hemars* de Poitiers, 46, 254.
Aimar, *Hemars* de Valence, 39, 245.
Aimeri, *Aymerion* de la Mote, 225, 226.
Aimeri, *Emery* de Pavie, *Pevie*, châtelain de Calais, 90, 91, 92, 104, 282, 295, 296 n.
Aimeri de Roquefort, chevalier toulousain, 245 n.
Aimeri de Tartas, *Tartres*, 100, 291.
Airaines, *Araines* (Somme) 79, 275.
Aire (Pas-de-Calais), 83 n., 86, 278, 282 n.
Aisne, *Aine* (L'), rivière, 195, 349.
Aix-la-Chapelle, *Aiz*, *Aes*, 13, 234.
Alain de Kedillac, chevalier breton, 262 n.
Alazac (Mont d'), 346 n.
Albert Ier d'Autriche, roi des Romains, 14, 234.
Albret, *Labret* (le sire d'), 113, 188, 288 n., 302, 346. Voyez Arnaud Amanieu.
Aleausmes, fils ainé du duc de Bretagne, 19.
Alemant. Voyez Henri et Anri.
Alençon, 350 n.
Alençon, *Alançon* (comte d'), 57, 82, 220, 227, 261, 275. Voyez Charles.
— (comté d'), 158, 328.
Alexandre, *Alixandre* de Caumont, 72, 73, 270, 271.
Alfonse, *Amphour* d'Espagne, seigneur de Lunel, 35, 240.
Alienor, fille du roi d'Angleterre, femme du comte de Bar, 3.

Allemands, *Alemans*, 3, 4, 5, 6, 7, 11, 77, 232.
Alleux. Voyez Arleux.
Allos, pays de Flandre, 19.
Aloue (L'). Voyez Guillaume.
Alpes, 326 n.
Amauri de Clisson, 359 n.
Amauri, *Almaurris* de Meulan, *Meulent*, sire de Neubourg, capitaine en Basse-Normandie, 112, 139, 302, 317.
Ambais (bec d'), 225; *Ambès*, (Gironde).
Ambleville, *Aombleville* (Charente), 97, 288.
Ambreville (d'). Voyez Guillaume.
Amédée V, comte de Savoie, 25, 26, 237.
Ameux ou Aimmeris de Neuville, 23.
Amiens, *Amyens*, 37, 82, 124, 125, 137, 138, 139, 219, 221, 241, 250 n., 276, 279 n., 300 n., 309, 316, 317, 332 n.
— (bailli d'), 35, 240.
— (commun d'), 78, 125, 274.
— (maire d'), 129, 311. Voyez Fremin de Coquerel.
Amphour. Voyez Alfonse.
Andalousie (L'), 345 n.
Andres (Pas-de-Calais), 293 n.
— (abbaye d'), 294 n.
Andry Regelet, 300 n.
Anekin. Voyez Ennequin.
Anellay. Voyez Geoffroy.
Angers, 258 n.
Angle (d'). Voyez Guichart.
Anglemoustier. Voyez Ingelmunster.
Angleterre (chancelier d'), 296 n.
Angliers (Vienne), 290 n.
Ango, *Angou.* Voyez Anjou.
Angoulême, *Angoulesme*, *Angolesme*, 69, 70, 77, 188, 268, 269, 270 n., 287, 291 n., 346.
— (comte d'). Voyez Charles d'Espagne.
Angoumois, 266 n., 268 n., 269 n.
Angouses (d'). Voyez Dagorisses.

Angus (comte d'). Voyez Dagorisses.
Anjou, *Ango, Angou*, 157, 160, 178, 199 n., 325 n., 327, 329, 340, 347 n.
— (duc d'), 116 n., 185, 312 n., 344, 345. Voyez Louis.
— (sénéchal d'), 296 n.
Annequin, *Ennequin* (le sire d'), maître des arbalétriers, 170, 172, 335, 336. — Voyez Baudouin de Lens.
Annibale Ceccano, évêque de Frascati, légat du pape, 262 n., 280 n., 286 n.
Annussa. Voyez B.
Anry Lalemant, capitaine français, 4, 23.
Anseau, *Anciaux* de Chevreuse, *Chevreux*, 26.
Antéigny, Antigny. Voyez Sauvage (Le).
Antoine, évêque de Durham, 231 n.
Antony, *Antourgny*, *Nygon* (Seine), 78, 274.
Anvers, *Envers*, *Ennest* (Flandre), 40, 41, 42, 247 n., 249, 250, 251.
Aombleville. Voyez Ambleville.
Aquitaine (duché d'), 29, 37, 238, 241. V. Guienne.
Aquitaniedux. Voir Edouard III.
Aragon (roi d'), 341 n. Voyez Pierre IV.
— (royaume d'), 326, 341, 344 n.
Araines. Voyez Airaines.
Araines. Voyez Ferrant.
Archambaud de Pressi, 201, 353.
Archiprêtre, *Arceprestre* (L'). Voyez Arnaud de Cervole.
Arcy (le sire d'), 353 n. Voyez Fouques Boules, sire d'Assi.
Ardenbourg, *Ardembourg*, *Ardambourc* (Flandre), 18, 33, 239, 253 n.
Ardouffle. Voyez Adolphe.
Ardres (Pas-de-Calais), 101, 102 n., 103, 190, 290 n., 291 n., 292, 346.
— (abbaye d'), 104.

Arinez (Castille), 343 n.
Argentan, *Argenten* (Orne), 164, 301 n., 331.
Argeville (d'). Voyez Charles.
Arles (royaume d'), 185, 344.
Arleux, *Alleux* en Palluel (château d'), 110, 124, 300, 309 n.
Armagnac (d'). Voyez Guiraud.
Armagnac, *Armaignac*, *Armignac* (le comte d'), 38, 41, 46, 66, 68 n., 92, 93, 188, 215, 244, 247, 248 n., 254, 266, 282, 284, 285 n., 346. Voyez Jean.
— (terre d'), 264 n., 266 n.
Arnaud Amanieu, sire d'Albret, de Labret, 100, 291, 346.
Arnaud de Caumont, fils du sire de Tombebœuf, capitaine de Tombebœuf, 264 n.
Arnaud de Cervole, dit l'Archiprêtre, 156, 326.
Arnaud d'Espagne, seigneur de Montespan, sénéchal de Bigorre, de Périgord et de Quercy, 283 n., 289 n.
Arnaud, *Arnault* Foucaut, *Fouquaut*, 223 à 230.
Arnaud Garsie de Goux, *de Gutto*, seigneur de Puyguilhem, 285 n.
Arnaud Gauzbert de *Castanheno*, damoiseau, capitaine de *Vicus-Castrum*, près Lauzerte, 284 n.
Arnaud Guillem de Béarn, 245 n.
Arnaud Raimond de Castelbajac, *Chastelbaiart*, capitaine de Sauveterre et de Blasimon, 67, 68, 264 n., 267.
Arnoul, Ernoul d'Audrehem, *Andrehen, d'Odenehan, d'Odenehen, de Donehan, de Denehan*, maréchal de France, 83, 98, 100, 101, 102, 104, 106, 107, 108, 111 n., 114, 115, 116 n., 180, 181 n., 183, 184, 197, 198, 199 n., 200 n., 276, 288, 291, 293, 295, 297, 298, 303, 323, 326 n., 344, 351.

Arques, près Saint-Omer (Pas-de-Calais), 23, 46, 236, 240 n., 278 n.
Arquery (d'). Voyez Simon.
Arquiriaco (dominus de). Voyez Simon d'Arquery.
Arras, 17, 24, 25, 45, 46, 83, 87, 195, 230, 235, 237, 241 n., 253, 254, 276, 279, 349.
Artevelle. Voyez Jacques.
Artois, 23, 24, 76, 86, 124, 142 n., 143, 149, 189, 190, 195, 196 n., 236, 237, 273, 278, 292 n., 295 n., 320, 322, 346, 349.
— (comté d'), 109, 185, 299, 300 n., 344.
Artois (d'). Voyez Charles, Jean, Mahault, Philippe, Robert.
Arundel, *Arondel* (comte d'), 57, 66 n., 67, 72, 74, 267, 270, 271.
Asnières, *Aanières* (La tour d') (Eure), 122, 307.
Assi (d'). Voyez Galois (Le).
Assi (d'). Voyez Regnaut d'Acy.
Assi (sire d'). Voyez Fouques Boules.
Astaffort, *Estanfort* (Lot-et-Garonne), 92, 264 n., 283, 285 n.
Astiches. Voyez Athies.
Athènes, *Atainnes, Ataines* (le duc d'), connétable de France, 45, 51, 52, 83, 88, 114, 115, 116 n., 253, 257, 276, 280, 303.
Athies (d'), *Aticez*. Voy. Robert.
Aubemarle (comte d'). Voyez Aumale.
Aubenton, *Auventon* (Aisne), 44, 253.
Auberchicourt (d'). Voyez Eustache.
Auberis, Aubois de Longueval, 19.
Auberoche (Dordogne), 65, 66, 265, 266, 268.
Aubert. Voyez Etienne.
Aubeterre-sur-Dronne (Charente), 268 n.
Aubicourt (d'), *Aubiscourt, Au-bissecourt*. Voyez Eustache d'Auberchicourt.
Aubois Longueval. Voyez Auberis.
Aucerre. Voyez Auxerre.
Auch, 188, 346.
— (archevêque d'), lieutenant en Languedoc, 284 n.
Auchoire. Voyez Auxerre.
Audeley (d'). Voyez Hugues et Pierre.
Audenarde (Flandre), 18, 33, 35, 43, 240, 252.
Audouart Ier. Voyez Edouard.
Audrehem (d'). Voyez Arnoul.
Auffay (d'). Voyez Noël.
Aufray de Montbouch, 296 n.
Augerans (d'). Voyez Robert.
Aulnay (Vienne), 268 n.
Aulnay, *Auney* sur Odon (Calvados), 123, 308.
Aumale, *Aumarle, Aubemarle* (Seine-Inférieure), 129, 312.
— (comte d'), 19 n., 75 n.
— (comtesse d'), 318 n.
Aumeilles, 141, 318 (Aumale ?).
Aune (L'), affluent du Loir, 351 n.
Auney. Voyez Aulnay.
Auray, *Auroy* (Morbihan), 99, 175, 176, 177, 290, 339.
Ausoince (d'). Voy. Guillaume.
Aussi (Le Galois d'). Voyez Galois d'Assy (Le).
Aussy (d'). Voyez Le Grand.
Autriche, *Auteriche* (duc d'), 3, 12, 13, 233; roi des Romains, 13, 224. Voyez Albert.
Auventon. Voyez Aubenton.
Auvergne, 140, 318, 339 n.
— (dauphin d'), 154, 155 n., 325.
— (comtesse d'). Voyez Jeanne, reine de France.
Auvillar (Tarn-et-Garonne), 264 n.
Auvilliers, *Auvillers* (Seine-Inférieure), 121, 150, 155, 306, 323, 325.
Auxerre, *Aucerre, Auchoire, Autorre* (Yonne), 147, 321.
— (comte d'), 82 n., 116 n.,

170, 173 n., 174, 177 n., 215, 321 n., 335, 337. Voyez Jean III de Chalon.
Avagor. Voyez Avaugour.
Avanterme. Voyez Vottem.
Avaugourt, *Avaugor*, *Avagor* (terre d'), 176, 339.
— (sire d'), 51, 61, 262.
Avignon, 28, 95 n., 155, 156, 179, 185, 238, 241 n., 317 n., 326, 327, 341, 344.
Avranches (Manche), 178, 340.
Aymar, vicomte de Clermont, 284 n.
Ayton Doria, *Dorea*, 210, 211, 212, 213; capitaine génois au service de la France, 251 n.
Azay (d'). Voyez Jean.

B

B. Annussa, 289 n.
Bacon. Voyez Rogier.
Bacons. Voyez Guillaume.
Bahuches (*Nycole*). Voyez Nicolas Behuchet.
Bailleu (de). Voyez Gauvain.
Bailleul, *Bailluel* (Nord), 18, 91, 282.
Bailleul (le sire de), chevalier français, 250 n.
Baillout. Voyez Colin.
Bailluel. V. Bailleul.
Baimbourg, capitaine de Honfleur, 150, 323.
Baionne. Voyez Jacques.
Bajamont (Lot-et-Garonne), 73, 271, 264 n.
Balaus. Voyez le Bour.
Balma (*de*). Voyez *Galesius*.
Baqueville. Voyez Guillaume Martel.
Bar (duc de), 96, 287.
Bar (comte de), 3, 4, 232.
Bar (de). Voyez Henri, Thierri.
Barbavara, *Barbevaire*, capitaine génois au service de la France, 43, 45, 251, 253 n.
Barbazan (de). Voyez Ogier, Thibaut.
Barbe. Voyez Guillaume.

Barbeaux, *Barbel* (abbaye de), 31, 238.
Barbevaire. Voyez Barbavara.
Barcelone, 341 n.
Bardes (compagnie des), 213.
Barnabo, *Bernabo* Visconti, 156, 326.
Barravi. Voyez *Bertrandus*.
Barthélemi de la Baume, l'un des capitaines de la garnison française de Sauveterre, 264 n.
Barthélemi du Drach, trésorier des guerres, 248 n., 257 n.
Bascon, *Bascoing*, Basque de Mareuil, *de Mareul*, *de Mareil* (Le), 99, 100, 137, 172 n., 290, 291.
Basqueville. Voyez Guillaume Martel.
Baudes de Pierrenes, 19; Baudart de Pierewes, 19 n.
Baudouin de Bouvelinghem, chevalier (le même que Tassart. Voyez ce mot), 294 n.
Baudouin, empereur de Constantinople, 234 n.
Baudouin de Laigny, *Ligny*, 19.
Baudouin de Lens, sire d'Annequin, *Ennequin*, Hennequin, maître des arbalétriers, 107, 173 n., 298, 328 n.
Baudrain de la Heuse, *Heure* (Le), 119, 120, 121, 122, 142, 144, 150, 173 n., 305, 307, 319, 320, 323.
— amiral de France, 319 n., 332 n.
Bauduin de Ligny. Voyez Baudouin.
Bauduin Ruffin, chevalier au service du comte de Julliers, 5.
Baume (de la). Voyez Barthélemi, Galois, Guillaume.
Rauteley (*de*). Voyez Gautier de Bentley.
Bauville (de). Voyez Gobert.
Baux (des). Voyez Agout.
Bavay (Nord), 45, 253.
Bavelinguehan. Voy. Baudouin de Bouvelinghem.
Baveux (Le). Voyez Gui.

Bavière. Voyez Louis.
Bayeux, *Baieux* (Calvados), 120, 165, 166, 170, 306, 322, 335.
— (évêque de). Voyez Guillaume Bertrand.
— (vicomte de), 306 n. Voyez Renier le Coutelier.
Bayonne, *Baionne* (Basses-Pyrénées), 37, 63, 242, 263.
Bazas (Gironde), 264 n.
— (consuls de), 269 n.
Bazoiches (de). Voyez Jean.
Béarn, 264 n.
Béarn. Voyez Arnaud Guillem.
Beaucaire (Gard), 209.
— *Belcayre* (sénéchal de), 208.
Beauce, *Beausse* (La), 148, 322.
Beauchamp (de). Voyez Jean, Louis, Thomas.
Beaucouroy (de). Voyez Hue.
Beaufort (le comte de). Voyez Bedford.
Beaufort (de). Voyez Roger.
Beaujeu, *Beaugieu* (le sire de), maréchal de France, 83, 88, 89, 99, 100, 101, 276, 280, 290, 291. Voyez Edouard.
Beaujeu (de). Voyez Guichard.
Beaulo, *Beaulx* (le sire de), 83, 126, 276, 310.
Beaumanoir (le sire de), 100, 105, 106, 290, 296.
Beaumont (Hainaut), 44, 253.
— *Blanmont* (comte de), 5.
— *Biaumont* (le vicomte de), 50.
Beaumont (de). Voyez Jean, Jean de Vervins, Pierre, sire de Charni, Pierre, Regnaut, Robert, Thomas.
Beaumont de Lomagne (Tarn-et-Garonne), 92, 283.
Beaumont d'Esterac, l'un des capitaines de la garnison française du Mas d'Agenais, 264 n.
Beaumont-le-Richard (Calvados), 152, 330.
Beaumont-le-Roger (Eure), 163, 330, 331.
Beaumont-le-Vicomte (vicomte de). Voyez Louis.
Beausse (La). Voyez Beauce (La).

Beauvais, *Beauvaiz* (Oise), 78, 129, 275, 311.
— (évêque de), 317 n. Voyez Jean de Marigny.
— (sic). Voyez Guillaume Bertran.
Beauvais (le châtelain de), 106, 296. Sans doute le personnage que Robert d'Avesbury appelle le « sénéchal de Bennofyn. »
Beauvaisis, *Beauvoisin*, *Biauvesis*, 127, 128, 129, 132, 136, 311, 312, 313, 317 n.
Beauvaiz-sur-Mer. Voyez Beauvoir.
Beauval. Voyez James.
Beauvez. Voyez Beauvoir.
Beauvoir, *Beauvais*, *Beauvez-sur-Mer* (Vendée), 64, 95, 260, 286.
Beauvoir (le sire de), 99, 290.
Bécherel, *Bescherel* (Ille-et-Vilaine), 99, 105, 106, 107, 149, 161, 162, 290, 297, 298, 322, 330.
Bedford, *Beaufort*, *du Fort* (le comte de), 54, 259.
Begue, *Beghe* de Villaines (le), 118, 124, 130, 131, 180, 183, 184, 304, 308, 309 n., 312, 342, 344.
Behaingne, Behangne. Voy. Bohême et Charles de Bohême.
Béhuchet. Voyez Nicolas.
Belagent. Voyez Pierre.
Belaye (sire de), 283 n.
Belcayre. Voyez Beaucaire.
Belleferiere (de). Voyez Jean.
Bellemarine, Belmarin (le roi de) (de la dynastie des Ben-Merini), 180, 181, 186, 342, 343, 345.
— (fils du roi de), 186.
Bellemont (de). Voyez Gauvain et Guyot.
Bellencombre, *Belencombre*, (Seine-Inférieure), 169, 335.
Bellencourt (de). Voyez Gauvain de Bellemont.
Belleperche (château de) (Allier), 193, 347 n., 348.

Belleville (Vendée), 286 n.
Bellonne, 236 n. Voyez Bou-lorm.
Ben-Merini (les), souverains du Maroc, 342 n. Voyez Bellemarine.
Bennofyn (le sénéchal de), 296 n. Voyez Beauvais (le châtelain de).
Benoît XI, pape, 28, 238.
Benoît XII, pape, 40, 247 n.
Bentley (de). Voyez Gautier.
Beraus de Marqueil, 23 n. Voyez Bernard d'Ernaqueil.
Berelle (la). Voyez Herelle (la).
Berg (de). Voyez Monts.
Bergerac (Dordogne), *Bergerart, Bergerat*, 63, 65, 66, 67, 68, 71, 188, 209, 263, 264 n., 266, 267, 268 n., 270, 346.
Bergues, *Berghes* (Nord), 85 n., 277 n.
Bernay (Eure), 174, 337.
Bernard de Briget, *jurisperitus*, 208, 209, 245 n.
Bernard d'Ernaqueil ou Beraus de Marqueil, 23.
Bernard de Moreul, 116 n.
Bernard de Pardaillan, l'un des capitaines de la garnison française de Bazas, 264 n.
Bernard de la Massoure, sergent d'armes, 213.
Bernard de La Salle, 347 n. Voyez Susot de la Sague.
Bernart Jourdain de Fois, 229.
Bernart Jourdain, sire de Lisle, 264 n.
Bernardus de Brigeto, jurisperitius. Voyez Bernard.
Berry, 269 n.
— (duché de), 155 n.
— (duc de). Voyez Jean.
Bertran (le sire de), 158, 328.
— Voyez Guillaume, Robert.
Bertrand, comte de l'Isle, 283 n.
Bertrand, sire de Briquebec, 296 n.
Bertrand de Goux, 93, 94, 285.
Bertrand de Born, seigneur de Hautefort, 288 n.

Bertrand de Lisle, capitaine de Condomois, 264 n.
Bertrand de Saint-Pern, *Pere*, capitaine de Rennes, 117, 149, 159, 304, 322.
Bertrand des Prez, 223, 230.
Bertrand du Guesclin, de *Claiequin*, *de Claquin*, 107, 117, 149, 157, 158 à 161, 164, 168 à 173, 174, 175, 176, 177 n., 179, 180 à 187, 196 à 201, 298, 304, 322, 324, 328 à 331, 334 à 336, 337, 338, 339 à 345, 349 n., 350, 352 à 354.
Bertrand, Bertaut d'Outreleau, châtelain de La Réole, 69, 268.
Bertrandus Barravi, mercator Burdegale, 207.
Bertueil. Voyez Breteuil.
Berwick, *Bervic* (Ecosse), 109, 299.
Besançon (archevêque de), 274 n.
Besançon (de). Voyez Jean.
Bescot. Voyez Guillaume.
Bessin, pays, 120, 162, 330.
Betan. Voyez Buchan.
Bethencourt, Betencourt (forteresse de) (Seine-Inférieure), 145, 321.
— (sire de), 172, 336.
— (dame de), 321 n.
— Voyez Sarrasin.
Béthune, *Betune* (Pas-de-Calais), 4, 24, 76, 82, 232, 237, 273, 276.
— (fille de l'avoué de), comtesse de Flandre, 1.
Beuf (captal de). Voyez Buch.
— (de). Voyez Fortunier.
Beuville, 94 n. Voyez Gobert de Bouville.
Béziers, *Bitteris* (Hérault), 341 n.
Biauconroy (de). Voyez Hue.
Biaugu. Voyez Beaujeu.
Biaumont. Voyez Beaumont.
Biere (forêt de), 30.
Biere (de). Voyez Pepin de Wiere.
Bigorre (sénéchal de). Voyez Arnaud d'Espagne.

TABLE DES NOMS D'HOMMES

Bigot (Le). Voyez Hapart, Jean.
Billebaut de Trie, *Trye*, 47, 48, 255.
Bimont (de). Voyez Jean de Hainaut.
Biscaye (La), 343 n.
Bitteris. Voyez Béziers.
Blainville (de). Voyez Mouton.
Blanche, fille d'Otton IV, comte de. Bourgogne, femme de Charles IV le Bel, 240 n.
Blanche, reine de France, sœur de Charles, roi de Navarre, 95, 108, 137, 169, 178, 286, 298, 316, 335, 340.
Blanche de Bourbon, femme de Don Pedro, roi de Castille, 179, 341.
Blanche-Tache (gué de la), 79, 275.
Blangy, Blangi-sur-Bresle (Seine-Inférieure), 144, 145, 320, 321.
Blanmont (comte de), 11, 12. Voyez Beaumont.
Blanquebourc. Voyez Brandebourg.
Blanquemont. Voyez Brandebourg.
Blanssac (château de), 227; p.-ê. Blanzac (Charente).
Blasimon (Gironde), 264 n., 267 n.
Blaye, *Blaive, Blaves* (Gironde), 38, 63, 65, 220, 245, 263, 265.
— (marché de), 65.
Blois, *Bloyes* (Loir-et-Cher), 351 n.
— (comte de), 82, 272 n., 275. Voyez Charles.
— (gouverneur de), 167, 333.
— (de). Voyez Louis.
Boche (de la). Voyez Hugues.
Bohain (château de) (Aisne), 216.
Bohême, *Behangne, Behaigne, Boëme* (le roi de), 36, 77, 82, 96, 220, 273, 274, 275.
— (de). Voyez Charles, roi des Romains.
Bohun (de). Voyez Guillaume.
Bois (du). Voyez Tristan.

Boissemont. Voyez Oisemont.
Bomont. Voyez Jean de Vervins, sire de Beaumont.
Bondues, *Bonduces* (Nord), 31.
Boneface de Bracyon, 215.
Boniface VIII, pape, 2, 12, 28, 29, 231, 233, 234, 235 n., 238.
Bonne, femme de Jean, duc de Normandie, 96, 286.
Bonneval (Eure-et-Loir), 149 n. 152, 324.
Bordeaux, Bourdeaux, *Burdegala*, 28, 38, 72, 92, 116, 123, 182, 185, 200, 207, 225, 226, 229, 263 n., 266 n., 270, 283, 300 n., 303, 322 n., 343, 344, 352.
— (marchands de), 243 n.
— (sénéchal de), 94, 99, 285, 288, 289.
Bordes (des). Voyez Guillaume.
Borgne ou Beghe de Chambly, Chambeli, Chambelly (Le), 131, 312.
Born (de). Voyez Bertrand.
Bos (du). Voyez Tristan.
Bost (du). V. Henri.
Boubein. Voyez Guillaume.
Bouchain, *Bouhan* (Nord), 41, 248.
Boucicaut, Bouciquaut, 94, 95, 98, 112, 285, 288, 302.
Bouglon (Lot-et-Garonne), 264 n.
Bouguerie, 13 n. Voyez Hongrie.
Bouhan. Voyez Bouchain.
Boulemer. Voyez Guillaume.
Boulenriu. Voyez *Boulorm*.
Boules. Voyez Fouques.
Boulogne, *Boulongne* (Pas-de-Calais), 83, 86, 88, 90, 276, 278, 281.
— (comté de), 109, 190, 299, 346.
— (comte de). Voyez Philippe.
— (comtesse de). Voyez Jeanne, reine de France.
Boulogne, *Boulongne*. Voyez Robert.
Boulorm, *Boulenriu* (fosses de), 20, de Bellonne (?) 236 n.

Bour de Balaus (Le), 269 n.
Bourbon (duc de), 68 n., 71, 114, 115, 154, 155 n., 201, 270, 303, 325, 353.
— (duc de), lieutenant du roi en Languedoc, 266 n.
— (duchesse de), 193, 347 n., 348.
— (de). Voyez Blanche, Jacques, Jeanne, Louis, Pierre.
Bourc. Voyez Bourg.
Bourc° de Campane, Campaigne (Le), 192, 193, 347, 348.
Bourc. Camus (Le), 192, 193, 347, 348.
Bourdeilles (Dordogne), 264 n.
Bourg-sur-Gironde, *Bourc*, (Gironde), 38, 63, 65, 220, 225, 226, 245, 263, 264 n., 265.
Bourgogne, *Bourgongne*, 140, 156, 177, 318, 327 n., 340, 341.
— (comté de), 177, 340.
— (duché de), 156, 326.
— (duc de), 4, 7, 32, 68 n., 71, 220, 270.
Bourgogne (de). Voyez Eudes, Jeanne, reine de France, Othon, Philippe, Robert.
Bournonville (de). Voyez Regnault.
Bours. Voyez Burgos.
Bouton (de). Voyez Buchan.
Bouvelinghem, *Bavelingham* (Pas-de-Calais) (château de), 294 n.
Bouvelinghem. Voyez Baudouin, Michel, Tassart.
Bouville (de). Voyez Gobert.
Bouvines, *Bovines* (Nord) (pont de), 47, 254.
Brabant, 40, 41, 242 n., 247.
— (duc de), 3, 12, 27, 40, 43, 44, 46, 77, 84, 232 n., 233, 237, 247, 252, 254, 273, 276, 277.
Brabant. Voyez Godeffroy, Jean III.
Bracyon (de). Voyez Boneface.
Bradeston. Voyez Thomas.
Brambroc. Voyez Robert.

Brandebourg, *Blanquebourc* (marquis de), fils de Louis de Bavière, 40, 44, 57, 247, 253, 261.
— Voyez Robert.
Brantôme (Dordogne), 301 n.
Braquémont (de). Voyez Guillaume, Regnaut.
Bray-sur-Seine (Seine-et-Marne) 140, 317.
Bray-sur-Somme (Somme), 149, 323.
Bredelle. Voyez Jean.
Bregny. Voyez Brignais.
Bremin (de). Voyez Jean.
Bressuire, *Bressières, Brissières, Bruissière* (Deux-Sèvres), 199, 200 n., 352.
Brest (château de) (Finistère), 53, 60, 258, 262.
Bretagne, *Bretaigne*, 49, 50, 51, 53, 54, 56, 57, 60, 61, 95, 100, 105, 106, 110, 117, 151, 155, 157, 176, 177 n., 178, 196, 198, 200 n., 202, 256, 259, 261, 272 n., 281 n., 286, 290, 291, 296, 297, 301, 304, 327, 339, 340, 350, 352.
— (duché de), 154, 325.
Bretagne Bretonnante, 59, 61, 262, 263.
Bretagne Galot, 53, 59, 258, 262.
— (duc de), 7, 28.
— (duc de). Voyez Jean.
Bretencourt (la dame de), 320.
Breteuil, *Bretueil*, *Bertueil*, *Bretuel* (château de) (Eure), 110, 111 n., 118, 201, 203, 304, 353, 354.
Brétigny, près Chartres (Eure-et-Loir), 324 n., 325 n.
Brevin (de). Voyez Jean.
Brézolles, *Brisolles* (Eure-et-L^r), 157, 158, 160, 327, 328, 329.
Brie, *Brye*, 32, 111 n., 185, 344.
Brieuse. Voyez Briouze.
Briex. Voy. Guillaume, Raoulet.
Bricz. Voyez Jean.
Brigdamme. Voyez Ernoul de Bruguedant.

Briges. Voyez Bruges.
Briget, *Brigeto.* Voyez Bernard.
Brignais, *Bregny* (Rhône), 140, 318, 335 n.
Brimeu (le sire de), 75 n., 76, 273.
Briquebec. Voyez Robert Bertran.
Briquemont (de). Voyez Regnaut de Braquemont.
Brisolles. Voyez Brézolles.
Brissuere. Voyez Bressuire.
Briouze-Saint-Gervais, *Briouse, Brieuse* (Orne), 157, 328.
Brueil (le pas de) (Calvados), 164, 331.
Brugeois (les), 33, 235, 240.
Bruges, *Briges,* 11, 12, 16, 17, 19, 22, 25, 33, 40, 233, 235, 239, 240, 247, 277.
— (châtelain de), 5.
Brughedant, Bruguedant. Voyez Ernoul.
Bruissière. Voyez Bressuire.
Bruxelles, 248 n.
Buch, *Beuf, Beuch* (captal de), 94, 113, 285, 302.
— Voyez Jean de Grailly.
Buchan, *Bouton, Betan* (le comte de), 87, 279.
Bucy (de). Voyez Simon.
Budes. Voyez Sevestre.
Bueil (de). Voyez Jean.
Buironfosse, *Buyronfosse, Burenfosses* (Aisne), 41, 44 n., 219, 221, 249 n., 250 n.
Bulemcamp, hameau près de Furnes, 5.
Burdegala. Voyez Bordeaux.
Burdus de Burdelia dictus Negron, 289 n.
Burel. Voyez Simon.
Burenfosses. Voyez Buironfosse.
Burgos, *Bours,* 181, 184, 186, 342 n., 343 n., 344, 345.
Bussi (de). Voyez Simon.
Butecourt. Voyez Jean.
Buveron (de). Voyez Guillaume de Rouveron.
Buyronfosse. Voyez Buironfosse.

Byquebek. Voyez Guillaume de Briquebec.

C

Cachan (Seine), 322 n.
Cadzant, *Gagant, Caiant* (Flandre) (île de), 39, 246.
Caen, 75, 77, 96, 157, 196, 268 n., 272, 273, 284 n., 287, 295 n., 327, 329 n., 350, 351 n.
— (la porte Millet à), 76, 273.
— (la porte S. Pierre à), 76, 272.
— (bailliage de), 302 n., 305, 323 n., 331 n., 333 n., 337 n.
— (bailli de), 272 n. Voyez Thomas Pinchon, Robert de Varignies.
— (château de), 295 n.
— (châtelain de), 295 n. Voyez Robert de Varignies.
— (vicomte de), 308 n.
Cahors, *Caours, Caturcum,* 188, 190 n. 269 n., 270 n., 289 n., 346.
— (évêque de), 283 n.
— (trésorerie royale de), 209.
— (de). Voyez Raoul.
Caiant (île de). Voyez Cadzant.
Cairon, *Caron* (Calvados) (église fortifiée de), 120, 306.
Calahorra (Castille), 342 n.
— (évêque de), 342 n.
Calais, *Qualais* (Pas-de-Calais), 83, 84, 85, 86, 88, 89, 90, 101, 102, 104, 109, 149, 152, 153, 154 n., 189, 190 n., 191, 195, 276, 278, 280, 281, 291, 294, 295, 299, 322, 324, 346, 347, 349.
— (château de), 91, 92, 282.
Calverly (de). Voyez Hugh.
Cambrai (Nord), 40, 41, 43, 44, 214 à 217, 247, 248, 252.
— (évêque de). Voyez Guillaume d'Ausoince, Guillaume Granson.
— (bourgeois de), 40, 247.
Cambresis, 44, 248 n.
Cambridge (comte de), 348 n.
Cameley (de). Voyez Hugh de Calverly.

Campaigne, Campane (de). Voy. Bourc (le).
Camperano (de). Vide Petrus.
Camus. Voyez Bourc (le).
Cange (du). Voyez Jean.
Canolle (Robert, Robin). Voyez Knolles.
Canterbury, Cantorbie, Canturbie (Angleterre), 56, 261.
Cantoursel. Voyez Champtoceaux.
Canturbie. Voyez Canterbury.
Caon. Voyez Thomas.
Caours. Voyez Cahors.
Caours (de). Voyez Raoul de Cahors.
Capelle (seigneur de la). Voyez Raimond-Bernard de Durfort.
Capestang (Aude), 300 n.
Cappenay. Voyez Henri de Champignay.
Caraloet. Voyez Jean de Kerlouet.
Carbon. Voyez Jean.
Carbonne (Haute-Garonne), 300 n.
Carbonnel. Voyez Guillaume.
Carcassonne, Carquassonne, 38, 92 n., 109, 213, 244, 282 n., 283 n.; 299, 300.
— (sénéchal de), 208. Voyez Pierre de Beaumont.
— (sénéchaussée de), 341 n., 343 n.
Cardaillac, Cardillac (de). Voy. Hugues.
Carentan, Quarenten (Manche), 75, 165, 170, 272, 332, 335.
Carle. Voyez Guillaume.
Caron. Voyez Cairon.
Carquassonne. Voyez Carcassonne.
Cassel (Nord), 18, 36, 89, 221, 241, 280. Voyez Robert.
Casseneuil. Cassenuel (Lot-et-Garonne), 66, 264 n., 266.
Castanheno (de). Voyez Arnaud Gauzbert.
Castel (du). Voyez Tannegui.
Castelbajac (de). Voyez Arnaud Raimond.

Castelbruiant (le sire de), 50; Châteaubriant.
Castelle regnum. Voyez Castille.
Castellon. Voyez Gautier.
Castellon (de). Voyez Jean de Chastillon.
Castelmoron-sur-Lot, Monroy (Lot-et-Garonne), 68, 267.
Castelnau-Tursan (Landes), 264 n.
Casteloigne (comte de), 3.
Castelpugon (de). Voyez Gaillard.
Castelsarrasin (Tarn-et-Garonne), 283 n.
Castelsarrazin en Béarn (Landes), 264 n.
Castille, Castelle regnum, 187, 263, 341 n., 342, 343.
Castillonès (consuls de) (Lot-et-Garonne), 269 n.
Castro (de), de Castres. Voyez Ferrand (Don).
Catherine, femme de Charles de Valois, 234 n.
Catherine d'Aignicourt, femme de Robert de Varignies, dit le Galois, 295 n.
Caturcum. Voyez Cahors.
Caudecotte, Chaude Cote, Chaude Corée (Eure), 150, 323.
Cauffort. Voyez Stafford.
Caumont (le sire de), 113, 302.
— Voyez Arnaud, Guillaume, Hermite (l').
Caun. Voyez Thomas.
Caunay (Deux-Sèvres), 269 n.
Cauveley (Hue de). Voyez Hugh de Calverly.
Cauveroqué (de). Voyez Guillaume.
Caux. Voyez Cuch.
Caux (pays de), 173, 191, 336, 347.
— (bailliage de), 323 n.
— (bailli de). Voyez Regnaut des Illes.
Cavrelay, Calverlay (de). Voyez Hugh de Calverly.
Ceccano. Voyez Annibale.
Célestin V, pape, 28, 238.

Cépoy (de). Voyez Jean.
Cervole (de). Voyez Arnaud.
Ceverly (de). Voyez Hugh de Calverly.
Chalon (de). Voyez Guillaume, Hugues, Jean, Louis.
Chalon-sur-Saône (Saône-et-Loire), 340 n.
Châlons, *Chalon* (Marne), 140, 322.
Chambeli, *Chambly* (de): Voyez Borgne de Chambly (le).
Chambeli (de). Voyez Mouton.
Chameroles (Loiret), 174, 338.
Chamgeneteux. Voyez *Champ Genestous*.
Champagne, *Champaigne*, 4, 140, 185, 232, 317, 344.
— (comté de), 32.
— (maréchal de), 123, 308. Voy. Jean de Conflans.
Champeaux (de). Voyez Jean.
Champ Genestous, 159, 328. (? Chamgeneteux).
Champignay (de). Voyez Henri.
Champs (de). Voyez Griseau.
Champtoceaux, Chantoceaux, *Chavorsel*, *Cantoursel* (Maine-et-Loire), 49, 51, 255, 257.
Chancelier de France. Voyez Pierre de la Forêt.
Chandos. Voyez Jean.
Chantilly (sire de). Voyez Jean de Clermont.
Chantoceaux, 51, 257. Voyez Champtoceaux.
Charente (la), 97, 288.
Charenton (pont de), 313 n.
Chargny (de). Voyez Geoffroy de Charni.
Charité-sur-Loire (la) (Nièvre), 175, 177, 178, 338, 339, 340.
Charles, fils du roi de Bohême, 77, 273, 274; de Luxembourg, 274 n., roi des Romains, 117, 304; IV, empereur, 344 n.
Charles, comte de la Marche, roi de France sous le nom de Charles IV, 11, 29, 32, 33, 35, 36, 37, 238, 239, 240, 242.
Charles, duc de Normandie et dauphin de Viennois, régent du royaume, 96, 111 n., 115, 116, 117, 118, 123, 125, 127, 130, 131 à 138, 140, 144 n., 150, 152, 286, 302, 303, 304, 305, 308 à 316, 318, 320 n., 321, 323, 324, 331 n.;
Charles V, roi de France, 170, 173, 175, 177, 178, 179, 182, 188, 189, 190 n., 191, 193, 196 n., 295 n., 312 n., 332 n., 335, 337 n., 338, 339, 340, 341 n., 342, 343, 345 n., 346, 348...
Charles, roi de Navarre, 96, 108, 109, 110, 111, 124, 125, 126, 127, 129, 131, 132, 133, 134, 136, 137, 144, 145, 168, 169, 170, 172, 174, 178, 182, 201, 287, 298, 300, 309 à 316, 318 n., 319 n., 320 n., 321 n., 334, 335, 337, 338 n., 343, 354.
Charles de Valois, frère de Philippe le Bel, 11, 14, 15, 23, 26, 28, 29, 30, 234, 236, 238.
Charles, fils de Charles de Valois, 29.
Charles de Valois (fille de), épousée par Albert Ier d'Autriche, 13, 234.
Charles d'Alençon, 50, 256.
Charles d'Argeville, 297 n.
Charles d'Artois, 114, 115, 185, 303, 344.
Charles de Blois, 49, 50, 51, 53, 54, 59, 60, 61, 62, 90, 91, 154, 161, 175, 176, 177 n., 256, 257, 258, 262, 281, 325 n., 330, 339.
Charles d'Espagne, d'*Espaigne*, comte d'Angoulême, maréchal de France, 282 n.; connétable, 83, 88, 96, 97, 98, 99, 100, 108, 276, 280, 287, 289, 290, 291, 298.
Charles Grimaldi, *de Gremaut*, 51, 257, 260 n.
Charles de Montmorency, 47, 48, 88, 255, 279.
Charles Toussat ou Toussac, 135.
Charni (de). Voyez Geoffroy. Pierre de Beaumont.

ET DE LIEUX. 367

Charrolles (de). Voyez Jean.
Chartrain (pays), 149, 175, 196, 306 n., 322, 338, 350.
Chartres, 152, 324.
Chastel (Louis du). Voyez Louis de Neufchâtel.
Chastelbaiart. Voyez Arnaud Raimond de Castelbajac.
Chastel Gaillart. Voyez Château-Gaillard.
Chastellet (du). Voyez Jean.
Chastiauvillain (de). Voyez Jean.
Château-Cornet, *Chastel-Cornet* (Iles normandes), 74, 271.
Château Gaillard, *Chastel Gaillart,* 31, 239 n., 323 n., 337 n.
Châteauneuf-sur-Charente (Charente), 268 n.
Châtelet de Paris (le), 314 n.
Châtellerault (Vienne), 302 n.
Châtillon, près Montrouge (Seine), 322 n.
Châtillon-sur-Indre (Indre), 269 n.
Châtillon, *Chastillon* (de). Voy. Gaucher, Gautier, Gui, Hue.
Chaude Corée. Voyez Caudecotte.
Chaude Cote. Voyez Caudecotte.
Chaumont (Oise), 142, 319.
Chauveau. Voyez Pierre.
Chauvel. Voyez Jean.
Chauvigny (Vienne), 112, 302.
Chauvigny (le sire de), 94, 285.
Chavorsel. Voyez Champtoceaux.
Chemir (vicomte de), 45 n. Voy. Thouars.
Cher, *Chier* (le), rivière, 167, 333.
Cherbourg, *Chirebourc* (Manche), 75, 272.
Chereles. Voyez Jean de Charrolles.
Chesnoy (le), (? Quesnay-Guesnon, Calvados), 164, 331.
Chevreuse (Seine-et-Oise), 128, 311.
— (sire de), 352 n.

Chevreux. Voyez Anseau.
Chevrier. Voyez Gui.
Chimay (Belgique), 44, 253.
Chinon (Indre-et-Loire), 15, 234.
Chippre. Voyez Chypre.
Chirebourc. Voyez Cherbourg.
Chivereston (de). Voyez Jean.
Chypre, *Chippre,* 156, 327.
— (le roi de), 179, 340. Voyez Pierre.
Ciquot de la Saigne. Voyez Susot de la Sague.
Claiquin, Claiequin (de). Voyez Bertrand du Guesclin.
Claudin, 332 n.
Clay d'Ennequin ou Sandequin, 34, 35, 240.
Clémence de Hongrie, femme de Louis X le Hutin, 32, 239.
Clément V, pape, 28, 29, 31, 238, 239.
Clément VI, pape, 59, 62, 262, 263.
Clerc (le). Voyez Jean.
Clermont (de). Voyez Jean, Robert.
— (vicomte de). Voyez Aymar.
Clermont en Beauvaisis, *Cleremont en Beauvoisin* (Oise), 130, 312.
Clermont-Ferrand, 341 n.
Clèves (comte de), 39, 57, 232 n., 245, 261, 274 n.
Clicon. Voyez Olivier de Clisson.
Climence. Voyez Jean.
Cliont, en Saintonge, 223, 224;
Clion (Charente-Inférieure).
Clisson, *Clicon, Clichon* (Loire-Inférieure), 286 n.
— (dame de), 60, 61, 262.
— (sire de), 154, 161, 175, 177 n., 198, 202, 325, 330, 339, 352, 354. Voyez Amauri; Olivier.
Coayms (de). Voyez Geffray.
Cobeham (de). Voyez Regnaut.
Cocbourc. Voyez *Escoquebugle.*
Cocherel, *Cocquerel, Coicherel, Coucherel* (Eure), 171, 173 n.,

174 n. 201, 335 n., 336, 337.
Cognac; *Coignac* (Charente), 97, 264 n., 288.
Colart Marc d'Argent, 320 n.
Colart Sade, 148.
Colehem (de). Voyez Richart.
Colin Baillout, 216.
Colin Doubel, 109, 300..
Collehem. Voyez Regnaut de Cobeham.
Cologne, *Coulongne* (Allemagne), 8, 233.
Colombières (le sire de). Voyez Henri.
Colonne. Voyez Regnaut.
Comborn, *Combort* (Corrèze), 100, 291.
Combourg, *Combour* (Ille-et-Vilaine), 106, 297.
Commines (Nord), 11, 233.
Comminges (comte de), 188, 346.
Compiègne, *Compiengne* (Oise), 128, 130, 132, 219, 221, 234, 250 n., 311, 312, 313.
— (tour de), 28.
Compiègne (de). Voy. Etienne.
Conches (Eure), 201, 202, 203, 353, 354.
Condom, *Condon* (Gers), 188, 243 n., 264 n., 346.
— (châtellenie de), 243 n.
— (consuls de), 269 n.
Condomois, 264 n., 266 n.
Conflans (Seine), 313 n.
Conflans, près Paris, 277 n.; ? Conflans-Sainte-Honorine (Seine-et-Oise).
Conflans (de). Voyez Jean.
Connoy. Voyez Touvoy.
Constantin, Constentin. Voyez Cotentin.
Constantinople, *Constentinoble*, 15, 234 n.
Coq (le). Voyez Robert.
Coquerel (de). Voyez Fremin.
Corbeil, *Corbueil* (Seine-et-Oise), 124, 309, 333 n.
Corbie (Somme), 317 n.
Cordoue (Andalousie), 345 n.
Corgny. Voyez Thorigny.
Cormeilles, *Cormelles* (abbaye de) (Eure), 164, 169, 329, 331.
Cornu de Ramille, 103, 294.
Cosne-sur-Loire (Nièvre), 338 n.
Cotentin, *Constantin, Constentin*, 75, 119, 127, 167, 170, 272, 305, 311, 333, 335, 340 n.
— (bailliage de), 323 n., 331 n., 337.
— (clos de), 112, 302.
Coucy, *Couchy* (le sire de), 155 n., 164, 331. Voyez Enguerrand, Raoul.
Coulombs, *Coulon* (Calvados), 120, 306.
Coulon. Voyez Jean.
Coulone. Voyez Regnaut.
Coulongne. Voyez Cologne.
Coulongne (de). Voyez Jean.
Courtenay (de). Voyez Hugues, Robert.
Courtesien. Voyez Sohier.
Courtrai, *Courtray* (Belgique), 10, 12, 17, 18, 19, 20, 26, 33, 233, 240.
— (château de), 18.
Courtray (sire de), 20.
Courtrai (de). Voyez Sohier.
Courtrisien. Voyez Sohier.
Coutelier (le). Voyez Renier.
Couvay. Voyez Touvoy.
Coyman (le vicomte de), 297 n.
Cramailles (le sire de), 279 n.
Craon (le sire de), 302 n. Voy. Guillaume.
Crec. Voyez Creil.
Crécy-Couvé. Voyez Touvoy.
Crécy, *Cressy, Cressi* (village et forêt de) (Somme), 80, 82, 83, 84, 275, 276.
Creil, *Creel, Creilg, Crèc* (Oise), 136, 137, 147, 316, 321.
Crepy en Laonnois, *Crespy en Lannois* (Aisne), 149, 323.
Crequi (le sire de), 92, 282.
Cressonvale, Cressonval, capitaine anglais, 167, 333. Voyez Jean Creswey.
Cressy. Voyez Crécy.
Creswey. Voyez Jean.
Creuilly, *Creuilli, Creully* (Calvados), 120, 122, 306, 307.

Crèvecœur, *Crievecœur, Crievecuer* (château de) (Nord), 41, 109, 110, 111 n., 248, 300.
Crie. Voyez Cuq.
Crivecuer. Voyez Crèvecœur.
Cristot, *Criot* (le) (Calvados), 120, 122, 306, 308.
Croix (de la). Voyez Waflard.
Croix-Saint-Leufroy, *Lieffroy, Lieufroy* (la) (Eure), 171, 336.
Crotoy (le) (Somme), 80 n., 189, 190 n., 346.
Cuch, *Caux* (sire de), 20.
Cugunhani. Voyez Petrus Arnaudi.
Cuq, *Crie* (Lot-et-Garonne), 92, 283.
Cuyk. Voyez Jean.

D

Dagorisses, Degory, d'Angouses, (? d'Angus, Grey), 194, 349.
Dagworth (de). Voyez Thomas.
Dam, *Damp, Dan* (Flandre), 11, 13, 17, 233.
Damas (forêt de las), 289 n.
Damazan, *Damesan, Damasan* (Lot-et-Garonne), 69, 72, 264 n., 268, 270.
Damp. Voyez Dam.
Dampierre (de). Voyez Gui, Jean de Chastillon.
Dampmartin, Dammartin (le comte de), 19, 114, 115, 116 n., 303.
Dampmartin. Voyez Regnaut.
Dan. Voyez Dam.
Danemark (roi de). Voyez Waldemar.
Dannicole, prieur de Ribemont, 216.
Darneston. Voyez Warneton.
David Bruce, roi d'Ecosse, 87, 108, 279.
David de Greine, Grene, 197, 198, 351.
Dax (prévôté de) (Landes), 285 n.
Degory. Voyez *Dagorisses*.
Deinneville (de). Voyez Pierre.

Demmer de Quarque. Voyez Jean.
Demonville. Voyez Pierre de Deinneville.
Denehan (de). Voyez Arnoul d'Audrehem.
Denis du Plessis, du Plaissié, 53, 258, 262 n.
Denis. Voyez Gérard.
Derbi (comte de). Voyez Henri de Lancastre.
Derval (château de) (Loire-Inférieure), 200 n., 352 n.
— (sire de), 105, 296.
Despensier, Despencier (le), 113, 302.
— Voyez Philippe.
Desprez. Voyez Jean.
Deule, *Deulle* (la), rivière, 27, 279 n.
Devonshire (comte de). Voyez Hugues de Courtenay.
Diacres, Ducres de Halouin, Halluin, 39, 246.
Diere. Voyez Hoppequin.
Diest, Diète. Voyez Philippe.
Dinan, *Dignant, Dinain* (Côtes-du-Nord), 49, 55 n., 107, 149, 161, 255, 298, 330.
Doire. Voyez Otton Doria.
Domart, *Dommart* (Somme), 80 n.
Domfront (Orne), 308 n.
Domme, *Mons Dome* (Dordogne), 289 n.
Donehan (de). Voyez Arnoul d'Audrehem.
Donnezac (bois de) (Gironde), 229.
Dordogne, *Dordonne, Dourdonne* (la), 67, 98, 283 n., 288, 295 n.
Doria, *Dorea*. Voyez Ayton, Otton.
Douai, *Doay* (Nord), 3, 20, 21, 22, 27, 29, 30, 42, 232, 235 n., 236, 237, 238, 249, 250.
— (châtelain de), 19.
Doubel. Voyez Colin.
Douglas, *Duglaz* (le sire de), 87, 279.
Doullens, *Dourlens, Doulens*

(Somme), 82, 143, 276, 320.
Doyre. Voyez Ayton Doria.
Drach (du). Voyez Barthélemi.
Dreux (comte de), 18.
Droizy, *Drosuy* (Eure), 175, 338.
Drouais (le), 306 n.; *environs de Dreux.*
Ducres. Voyez Diacres.
Duglaz. Voyez Douglas.
Dulains. Voyez Gobert.
Dunes (Tarn-et-Garonne), 92, 283, 284 n.
Dunkerque (Nord), 277 n.
Durfort (de). Voyez Raimond-Bernard, Rainfroid.
Durham, *Duresme, Dureme, Duremmes* (Angleterre), 87, 108, 279, 299.
— (évêque de), 14, 57, 87, 234, 261, 279.

E

Ecausseville, *Escauleville* (Manche), 170, 335.
Echauffour, *Eschaufou* (Orne), 157, 174, 327, 328 n., 337, 338 n.
Ecluse (l') (Flandre), 33, 44, 64 n., 239, 253.
Ecossais, 242 n.
Ecosse, *Escosse*, 108, 299.
— (roi d'). Voyez David Bruce.
Edouard Ier, roi d'Angleterre, 1, 2, 4, 7, 11, 12, 14, 16, 20, 21, 22, 29, 232 n., 234, 235, 236, 238.
Edouard, fils d'Edouard Ier, roi d'Angleterre, 1, 29, 231, 238; II, roi d'Angleterre, 238 n.
Edouard III, roi d'Angleterre, duc de Guienne, 37, 38, 41 à 49, 54, 56 à 60, 62, 63, 74 à 86, 88 à 90, 92, 100, 108, 109, 149, 151 à 155, 182, 189, 190 n., 193, 195, 201, 205 à 208, 210, 212 à 214, 224, 225, 227, 228, 241, 242, 243 n., 244, 246 à 251, 253 à 256, 259 à 265, 267 n., 271 à 277, 280 à 282, 286 n., 287 n., 290, 292 n., 299, 301 n., 308 n., 314 n., 322, 324, 325, 343, 349.
Edouard, sire de Beaujeu, maréchal de France, 101, 102, 292, 293. Voyez Beaujeu.
Eguillon. Voyez Aiguillon.
Emelion de Pommiers, 100, 113 n., 291. Voyez Pommiers.
Emery. Voyez Aimeri.
Engencie, lieu inconnu près de Paris, 128 n.
Engle (d'). Voyez Guichart d'Angle.
Englebert de la Mark, évêque de Liège, 48 n., 77, 273, 274. Voyez Adolphe.
Englemoustre. Voyez Ingelmunster.
Enguerrand de Coucy (nommé à tort Robert), 128, 311.
Enguerrand d'Eudin, 160, 329.
Enguerrand, *Enguerrant* de Marigny, 29, 30, 31, 238, 239.
Ennequin (d'). Voyez Annequin.
— Voyez Baudouin de Lens.
Ennequin, Saudequin. Voyez Clay.
Ennequin (d'). Voyez Geoffroy.
Ennest. Voyez Anvers.
Envers. Voyez Anvers.
Equinens (d'). Voyez Quintin.
Eric de Ridbourg, *Ridebourt, Ricquebourc*, 107, 108, 298.
Ermenonville (Oise), 130, 312.
Erminac. Voyez Armagnac.
Ermite. Voyez Hermite.
Ernaqueil. Voyez Bernard.
Ernault. Voyez Arnaut.
Ernoul de Bruguedant, Brughedant, Brukedent, Brigdamme, 39, 246.
Ernoul. Voyez Arnoul.
Escaudeuvre, *Escaudevre, Escaudœuvres* (Nord), château, 41, 43, 44, 45, 220, 248, 252, 253.
Escauleville. Voyez Ecausseville.
Escaut (l'), fleuve, 44, 253.
Eschauffou. Voyez Echauffour.
Escoquebugle, Estoquebugle

(chaussée d'), aujourd'hui Cocbour, 119, 305.
Espagne, *Espaigne*, 179, 180, 181, 182, 185, 186, 196, 341 n., 342, 344, 345, 350.
Espagne. Voyez Alfonse, Arnaud, Charles, Louis.
Espaire (l'). Voyez Lespare.
Espinace (l'). Voyez Gobert.
Essars (des). Voy. Pépin, Pierre.
Estaires (le pont d') (Nord), sur la Lys, 273 n.
Estaisselles, Estancelles (d'). Voyez Moine (le).
Estanfort. Voyez Stafford.
Estanfort. Voyez Astafort.
Estempes (d'). Voyez Etampes.
Esterac (d'). Voyez Beaumont.
Estienne Morel, écuyer du Galois de la Baume, maître des arbalétriers, 249 n.
Estissac (Dordogne), 264 n.
Estornay (sire d'), 20 n.
Estouteville (d'). Voyez Jean.
Estrechy. Voyez Etréchy.
Estrehan. Voyez Ouistreham.
Estuire, Estires (comté d') (? de Soria), 182, 343.
Etampes, *Estempes* (le comte d'), 114, 303, 337 n.
Etienne Aubert, cardinal des SS. Jean et Paul (plus tard pape sous le nom d'Innocent VI), 280 n., 286 n.
Etienne de Compiègne, 251 n.
Etienne Marcel, *Marissiaux*, prévôt des marchands, 118, 123, 124, 125, 126, 130, 131 à 136, 305, 308, 313 à 316.
Etienne Morel, 215.
Etienne de Paris, 308 n.
Etoile (ordre de l'), fondé par Jean II, 292 n., 294 n.
Etréchy, *Estrechi* (Seine-et-Oise), 148, 322.
Eu (Seine-Inférieure) 121, 306.
— (comté d'), 114.
— (comte d'), 18, 19 n.
— (comtes d'). Voyez Jean d'Artois, Raoul.
— (le sénéchal d'), 103, 104, 294, 295.

Eudes, duc de Bourgogne, 46, 95, 254, 286.
Eudes IV, comte de Bourgogne. Voyez Otton.
Eudin (d'). Voyez Enguerrand.
Eure, *Euze* (l'), rivière, 139, 171, 317, 336.
Eustache d'Auberchicourt, *Aubissecourt*, *Aubiscourt*, *Aubicourt*, 113, 140, 302, 317, 340 n.
Eustache de Ribemont, Wittasse de Rubemont, 91, 92, 101, 116 n., 282, 291.
Evran, *Evreux* (le Pas d') (Côtes-du-Nord), 149, 322.
Evreux, 110, 111 n., 170, 171, 172 n., 174, 175, 301, 310 n., 335 à 338.
— (château d'), 127, 310, 311.
— (église Notre-Dame d'), 110.
— (comté d'), 170, 335.
— (comte d'), 32, 36. Voyez Louis.

F

Faigne, *Faugue* (La), château, 351.
Fail. Voyez Fals.
Falaise, *Faloise* (Calvados), 166, 196, 298 n., 332 n., 333, 350.
— (vicomte de). Voyez Guillaume Michiel.
Fals, *Fail* (Lot-et-Garonne), 92, 283.
Falus. Voyez Vallus.
Faugue (La). V. la Faigne.
Fauguerolles, *Feuguerolles*, *Sauguerolles* (Lot-et-Garonne), 94, 285.
Faumont l'Abbaye (Nord), 25.
Fauquembergue (Pas-de-Calais), 279 n.
Fauquembergue, Fauquenbergue (comte de), 46, 254.
Fauquemont (le sire de), 3, 274 n.
Fauquemont (de). Voyez Jean, Galerant le Roux et Regnaut.
Faure. Voyez Jean.

Favril, *Faverel* (Le) (Eure), 150, 151, 323, 324.
Fay (du). Voyez Godemar.
Felton. Voyez Guillaume.
Fernand de Tovar (Don), 342 n.
Ferrand de Castro, *Castres* (Don), 186, 187, 345.
Ferrant d'Araines, 19.
Ferrant, sire de Valgarnier, 52, 258.
Ferté (le sire de la), maréchal de Normandie, 165, 174, 332, 387.
Ferté-Fresnel (La) (Orne), 121, 296 n., 306.
Feuguerolles. Voy. Fauguerolles.
Fezensaguet (terre de), 264 n.
— (vicomte de). Voyez Guiraud d'Armagnac.
Fié-Marcouf. Voyez Fimarcon.
Fiennes (sire de), 32.
Fiennes (de). Voyez Robert.
Fiennes, 9 n. Voyez Fivez.
Fiennes (le gué de) sur la Lys, 85, 277 n.
Fieuvauter. Voyez Fitz Vatier.
Figeac, *Figat* (Lot), 188, 346.
Fillefort. Voyez Thomas.
Fimarcon, *Fié-Marcouf* (terre de), 264 n.; la *Garde-Fimarcon* (Gers).
Finistrem, 212.
Fitz Vatier, *Fieuvauter* (le sire de), maréchal d'Angleterre, 198, 352.
Fivez (porte de) à Lille, 9.
Flamands, *Flamans, Flamens,* 4, 5, 6, 11, 18, 19, 20, 22, 23, 24, 25, 26, 27, 30, 33, 35, 36, 232, 236, 237, 238, 240, 241.
Flandre, 4, 7, 12, 13, 15, 16, 17, 18, 20, 21, 23, 24, 25, 27, 28, 30, 31, 32, 35, 36, 39, 42, 63, 232, 234, 235, 237, 238, 239, 246, 250 n.
— (comté de), 1, 2, 19, 24, 29, 33, 36.
— (comte de), 7, 8, 12, 15, 33, 36, 233, 240, 241, 275.
— (comtesse de), 15.
— (de). Voyez Gui, Henri, Jean, Louis.

Flany (de). Voyez Pierre.
Flèche (La) (Sarthe), 350 n.
Flecté (de). Voyez Pierre.
Flines (abbaye de), 28, 237, 238 n.
Florence (florins de), 211, 212, 213.
Florent, abbé de Saint-Aubert de Cambrai, 216.
Florent, comte de Hollande, 231 n.
Flote. Voyez G.
Flotte (de). Voyez Pierre.
Flourens. Voyez Jean.
Floury, Fleury de Tourmeville, 98, 288.
Fluy (la dame de), femme de Jean de Picquigny, 137, 316.
Fogg. Voyez Thomas.
Foix, *Fois* (comte de), 38, 46, 71, 244, 254, 270. Voyez Gaston Phébus.
— (de). Voyez Bernart Jourdain.
Fomiger. Voyez Fougères.
Fondicque. Voyez Jean.
Fontaine - Heudebourg, Heudebourc (Eure), 121, 306.
Fontainebleau, *Fontaine Bliaut* (Seine-et-Marne), 31, 238.
Fontaines, 121, 306. Voyez Fontaine-Heudebourg.
Fontaines (de). Voyez Rigaud.
Fontenay (le sire de), chambellan du roi, 294 n.
Fontenay-le-Pesnel (Calvados), 120, 122, 306, 307.
Fontenelle (abbesse de), mère du comte de Hainaut, 46, 254.
Forest (le comte de), 6; *Forez.*
Forêt (de la). Voyez Pierre.
Formerie, *Fourmeries* (Oise), 141, 318.
Fort (le comte du). Voyez Bedford.
Fortunier de Beuf, 229.
Foucaut. Voyez Arnaud.
Fougères, *Fomiger* (Ille-et-Vilaine), 296 n.
— (bastide de), 296 n.
Foulques, Fouques de Laval, 53, 258.

ET DE LIEUX. 373

Fouquaut (Raimond). Voyez Raimond.
Fouques Boules, sire d'Assi, d'Arcy, 200, 353.
Fouques de Marle, 23.
Fourmeries. Voyez Formerie.
Fout. Voyez Thomas Fogg.
Franc (le) de Bruges, 18, 33.
France (la reine de), 10.
France (pairs de), 36, 241.
François de l'Hôpital, *l'Ospital*, clerc des arbalétriers, 214, 216, 217, 220, 247 n., 258 n.
Frascati (évêque de). Voyez Annibale Ceccano.
Fremin de Coquerel, maire d'Amiens, 137, 138, 317.
Fremin Germont, 317 n.
Frere. Voyez Jean.
Fresnai-le-Samson (Orne), 328 n.
Fresnay-le-Vicomte (Sarthe), 327 n.
Fresne (Le), 157, 327 (? Le Fresne-Cauverville, Fresnay-le-Vicomte ou Fresnai-le-Samson), 157, 327, 328 n.
Frethun, *Fretun* (château de) (Pas-de-Calais), 104, 295.
Friquet de Fricamps, *Friquant*, 76, 272, 273; capitaine d'Angoulême, 97, 98, 287, 288.
Frisons, 13.
Fronsac (Gironde), 264 n.
Fuencourt. Voyez Suencourt.
Fumel (Lot-et-Garonne), 264 n.
Furnes (Flandre), 4, 5, 11, 18, 232.

G

G[uillaume] Flote, chancelier de France, 223.
Gagant, Cadzand, *Caiant* (île de), 43, 63, 64, 251, 264, 265. Voyez Cadzand.
Gaillard de Castelpugon, l'un des capitaines de la garnison française du Mas d'Agenais, 264 n.
Gaillon (Eure), 173, 336.
Gaincourt (de). Voyez Nicaise.
Gaite. Voyez Jean, Mathé.
Galeas, *Galiachès* Visconti, duc de Milan, 96, 156, 287, 326.
Galerant le Roux de Fauquemont, 6, 7, 9, 10, 12, 233.
Galesius de Balma, magister balisteriorum. Voyez Galois de la Baume (Le).
Galiaches. Voyez Galeas.
Galice, 342 n.
Galleel (de). Voyez Marquet.
Galles, *Gales* (prince de), 12, 13, 233, 234. Voyez Édouard II.
Galles, *Gales* (le prince de) dit le *Prince Noir,* 57, 81, 109, 111, 112, 113, 116 n., 149, 182, 184, 185, 188, 194, 195, 235 n., 261, 275, 282 n., 299, 301 à 303, 322, 343 à 345, 348, 349.
Gallois, 12, 13, 64, 233, 265.
Galois d'Aussi, d'Assy (Le), 159, 161, 329.
Galois de la Baume, *Gualoys de la Balme* (Le), sire de Valuffin, maitre des arbalétriers, 38, 54, 71, 208, 214, 215, 216, 244, 245 n., 247 n., 248 n., 249 n., 258, 270, 283 n., 284 n., 285 n.,
Galois de la Heuse (Le), sire de Goy, capitaine du château de Brest, capitaine de la vicomté de Thouars, 60, 95, 262, 286.
Gand, *Gant,* 10, 12, 13, 15, 19, 33, 34, 35, 39, 42, 43, 44, 46, 63, 64, 84, 85, 233, 234, 235, 240, 247, 249 n., 252, 253, 265, 276, 277.
— (bourgeois de), 35, 240.
Gantois, 234.
Garda. Voyez Guillaume, Helie, Pierre.
Garda Garda, frère de Pierre Garda, 224.
Garencières (le sire de), 108, 299.
Garin de Lorris, écuyer, panetier du duc d'Anjou, 312 n.
Garmans (de). Voyez Jean.
Garmille (de). Voyez Hotot.
Garnache, *Guernache* (La) (Vendée), 95, 286.
Garonne (La), fleuve, 72, 93, 220, 263 n., 270, 283 n., 284, 300 n.

Garrenague (de). Voyez Guillaume Raimond.

Garsias-Arnaud, seigneur de Navailles en Béarn, *Garsias Arnaldus, dominus de Noailliis*, 205, 206, 214, 243 n.

Garville, 145, 321 (Grasville-Sainte-Honorine ou Grainville-la-Teinturière).

Gascogne, *Gascoingne, Gasgoingne, Gasgoine, Gasquoigne, Gascongne*, 4, 14, 38, 39, 63, 66, 68 n., 69, 74, 83, 92, 100, 109, 114, 175, 184, 228, 232, 234, 243, 245 n., 263, 266, 268, 271, 276, 282, 284 n., 291, 304, 338.

— (sénéchal de), 225, 227.

Gascons, *Gascoins*, 38, 98, 99, 100, 109, 288, 290, 291.

Gaston Phœbus, comte de Foix, *Fois*, 131, 188, 245 n., 313 n., 344 n., 346.

Gaucher de Châtillon, connétable de France, 219, 221.

Gaumes (le sire de), 5.

Gautier de Bentley, *Bautelay, Vautelay*, capitaine en Bretagne pour Édouard III, 105, 106, 296, 297.

Gautier de Châtillon, *Chastillon, Castellon*, 23, 32.

Gautier de Langton, trésorier d'Angleterre, 232 n.

Gautier de Maisières, chevalier, capitaine de Villeneuve-sur-Lot, 264 n.

Gautier, *Gaultier* de Manny, *Maigny*, 39, 47, 63, 72, 246, 259 n., 263, 270.

Gautier Estraonc. Voyez Wauter Strael.

Gauvain de Bailleu, chevalier, 292 n.

Gauvain de Bellemont, *Bellencourt*, bourgeois de Laon, 86, 87, 278.

Gavray (Manche), 117, 304.

Geffray de Coayms, 297 n.

Gemblous (abbé de), 3.

Gênes, *Gennes*, 210, 211, 212, 213, 251 n.

— (le commun de), 213.

— (galées de), 251 n.

Génois, *Genevois* au service de la France, 43, 44, 51, 54, 55, 56, 80, 81, 88, 246 n., 257.

Génoise (flotte) au service de la France, 237 n.

Gentieux. Voyez Guillaume et Jean.

Gentilly (Seine), 322 n.

Geoffroy Anellay, 198 n.

Geoffroi de Charni, *Chargny*, porte-oriflamme de France, 91, 92, 101 à 104, 114, 115, 116 n., 282, 294 à 295, 296 n., 303.

Geoffroy de Malatrait, seigneur breton, 51, 53, 61, 258, 262.

Geoffroy, fils du précédent, 61, 262.

Geoffroy de Malicorne, 228.

Geoffroy, Godeffroy d'Ennequin, *Anekin*, 76, 273.

Geoffroy Orselle, 197, 351.

Gérard Denis, ou Thomas Denis, ou Grandenis, ou Grant Denis, tisserand de Gand, 64, 265.

Germont. Voyez Fremin.

Ghienne. Voyez Guienne.

Ghines. Voyez Guines.

Giencourt (de). Voyez Jean.

Giffart. Voyez Gilbert, Philippe.

Gilbert Giffart, *Guiffart*, 197, 198, 351.

Giles Marcel, *Marissiaux*, 135.

Giles, Gille. Voyez Pierre.

Gilles de Lorris, évêque de Noyon, 316 n.

Girard de Montfaucon, sénéchal de Toulouse, 266 n.

Gisors (Eure), 142, 178, 319, 340.

Glainville, capitaine anglais de Romeilly, 163, 330.

Glainville. Voyez Jean Glanville.

Glocester, *Glossestre* (comte de), 57, 72, 74, 81, 261, 271, 275, 287 n. Voyez Hugues d'Audeley.

Gobert de Bouville, *Bauville, Beuville*, 93, 94, 285.

Gobert de l'Espinace, châtelain de la Réole, 15, 16.

Gobert Dulains, 19.
Gobert, évêque de Liège, 47, 48, 255. Voyez Adolphe.
Godart. Voyez Jean.
Godeffroy de Brabant, 19.
Godefroy, Gaudeffroy d'Harcourt, Harecourt, Harrecourt, Harancourt, Harencourt, 51, 58, 59, 60, 74, 79 n., 81, 84, 111 n., 112, 119, 120, 256 n., 261, 262, 271, 275, 277, 301 n., 305, 306.
Godemar, Godemart du Fay, de Faye, sénéchal de Toulouse, gouverneur de Tournai, 40, 47, 66, 79, 80, 252, 254, 265, 266, 275.
Goillons, Goullons (de). Voyez Regnault.
Gournay, Gornay (Seine) (château de), 128, 311.
Gournay, Gourné-en-Bray (Seine-Inférieure), 169, 178, 335, 340.
Gournay (de). Voyez Mahieu.
Goux (de). Voyez Arnaud Garsie, Bertrand.
Goy (sire de). Voyez Galois de la Heuse (Le).
Grailly (de). Voyez Jean.
Grainville. Voyez Graville.
Grainville-la-Teinturière. Voyez Garville.
Gramont (Belgique), 232 n.
Grand d'Aussy, Grant d'Aussi (Le), écuyer français, 89, 280.
Grand-Couronne (Seine-Inférieure), 338 n.
Grand-Quevilly (Seine-Inférieure), 338 n.
Grande castrum ou Podium mirollum ou Podium mirol, Puymirol, 207, 208, 209. Voyez Puymirol.
Grandenis, Grant Denis. Voyez Gérard Denis.
Granson. Voyez Guillaume.
Gransson (de). Voyez Thomas.
Granville (Graville-Sainte-Honorine, Seine-Inférieure), 260 n.
Granville (de). Voyez Graville.

Grasville-Sainte-Honorine. Voyez Garville.
Graville, Grainville, Granville (le sire de), 109, 111 n., 126, 300, 310.
Grèce, 23, 236.
Greine (de). Voyez David, Richart.
Grémaut (de). Voyez Charles Grimaldi.
Grenade, Guernade (Andalousie), 180, 342.
— (le roi de), 181, 343. Voyez Mohammed.
Grene (de). Voyez Greine.
Grève (la place de), à Paris, 126, 310, 315 n.
Grey. Voyez Dagorisses.
Grézet-Cavagnan (Lot-et-Garonne), 264 n.
Grigny, Guingny (le sire de), 83, 276.
Grimaldi. Voyez Charles.
Grimbox (le sire de). Voyez Gui de Tournebu.
Griseau de Champs, chevalier, 107, 297.
Grismouton. Voyez Mouton.
Grohi (de). Voyez Guillaume.
Groin. Voyez Logroño.
Gros (le). Voyez Nicolas.
Groussi (Nicolas de). Voyez Guillaume de Grohi.
Guarcias Ernaudi. Voyez Garsie Arnaud.
Gueldre, Guerle (comte de), 1, 3, 12, 40, 43, 44, 57, 247, 252, 253, 261, 274 n.
Guérande, Gurende (Loire-Inférieure) (île de), 53, 258.
Guerfaut de Hongrie, 13.
Guerle. Voyez Gueldre.
Guernache (la). Voyez Garnache (la).
Guernade. Voyez Grenade.
Guernesey, Guernesy, Guernesuy (île de) 39, 245, 246 n., 271.
Guesclin (du). Voyez Bertrand.
Gui le Baveux, 167, 191, 333, 347.
Gui de Châtillon, comte de

Saint-Pol, 138, 316, 317. n.
Gui Chevrier, chevalier, 210.
Gui de Dampierre, comte de Flandre et marquis de Namur, 1, 2, 3, 12, 14, 15, 23, 24, 28, 231, 232, 333, 234, 236, 237.
Gui, bâtard de Flandre, frère du comte Louis, 34, 39, 246.
Gui de Leuse, chevalier, 271 n.
Gui, comte de Ligny, *Ligney* et de Saint-Pol, 190, 346.
Gui de Mortemer, 172 n.
Gui de Namur, fils de Gui de Dampierre, 1, 18, 20, 25, 34, 235, 237.
Gui de Nesle, maréchal de France, 19.
Gui de Nesle, *Neele*, maréchal de France, 83, 86, 97, 98, 105, 106, 276, 278, 288, 290 n., 296, 297.
Gui, comte de Saint-Pol, 5, 19.
Gui de Tournebu, sire de Grimboscq, *Grimbox*, 76, 272.
Guiais. Voyez Henri.
Guichart d'Angle, *Engle*, 114, 303.
Guichard de Beaujeu, 101, 116, 290 n., 292, 303.
Guienne, Guyenne, *Ghienne*, 62, 188, 193, 194, 263 n., 325 n., 345 n., 348, 351 n.
— (duché de), 153, 154 n., 188, 189, 190 n., 324, 325.
Guiffart. Voyez Gilbert.
Guillamez, fils ainé du duc de Bretagne, 19 n.
Guillaume l'Aloue, *Aloe*, 147, 148, 321.
Guillaume d'Ambleville ou d'Ambreville, 223, 228, 230.
Guillaume d'Ausoince, évêque de Cambrai, 40, 41, 247.
Guillaume Bacons, 62 n.
Guillaume Barbe, 225, 226.
Guillaume de la Baume, l'un des capitaines français de la Réole, 264 n., 268 n.
Guillaume Bertran, évêque de Bayeux (*alias* de Beauvais), 51, 75, 257, 272.
Guillaume Bescot, 228.

Guillaume de Biauconroy. Voy. Hue dé Beaucouroy.
Guillaume de Bohun, comte de Northampton, *Norhantonne*, lieutenant d'Edouard III en France, 57, 261.
Guillaume des Bordes, 191, 347.
Guillaume de Boubein ou Bourbon, 20 n.
Guillaume Boulemer, capitaine de Saint-Valéri-sur-Somme, 121, 141, 307, 318.
Guillaume de Braquemont, 112, 119, 120, 302, 305, 306.
Guillaume de Briex, chevalier breton, 262 n.
Guillaume de Briquebec, Briquebeq, *Byquebek*, 105, 106, 296.
Guillaume Carbonnel, 301 n.
Guillaume Carle, capitaine des Jacques, 312 n.
Guillaume de Caumont, sergent d'armes, capitaine de Bajamont, 264 n.
Guillaume de Cauveroque, capitaine d'Agen, 264 n.
Guillaume de Chalon, fils du comte d'Auxerre, 321 n.
Guillaume de Craon, 158, 159, 328.
Guillaume Felton, sénéchal de Poitou, 183, 343.
Guillaume Garda, 224.
Guillaume et Jean (*Gens*) Gentieux, 26.
Guillaume de Granson, évêque de Cambrai, 33.
Guillaume de *Grohi*, Nicolas de Groussi, chevalier, capitaine du château de Carentan, 75, 272.
Guillaume, fils de Gui de Dampierre, 1, 3, 15, 234.
Guillaume, fils du comte de Hainaut, 25.
— comte de Hainaut, *Hennaut*, 41, 43, 44, 248, 252.
Guillaume Longue-Espée, 77, 273, 274.
Guillaume de Lucy, *Lussi*, 107, 298.

Guillaume Malnoury, 308 n.
Guillaume V Martel de Basqueville, Marteau de Bacqueville, 73, 271.
Guillaume Martel, VIIIe du nom, 298 n.
Guillaume Ier Martel de Saint-Vigor, capitaine de Château-Gaillard, 323 n.
— capitaine de Falaise, 107, 142, 144, 145, 150, 298, 319, 320, 321, 323.
Guillaume du Merle, sire de Messy, capitaine général ès bailliages de Caen et de Cotentin, 165, 167, 168, 170, 174, 332 à 335, 337.
Guillaume Michiel, vicomte de Falaise, 293 n.
Guillaume de Monfaucon, 215.
Guillaume de Montaigu, Montaigue, 48, 255.
Guillaume de Nesle, 116 n.
Guillaume Nogaret, Lougaret, Louguaret, 28, 29, 238.
Guillaume Painel, sire de Hambye, 117, 304.
Guillaume de Picquigny, 312 n.
Guillaume du Plessis, 120.
Guillaume Raimond de Garrenague, capitaine anglais, 224.
Guillaume Raoul, 225.
Guillaume Rollant, sénéchal de Rouergue, capitaine de Puymirol, 263 n.
Guillaume de Rouvron, Rouvrou, Rouveron, Roveron, Buveron, 164, 166, 331, 333.
Guillaume de Valence, comte de Pembroke, 232 n.
Guillaume de Verdun, de Verdin, Rollant de Verdun, capitaine du château de Carentan, 75, 272.
Guillaume de Viz, écuyer, 215.
Guillelmus, abbas Silve Majoris, 205.
Guillen. Voyez Aiguillon.
Guillermus Nadal, 289 n.
Guilliam de La Marche, 296 n.
Guilliam de Viel Chastiel, 296 n.
Guines, Guynes, Guinnes, Ghines (Pas-de-Calais), 88, 190, 294, 346.
— (abbaye de), 102, 293, 295 n.
— (bastide de), 102, 103, 293, 294, 295 n.
— (château de), 102, 292, 293.
— (comte de). Voyez Raoul.
— (comté de), 109, 153, 154 n., 287 n., 299, 324.
Guingny. Voyez Grigny.
Guinguamp, Guingant (Côtes-du-Nord), 177 n.
Guionie, lieu en Normandie, 308 n.
Guipuzcoa (le), 343 n.
Guiraud d'Armagnac, vicomte de Fezensaguet, 264 n.
Guits. Voyez Henri.
Gurende. Voyez Guérande.
Gutto (de), 285 n. Voyez Bertrand de Goux, Arnaud Garsie de Goux.
Guy. Voyez Henri.
Guynes. Voyez Guines.
Guyot, fils de Gauvain de Bellemont, 279 n.

H

Haidin. Voyez Hesdin.
Hainaut, Henaut, Hennaut, 41, 42, 43, 44, 45, 220, 221, 250 n., 252, 253.
— (comte de), 7, 10, 13, 25, 40, 45, 46, 233, 234, 247, 254.
— (comte de). Voyez Guillaume.
— (sénéchal de), 47, 255.
— (de). Voyez Jean.
Halluin, Halouin. Voy. Diacres.
Hambye, Hambuye, Hambuie, Hambui (Manche), 117, 304.
— (le sire de), 105, 106, 296.
— Voyez Guillaume Painel.
Hampton, Hantonne (le comte de), 57, 261.
Hangest (Somme), 79, 275.
— (le sire de), 105, 106, 296.
— Voyez Jean.
Hans. Voyez Henri.
Hantonne. Voyez Hampton et Southampton.
Hapart le Bigot, 151, 324.

Happie. Voyez Haspres.

Harcourt, *Harecourt* (le comte de), 50, 57, 75 n., 82, 109, 111 n., 126, 154, 256, 261, 275, 300, 310, 325.

— (de). Voyez Godeffroi, Louis.

Hardi. Voyez Pierre.

Harebourc. Voyez Hazebrouck.

Harfleur, *Harefleu, Harfleu* (Seine-Inférieure), 75 n., 119, 121, 191, 251 n., 260 n., 306, 347.

Haspres, *Happie,* ville de Hainaut, 43, 252, 253 n.

Hastings, *Hastingues* (de). Voy. Laurent, Raoul.

Hatfeld (de): Voyez Thomas.

Hautefort (seigneur de). Voyez Bertrand de Born.

Hauteroche (d'). Voyez Miles.

Hazebrouck, *Harebourc* (Nord), 91, 282.

Hélie. Voyez Nicolas.

Hélie Garda, 224.

Helle (de). Voyez Robert du Herle.

Helyas Vigerii de Lananda, mercator Burdegale, 207.

Hemars de Valence. Voyez Aimar.

Henaut, Hennaut. Voyez Hainaut.

Hennebont (Morbihan), 263 n.

Hennecourt: Voyez Honnecourt.

Hennequin (d'). Voyez Baudouin de Lens.

Hennes (de). Voyez Moreau de Fiennes.

Henri de Bar, 114, 115, 116 n., 303.

Henri du Bost, 91, 92, 282.

Henri de Champignay, *Cappenay,* 53, 258.

Henri, sire de Colombiers, 165, 332.

Henri de Flandre, fils de Gui de Dampierre, 1, 249 n., 273 n.

Henri Guiais, membre du Parlement de Paris, *Guits, Guy,* 223, 228, 230.

Henri, *Anry* de Hans ou l'Alemant, sénéchal d'Agen, 23, 232.

Henri de Lancastre, comte de Derbi, (*Herby*), lieutenant d'Edouard III en Guienne, duc de Lancastre, 57, 63, 65 à 72, 74, 83, 92, 111 n., 149 n., 182, 261, 263, 265, 266, 267, 268, 270, 271, 276, 281 n., 282, 285 n., 290 n., 343. V. Lancastre.

Henri, comte de Luxembourg, 12, 232 n.; VII, empereur, 240 n.

Henri de Malatrait, 51, 62, 263.

Henri Métret, maître charpentier du roi, 126, 310.

Henri de Montigny, sénéchal de Périgord et de Quercy, 266.

Henri de Nasse, 3.

Henri, comte de Sarrebruck, *Sallebruche, Sallebruisse,* 114, 115, 116 n., 303.

Henri de Trastamare, frère bâtard de Don Pedro, roi de Castille, 179 à 187, 341 à 345.

Herby. Voyez Derby.

Herelle, *Herle, Berelle, Verelle* (La) (Oise), 136, 144, 316, 320.

Herle (la). Voyez Herelle (la).

Herle (du). Voyez Robert.

Hermite, Ermite (l') de Caumont, 79, 275.

Heron de Mail, 131, 312.

Hervé, *Hervi,* Hue de Léon, Lion, 50, 55, 260.

Hervy, *Henry* Scut, 122.

Hesdin, *Haidin, Hedin* (Pas-de-Calais), 88, 89, 109, 279, 280, 299.

Heudebourc. Voyez Fontaine-Heudebourg.

Heure (de la). Voyez Baudrain de la Heuse (le).

Heuse (de la). Voyez Baudrain (le), Galois (le), Robert, Thomas.

Hodetrec: Voyez Robert, sire d'Houdetot.

Holland, *Hollande* (de). Voyez Thomas.
Hollande (comte de), 3, 25, 232 n., 237.
Homme (le) (Manche), 167, 168, 333.
Hommet d'Arthenay (le), 327 n., 329 n.
Homps (Aude), 300 n.
Honfleur, *Honefleu, Honnefleu* (Calvados), 121, 150, 151, 152, 155, 272 n., 306, 307, 323, 324, 325.
Hongrie. Voy. Clémence, Guerfaut.
Honnecourt, *Hennecourt* (Nord), 41, 248.
— (l'abbé d'), 249 n.
Honnefleu. Voyez Honfleur.
Hopequin Diere ou Pierre Hoppequin, 164, 331.
Hôpital (de l'). Voyez François.
Hospitaliers, 29.
Hotot, *Hococ* de Garmille, 126, 310.
Houdetot (le sire de), chevalier français, 250 n.
— Voyez Regnaut, Richard, Robert.
Hougue de Saint-Vast. Voyez Saint-Vaast de la Hougue.
Houpelines (de). Voyez Pierre.
Hue *alias* Guillaume de Beaucouroy, *Biauconroy, Biauconray*, 102, 292.
Hue de Châtillon, *Chastellon, Chasteillon*, maître des arbalétriers, 144, 189, 191, 320, 346, 347.
Hue Quieret, amiral de France, 43, 45, 251, 253.
Hugh, Hue de Calverly, *Cauveley, Ceverly, Cameley, Caveley, Cavrelay, Tencely*, 107, 158, 159, 161, 175, 196, 298, 328, 330, 339, 350.
Hugues d'Audeley, comte de Glocester, 259 n.
Hugues, sire de *Cardillac*, Cardaillac, 215, 248 n.
Hugues de Chalon, 170, 335.
Hugues de Courtenay, comte de Devonshire, 259 n.
Hugues le Despensier, 234 n.
Hugues de Lisle, écuyer, 283 n.
Hugues de Pomart, chanoine de Paris, 210.
Hugues de la Roche, 349 n.
Humaine. Voyez Maine.
Hutin de Vermelle, 98, 288.

I

Ile-Chauvet, *Ille-Chauvet* (l') (Vendée), 95, 286.
Ile-de-France, 185, 344.
Iles Normandes, 246 n.
Illes (des). Voyez Regnaut.
Incher (le sire), 297 n.
Ingelmunster, *Anglemoustier, Englemoustre* (Flandre), 11, 233.
Innocent VI, pape, 155, 156, 326.
— Voyez Etienne Aubert.
Ippre. Voyez Yppre.
Isabelle, fille de Philippe le Bel, reine d'Angleterre, 29, 235 n., 238.
Isabelle, *Ysabel*, fille d'Edouard III, 84, 85, 276, 277, 278 n.
Isabelle de France, fille de Jean II, 312 n.
Isle (comte de l'), 66, 265, 266.
— capitaine en Périgord, Saintonge et Limousin, 266 n.
— Voyez Bertrand.
Isle-Adam, *Ille-Adam* (l') (Seine-et-Oise), 141, 319, 321 n.
Issy (Seine), 322 n.
Italie, 326.
Ivry, *Ivery* (le sire d'), 139, 317.
— capitaine de Maures, 317 n.
— Voyez Jean.

J

Jacques, *Jaques* (les), 129, 130, 131, 311, 312, 313.
Jacques d'Artevelle, 39, 42 à 46, 63, 64, 247, 252 à 254, 264, 265.
Jacques, *Jaques* de Baionne, 23.

Jacques de Bourbon, comte de la Marche, 71, 88, 114, 115, 116 n., 140, 270, 280, 303, 318.
Jacques Platin, Plantin, 164, 331.
Jacques de Saint-Pol, gouverneur de Flandre pour le roi de France, 5, 8, 12, 14, 16, 17, 18, 19 n, 233, 235.
Jacques Standon. Voyez Jean Standon.
Jacques La Vache, Vaiche, 118, 223, 228, 230, 305.
James de Beauval (Damp), 101, 291.
James de Pippes, 325 n., 327 n., 329 n., 331 n.
Jaquemon Bek, 233 n.
Jean XXII, pape, 37, 241.
Jean Ier, roi de France, 32, 239.
Jean, duc de Normandie, fils de Philippe VI, 32, 37, 41, 44, 45, 51 à 54, 57, 58, 59, 68 n., 69 n., 70 à 74, 96, 209, 221, 227, 242 n., 246 n., 247, 250 n., 252, 253, 255 n., 256 à 258, 261, 262, 266 n., 267 n., 268 à 272, 276, 284 n., 286, 291 n.; Jean II, roi de France, 96 à 102, 105 à 110, 111 n., 112, 113 à 116, 123, 125, 126, 132, 136, 152 à 156, 160, 170 n., 179, 284 n., 286 à 293, 295 à 303, 308, 310, 321 n., 322 n., 324 à 327, 335, 341.
Jean, comte d'Armagnac, capitaine de Langon, 264 n.
Jean, fils du comte d'Armagnac, 346 n.
Jean d'Artois, comte d'Eu, 110, 114, 115, 116 n., 185, 300, 303, 344.
Jean d'Azay, sénéchal de Toulouse, 352 n.
Jean de Bazoiches, chevalier, 283 n.
Jean de Beauchamp, capitaine de Calais pour le roi d'Angleterre, 90, 101, 281, 291, 292.
Jean de Beaumont, 41, 248.

Jean de Marigny, évêque de Beauvais, lieutenant en Languedoc, 37, 68 n., 71, 209, 214, 225, 229, 242 n., 267 n., 270.
Jean de Belleferière, écuyer, 293 n.
Jean de Besançon, 314 n.
Jean le Bigot, maréchal de Normandie, 151, 324.
Jean de Bimont, 47. n. Voyez Jean de Hainaut.
Jean III, duc de Brabant, 91, 281.
Jean Bredelle, bourgeois de Bruges, 16.
Jean de Bremin ou de Brevin, 17, 19.
Jean III, duc de Bretagne, 48, 49, 50, 53, 255.
Jean des Briez, seigneur breton, 262 n.
Jean de Bueil, 191, 192, 347.
Jean de Butecourt, chevalier français, 232 n.
Jean du Cange, trésorier des guerres, 79, 275.
Jean Carbon, 216.
Jean de Cépoy, 242 n.
Jean de Chalon, 6.
Jean III de Chalon, comte d'Auxerre, 174, 335 n., 337.
Jean de Chalon, fils du comte d'Auxerre, 333 n.
Jean de Champeaux, 308 n.
Jean Chandos, sire de Saint-Sauveur, 112 n., 155, 192, 194, 195, 329 n., 347, 349.
Jean de Charrolles, Chereles, 223, 230.
Jean du Chastellet, 223, 230.
Jean de Chastiauvillain, 116, 303.
Jean de Chastillon, Castellon et de Dampierre, capitaine de Béthune, 76, 273.
Jean Chauvel, trésorier des guerres, 283 n.
Jean de Chivereston, capitaine anglais de Calais, 281 n.
Jean Le Clerc, receveur de Cambrai, 215.

Jean de Clermont, sire de Chantilly, maréchal de France, 98, 104, 106, 114, 115, 116 n., 288, 295, 303.
Jean Climence, trésorier du roi de Navarre, 330 n.
Jean de Conflans, maréchal de Champagne, 123, 308.
Jean Coulon, 225, 226, 227.
Jean de Coulongne, capitaine de Honfleur, 121, 122, 306, 307.
Jean Creswey, *Cressewell, Cressonval, Cressonvale*, capitaine anglais, 333, 352 n.
Jean de Cuyk, seigneur flamand, 232 n.
Jean Demmer de Quarque ou de Muquerque, 39, 246.
Jean Denmerede ou de Visterode, ou de Rhode, 39, 246.
Jean Desprez, évêque de Tournai, 71, 270.
Jean, archevêque de Dublin, 231 n.
Jean d'Estouteville, 192, 347.
Jean de Fauquemont, 44, 253.
Jean Faure, 224.
Jean de Flandre, sire de Nesle, 33.
Jean Flourens, bourgeois de Vernon, 173 n.
Jean Fondicque, capitaine de Creil, 147.
Jean Frère, chevalier français, 296 n.
Jean Gaite, trésorier des galées de Gênes, 251 n.
Jean de Garmans, châtelain d'Evreux, 111 n.
Jean Gentieux, chevalier français, 26.
Jean de Giencourt, maître des eaux et forêts, 307 n.
Jean Glanville, Glainville, 330 n.
Jean Godart, 135.
Jean de Grailly, captal de Buch, 169 à 174, 182, 194, 201, 203, 313 n., 325 n., 334, 335, 336, 337, 343, 348, 353, 354.
Jean de Hainaut, 44, 47, 81, 253, 255, 275.
Jean de Hangest, 223.
Jean d'Ivry, chevalier, 139, 317.
Jean Jouel, *Joiel*, capitaine anglais, 164, 172 n., 173 n., 331, 334 n.
Jean de Kerlouet, *Caraloct*, 194, 348, 349.
Jean, duc de Lancastre, 182, 190 n., 343.
Jean de Landas, *Lendas*, 91, 114, 115, 116 n., 282, 303.
Jean de La Tour, maître « engingneur », 258 n.
Jean de Lens, 17, 19.
Jean de Lille, *Lisle*, 94, 135, 285.
Jean de Lomagne, capitaine de la terre de Fimarcon, 264 n.
Jean de Longecombe, 215.
Jean du Louvre, maître de l'artillerie du roi de France, 258 n.
Jean Maillart, 134, 135, 315.
Jean Malart, 262 n.
Jean de Malleville, écuyer, 122.
Jean Malvoisin, 308 n.
Jean Martel, capitaine de Falaise, 107, 164, 166, 298, 331, 333.
Jean de Maten, 166, 333.
Jean de Meudon, capitaine du château d'Evreux, 127, 310.
Jean Le Mire, 216, 220.
Jean de Montauban, seigneur breton, 262 n.
Jean de Montfort, 49 à 56, 58, 59, 61, 62, 255 à 258, 260, 263.
Jean, fils du précédent, 54, 59, 154, 155, 157, 161, 175, 176, 177, 178, 259, 325 n., 326, 330, 339, 340.
Jean de Montgomery, capitaine anglais de Calais, 281 n.
Jean de Montlion, capitaine du château de Bourg, 226.
Jean de Morbecque, 301 n.
Jean de la Muce, 297 n.
Jean, comte de Namur, seigneur de l'Ecluse, 1, 19, 20, 27, 33, 233 n., 235, 236, 240.
Jean Le Nègre, 193, 347 n., 348.

Jean de Nerve, 101, 291.
Jean de Neufchâtel, 177, 326 n., 340.
Jean de Neuville, *Neufville*, 149, 323.
Jean de Noyers, de Cambrai, 215.
Jean de l'Ospital, clerc des arbalétriers, 292 n., 294 n.
Jean Peret, maître du pont de Paris, 310 n.
Jean de Picquigny, *Pinquigny*, 79, 124, 137, 138, 300 n., 309, 316, 317, 318 n.
Jean, comte de Poitiers, puis duc de Berry, 96, 154, 155 n. 286, 303 n., 325, 349 n.
Jean de la Rivière, chambellan de France, 174, 337.
Jean Rose, avocat au Parlement, 315 n.
Jean Rosiaux, 172 n.
Jean de Rueil, notaire au Châtelet de Paris, 210.
Jean Sans Pitié, fils aîné du comte de Hainaut, 19.
Jean de Sevedain, seigneur breton, 262 n.
Jean Standon, appelé à tort Jacques Standon, capitaine de La Ferté, 121, 298 n., 306.
Jean de Tancarville, chambellan de France, 5, 19.
Jean, sire du Til, membre du Parlement de Paris, 223, 230.
Jean de la Vaale, 297 n.
Jean Vaillant, 312 n., 313 n.
Jean de Veer, comte d'Oxford, 259 n.
Jean de Vervins, sire de Beaumont, *Biaumont, Bomont*, 86, 278.
Jean de Vienne, capitaine de Calais, 83, 191, 197, 199 n., 202, 276, 347, 351, 354.
Jean de Villemur, *Villemeur*, 192, 195, 347, 349.
Jeanne, sœur de Philippe le Bel, femme d'Edouard I*er*, 16, 235.
Jeanne, reine de France, femme de Philippe le Bel, 4, 232.

Jeanne, fille de Mahault, comtesse d'Artois, femme de Philippe V, 32.
Jeanne, fille de Louis de France, comte d'Evreux, femme de Charles IV le Bel, 108, 178, 240 n., 298, 314 n., 340.
Jeanne, comtesse de Boulogne et d'Auvergne, reine de France, 95, 96, 256, 286, 287, 326.
Jeanne de Bourbon, reine de France, 179, 341.
Jeanne, reine de Naples, 345 n.
Jeanne de Marle, veuve de Gauvain de Bellemont, 279 n.
Jeanne de Penthièvre, femme de Charles de Blois, 176, 339.
Jehan. Voyez Jean.
Jennequin Standon, 107, 298.
Jerez (château de), en Espagne, 341 n.
Jérusalem, *Jherusalem*, 157.
— (patriarche de). Voyez Pierre de Palud.
Johan. Voyez Jean.
Joigny, *Jongny* (le comte de), 83, 112, 116 n., 276, 302.
Jonsac, *Jonsach, Jonzac* (Charente-Inférieure), 224.
Joserans ou Joseaux du Mascon ou de Mâcon, trésorier du roi de Navarre, 135, 315 n.
Jouel. Voyez Jean.
Jouy-sous-Thelle. Voyez *Rovencelles*.
Jugny (le pont de), Juigné-sur-Sarthe, 158, 328.
Julliers, *Jullers, Juillers* (comte de), 1, 3, 5, 40, 43, 44, 77, 232, 247, 253, 273, 274 n.
— (marquis de), 47, 255.
— (Le Clerc de), 18, 20, 22, 25, 26, 235.

K

Kedillac (de). Voyez Alain.
Kerlouet (de). Voyez Jean.
Knolles. Voyez Robert.
Kux (le sire de), 3.

ET DE LIEUX. 383

L

Labatut (de). Voyez Pierre.
Labret. Voyez Albret.
— Voyez Arnaud d'Albret.
Labroye (Pas-de-Calais), 82, 276.
Laigle, *Legle* (Orne), 108, 110, 298, 301.
Laigny. Voyez Baudouin.
Lalemant. Voyez Henri.
Lalleu, *Leure*, *Leve* (pays de), 76, 88, 273, 280.
Lamay (de). Voyez William.
Lananda (de). Voyez *Raimundus, Helyas Vigerii*.
Lancastre, *Lencastre*, *Lenclastre* (comte, puis duc de), 79, 81, 110, 111 n., 117, 149, 159, 275, 304, 322, 323 n., 328. V. Henri de Derbi.
Lancastre (duc de), 191, 193, 195, 200, 301, 347, 348, 349, 352, 353. V. Jean.
Lancelot de Lorris, chevalier, chambellan du duc d'Anjou, 312 n.
Lanchecorne. Voyez Landskron.
Landal, *Lendal*, *Londal* (Ille-et-Vilaine), 106, 297.
Landas (de). Voyez Jean.
Landskron, *Longuecorne*, *Lanchecorne* (comte de), 77, 274.
Langon (Gironde), 264 n.
Langton. Voyez Gautier.
Languedoc, 209, 244 n., 269 n., 282 n., 283 n., 299, 342 n.
Lannois. Voyez Laonnois.
Laon, 86, 87, 278.
— (évêque de). Voyez Robert Le Coq.
Laonnois, *Lannois* (le), 185, 344.
Lartiga (de). Voyez Perrotin.
Lassines, 24. Voyez Lesquin.
Lattainville, Latainville (Oise), 142, 319.
Laurent de Hastings, *Hastingues*, comte de Pembroke, 102, 294.
Lauzerte, *Lauserta* (Tarn-et-Garonne), 284 n.

Laval, en Anjou, 199 n.
Laval (le sire de), 51, 61, 158, 262, 328.
Laval (de). Voyez Foulques, Louis.
Lavaugour. Voyez Avaugour.
Lectoure, *Lectore* (Gers), 188, 346.
Lembleur. Voyez Richart.
Lencastre, *Lenclastre* (duc de). V. Lancastre.
Lendal. Voyez Landal.
Lendas (de). Voyez Jean de Landas.
Lendelle. Voyez Deulle.
Lenne, 128 n.
Lens (Pas-de-Calais), 24, 237.
Lens (de). Voyez Baudouin, Jean.
Léon, *Lion* (de). Voyez Hervé.
Lescluse. Voyez Écluse (l').
Lesignen. Voyez Lusignan.
Lespare, *l'Espaire*, *Lespere* (le sire de), 94, 113, 285, 302.
Lespeusse, *Pennechen* (le comte de) (? Spanheim), 77, 273, 274 n.
Lesquerp. Voyez Lesterps.
Lessines, Lesquin, en Hainaut, 23, 236, 237 n.
Lesterps, *Lesquerp* (Charente), 192, 193, 347, 348.
Leure (Seine-Inférieure), 251 n.
Leure. Voyez Lalleu.
Leuse (de). Voyez Gui.
Levallée. Voyez Louis de Laval.
Lève (pays de la). V. Lalleu.
Levin. Voyez Lieuvin.
Lewre-Saint-Pierre, en Brabant, 277 n.
Leyritz-Moncassin, *Loury* (Lot-et-Garonne), 68, 267.
Libourne (Gironde), 343 n.
Liége, 274 n.
— (évêque de), 77, 220, 273.
— Voyez Adolphe, Englebert de la Mark, Gobert.
— (communes du pays de), 77, 274.
Liégeois, 48.
Lieuvin, *Levin* (pays de), 150, 323.

Ligney. Voyez Ligny.
Lignières, *Ligneres* (Somme), 129, 312.
Ligny (le seigneur de), châtelain de Lille, 155 n.
Ligny (comte de). Voyez Gui.
Ligny (de). Voyez Baudouin.
Lille, *Lile*, *Lisle*, 3, 4, 5, 7, 8, 9, 10, 12, 20, 27, 29, 30, 31, 42, 43, 46, 88, 232, 233, 235, 237, 238, 249, 250 n., 252, 254, 279.
— (château de), 16.
— (châtelain de), 88, 279. Voy. Ligny (le seigneur de).
— (porte de la Magdeleine à), 9.
Lille (comte de l'). Voyez Isle (de l').
Lille (de). Voyez Jean.
Lillers (Pas-de-Calais), 273 n.
Lillois, 235 n.
Limeuil (Dordogne), 264 n.
Limoges, 49, 188, 190 n., 195, 255, 291 n., 346, 348 n., 349.
— (vicomté de), 339 n.
Limousin, *Limosin*, 100, 266 n., 269 n., 288 n., 291, 354 n.
— (chevaliers de), 51.
Limoux (Aude), 300 n.
Lincoln, *Nicole* (évêque de), 39, 57, 246, 261.
Lindsay (le comte de), 279 n.
Lingregion. Voyez Lusignan.
Lingue Occitane partes, 208.
Lion. Voyez Lyon.
Lion (le sire du), 105, 296.
— (du). Voyez Hervi.
Lis (la). Voyez Lys.
Lisegnac. Voyez Lusignan.
Lisieux (Calvados), 164, 331.
Lisle (terre du sire de) en Agenais, 264 n.
— (sire de). Voyez Bernard. Jourdain, Bertrand, Hugues, Jean.
Lissegnac. Voyez Lusignan.
Livarot, Livarrot (Calvados), 157, 327.
Lizeinghien. Voyez Lusignan.
Loches (Indre-et-Loire), 279 n., 302 n.
Lodun. Voyez Loudun.

Logroño, *Groin, Groing* (Espagne), 183, 343.
— (province de), 343 n.
Lohéac (le sire de), 260 n.
Loir (le), rivière, 196, 350, 351 n.
Loire (la), fleuve, 175, 178, 199, 288 n., 295 n., 339, 340, 352.
Loissi. Voyez Oisy.
Lomagne (de). Voyez Jean.
Lombardie, 156.
Lonc, Lonch. Voyez Long.
Londal. Voyez Landal.
Londres, 20, 349 n.
— (le sénéchal de), 47, 48, 255.
Long, *Lonc, Lonch* (Somme), 141, 142 n., 318, 320 n.
Longecombe (de). Voyez Jean.
Longuecorne. Voyez Landskron.
Longue-Espée. V. Guillaume.
Longueil-Sainte-Marie (Oise), 147, 321.
Longueval. Voyez Aubois.
Longueville (Seine-Inférieure), 169, 335.
— (comté de), 173, 336, 340 n.
— (comte de). Voyez Philippe de Navarre.
Loppin. Voyez Samson.
Lorraine (duc de), 4, 7, 51, 52, 82, 252, 275.
Lorris (le sire de), 130, 312.
— (de). Voyez Garin, Gilles, Lancelot, Robert.
Lot (le), rivière, 72, 270.
Loudun, *Lodun* (Vienne), 99, 290.
Louguaret. Voyez Nogaret.
Louis de Navarre, dit le Hutin, 30; X, roi de France, 30, 31, 32, 237, 238; roi de Navarre, 29, 238.
Louis, duc d'Anjou et de Touraine, 96, 116, 154, 286, 325, 345.
Louis de Bavière, 13, 40, 247.
Louis de Beauchamp, 101, 291.
Louis, vicomte de Beaumont-le-Vicomte, 170, 172, 173 n., 335, 336.
Louis de Blois, 57 n.
Louis, duc de Bourbon, 5, 19, 26.
Louis, duc de Bourbon, 193, 348.

Louis de Chalon, dit le Vert chevalier, 173 n., 335 n.
Louis d'Espagne, comte de Talmont, capitaine de Lille, 254 n.; amiral de France, 54, 55, 260.
Louis de France, comte d'Evreux, 14, 22, 26, 30, 240 n.
Louis de Flandre, fils de Louis de Nevers, 33; comte de Flandre, 33, 34, 35, 36, 39, 42, 240, 241, 246, 247, 250.
Louis de Male, fils du comte de Flandre, 84, 276; comte de Flandre, 85, 86, 91, 277, 278 n., 281.
Louis d'Harcourt, 122, 144, 155, 194, 320, 325, 349.
— lieutenant du régent en Basse-Normandie, 145, 150, 321, 323.
— capitaine du château de Moulineaux, lieutenant-général en Normandie, 121, 307.
Louis de Laval, *Levallée*, 86, 277.
Louis de Navarre, frère de Charles, roi de Navarre, 175, 178, 338, 339 n., 340.
Louis de Neufchâtel ou Chastel, 156, 326.
Louis, fils aîné de Robert, fils de Gui de Dampierre, 4; comte de Nevers, 33.
Louis de Poitiers, 46, 254.
Louis, Rollans de Pouques, 86, 277.
Louis de Saint-Julien, 194, 349.
Louis de Sancerre, 167, 202, 333, 352 n., 353 n., 354 n.
Louis, frère du comte de Savoie, 48, 255; sire de Vaux, 210.
Louroux (le), 197, 350.
Loury. Voyez Leyritz-Moncassin.
Louviers, *Louvres* (Eure), 78, 165, 274, 332.
Louvre (château du), 133, 135, 300 n., 314, 315.
— (châtelain du), 133, 135.
— (du). Voyez Jean.
Loys. Voyez Louis.

Loz (comte de), 274 n.
Lucembourc. Voyez Luxembourg.
Lucy (de). Voyez Guillaume.
Ludenaz, *Ludenart* (le comte de), 87, 279 (le comte de Ramsay ou de Lindsay?)
Lumbres (Pas-de-Calais), 280 n.
Lunalonge (Poitou), 95, 285.
Lusignan, *Lisegnac*, *Lissegnac*, *Lizeinghien*, *Lingregion*, *Lesignen* (Vienne), 69, 83, 100, 268, 269 n., 276, 291.
Lussac, *Lusac* (le pont de) (Vienne), 194, 348, 349.
Lussi. Voyez Guillaume de Lucy.
Luxembourg, *Lucembourc* (comte de), 1. Voyez Charles, Henri.
Lyon, *Lion* sur le Rhône, 28.
Lys, *Lis* (la), 27, 31, 87, 273, 277 n., 279.

M

Madaillan, 244 n. (Lot-et-Garonne).
Maëstricht, 274 n.
Mahaut, Mahault, comtesse d'Artois et de Bourgogne, 24, 31, 32, 237.
Mahieu de Gournay, 107, 298.
Mahieu, *Maihui* de Roye, 88 n., 128, 311.
Mahieu de Saint, 215.
Maiet. V. Mayet.
Maigny (de). Voyez Gautier de Manny.
Maillart. Voyez Jean.
Maille (comte de), 18.
Mailly (de). Voyez Payen.
Maine, *Humaine*, 157, 159 n., 163, 171, 325 n., 327, 330, 336.
— (comté de), 198 n.
Mainesmares (de). Voyez Maubue de Mainemares.
Mainville (de). Voyez Pierre.
Maisières (de). Voyez Gautier.
Maladerie (la), près de Lille, 7.
Malart. Voyez Jean.
Malatrait, *Maletret* (le sire de), 297 n. Voyez Henri, Geoffroy.

Malause (Tarn-et-Garonne), 263 n.
Maleloise (de). Voyez Tristram.
Malicorne (de). Voyez Geoffroy.
Malleville (de). Voyez Jean.
Malnoury. Voyez Guillaume.
Malpertrus. Voyez Maupertuis.
Malvoisin. Voyez Jean, Philippe.
Manny. Voyez Gautier.
Mans (le), 196, 198, 199 n., 350, 352.
Mantes, *Mente* (Seine-et-Oise), 136, 169, 315, 334, 340 n.
Marans, marin français, 74, 271.
Marc d'Argent. Voyez Colart.
Marcel. Voyez Etienne, Giles.
Marche (la) (Nièvre), sur la Loire, 175, 177, 339.
Marche (comte de la), 335. Voy. Charles IV le Bel, Jacques de Bourbon.
Marche (de la). Voyez Guilliain.
Marchelainville, *Marcherainville* (Eure-et-Loir), 174, 338.
Mareuil, *Mareul, Mareil* (de). Voyez Bascon de Mareuil (le).
Marguerite de Bourbon, femme d'Arnaud Amanieu, sire d'Albret, 346 n.
Marguerite, fille de Robert II, duc de Bourgogne, femme de Louis X le Hutin, 239 n.
Marguerite, fille du duc de Brabant, femme de Louis de Male, comte de Flandre, 84, 91, 276, 277, 281.
Marguerite, comtesse de Flandre, mère de Gui de Dampierre, 1, 28.
Marguerite, sœur de Philippe le Bel, femme d'Edouard Ier, 20, 21, 235 n., 236.
Marguerite, fille de Philippe V, femme de Louis de Flandre, 33.
Maria de Padilla (Doña), maîtresse de Don Pedro, roi de Castille, 341 n.
Marie, fille de l'empereur Henri VII, femme de Charles IV le Bel, 240 n.
Marigny. Voyez Enguerrand, Jean.
Marissiaux. Voyez Etienne, Giles Marcel.
Mark (comte de la), 274 n.
Marle. Voyez Fouques, Jeanne.
Marle, château près de Bruges, 16.
Marmande (Lot-et-Garonne), 244 n., 264 n.
— (consuls de), 269 n.
Marne (la), rivière, 195, 349.
Maroc (le), 342 n.
Marqueil. Voyez Beraud.
Marquerel, 250 n.
Marquet de Galleel, 278 n.
Marquette (abbaye de) (Nord), 238 n.
Marquis Scatisse, receveur de Carcassonne, 213.
Marsan (vicomte de), 244 n., 245 n.
Marsant (de). Voyez Pierre.
Marteau de Bacqueville. Voyez Guillaume V Martel.
Martel. Voyez Guillaume, Jean.
Mascon (de). Voyez Joserans.
Mas d'Agenais (le) (Lot-et-Garonne), 264 n., 267 n.
Massourre (de la). Voyez Bernard.
Maten (de). Voyez Jean.
Mathé Gaite, 210.
Mathieu de Neuvevillette, 216.
Mathieu de Trie, 240 n.
Maubeuge, *Maubouges* (Nord), 45, 253.
Maubue de Mainesmares, *Mainesmaires*, 109, 300.
Mauconseil, *Malconseil* (château de), près de Noyon, 136, 137, 316.
Mauléon (de). Voyez Adémar, Aimar.
Mauny (Manche), 118, 304.
Mauny (de). Voyez Olivier.
Mauni-lès-le-Mans, 257 n.
Maupertuis, *Malpertrus*, près de Poitiers, 112, 302.
Maures (Manche?), 317 n.

Mauron (Morbihan), 105, 267 n., 296.
Mayet, *Maiet* (Sarthe), 197, 350.
Meaux, *Meaulz, Miaux,* 125, 127, 130, 131, 149, 311, 312, 313, 322.
— (évêque de), 78, 274.
— (forteresse du Marché de), 131, 312, 313.
Medina de Pomar. Voyez Pommiers.
Medon (le sire de), 83 n.
Melas (légat de), 2; archevêque de Milan.
Melun, *Meleun,* 137, 316.
Menin en Halle (Flandre), 276 n.
Merle (du). Voyez Guillaume.
Merville (Nord), 273 n.
Messei, Messi, Messy (Orne), 120, 123, 306, 308.
Messy (sire de). Voyez Guillaume du Merle.
Metret. Voyez Henri.
Metz, *Mez,* 117, 304.
—, (évêque de), 220.
Meulan, *Meulent* (Seine-et-Oise), 136, 139, 169, 315, 317, 334, 340 n.
— (de). Voyez Amauri.
Meung-sur-Loire (Loiret), 302 n.
Mezin (Lot-et-Garonne), 264 n.
Miaux. Voyez Meaux.
Michel Asclokettes, 233 n.
Michel de Bouvelinghem, écuyer, peut-être fils de Baudouin, 294 n.
Michel, Michaut de Paris, 223, 228, 230.
Michel de Ponynges, chevalier anglais, 259 n.
Michiel. Voyez Guillaume.
Milan, *Millan,* 156, 326.
— (duc de). Voyez Galeas Visconti.
Miles d'Hauteroche, bourgeois de Toulouse, capitaine de Blaye, 65, 265.
Miles de Noyers, *Milles de Noiiers,* 23, 26, 32, 35, 51, 54, 57, 240, 257, 258, 261.
Miramont, *Mirémont* (Lot-et-Garonne), 73, 274.

Mire (le). Voyez Jean.
Mitton. Voyez Robert.
Mohammed, roi de Grenade, 186, 345.
Moine d'Estancelles, Canoines d'Estaisselles (le), 89, 280.
Moissac (Tarn-et-Garonne) 276 n., 283 n.
Molina, *Molines* (duché de), 343 n.
— (duc de). Voyez du Guesclin.
Mombliart. Voyez Montbéliard.
Mombrin. Voyez Monbrin.
Monaco, *Moneghe,* 210, 213, 251 n.
Monbrin, Mombrin (le sire de), 113, 303.
Moncaubau. Voyez Montauban.
Monclar (Lot-et-Garonne), 267 n.
Monconseil. Voyez Mauconseil.
Moncontour, *Monconstor* (Vienne), 202, 353, 354 n.
Moncu. Voyez Montcuq.
Moneghe. Voyez Monaco.
Monfaucon (de). Voyez Guillaume.
Monflanquin (Lot-et-Garonne), 264 n.
— (consuls de), 269 n.
Monlesin, Monlesun. Voyez Montlezun.
Monluchon (le comte de), 68 n.
Monmuron. Voyez Montmuran.
Monpesat. Voyez Montpezat.
Monroy. Voyez Castelmoron.
Mons (comte des), 5, 11.
Mons Dome. Voyez Domme.
Monségur, Montsegur, Montségut, *Monsenguy* (Lot-et-Garonne), 72, 270, 271 n.
Mons en Puelle, *Peule, Peurle,* 25, 26, 27, 47, 237, 255.
Monstereul. Voyez Montreuil.
Monstereul-Bonnine. Voy. Montreuil-Bonnin.
Montacut (de). Voyez Regnaut.
Montandre, Montande (Charente-Inférieure), *Montendre,* 224, 225.
Montauban, *Montauben,* 188, 269 n., 270 n., 271 n., 346.
Montauban, *Moncaubau* (le sire

de), 197, 296 n., 351 ; chevalier breton.
Montauban (de). Voyez Jean, Renaud.
Montaut (de). Voyez Ogier, Oth.
Montbéliard, *Mombliart, Montbeliant, Montbleart* (le comte de), 6, 68 n., 156, 326.
Montbouch (de). Voyez Aufray.
Montchamp. Voyez Mouchan.
Montcuq, *Moncu* (Dordogne), 66, 266.
Montcuq, Montul de Laval, 95, 286.
Mont-de-Marsan, 264 n.
Monte Yspano (de). Voyez Arnaud d'Espagne.
Montfaucon (gibet de), 60.
Montfaucon (de). Voyez Girard.
Montferrant (le sire de), 94, 100, 285, 291, 325 n.
Montferrat, *Monferrant* (marquis de), 68 n.; 71, 156, 270, 326.
Montfort (le comte de), 104 n.
— (la comtesse de), 53, 54, 61, 258, 259.
— (de). Voyez Jean, Raoul.
Montgomery (de). Voyez Jean.
Montiel, *Mouchel* (Castille), 187, 345.
Montignac (Lot-et-Garonne), 93, 284, 285 n.
Montiguy (de). Voyez Henri.
Montivilliers (Seine-Inférieure), 338 n.
Montlezun, *Monlesun, Monlesin* (le comte de), capitaine de Montlezun, 71, 188, 264 n., 270, 346.
Montlion (de). Voyez Jean.
Montmartre, 314 n.
Montmorency (le sire de), maréchal de France, 71, 270. V. Charles.
Montmuran, *Monmuron* (Ille-et-Vilaine), 107, 297.
Montpaon, Montpont-sur-l'Isle (Dordogne), 200, 201, 352, 353.
Montpellier (ville et baronnie de) 340 n., 341 n., 344 n.

Montpezat, *Monpesat* (Lot-et-Garonne), 68, 264 n., 267.
Montpezat (seigneur de). Voyez Rainfroid.
Montpont. Voyez Montpaon.
Montréal (Aude), 300 n.
Montréal (consuls de) (Gers), 269 n.
Montreuil, *Monstereul* (Pas-de-Calais), 82, 83, 276.
Montreuil (seigneur de). Voyez Pierre de Tournebu.
Montreuil-Bonnin, *Monstereul-Bonnine* (Vienne), 192, 268 n., 347.
Montrouge près Paris, 322 n.
Mont-Saint-Martin, abbaye (Aisne), 41, 248.
Mont-Saint-Michel, 121, 306.
Montségur, *Montsegut* (Gironde), 264 n.
Monts (le comte des) (? de Berg), 77, 273.
Montul de Laval. Voyez Montcuq.
Monzon (Aragon), 342 n.
Morbecque (de). Voyez Jean.
Moreau de Fiennes. Voyez Robert.
Morel. Voyez Estienne.
Moreuil, *Moreul* (le sire de), maréchal de France, 83, 276.
— Voyez Bernard, Thibaut.
Morillon. Voyez Thiebaut.
Morles, lieu près de Vannes, 56, 260.
Mortain, Mortaing (Manche), 161, 329 n.
Mortemer (de). Voyez Gui.
Morton. Voyez Robert Mitton.
Morville, capitaine anglais de La Rammée, 165, 332.
Mote (de la). Voyez Aimeri.
Mote, Mothe (la) (? La Mothe-Montravel, Dordogne), 99, 289.
Mouchan, *Montchamp* (Gers), 66, 266.
Mouchel. Voyez Montiel.
Moulin-à-Vent (le), lieu entre le bois de Vincennes et l'abbaye Saint-Antoine, 314 n.

Moulin de la Saux, *Molin de Lesaut, Mollin de Lesauch* (le) (Oise), 136, 316.
Moulineaux, *Molineaux* (château de) (Seine-Inférieure), 175, 307 n., 338, 339 n.
Mouton de Blainville, maréchal de France, 91, 135, 142, 144, 145, 169, 170, 173 n., 174, 197, 202, 224, 282, 319, 320, 321, 325 n., 332, 334, 335, 337, 338 n., 339 n., 350, 351, 354.
Mouton ou Grismouton de Chambeli, 116.
Moys. Voyez Vezias.
Muce (de la). Voyez Jean.
Mucheden. Voyez Mussidan.
Muquerque. Voyez Jean Demmer de Quarque.
Muret (Haute-Garonne), 264 n.
Mussidan, *Mucheden,* (le sire de), 94, 285.

N

Nadal. Voyez *Guillermus.*
Najéra, *Nadres* (Castille), 183, 343, 344, 349 n.
Namur, *Nemmur,* 15.
— (marquisat de), 242 n.
— (comte de), 33, 77, 273, 274.
— (comtesse de), seconde femme de Gui de Dampierre, 1.
— Voyez Gui, Jean.
Nantes, 48, 49, 51, 53, 55 n., 57, 58, 60, 61, 256, 257, 258, 261.
Naples, 212.
— (reine de), 185, 344, 345. Voyez Jeanne.
Narbonne, *Nerbonne* (Aude), 300 n.
— (vicomte de), 46, 68 n., 254.
Navailles (seigneur de). Voyez Garsie Arnaud.
Navarre (royaume de), 32, 182, 183.
— (roi de), 36, 37, 51, 52, 57, 95, 121, 123, 219, 220, 221, 250 n., 257, 261, 286.
— (roi de). V. Charles, Louis.

— (reine de). V. Jeanne, reine de France.
— (de). Voyez Louis, Philippe.
Neaufles, *Neauffle* (Eure) (château de), 178, 340.
Neelle, Neesle. Voyez Nesle.
Nègre (le). Voyez Jean.
Negron. Voyez *Burdus de Burdelia.*
Nérac (Lot-et-Garonne), 264 n.
Nerbonne. Voyez Narbonne.
Nerve (de). Voyez Jean.
Nesle, *Neelle, Neesle* (hôtel de), à Paris, 287 n.
— (tour de), 96, 287.
Nesle (de). V. Gui, Guillaume, Jean, Raoul.
Neubourg, *Neufbourc, Neuffbourc* (le) (Eure), 121, 122, 155, 165, 306, 307, 325, 332, 335.
Neubourg (sire de). Voyez Amauri de Meulant.
Neufchâtel-en-Bray, *Neufchastel* (Seine-Inférieure), 141, 178, 318, 320 n.
Neufchâtel (de). Voyez Louis, Jean.
Neuffbourc. Voyez Neubourg (le).
Neufosse (la) ou canal de Neufossé, 86, 278.
Neufville (de). Voyez Jean de Neuville.
Neuvevillette (de). Voyez Mathieu.
Neuville (de). Voyez Ameux, Jean.
Nevers (comté de), 4, 35.
— (comte de). Voyez Louis.
— (comtesse de), femme de Robert, fils de Gui de Dampierre, 4.
Nevill's Cross (Angleterre), 279 n.
Nicaise de Gaincourt, bourgeois de Cambrai, 215.
Nicolas Behuchet, *Nycole Bahuches,* conseiller du roi de France, capitaine de l'armée de mer, 43, 45, 210, 251, 253.
Nicolas Hélie, gardien de l'île

de Guernesey pour le roi de France, 246 n.
Nicolas Le Gros, notaire au Châtelet de Paris, 210.
Nicole Painel, 117, 304.
Nicole Stamborne, *Stauroure*, capitaine anglais de Noyelles, 189, 346.
Nicole. Voyez Lincoln.
Nicoles Helies. Voyez Thomas Helies.
Nîmes, 213, 344 n.
Niort, 268 n., 286 n., 289 n.
Noalhiae, 243 n. Voyez Noyelles.
Noailliis, Noalhis (dominus de). Voyez *Garsias Arnaldus*.
Noël d'Auffray, 103, 294.
Nogaret, lieu en Toulousain (Haute-Garonne), 245.
Nogaret, *Louguaret*. Voy. Guillaume.
Noielle. Voyez Noyelles.
Noiers, Noiiers. Voyez Miles de Noyers.
Noir (le prince), 349 n. Voyez Galles.
Nonette (château de), en Auvergne (Puy-de-Dôme), 15, 234.
Norhantonne. Voyez Northampton.
Norhuic. Voyez Warwick.
Normandie, *Normendie*, 38, 39, 75, 76, 77, 106, 110, 117, 119, 121, 126, 139 n., 141, 144, 151, 155, 157, 158, 163, 169, 171, 174, 245, 260 n., 271, 274, 293 n., 297, 301, 304, 305, 306, 310, 317 n., 318, 320, 324, 325, 327, 330, 331 n., 332 n., 334, 336, 337, 338 n., 339 n., 340 n., 346 n., 353 n.
— (Basse), 112, 122, 150, 165, 302, 332.
— (duc de). Voyez Jean, Charles.
— (duchesse de), 130, 312.
Northampton, *Norhantonne* (le comte de), 81, 259 n., 274 n., 275, 281 n.
— Voyez Guillaume de Bohun.
Norvich (le comte de), 81 n., 113 n.
Noyelles, *Noalhiae* (le seigneur de), 243 n. Voyez Garsias Arnaud, seigneur de Navailles.
Noyelles, *Noielle* (château de) (Somme), 189, 190 n., 346.
Noyelles de Bellonne (Pas-de-Calais), 236 n.
Noyers (de). Voyez Jean, Miles.
Noyon (Oise), 219.
— (évêque de). Voyez Gilles de Lorris.
Nygon. Voyez Antony.

O

Odenehen, Odenehan (d'). Voy. Arnoul d'Audrehem.
Ogier de Barbazan, l'un des capitaines français de la garnison de Sauveterre, 264 n.
Ogier de Montaut, seigneur de Saint-Front, capitaine de Saint-Ferme, 264 n.
Oise, *Oire* (l'), rivière, 19, 329.
Oisemont, *Boissemont*, *Voiremont* (Somme), 79, 275.
Oissel (Seine-Inférieure), 338 n.
Oisy, *Loissi* (Aisne), 41, 248.
Olivet (Loir-et-Cher), 167, 333.
Olivier de Clisson, *Clicon*, 50, 51, 55, 58, 59, 60, 260, 262, 353 n.
Olivier de Mauny, 165, 166, 332, 353 n.
Olivier Rigaut, 53, 258.
Orchies, *Orcies* (Nord), 25, 237, 338 n.
Orient, 234, 342 n.
Orléans, *Orliens*, 111, 175, 301, 338.
— (gens de la commune d'), 81 n.
— (le duc d'), 114, 115, 116 n., 303. V. Philippe.
Ornone (domina de). Voyez *Aelipcia*.
Orthez (Basses-Pyrénées), 344 n.

Ospital (de l'). Voyez François de l'Hôpital.
Ospital (de l'). Voyez Jean.
Ostrehan. V. Ouistreham.
Oth de Montaut, l'un des capitaines de la garnison française de Bazas, 264 n.
Othon, Othes IV, comte de Bourgogne, 24, 237, 240 n.
Otressant. (d'). Voyez Richard.
Otton Doria, *Othon Doire*, 51, 54, 55, 257, 260. V. Ayton.
Oudart de Renti, *Renes*, 91, 92, 101, 104, 160, 173 n., 282, 291, 292, 295, 296, 329.
Ouistreham, *Ostrehan*, *Estrehan* (Calvados), 76, 272 n., 273.
Oultreleau (d'). Voyez Bertaut, Robert.
Oultressault (d'). Voyez Richard d'Otressant.
Oxford (comte d'). Voyez Jean de Veer.

P

P. de Deinneville. V. Pierre.
Padilla (de). Voy. Maria (Doña).
Painel. Voyez Guillaume, Nicole.
Paintièvre. Voyez Penthièvre.
Palaiseau, *Palesuel* (Seine-et-Oise), 128, 311.
Palestrina (évêque de). Voyez Pierre des Prés.
Palud (de). Voyez Pierre.
Palu (la). Voyez Pierre.
Pamiers (Ariège), 300 n.
Pampelune, 309 n.
Pappellon, *Papillonz* de Saint-Gilles, chevalier breton, 50, 51, 53, 256.
Paracolum, château en Saintonge, 242 n.
Paravis (Lot-et-Garonne), 285 n.
Pardaillan (de). Voyez Bernard.
Paris, 2, 4, 12, 14, 17, 25, 36, 48, 53, 60, 61, 75, 78, 82, 96, 117, 118, 123, 124, 125, 126, 127, 128, 130, 131, 132, 133, 134, 136, 148, 149, 152, 177, 193, 195, 196, 200 n., 216, 221, 223, 228, 231, 234, 235 n., 239, 242 n., 249 n., 255, 256 n., 258, 262, 272, 273 n., 274, 276, 293 n., 294 n., 305, 307 n., 308, 309, 310, 311, 312, 313, 314, 315, 322, 323 n., 324, 332 n., 340, 348, 350, 352 n.
— (Châtelet de), 110, 210, 228, 300.
— (commun de), 123.
— (échevins de), 123, 308.
— (évêque de), 62.
— (parlement de), 188, 345.
— Saint-Antoine (porte) à Paris, 124, 135, 315.
— (prévôt de), 223, 287 n. Voy. Pierre Belagent.
— (prévôté de), 213.
— (Sainte Chapelle de), 242 n.
Paris (de). V. Étienne, Michel.
Parmes. Voyez Symon.
Parthenay (le sire de), 194, 349.
Pauperinghe. V. Poperingues.
Pavie (de). Voyez Aimeri.
Payen de Mailly, sénéchal de Périgord, capitaine de Bourg-sur-Gironde, 264 n.
Pedro, *Pietre* (Don), roi de Castille, 179 à 182, 184, 186, 187, 190, 341 à 345.
Pembroke, *Pennebroc* (le comte de), 192, 347, 348 n. Voyez Laurent de Hastings.
Pembroke (de). Voyez Guillaume.
Penne, *Penna*, Penne d'Agenais (Lot-et-Garonne), 38, 63, 214, 245, 263.
— (consuls de), 269 n. V. Puy-Saint-Michel de Penne (le).
Pennebroc. Voyez Pembroke.
Pennechen (de). Voyez Lespeusse.
Penthièvre, *Paintièvre* (comté de), 176, 339.
— (de). Voyez Jeanne.
Penton, *Penuchiu* (comte de), 3.
Pepin des Essars, 135, 315, 323 n.

TABLE DES NOMS D'HOMMES

Pepin de Wiere, *Vierre, Bière, Vienne,* 91, 92, 282.
Perche, 111 n., 157, 163, 171, 306 n., 327, 330, 336.
— (comte de), 154, 325.
Percy (le sire de), 87, 279.
— Voyez Thomas.
Peret. Voyez Jean.
Pereur, Pereu (? Villepreux-le-Grand), 174, 338.
Périgord, *Pierregort, Pierregourt,* 100, 264 n., 266 n., 284 n., 288 n., 291.
— (cardinal de), 113, 303.
— (comte de), 46, 225, 254.
— (sénéchal de), 66, 67, 205, 207, 243 n., 266. Voyez Arnaud d'Espagne, Henri de Montigny, Payen de Mailly.
Périgueux, *Pierregueux, Pierregeux,* 188, 269 n., 346.
Peronne (Somme), 24, 237.
Perre, Perres. Voyez Pierre.
Perres (des). Voyez Robin.
Perrotin de Lartiga, 229.
Persé (de). Voyez Richard.
Persy (de). Voyez Richard.
Petit-Couronne (Seine-Inférieure), 338 n.
Petit-Quevilly (Seine-Infér.), 338 n.
Petrus Arnaudi Cugunhani, clerc du roi, 341 n.
Petrus de Camperano, mercator Burdegale, 207.
Peu (le sire du), 76, 273.
Peurle, Peulle. Voyez Puelle.
Phelippe. Voyez Philippe.
Philippe IV le Bel, roi de France, 1, 2, 3, 7 à 12, 15 à 18, 20, 21, 22, 24, 25, 26, 28 à 31, 232 à 238.
Philippe, comte de Poitiers, roi de France sous le nom de Philippe V, 29, 32, 33, 238, 239.
Philippe de Valois, roi de France sous le nom de Philippe VI, 29, 36, 37, 38, 39 à 51, 53, 57 à 61, 63, 68 n., 76 à 90, 95, 96, 208 à 214, 216 à 227, 240 à 244, 246, 247, 249 à 256, 259 n., 261, 262, 263, 273 à 281, 286.
Philippe d'Artois, fils de Robert, comte d'Artois, 4, 5, 232, 233.
Philippe, comte de Boulogne, fils du duc de Bourgogne, 71, 270, 271.
Philippe de Rouvre, duc de Bourgogne, 156, 326.
Philippe le Hardi, duc de Bourgogne, 96, 115, 116, 154 n., 155 n., 156, 174, 175, 177, 190, 193, 201, 286, 303, 326, 338, 339, 340 n., 346, 348, 353.
Philippe le Despencier, 262 n.
Philippe de Diest, Diete, fils de Gui de Dampierre, 23, 24, 236.
Philippe Giffars, 135.
Philippe Malvoisin ou de Malvoisin, 139, 317.
Philippe de Navarre, comte de Longueville, 110, 111 n., 112, 117, 119, 123, 143, 144, 146, 162, 163, 301, 302, 304, 308, 315 n., 319, 320, 321, 330, 331.
Philippe, duc d'Orléans, 96, 154, 155 n., 286, 325.
Philippe de Pogge, 213.
Philippe de Pons, 76, 273.
Philippe de Weston, chevalier anglais, 259 n.
Philippe, *Phelippe,* fille de Gui de Dampierre, 1, 2, 27, 231 n., 235 n.
Picardie, 91, 102, 126, 141, 142, 144, 282, 293, 294 n., 295 n., 310, 317 n., 318, 319, 346.
Picquigny, *Pinquigny* (le sire de), 32, 126, 310. Voyez Guillaume; Jean, Robert, Testart.
Pierewes. Voyez Baudart.
Pierre, Pieres (la), prison de Bruges, 33.
Pierre IV, roi d'Aragon, 342 n.
Pierre d'Audeley, Audelee, 102, 294.
Pierre de Beaumont, chevalier,

maréchal « des guerres » du duc de Normandie, 269 n.; sire de Charni, sénéchal de Carcassonne, 283 n.
Pierre Belagent, garde de la prévôté de Paris, 210.
Pierre Ier, duc de Bourbon, 116 n., 140, 179, 270, 318, 341.
Pierre Chauveau, clerc des arbalétriers, 293 n.
Pierre Ier, roi de Chypre, 156, 327.
Pierre de Deinneville ou de Demonville, 223, 228, 230.
Pierre des Essars, 210.
Pierre de Flany, chevalier, 137, 316.
Pierre de Flotte ou de Flecté, 17.
Pierre de la Forêt, archevêque de Rouen, chancelier de France, 118, 305.
Pierre-Garda, 224.
Pierre Gille, Giles, épicier de Paris, 135, 313 n.
Pierre Hardi, membre du Parlement, 223, 227, 228.
Pierre de Houpelines, membre du Parlement, 223, 227, 228.
Pierre de Labatut, charpentier, 226.
Pierre de Mainville, 118, 305.
Pierre de Marsant, 215.
Pierre de Palud, patriarche de Jérusalem, 241 n..
Pierre de la Palu, sénéchal de Toulouse, 244 n., 245 n.
Pierre des Prés, évêque de Palestrina, légat du pape, 262 n.
Pierre de Puisieux, 135.
Pierre le Roy, tisserand de Bruges, 17, 20.
Pierre de Sacquainville, Saquenville, Saquainville, Sacquenville, Saqueinville, 111 n.; 112, 119, 159, 172 n., 173, 302, 305, 306, 337.
Pierre Terralion, maitre des œuvres du château de Bohain, 216.

Pierre de Tournebu, Tournebust, seigneur de Montreuil, 174, 337.
Pierregort, Pierregourt. Voyez Périgord.
Pierrenes. Voyez Baudes.
Pietre. Voyez Pedro (Don).
Pille (le pont de), 154 n.
Pinchon. Voyez Thomas.
Pinquigny. Voyez Picquigny.
Pippes. Voyez James.
Plaisier, Plaissie (le). Voyez Plessis-de-Roye.
Plaissac (madame de), 225.
Plaissié (du). Voyez Denis.
Plantin. Voyez Jacques.
Plarmel. Voyez Ploërmel.
Platin. Voyez Jacques.
Plessie (le). Voyez Plessis-de-Roye.
Plessis (du). Voyez Denis, Guillaume.
Plessis-Bouret, *Plessis-Buret* (le), 158, 163, 328, 329, 330; auj. château de Bierné, Mayenne.
Plessis-de-Roye, *Plaissié, Plessie, Plaisier* (le) (Oise), 128, 311.
Ploërmel, *Plarmel, Ploermelle* (Morbihan), 105, 255 n., 296.
Plommerel, 38. Voyez Puymirol.
Plume (la) (Lot-et-Garonne), 93, 264 n., 284.
Pogge (de). Voyez Philippe.
Poissy (Seine-et-Oise), 217, 273 n.
— (abbaye de), 78, 274.
— (église de), 239 n.
— (pont de), 78, 274.
Poitiers, 28, 69, 83 n., 112, 119, 192, 238, 302, 305, 347.
— (comté de), 154 n., 199 n.
— (comte de), 116 n.
— (comte de). Voyez Jean et Philippe.
— (de). Voyez Louis et Aimar.
Poitou, *Poittou, Poitau*, 63, 83, 99, 100, 111 n., 242 n., 243 n., 268, 269 n., 276, 285, 288, 290, 291, 296, 347 n., 353.

— (receveur de), 288 n.
— (sénéchal de), 94, 285. Voy. Guillaume Felton.
Poix, Pois (Somme), 79, 129, 275, 311, 312.
— (la vicomtesse de), 137, 316.
Pollehai (de). Voyez Rifflart.
Pomart (de). Voyez Hugues.
Pommereux (de). Voyez Sauvge.
Pommereux. Voyez Puymirol.
Pommiers, Poimiers (le sire de), 94, 113, 226, 285, 302. Voy. Emelion, Emenion.
Pommiers, ville d'Espagne (? Medina de Pomar), 181, 342, 343 n.
Pons, *Pont* (le sire de), 114, 116, 303. V. Philippe, Regnaut.
— (châtellenie de) en Saintonge, 223 (Charente-Inférieure).
Pontailler, *Pontallier* (Côte-d'Or), 178, 340.
Pont-Audemer, *Ponteaudemer* (Eure), 118, 121, 122, 151, 304, 307, 324.
Pont-de-l'Arche (Eure), 78, 274, 322 n.
Pont-Douve (Manche), 170, 335.
Ponthieu, *Pontiu, Ponty, Pontieu* (comté de), 29, 37, 50 n., 62, 141, 142 n., 153, 154 n., 189, 190 n., 191, 238, 241, 318, 324, 347.
— (comte de), 18.
Pont-l'Abbé (Manche), 168, 333.
Pontoise (Seine-et-Oise), 139, 144, 316 n., 317, 319 n., 320 n., 321.
Pontorson (Manche), 107, 108, 157, 297, 298, 328.
Pont-Rémi (Somme), 79, 275.
Pont-Saint-Esprit, *Esperit* (Gard), 155, 326.
Pont-sur-Seine, *Pons-sur-Saine* (Aube), 139, 317.
Pontvallain, *Pontvillain, Pontvalein* (Sarthe), 196, 197, 199 n., 200, 351, 352.
Ponynges (de). Voyez Michel.
Poperingues, *Pauperinghe, Po-*

pelinges (Belgique), 18, 91, 282.
Porcien (le comte de), 101, 292.
Pornic. Voyez *Prugny*.
Port (le), près de Tolède (?), 182, 343.
Port-Sainte-Marie (Lot-et-Garonne), 72, 93, 94, 264 n., 270, 284, 285.
— (consuls de), 269 n.
Portsmouth (Angleterre), 259 n.
Portugal, 342 n.
Poudenas (Lot-et-Garonne), 264 n.
Poukes (de). Voyez Jean de Pouques.
Pouques (de). V. Jean, Louis.
Pourceaux (Marché aux) à Paris, 242 n.
Pournon. Voyez Purnon.
Poushay (de). Voyez Rifflart de Pollehai.
Pré-aux-Clercs (le) à Paris, 242 n., 310 n.—Voyez Saint-Germain (pré).
Préssi (de). Voyez Archambaud.
Près (des). Voyez Pierre.
Prez (des). Voyez Bertrand.
Provence, *Prouvence* (comté de), 185, 344.
Provins (Seine-et-Marne), 149, 322.
Prugny (château de), 95, 286; peut-être Pornic.
Prusse, 313 n.
Puelle, *Peulles, Peurle*, partie de la Flandre, 25.
Puisieux (de). Voyez Pierre.
Purnon, *Pournon* (Vienne), 191, 193, 347, 348.
Puy (du). Voyez Thoré.
Puyguilhem (Dordogne), 285 n.
Puymirol, *Pommerel, Plommerel, Pommereux* (château de), en Gascogne (Lot-et-Garonne), 38, 63, 207, 214, 243, 244, 245, 263.
— (consuls de), 269 n.
Puy-Saint-Michel de Penne (le) (? Penne d'Agenais), 264 n.
Pyrénées (les), 343 n.

Q

Qualais. Voyez Calais.
Quarenten. Voyez Carentan.
Quatremarre, Quatremares (Eure), 157, 165, 327, 332.
Quen. Voyez Caen.
Quercy, 266 n., 270 n., 284 n., 288 n.
— (sénéchal de), 207. Voyez Arnaud d'Espagne, Henri de Montigny.
— (trésorier de la sénéchaussée de), 289 n.
Quesnay-Guesnon. Voyez Chesnoy (le).
Quesnoy (le) (? Quesnay), 160, 329.
Quesnoy-sur-Deulle, Deure (Nord), 88, 279.
Quieret, Acquieret de Woincourt, Voincourt, 107, 298.
Quieret. Voyez Hue.
Quimper-Corentin, 62, 263.
Quimperlé (Finistère), 263 n.
Quincarnon, Quinquernon (Eure), 161, 162, 163, 330.
Quintin, Quyntine, Equinens (le sire de), 105, 106, 296.

R

Rabastre. Voyez Raoul.
Rabstein. Voyez Raoul.
Raguenel. Voyez Robert.
Raimond Bernard de Durfort, seigneur de La Capelle, capitaine de Malause, 264 n.
Raimond Foucaut, Fouquaut, capitaine de Sainte-Foi-la-Grande, 67, 68 n., 266.
Raimond Foucaut, procureur du roi en la sénéchaussée de Carcassonne, 243 n. Peut-être le même que le précédent.
Raimundus de Lananda, mercator Burdegale, 207.
Raines. Voyez Rennes.
Raineval (de). Voyez Raoul.
Rainfroid de Durfort, dit l'Archidiacre, 73, 271.
Rainfroid, seigneur de Montpezat, 267 n.

Rains. Voyez Reims.
Ramille (de). Voyez Cornu.
Rammée, Remmée (la) (Calvados), 165, 167, 332, 333.
Ramsay (le comte de), 279 n.
Raoul. Voyez Guillaume.
Raoul de Cahors, Caours, 99, 290.
Raoul de Coucy, Couchy, 116 n.
Raoul Ier, comte d'Eu, connétable de France, lieutenant du roi en Languedoc, 38, 46, 51, 57, 209, 216 à 222, 244, 245, 246 n., 250 n., 254, 257.
Raoul II, comte d'Eu, connétable de France, 71, 72, 73, 75, 76, 96, 97, 270, 271, 272, 287.
Raoul de Hastings, 349 n.
Raoul de Montfort, seigneur breton, 50.
Raoul de Nesle, connétable de France, 3, 15, 16, 19, 234, 235.
Raoul de Rabastre, Rabatre, Rabstein, 38, 244.
Raoul de Raineval, 144, 197, 199 n., 320, 351.
Raoul Roillart, lieutenant du vicomte de Caen, 308 n.
Raoul de Sorel, 216.
Raoul, baron de Stafford, 55, 259.
Raoulet des Briex, chevalier breton, 262 n.
Redon (Ille-et-Vilaine), 53, 258.
Regelet. Voyez Andry.
Regnaut d'Acy, Assi, 123, 308.
Regnaut de Beaumont, 44, 253.
Regnault de Bournonville, 173 n.
Regnaut de Braquemont, Briquemont, Brequemont, 120, 121, 141, 306, 307, 318.
Regnaut de Cobeham, Cobehan, Collehem, maréchal d'Angleterre, 63, 74, 86, 259 n., 263, 271, 278.
Regnaut, comte de Dampmartin, 19, 26.
Regnaut de Fauquemont, 47, 77, 254, 255, 274.

Regnault de Goillons, Goullons, capitaine de Paris, 148, 149, 322.
Regnaut de Houdetot, 244 n.
Regnaut des Iles, Illes, *Ysles*, capitaine de Neufchâtel et de Montivilliers, bailli de Caux, 141, 318, 338 n.
Regnaut de Montacut, Montacu, 77, 274.
Regnaut de Pons, 98, 288.
Regnaut de Rigny, *de Reni*, chevalier anglais, 164, 165, 332.
Regnaut de Sabonne, *Colonne, Coulonne*, amiral au service de la France, 25, 237.
Regnault de Trie, *Trye*, 19.
Regnes. Voyez Rennes.
Reims, *Rains*, 31, 36, 96, 149, 170, 239, 240, 241 n., 278 n., 286, 295 n., 322.
— (archevêque de). Voyez Robert de Courtenai.
Reincourt (Mons.), 215.
Relenghes, *Relengues*, château (Nord), 41, 44, 45, 216, 248, 252, 253.
Reliboise. Voyez Rolleboise.
Remi, Remy. Voyez Pont-Rémi.
Remilly. Voyez Romeilly.
Remorentin. Voyez Romorantin.
Renaud de Montauban, 296 n.
Renes (Oudart de). Voyez Oudart de Renti.
Reni (de). Voyez Regnaut de Rigny.
Renier le Coutelier, vicomte de Bayeux, 333 n.
Rennes, *Raines, Regnes*, 49, 50, 51, 55 n., 57, 117, 159, 255, 256, 257, 261, 304, 328.
Renti (sire de), 32.
— (bâtard de), 86, 88, 278, 279. Voyez Oudart.
Réole, *Riole, Riolle* (la) (Gironde), 15, 16, 63, 68 n., 69, 221, 234, 245 n., 263, 264 n., 268, 269, 285 n.
— (consuls de la), 269 n.

Resse (prieuré de Saint-George de) (Gironde), 229.
Reux, Roux (le seigneur de) dit le Famelleur, 3.
Rhin, *Rin* (le), fleuve, 8.
Rhode. Voyez Jean Denmerede.
Rhône, *Rosne* (le), fleuve, 28, 146 n., 155.
Rias (Le). Voyez Symon Lavais.
Ribemont (château de) (Aisne), 216.
— (prieur de). Voyez Dannicole.
— (de). Voyez Eustache.
Richard de *Colehem*, capitaine anglais de Noyelles, 190 n.
Richart de Greine, Grene, 197, 198, 351.
Richard d'Houdetot, 332 n.
Richard Lembleur, sergent du roi, 224.
Richard d'Otressant, *d'Oultressault*, 105, 296.
Richard de Persy, Persé, 51, 62 n.
Richard Taunton, 349 n.
Richard du Til, receveur du diocèse de Rouen, 332 n.
Ricquebourc, Ridbourg (de). Voyez Eric de Ridbourg.
Rifflart de Pollehai, *Poushay*, 126, 310.
Rigaut. Voyez Olivier.
Rigaud de Fontaines, 119, 305.
Rigny (de). Voyez Regnaut.
Rilli, Rilly, 197, 198, 350, 352. (? Ruillé-sur-le-Loir, Sarthe).
Rimilly. Voyez Romeilly.
Riole (la). Voyez Réole (la).
Rivière (de la). Voyez Jean.
Roane. Voyez Rohan.
Robert Ier, comte d'Artois, 4, 5, 14 à 16, 19 n., 232, 234, 235.
Robert II d'Artois, 37, 38, 46, 54, 55, 56, 242, 244, 254, 259, 260, 261, 303.
Robert d'Athies, chevalier flamand, 8, 9, 10, 233.
Robert d'Augerans, 271 n.
Robert, sire de Beaumont, *Biaumont*, 50.

Robert Bertrand, sire de Briquebec, maréchal de France, 38, 47, 51, 52, 54, 75, 77 n., 245, 246 n., 254, 257, 258.
Robert de Béthune, 233 n.
Robert, comte de Boulogne, 5, 19.
Robert II, duc de Bourgogne, 239 n.
Robert de Bouville, 94 n. V. Gobert de Bouville.
Robert Brambroc, Brandebourch, 100, 290.
Robert de Cassel, fils de Robert, fils de Gui de Dampierre, 4.
Robert de Clermont, lieutenant dans les bailliages de Caen et de Cotentin, maréchal de Normandie, 119, 120, 121, 123, 305, 306, 307, 308, 309 n.
Robert le Coq, évêque de Laon, 118, 305.
Robert de Coucy. Voyez Enguerrand de Coucy.
Robert de Courtenai, archevêque de Reims, 31, 239.
Robert de Fiennes, Hennes, dit Moreau, Mareau, Morel, connétable de France, 91, 101, 104, 142, 143, 158, 159, 165, 190, 196, 197 n., 278 n., 282, 292, 296, 317 n., 318, 319, 320, 326 n., 328, 329, 331 n., 332, 346, 350.
Robert, fils de Gui de Dampierre, plus tard comte de Flandre, 1, 3, 4, 7 à 10, 12, 14, 15, 28 à 31, 33, 233, 234, 237, 238.
Robert du Herle, de Helle, capitaine de Calais, 102, 292, 294.
Robert de la Heuse, chevalier français, 244 n., 250 n.
Robert d'Houdetot, Hodetrec, Houdetout, 94, 283 n., 285, 304 n.; sénéchal d'Agenais, 66, 73, 266, 269 n., 271; maître des arbalétriers, 92, 102, 104, 121, 282, 293, 294, 307.

Robert Knolles, Canorle, Canolle, 147, 161, 172 n., 175, 177 n., 195, 196, 198, 200 n., 321, 322 n., 330, 339, 349, 350, 352.
Robert de Lorris, 312 n.
Robert Mitton (? Morton), capitaine anglais, 159, 329.
Robert d'Oultreleau, fils (?) de Bertaut, conseiller à l'Echiquier de Rouen, 268 n.
Robert de Picquigny, 316 n.
Robert de Pommereux, 127 n.
Robert Raguenel, 296 n.
Robert de Saint-Venant, 23.
Robert, Robin Scot ou Sercot, capitaine anglais, 141, 172 n., 173 n., 318, 319 n., 321 n.
Robert de Seris, 244 n.
Robert de Varignies, Varegnies, Warignies, Waregnies, capitaine de la bastide de l'abbaye de Guines, capitaine de Saint-James-le-Beuvron, bailli et châtelain de Caen, 103, 294, 295.
Robin des Perres, lieutenant du maître de l'artillerie du roi de France, 258 n.
Robin Scot. Voyez Robert.
Roche (le sire de la), 227.
Roche-Derrien, Darien (la) (Côtes-du-Nord), 90, 281.
Rochefort (le sire de), seigneur breton, 50, 105, 296.
Rochelle, Rochèle, Rocelle (la), 154 n., 188, 346.
Roche-Posay, de Posé (la) (Vienne), 202, 348 n., 353.
Rochetesson, Rochetresson (le sire de la), 51, 62 n., 117, 304.
Rodriguez de Senabria, 345 n.
Rogemont (le sire de), 296 n.
Roger de Beaufort, 195, 349.
Rogier Bacon, 51.
Rohan, Rohain, Roane (le vicomte de), 50, 105, 106, 296.
Roillart. Voyez Raoul.
Rolant de Poukes, 278 n. Voy. Jean de Pouques.
Rollant. Voyez Guillaume.

Rolleboise, *Roleboise*, *Reliboise* (Seine-et-Oise), 157, 168, 327, 334.
Romanie, *Romenie*, 28, 212.
Rome, *Romme*, 2, 14, 40, 117, 155, 185, 233 n., 344.
Romeilly, *Rimilly*, *Remilly* (Romilly-la-Puthenaye) (Eure), 161, 163, 330, 331 n.
Romorentin, *Remorentin* (Loir-et-Cher), 112, 302.
Roncevaux (col de), 343 n.
Rone. Voyez Rhône.
Roquefort. Voyez Aimeri.
Rose. Voyez Jean.
Rosiaux. Voyez Jean.
Rosne, fleuve. Voyez Rhône.
Rots, Ros (église fortifiée de) (Calvados), 120, 306.
Rouen, *Roen*, *Roueim*, 77, 78, 126, 173, 175, 258, 268 n., 274, 310, 323 n., 329 n., 336 n., 338.
— (archevêque de), 242 n. Voy. Pierre de la Forêt.
— (bailliage de), 323 n.
— (château de), 109, 111 n., 300, 332 n.
— (clos des galées de), 251 n.
— (diocèse de), 332 n.
— (garde du clos des galées de), 251 n., 258 n., 260 n.
— (place du Vieux-Marché à), 173, 337.
— (chapelle des Innocents en l'église Notre-Dame de), 126, 310.
Rouergue (sénéchal de), 208. Voyez Guillaume Rollant.
Roussy (comte de), 4.
Rouvre (de). Voyez Philippe.
Rouvron, *Rouvrou* (de). Voyez Guillaume.
Roux Galerans de Fauquemont (le), 6, 7, 9, 10, 233.
Rovencelles, 142, 319 (? Jouy-sous-Thelle, Oise).
Roy (le). Voyez Pierre.
Roye (de). Voyez Mahieu.
Rue (Somme), 189, 190 n., 346.
Rueil (de). Voyez Jean.
Ruillé-sur-le-Loir. Voyez *Rilli*.

Rupalay, Ruppallais (gué de) (Manche), 112, 302.
Rupierre, *Rupiere* (Calvados), 157, 327, 329 n.
Rusinach, 224.

S

Sablé (Sarthe), 158, 328, 353 n.
Sabonne. Voyez Regnaut.
Sacquainville (de). Voy. Pierre.
Sade. Voyez Colart.
Sahagun, *Sanctus Facundus*, *Saint-Fagon* (Castille), 181, 342, 343 n.
Saigne (de la). Voyez Susot.
Saigneville (Somme), 275 n.
Sainnes. Voyez Salm.
Saint (de). Voyez Mahieu.
Saint Albin du Cormer. Voyez Saint-Aubin-du-Cormier.
Saint-André (prieuré de) (Nord), 254 n.
Saint-Andruy de Grantmont (abbé de), 3.
Saint-Antoine, *Anthoine* (abbaye de), près Paris, 132, 314.
Saint Aubert de Cambrai (abbé de). Voyez Florent.
Saint-Aubin du Cormier, *Saint Albin du Cormer* (Ille-et-Vilaine), 50, 53, 256, 258.
Saint Bavon de Gand (abbaye de), 42, 250.
— (abbé de), 3.
Saint-Brice, *Saint Brisse* (Mayenne), 160, 329.
Saint-Clément (gué de), 112, 119, 302, 305.
Saint-Cloud, *Saint-Clout* (Seine-et-Oise), 133, 134, 136, 314, 315.
Saint-Côme-du-Mont (Manche), 168, 333.
Saint-Denis (Seine), 133, 239 n., 241 n., 314, 315.
— (abbaye de), 136, 169 n., 239 n.
— (abbé de), 240 n., 241 n.
Saint-Dommin. Voyez Santo Domingo.
Saint-Fagon. Voyez Sahagun.

Saint-Ferme (Gironde), 264 n.
Saint-Front (seigneur de). Voy. Ogier de Montaut.
Saint-Georges-de-Resse (prieuré de) (Gironde), 229.
Saint-Georges (chapelle de), près de Saintes, 97, 288, 291 n., (? Saint-Georges-la-Valade).
Saint-Germain (le pré) à Paris, 125, 310.
Saint-Germain-en-Laye (château de) (Seine-et-Oise), 310 n.
Saint-Gilles (de). Voy. Pappellon.
Saint-Guillaume-de-Mortaing, Mortain (Manche), 160, 329.
Saint-James *de Beveron* (Manche), 295 n.
Saint-Jean-d'Angély, d'Angeli (Charente-Inférieure), 69, 83, 99, 188, 268, 276, 288 n., 289, 290, 296 n., 346.
Saint-Julien (de). Voyez Louis.
Saint-Laurent, *Saint Lorens* du Port (Lot-et-Garonne), 93, 284, 285 n.
Saint Lô en Cotentin, 75, 272.
Saint-Macaire, *Maquare* (Gironde), 16, 209, 234.
Saint-Mahieu-de-Fine-Poterne, Perterne (Saint-Mahieu-de-Fine-de-Terre (Finistère) 198, 352.
Saint-Maixent (Deux-Sèvres), 268 n.
Saint-Maquare. Voyez Saint-Macaire.
Saint-Martin-de-Séez (Calvados) 157, 159, 160, 327, 329.
Saint-Maur, *Saint-Mor* (abbaye de) sur la Loire, 199, 352.
Saint-Meen-de-Gueel, Saint-Meen-en-Gueel (abbaye de) (Ille-et-Vilaine), 151, 324.
Saint-Omer, *Saint-Osmer* (Pas-de-Calais), 5, 18, 24, 46, 83, 86, 88, 90, 101, 102, 104, 153, 236 n., 240 n., 254, 276, 278, 281, 282 n., 291, 292, 293 n., 294 n., 295, 299 n.
Saint-Peré, Saint-Pern (de).

Voyez Bertrand de Saint-Pern.
Saint-Pierre-du-Lorouer (Sarthe), 350 n.
Saint-Pierre-sur-Dive (abbaye de) (Calvados), 164, 331.
Saint-Pol (comté de), 189, 190 n., 346.
— (comte de), 142, 154, 155 n., 318 n., 319, 325.
— (de). Voyez Gui de Châtillon et Jacques.
Saint-Porchaire (Charente-Inférieure), 288 n.
Saint-Quentin (Aisne), 143, 216, 221, 249, 250, 277 n., 320.
Saint-Savin (abbaye de), appelée à tort Saint-Sernin, 194, 348.
Saint-Sauveur (le sire de). Voy. Jean Chandos.
Saint-Vaast, *Vast* (Calvados), 122, 308.
Saint-Vaast de la Hougue, Hougue de Saint-Vast (Manche), 75, 272.
Saint-Valeri-sur-Somme, *Vallery* (Somme), 121, 141, 142, 143, 307, 318, 319, 320.
Saint-Venant (Pas-de-Calais), 273 n.
— (le sire de), 155 n. Voyez Robert.
Saint-Vigor (de). Voyez Guillaume Ier Martel.
Saint-Vincent-du-Lorouer (Sarthe), 350 n.
Sainte-Bazeille (Lot-et-Garonne), 267 n.
Sainte-Foi-la-Grande (Gironde), 63, 66 n., 67, 68 n., 98, 263, 266, 267.
Sainte-Foy-sur-Dordogne, 98, 288, 289 n.
Sainte-Foy (consuls de) (Lot-et-Garonne), 269 n.
Sainte-Geneviève (prisons de) à Paris, 223.
— au Mont de Paris (tournelle de), 228.
Sainte Jemine, 222.
Sainte-Livrade (Lot-et-Garonne), 264 n.

Sainte-Marie-du-Mont (Manche), 120, 306.
Saintes, *Xaintes*, 97, 100, 188, 242 n., 268 n., 288, 346.
Saintonge, *Xaintonge*, 69, 97, 99, 111, 223, 224, 242 n., 266 n., 268, 283 n., 288, 290, 301.
— (sénéchal de), 220, 225.
— (sénéchaussée de), 224, 227.
Salbery. Voyez Salisbury.
Salbruche. Voyez Henri, comte de Sarrebrück.
Salisbury, *Salbery* (comté de), 42, 43, 48, 54, 58, 59, 251, 252, 255, 259, 260, 262.
— (comtesse de), 54, 59, 260.
Salle (de la). Voyez Bernard.
Sallebruisse, Sallebruche. Voy. Henri de Sarrebrück.
Sallongne. Voyez Sologne.
Salm, *Sainnes, Samines, Saumes* (le comte de), 82, 274 n., 275, 276 n.
Salvage, Salvaige. Voyez Sauvage.
Samines. Voyez Salm.
Samson, *Sansson, Sancon* Loppin, Navarrais, 148.
Sancerre (le comte de), 82, 275.
— (le maréchal de), 348 n.
— (de). Voyez Louis.
Sancta Fides, 289 n. Voy. Sainte-Foy.
Sanctus Facundus. Voyez Sahagun.
Sancy, Sancey (le bâtard de), 101, 291.
Sandwich (Angleterre), 261 n.
Sangatte (Pas-de-Calais), 280 n.
Santo Domingo, *Saint Dommin, Saint-Dommain,* 181, 342.
Sap (le) (Orne), 174, 337.
Saquenville (de). Voyez Pierre.
Sarrasin Betencourt, 103, 294.
Sarrasins, *Sarazins,* 37, 38, 157, 179, 180, 181, 182, 186, 212, 340, 341, 342.
Sarrebrück, *Salbruche, Sallebruche* (le comte de), 83, 88, 140, 141, 276, 280, 318. Voy. Henri.

Saudequin. Voyez Ennequin.
Sauguerolles. Voyez Fauguerolles.
Saulongne. Voyez Sologne.
Saumes. Voyez Salm.
Saumur, *Saumer* (Maine-et-Loire), 191, 199, 200 n., 202, 347, 350 n., 351 n., 352, 354.
Sauvage, Sauvaige d'Antigny ou Anteigny ou Atigny (le), 52, 258.
Sauvage, *Sauvaige* ou Robert de Pommereux, 127, 311.
Sauvaige (le comte) (? Wildgraf), 77, 273, 274 n.
Sauveterre (Gironde), 67, 68, 264 n., 267.
Sauveterre en Agenois (Lot-et-Garonne), 264 n.
Savari de Vivonne, *Vyvonne,* 47, 94, 224, 254, 285.
Savoie (comte de), 24, 48, 220, 236 n., 237, 255, 315 n. Voyez Amédée.
— (de). Voyez Louis.
Scatisse. Voyez Marquis.
Scot. Voyez Robert.
Scripesse. Voyez Zierixze.
Scut. Voyez Henry.
Séauve (abbé de la), 243 n.
Sebile. Voyez Seville.
Secile, 212; la Sicile.
Seez, *Sées* (Calvados), 157, 327.
Seine, *Saine* (la), fleuve, 78, 79, 169, 173, 195, 273 n., 274, 332 n., 334, 336, 349.
Selluesse, 102 n.
Senabria (de). Voyez Rodriguez.
Senlis, *Senliz,* 132, 310 n., 313.
— (évêque de), 240 n.
Senz (de). Voyez Adam.
Sercot. Voyez Robert Scot.
Seris. Voyez Robert.
Servian (terre de) (Hérault), 342 n.
Setuesse. Voyez Zierixze.
Seuli, Seully. Voyez Sully.
Sevedain (de). Voyez Jean.
Sevestre Budes, 200, 353.
Séville, *Sébile* (Andalousie), 180, 181 n., 186, 342, 345.
Silli-en-Gouffern (abbaye de)

(Orne), 157; 164, 174, 327, 337.
Silve Majoris (abbas). Voyez *Guillelmus*.
Simon d'Arquery, 38, 207, 244, 245 n.
Simon Burel, *Symon Burelle*, capitaine anglais, 192, 347.
Simon de Bucy, Bussy, 118, 223, 228, 230, 305.
Sohier de Courtrai, le Courtesien, Courtrisien, chevalier flamand, 39, 246.
Soissons (comte de), 19.
Sologne (la), *Saulongne, Sallongne*, 111, 301.
Somme (la), fleuve, 79, 80, 146 n., 169, 191, 275, 335, 347.
Sorel (de). Voyez Raoul.
Soria (le bourg de) (Castille), 343 n.
Soria (comté de). Voyez Estuire.
Sos (Lot-et-Garonne), 264 n.
Sotteville (Seine-Inférieure), 338 n.
Soudan (le), 37, 241 n., 242.
Souterraine (la) (Creuse), 288 n.
Southampton, *Hantonne* (Angleterre), 251 n.
Spanheim. Voyez *Lespeusse*.
Stafford, *Stanffort, Estanfort, Cauffort* (le baron de), 54, 113, 258, 302.
— (le comte de), 194, 349.
— (de). Voyez Raoul.
Stamborne. Voyez Nicole.
Standon. Voyez Jannequin, Jean.
Stanfort. Voyez Stafford.
Stauroure. Voyez Nicole Stamborne.
Steen, prison de Bruges, 240 n. Voyez Pierre.
Stripesse. Voyez Zierixze.
Suencourt, Fuencourt (le sire de), 89, 280.
Suffolk, *Suffot* (le comte de), 39, 42, 43, 48, 54, 63, 113, 246, 251, 252, 255, 259, 263, 302.
Sully, *Seuli, Seully* (le sire de), 88, 89, 280.

Surgères (Charente-Inférieure), 268 n.
Surie, 212; la Syrie.
Susot, Sustot, Ciquot de la Sagne, de la Saigne, 192, 347 (? Bernard de la Salle).
Symon Lavais, *Le Rias*, chevalier flamand, 1.
Symon Parmes, 135.
Symon, dominus de Arquiriaco, consiliarius regis et magister requestarum hospicii. Voyez Simon.

T

Taillebourg, *Taillebourc* (Charente-Inférieure), 38, 268 n.; 288.
Talmont (comte de). Voy. Louis d'Espagne.
Tanay-sur-Charente. Voyez Tonnay-sur-Charente.
Tancarville (comte de), 140, 318.
— (chambellan de), 75, 76, 272.
— Voyez Jean.
Tannegui du Châtel, *Tanguis du Castel*, 51, 53, 258.
Tarascon (Bouches-du-Rhône), 185, 344.
Tartas, *Tartres* (de). Voyez Aimeri.
Tassard de Bouvelinghem, châtelain de Guines, 293 n., 294 n.
Taunton. Voyez Richard.
Temple (hospitaliers (sic) du), 20.
Templiers, 29, 238.
Tencely (de). Voyez Hugh de Calverly.
Terasse. Voyez Thiérache.
Terralion. Voyez Pierre.
Terre Sainte, 157, 327.
Terresse. Voyez Thiérache.
Testart ou Guillaume de Picquigny, *Pinquigny*, chevalier, 129, 312.
Thérouanne, *Tiroine*, 24, 237.
— (église Notre-Dame de), 24.
Thibaut de Barbazan, l'un des capitaines français de la Réole, 264 n., 268 n.

26

Thibaut, Thiebaut de Moreillon, Morillon, seigneur breton, 51, 61, 262.
Thibaut de Moreul, 215, 216, 251 n.
Thiérache, *Terasse, Terresse* (la), 41, 44, 86, 249, 253, 278.
Thierri, *Therri* de Bar, 114 n.
Thomas de Beauchamp, comte de Warwick, 90, 259 n., 281, 291 n.
Thomas de Beaumont, 108, 299.
Thomas Bradeston, chevalier anglais, 259 n.
Thomas Caun, Caon, capitaine du Neubourg, 121, 122, 150, 307, 323.
Thomas de Dagworth, *d'Agorne*, lieutenant d'Edouard III en Bretagne, 90, 100, 281, 290.
Thomas Denis. Voyez Gérard Denis.
Thomas Fillefort, 197, 198, 351.
Thomas Fogg, *Fout*, capitaine d'Auvilliers, 121, 150, 306, 323.
Thomas de Gransson, Granson, 195, 196, 197, 198, 199 n., 349, 350.
Thomas de Hatfeld, chevalier anglais, 259 n.
Thomas Hélie, capitaine de Château-Cornet, 74, 75, 271.
Thomas de la Heuse, membre du Parlement, 223, 227, 228.
Thomas de Holland, Hollande, 86, 278, 287 n.
Thomas de Percy, 354 n.
Thomas Pinchon, bailli de Caen, 329 n.
Thomas Vanin, membre du Parlement, 223, 228.
Thoré du Puy, receveur de Nimes, 213.
Thorigny, *Torgny*, *Corgny* (Aisne), 153, 320.
Thou, 221; Toul (Meurthe-et-Moselle).
Thouars, *Touars, Touwart* (Deux-Sèvres), 202, 353.
— (vicomté de), 286 n.
— (vicomte de), 45, 63 n., 253.

Thoulouse. Voyez Toulouse.
Thun-l'Evêque, *Thuin*, château (Nord), 41, 44, 220, 248, 252, 253.
Tigry (château de), 32; Tingry (Pas-de-Calais).
Til (du). Voyez Jean, Richard.
Tillières-sur-Avre, Tilleres (Eure), 158, 328.
Tinchebrai (château de) (Orne), 309 n.
Tingry (le sire de), 32. Voyez Tigry.
Tinteniac, *Tintigniac, Tintiniac, Tynteak* (le sire de), 106, 296.
Tiroine. Voyez Thérouanne.
Tolède, *Toulette, Tolette*, 180 n., 181, 182, 186, 187, 343, 345.
Tombebœuf (Lot-et-Garonne), 264 n.
— (le sire de), 264 n.
Tonnay, *Tanay*-sur-Charente (Charente-Inférieure), 97, 288.
Tonneins, *Tonnins* (Lot-et-Garonne), 69, 72, 268, 272.
Tonnerre (le comte de), 333 n.
Torgny. Voyez Thorigny.
Torigny (Manche), 75, 272, 332 n.
Tosteville. Voyez Toutainville.
Touars. Voyez Thouars.
Toulette. Voyez Tolède.
Toulousain (le), 264 n.
Toulouse, *Toullouse, Thoulouse*, 65, 92, 185, 245 n., 265, 271, 283, 344 n., 345.
— (sénéchal de), 38, 208, 244.
— (sénéchal de). Voyez Godemard du Fay, Agout des Baux, Girard de Montfaucon. Jean d'Azay.
Tour (de la). Voyez Jean.
Touraine, *Tourainne*, 111, 269, n., 301.
— (duc de). Voyez Louis.
Tourmeville (de). Voyez Floury.
Tournai, *Tournay*, 24, 25, 35, 43, 46, 47, 48, 137, 217, 219, 220, 221, 236 n., 240, 249 n., 250 n., 252, 254, 255, 316.

— (évêque de). Voyez Jean Desprez.
Tournebu (de). Voyez Gui, Pierre.
Tournehem, *Tournehan* (le mont de) (Pas-de-Calais), 86, 190, 278, 346.
Tournemine (le sire de), 269 n.
Tournon (consuls de) (Lot-et-Garonne), 269 n.
Tours, 352 n., 354 n.
Toussac. Voyez Charles.
Toutainville, *Tosteville* (Eure), 151, 324.
Touvoy, *Connoy* (Couvay, Crécy-Couvé), 174, 338.
Touwart. Voyez Thouars.
Tovar (de). Voyez Fernand (Don).
Trainel (Aube), 139, 317.
Trappes, *Trible* (Seine-et-Oise), 128, 311.
Trastamare (duché de), 343 n.
— (de). Voyez Henri.
Trèbes (Aude), 300 n.
Trible. Voyez Trappes.
Trie (de). Voyez Billebaut, Mathieu, Regnault.
Tristamara (*comes de*), 341 n. Voyez Henri de Trastamare.
Tristan, Tristran du Bos, 110, 124, 300, 309.
Tristram de Maleloise, 296 n., 297 n.
Troussegoûtière, 332 n.
Troyes, *Trois*, 140, 149, 317, 322.
— (l'évêque de), 140, 317.
Trye (de). Voyez Billebaut.
Trye. Voyez Regnault.
Tubœuf, *Tuebeuf* (Orne), 163, 301 n., 330.
Tun-l'Evesque. Voyez Thun.
Turquie, 212.
Tynteak. Voyez Tinteniac.

U

Urbain V, pape, 156, 157, 185, 327, 344.
Ussel, *Uzès*, *Usson* (Corrèze), 201, 351 n., 353.

V

Vaale (de la). Voyez Jean.
Vaas, *Vas*, *Vastz* (Sarthe), 196, 198, 350, 352.
Vache (la). Voyez Jacques.
Vaillant. Voyez Jean.
Val (abbaye du) (Calvados), 120, 123, 306, 308.
Val-la-Comtesse (le), 314 n.
Val des Monts. Voyez Vaudemont.
Valence. Voyez Aimar, Guillaume.
Valenciennes (Nord), 25, 44, 248 n., 252.
Valet, Valles de Villiers, 103, 294.
Valgarnier, *Val Guernier* (château de), 52, 258.
— (le sire de), 51. Voyez Ferrant.
Vallus, *Falus* (le sire de), 113, 302.
Valognes, *Valongnes*, *Valoingnes* (château de) (Manche), 75, 174, 178, 272, 298 n., 337, 338, 340.
Valois (sic) (comte de), 57, 261.
Valois (de). Voyez Charles.
Valuffin (sire de). Voyez Galois de la Baume (le).
Vandosme. Voyez Vendôme.
Vanin. Voyez Thomas.
Vannes, *Vennes*, 49, 55 à 58, 255, 257, 260, 261.
Vanves (Seine), 322 n.
Varignies (de). Voyez Robert.
Varvic. Voyez Warwick.
Vas, *Vastz*. Voyez Vaas.
Vascueil, 331 n.; Vascœuil, Eure, arr. des Andelys.
Vast (le), pays de Flandre, 19.
Vaucelles, *Vauchelles* (abbaye de) (Nord), 41, 248.
Vaudemont, *Val des Monts*, *Veudemont* (le comte de), 114, 140, 303, 317.
Vaugirard, *le Vaugirart*, près Paris, 78, 274, 322 n.
Vautelay (de). Voyez Gautier de Bentley.

Vaux (sire de). Voyez Louis de Savoie.
Veer (de). Voyez Jean.
Vendin (Pas-de-Calais), 24.
Vendôme, *Vandosme* (comte de), 6, 7, 51, 114, 233, 257, 303, 320 n.
Vennes. Voyez Vannes.
Ventadour (le comte de), 114, 303.
Verdun, Verdin (Rollant de). Voyez Guillaume de Verdun.
Verdun (Meuse), 221.
Verelle (la). Voyez Herelle (la).
Vermandois, *Vermendois*, 143, 149, 320, 322, 348 n.
Vermelle (de). Voyez Hutin.
Verneuil (Seine-et-Oise), 301 n., 354 n.
Vernon, *Vrenon* (Eure), 173 n., 178, 331 n., 335 n., 340.
Vervins (de). Voyez Jean.
Vetesme. Voyez Vottem.
Veudemont. Voyez Vaudemont.
Vexin, *Veuquesin*, 141, 142, 319.
Vezelay (Yonne), 323 n.
Vezias Moys, damoiseau, coseigneur d'Astaffort, 283 n.
Viane (de). Voyez Savari de Vivonne.
Vicestre. Voyez Winchester.
Vicus-Castrum, près Lauzerte, 284 n.
Viel Chastel (de). Voyez Guilliam.
Vienne (dauphiné de), 293 n.
— (dauphin de), 32, 33. Voyez Charles.
Vienne (le sire de), 139, 317. Voyez Jean.
— (de), 91 n. Voyez Pépin de Wierre.
Vierre (de). Voyez Pépin de Wierre.
Vigerii. Voyez Helyas.
Vignée (la) (Manche), 165, 166, 331 n., 332, 333 n.
Villaines (de). Voy. Bègue (le).
Villefranche du Queyran, *Villefrance* (Lot-et-Garonne), 69, 268.

Villemur (de). Voyez Jean.
Villeneuve-lès-Avignon (Gard), 327 n.
Villeneuve-sur-Lot (Lot-et-Garonne), 264 n.
— (consuls de), 269 n.
Villepreux-le-Grand. Voyez *Pereur*.
Villeréal (consuls de) (Lot-et-Garonne), 269 n.
Villeton (Lot-et-Garonne), 264 n.
Villiers (de). Voyez Valet.
Vimeu (le), 144, 191, 320, 347.
— (comte de), 19 n.
Vincennes, *Vinciennes* (bois de), 132, 214, 313 n., 314, 322.
Vinchevesel. Voyez Winchelsea.
Viquaënnes, peut-être Wizernes ou Wisques (Pas-de-Calais), 91, 281.
Vire (la), fleuve, 302 n., 322 n.
Visconti. Voyez Barnabo, Galéas.
Visterode. Voyez Jean Denmerede.
Vitoria (Espagne), 343 n.
Vivonne (Vienne), 268 n.
Vivonne (de). Voyez Savari.
Viz (de). Voyez Guillaume.
Voincourt (de). Voyez Quieret.
Voiremont. Voyez Oisemont.
Vottem, *Avanterme*, pays de Liège, 77, 274.
Vuatres. Voyez Watten.
Vuillesoton, Vuilleseton, capitaine anglais de la Rammée, 167, 333.
Vyvonne (de). Voyez Savari.

W

Waflard de la Croix, chevalier de Hainaut, 255 n.
Waire (le sire de), 113, 302.
Waldemar III, roi de Danemark, 327 n.
Walerans de Fauquemont, 253 n.
Warignies (de). Voyez Robert.
Warneton, *Warneston*, *Darneston* (pont de), sur la Lys (Nord), 87, 88, 279.
Warwick, *Varvic*, *Norhuic*

(comte de), 57, 81, 113, 261, 302. Voyez Thomas de Beauchamp.
Watten, *Vuatres* (Nord), 91, 282.
Wauter Strael ou *Gautier Estraonc*, *Estraont*, *Estraont*, capitaine anglais de Rolleboise, 168, 333.
Westminster, 299 n., 303 n.
Weston (de). Voyez Philippe.
Wiere (de). Voyez Pepin.
Wight (ile de), 251 n.
Wildgraf. Voyez Sauvaige.
William de Lamay, 296 n.
Winchelsea, *Vinchevesel* (Angleterre), 150, 323.
Winchester, *Vicestre* (comte de), 57, 261.
Winendale (Flandre), 235 n.
Wisques. Voyez *Viquaennes*.
Wittasse. Voyez Eustache.
Wizernes. Voyez *Viquaennes*.
Woincourt (le sire de), 103, 294. Voyez Quieret.
Worcester (évêque de), 301 n.

Vyve-Saint-Eloi, 277 n.

X

Xaintes. Voyez Saintes.
Xantonge, *Xanctonge*, *Xaintonge*. Voyez Saintonge.

Y

Yonne (l'), rivière, 195, 349.
Ypre, *Yppre*, 5, 11, 19, 33, 34, 36, 46, 233, 240, 241, 254.
Ysles (des). Voyez Regnaut des Iles.
Ysabel. Voyez Isabelle.
Yspania (de). Voyez Arnaud d'Espagne.

Z

Zierixze, *Stripesse*, *Scripesse*, *Setuesse*, ville de Hollande, 25, 237.

ADDITIONS ET CORRECTIONS.

P. 4, 23, 232, n. 4. *Anry Lalemant;* corr. *Aury Lalemant*, et supprimez la note. Il s'agit ici d'un certain *Urricus Alemannus, Bituricensis*, sergent d'armes du roi Philippe IV, que les chroniques du temps mentionnent fréquemment et qui joua un rôle assez important dans les guerres de la fin du xiiie et du commencement du xive siècle. Voir *Historiens de France*, t. XXII, à l'*index*, les renvois indiqués au mot *Urricus*.

P. 38. *Raoul de Rabastre*, alias *de Rabstein*. Il s'agit sans doute ici de Raimond Bernard de Rabastens, sénéchal d'Agenais et de Quercy, qui était en fonctions en 1337, et qui prit les premières mesures de défense contre les Anglais. (Voir le compte de la sénéchaussée de Toulouse de l'année 1337-8, Bibl. nat., collection Clairambault, vol. 229.)

P. 39. *Gaultier de Mauny;* corrigez *Manny*.

P. 86, l. 17. *Avoint;* corr. *avint*.

P. 129, l. 4. *Beauvoisin;* corr. *Beauvais*, d'après le ms. fr. 10138.

P. 130, l. 11. *De Lorris;* lisez *Robert de Lorris;* le ms. fr. 17272, f. 34 r°, donne ce prénom. Voir le sommaire, p. 312, note 7.

P. 158, l. 24. *Au Pont de Jugny;* lisez *au pont de Jugny*.

P. 231-234. Sur les négociations entre Philippe le Bel et Adolphe de Nassau, voir le récent ouvrage de M. A. Leroux, *Recherches critiques sur les négociations de la France avec l'Allemagne, de 1292 à 1378* (Bibliothèque de l'École des hautes études, 50e fascicule), Paris, 1881, 8°, pp. 84-90. M. Leroux date l'entrevue de Grammont de Noël 1296.

P. 234, n. 2. *Édouard III;* lisez *Édouard Ier*.

P. 281, note 8. *Les comtes de Derby et de Lancastre;* corrigez *les comtes de Lancastre (ou de Derby) et de Suffolk*.

P. 308, note 7. Corrigez *Robert de Clermont*.

P. 323, note 4, l. 2. Lisez *par le régent*.

P. 325, note 9, l. 2. Lisez *James de Pippes*.

P. 339, l. 12. Lisez *d'Avaugourt*.

TABLE DES MATIÈRES

	Pages
INTRODUCTION	I et suiv.
I. Analyse de la *Chronique normande;* époque de sa rédaction; description des manuscrits	I-XXXV
II. *Chronique normande abrégée,* attribuée quelquefois à Jean le Tartier, prieur de Cantimpré; discussion de cette attribution .	XXXVI-XLIV
Description des manuscrits de la *Chronique abrégée*	XLIV et suiv.
1. Manuscrits de la *Chronique abrégée* sans continuation (Bibl. de l'Arsenal, n. 6328; Bruxelles, n. 7033; Paris, Bibl. nat. fr. 9222; Bibl. de sir Thomas Phillips, n. 2217; Bibl. de Berne, n. 323) . . .	XLV-XLVII
2. Manuscrits de la Chronique abrégée avec continuation (Paris, Bibl. nat. fr. 5610; Bruxelles, 11139 ou 10432-435; Bibl. de Lille, 207; Bibl. de La Haye, n. 936; Paris, Bibl. nat. fr. 17272; Bruxelles, n. 19684; Paris, Bibl. nat. fr. 4957) . .	XLVII-LII
3. Manuscrits dans lesquels la seconde rédaction de la *Chronique normande* suit les *Chroniques abrégées* de Baudouin d'Avesnes (Bruxelles, n. 10233-10236; Berne, n. 77; Leyde, Bibl. de l'Université) . .	LII-LV
4. Auteurs qui ont employé la seconde rédaction de la *Chronique normande*	
A. *Chroniques de Flandre* (ms. perdu de Denis Sauvage; Paris, Bibl. nat. fr. 5611).	LV-LVIII
B. Jean de Noyal, abbé de Saint-Vincent de Laon (Bibl. nat. fr. 10138)	LVIII-LXIV

	Pages
C. Chronique latine de Berne (Berne, ms. n. 73)	LXIV-LXVII
D. Gilles de Roye	LXVII-LXIX
Résumé; tableau de la filiation de la *Chronique normande* et de ses dérivés	LXIX-LXX
III. Conclusion; plan de l'édition : établissement du texte, pièces justificatives, sommaire et notes du sommaire	LXX-LXXV
CHRONIQUE NORMANDE	1-203
APPENDICE OU PIÈCES JUSTIFICATIVES.	205-230
I. 1335-1336. Arrêts du Parlement relatifs à des différends entre le roi d'Angleterre, duc de Guyenne, et certains de ses vassaux de France	205-207
II. 17 juillet 1337. Acte racontant la prise de Puymirol par les commissaires du roi	207-209
III. 25 octobre 1337. Contrat entre le roi de France et Ayton Doria de Gênes	210-214
IV. 14 janvier 1340. Lettres de répit pour Garsie Arnaut, seigneur de Navailles	214
V. 23 janvier 1340. Compte des deniers payés par le maître des arbalétriers pour la défense de Cambrai.	214-216
VI. 2 février 1341. Règlement de la solde du connétable d'Eu, pour les guerres de 1337 à 1340; mémoire en faveur de ses réclamations.	216-223
VII. 16-28 mai 1345. Interrogatoire et jugement par le Parlement d'Arnaud Foucaut, aventurier à la solde des Anglais.	223-230
SOMMAIRE et notes du sommaire	231-354
TABLE des noms de lieux et de personnes	355-405
CORRECTIONS	406
TABLE des matières	407-408

Imprimerie DAUPELEY-GOUVERNEUR, à Nogent-le-Rotrou.

www.ingramcontent.com/pod-product-compliance
Lightning Source LLC
Chambersburg PA
CBHW050241230426
43664CB00012B/1788